**权威·前沿·原创**

皮书系列为

“十二五”“十三五”“十四五”时期国家重点出版物出版专项规划项目

智库成果出版与传播平台

中国社会科学院创新工程学术出版资助项目

# 中国社会组织报告（2023）

REPORT ON SOCIAL ORGANIZATION IN CHINA (2023)

主　　编／黄晓勇
执行主编／徐　明
副 主 编／郭　磊　吴丽丽

社会科学文献出版社
SOCIAL SCIENCES ACADEMIC PRESS (CHINA)

图书在版编目（CIP）数据

中国社会组织报告．2023 / 黄晓勇主编；徐明执行主编；郭磊，吴丽丽副主编．--北京：社会科学文献出版社，2023.10
（社会组织蓝皮书）
ISBN 978-7-5228-2726-1

Ⅰ．①中… Ⅱ．①黄… ②徐… ③郭… ④吴… Ⅲ．①社会组织-研究报告-中国-2023 Ⅳ．①C232

中国国家版本馆 CIP 数据核字（2023）第 198663 号

社会组织蓝皮书
中国社会组织报告（2023）

主　　编 / 黄晓勇
执行主编 / 徐　明
副 主 编 / 郭　磊　吴丽丽

出 版 人 / 冀祥德
责任编辑 / 陈　颖
责任印制 / 王京美

出　　版 / 社会科学文献出版社 · 皮书出版分社（010）59367127
地址：北京市北三环中路甲 29 号院华龙大厦　邮编：100029
网址：www.ssap.com.cn
发　　行 / 社会科学文献出版社（010）59367028
印　　装 / 三河市东方印刷有限公司

规　　格 / 开 本：787mm×1092mm　1/16
印 张：34.5　字 数：571 千字
版　　次 / 2023 年 10 月第 1 版　2023 年 10 月第 1 次印刷
书　　号 / ISBN 978-7-5228-2726-1
定　　价 / 188.00 元

读者服务电话：4008918866

# 社会组织蓝皮书编委会

# 主要编撰者简介

**黄晓勇**　享受国务院政府特殊津贴专家，国家社科基金、国家出版基金评审专家。教授、博士生导师。中国社会科学院大学原副校长、中国社会科学院研究生院原院长。本皮书的策划创始人，兼任北京市学位委员会委员、全国日本经济学会副会长、中国西部开发促进会副会长等。主要研究方向为国际能源安全、世界经济、社会组织等。先后在日本明治大学、东京大学、爱知大学从事客座研究和讲学。主要著译有：《中国社会组织报告》《世界能源发展报告》《天然气人民币》《中国节能管理的市场机制与政策体系研究》《中国的能源安全》《中国能源的困境与出路》《能源博弈论集》《日本的产业政策》《诺贝尔奖之问》《经济大国的寂寞?》等。

**徐　明**　中国社会科学院大学商学院教授、博士生导师、国家治理现代化与社会组织研究中心主任、中国人才研究会副秘书长。康奈尔大学访问学者。主要研究方向为人力资源开发管理与人才发展、社会治理、公共安全与应急管理。主持国家社科基金项目、北京市社科基金重大项目等20余项课题。主要著作有：《集团化管控与企业文化建设》《战略人力资源管理：理论与实践》《青年就业问题应对之道：基于公共卫生危机视角》《青年社会保障问题研究》等。近年来，在《光明日报》《经济日报》《中国行政管理》《人口与经济》《北京社会科学》《人民论坛·学术前沿》《经济与管理研究》《中国青年研究》《中国人力资源开发》等国内外报刊发表论文与理论文章60余篇，多篇文章被《新华文摘》、人大复印报刊资料转载。

**郭　磊**　中国社会科学院大学政府管理学院副教授、管理学博士，社会保障系执行主任，国家治理现代化与社会组织研究中心副主任、副秘书长。密歇根大学安娜堡分校访问学者。入选北京市国家治理青年人才培养计划、中国科协科技智库青年人才计划。主要研究方向为社会治理、社会保障。主持国家社会科学基金青年项目、北京市社会科学基金青年项目、北京市教育科学“十四五”规划项目等。出版学术专著《公职人员养老保险制度：双轨之道与改革之路》《高校教师收入分配：工资和养老保险的协调与互动》。在《人口与经济》《北京师范大学学报（社会科学版）》《探索与争鸣》《软科学》《贵州社会科学》《中国社会保障》《中国财经报》等国内外报刊发表论文与理论文章30余篇，多篇文章被人大复印报刊资料全文转载。

**吴丽丽** 中国社会科学院大学政府管理学院副教授，法学博士，国家治理现代化与社会组织研究中心副主任，退役军人思想政治和权益维护研究中心研究员，中国人口学会理事。主要研究方向为社会保障与人口发展、公共政策评估、退役军人管理保障。主持、参与多项国家社科基金项目、北京市社科基金项目和退役军人事务部、团中央等省部级课题。主要著作有《中国流动人口公共服务均等化研究》《中国流动人口社会保障管理研究》等。近年来，在SCI、CSSCI来源期刊和全国中文核心期刊发表中英文论文30余篇，其中多篇论文获得《新华文摘》、《高等学校文科学术文摘》、人大复印报刊资料等人文社科权威学术文摘转载。获得第五届中国人口科学（论文类）优秀成果奖。

# 序　言

2022年是中国踏上全面建设社会主义现代化国家新征程、向第二个百年奋斗目标进军的关键之年。这一年，党的二十大胜利召开，科学谋划了未来5年乃至更长时期党和国家事业发展的目标任务，描绘了以中国式现代化全面推进中华民族伟大复兴的新蓝图。党的二十大报告强调“中国式现代化，是中国共产党领导的社会主义现代化，既有各国现代化的共同特征，更有基于自己国情的中国特色。……中国式现代化的本质要求是坚持中国共产党领导，坚持中国特色社会主义，实现高质量发展，发展全过程人民民主，丰富人民精神世界，实现全体人民共同富裕，促进人与自然和谐共生，推动构建人类命运共同体，创造人类文明新形态”。在中国式现代化进程中，中国社会组织要充分发挥服务国家发展、服务社会建设、服务群众需求的重要作用，坚持以新发展理念，锚定中国式现代化建设需求，为高质量发展注入更多活力和动能。

随着我国社会经济的快速发展，社会组织作为社会治理的重要主体之一，其发展水平和质量对于中国式现代化建设具有重要意义。在这个背景下，社会组织高质量发展成为国家战略的重要组成部分。从国内视角看，社会组织高质量发展是实现国家治理体系和治理能力现代化的重要途径。我国正处于全面建设社会主义现代化国家的关键时期，推进国家治理体系和治理能力现代化是我国发展的重要战略目标。社会组织作为国家治理体系中的重要力量，通过参与、协同、监督等多种方式，为社会发展和民生改善提供有力支持。此外，从全球视角来看，社会组织高质量发展是构建人类命运共同体的必然要求。在当今世界，各国相互依存，全球性问题日益突出，国际合作与治理的重要性愈加凸显。社会组织作为全球治理的重要参与者和推动者，其高质量发展有利于提升全球治理效能，共创人类美好未来。随着社会环境的不断变化，社会组织也面临着众多挑战，如资金不足、管理不善、公信力下降等。面对这些挑战，2022 年，社会组织高质量发展尤显重要。如何加强社会组织建设，发挥其在中国式现代化建设中的作用，提升社会治理能力，已成为我们必须面对的关键问题。

中国式现代化进程中，促进社会组织高质量发展，一是要加强社会组织的能力建设。要提升社会组织党建工作质量，建立健全社会组织培育发展体系，提升社会组织的专业化水平，增强其社会服务能力。同时，通过政策引导、资金支持等方式，鼓励社会组织在乡村振兴、环境保护、社会治理等领域积极作为。二是要结合国家重大战略部署促进社会组织的创新发展。社会组织应积极根据高质量发展需求拓展新的服务领域和方式。同时，鼓励跨界合作，推动产学研一体化，助力中国式现代化建设。三是加强国际合作与交流。借鉴国际先进经验，学习其他国家和地区社会组织发展的成功模式，推动我国社会组织走向世界，为全球治理贡献中国力量。

本卷蓝皮书是《中国社会组织报告》的第十三本，在中国社会科学院大学的支持下，来自中国社会科学院、知名高校、政府部门的专家纷纷参与本卷蓝皮书的编撰。编撰团队在全面梳理 2022 年社会组织发展的成就基础上，对中国式现代化进程中社会组织的高质量发展进行了深入探讨和展望。本卷蓝皮书不仅详细评述了社会组织发展总体情况，还特别针对社会团体、民办非企业单位、基金会、慈善组织、社会企业的不同状况及特点进行了分类阐述。本书还分析了 2022 年社会团体与基金会的网络舆情，探究了社会组织促进长江三角洲区域经济增长的作用机制，从社会组织党建工作视角出发总结了社会组织助力市域社会治理现代化和乡村社会治理现代化的有益经验。同时，结合国家重大战略部署，本卷蓝皮书分析了社会组织在促进基层治理、推动绿色发展、助力产业链供应链韧性建设等领域的贡献。此外，本卷蓝皮书还增添了社会组织促进养老服务高质量均衡发展、社区基金会助力基层社会治理现代化、社区社会组织促进城市社区自治以及社会组织研究的学科化建设等内容。另外，在附录篇对 2022 年中国社会组织大事记和热点事件进行搜集整理，列举了社会组织相关政策法规，这些内容均给本卷蓝皮书增色不少。

站在2022年的起点，我们期待着社会组织以其高质量发展加快推进中国式现代化进程。我们相信，在全社会的共同努力下，社会组织必将健康有序发展，为构建人类命运共同体、实现中华民族伟大复兴的中国梦作出新的更大贡献！

2023年9月18日

# 摘　要

2022年是党的二十大召开之年，是向第二个百年奋斗目标进军和实施“十四五”规划的关键之年。党的二十大报告总结了过去五年的工作和新时代十年的伟大变革，擘画了中国式现代化建设的宏伟蓝图。过去五年，我国经济发展再上新台阶，脱贫攻坚任务胜利完成，科技创新成果丰硕，经济结构进一步优化，基础设施更加完善，改革开放持续深化，生态环境明显改善，人民生活水平不断提高。在经济社会进步的过程中，我国社会组织贡献了不可或缺的力量。他们在各个领域积极参与到社会建设和公共事务中，成为推动社会经济发展的重要力量。在国内，我国社会组织在党组织建设、科技创新、乡村振兴、社会治理、促进就业、环境保护等领域发挥着积极作用，社会组织在实践中不断加强自身建设，提高服务水平和规范化程度。在国际上，我国社会组织积极参与国际交流与合作，与全球各地的组织建立了合作伙伴关系，参与国际政策的制定和倡导，一些社会组织在全球公益项目中扮演了重要角色，积极参与国际发展援助，为推动全球公益事业的发展提供了重要的经验和资源支持。

截至2022年底，我国共有89.13万个社会组织，与2021年相比减少了1.06万个，增长率为-1.18%，这是我国社会组织总量首次出现负增长。从不同类型社会组织的发展情况看，社会团体有37.01万个，与2021年的37.11万个相比减少了0.1万个，增长率为-0.27%，占全国社会组织总量的41.52%；民办非企业单位有51.19万个，与2021年的52.19万个相比减少了1万个，增长率为-1.92%，占全国社会组织总量的57.43%；基金会共9319个，与2021年的8877个相比增加了442个，增长率为4.98%，占全国社会组织总量的1.05%。

中国式现代化进程中，我国社会组织高质量发展应坚持党建引领，坚持聚焦重大战略布局重点发展领域，坚持新发展理念，坚持规范发展。未来，促进我国社会组织高质量发展要以党的领导下的有为政府促进社会组织高质量发展，落实社会组织培育扶持政策，促进社会组织区域协同发展，完善社会组织综合监管，建立有序退出机制。同时，促进社会组织进一步提升党建工作质量，聚焦高质量发展需求进行长远规划设计，加强服务品牌建设，完善内部治理机制，增强发展的自主性，积极参与全球治理。

**关键词：** 社会组织 中国式现代化 党建引领 国家重大战略

# 目 录

## Ⅰ 总报告



## Ⅱ 分报告

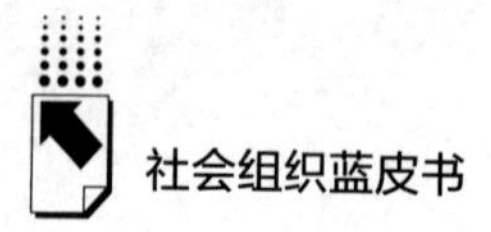


## Ⅲ 实证篇



## Ⅳ 专题篇



## Ⅴ 热点篇



## Ⅵ 案例篇

## Ⅶ 理论篇



皮书数据库阅读**使用指南**

# 总 报 告

General Report

## B.1 中国式现代化进程中社会组织高质量发展报告

黄晓勇　陈斯洁*

**摘　要：** 2022年是中国踏上全面建设社会主义现代化国家新征程、向第二个百年奋斗目标进军的关键之年。党的二十大报告提出以中国式现代化全面推进中华民族伟大复兴。社会组织作为国家治理体系中的重要力量，其高质量发展将为中国式现代化建设提供重要支持。虽然2022年我国社会组织数量首次出现负增长，但在各地政府的支持下，我国社会组织在党组织建设、促进高水平科技自立自强、助力乡村振兴、参与社会治理、助力高校毕业生等群体就业、助力绿色生态发展、参与全球治理等领域取得了瞩目成就。在中国式现代化进程中，应坚持党建引领指明社会组织高质量发展道路，坚持聚焦重大战略布局社会组织发展领域，坚持新发展

* 黄晓勇，教授、博士生导师，中国社会科学院大学原副校长、中国社会科学院研究生院原院长，本皮书策划创始人，主要研究方向为世界经济、国际能源安全和社会组织；陈斯洁，中国社会科学院大学博士生，主要研究方向为人力资源开发管理与人才发展、社会治理、公共安全与应急管理。

理念激发社会组织高质量发展活力，坚持规范发展护航社会组织行稳致远。为此，一方面，要以党的领导下的有为政府促进社会组织高质量发展。坚持党建引领，落实社会组织培育扶持政策，进一步促进社会组织区域协同发展，强化社会组织综合监管，建立社会组织有序退出机制。另一方面，有序推进社会组织实现高质量发展。社会组织要提升党建工作质量，聚焦高质量发展，需要进行长远规划设计，提高服务的连续性，加强服务品牌建设，完善内部治理机制，改变依附式发展方式，积极投入全球治理。

**关键词：** 社会组织　中国式现代化　高质量发展

2022 年是党的二十大召开之年，是向第二个百年奋斗目标进军和实施“十四五”规划的关键之年。随着国家治理体系和治理能力现代化的不断推进，社会组织作为国家治理体系中的重要力量，其发展质量对于全面建设社会主义现代化国家、推进中国式现代化建设具有重要意义。

2022 年 10 月 16 日，党的二十大胜利召开，全面总结了我国过去五年工作取得的成就：“五年来，我们坚持加强党的全面领导和党中央集中统一领导，全力推进全面建成小康社会进程，完整、准确、全面贯彻新发展理念，着力推动高质量发展，主动构建新发展格局，蹄疾步稳推进改革，扎实推进全过程人民民主，全面推进依法治国，积极发展社会主义先进文化，突出保障和改善民生，集中力量实施脱贫攻坚战，大力推进生态文明建设，坚决维护国家安全，防范化解重大风险，保持社会大局稳定。”① 这一系列成就背后也有我国各个领域社会组织的奉献和支持。自 2021 年社会组织领域首个五年规划《“十四五”社会组织发展规划》② 进一步明确社会组织高质量发展方向以来，我国社

① 习近平：《高举中国特色社会主义伟大旗帜 为全面建设社会主义现代化国家而团结奋斗》，《人民日报》2022 年 10 月 26 日，第 001 版。

② 《民政部关于印发〈“十四五”社会组织发展规划〉的通知》（民发〔2021〕78 号），中华人民共和国中央人民政府门户网站，http：//www.gov.cn/zhengce/zhengceku/2021-10/08/content_5641453.htm，最后检索时间：2023 年 10 月 9 日。

会组织在促进经济发展、推动科技创新、繁荣社会事业、创新社会治理、扩大对外交往等方面发挥了积极作用，是中国式现代化建设的重要力量。因此，本报告基于2009~2022年我国社会组织发展建设情况，系统梳理2009~2022年我国社会组织发展演进历程，从不同类别、不同登记管理行政机关层级、不同行业、不同区域等角度出发呈现我国社会组织的发展情况，梳理2022年我国社会组织领域的相关法律法规等政策文件，总结2022年我国社会组织在各个领域取得的重大成就，阐述中国式现代化进程中我国社会组织高质量发展的基本方向，并提出相应政策建议，以期为中国式现代化建设进程中社会组织高质量发展提供参考借鉴。

# 一　社会组织的发展现状及特征

## （一）2022年社会组织总体数量呈现负增长

截至2022年底，我国共有89.13万个社会组织，与2021年相比减少了1.06万个，增长率为-1.18%。2017年以来，我国社会组织增长率逐年下降，平均每年增长率下降1.92个百分点，到2022年我国社会组织总量出现负增长（见图1）。

**图1　2009~2022年中国社会组织数量变化情况**

资料来源：2010~2023年《中国民政统计年鉴》。

2022 年我国社会组织总量出现负增长的原因主要有以下几个方面：一是中央积极引导社会组织健康发展。党的二十大报告强调要实现高质量发展，在这一目标要求下，中央积极引导社会组织从注重数量增长向注重质量提升转变，在这一引导下，社会组织不再仅仅追求数量上的增长，而是更加注重自身的建设和提升。二是 2022 年我国进一步加大对非法社会组织的打击整治力度，继续加大对“僵尸型”社会组织的清理力度，规范社会组织的行为，提高其整体质量和水平。大量非法社会组织被依法依规注销，“僵尸型”社会组织退出社会组织舞台。此外，2022 年新冠疫情仍然对社会组织的发展产生了一定影响。疫情使得许多社会组织面临诸多困难，如资金短缺、运营受阻等，从而导致其发展受到限制。同时，疫情也加速了社会组织在应对突发事件方面的短板和不足显现，进一步影响了其整体发展。

## （二）2022年社会组织发展特征

### 1. 2022年社会组织类型发展情况

2022 年，我国共有社会团体 37. 01 万个，与 2021 年的 37. 11 万个相比减少了 0. 1 万个，增长率为-0. 27%。截至 2022 年底，我国社会团体总量占社会组织总量的 41. 52%，与 2021 年相比，其占比略有回升，增加了 0. 37 个百分点（见图 2）。

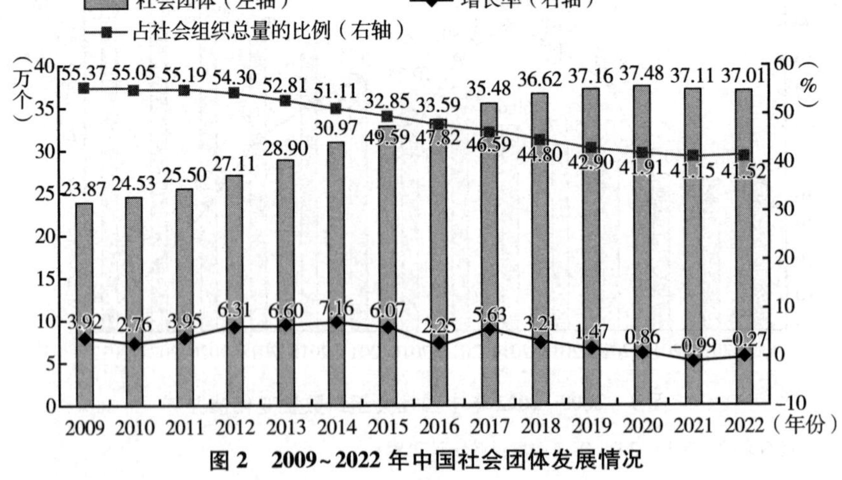


**图 2　2009~2022 年中国社会团体发展情况**

资料来源：2010~2023 年《中国民政统计年鉴》。

2022 年，我国共有民办非企业单位 51. 19 万个，与 2021 年的 52. 19 万个相比减少了 1 万个，增长率为-1. 92%，这是自 2008 年以来我国民办非企业单位数量首次出现负增长。虽然我国民办非企业单位的数量有所下降，但民办非企业单位在我国社会组织总量中的占比仍然超过 50%，占比为 57. 43%（见图 3）。

**图 3　2009~2022 年中国民办非企业单位发展情况**

资料来源：2010~2023 年《中国民政统计年鉴》。

2022 年，我国共有基金会 9319 个，与 2021 年的 8877 个相比增加了 442 个，增长率为 4. 98%，与 2021 年相比增长率下降了 0. 3 个百分点。2009 年以来，基金会在我国社会组织总量中的占比逐年上升，截至 2022 年底，基金会在我国社会组织总量中占比为 1. 05%（见图 4）。

2. 不同登记管理机关行政层级的社会组织情况

从我国不同登记管理机关行政层级的社会组织的数量来看，截至 2022 年底，我国共有民政部登记管理的社会组织 2302 个，占全国社会组织总量的 0. 26%；省级行政主管部门登记管理的社会组织 53540 个，占全国社会组织总量的 6. 01%；地（市）行政主管部门登记管理的社会组织 156301 个，占全国社会组织总量的 17. 54%；县（区）级行政主管部门登记管理的社会组织 679124 个，占全国社会组织总量的 76. 20%。从我国不同登记管理机关行政层级的社会组织发展情况来看，2022 年民政部登记管理的社会组织数量增长幅度

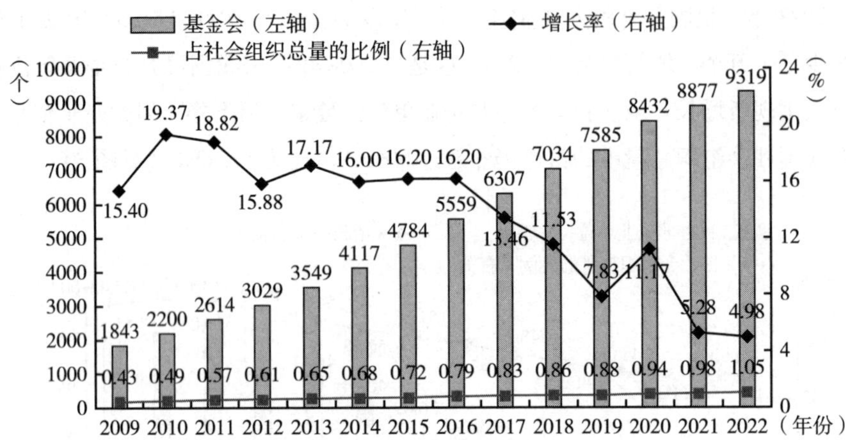


**图 4　2009~2022 年中国基金会发展情况**

资料来源：2010~2023 年《中国民政统计年鉴》。

最大，与 2021 年相比增长了 1.01%；其次是省级行政主管部门登记管理的社会组织，与 2021 年相比增长了 0.33%。县（区）级行政主管部门登记管理的社会组织数量下降幅度最大，与 2021 年相比下降了 1.34%；其次是地（市）行政主管部门登记管理的社会组织，与 2021 年相比下降了 1.01%（见图 5）。

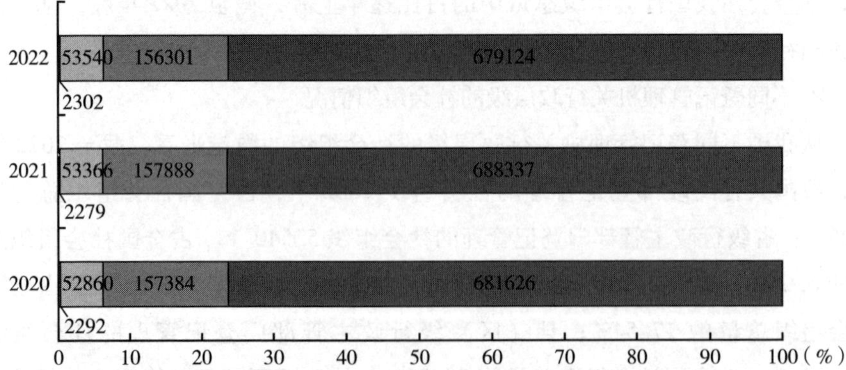


**图 5　2020~2022 年中国不同层级行政主管部门登记管理的社会组织情况**

资料来源：2021~2023 年《中国民政统计年鉴》。

### 3. 2022年社会组织行业发展情况

我国社会组织的发展领域主要包括教育、社会服务、文化、体育、工商服务业、农业及农村发展、卫生、科技与研究、职业及从业者组织、宗教、生态环境、法律、国际及涉外组织等领域。从 2022 年我国不同行业社会组织的数量来看，教育领域和社会服务领域的社会组织数量较多。教育领域社会组织共 28.08 万个，占我国社会组织总量的 31.51%；社会服务领域社会组织共 13.91 万个，占我国社会组织总量的 15.60%。从 2021~2022 年我国不同行业社会组织的数量变化趋势来看，2022 年，我国社会服务领域、体育领域、工商服务业领域、宗教领域、法律领域的社会组织数量有所增加；教育领域、文化领域、农业及农村发展领域、卫生领域、科技与研究领域、职业及从业者组织领域、生态环境领域、国际及涉外组织领域的社会组织数量有所减少。

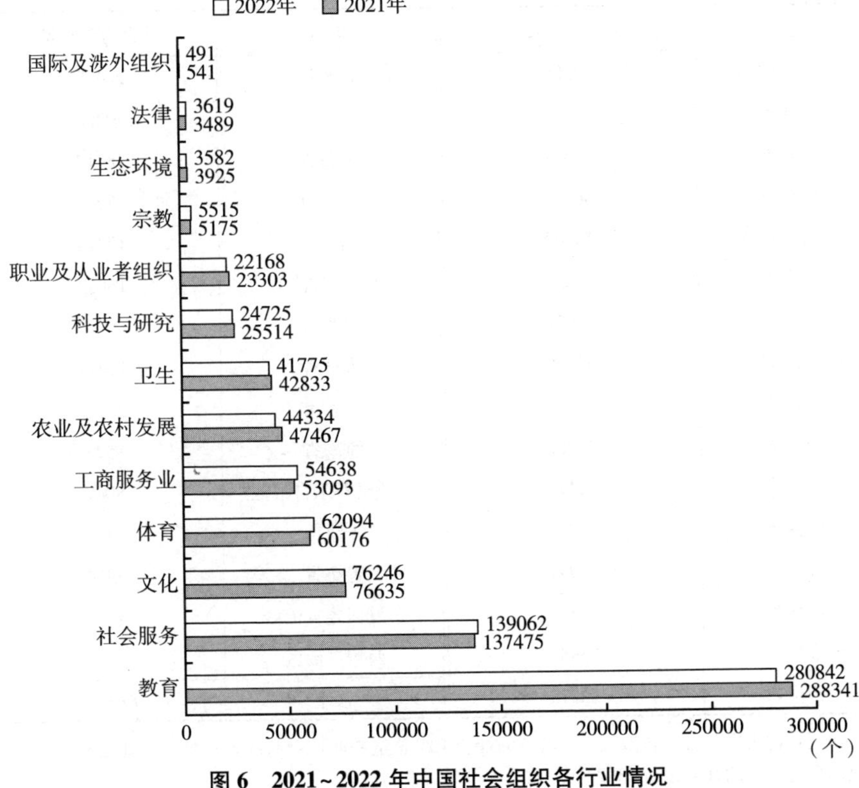


**图 6　2021~2022 年中国社会组织各行业情况**

资料来源：2022~2023 年《中国民政统计年鉴》。

## （三）2022年社会组织区域分布情况

### 1. 2022年社会组织的省域分布情况

2022 年全国除港澳台地区以外，31 个省、自治区、直辖市的社会组织分布情况如表 1 所示。社会组织数量排名前十的省份如图 2 所示。其中，江苏省的社会组织数量最多，共计 79306 个。其次是浙江省，拥有 72116 个社会组织。广东省排名第三，拥有 71607 个社会组织。排名前十的省份还包括山东省（66479 个）、河南省（50700 个）、四川省（44998 个）、河北省（37924 个）、湖南省（37738 个）、安徽省（36900 个）以及福建省（34628 个）。

**表 1　2022 年中国 31 个省区市社会组织数量分布情况**

单位：个

| 地区 | 社会组织数量 | 地区 | 社会组织数量 |
|---|---|---|---|
| 江苏省 | 79306 | 甘肃省 | 20437 |
| 浙江省 | 72116 | 黑龙江省 | 20200 |
| 广东省 | 71607 | 山西省 | 18712 |
| 山东省 | 66479 | 重庆市 | 18271 |
| 河南省 | 50700 | 上海市 | 17314 |
| 四川省 | 44998 | 内蒙古自治区 | 16857 |
| 河北省 | 37924 | 贵州省 | 15110 |
| 湖南省 | 37738 | 吉林省 | 13038 |
| 安徽省 | 36900 | 北京市 | 12654 |
| 福建省 | 34628 | 海南省 | 8923 |
| 湖北省 | 31476 | 新疆维吾尔自治区 | 8067 |
| 陕西省 | 31018 | 天津市 | 6477 |
| 广西壮族自治区 | 28947 | 青海省 | 5924 |
| 江西省 | 28545 | 宁夏回族自治区 | 4488 |
| 辽宁省 | 26987 | 西藏自治区 | 651 |
| 云南省 | 22473 | 总计 | 888965 |

说明：此表中各省、自治区、直辖市的社会组织总量并非社会组织合计量，除此之外，还包括民政部登记管理的社会组织 2302 个。

资料来源：2023 年《中国民政统计年鉴》。

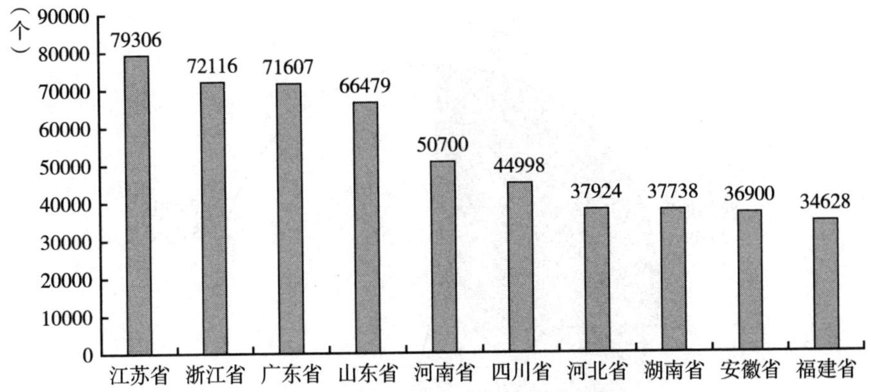


**图7　2022 年中国社会组织总量 Top10 省份**

资料来源：2023 年《中国民政统计年鉴》。

### 2. 四大地理分区的社会组织分布情况

从 2022 年我国东部地区、西部地区、中部地区和东北地区的社会组织总量来看，东部地区社会组织共计 407428 个，占全国社会组织总量的 45.83%，与 2021 年的 46.17%相比下降了 0.34 个百分点；中部地区社会组织共计 204071 个，占全国社会组织总量的 22.96%，与 2021 年的 22.49%相比上升了 0.47 个百分点；西部地区社会组织共计 208812 个，占全国社会组织总量的 23.49%，与 2021 年的 23.64%相比下降了 0.15 个百分点；东北地区社会组织共计 68654 个，占全国社会组织总量的 7.72%，与 2021 年的 7.70%相比下降了 0.02 个百分点（见图 8）。从 2022 年四大地理分区社会组织增长速度来看，2022 年仅有中部地区社会组织数量呈现正增长的态势，与 2021 年相比增加了 0.88%。其余 3 个区域社会组织总量均有所下降，其中下降幅度最大的是东部地区，其社会组织数量减少了 7873 个，与 2021 年相比减少了 1.90%；其次是西部地区减少了 3904 个，与 2021 年相比减少了 1.84%；东北地区社会组织数量减少了 635 个，与 2021 年相比减少了 0.92%（见图 9）。

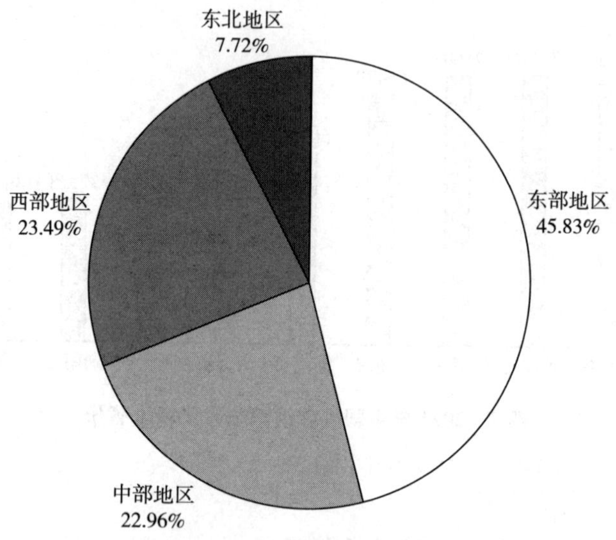


**图 8　2022 年中国四大地理分区社会组织数量**

资料来源：2023 年《中国民政统计年鉴》。

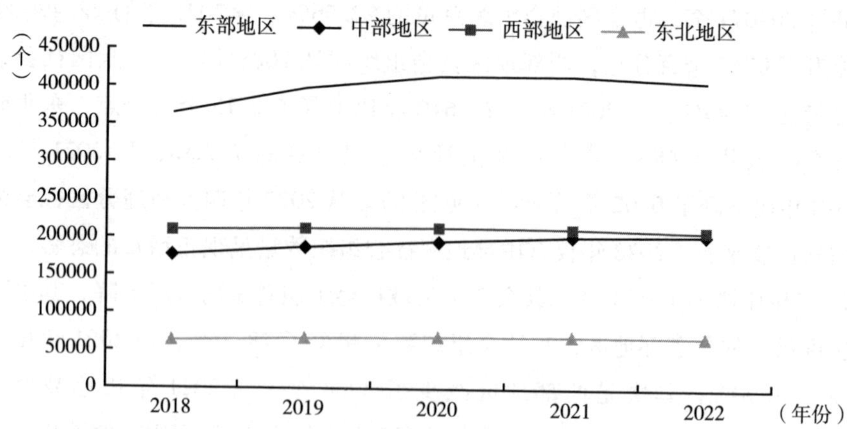


**图 9　2018~2022 年中国四大地理分区社会组织总量发展情况**

资料来源：2019~2023 年《中国民政统计年鉴》。

## 二　2022年社会组织政策变化情况

### （一）2022年社会组织发展中央层面政策

2022 年是实施“十四五”规划承上启下之年，也是乡村振兴全面展开的关键之年、决定之年，在鼓励社会组织进一步促进乡村振兴方面，2022 年 2 月 15 日，民政部、国家乡村振兴局发布了《民政部 国家乡村振兴局关于动员引导社会组织参与乡村振兴工作的通知》，要求推动社会组织工作重心从解决“两不愁三保障”逐步向助力乡村产业兴旺、生态宜居、乡风文明、治理有效、生活富裕转变，深入开展社会组织助力乡村振兴专项行动，加快建设社会组织参与乡村振兴对接平台，认真做好社会组织参与乡村振兴项目库建设，大力培育发展服务乡村振兴的社会组织，着力完善社会组织参与帮扶合作机制，持续优化社会组织参与乡村振兴支持体系。[①] 2022 年 5 月 7 日，国家乡村振兴局、民政部进一步印发了《社会组织助力乡村振兴专项行动方案》，要求社会组织结对帮扶国家乡村振兴重点县，持续巩固拓展脱贫攻坚成果；积极参与乡村振兴重点工作，打造社会组织助力乡村振兴公益品牌；聚焦重点区域和重点领域，开展社会组织乡村行活动。[②]

此外，为进一步发挥社会组织在促进经济社会发展中的作用，在助力就业方面，2022 年 7 月 8 日，民政部、教育部、人力资源和社会保障部发布了《关于推动社会组织进一步助力高校毕业生等群体就业工作的通知》，强调以社会团体、基金会和社会服务机构为主体组成的社会组织是吸纳就业的重要力量，要推动社会组织开发并稳定就业岗位，提供灵活就业岗位，推动社会组织搭建就业对接平台、参与就业培训。[③] 在促进人才培养方面，2022 年 10 月 7

---

① 《民政部 国家乡村振兴局关于动员引导社会组织参与乡村振兴工作的通知》，中华人民共和国中央人民政府门户网站，https：//www.gov.cn/zhengce/zhengceku/2022-03/01/content_5676306.htm，最后检索时间：2023 年 10 月 4 日。

② 《国家乡村振兴局 民政部关于印发〈社会组织助力乡村振兴专项行动方案〉的通知》，中华人民共和国民政部门户网站，https：//www.mca.gov.cn/n152/n165/c39491/content.html，最后检索时间：2023 年 10 月 4 日。

③ 《关于推动社会组织进一步助力高校毕业生等群体就业工作的通知》，中华人民共和国中央人民政府门户网站，https：//www.gov.cn/zhengce/zhengceku/2022-07/12/content_5700590.htm，最后检索时间：2023 年 10 月 6 日。

日，在中共中央办公厅、国务院办公厅印发的《关于加强新时代高技能人才队伍建设的意见》中强调要鼓励各类企业事业组织、社会团体及其他社会组织以独资、合资、合作等方式依法参与举办职业教育培训机构，积极参与承接政府购买服务。①

为了促进社会组织高质量发展，优化社会组织生存空间，中央出台了一系列文件规范社会组织的发展秩序。2022 年 3 月，中共中央办公厅、国务院办公厅印发了《关于推进社会信用体系建设高质量发展促进形成新发展格局的意见》，强调要加强社会组织信用建设，要充分发挥社会组织信用信息公示平台的信息公开作用。② 2022 年 5 月初，经中央批准，全国评比达标表彰工作协调小组印发《社会组织评比达标表彰活动管理办法》，对社会组织开展评比达标表彰活动的适用范围、申报条件、审批机制、程序要求、禁止情形、监管体制、违规处置、荣誉撤销等作出全面规定，为加强社会组织评比达标表彰活动管理、规范社会组织评比达标表彰活动开展提供了制度遵循。2022 年 6 月 27 日，国家互联网信息办公室发布《互联网用户账号信息管理规定》，于 8 月 1 日起正式施行。这一政策规定，将挤压各种假冒、仿冒、捏造社会组织名称、标识的行为，挤压非法社会组织网上活动空间，保护社会组织合法权益。2022 年 7 月 1 日《民政部 国家发展改革委 市场监管总局关于开展行业协会商会乱收费专项清理整治“回头看”工作的通知》要求，各地综合采取多种方式，充分利用传统媒体、“两微一端”、直播平台等各类载体，整合各类优势资源，线上线下相结合，对专项整治行动和“回头看”工作开展广泛宣传，全面强化政策宣传解读。③

---

① 《中共中央办公厅 国务院办公厅印发〈关于加强新时代高技能人才队伍建设的意见〉》，中华人民共和国中央人民政府门户网站，https：//www.gov.cn/zhengce/2022-10/07/content_5716030.htm? eqid=b0dc2f4f0000a12a0000000264880aaf，最后检索时间：2023 年 10 月 6 日。

② 《中共中央办公厅 国务院办公厅印发〈关于推进社会信用体系建设高质量发展促进形成新发展格局的意见〉》，中华人民共和国中央人民政府门户网站，https：//www.gov.cn/zhengce/2022-03/29/content_5682283.htm，最后检索时间：2023 年 10 月 6 日。

③ 《民政部 国家发展改革委 市场监管总局关于开展行业协会商会乱收费专项清理整治“回头看”工作的通知》，中华人民共和国中央人民政府门户网站，https：//www.gov.cn/zhengce/zhengceku/2022-07/07/content_5699715.htm，最后检索时间：2023 年 10 月 6 日。

## （二）2022年社会组织发展地方层面政策

为了贯彻中央的有关政策和要求，各省区市充分考虑了本地区的实际情况和特点，纷纷制定相关政策、法规和办法，结合中国式现代化建设的需求和社会组织高质量发展的目标，为社会组织提供更加明确的指导和支持，推动社会组织在各自领域内积极履行职责，发挥更大的作用。

首先，为促进社会组织高质量发展，各地纷纷出台政策提高社会组织的整体素质和能力水平。2022 年 3 月 14 日，宁夏回族自治区民政厅印发了《关于推进“十四五”社会组织高质量发展的实施意见》，计划到 2025 年，协同推动社会组织党建工作管理体制和工作机制更加完善，社会组织党的组织和党的工作有效覆盖，社会组织管理体制更加健全，治理体系更加完善，发展格局更加定型，作用发挥更加凸显，在社会组织登记数量严格保持合理规模的基础上社会组织专职工作人员数量达到 3.76 万人，获得 3A（含）以上评估等级的全区性社会组织占自治区登记社会组织比例达到 25%，法人治理结构健全、无不良信用信息记录的社会组织占比超过 80%，社会组织发展质量得到明显改善与提升。[①] 2022 年 8 月 18 日，东营市民政局、中共东营市委组织部、中共东营市委宣传部等 18 个部门联合印发了《关于党建引领社会组织助力黄河流域生态保护和高质量发展的指导意见》，要求结合黄河流域生态保护和高质量发展实际，加强社会组织党的建设，促进社会组织助力黄河流域生态保护，动员引导社会组织参与乡村振兴，促进社会组织助力经济发展，推进社会组织参与基层治理，参与疫情防控和应急救援工作，加大社会组织培育扶持力度，健全社会组织综合监管机制。[②] 2022 年 9 月 2 日，福建省民政厅印发了《关于推进福建省社区社会组织高质量发展的实施意见》，要求在公益慈善、生活服务、社区事务、文体活动等领域培育一批有活力、有公信力、有品牌影响力的

① 《自治区民政厅关于印发〈关于推进“十四五”社会组织高质量发展的实施意见〉的通知》，宁夏回族自治区民政厅门户网站，http：//mca. nx. gov. cn/zwgk/zcfg/flfg/202203/t20220323_ 3401316. html，最后检索时间：2023 年 10 月 8 日。

② 《东营市民政局 中共东营市委组织部等部门关于党建引领社会组织助力黄河流域生态保护和高质量发展的指导意见》，东营市人民政府门户网站，http：//www. dongying. gov. cn/art/2022/8/18/art_ 245895_ 11144. html，最后检索时间：2023 年 10 月 8 日。

优秀社区社会组织，大力发展枢纽型社区社会组织、农村社区社会组织，培养社区社会组织人才，优化社区社会组织发展环境。[①] 2022 年 11 月 17 日，浙江省民政厅、中共浙江省委组织部、浙江省发展和改革委员会等 10 个部门联合发布了《关于促进社会组织提质增效的实施意见》，要求健全完善"提质增效、充满活力"的社会组织发展体系，推动社会组织发展从"多不多""快不快"向"稳不稳""好不好"提升，强化党建引领，深化扶持政策，强化人才支持，降低运营支出，优化服务管理。[②] 2022 年 11 月 24 日，云南省民政厅印发了《云南省社会组织专家库管理暂行办法》，要求规范云南省社会组织登记管理服务工作，进一步凝聚社会各界智慧和力量，增强社会组织工作的人才支撑和智力支持，配齐配强云南省社会组织领域专家，共同促进社会组织高质量发展。[③]

其次，各地也颁布了大量政策鼓励社会组织参与社会服务、公益事业等领域。为促进社会组织助力乡村振兴，2022 年 4 月 1 日，福建省民政厅、福建省乡村振兴局发布了《关于动员引导社会组织参与乡村振兴的实施意见》，要求持续推进"阳光 1+1"牵手计划行动，打造社会组织助力乡村振兴公益品牌，建设社会组织参与乡村振兴项目库，优化社会组织参与乡村振兴的支持体系。[④] 2022 年 5 月 30 日，湖南省民政厅、湖南省乡村振兴局印发了《湖南省动员引导社会组织参与乡村振兴的实施意见》，要求深入开展社会组织助力乡村振兴专项行动，实施"结对帮扶助振兴""公益品牌助振兴""消费帮扶助振兴""四小建设助振兴"等专项行动，做好社会组织参与乡村振兴项目供需对接，持续优化社会组织参与乡村振兴支持体系，大力培育发展服务乡村振兴的社会组织。[⑤]

---

① 《福建省民政厅印发〈关于推进福建省社区社会组织高质量发展的实施意见〉的通知》，福建省民政厅门户网站，http：//mzt. fujian. gov. cn/gk/tzgg/202209/t20220905_ 5987392. htm，最后检索时间：2023 年 10 月 8 日。

② 《关于促进社会组织提质增效的实施意见》，浙江省民政厅门户网站，https：//mzt. zj. gov. cn/art/2022/11/28/art_ 1229459648_ 2448723. html，最后检索时间：2023 年 10 月 8 日。

③ 《云南省民政厅关于印发〈云南省社会组织专家库管理暂行办法〉的通知》，云南省民政厅门户网站，http：//ynmz. yn. gov. cn/preview/article/19944. jhtml，最后检索时间：2023 年 10 月 8 日。

④ 《福建省民政厅 福建省乡村振兴局关于动员引导社会组织参与乡村振兴的实施意见》，福建省民政厅门户网站，http：//mzt. fujian. gov. cn/zfxxgkzl/zfxxgkml/gfxwj/shzzgl/202204/t20220406_ 5875138. htm，最后检索时间：2023 年 10 月 8 日。

⑤ 《湖南省动员引导社会组织参与乡村振兴的实施意见》，湖南省民政厅门户网站，http：//mzt. hunan. gov. cn/xxgk/tzgg/202206/t20220602_ 24798335. html，最后检索时间：2023 年 10 月 8 日。

为促进社区社会组织发展，2022 年 5 月 26 日，广东省民政厅印发了《广东省社区社会组织分类管理办法（试行）》，要求规范社区社会组织管理，促进社区社会组织健康有序发展，充分发挥社区社会组织服务社区群众、培育社区文化、参与社区治理、促进社区和谐的重要作用。[①] 2022 年 11 月 24 日，中共北京市委社会工作委员会、北京市民政局印发了《关于促进社会组织参与社区治理的意见》，要求着眼社区居民的多样化需求，引导和支持社会组织将资源、技术、项目向社区倾斜，不断提升社区服务品质，鼓励社会组织根据社区发展实际，有针对性地开展各类服务活动，助力解决社区治理中的各种瓶颈和难点问题，注重发挥社会组织的独特优势，积极探索新路径、创造新方法，形成社会组织参与社区治理的北京模式。[②] 为发挥社会组织促就业、稳就业的作用，2022 年 8 月 11 日，广东省民政厅、广东省教育厅、广东省人力资源和社会保障厅发布了《关于推动社会组织助力高校毕业生等群体就业工作的通知》，要求各地民政部门要积极会同教育、人力资源和社会保障等有关部门因地制宜开展“百城千社万企助就业”招聘活动，广泛发布招聘信息，及时组织动员本地区各类社会组织，针对性举办小规模、定制化招聘会，推进社会组织与求职人员精准对接。[③] 2022 年 8 月 16 日，湖北省民政厅、湖北省教育厅、湖北省人力资源和社会保障厅发布了《关于推动社会组织进一步助力高校毕业生等群体就业工作的通知》，强调要推动社会组织开发就业岗位，提供灵活就业岗位，搭建就业对接平台，做好就业信息对接服务，积极参与就业培训。[④] 2022 年 9 月 30 日，云南省民政厅、省教育厅、省人力资源和社会保障

① 《广东省民政厅关于印发〈广东省社区社会组织分类管理办法（试行）〉的通知》，广东省民政厅门户网站，http：//smzt. gd. gov. cn/zwgk/zcfg/xzgfxwjgb/content/post_ 3939192. html?jump=true，最后检索时间：2023 年 10 月 8 日。

② 《中共北京市委社会工作委员会北京市民政局关于印发〈关于促进社会组织参与社区治理的意见〉的通知》，北京市民政局门户网站，https：//mzj. beijing. gov. cn/art/2022/11/24/art_ 9366_ 26744. html，最后检索时间：2023 年 10 月 8 日。

③ 《广东省民政厅 广东省教育厅 广东省人力资源和社会保障厅关于推动社会组织助力高校毕业生等群体就业工作的通知》，广东省人民政府门户网站，http：//www. gd. gov. cn/gdywdt/zwzt/wjybjy/zxzc/sj/content/post_ 4005555. html，最后检索时间：2023 年 10 月 7 日。

④ 《省民政厅 省教育厅 省人力资源和社会保障厅关于推动社会组织进一步助力高校毕业生等群体就业工作的通知》，湖北省民政厅门户网站，http：//mzt. hubei. gov. cn/fbjd/zcwj/zcfg/202208/t20220824_ 4277615. shtml，最后检索时间：2023 年 10 月 8 日。

厅联合发布了《关于推动社会组织进一步助力高校毕业生等群体就业十二条措施的通知》，提出要多渠道开展招聘对接活动、多层次搭建行业对接平台、多维度发挥社会组织专业优势，因地制宜开展各类招聘活动，开展“百日千万网络招聘”“百万大学生兴云南行动”“金秋招聘月”“就业促进周”等专项活动。①

最后，为进一步规范社会组织发展秩序、促进社会组织健康发展，各地出台一系列政策明确社会组织的管理和监督要求，加大对违法违规行为的惩处力度。2022 年 1 月 13 日，湖南省民政厅印发《湖南省社会组织重大事项报告管理办法》，要求进一步加强对湖南省社会组织重大事项报告的管理，规范社会组织行为，要求社会组织应当建立重大事项影响评估机制，促进社会组织健康有序发展。② 2022 年 7 月 26 日，四川省民政厅印发《四川省社会组织年度报告及年度检查暂行办法》，规定了社会组织年报年检的相关内容，要求深化全省社会组织领域“放管服”改革，加强对社会组织的监督管理，强化社会组织诚信自律，促进社会组织健康发展。③ 2022 年 11 月 9 日，安徽省民政厅印发《安徽省社会组织评估管理办法》，规定了社会组织评估内容、评估机构和职责、评估程序和方法、评估等级管理等内容，要求规范社会组织评估工作，提高社会组织的社会公信力，增强社会组织服务能力。④ 2022 年 12 月 30 日，黑龙江省民政厅印发《黑龙江省社会组织年度工作报告管理暂行办法》，要求推进社会组织管理制度改革，转变监管方式，扩大社会监督，实施社会组织年度工作报告制度，强化社

---

① 《关于推动社会组织进一步助力高校毕业生等群体就业十二条措施的通知》，云南省人民政府门户网站，http：//ynmz. yn. gov. cn/preview/article/19757. jhtml，最后检索时间：2023 年 10 月 7 日。

② 《湖南省民政厅关于印发〈湖南省社会组织重大事项报告管理办法〉的通知》，湖南省人民政府门户网站，http：//www. hunan. gov. cn/hnszf/szf/hnzb_ 18/2022/202205/szfbmwj_ 98721_ 88_ 1urmmqrurrdbvpccutqhrmsteguugvmdqkupkguegktvspf/202203/t20220314_ 22704850. html，最后检索时间：2023 年 10 月 8 日。

③ 《四川省民政厅关于印发〈四川省社会组织年度报告及年度检查暂行办法〉的通知（川民规〔2022〕3 号）》，四川省民政厅门户网站，https：//mzt. sc. gov. cn/scmzt/xzgfxwj20200908/2022/7/28/93795dbd287343fda284536e3d24d634. shtml，最后检索时间：2023 年 10 月 8 日。

④ 《关于印发〈安徽省社会组织评估管理办法〉的通知》，安徽省民政厅门户网站，http：//mz. ah. gov. cn/public/21761/121292441. html，最后检索时间：2023 年 10 月 8 日。

会组织诚信自律与信用管理。① 天津市民政局发布《关于进一步加强和规范市级社会组织财务管理的通知》，要求社会组织必须自觉接受业务主管单位、登记管理机关、财政、审计和相关部门的监督管理。对抽查审计中发现的问题，社会组织要及时制定整改措施，明确整改时限，确保问题整改到位。②

## 三　2022年社会组织发展取得的成就

### （一）全面加强社会组织党建工作

实现社会组织高质量发展，需要高质量的党建作为保障。坚持党的领导能够确保社会组织发展方向正确、行动有力，同时也为社会组织的高质量发展提供了组织保障。2022 年，我国建立党组织的社会组织共 140462 个，占社会组织总量的 15.76%，与 2021 年相比增加了 5.92%（见图 10）。

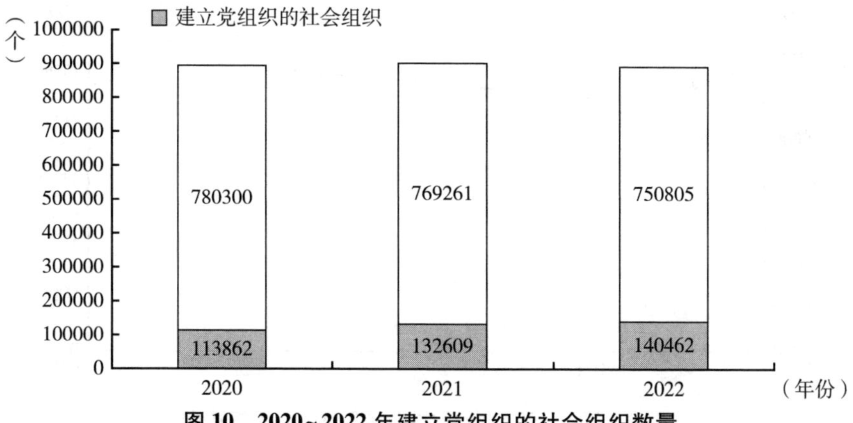


**图 10　2020~2022 年建立党组织的社会组织数量**

资料来源：2021~2023 年《中国民政统计年鉴》。

① 《黑龙江省民政厅关于印发〈黑龙江省社会组织年度工作报告管理暂行办法〉的通知》（黑民规〔2022〕11 号），黑龙江省民政厅门户网站，https：//mzt.hlj.gov.cn/mzt/c109805/202301/c00_ 31518470.shtml，最后检索时间：2023 年 10 月 8 日。

② 《天津市民政局关于进一步加强和规范市级社会组织财务管理的通知》，天津市民政局门户网站，https：//mz.tj.gov.cn/ZWGK5878/ZCFG9602/zcwj/202301/t20230117_ 6081305.html，最后检索时间：2023 年 10 月 8 日。

我国社会组织中中共党员共 1754700 人，占社会组织年末职工人数的 15.83%，与 2021 年相比增长了 1.71%。从不同类别社会组织的党组织建设情况来看，2022 年我国建立党组织的社会组织数量最多的是社会团体，共有 73517 个，占建立党组织社会组织的 52.34%，占我国社会团体的 19.86%；其次是民办非企业单位，共有 64364 个，占建立党组织社会组织的 45.82%，占我国民办非企业单位的 12.57%；最后是基金会，2581 个，占建立党组织社会组织的 1.84%，占我国基金会的 27.70%。与 2021 年相比，建立党组织的社会组织数量增长最快的是基金会，与 2021 年相比，建立党组织的基金会增加了 39.06%；其次是民办非企业单位，与 2021 年相比，建立党组织的民办非企业单位增加了 5.84%；最后是社会团体，与 2021 年相比，建立党组织的社会团体增加了 5.12%（见图 11）。

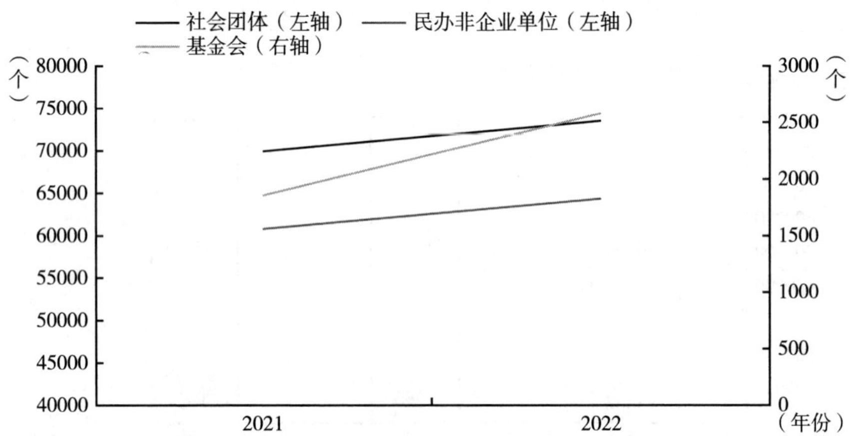


**图 11　2021~2022 年建立党组织的社会组织数量**

资料来源：2022~2023 年《中国民政统计年鉴》。

2022 年 3 月 25 日，为适应发展形势、强化基层党建的必然要求，第三届全国网络社会组织党建工作交流会通过线上线下相结合的方式举行，会上中央网信办副主任、国家网信办副主任盛荣华强调“要提高政治站位，切实增强做好网络社会组织党建工作的政治自觉、思想自觉、行动自觉”，中国网络社会组织联合会党委负责人汇报了党建工作情况，6 个网络社会组织交流了党建工作经验做法。[①] 2022 年 4 月 2 日，北京市委组织部调研了北京市科协社会组织党建工作，重点围绕“党建引领行业治理”“党建与业务工作的深度融合”等方面进行深入探讨交流，强调北京市科协是市委和市政府联系广大科技工作者的桥梁和纽带，是推动科技事业发展的重要力量，要深入贯彻“科协组织联动一盘棋”“服务人才基层联心一团火”“上下左右联络一张网”的工作理念，助力社会组织健康发展。[②] 2022 年 9 月 21 日，内蒙古社会组织党建工作和服务管理示范园正式揭牌运行，旨在从党建引领、培育发展、综合监管、作用发挥等方面建立社会组织建设新标准，通过示范引导和借鉴普及，完善社会组织的工作机制，合理布局社会组织的数量结构和发展格局，激发社会组织发展活力，凸显社会组织的功能作用，助推社会组织高质量发展。[③] 2022 年 12 月，安徽省铜陵市为推进社会组织“党建入章”工作，召开了“百日攻坚”行动部署会和“党建入章”专项培训会议，坚持强化统筹、强化指导、强化落实，并立足全市实际制定下发《关于深入推进社会组织“党建入章”工作的通知》，明确将社会组织“党建入章”完成情况作为年检、评估、申报政府购买服务的重要依据，据统计，铜陵市市本级有 115 个实体性社会组织，完成党建入章工作 112 个，党建入章率 97.4%。[④]

## （二）促进高水平科技自立自强

社会组织通过与政府、企业等各方合作推动科技创新，促进科技成果的应用和转化，通过科技评价、技术推广等方式，为科技人才提供了展示和发挥才能的平台。2022 年 4 月 20 日，科技部科技评估中心与中国留学人才发展基金

① 《第三届全国网络社会组织党建工作交流会举行》，中央网络安全和信息化委员会办公室、中华人民共和国国家互联网信息办公室门户网站，http：//www. cac. gov. cn/2022－03/25/c_1648521603466674. htm，最后检索时间：2023 年 10 月 4 日。

② 《北京市委组织部调研市科协社会组织党建工作》，中国社会组织政务服务平台，https：//chinanpo. mca. gov. cn/xwxq？ id＝18936&newsType＝1919，最后检索时间：2023 年 10 月 4 日。

③ 《内蒙古社会组织党建工作和服务管理示范园正式揭牌运行》，中国社会组织政务服务平台，https：//chinanpo. mca. gov. cn/xwxq？ id＝20500&newsType＝1919，最后检索时间：2023 年 10 月 4 日。

④ 《安徽省铜陵市“三个强化”积极推进社会组织“党建入章”工作》，中国社会组织政务服务平台，https：//chinanpo. mca. gov. cn/xwxq？ id＝21193&newsType＝1919，最后检索时间：2023 年 10 月 4 日。

会举行战略合作签约仪式，在科技项目评估、人才评估、国际合作等方面开展工作，启动全球国际科技人才项目咨询计划，中国留学人才发展基金会启动国际科技人才项目咨询服务，面向全球留学人才、海内外知名专家学者、海内外创新创业人士，提供“窗口服务”——为学术和科研技术成果、科技项目转化、海外人才引进等提供全面咨询服务。① 2022 年 7 月 30 日，河南省大学科技园发展有限公司、洛阳高新区创业服务中心共同发起筹建成立了科技企业孵化器协会，结束了河南省过去在科技企业孵化服务领域“单打独斗”的局面，逐渐向着更加规范化、专业化、体系化道路前进。② 2022 年10 月 18 日，山东省青岛市成立了青岛市科技志愿者协会，广泛团结有志于推动科技发展、促进科学普及、提供志愿服务的各方面人才，推动科技发展惠及民生，维护科技志愿者合法权益，提高全民科学素质水平，助力城市创新发展。③ 2022 年 10 月 11 日，为加快科技服务业发展步伐，进一步促进科技成果转化，促进科技经济深度融合，石家庄市成立了石家庄市科技服务协会，旨在建立石家庄市科技服务业体系，推动科技服务业持续健康发展，发挥科技服务业对科技创新和产业发展的支撑作用。④ 2022 年 12 月 22 日，中关村人才协会和台湾中华青年企业家协会共同主办 2022 年京台科技人才发展论坛，围绕科技创新、双碳经济、金融服务、生技医药健康等产业加强科技创新引领示范，了解掌握科技企业与人才发展需求，整合京台两地科技人才资源，推动两岸合作项目落地，进一步深化京台两地经济合作，促进两岸之间的融合与发展。⑤

---

① 《科技部科技评估中心与中国留学人才发展基金会达成战略合作》，中国社会组织促进会门户网站，https：//www. chinanpo. org. cn/ds/230429616f. html，最后检索时间：2023 年 10 月 7 日。

② 《河南省科技企业孵化器协会成立》，中国社会组织促进会门户网站，https：//www. chinanpo. org. cn/ds/230488f40d. html，最后检索时间：2023 年 10 月 6 日。

③ 《青岛市科技志愿者协会成立》，中国社会组织促进会门户网站，https：//www. chinanpo. org. cn/ds/230482f921. html，最后检索时间：2023 年 10 月 6 日。

④ 《石家庄市科技服务协会成立》，中国社会组织促进会门户网站，https：//www. chinanpo. org. cn/ds/230497a19d. html，最后检索时间：2023 年 10 月 6 日。

⑤ 《中关村人才协会等举办 2022 年京台科技人才发展论坛》，中国社会组织政务服务平台，https：//chinanpo. mca. gov. cn/xwxq？ id＝21263&newsType＝1948，最后检索时间：2023 年 10 月 6 日。

## （三）积极助力乡村振兴

社会组织在乡村振兴中发挥重要作用，能够补充政府资源不足、提升乡村发展能力、提升乡村治理水平，推动乡村经济、政治、文化、社会和生态文明建设的全面发展。2022 年 6 月 8 日，民政部、国家乡村振兴局召开社会组织助力乡村振兴工作推进会，强调要引导各级各类社会组织在巩固拓展脱贫攻坚成果上发挥好作用，依托自身优势，按照“产业兴旺、生态宜居、乡风文明、治理有效、生活富裕”总要求，发挥好作用、多作出贡献，各级民政部门要会同乡村振兴部门做好服务管理工作。① 2022 年 1 月 6 日，中国社会福利基金会、陈香梅公益基金会等联合举办 2022“科技+教育+公益”助力乡村教育振兴活动，切实发挥信息化在资源共享、治理提升等方面的综合性作用，推动形成乡村教育振兴和教育振兴乡村“双促进、双循环”的工作格局，25 家单位现场联合发起倡议，呼吁搭建公益平台，助力国家乡村教育振兴；多家爱心企业向中国社会福利基金会授渔计划捐赠善款，助力“双师课堂”的落地实施。② 2022 年 3 月，广西壮族自治区玉林市召开 2022 年党建引领社会组织助力乡村振兴定点联系工作推进会，构建新型“党建+社会组织+帮扶”，以“一村一会”“一村多会”“一会多村”等形式开展结对帮扶工作，不断提升帮扶对象“造血”能力，打造玉林市社会组织助力乡村振兴特色品牌。③ 2022 年 5 月 25 日，中关村精准医学基金会通过沪滇协作平台向盐津县开展精准医疗帮扶，共捐赠了 5 台四维彩超设备，总价值 1119 万元。④ 2022 年 8 月 22~23 日，

① 《民政部、国家乡村振兴局召开社会组织助力乡村振兴工作推进会》，中国社会组织政务服务平台，https：//chinanpo. mca. gov. cn/xwxq？ id = 19617&newsType = 760001，最后检索时间：2023 年 10 月 4 日。

② 《中国社会福利基金会、陈香梅公益基金会等联合举办 2022“科技+教育+公益”助力乡村教育振兴活动》，中国社会组织政务服务平台，https：//chinanpo. mca. gov. cn/xwxq？ id = 17961&newsType = 760003，最后检索时间：2023 年 10 月 4 日。

③ 《广西玉林召开 2022 年党建引领社会组织助力乡村振兴定点联系工作推进会》，中国社会组织政务服务平台，https：//chinanpo. mca. gov. cn/xwxq？ id = 18624&newsType = 760003，最后检索时间：2023 年 10 月 4 日。

④ 《中关村精准医学基金会向云南省盐津县捐赠 1119 万元医疗设备》，中国社会组织政务服务平台，https：//chinanpo. mca. gov. cn/xwxq？ id = 19510&newsType = 760003，最后检索时间：2023 年 10 月 4 日。

山东省召开党建引领社会组织助力乡村振兴暨黄河流域生态保护和高质量发展座谈会，以“走在前 开新局——黄河新生态·公益向未来”为主题，推动更好发挥社会组织在乡村振兴、黄河流域生态保护和高质量发展中的积极作用，座谈会上9家省管社会组织与东营市有关方面签订了合作协议，10个省管社会组织、部分沿黄市民政局作了交流发言[①]。为助力西部对口帮扶地区推进乡村振兴工作，天津市民政局动员全市基金会积极投身乡村振兴战略实践，结合自身专长和优势，截至2022年11月16日，全市110家基金会着眼乡村振兴事业发展需求，积极认领并承接乡村振兴帮扶项目任务61个，共涉及资金1013万元，全市基金会帮扶项目涵盖民政、教育、医疗、文化等领域，涉及西藏自治区昌都市、新疆维吾尔自治区和田地区、甘肃省、青海省黄南州等西部地区乡村。[②]

### （四）积极参与社会治理

社会组织作为社会治理的重要参与者和实践者，具有独特的优势和作用，有利于推动社会治理体系的完善和发展，提高社会治理的效率，增强社会的凝聚力和创新力，促进社会的和谐稳定和持续发展。2022年，广西壮族自治区柳州市为大力培育发展社区社会组织，引导社区社会组织积极参与公共利益维护、困难群众救助、矛盾纠纷化解、基层协商民主等工作，在6个县（区）建成33个街道（乡镇）社区社会组织孵化基地，实现城区社区社会组织孵化基地全覆盖，通过专项对接、骨干座谈、项目培训等方式，为辖区社区社会组织提供能力建设、人才培养等综合服务，有效提高社区社会组织项目操作能力，推动社区社会组织规范化发展。[③] 2022年6月17日，山东省青岛市召开全市党建引领社会组织参与基层治理工作推进会，把培育发展社区社会组织纳入城乡社区治理总体布局，推进居民需求侧与服务供给侧有效对接，强化顶层

---

① 《全省党建引领社会组织助力乡村振兴暨黄河流域生态保护和高质量发展座谈会在东营召开》，山东省民政厅门户网站，http：//mzt. shandong. gov. cn/art/2022/8/24/art_ 15315_ 10300753. html，最后检索时间：2023年10月4日。

② 《天津110家基金会助力西部乡村振兴》，中国社会组织政务服务平台，https：//chinanpo. mca. gov. cn/xwxq？ id=21015&newsType=760003，最后检索时间：2023年10月4日。

③ 《广西柳州市发挥社区社会组织作用 助力基层治理创新》，中国社会组织政务服务平台，https：//chinanpo. mca. gov. cn/xwxq？ id=21277&newsType=3501，最后检索时间：2023年10月5日。

设计健全发展体系，把更多资源、服务、管理放到社区，更好为居民提供精准化、精细化服务，不断推进基层社会治理体系和治理能力现代化。① 山东省社会组织管理局联合省管社会组织向全省各级社会组织发出倡议，积极参与打击整治养老诈骗，切实维护老年人合法权益，积极营造国泰民安的社会环境。② 2022 年 9 月 1 日，上海市长宁区在古北市民中心举行了“30+X”社会组织赋能计划总结会，发布了社会组织参与社区治理“十大”工作法，聚焦全区社会组织参与社区治理的 5 个典型领域，组成 5 支队伍，通过需求寻访、专题培训、案例总结提炼等形式分类赋能，提升社区和社会组织在需求调研、项目设计、项目运作等方面的水平，从而提升社会组织参与社会治理的能力。③ 天津市商务服务行业协会在中秋节前夕，与 80 余位心羽幸福大院的失独老人团聚喜迎中秋佳节，为老人捐助了 100 份爱心月饼礼盒、100 套健康评估卡、6 箱卫生抽纸包，用实际行动为老人营造了“失独不失爱”的社会大家庭氛围；天津市小爱公益基金会启动了“小爱公益行·温暖百家心”2022 助老扶老慰问活动，基金会志愿者先后看望了和平区、南开区、滨海新区、西青区、武清区 500 余位孤寡老人、失独老人、退伍老兵；天津市鹤童老年公益基金会启动了关爱农村老人服务项目，项目计划投入资金 10 万元，依据蓟州区、宁河区 90 位生活困难乡村老年人实际需求，购置了血压计、温度计、多功能医药箱等常用医疗用品。④

### （五）助力高校毕业生等群体就业

社会组织可以发挥自身的资源和渠道优势，通过开展培训、实习、见习等方式，提高求职者的就业能力和竞争力，为求职者提供更多的就业信息和渠道，使其更好地了解市场需求和就业趋势。2022 年 6 月 23 日，中国环境保护

---

① 《社会组织参与基层社会治理的“青岛样本”》，中国社会组织促进会门户网站，https：//www. chinanpo. org. cn/ds/23049f304c. html，最后检索时间：2023 年 10 月 5 日。

② 《积极参与打击整治养老诈骗！山东省管社会组织发出倡议》，中国社会组织促进会门户网站，https：//www. chinanpo. org. cn/ds/2304b3bbfc. html，最后检索时间：2023 年 10 月 5 日。

③ 《上海长宁发布社会组织参与社区治理“十大”工作法!》，中国社会组织促进会门户网站，https：//www. chinanpo. org. cn/ds/2304e66fac. html，最后检索时间：2023 年 10 月 5 日。

④ 《天津社会组织参与为老服务在行动》，中国社会组织政务服务平台，https：//chinanpo. mca. gov. cn/xwxq？ id = 20477&newsType = 3501，最后检索时间：2023 年 10 月 4 日。

产业协会举办了“送人才、送服务、稳经济、稳就业”主题会员日活动，以线上线下相结合的方式组织国内高校与环保企业进行校企对接，交流企业用人需求、高校学生培养情况和就业意向等，为高等院校优秀毕业生到环保企业工作畅通渠道。① 2022 年 8 月 9 日，广州市社会组织搭建劳动力供需对接平台，25 个全市性社会组织通过开展“走百家访千社”调研活动、召开“双统筹”工作座谈会、搭建合作平台、收集推送就业岗位信息、主动向乡村振兴联系点推介等举措，引导会员单位发布就业岗位数量 7533 个，招聘工作人员数量 5666 个，其中面向高校毕业生的岗位数量 4127 个，招聘毕业生数量 3005 名。② 2022 年 9 月，广东省东莞市民政局联合教育、人力资源、退役军人事务等部门共同举办“莞社联企 职通未来——广东省‘百城千社万企助就业’专项行动（东莞）空中双选会”，联动 33 个镇街、园区设立社会组织助就业双选会分会场，采用名优企业直播带岗、线上云聘会的形式，提供空中面试、直播带岗、职业测评、就业辅导等服务，吸引超过百个社会组织、1009 家企业参与，提供招聘职位 14927 个，总需求人数达 90628 人，总浏览量达 28372 次，带岗直播间在线直聊人数达 43715 人次，投递简历 46827 份。③ 2022 年 10 月 27 日，天津市民政局与天津市社会组织联合会主办“‘就’在金秋‘职’面未来——局长直播带岗”活动，强调要把促进高校毕业生等群体就业摆在社会组织工作更加突出位置，结合自身工作实际，整合资源，发挥专业优势，着力在助力开发就业岗位、拓展就业空间、提供就业服务上下功夫，切实为助力高校毕业生等群体就业工作献智献策献力。④

---

① 《送技术送人才，稳经济稳就业！中国环境保护产业协会将开展线上线下校企对接》，中国社会组织政务服务平台，https：//chinanpo. mca. gov. cn/xwxq？ id = 19806&newsType = 1948，最后检索时间：2023 年 10 月 4 日。

② 《促就业促经济 广州市社会组织搭建劳动力供需对接平台》，中国社会组织政务服务平台，https：//chinanpo. mca. gov. cn/xwxq？ id = 20215&newsType = 3501，最后检索时间：2023 年 10 月 4 日。

③ 《广东省东莞市民政局联动政社企多方力量积极引导社会组织助就业》，中国社会组织政务服务平台，https：//chinanpo. mca. gov. cn/xwxq？ id = 20935&newsType = 1948，最后检索时间：2023 年 10 月 4 日。

④ 《天津市民政局携手天津市社会组织联合会举办局长直播带岗活动》，中国社会组织政务服务平台，https：//chinanpo. mca. gov. cn/xwxq？ id = 20916&newsType = 1948，最后检索时间：2023 年 10 月 4 日。

## （六）积极助力绿色生态发展

社会组织积极助力绿色生态发展，有利于推动生态文明建设和可持续发展，促进经济结构调整和转型升级，改善生态环境质量，提高公众生活品质，应对气候变化等全球性问题。2022 年 4 月 18 日，为推动气象领域的减缓和适应气候变化行动、绿色低碳可持续发展，促进应对气候变化与生态价值实现的协同增效，中国气象服务协会发起在中国绿色碳汇基金会设立气候生态价值实现专项基金，用于支持应对气候变化和气候资源开发利用的理论研究、科技创新和标准制定，防灾减灾和应对气候变化科学知识普及，气候生态产品价值实现机制、路径研究和项目示范等项目。① 2022 年 6 月 2 日，为助力 2022 年世界经济论坛年会上中国政府作出的力争 10 年种 700 亿棵树的承诺，多家社会组织机构发布倡议表示高度赞同，并愿意全力动员和支持社会各界参与绿化保护地球共同行动，积极发挥社会组织桥梁作用，强化宣传教育，积极推进低碳发展和绿色转型的创新，为保护全球生物多样性、共同应对气候变化贡献力量。② 2022 年 6 月 6 日，中国银行间市场交易商协会在人民银行的指导下，积极践行转型发展理念，拟创新推出转型债券，应对气候变化目标，支持传统行业绿色低碳转型。③ 2022 年 9 月 3 日，中国国际民间组织合作促进会、中国绿色碳汇基金会、中国低碳网共同主办了全球气候变化与“双碳”目标下的社会组织与企业合作论坛，举行了“减缓与适应　全球气候治理的中国智慧与中国方案”“企业与社会资本参与生态保护修复行动助力碳中和目标实现”“绿色‘一带一路’建设中社会组织与企业合作”“推动企业履行社会责任促进绿色低碳可持续发展”“双碳目标下的行业行动”等圆桌论坛。④ 2022 年 10

① 《中国绿色碳汇基金会气候生态价值实现专项基金成立》，中国社会组织促进会门户网站，https：//www.chinanpo.org.cn/ds/2304d9789b.html，最后检索时间：2023 年 10 月 5 日。

② 《助力 10 年 700 亿棵树承诺 多家社会组织机构发布倡议》，中国日报门户网站，http：//cn.chinadaily.com.cn/a/202206/03/WS62999060a3101c3ee7ad8c2a.html，最后检索时间：2023 年 10 月 5 日。

③ 《交易商协会：拟创新推出转型债券，支持传统行业绿色低碳转型》，中国社会组织促进会门户网站，https：//www.chinanpo.org.cn/ds/2304449769.html，最后检索时间：2023 年 10 月 5 日。

④ 《全球气候变化与“双碳”目标下的社会组织与企业合作论坛在北京举行》，中国社会组织促进会门户网站，https：//www.chinanpo.org.cn/ds/23041bb83e.html，最后检索时间：2023 年 10 月 5 日。

月25日，中国快递协会组织召开2022年快递业务旺季服务保障工作协调动员会，努力打造安全旺季、畅通旺季、绿色旺季、暖心旺季，中国邮政、顺丰、中通、圆通、韵达、申通等16家会员单位积极响应“双11”绿色倡议，切实推进快递行业绿色发展。① 2022年11月2日，中国环境保护产业协会、中国工业节能与清洁生产协会、中华环保联合会等10家社会组织联合发起，30余家全国性行业协会共同向社会各界发起“服务双碳战略 推动绿色发展 共建生态文明 建设美丽中国”倡议，呼吁推进生态优先、节约集约、绿色低碳发展，深入推进环境污染防治和能源革命，积极参与应对气候变化全球治理，推动全社会形成绿色低碳的生活方式。②

### （七）持续优化社会组织生存发展空间

为响应中央部署的行业协会商会专项整治“回头看”行动，各地纷纷采取行动开展广泛的整治工作。2022年，山西省开展了行业协会商会乱收费专项清理整治工作，规定了15项行业协会商会乱收费行为，制止和查处行业协会商会违法违规收费，规范和引导行业协会商会合法合理收费，降低行业协会商会涉企收费规模，减轻市场主体负担、优化营商环境，促进行业协会商会健康有序发展。③ 2022年6月，深圳市民政局印发《关于开展行业协会商会乱收费专项清理整治工作的通知》，并将行业协会商会领域乱收费乱摊派专项清理整治“回头看”纳入2022年重点工作和绩效管理予以强力推进，截至10月底，全市民政部门共推动728家行业协会商会对涉企收费情况开展自查自纠，推动引导184家行业协会通过主动减免、降低、缓缴收费，减轻企业负担总额8522.58万元。④ 此外，天津市、江西省等多地也纷纷开展了行业协会

① 《中国快递协会：顺丰、申通等16家会员单位积极响应“双11”绿色倡议》，中国社会组织促进会门户网站，https://www.chinanpo.org.cn/ds/23047c156d.html，最后检索时间：2023年10月5日。

② 《30余家全国性行业协会发起“服务双碳战略 推动绿色发展 共建生态文明 建设美丽中国”倡议》，中国社会组织促进会门户网站，https://www.chinanpo.org.cn/ds/2304a73219.html，最后检索时间：2023年10月5日。

③ 《山西整治行业协会十五种乱收费行为》，中国社会组织促进会门户网站，https://www.chinanpo.org.cn/ds/2304f597cf.html，最后检索时间：2023年10月9日。

④ 《深圳：专项清理整治打出组合拳 为企业减负超8500万元》，中国社会组织促进会门户网站，https://www.chinanpo.org.cn/ds/2304be5169.html，最后检索时间：2023年10月9日。

商会专项整治"回头看"行动，重点整治强制或变相强制入会并收取会费、利用分支（代表）机构多头收取会费、通过评比达标表彰活动收费、通过职业资格认定违规收费等社会和企业反映强烈的行业协会商会乱收费问题。①在整治"僵尸型"社会组织方面，2022 年，安徽省持续推进"僵尸型"社会组织整治工作，截至 2022 年 6 月 30 日，2021 年底未完成整治的"僵尸型"社会组织 864 家，目前已完成整治 543 家；2022 年新增的"僵尸型"社会组织 564 家，目前已完成整治 219 家。② 青海省自 2022 年 8 月开展"僵尸型"社会组织整治工作以来，截至 2022 年 11 月 10 日全省累计清理整治"僵尸型"社会组织 634 家，占全省社会组织总量的 11%，下一步将常态化开展"僵尸型"社会组织整治工作。③ 为进一步规范社会组织行为，2022 年福建省厦门市通过集中整治，去"存量"，遏"增量"，实现对社会组织违法违规行为的标本兼治、惩防并举的治理效果，全年通过专项行动检查发现，13 家社会团体的 53 个分支机构（代表）存在名称不规范、连续两年及以上未开展活动等问题，已整改到位；市级 396 家社会服务机构组织开展非营利性自查，进一步健全规范内部制度和财务管理；65 家行业协会商会采取减免、降低、缓缴、取消等减负措施，为企业减轻负担 1226 万元，惠及企业 3556 家。④

## （八）积极广泛参与全球治理

社会组织能够推动全球治理朝着更加公正合理的方向发展，促进民心相通，提供专业支持以及监督和评估全球治理。2022 年 3 月 26 日，中国人权研

---

① 《天津开展行业协会商会乱收费专项清理整治"回头看"工作》，中国社会组织促进会门户网站，https：//www. chinanpo. org. cn/ds/23046fd16a. html，最后检索时间：2023 年 10 月 9 日。《江西行业协会商会开展专项整治"回头看"》，中国社会组织促进会门户网站，https：//www. chinanpo. org. cn/ds/2304672747. html，最后检索时间：2023 年 10 月 9 日。

② 《安徽持续推进"僵尸型"社会组织整治工作 已完成整治 762 家》，中国社会组织促进会门户网站，https：//www. chinanpo. org. cn/ds/23047ed799. html，最后检索时间：2023 年 10 月 9 日。

③ 《青海省清理整治 634 家"僵尸型"社会组织》，中国社会组织政务服务平台，https：//chinanpo. mca. gov. cn/xwxq？ id=20998&newsType=1942，最后检索时间：2023 年 10 月 4 日。

④ 《福建省厦门市 2022 年社会组织专项整治行动成效显著，助力优化营商环境》，中国社会组织政务服务平台，https：//chinanpo. mca. gov. cn/xwxq？ id=21361&newsType=1942，最后检索时间：2023 年 10 月 4 日。

究会主办联合国人权理事会第四十九届会议“美式人权观及其对全球人权治理的危害”中方边会，来自中国、韩国等国家的专家学者围绕“美式片面的人权观及其体现”“全球人权治理与人权理论发展”等议题展开研讨，为全球人权治理改革与发展建言献策。[①] 2022 年 8 月 10 日，中国贸促会、中国国际商会发布声明表示，反对美《芯片与科学法案》不当干预和限制全球工商界经贸与投资合作，提倡并积极推动良性、公平和公正的国际竞争，反对美国借国家力量阻挠全球工商界正常交流与合作，在歧视别国的基础上展开不公平竞争，并呼吁全球工商界携手应对，消除该法案对工商界的不利影响，必要时采取有力措施维护自身合法权益。[②] 2022 年 10 月 18 日，北京新阳光慈善基金会在日内瓦与世界卫生组织签署合作备忘录，支持“世界卫生组织儿童癌症全球倡议”，对发展中国家儿童癌症防控提供能力建设，并参加世卫组织癌症患者生存状况调查，为各国改善癌症治疗和关怀提供数据支持，为发展中国家癌症综合防控提供支持。[③] 2022 年 11 月 24～26 日，中国海洋发展基金会、广东省深圳全球海洋中心城市建设促进会和深圳市盐田区人民政府联合主办“全球海洋中心城市促进论坛”，围绕海洋科技、海洋产业、航运运输、海洋文明、海洋合作治理等全球海洋中心城市评价指标所设置的宏观话题展开专业讨论，为促进全球海洋城市交流合作，加快发展蓝色伙伴关系，推动海洋经济高质量发展，打造更具国际竞争力、吸引力和创造力的全球海洋中心城市建言献策。[④] 2022 年 12 月 16 日，中国抗癌协会等举办 2022 中美抗癌峰会，共话当今癌症领域最新研究成果，探讨肿瘤防治对策，为中美两国肿瘤学专家学者提

① 《中国人权研究会举办联合国人权理事会第四十九届会议“美式人权观及其对全球人权治理的危害”中方边会》，中国社会组织促进会门户网站，https：//chinanpo. mca. gov. cn/xwxq？newsType = 6000&id = 18793&search =% E5% 85% A8% E7% 90% 83，最后检索时间：2023 年 10 月 5 日。

② 《中国贸促会等反对美〈芯片与科学法案〉不当干预和限制全球工商界经贸与投资合作》，中国社会组织促进会门户网站，https：//www. chinanpo. org. cn/ds/2304d7152f. html，最后检索时间：2023 年 10 月 5 日。

③ 《北京新阳光慈善基金会携手世卫组织为发展中国家癌症综合防控提供支持》，中国社会组织促进会门户网站，https：//chinanpo. mca. gov. cn/xwxq？newsType = 6000&id = 20802&search=%E5%85%A8%E7%90%83，最后检索时间：2023 年 10 月 5 日。

④ 《中国海洋发展基金会圆满主办全球海洋中心城市促进论坛》，中国社会组织促进会门户网站，https：//www. chinanpo. org. cn/ds/230448650d. html，最后检索时间：2023 年 10 月 5 日。

供了相互了解、相互借鉴肿瘤防治成功经验的契机，将为今后中美两国进一步提高肿瘤防控水平、造福全球肿瘤患者起到至关重要的推动作用。[①] 2022 年 12 月 27 日，联合国经济及社会理事会正式通知授予中国网络社会组织联合会特别咨商地位，中国网络社会组织联合会是我国网信领域首个获得咨商地位的社会组织，充分利用联合国平台，讲好中国故事，助力推动中国深入参与全球网络空间治理体系改革。[②]

## 四　中国式现代化进程中社会组织高质量发展的基本方向

### （一）党建引领指明社会组织高质量发展道路

党建引领指明社会组织高质量发展道路的逻辑在于党的领导是政治基础，为社会组织高质量发展提供理论依据，引领社会组织完善内部治理结构，保障社会组织拥有良好的环境。

第一，党建引领是社会组织高质量发展的政治基础。作为社会组织中的中国共产党组织，党建引领是社会组织必须坚持的政治方向，也是社会组织健康发展的根本保障。通过加强党的建设，社会组织可以更好地贯彻落实党的路线方针政策，增强政治意识、大局意识、核心意识、看齐意识，在思想上、政治上、行动上与党中央保持高度一致。这为社会组织高质量发展提供了重要的政治保障。

第二，党建引领为社会组织高质量发展提供了科学的理论指导。社会组织高质量发展需要以习近平新时代中国特色社会主义思想为指导，不断推进理论创新和实践创新。党的二十大报告明确提出“中国式现代化的本质要求是：

① 《中国抗癌协会等举办 2022 中美抗癌峰会》，中国社会组织促进会门户网站，https：//chinanpo. mca. gov. cn/xwxq? newsType=6000&id=21223&search=%E5%85%A8%E7%90%83，最后检索时间：2023 年 10 月 5 日。

② 《中国网络社会组织联合会获得联合国经社理事会特别咨商地位》，中国社会组织促进会门户网站，https：//chinanpo. mca. gov. cn/xwxq? newsType = 6000&id = 21288&search =% E5%85%A8%E7%90%83，最后检索时间：2023 年 10 月 5 日。

坚持中国共产党领导，坚持中国特色社会主义，实现高质量发展，发展全过程人民民主，丰富人民精神世界，实现全体人民共同富裕，促进人与自然和谐共生，推动构建人类命运共同体，创造人类文明新形态”。这为中国式现代化进程中社会组织高质量发展提供了重要的理论依据。党建引领可以发挥党的理论优势，推动社会组织深入学习贯彻习近平新时代中国特色社会主义思想，不断推进理论创新和实践创新，促进社会组织高质量发展。

第三，党建引领社会组织完善内部治理结构。社会组织高质量发展需要一个健全的治理结构来保障其运行。一方面，通过加强党的建设，社会组织可以完善组织架构、财务管理、人力资源管理等方面的制度建设，提升组织的规范化程度和专业化水平。这有助于提高社会组织的执行能力和工作效率，为高质量发展提供有力的保障。另一方面，党建引领可以促进社会组织加强民主管理，建立健全民主决策机制，增强组织的凝聚力和向心力。同时，党组织可以在社会组织中推动党风廉政建设，加强组织内部的纪律和规范。通过党的纪律教育和实践，社会组织可以增强员工的廉洁自律意识，防范组织内部的腐败行为。

第四，党建引领保障社会组织拥有良好的发展环境。社会组织高质量发展需要有良好的政策环境、社会氛围等予以保障。党的领导能够促进社会组织与政府、企业、社区等各方面的合作，为其发展提供更多的机遇和资源。一方面，党组织可以发挥自身的政治优势，为社会组织争取更多的政策支持和资金扶持。通过与政府部门的沟通协调，可以推动政府制定有利于社会组织高质量发展的政策法规，为社会组织的发展提供政策保障。另一方面，党建引领能够促进社会组织合作交流，提升社会认可度。通过党组织牵头组织的各种交流会议、合作项目等活动，社会组织可以拓展人脉资源，共享信息，提高整体发展水平，提高社会组织和员工的社会认可度和公信力。

### （二）聚焦重大战略布局社会组织发展领域

党的二十大报告确定了我国全面建设社会主义现代化国家的重点任务，并对这一系列任务目标进行了规划部署和战略布局。习近平总书记强调，“党的二十大确定的目标任务有近期的，有中期的，也有长期的，要分清轻重缓急，既要全面推进，又要突出重点”。一是党的二十大报告中强调“建设现代化产业体系。坚持把发展经济的着力点放在实体经济上，推进新型工业化”。面向这一战略布局，我国行业协会商会应积极参与完善供需体系、优化营商环境、健全产业体系，助力加快建设制造强国、质量强国、航天强国、交通强国、网络强国和数字中国①。二是推动创新驱动发展，助力国家科技自立自强，建设科技强国和创新型国家。社会组织要积极参与到国家创新驱动发展战略中，发挥自身优势，推动科技创新和产业升级，促进产学研用深度融合，推动科技成果转化和应用。三是立足科教兴国、人才强国战略，促进人力资源优化配置。社会组织要积极参与人才强国战略，通过人才引进、培养和交流等方式，提高我国人力资源的整体素质和水平。社会组织可以通过开展职业技能培训、继续教育等活动，提高各类人才的业务能力和综合素质。同时，社会组织还可以推动人才流动，优化人力资源配置，促进人才创新创业。四是助力可持续发展，推动生态文明建设。社会组织要积极参与到可持续发展和生态文明建设中，发挥自身在环境保护、资源利用和社会责任等方面的优势，促进绿色低碳发展。社会组织可以开展环保公益活动、推广环保理念，促进节能减排和资源循环利用。五是立足全面推进乡村振兴、推进共同富裕、社会事业发展等重大战略部署，参与社会治理创新，促进共建共治共享。社会组织要积极参与社会治理创新，发挥自身在基层群众自治、社区建设中的协同作用，促进社会和谐稳定。推动社会组织参与基本民生保障、基层社会治理、基本社会服务，加强社区建设和和美乡村建设，提高基层自治水平，参与调解民间纠纷，维护社会和谐稳定，协同各类社会组织，形成社会治理合力。六是立足区域协调发展战略、主体功能区战略等战略安排，推动参与平台搭建、项目对接和品牌推广。社会组织可以发挥自身优势，积极参与到国家区域重大战略中推进区域协调发展，帮助制定和实施符合当地特点的发展规划，促进各类资源要素的合理配置。例如湖北省部署社会组织公益品牌创建活动，支持社会组织围绕科教兴国、人才强国、创新驱动发展、乡村振兴、援藏援疆、疫情防控、创新驱动发展、区域协调发

① 《聚焦党的二十大精神学习贯彻 奋力谱写社会组织发展新篇章》，中华人民共和国民政部门户网站，https：//www. mca. gov. cn/n152/n166/c48090/content. html，最后检索时间：2023年10月9日。

展、积极应对人口老龄化等国家战略提供专业服务，创建具有广泛影响的社会组织公益服务品牌。①

### （三）新发展理念激发社会组织高质量发展活力

新发展理念是我国经济社会发展的重要指导思想，也是推动社会组织高质量发展的重要遵循。新发展理念包括创新、协调、绿色、开放、共享五个方面，这些方面都为社会组织高质量发展提供了重要的思路和方法。

一是创新发展激发社会组织活力。创新是引领发展的第一动力，也是推动社会组织高质量发展的重要手段。社会组织应该积极创新，探索新的发展模式和服务方式，提高服务质量和效率，通过引入新的技术手段，如互联网、大数据等，创新服务方式和手段，开展新的服务项目，满足社会多元化、个性化的需求。同时，社会组织也需要创新管理方式，提高组织运行效率和管理水平。

二是协调发展促进社会组织均衡发展。协调是持续健康发展的内在要求，也是推动社会组织高质量发展的重要保障。一方面，社会组织应注重组织内部治理的协调发展，实现组织结构、人员配备、财务管理等方面的协调发展；另一方面，社会组织应注重业务领域的协调发展，实现不同业务领域之间的协调发展。此外，社会组织也应该注重与社会各界的协调发展，实现与社会各界之间的良性互动。

三是绿色发展推动社会组织可持续发展。绿色是永续发展的必要条件和人民对美好生活追求的重要体现，也是推动社会组织高质量发展的重要方向。社会组织可以通过开展环保公益项目，倡导绿色生活方式，引导公众形成绿色消费观念，参与国际绿色发展合作，推动全球绿色发展，促进环境保护和可持续发展。

四是开放发展拓展社会组织发展空间。开放是国家繁荣发展的必由之路，也是推动社会组织高质量发展的重要途径。社会组织应该积极开放，拓展发展空间和渠道。一方面，社会组织可以积极参与政府购买服务，拓展国内发展空间，加强与其他组织合作，实现资源共享和互利共赢；另一方面，社会组织可

---

① 《履行社会责任 助力“共同缔造”湖北省开展社会组织公益品牌创建活动》，中国社会组织政务服务平台，https：//chinanpo. mca. gov. cn/xwxq？ id＝20290&newsType＝3501，最后检索时间：2023 年 10 月 4 日。

以通过开展国际交流合作项目方式，拓展国际发展空间。

五是共享发展增进社会组织社会认同。共享是中国特色社会主义的本质要求，也是推动社会组织高质量发展的重要目标。社会组织应该注重共享发展，增进社会的认同和支持，通过参与社会救助等方式，为社会弱势群体提供帮助，为社会提供公共服务，倡导公益文化，引导公众形成公益意识。

### （四）规范发展护航社会组织行稳致远

规范发展护航社会组织行稳致远具有重要意义，可以为社会组织的健康发展、可持续发展和国际化发展提供有力保障，促进社会组织更好地履行社会使命，为社会作出更大的贡献。

一是规范发展能够提高社会组织的公信力和透明度。规范发展意味着社会组织必须建立完善的内部管理机制和规章制度，包括财务管理、人力资源管理、项目管理等方面，及时、准确地公开组织的信息，由此可以保障社会组织的合法性和合规性。规范的运作和管理，有助于确保组织的运作规范、透明，社会组织可以更好地履行社会使命，提升服务质量和专业化水平，提高社会认可度和信任度。

二是规范发展促进社会组织的健康发展。规范发展避免不良行为的发生，监督社会组织在建立健全内部管理制度和机制的基础上，加强自我管理和自我约束，提高运作效率和质量。在激烈的市场竞争中，规范化运作的社会组织能够更好地应对挑战，抓住发展机遇。规范的管理制度、高效的运营模式和优质的服务能力使组织更具竞争力，有利于其在市场中脱颖而出。同时，规范化运作可以对其他组织产生示范效应，推动整个行业的自律与进步，也有利于社会组织自身的健康成长。

三是规范发展推动社会组织的可持续发展。对于社会组织来说，可持续发展意味着在不断推动社会进步和改善民生的同时，保持组织的长期稳定和发展。规范发展可以为社会组织的可持续发展奠定坚实基础，通过科学合理的战略规划和资源管理，社会组织可以实现长期稳定的发展。在规范发展的保障下社会组织可以不断变革和创新，提升自我造血能力。

四是规范发展能够提高社会组织在国际舞台上的竞争力。一方面，规范发展可以增强社会组织在国际舞台上的合规意识和能力。通过建立完善的内部管理机制和合规体系，社会组织可以更好地了解和遵守国际规则，尊重其他国家和地区的社会和文化习惯，避免违规行为和风险，提高组织的国际竞争力。另一方面，规范发展可以扩大社会组织在国际舞台上的合作与交流，增强参与全球治理的能力。规范发展可以提升社会组织在国际舞台上的品牌形象和知名度，让国际社会对中国社会组织产生信任感，从而有助于我国社会组织更好地与其他国家和地区的组织进行合作和交流，开展跨国合作项目，推动国家间的经验分享和知识交流，更好地了解和掌握国际规则和标准，积极参与全球治理和政策制定。

五是规范发展有助于防范和化解社会组织的风险。从合规运营、风险管理到危机处理，规范发展为社会组织的稳定和安全提供了坚实的保障。一方面，规范发展可以确保社会组织在运作中遵守相关法律法规，从而避免法律风险。通过建立健全内部管理制度和合规体系，社会组织可以避免违规行为，保障组织的合法权益。另一方面，规范发展要求社会组织建立完善的风险管理机制，包括风险评估、监控和应对措施。这可以帮助组织及时发现和评估潜在风险，采取措施予以防范，从而减少可能的损失。

## 五　中国式现代化进程中社会组织高质量发展的政策建议

### （一）党的领导下的有为政府促进社会组织高质量发展

#### 1. 坚持党建引领社会组织高质量发展

坚持党建引领社会组织高质量发展需要从思想引领、组织建设、制度保障、融合发展和监督指导等多个方面入手，推动社会组织党建工作与社会组织发展相互促进，为实现国家和社会发展的繁荣稳定作出积极贡献。第一，强化思想引领，深入推进习近平新时代中国特色社会主义思想的宣传教育，引导社会组织及其成员树立正确的政治方向和价值观念，增强中国特色社会主义意识形态的自觉性和坚定性。同时，要推动社会组织将党的方针政策、社会主义核心价值观等融入其章程和业务范围。第二，健全社会组织党的组织体系。在条件成熟的社会组织中建立党的基层组织，确保党的组织和党的工作在社会组织中的全覆盖。同时，要加强社会组织党员队伍建设，提高党员素质，发挥党员的先锋模范作用，带动社会组织整体发展。第三，要建立健全社会组织党建工作的制度体系，制定社会组织党建工作的规范和标准，明确党建工作的目标和任务，使党建工作有章可循、有据可依。同时，要加强对社会组织党建工作的考核和评价，将党建工作成效与社会组织的等级评估、承接政府购买服务等挂钩，推动社会组织党建工作的深入开展。第四，要加强对社会组织党建工作的监督和指导，确保其规范、有序、健康发展。一方面，要建立健全社会组织党建工作的内部监督机制，规范社会组织的行为和运作。另一方面，要加强外部监督和指导，建立健全政府职能部门与社会组织之间的协调机制，为社会组织党建工作提供指导和支持。

2. 落实社会组织培育扶持政策

一是强化制度保障。各级政府要及时转发相关政策文件，各地在依法依规做好社会组织登记备案管理的基础上，结合各地实际情况，通过购买服务、出台政策、简化备案程序等方式，为社会组织高质量发展提供良好的制度保障。二是落实社会组织高质量发展培育扶持经费。实施社会组织培育三年行动计划，设立培育基金，落实社会组织高质量发展培育扶持经费，支持建设社会组织孵化平台、公益项目创投、社会组织专业人才培训等。三是联合多部门成立社会组织培育和扶持专项工作领导小组，建立定期联席会议制度，制定具体实施方案，明确工作目标和责任。同时，建立社会组织动态数据库，定期对各类社会组织进行评估和监督，确保政策的有效落地和执行。四是加强对社会组织优秀典型、先进事迹的宣传，营造社会组织发展的良好环境，有效带动社会组织的健康发展。同时，鼓励各地积极探索创新，形成可复制可推广的经验，并及时总结推广好的做法和经验。

3. 进一步促进社会组织区域协同发展

一是通过出台相关政策，鼓励和支持社会组织区域协同发展。在资金方面，可以设立专项资金对社会组织的协同发展项目进行资助；在税收方面，可以给予社会组织适当的税收优惠，减轻其经济压力；在法律方面，可以完善相关法律法规，为社会组织区域协同发展提供法律保障。二是引导和推动不同地区的社会组织建立合作机制，促进社会组织之间的交流与合作。建立不同地区社会组织定期交流平台，推动社会组织开展跨区域合作，鼓励社会组织参与区域发展规划的制定和实施，促进区域协调发展，建立健全社会组织参与机制，保障社会组织的平等参与权利。三是打造社会组织区域协同发展的平台，为社会组织提供更多的合作机会和服务。建立不同地区、不同类型的社会组织之间的合作联盟或协作网络等区域协同发展平台，引导和组织不同地区的社会组织开展跨地区合作项目，如扶贫开发、环境保护、公益慈善等，促进社会组织之间的信息共享、资源共享和合作共赢。

4. 强化社会组织综合监管水平

强化社会组织综合监管水平是确保社会组织健康发展、提升社会组织公信力和有效性的重要措施。一是完善社会组织管理体制。一方面，应坚持“谁审批、谁负责”的原则，明确登记管理机关、业务主管单位和相关职能部门的职责，建立健全社会组织管理体制。另一方面，应加强对社会组织的监督检查，重点监管社会组织的资产管理情况，防止社会组织违规从事违法活动或损害公共利益。二是加大社会组织综合监管力度。建立健全登记管理机关、业务主管单位、党建工作机构、相关职能部门各司其职、协调配合、依法监管的社会组织综合监管机制。同时，应建立和完善社会组织监督检查制度，建立社会组织负责人任职核准制度，严格落实社会组织年检、“双随机、一公开”抽查审计和社会组织评估等制度。同时，完善重大事项报备制度，对社会组织的重要事项进行监督和指导。三是加强社会组织自律和监督。通过社会组织自律委员会等内部机构建设，引导社会组织自我约束和规范行为。同时，加强社会组织信息公开，接受社会监督。此外，完善政府购买服务机制，通过制定指导性文件和建立专项资金等方式，为社会组织提供资金支持和服务保障。

5. 建立社会组织有序退出机制

一是完善退出机制立法。建立社会组织有序退出机制需要依法依规进行，因此需要完善相关法律法规。修订《基金会管理条例》《社会团体登记管理条例》《民办非企业单位登记管理暂行条例》等法规，明确社会组织退出的标准和程序，使社会组织退出机制有法可依。二是规范退出流程。社会组织退出应当按照规定的程序和步骤进行，以体现公正、公开和透明的原则。具体来说，应该建立社会组织退出申请制度，明确退出申请的条件、程序和时限，并加强对退出申请的审查和审批，确保社会组织退出的合法性和合规性。三是强化监督和评估。建立社会组织有序退出机制需要加强对社会组织的监督和评估。应该建立健全社会组织监督评估机制，对社会组织的活动和运作进行评估，并将评估结果与退出机制挂钩。对于不符合法律法规要求的社会组织，应当采取相应的处罚措施，如撤销登记、吊销许可证等。

## （二）有序推进社会组织高质量发展

### 1. 进一步加强社会组织党建工作，提升党建工作质量

一是完善组织建设。社会组织应建立健全党组织机构，完善组织架构，根据业务规模、党员人数等实际情况，合理设置党支部、党小组等组织机构，确保党建工作的顺利开展。同时，要加强党员队伍建设，提高党员素质，增强党员的责任感和使命感。二是推进制度建设。社会组织应建立健全党建工作制度，包括党组织工作制度、党员学习教育制度、党员考核评价制度等。通过制定完善的制度和规章，确保党建工作的规范化、科学化、常态化，推动党建工作的高质量发展。三是推动融合发展。要将党建工作与社会组织的发展紧密结合起来，推动两者相互促进、融合发展。要将党的建设和社会组织的业务范围、管理运营等有机结合起来，创新社会组织党建工作的内容和形式，使其更好地服务于业务工作。四是丰富党建活动内容。社会组织应积极开展多样化的党建活动，包括主题党日活动、党员志愿服务、党员学习培训等。通过丰富多彩的活动，增强党员的政治意识、大局意识、核心意识、看齐意识，提高党组织的凝聚力和战斗力。

### 2. 聚焦高质量发展需求进行长远规划设计，提高服务的连续性

社会组织需要匹配国家发展大局，提出切实可行的宏观目标，围绕国家的乡村振兴、“双碳”目标、科技创新、基层治理和专业人才培养等目标，加大资金投入，以推进国家目标实现倒逼自身服务的连续性。一是社会组织要根据高质量发展需求确定组织的发展目标和期望。这些目标应该与组织的使命和价值观相一致，同时考虑利益相关者的需求和期望。二是根据目标定位制定长远规划。长远规划是一个关键的战略工具，有助于确保组织或项目的目标和期望得到实现。通过对市场、资源、竞争、技术等各方面因素进行全面分析，并制定应对策略，对服务流程进行标准化和优化，保障开展活动的可行性和连续性。三是提升自身的适应性和灵活性。面对不断变化的环境和需求，社会组织要允许组织或项目在必要时进行调整和改变，以确保服务能够满足不断变化的

需求。

3. 加强服务品牌建设，增强自身影响力和认可度

一是树立品牌意识。社会组织首先需要认识到品牌对于组织的重要性和价值。品牌是组织的形象代表，能够反映组织的特点、实力和服务水平。社会组织需要重视品牌建设，从战略高度出发，将品牌意识贯穿到组织发展的各个环节中。二是明确品牌定位。品牌定位是社会组织对自身服务的市场定位和价值定位，是社会组织在市场中树立独特形象的基础。社会组织在加强服务品牌建设时，应根据自身特点、市场需求以及目标受众，确定自身的品牌定位，使服务品牌在目标受众中具有较高的认可度和影响力。三是提升服务质量。加强服务品牌建设，最重要的是提升服务质量。社会组织应通过提高服务质量和水平，树立良好的口碑和形象。这包括注重服务的过程管理、服务人员的培训和素质提升、服务效果的评估和反馈等。只有不断提高服务质量，才能使服务品牌得到广泛认可和信任。

4. 完善内部治理机制，提高专业性

第一，要建立健全内部治理结构。明确决策、执行和监督等不同层面的职能和权限，形成科学有效的权力运行机制。同时，社会组织应完善会员代表大会、理事会等组织机构，提高机构设置的合理性和有效性，确保各机构能够充分发挥作用。第二，规范财务管理和资产管理。社会组织应建立规范的财务管理和资产管理机制，确保资金使用合理、透明和规范。社会组织应依法进行财务核算和信息披露，严格遵守相关财务管理制度，加强内部监督和审计，防范财务风险和资产流失。第三，加强人才梯队建设。社会组织要根据自身业务需求和战略目标，从专业技能、工作经验、教育背景等方面确定合理的人才结构，设定合理的选拔标准，完善招聘流程，提供持续的职业培训，设定合理的薪酬结构、奖励措施、晋升机制等，同时关注工作环境、休息时间、社会保险等员工福利。第四，推动信息化建设。社会组织应提高自身的信息化水平，加强内部管理系统的建设，推动数字化、网络化等技术的应用，提高工作效率和服务质量。同时，社会组织还应加强与公众的互动和沟通，提高信息公开和透明度。

5. 改变依附式发展，增强自主性

社会组织要改变依附式发展，增强自主性，才能更好地服务社会和人民，

实现可持续发展。第一，建立独立的组织架构和运营模式。社会组织应该建立独立的组织架构和运营模式，摆脱对其他组织的依附。在组织架构上，应该设立独立的董事会或监事会，建立完善的内部管理机制和决策程序。在运营模式上，应该自主开展业务活动。第二，加强组织的自我造血能力。社会组织要努力通过自身的能力和资源来支持组织的运营和发展，包括提高组织的业务能力、拓展组织的业务范围、开发新的服务项目、提高组织的知名度和公信力等。通过加强自我造血能力，可以减少对外部资金和资源的依赖，增强组织的自主性。第三，积极争取社会资源。改变依附式发展并不意味着与其他组织完全割裂，社会组织应该积极争取社会资源，包括政府购买服务、企业捐赠、个人捐赠等方面。通过开展公益慈善活动、向社会募集资金、开展收费服务等途径积极争取社会资源，可以扩大组织的资金来源，提高自身的财务自主性，支持组织的运营和发展，从而更好地实现组织的自主性发展。

**6. 积极投入全球治理，加强对外交流合作**

社会组织作为社会发展的重要力量，积极投入全球治理并加强对外交流合作对于推动全球社会的进步和发展具有重要意义。这要求社会组织不断提高自身的国际化水平和专业能力，积极参与全球治理和对外交流合作，为实现全球可持续发展目标作出贡献。一是社会组织应积极参与到全球治理中，发挥自身的作用和影响力，为解决全球性问题作出贡献。这需要社会组织了解并关注全球治理的动态和趋势，掌握国际规则和标准，并主动参与到国际组织、跨国合作等活动中，为推动全球治理体系的完善和发展提供专业知识和经验。二是我国社会组织应与国际上其他组织和非政府组织建立紧密的合作关系，分享经验和资源，实现互利共赢。通过参与国际会议、组织国际活动、开展联合研究等方式，社会组织可以加强与国际社会的联系和沟通，推动国际合作和发展。三是我国社会组织在对外交流合作中，应积极传播本国的文化和价值观，促进国际社会对中国文化的了解和认识。通过开展文化交流、教育传播等活动，社会组织可以增进国际社会对中国的了解和认识，为树立国家形象、传播中华文化作出贡献。四是推动多边合作。社会组织应积极推动多边合作，在参与国际组织活动和多边机制建设中，与其他国家的社会组织建立合作关系，共同致力于解决全球性问题。通过参与国际组织活动、推动国际公约落实等方式，社会组织可以为实现全球可持续发展目标、推动全球治理体系的改革和完善作出贡献。

## 参考文献

习近平：《高举中国特色社会主义伟大旗帜 为全面建设社会主义现代化国家而团结奋斗》，《人民日报》2022 年 10 月 26 日。

民政部社会组织管理局：《聚焦党的二十大精神学习贯彻 奋力谱写社会组织发展新篇章》，《中国社会报》2023 年 1 月 10 日。

王冰洁：《成功走出一条具有中国特色的社会组织发展之路》，《中国社会报》2022 年 9 月 16 日。

张其伟、徐家良：《社会组织如何激发城市基层治理活力？——基于某环保类组织的案例研究》，《管理世界》2023 年第 9 期。

马庆钰、徐月宾：《我国社会组织国际化发展的基本条件、关键问题与推进策略》，《人民论坛·学术前沿》2023 年第 14 期。

丁惠平：《限制、准入与共治：中国社会组织治理的演变历程与未来走向》，《学习与探索》2022 年第 10 期。

# 分 报 告

Sub-Reports

## B.2
## 2022年中国社会团体发展报告

徐 明　聂云蕊*

**摘　要：** 社会团体作为社会组织的重要组成部分，在科教兴国、人才强国、乡村振兴、区域协调发展等国家战略的实施中提供了专业的服务，在中国式现代化建设的征程中发挥了积极作用。本报告对2022年社会团体的发展情况进行梳理与分析，对2022年社会团体的总量、省域分布变化情况、区域差异情况进行分析，详细分析五大国家重大战略区域社会团体的变化趋势，并对社会团体的结构分布变化、内部成员状况、经济社会贡献进行分析，全方位呈现2022年社会团体发展状况。本报告最后对当前社会团体存在的问题进行分析，并建议创新具有社会团体特色的党建工作模式，加强党建引领社会团体发展；加快完善具有中国特色的社会团体管理制度，激发社会团体发展活力；在中国式现代化进程中助力社会团体在推动经济高质量发展方面发挥作用；加强社会团

* 徐明，博士，中国社会科学院大学商学院教授、博士生导师、国家治理现代化与社会组织研究中心主任，主要研究方向为人力资源开发管理与人才发展、社会治理、公共安全与应急管理；聂云蕊，中国社会科学院大学硕士研究生。

体自身能力建设，推动社会团体高质量发展。

**关键词：** 社会团体　国家重大战略　中国式现代化　高质量发展

## 一　2022年社会团体发展现状及特征

### （一）2022年社会团体总量继续下降

截至2022年底，全国共有社会团体370093个，占全国社会组织总量的41.52%，相较于2021年底的371110个，减少了1017个，下降了0.27%。社会团体总量自2021年起逐年下降，但相较于2021年社会团体总量下降0.99%，2022年下降速度有所减缓。

从数量角度看，社会团体总量2009~2020年不断增长，2021年和2022年逐年下降。从增长率角度看，社会团体增长率在2009~2022年波动变化。2009年社会团体增长率为3.92%，2010年小幅度下降，自2011年开始持续增长，至2014年增长至7.16%，相较于2010年增长了4.4个百分点，表明社会团体数量在2010~2014年快速增长，一方面是因为党的十八大对社会组织建设提出新的要求，为社会团体建设和发展提供了正确方向；另一方面是社会组织登记管理体制改革有序推进，同时民政部加强对社会组织行为的规范建设，对于促进社会团体健康有序发展发挥重要作用①。社会团体增长率在2015年和2016年不断下降，社会团体数量增长速度放缓，一方面是中央有关部门加强社会组织反腐工作，另一方面是民政部多措并举加大对社会组织引导以及监督管理的力度，更为严格的监管使得社会团体的增速有所放缓。② 2017年，社会团体增长率有所回升，党的十九大报告在社会组织参与社会治理、社会组织党的建设等方面进行强调，为社会组织发展指明方向，社会团

① 《2012年社会组织十件大事》，经济观察网，http：//www.eeo.com.cn/2013/0109/238453.shtml，最后检索时间：2023年10月2日。

② 《2015年社会组织十件大事》，网易，https：//www.163.com/news/article/BC5HKAC700014JB5.html，最后检索时间：2023年10月2日。

体数量增长速度加快。由于社会团体在制度法规、信息化建设、内部治理、人才队伍建设等方面仍存在制约因素，2018~2021 年社会团体增长率持续下降。2021 年民政部开展多个专项行动，对非法社会组织、“僵尸型”社会组织等进行打击整治，2021 年社会团体增长率为负，说明社会团体数量有所下降。2022 年，国家对社会组织名称及标识管理进行建章立制，社会团体规范化运作水平不断提升，2022 年社会团体增长率有所回升，但增长率仍为负，说明社会团体数量继续下降，社会团体的发展更加由重数量转向重质量（见图 1）。

**图 1　2009~2022 年中国社会团体数量增长情况**

资料来源：2010~2023 年《中国民政统计年鉴》。

## （二）东部沿海地区社会团体数量领先，传统发达地区仍有发展潜力

对比 2022 年东西部社会团体数量，东部沿海地区社会团体数量在 31 个省区市（除港澳台外，下同）中仍保持领先状态。其中东部地区中广东省、江苏省、浙江省、山东省、福建省数量水平较高，广东省、江苏省、浙江省社会团体数量水平在 31 个省区市中位居前三，分别为 32318 个、30804 个和 26342 个。2022 年，中西部地区中四川省社会团体拥有量较高，在 31 个省区市中列第五位，数量为 20813 个。

相较于东部沿海的其他地区，北京、上海等传统发达地区受地域面积、人口数量等因素的影响，社会团体数量仍有较大发展空间。2022 年，北京市社会团体数量为 4346 个，上海市社会团体数量为 4295 个，相较于广东、江苏、浙江等东部沿海发达地区，仍有较大发展潜力。

### （三）社会团体党的建设不断完善，但是仍存在地区间发展差异

党的十九大报告中强调，要“推进党的基层组织设置和活动方式创新，加强基层党组织带头人队伍建设”，为社会组织等基层党组织建设指明方向。党的二十大报告中明确要求，要“加强新经济组织、新社会组织、新就业群体党的建设”①，对社会组织党的建设提出了更高的要求。《中国民政统计年鉴》自 2017 年起开始对建立党组织的社会团体数量和社会团体职工中中共党员人数进行统计，反映社会团体党建工作开展情况。民政部在 2019 年印发《关于在社会组织登记管理工作中贯彻落实〈中共中央关于加强党的政治建设的意见〉有关要求的通知》，要求将社会组织党建工作纳入社会组织章程中。2019 年，社会团体职工中中共党员有 869677 人，相较于 2018 年增长了 30.45%。为切实提高党的组织和党的工作在社会组织的覆盖质量，2020 年以来，全国各地对全国组织部长会议精神和基层党建重点任务推进会部署要求认真贯彻执行，聚焦短板弱项，全面排查摸底，创新方式方法，扩大组织覆盖。② 2019~2022 年，建立党组织的社会团体数量不断增长，由 2019 年的 58512 个增长为 2022 年的 73517 个，增长了 25.64%，其中 2021 年增长率最高，增长了 15.38%。2022 年社会团体中中共党员人数为 791823 人，相较于 2021 年增长了 6.70%（见图 2）。

对比全国 31 个省区市社会团体党建工作情况，在建立党组织的社会团体数量上，甘肃省、河北省和浙江省建立党组织的社会团体数量连续三年居 31 个省区市前三名。2022 年，甘肃省建立党组织的社会团体数量位居第一，为 6425 个；河北省位居第二，为 5810 个；浙江省位居第三，为 4450 个。相较之

① 习近平：《高举中国特色社会主义伟大旗帜 为全面建设社会主义现代化国家而团结奋斗》，《人民日报》2022 年 10 月 26 日，第 1 版。

② 《深入推进“两个覆盖”为两新组织发展注入“红色动能”》，中国共产党新闻网，http://dangjian.people.com.cn/n1/2020/1016/c117092-31894930.html，最后检索时间：2023 年 10 月 3 日。

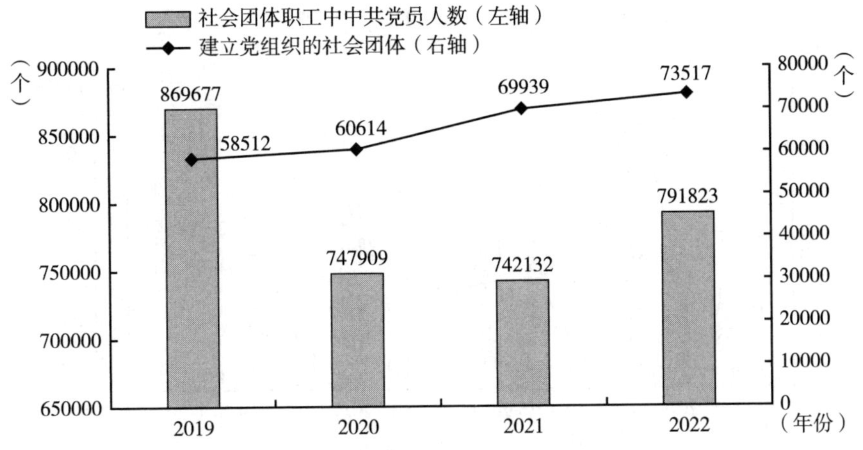


**图 2　2019~2022 年中国社会团体党建情况**

资料来源：2020~2023 年《中国民政统计年鉴》。

下，海南省仅拥有 203 个，西藏自治区仅有 264 个，仍存在较大发展空间。在社会团体职工中中共党员人数上，人数最多的省份为山东省，为 95066 人，其次为湖南省，为 62859 人，再次为四川省，为 50416 人；相较之下，海南省仅有 3525 人，宁夏回族自治区仅有 4386 人，发展潜力较大。

## （四）社会团体的固定资产原价、收入和费用支出波动增长

从社会团体固定资产原价增长率角度来看，增长率变化幅度较大，呈现上升和下降交替变化的趋势，2011 年有大幅上升，2012 年大幅下降，其余年份小幅度波动。从社会团体固定资产原价总量角度来看，2008~2022 年共有四次下降，分别为 2012 年、2015 年、2019 年和 2022 年，其余年份均保持上升趋势，在 2021 年时固定资产原价达到最大值。2022 年社会团体固定资产原价为 508.15 亿元，相较 2021 年下降了 16.9%，相较 2008 年增长了 173.38%（见图 3）。

从社会团体本年收入变化角度来看，社会团体本年收入自 2008~2022 年波动变化，2009 年、2011 年、2014 年、2019 年和 2021 年下降，其余年份均实现增长；从社会团体本年收入总量角度来看，2022 年社会团体本年收入合计为 1257.56 亿元，相较于 2021 年增长了 18.74%，相较于 2008 年增长了 76.11%。

相较之下，从社会团体本年费用变化角度来看，社会团体本年费用变化波

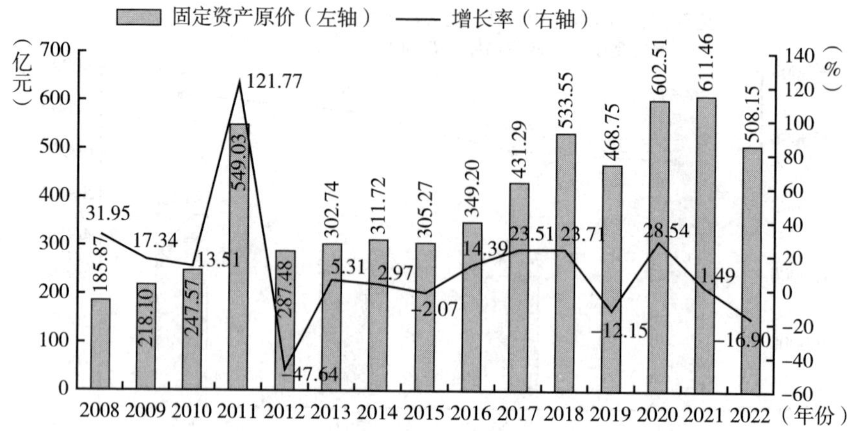


**图 3　2008~2022 年中国社会团体固定资产变化情况**

资料来源：2009~2023 年《中国民政统计年鉴》。

动较小，除 2011 年、2019 年和 2021 年有小幅下降外，其余年份均呈现上升趋势；从社会团体本年费用总量角度来看，2022 年社会团体本年费用合计为 1158.71 亿元，相较于 2021 年增长了 32.12%，相较于 2008 年增长了 457.53%（见图 4）。

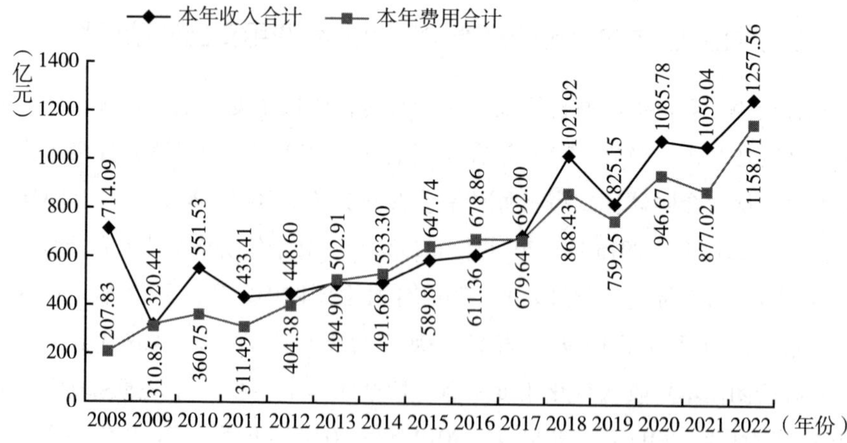


**图 4　2008~2022 年中国社会团体收入和费用变化情况**

资料来源：2009~2023 年《中国民政统计年鉴》。

## 二　2022年社会团体省域分布情况

### （一）社会团体省域分布变化情况

从总量角度来看，2022 年，31 个省区市社会团体数量平均为 11874 个，相较于 2021 年下降了 0.28%，相较于 2008 年增长了 61.52%。2022 年排名前五位的省区市分别为：广东省（32318 个）、江苏省（30804 个）、浙江省（26342 个）、山东省（21526 个）和四川省（20813 个），其中广东省、江苏省、浙江省和四川省在 2020～2022 年连续三年位于前五位之中。但是西藏自治区仅拥有 569 个社会团体，连续三年均为社会团体拥有量最少的省区市。

社会团体数量受到人口数量等因素的影响，所以本报告还将 31 个省区市社会团体数量与人口数量的比值进行比较，分析各省份每万人社会团体数量，更加全面地反映社会团体的省域分布情况。2022 年，31 个省区市每万人社会团体数量的平均水平为 2.78 个，其中青海省每万人社会团体数量最多，为 6.77 个，甘肃省位居第二，为 5.25 个，福建省位居第三，为 4.58 个；每万人社会团体数量最少的三个省份为河南省、西藏自治区和辽宁省，分别为 1.43 个、1.56 个和 1.59 个。其中高于平均水平的省份除青海省、甘肃省和福建省外，还有陕西省、浙江省、江苏省、宁夏回族自治区、海南省、内蒙古自治区、江西省和安徽省。

从变化角度来看，广东省 2022 年社会团体数量为 32318 个，相较于 2008 年增长了 1.8 倍，在 31 个省区市中增量最多；而宁夏回族自治区 2022 年社会团体数量为 2531 个，相较于 2008 年下降了 41.9%，在 31 个省区市中下降最为显著。

为了能够更加清晰地分析社会团体数量在不同年份的空间变化趋势，选取 2008 年、2011 年、2014 年、2017 年、2020 年和 2022 年共计 6 个年份数据，进一步分析社会团体数量的时空演变格局（见表 1）。

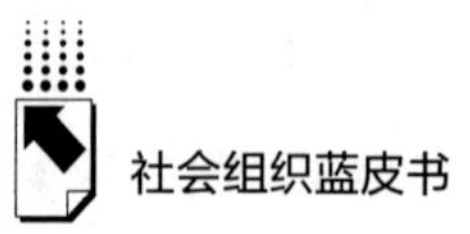


**表 1　所选取年份 31 个省、自治区、直辖市社会团体的数量变化情况**

单位：个

| 年份 | 北京 | 天津 | 河北 | 山西 | 内蒙古 | 辽宁 | 吉林 | 黑龙江 | 上海 | 江苏 | 浙江 |
|---|---|---|---|---|---|---|---|---|---|---|---|
| 2008 | 3106 | 2013 | 9000 | 5675 | 4876 | 9303 | 5062 | 5223 | 3409 | 17678 | 13743 |
| 2011 | 3314 | 2020 | 9660 | 6242 | 5841 | 8803 | 5497 | 5728 | 3686 | 19398 | 15456 |
| 2014 | 3730 | 2215 | 9810 | 6855 | 7044 | 8966 | 5671 | 5471 | 3909 | 32706 | 19430 |
| 2017 | 4586 | 2044 | 9141 | 6664 | 7954 | 8155 | 5207 | 6396 | 3999 | 35139 | 23592 |
| 2020 | 4572 | 2377 | 11459 | 7637 | 7919 | 6710 | 5746 | 6915 | 4242 | 37973 | 25853 |
| 2022 | 4346 | 2594 | 12520 | 8003 | 7602 | 6686 | 5604 | 6934 | 4295 | 30804 | 26342 |

| 年份 | 安徽 | 福建 | 江西 | 山东 | 河南 | 湖北 | 湖南 | 广东 | 广西 | 海南 | 重庆 |
|---|---|---|---|---|---|---|---|---|---|---|---|
| 2008 | 8613 | 9997 | 6152 | 16719 | 9844 | 9305 | 9610 | 11553 | 8658 | 1363 | 4243 |
| 2011 | 10465 | 11734 | 7032 | 17341 | 10806 | 10622 | 10575 | 13661 | 8816 | 1863 | 5680 |
| 2014 | 11977 | 13892 | 8030 | 17738 | 11183 | 11878 | 12194 | 22132 | 12311 | 2334 | 7049 |
| 2017 | 13083 | 16992 | 11303 | 17657 | 10737 | 12347 | 14720 | 28648 | 12574 | 2792 | 7586 |
| 2020 | 15004 | 19068 | 12677 | 18473 | 12977 | 12435 | 16145 | 31966 | 13449 | 3330 | 8153 |
| 2022 | 16917 | 19177 | 12897 | 21526 | 14101 | 12616 | 16299 | 32318 | 12447 | 3561 | 8399 |

| 年份 | 四川 | 贵州 | 云南 | 西藏 | 陕西 | 甘肃 | 青海 | 宁夏 | 新疆 | 总计 |
|---|---|---|---|---|---|---|---|---|---|---|
| 2008 | 15679 | 4512 | 7778 | 288 | 6375 | 6836 | 1757 | 4356 | 5174 | 229681 |
| 2011 | 17054 | 4851 | 9669 | 311 | 8736 | 7405 | 1925 | 3318 | 5626 | 254969 |
| 2014 | 20030 | 5624 | 12987 | 570 | 9907 | 10742 | 2209 | 3129 | 6072 | 309736 |
| 2017 | 20149 | 7127 | 14679 | 545 | 13898 | 21614 | 3649 | 4207 | 5621 | 354794 |
| 2020 | 20957 | 7236 | 13562 | 490 | 17306 | 15886 | 4281 | 3202 | 4889 | 374689 |
| 2022 | 20813 | 7399 | 12314 | 569 | 16951 | 13092 | 4026 | 2531 | 4415 | 370093 |

说明：此表中省、自治区、直辖市的社会团体总量并非社会团体全国合计量，后者还包括部本级社会团体。

资料来源：2009～2023 年《中国民政统计年鉴》。

本报告采用将社会团体数量水平分为五个层次的分类方式，首先将各年份社会团体数量进行升序排列，然后定义社会团体数量处于最高值 20%及以内的省份属于相对水平较低的省份，社会团体数量处于最高值 21%～40%区间的省份属于相对水平低的省份，社会团体数量处于最高值 41%～60%区间的省份属于相对水平中等的省份，社会团体数量处于最高值 61%～80%区间的省份属于相对水平高的省份，社会团体数量处于最高值 81%～100%区间的省份属于相对水平较高的省份。

2008 年，社会团体数量相对水平较高的省份为江苏省、山东省和四川省，社会团体数量相对水平高的省份为浙江省、广东省；相较之下，北京市、天津市、上海市、海南省、西藏自治区和青海省属于社会团体数量相对水平较低的省份。从空间分布来看，该年社会团体数量处于高水平和较高水平的省份大多分布在东部地区；社会团体数量处于低水平和较低水平的省份大多分布在西部地区（见表 2）。

**表 2　2008 年社会团体各省、自治区、直辖市的区域分布情况**

单位：个

| 序号 | 数量范围 | 包含省份 |
|---|---|---|
| 1 | 288~3536 | 北京;天津;上海;海南;西藏;青海 |
| 2 | 3537~7071 | 山西;内蒙古;吉林;黑龙江;江西;重庆;贵州;陕西;甘肃;宁夏;新疆 |
| 3 | 7072~10607 | 河北;辽宁;安徽;福建;河南;湖北;湖南;广西;云南 |
| 4 | 10608~14142 | 浙江;广东 |
| 5 | 14143~17678 | 江苏;山东;四川 |

资料来源：2009 年《中国民政统计年鉴》。

2011 年，社会团体数量相对水平较高的省份仍是江苏省、山东省和四川省三省，社会团体数量相对水平高的省份除浙江省、广东省外，新增福建省。此外，陕西省社会团体数量相对水平由低水平增长至中等水平。从空间分布来看，该年社会团体空间分布仍延续 2009 年分布格局，变化幅度较小（见表 3）。

**表 3　2011 年社会团体各省、自治区、直辖市的区域分布情况**

单位：个

| 序号 | 数量范围 | 包含省份 |
|---|---|---|
| 1 | 311~3880 | 北京;天津;上海;海南;西藏;青海;宁夏 |
| 2 | 3881~7759 | 山西;内蒙古;吉林;黑龙江;江西;重庆;贵州;甘肃;新疆 |
| 3 | 7760~11639 | 河北;辽宁;安徽;河南;湖北;湖南;广西;云南;陕西 |
| 4 | 11640~15518 | 浙江;福建;广东 |
| 5 | 15519~19398 | 江苏;山东;四川 |

资料来源：2012 年《中国民政统计年鉴》。

2014 年，社会团体数量相对水平较高的省份为江苏省，社会团体数量相对水平高的省份为广东省和四川省，社会团体数量相对水平中等的省份为浙江省、福建省和山东省。由于江苏省社会团体数量增长较为迅速，社会团体数量最高值有较大幅度增长，大部分省区市社会团体数量相对水平降低，但空间分布仍为东部地区社会团体数量多、西部地区社会团体数量少的格局（见表 4）。

**表 4　2014 年社会团体各省、自治区、直辖市的区域分布情况**

单位：个

| 序号 | 数量范围 | 包含省份 |
|---|---|---|
| 1 | 570~6541 | 北京;天津;吉林;黑龙江;上海;海南;贵州;西藏;青海;宁夏;新疆 |
| 2 | 6542~13082 | 河北;山西;内蒙古;辽宁;安徽;江西;河南;湖北;湖南;广西;重庆;云南;陕西;甘肃 |
| 3 | 13083~19624 | 浙江;福建;山东 |
| 4 | 19625~26164 | 广东;四川 |
| 5 | 26165~32706 | 江苏 |

资料来源：2015 年《中国民政统计年鉴》。

2017 年，社会团体数量相对水平较高的省份为江苏省和广东省，社会团体数量相对水平高的省份为浙江省和甘肃省。其中甘肃省相对水平增长较为显著，由 2014 年的相对水平低增长为 2017 年的相对水平高；湖南省和云南省由相对水平低升至相对水平中等；贵州省由较低水平增长至低水平（见表 5）。

**表 5　2017 年社会团体各省、自治区、直辖市的区域分布情况**

单位：个

| 序号 | 数量范围 | 包含省份 |
|---|---|---|
| 1 | 545~7028 | 北京;天津;山西;吉林;黑龙江;上海;海南;西藏;青海;宁夏;新疆 |
| 2 | 7029~14056 | 河北;内蒙古;辽宁;安徽;江西;河南;湖北;广西;重庆;贵州;陕西 |
| 3 | 14057~21083 | 福建;山东;湖南;四川;云南 |
| 4 | 21084~28111 | 浙江;甘肃 |
| 5 | 28112~35139 | 江苏;广东 |

资料来源：2018 年《中国民政统计年鉴》。

2020 年，社会团体数量相对水平较高的省份为仍为江苏省和广东省，社会团体数量相对水平高的省份为浙江省，其中陕西省由低水平增长至中等水平，山西省由较低水平增长至低水平（见表 6）。

**表 6　2020 年社会团体各省、自治区、直辖市的区域分布情况**

单位：个

| 序号 | 数量范围 | 包含省份 |
| --- | --- | --- |
| 1 | 490～7595 | 北京；天津；辽宁；吉林；黑龙江；上海；海南；贵州；西藏；青海；宁夏；新疆 |
| 2 | 7596～15189 | 河北；山西；内蒙古；安徽；江西；河南；湖北；广西；重庆；云南 |
| 3 | 15190～22784 | 福建；山东；湖南；四川；陕西；甘肃 |
| 4 | 22785～30378 | 浙江 |
| 5 | 30379～37973 | 江苏；广东 |

资料来源：2021 年《中国民政统计年鉴》。

2022 年，社会团体数量相对水平较高的省份为江苏省、浙江省和广东省，多个省份实现社会团体数量相对水平上升，山东省、四川省由相对水平中等升至相对水平高，安徽省、河南省由相对水平低升至相对水平中等，贵州省、辽宁省、黑龙江省由相对水平较低升至相对水平低。

**表 7　2022 年社会团体各省、自治区、直辖市的区域分布情况**

单位：个

| 序号 | 数量范围 | 包含省份 |
| --- | --- | --- |
| 1 | 569～6464 | 北京；天津；吉林；上海；海南；西藏；青海；宁夏；新疆 |
| 2 | 6465～12927 | 河北；山西；内蒙古；辽宁；黑龙江；江西；湖北；广西；重庆；贵州；云南 |
| 3 | 12928～19391 | 安徽；福建；河南；湖南；陕西；甘肃 |
| 4 | 19392～25854 | 山东；四川 |
| 5 | 25855～32318 | 江苏；浙江；广东 |

资料来源：2023 年《中国民政统计年鉴》。

对选取的六年中社会团体空间格局变化进行分析可以得出，总体而言，东部地区社会团体数量相对水平较高，尤其是东部沿海地区社会团体发展较快，相较之下传统发达地区社会团体仍有发展空间；中部、西部和东北部地区社会团体数量相对水平较低，仍存在进一步发展的潜力。

## （二）社会团体数量的区域差异情况

通过社会团体省域分布变化情况可以得出，总体而言，中东部地区社会团体发展较西部地区社会团体发展速度快、水平高。为了更加具体地分析和呈现不同区域社会团体总量分布的差异，本报告借助泰尔指数进行分析。泰尔指数是用来测算个人或者地区之间不平等度的指标，是一种分析相对差距的方法，早期用来测算国与国间的收入差距，而后被用于测算国与国之间、区域与区域之间的经济、人口等方面的差异。[①] 通过测算泰尔指数能够反映不同区域的差距，同时可以反映不同区域内的差距，将总体差距分为组间差距和组内差距。泰尔指数数值为 0~1，越接近 1 表明发展差距越大，越接近 0 表明发展差距越小。

根据《中共中央、国务院关于促进中部地区崛起的若干意见》、国务院发布的《关于西部大开发若干政策措施的实施意见》以及党的十六大报告的精神，我国的经济区域被划分为东部、中部、西部和东北四大地区。《中华人民共和国国民经济和社会发展第十四个五年规划和 2035 年远景目标纲要》中对东部、中部、西部和东北地区发展做出战略部署，指出要“深入推进西部大开发、东北全面振兴、中部地区崛起、东部率先发展，支持特殊类型地区加快发展，在发展中促进相对平衡”。[②] 因此，在国家发展战略规划的基础上，本报告将测算东部、中部、西部、东北部四大战略区域的泰尔指数变化，分析社会团体的空间分布差异。

泰尔指数的分解公式为：

---

① 唐文敏、赵媛、徐昕、崔盼盼、夏四友：《中国社会组织发展的时空演化与影响因素》，《人文地理》2020 年第 1 期。

② 《中华人民共和国国民经济和社会发展第十四个五年规划和 2035 年远景目标纲要》，中国政府网，http://www.gov.cn/xinwen/2021－03/13/content_5592681.htm，最后访问日期：2023 年 10 月 4 日。

$$T = T_{WR} + T_{BR} = \sum_i \left(\frac{O_i}{O}\right) \ln\left(\frac{O_i/O}{G_i/G}\right) = \left[\sum_{j=1}^{m} \frac{O_j}{O} \sum_i^{j(n)} \frac{O_{ji}}{O_j} \ln\left(\frac{O_{ji}/O_j}{G_{ji}/G_j}\right)\right] + \sum_{j=1}^{m} \frac{O_j}{O} \ln\left(\frac{O_i/O}{G_i/G}\right) \quad (1)$$

$$T_{WRi} = \sum_i \left(\frac{O_{ji}}{O_j}\right) \ln\left(\frac{O_{ji}/O_j}{G_{ji}/G_j}\right) \quad (2)$$

式（1）测算的是社会团体总数的泰尔指数 $T$、区域内差异 $T_{WR}$ 和区域间差异 $T_{BR}$，其中 $O$ 为各省份社会团体数量之和，$O_i$ 各省份社会团体数量，$G$ 为各省份国民生产总值之和，$G_i$ 为各省份国民生产总值；式（2）表示区域内各省份社会团体的泰尔指数 $T_{WRi}$，其中 $O_j$ 为各区域社会团体数量之和，$G_j$ 为各区域的国民生产总值之和；$j$ 的取值范围为 1~4，依次代表西部地区、东北地区、中部地区和东部地区。

总体而言，2009~2022 年，中国社会团体泰尔指数呈现先下降、上升再下降的趋势，表明 31 个省区市间的社会团体发展水平差距先缩小再增大再缩小。具体来看，2009~2012 年，总体差异泰尔指数下降，表明我国不同省份社会团体发展水平之间的差距逐步缩小。从政策层面来看，2010 年《国家中长期人才发展规划纲要（2010—2020 年）》发布，将社会组织人才队伍建设纳入国家中长期人才发展规划，为水平较低的社会团体发展提供了良好的政策导向。① 2013~2017 年，总体差异泰尔指数上升，反映出我国不同省份社会团体逐渐拉大发展差距。2012 年起正式运行公益孵化器以及社会组织登记管理体制改革的有序推进，对东部地区社会团体的快速发展起到了推动作用，导致了社会团体区域差异的增长②③。2018 年起，总体差异泰尔指数逐年下降，不同省份社会团体之间发展差距逐渐缩小。2018 年，习近平总书记多次对社会组织重大活动致信并提出殷切希望，表达了对社会组织的高度重视，此外，党的十九届三中全会对社会组织的发展也提出新的要求，为社会团体发展水平较低地区提供了发展方向的指引，促进了社会团体的发展。

① 《2010 年社会组织十件大事》，https：//wenku. baidu. com/view/d6b11a48a8956bec0975e356. html? _wkts_ =1696406140764，最后检索时间：2023 年 10 月 4 日。

② 唐文敏、赵媛、徐昕、崔盼盼、夏四友：《中国社会组织发展的时空演化与影响因素》，《人文地理》2020 年第 1 期。

③ 《2012 年社会组织十件大事》，《中国社会组织》2013 年第 1 期。

对比区域内差异泰尔指数与区域间差异泰尔指数，2009~2012 年区域间差异泰尔指数大于区域内差异泰尔指数，反映出社会团体在四大区域间的发展水平差距大于社会团体在各区域内的发展水平差距；自 2013 年起区域内差异泰尔指数开始超越并且持续大于区域间泰尔指数，反映出社会团体在各区域内的发展水平差距逐渐增大，并且超过区域间社会团体发展水平差距。对比社会团体总体差异泰尔指数、区域间差异泰尔指数和区域内差异泰尔指数，从趋势上来看，总体差异泰尔指数和区域内差异泰尔指数变化趋势相似；从数值上来看，区域内差异泰尔指数贡献率在 2009~2022 年均值为 58.42%，大于区域间差异泰尔指数贡献率，反映出社会团体总体差异更多由区域内差异所导致（见图 5）。

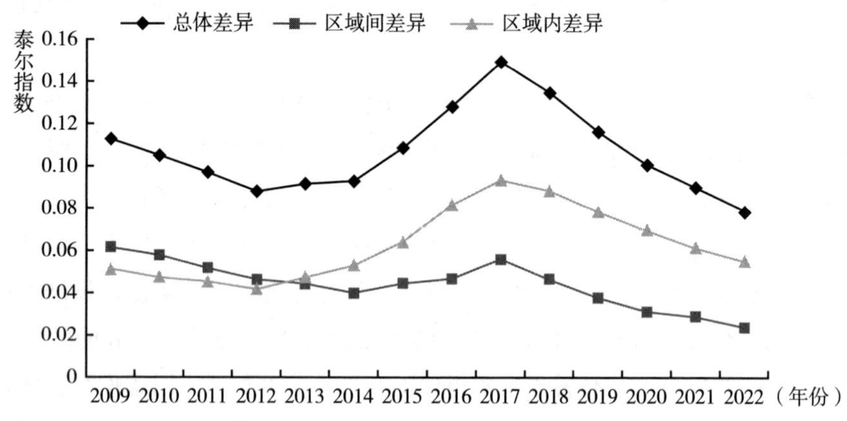


**图 5　2009~2022 年中国社会团体发展泰尔指数变化**

资料来源：2010~2023 年《中国民政统计年鉴》。

对比东部、中部、西部、东北部四大区域社会团体泰尔指数，总体来看，东部和西部社会团体泰尔指数数值较大，反映出东部和西部社会团体发展水平差距较大；中部和东北部社会团体泰尔指数数值较小，反映出中部和东北部社会团体发展更为均衡。

具体来看，西部地区社会团体泰尔指数在变化趋势上波动较大，2012~2017 年有较大幅度增长，2018~2022 年逐年下降；在数值上，西部地区社会团体泰尔指数除 2011 年、2012 年、2014 年外均高于其他三个区域，表明西部地区社会团体发展差距最大。西部地区社会团体的发展受到政策、经济水平、人才等多方面因素的影响，党的十九大报告提出“强化举措推进西部大开发形成新格局”；2020 年 5 月，中共中央、国务院《关于新时代推进西部大开发形成新格局的指导意见》发布，吹响了新一轮西部大开发的号角①；党的二十大报告中强调，“促进区域协调发展”，“深入实施区域协调发展战略”，“推动西部大开发形成新格局”②，对西部发展进一步擘画。党中央对于西部地区的支持发展，推动西部地区加快迈向高质量发展阶段，可以借此契机对西部地区社会团体加大扶持力度，同时西部地区社会团体应抓住发展机遇，学术性、行业性、专业性和联合性社会团体结合自身特色、把握发展机遇，共同实现社会团体区域布局的优化，发挥社会团体在提供公共服务、参与社会治理等方面的作用。

东北地区社会团体泰尔指数在变化趋势上变化较小；在数值上，2009~2017 年东北地区社会团体泰尔指数最小，2018~2022 年东北部地区社会团体泰尔指数有所提升，超过中部地区社会团体泰尔指数。区域间社会团体发展差距增大可能受到国家政策顶层设计与战略规划的影响。党的十八大以来，习近平总书记高度重视东北老工业基地的振兴发展。2016 年 4 月，《中共中央国务院关于全面振兴东北地区等老工业基地的若干意见》发布，擘画出新一轮东北振兴战略的宏伟蓝图。2018 年 9 月，习近平总书记赴东北地区考察，主持召开了深入推进东北振兴的座谈会，在座谈会上发表重要讲话，指明了东北地区前进发展的方向。③。

中部地区社会团体泰尔指数在变化趋势上波动较小，2019~2022 年逐年下降；在数值上，2018~2022 年中部地区社会团体泰尔指数数值最小，反映出中部地区区域内社会团体发展水平差距较小。《中华人民共和国国民经济和社会发展第十四个五年规划和 2035 年远景目标纲要》中指出，要“推动中部地区加快崛起”，“推动长江中游城市群协同发展，加快武汉、长株潭都市圈建设，

---

① 《中共中央 国务院关于新时代推进西部大开发形成新格局的指导意见》，中国政府网，https：//www. gov. cn/zhengce/2020-05/17/content_ 5512456. htm，最后检索时间：2023 年 10 月 4 日。

② 习近平：《高举中国特色社会主义伟大旗帜 为全面建设社会主义现代化国家而团结奋斗》，《人民日报》2022 年 10 月 26 日，第 1 版。

③ 《东北全面振兴正夯基》，中国政府网，https：//www. gov. cn/xinwen/2019-11/20/content_ 5453687. htm，最后检索时间：2023 年 10 月 4 日。

打造全国重要增长极”，区域内部的协同发展对于缩小区域内社会团体发展差距具有促进作用。

东部地区社会团体泰尔指数在变化趋势上波动较小，在数值上自 2015 年后低于西部地区社会团体泰尔指数，高于中部、东北部地区社会团体泰尔指数，说明东部地区社会团体发展水平差距较大。受国家战略的影响，属于新兴产业、现代服务业、国际合作、创新驱动等领域的社会团体迎来更多发展机遇，处于深圳、上海浦东、浙江省等国家先行示范区的社会团体能够拥有更多发展资源与政策扶持（见图 6）。

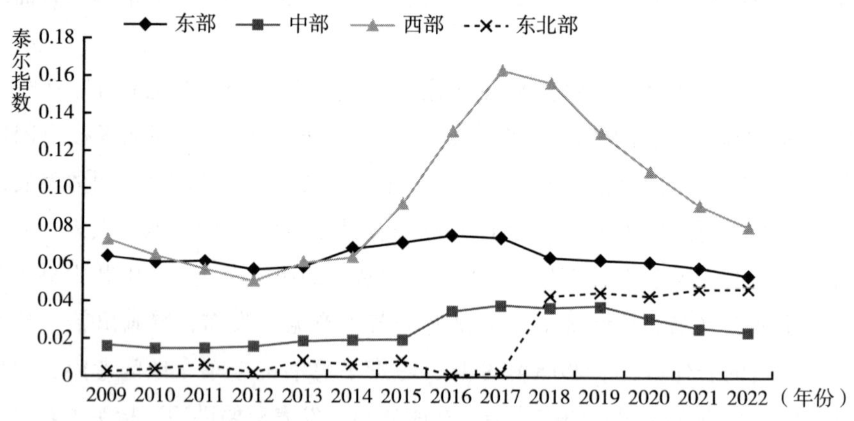


**图 6　2009~2022 年四大区域社会团体发展泰尔指数变化**

资料来源：2010~2023 年《中国民政统计年鉴》。

## 三　国家重大战略区域社会团体发展情况

党的二十大报告中指出，要“促进区域协调发展”，“深入实施区域协调发展战略、区域重大战略”①，区域重大战略即京津冀协同发展战略、长江经济带发展战略、粤港澳大湾区发展战略、长三角一体化发展战略、黄河流域生态保护和高质量发展战略。通过整体布局谋划，促进区域间战略统筹、空间联

① 习近平：《高举中国特色社会主义伟大旗帜 为全面建设社会主义现代化国家而团结奋斗》，《人民日报》2022 年 10 月 26 日，第 1 版。

动、功能互补，推动协调发展向更高水平迈进①。

总体来看，2022年京津冀协同发展区域、粤港澳大湾区、黄河流域生态保护和高质量发展区域社会团体数量相较于2021年有所增长，长江经济带区域和长三角一体化发展区域社会团体数量相较于2021年有所下降；相较于2009年，粤港澳大湾区社会团体数量增长了1.63倍，增速最快；其次为长三角一体化发展区域，增长了72.07%；再次为长江经济带区域，增长了61.25%；黄河流域生态保护和高质量发展区域增长了44.75%，京津冀协同发展区域增长了34.96%。下面本报告将分析各区域社会团体发展的具体情况。

### （一）京津冀协同发展区域

京津冀地区位于环渤海心脏地带，包含北京市、天津市两大直辖市，河北省的保定、唐山、廊坊、石家庄、邯郸、秦皇岛、张家口、承德、沧州、邢台、衡水等11个地级市以及定州和辛集2个省直管市。京津冀协同发展区于2014年由习近平总书记提出，9年来聚焦重点环节和关键领域，京津冀协同发展不断取得新成效。

本报告选择北京市、天津市和河北省的社会团体总量来代表京津冀地区的社会团体发展情况。总体而言，从数量角度来看，2022年京津冀地区社会团体总量为19460个，相较于2021年增长了3.10%，相较于2009年增长了34.96%；从变化角度来看，京津冀地区社会团体总量除2017年有小幅度下降外，其余年份均有所增长。具体来看，对比北京市、天津市和河北省，从数量角度看，受地域面积、经济水平等因素影响，天津市社会团体拥有量最少，其次为北京市，河北省社会团体拥有量最多；从变化角度来看，天津市社会团体拥有量变化较小，北京市社会团体拥有量在2018年、2021年和2022年有小幅下降，其余年份稳步上升，河北省社会团体拥有量在2013年和2017年有所下降，其余年份均有所增长（见图7）。

① 《深入实施四大战略，促进区域协调发展》，光明网，https：//theory.gmw.cn/2023-03/17/content_36436451.htm#：~：text=区域重大战略是指，高质量发展战略%E3%80%82，最后检索时间：2023年10月4日。

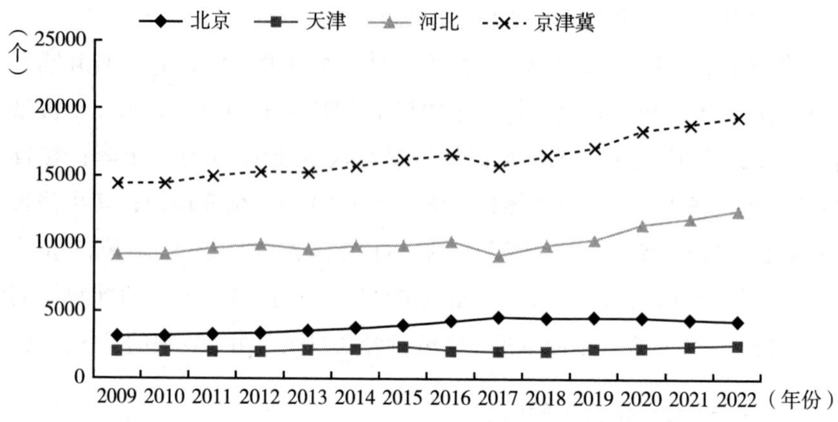


**图 7　2009~2022 年京津冀地区社会团体数量变化**

资料来源：2010~2023 年《中国民政统计年鉴》。

## （二）长江经济带区域

长江经济带覆盖上海、江苏、浙江、安徽、江西、湖北、湖南、重庆、四川、云南、贵州等 11 个省市，面积约 205.23 万平方公里。推动长江经济带区域发展对于促进经济提质增效升级、缩小东中西部发展差距、实现中华民族伟大复兴的中国梦具有重要意义。

本报告通过长江经济带所涵盖的 11 个省市的社会团体总量来代表长江经济带区域社会团体的发展情况。根据 2016 年印发的《长江经济带发展规划纲要》，长江经济带发展格局为“一轴、两翼、三极、多点”，其中“三极”即长江三角洲城市群、长江中游城市群和成渝城市群。

总体来看，长江经济带区域 2022 年社会团体总量为 169095 个，相较于 2021 年减少了 1.37%，相较于 2009 年增长了 61.25%；2009~2020 年长江经济带区域社会团体数量逐年增长，2021 年和 2022 年连续下降。具体来看，从数量角度分析，下游长三角地区社会团体拥有量水平最高，其次为上游成渝经济区，中游城市群社会团体拥有量水平最低；长江经济带的所有省份中，2022 年社会团体拥有量最多的省份为江苏省（30804 个），第二位为浙江省（26342 个），位居第三的是四川省（20813 个）。从变化角度分析，下游长三角地区变化幅度较大，2021 年和 2022 年均有下降；上游成渝经济区和中游城市群变化幅度较小，上游成渝经济区自 2020 年连续下降，中游城市群保持小幅度稳步增长（见图 8）。

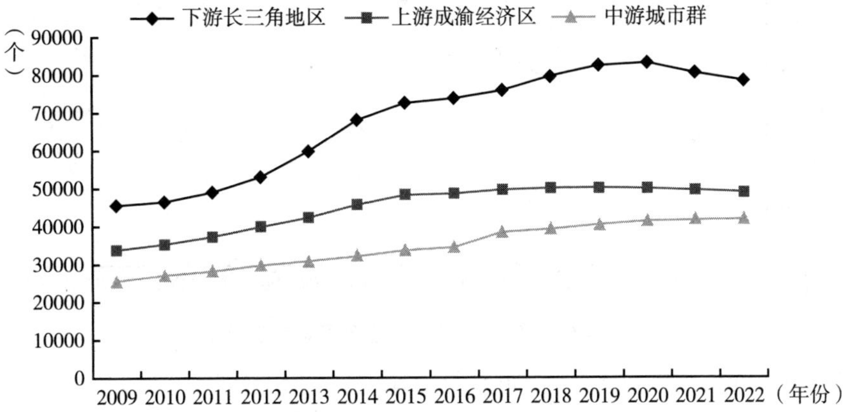


**图 8　2009~2022 年长江经济带地区社会团体数量变化**

资料来源：2010~2023 年《中国民政统计年鉴》。

## （三）粤港澳大湾区

粤港澳大湾区包括香港特别行政区、澳门特别行政区和广东省广州市、深圳市、珠海市、佛山市、惠州市、东莞市、中山市、江门市、肇庆市。打造粤港澳大湾区对于建设高水平参与国际经济合作新平台、打造内地与港澳深度合作示范区具有重要意义。

由于数据可及性问题，目前无法呈现港澳地区和广东省九市社会团体数据，本报告通过广东省社会团体总量代表粤港澳大湾区社会团体发展情况，未来如果港澳地区与内地数据口径统一且广东九市数据可及，将完整呈现粤港澳大湾区社会团体发展情况。

从变化角度分析，2009~2022 年广东省社会团体数量不断增长，2012~2018 年增速较快，2019 年起增速放缓。从数量角度分析，2022 年广东省社会团体总量为 32318 个，相较于 2021 年增长了 0.71%，相较于 2009 年增长了 1.63 倍（见图 9）。

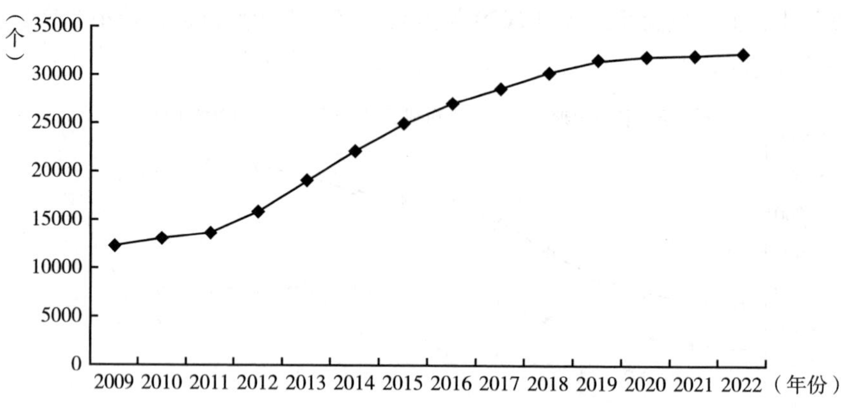


**图 9　2009~2022 年广东省社会团体数量变化**

资料来源：2010~2023 年《中国民政统计年鉴》。

## （四）长三角一体化发展区域

2019 年中共中央、国务院印发的《长江三角洲区域一体化发展规划纲要》中明确，长三角地区范围包括上海市、江苏省、浙江省、安徽省全域。推动长三角一体化发展，增强长三角地区的创新能力和水平、提高经济集聚度和区域协同发展程度，对于引领带动全国经济高质量发展、建设现代化经济体系具有重要意义①。

本报告通过长三角地区所包含的“三省一市”社会团体总量来代表长三角地区社会团体发展情况。总体来看，从数量角度分析，长三角地区 2022 年社会团体总数为 78358 个，相较于 2021 年下降了 2.58%，相较于 2009 年增长了 72.07%。从变化角度分析，2009~2020 年长三角地区社会团体总数均保持增长，2021 年和 2022 年有所下降，这与全国社会团体总量变化趋势相似，表明社会团体从重数量向重质量转变。具体来看，从数量角度分析，江苏省社会团体数量始终高于浙江省，其次是安徽省，上海市社会团体总量始终保持较低水平。从变化角度分析，江苏省社会团体总量在波动中增长，2021 年和 2022 年均有小幅度下降。上海市、浙江省和安徽省变化幅度较小，浙江省 2009~2022 年均保持增长（见图 10）。

---

① 《中共中央 国务院印发〈长江三角洲区域一体化发展规划纲要〉》，中国政府网，https://www.gov.cn/zhengce/2019-12/01/content_5457442.htm，最后检索时间：2023 年 10 月 4 日。

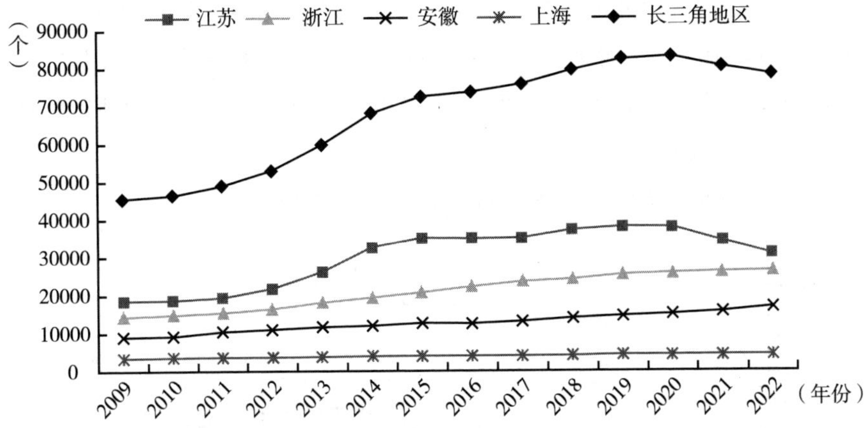


**图 10　2009~2022 年长三角地区社会团体数量变化**

资料来源：2010~2023 年《中国民政统计年鉴》。

## （五）黄河流域生态保护和高质量发展区域

黄河流域生态保护和高质量发展事关中华民族伟大复兴的千秋大计，推动黄河流域的生态保护与高质量发展一方面具有重大的战略意义，对于保护黄河流域生态环境、促进黄河流域经济高质量发展具有重要意义；另一方面具有深远的历史意义，对于传承保护黄河文化、增强文化自信、彰显中华文明具有重要作用。

本报告通过黄河流经的青海省、四川省、甘肃省、宁夏回族自治区、内蒙古自治区、陕西省、山西省、河南省、山东省九省区社会团体总量代表黄河流域社会团体发展情况。总体来看，从数量角度分析，2022 年黄河流域生态保护和高质量发展区域社会团体总量为 108645 个，相较于 2021 年增长了 1.26%，相较于 2009 年增长了 44.75%，增长较为显著；从变化角度分析，黄河流域社会团体总量自 2009 年起持续增长，2019~2021 年逐年下降，2022 年开始回升。具体来看，从数量角度分析，2009~2022 年间，上游地区社会团体数量始终保持较高水平，其中四川省社会团体数量水平始终处于在全流域前列；相较之下，中游和下游社会团体数量仍有较大发展空间，这与中游、下游地区所包含省份较少有关。从变化角度分析，上游地区社会团体数量自 2019

年起有所下降，与甘肃省 2015~2017 年有大幅增长、2018 年小幅下降、2019 年起快速下降有关；中游地区社会团体总量自 2017 年起有较大幅度提升，这与陕西省 2017 年、2018 年社会团体数量增长速度加快有关；下游地区整体变化较为平缓（见图 11）。

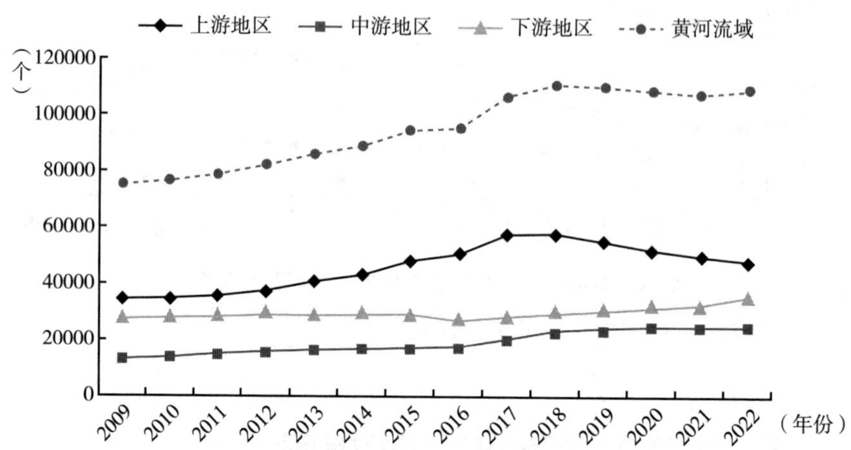


**图 11　2009~2022 年黄河流域地区社会团体数量变化**

资料来源：2010~2023 年《中国民政统计年鉴》。

## 四　社会团体结构分布变化情况

### （一）社会团体的登记管理行政机关层级分布情况

按照登记管理行政机关层级不同，社会团体可以分为民政部登记管理社会团体、省级行政主管部门登记管理社会团体、地（市）级行政主管部门登记管理社会团体和县（区）级行政主管部门登记管理社会团体。整体来看，2009~2022 年，社会团体数量占比降序排列依次为县（区）级行政主管部门登记管理社会团体、地（市）级行政主管部门登记管理社会团体、省级行政主管部门登记管理社会团体和民政部登记管理社会团体。具体来看，县（区）级行政主管部门登记管理社会团体 2009~2020 年持续增长，2021 年和 2022 年有所下降，2022 年总量为 245127 个，占社会团体总量的 66.23%，超过社会团体总量的1/2，相较于2009年增长了63%。地（市）级行政主管部门登记管理社会团体2009~2022年始终保持稳步增长，2022年数量为90761个，占社会团体总量的24.52%。相较之下，省级行政主管部门登记管理社会团体和民政部登记管理社会团体变化幅度较小，所占比重也较小，2022年省级行政主管部门登记管理社会团体仅有32210个，占比8.7%，民政部登记管理社会团体仅有1995个，占比0.54%，未来仍有进一步发展的空间（见图12）。

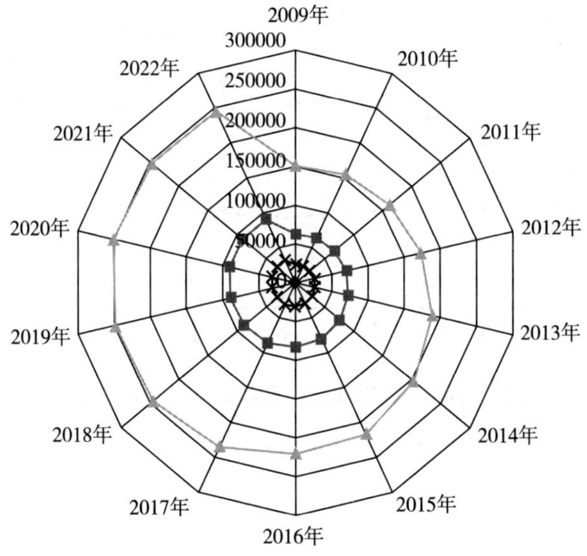


**图12　2009~2022年社会团体级别分布**

资料来源：2010~2023年《中国民政统计年鉴》。

## （二）社会团体工作人员变化情况

### 1.年龄结构分布

从整体来看，2009~2022年，36~45岁职工始终占比最大，是社会团体职工的主力人员；相较之下，35岁及以下职工占比和46~55岁职工占比处于居中状态，56岁及以上职工占比最小。具体来看，2009~2022年36~45岁职工人数占比呈波动下降的趋势，但占比始终最大，2022 年占比为 33.26%；35 岁及以下职工占比和 46~55 岁职工占比变化波动较大，2022 年 35 岁及以下职工占比为 28.08%，46~55 岁职工占比为 24.08%；56 岁及以上职工占比波动较小，但总体上保持增长状态，2022 年 56 岁及以上职工占比为 14.58%（见图 13）。

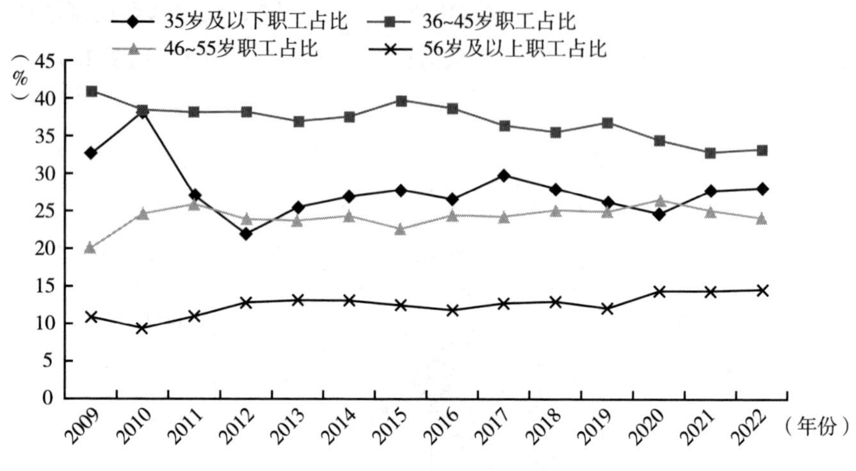


**图 13　2009~2022 年社会团体各年龄段职工占比**

资料来源：2010~2023 年《中国民政统计年鉴》。

2. 职业资格水平

社会工作专业人才被定义为具备社会工作专业知识、技能，能够在提供社会服务、制定社会政策、管理社会组织等领域发挥关键作用的专业人员。① 本报告选择社会团体中社会工作师及助理社会工作师数量作为反映社会团体人才状况与专业化程度的测度指标。

总体来看，2009~2022 年，社会团体社会工作师人数和助理社会工作师人数都在波动变化中增长。具体来看，2009~2014 年社会工作师人数较少，2015 年起快速增长并超过助理社会工作师人数；2018 年起逐年下降，至 2022 年有所回升，2022 年社会工作师人数为 29764 人，相较于 2009 年增长了 65.43 倍之多。相较之下，助理社会工作师人数保持在波动增长状态，2022 年助理社

① 马庆钰、曹堂哲、谢菊：《中国社会组织发展指标体系构建与预测》，《中国行政管理》2015 年第 4 期。

会工作师人数为 39343 人，相较于 2009 年增长了 10.23 倍。反映出社会团体中人员专业化程度不断提升，随着《高级社会工作师评审委员会组织管理暂行办法（试行）》等政策的出台和落地①，社会团体人才队伍建设与人员专业化程度都将进一步提升。

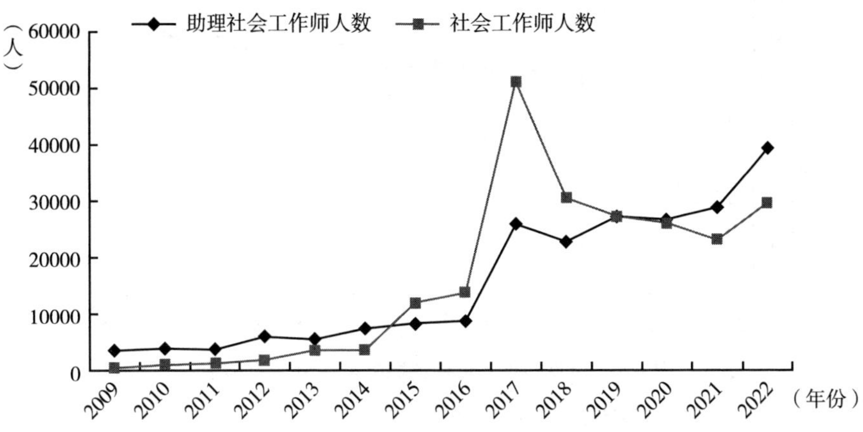


**图 14　2009~2022 年社会团体职工职业资格水平**

资料来源：2010~2023 年《中国民政统计年鉴》。

3. 受教育程度

社会团体职工的受教育程度能够反映出社会团体工作人员的知识储备、学习能力、沟通能力等综合素质，社会团体职工的受教育程度对于高质量开展社会团体工作、推动中国特色社会团体建设具有重要意义。

总体来看，社会团体职工中受教育程度为大学本科及以上的人数和大学专科的人数均在波动中增长。具体来看，受教育程度为大学本科及以上的社会团体职工人数逐年增长，在 2020 年时超过受教育程度为大学专科的社会团体职工人数，其中 2022 年人数为 717661 人，相较于 2021 年增长了 14.53%，相较于 2009 年增长了 2.35 倍。受教育程度为大学专科的社会团体职工人数在波动中增长，2022 年为 626846 人，相较于 2021 年增长了 1.69%，相较于 2009 年

① 《人力资源社会保障部 民政部社会工作者职业水平评价办公室关于印发〈高级社会工作师评审委员会组织管理暂行办法（试行）〉的通知》，中国政府网，https：//www.gov.cn/zhengce/zhengceku/2021-01/07/content_ 5577712.htm，最后检索时间：2023 年 10 月 5 日。

增长了53%。社会团体中职工受教育程度的提高将对于提升社会团体人才队伍建设能力、促进社会团体高质量发展具有重要意义（见图15）。

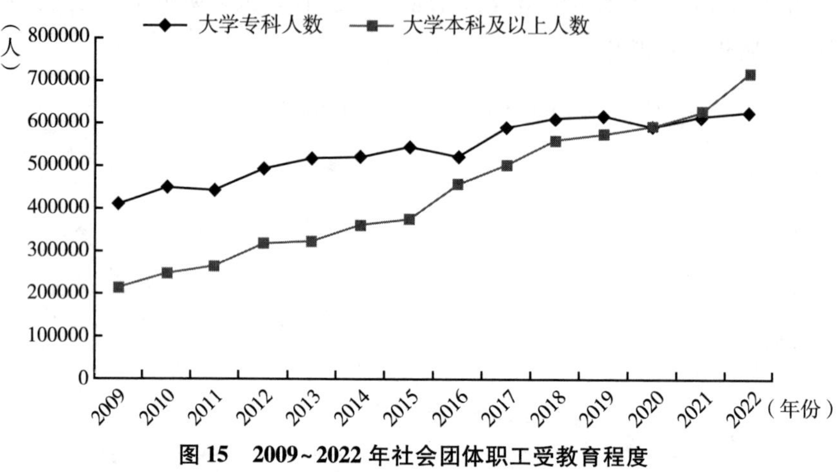


**图15　2009~2022年社会团体职工受教育程度**

资料来源：2010~2023年《中国民政统计年鉴》。

## （三）社会团体行业分布情况

2023年《中国民政统计年鉴》中将社会团体所处行业划分为科技与研究、生态环境、教育、卫生、社会服务、文化、体育、法律、工商服务业、宗教、农业及农村发展、职业及从业者组织、国际及涉外组织和其他14类。排名前三位的领域分别为工商服务业、文化及社会服务领域。其中工商服务业占社会团体数量比重最大，共计48613个，占比为13.14%；其次为文化领域，社会团体数量为43227个，占比为11.68%；社会服务领域社会团体数量为42066个，占比为11.37%。其余领域社会团体数量占比按降序排列，依次为：农业及农村发展领域社会团体数量为41714个，占比为11.27%；体育领域社会团体数量为39580，占比为10.69%；职业及从业者组织领域社会团体数量为19388个，占比为5.24%；教育领域社会团体数量为15643个，占比为4.23%；科技与研究领域社会团体数量为11518个，占比为3.11%；卫生领域社会团体数量为7289个，占比为1.97%；宗教领域社会团体数量为5431个，占比为1.47%；生态环境领域社会团体数量为2700个，占比为0.73%；法律领域社会团体数量为2351个，占比为 0.64%；国际及涉外组织领域社会团体数量为 391 个，占比为 0.11%。此外，其他领域社会团体数量为 90182 个，占比为 24.37%（见图 16）。

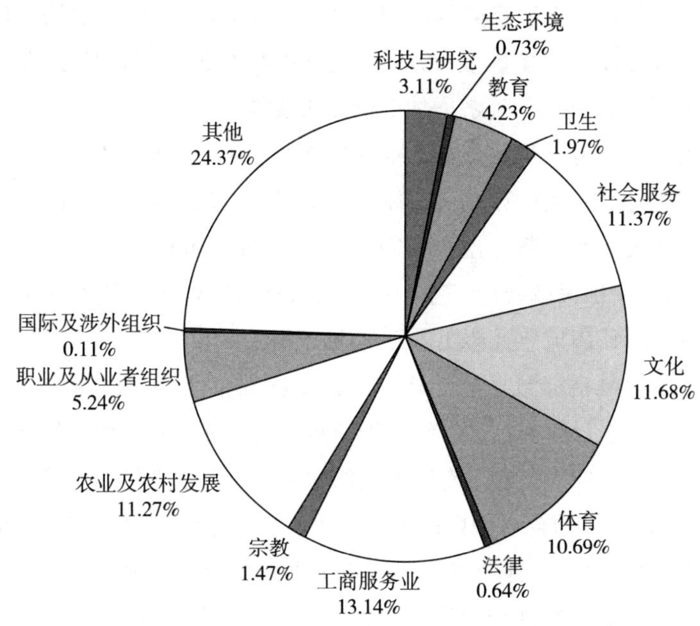


**图 16　2022 年社会团体行业分布情况**

资料来源：2023 年《中国民政统计年鉴》。

## 五　社会团体的经济社会贡献情况

社会团体是社会组织的重要组成部分，不仅具有提供公共服务、化解社会矛盾、扩大社会参与等社会意义，同时也对经济增长与高质量发展具有重要意义。社会团体提供的社会最终的经济价值，是社会最终价值的组成部分，同时也是第三产业经济份额的重要构成。

### （一）社会团体 GDP 贡献情况

社会团体增加值在狭义上是指一定时期内社会团体产出的新增产品、服务及其相关价值的总和，是衡量社会团体经济规模的重要指标，能够反映出社会团体对国民经济的贡献程度，故本报告选择社会团体增加值来反映其经济贡献。

通过《中国民政统计年鉴》可以获得2007~2010年、2013~2014年的社会团体经济增加值，无法获得2011年、2012年的社会团体经济增加值，并且由于《中国民政统计年鉴》自2015年起删去社会组织经济增加值的统计指标，2015年后的社会团体经济增加值也无法获得。

为了更加全面地反映社会团体经济增加值的变化，本报告借鉴学者杨莹的研究成果，通过收入法估算社会团体自2015年以来的经济增加值，通过劳动者报酬、生产税净额、营业盈余和固定资产折旧之和来表示。[①] 由于2011年和2012年的《中国民政统计年鉴》中未公布社会团体固定资产相关数据，故通过劳动者报酬代表该年社会团体经济增加值。

在劳动者报酬指标数据的计算上，首先整理中经网数据库中2015~2022年公共管理、社会保障和社会组织类别的年平均工资；其次由于社会团体中存在不领取报酬的兼职人员多于专职人员的情况，借鉴学者杨莹所采用的17.4%的专职人员比重，[②] 结合《中国民政统计年鉴》公布的2015~2022年全国社会团体职工人数得到社会团体专职人员数量；最后得到社会团体中专职人员的劳动者报酬指标数值。在社会团体固定资产折旧指标的计算上，首先从《中国民政统计年鉴》中得到2015~2022年社会团体的固定资产原价，其次服务业固定资产每年折旧的习惯算法比例为4%，因此可以得到2015~2022年社会团体的固定资产折旧指标数值。此外，由于社会团体的税收和盈余相对较少，且较难获得这两类指标数值，所以舍弃这两项。

由此可得到社会团体在2015年的增加值为438.3亿元，在2016年的增加值为502.9亿元，在2017年的增加值为627.9亿元，在2018年的增加值为664.1亿元，在2019年的增加值为690.9亿元，在2020年的增加值为791.9亿元，在2021年的增加值为870.4亿元，在2022年的增加值为896.4亿元。从变化上分析，2015~2022年社会组织增加值不断增加，在2022年增加值相较于2021年增加了2.99%，相较于2015年增长了1.05倍，表明社会团体对国民经济的贡献不断提升（见表8）。

---

① 杨莹：《供给侧结构性改革视角下的社会组织GDP贡献研究》，《宏观经济管理》2017年第9期。

② 该比例是学者杨莹在重庆市渝中区调研所获得的地方社团专职人员比例。

表 8　2009~2022 年社会团体经济增加值

| 年份 | 全国社会团体职工人数(万人) | 专职人员数量(万人) | 公共管理、社会保障和社会组织类别的年平均工资(元) | 社会团体劳动者报酬(亿元) | 社会团体固定资产(亿元) | 固定资产折旧(亿元) | 增加值(亿元) |
|---|---|---|---|---|---|---|---|
| 2009 | — | — | — | — | — | — | 93.5 |
| 2010 | — | — | — | — | — | — | 139.6 |
| 2011 | 363.0 | 63.2 | 42062.0 | 265.8 | — | — | 265.8 |
| 2012 | 346.9 | 60.4 | 46074.0 | 278.3 | — | — | 278.3 |
| 2013 | — | — | — | — | — | — | 155.5 |
| 2014 | — | — | — | — | — | — | 179.3 |
| 2015 | 390.2 | 67.9 | 62323.0 | 423.1 | 379.6 | 15.2 | 438.3 |
| 2016 | 396.0 | 68.9 | 70959.0 | 488.9 | 349.2 | 14.0 | 502.9 |
| 2017 | 436.7 | 76.0 | 80372.0 | 610.7 | 431.3 | 17.3 | 627.9 |
| 2018 | 420.2 | 73.1 | 87932.0 | 642.8 | 533.6 | 21.3 | 664.1 |
| 2019 | 409.3 | 71.2 | 94369.0 | 672.1 | 468.8 | 18.8 | 690.9 |
| 2020 | 422.3 | 73.5 | 104487.0 | 767.8 | 602.5 | 24.1 | 791.9 |
| 2021 | 436.5 | 76.0 | 111361.0 | 845.9 | 611.5 | 24.5 | 870.4 |
| 2022 | 428.7 | 74.6 | 117440.0 | 876.1 | 508.2 | 20.3 | 896.4 |

资料来源：中经网统计数据库，2023 年《中国民政统计年鉴》。

## （二）社会团体对就业的贡献情况

社会团体包括学术性、行业性、专业性和联合性四类，涉及教育、医疗、养老、文化、卫生、体育等多行业，在开发就业岗位、拓展就业空间、提供就业服务方面发挥了重要作用。

具体来看，社会团体解决就业占比在波动中增长，2022 年占比为 0.58%，相较于 2009 年增加了 32.04%，反映出社会团体在解决就业问题中不断发挥作用；社会团体就业人员占第三产业就业人员比重波动较大，2022 年占比为 1.24%。但总体来看，社会团体解决就业占比、社会团体就业人员占第三产业就业人员比重仍有较大增长空间。国务院《“十四五”就业促进规划的通知》中指出应健全全方位公共就业服务体系，加强公共就业服务机构设置，支持社会组织提供公益性就业服务。① 政府应加强统筹规划、完善支持举措，通过用好用足财政资金补助、政府购买服务等方式提高社会团体的就业人员吸纳能力，发挥社会团体在促进就业方面的作用。

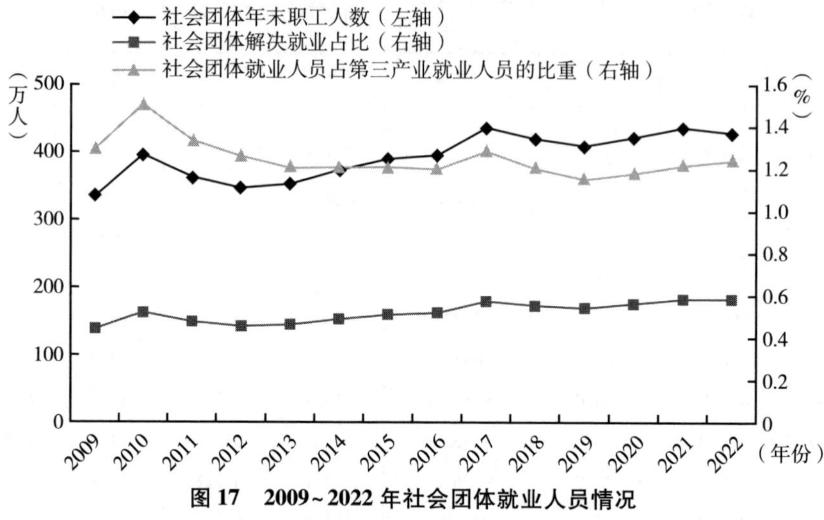


**图 17　2009~2022 年社会团体就业人员情况**

资料来源：2010~2023 年《中国民政统计年鉴》；中经网统计数据库。

## 六　社会团体发展存在的短板

党的十八大以来，以习近平同志为核心的党中央高度重视社会组织发展，在治国理政的新实践中形成了一系列的新理念、新思想和新战略，为社会团体的健康有序和高质量发展提供了指导方向与行动指南。党的十八大强调“加强和创新社会治理”“引导社会组织健康有序发展”“加大社会组织党建工作力度”②；党的十九大报告中指出，要“发挥社会组织作用，实现政府治理和社会调节、居民自治良性互动”“着力解决突出环境问题”“构建政府为主

① 《国务院关于印发“十四五”就业促进规划的通知》，中国政府网，https：//www. gov. cn/zhengce/content/2021-08/27/content_ 5633714. htm，最后检索时间：2023 年 10 月 5 日。

② 胡锦涛：《坚定不移沿着中国特色社会主义道路前进 为全面建成小康社会而奋斗》，《人民日报》2012 年 11 月 9 日，第 2 版。

导、企业为主体、社会组织和公众共同参与的环境治理体系”“加强基层党组织建设”“把社会组织等基层党组织建设成为宣传党的主张、贯彻党的决定、领导基层治理、团结动员群众、推动改革发展的坚强战斗堡垒”①。党的二十大报告中指出，要“加强新经济组织、新社会组织、新就业群体党的建设”，“引导、支持有意愿有能力的社会组织参与公益慈善事业”②。党和国家从宏观层面擘画了社会团体的发展蓝图，对于社会团体党建工作、社会团体作用发挥等方面做出顶层设计。在上述背景下，本报告将结合社会团体发展状况，分析当前社会团体存在的问题，并相应提出政策建议，从而为推动社会团体高质量发展、发挥社会团体在实现中国式现代化过程中的作用贡献力量。

### （一）适应社会团体特色的党建工作模式有待进一步探索

一是社会团体党组织的管理体系和工作机制有待畅通③。有的业务主管单位党组织对社会团体的领导与管理职责发挥不到位，对抓好社会团体党建工作重视程度不够；部分党委组织部门和社会团体党建工作机构统筹协调能力有待加强。④⑤ 二是社会团体中党建工作质量有待进一步提高⑥。当前社会团体党组织建设基本实现了党的组织和党的工作全覆盖，但一些党组织工作质量亟待提高，社会团体党组织“两个覆盖”从有形到有效转化仍需进一步推进。一

① 习近平：《决胜全面建成小康社会 夺取新时代中国特色社会主义伟大胜利》，《人民日报》2017 年 10 月 19 日，第 2 版。

② 习近平：《高举中国特色社会主义伟大旗帜 为全面建设社会主义现代化国家而团结奋斗》，《人民日报》2022 年 10 月 26 日，第 1 版。

③《加强党建引领社会组织发展》，环球网，https：//china. huanqiu. com/article/9CaKrnJQc7Q，最后检索时间：2023 年 10 月 5 日。

④《把握特点规律提升社会组织党建工作质量和水平》，中国共产党新闻网，http：//dangjian. people. com. cn/n1/2020/1123/c117092-31940089. html，最后检索时间：2023 年 10 月 5 日。

⑤《中共中央办公厅印发〈关于加强社会组织党的建设工作的意见（试行）〉》，中国政府网，https：//www. gov. cn/xinwen/2015-09/28/content_ 2939936. htm，最后检索时间：2023 年 10 月 5 日。

⑥《民政部关于印发〈“十四五”社会组织发展规划〉的通知》，中国政府网，https：//www. gov. cn/zhengce/zhengceku/2021-10/08/content_ 5641453. htm，最后检索时间：2023 年 10 月 5 日。

些社会团体中出现党建工作与业务工作“两张皮”问题，不能将党建工作与业务工作统筹一体推进；[①] 有的社会团体重业务轻党建，党建工作表面化、形式化，党建工作在宣传和落实上存在差距。三是社会团体党组织发挥作用的模式有待进一步完善。当前仍存在社会团体开展党组织活动吸引力不强，导致党组织的战斗堡垒作用很难发挥的问题。

### （二）中国特色社会团体的管理制度有待完善

一是分类登记管理制度仍需要细化落实。中央于 2016 年在新修订的《社会团体登记管理条例》中对行业协会商会类、科技类、公益慈善类、城乡社区服务类四类社会团体直接登记、简化登记流程做出相关规定，地方陆续印发四类社会组织直接登记管理办法，但在结合地方特点、细化落实中央政策上仍缺乏制度保障。二是综合监管合力有待加强。在外部监督上，民政、公安、网信、工商等部门开展协作监管的机制有待落实；在内部监督上，社会团体诚信自律建设有待加强，社会团体评估机制、信息公开机制建设仍不完善。三是对社会团体执法力度不足。登记管理机关大多采取柔性手段对社会团体违法违规行为进行处置，尚未形成全套完善、刚柔并施的执法体系。一些行业协会商会乱收费等违规行为仍然存在，社会团体失范、违法现象时有发生，打击非法社会团体仍任重道远。

### （三）社会团体在中国式现代化建设中发挥作用的水平有待提升

一是行业协会商会助力经济高质量发展动力仍需释放。行业商会协会高质量发展政策仍需落地见效，发展的平台建设仍需推动，发展人才队伍建设仍有不足，影响行业商业协会作用发挥。二是科技学术类社会团体在科学普及、人才培养等方面仍有发挥空间。科技学术类社会团体的建设、治理与评价等方面尚未形成系统完善的制度，阻碍科技学术类社团的自身建设与发展，影响其作用的发挥。三是有待进一步发挥社会团体在提供专业服务助力国家战略上的作用。在乡村振兴、促进就业等国家重大战略上，不同类型的社会团体结合自身

---

① 《推动党建工作和业务工作深度融合（专题深思）》，人民网，http：//opinion.people.com.cn/n1/2021/0420/c1003-32082104.html，最后检索时间：2023 年 10 月 5 日。

特色、优势开展专业化、差异化和个性化服务的水平有待提升，影响社会团体在乡村振兴、促进就业等领域的品牌建设与作用发挥。

### （四）社会团体自身建设能力、中国特色社会团体的高质量发展水平有待提升

一是社会团体在内部治理方面仍面临挑战，一些社会团体资金管理和募集机制不完善，存在资金使用和报告方面不透明、不规范的行为，进而可能影响社会团体公信力。二是社会团体人才队伍建设有待加强。当前社会团体存在兼职人员较多、全职人员较少、人员较为松散的问题，进而导致社会团体开展活动时存在人员保障不足的问题。三是社会团体信息化建设落地水平有待增强。一方面是一些社会团体信息化基础设施相对滞后，另一方面是全国性社会团体公共服务信息平台普及率有待提升，阻碍信息透明化程度及信息共享程度提升。四是社会团体自身品牌建设需要打造。部分社会团体缺乏宣传机制及缺乏品牌建设的意识与战略性思考，导致尚未形成自身品牌，不利于提高自身影响力。

## 七　促进社会团体发展的政策建议

展望未来，社会团体的进一步发展应紧紧围绕党的领导与国家战略布局，在实现中国式现代化的进程中、实现中华民族伟大复兴的征程中发挥更大作用。未来社会团体制度改革将进一步深化、监管执法不断强化、扶持政策不断完善，社会团体应进一步创新具有特色的党建工作模式，发挥好社会团体党组织战斗堡垒作用和社会团体中党员的先锋模范作用；围绕科教兴国、人才强国、创新驱动发展、乡村振兴、区域协调发展、可持续发展、积极应对人口老龄化等国家战略提供专业服务，在乡村振兴战略、创新社会治理、推动经济高质量发展、开展对外交流合作等方面继续发挥积极作用。

### （一）创新具有社会团体特色的党建工作模式，加强党建引领社会团体发展

一是畅通社会团体党组织的管理体系和工作模式，提升组织力，优化组织

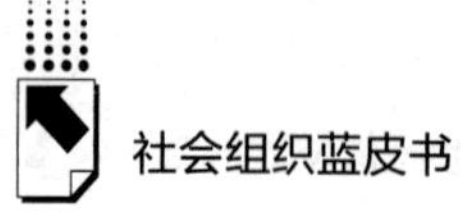


设置，理顺社会团体党组织隶属关系，强化、抓实业务主管单位领导、管理社会团体党建工作的责任，没有业务主管单位的社会团体要落实社会团体党建工作机构的责任，将业务主管单位、社会团体党建工作机构抓党建列入全面从严治党考核内容。二是提高社会团体党建工作质量。将党建工作和业务工作紧密结合，通过党建工作引领带动业务工作，用业务工作检验党建工作成效。加强党建工作监管，落实党建工作责任制，夯实党建与业务工作融合发展的制度基础，实现党建工作与业务工作的深度融合发展。三是完善社会团体中党组织发挥作用的模式。立足社会团体自身特点、党员群众需求开展形式多样的党组织活动，顺应信息化时代潮流，积极探索“互联网+党建”工作模式，不断拓展党组织发挥作用的有效形式，使每个基层党组织都成为党旗高高飘扬的战斗堡垒。①

### （二）加快完善具有中国特色的社会团体管理制度，激发社会团体发展活力

一是细化落实社会团体分类登记管理制度。地方应在中央政府、民政部门的倡导下通过自上而下的强制来落实分类登记制度，也应发挥能动性，参与新的分类登记制度的塑造与扩散活动，为中央推动进一步改革提供新的创新点与发展思路。二是加强综合监管合力。在外部监督上，建立并落实各部门协调合力开展监督的机制，厘清各部门职责，形成监管合力。在内部监督上，将社会团体年度报告等信息公开透明化管理，开展社会团体信用评级，将社会团体信用评级与资源支持挂钩，倒逼社会团体诚信自律建设。三是完善对社会团体的执法手段。探索建立并落实对社会团体进行执法的机制，筑牢事先预防—行政告诫、责令整改—对违法行为作出行政处罚—涉嫌犯罪移交司法“四道防线”。

### （三）在中国式现代化进程中助力社会团体在推动经济高质量发展方面发挥作用

一是提升行业协会商会推动经济发展水平的能力。发挥行业协会商会了解

---

① 《把握特点规律 提升社会组织党建工作质量和水平》，中国共产党新闻网，http://dangjian.people.com.cn/n1/2020/1123/c117092-31940089.html，最后检索时间：2023年10月5日。

企业一线情况的优势，与行业管理部门形成合力，在推进行业立法、行业管理、产业转型等方面发挥积极作用。二是对科技学术社会社团进行鼓励支持，完善科技学术类社会团体的内部治理体系与评价机制，发挥科技学术社会团体推进科学普及、培养青年人才、开展科技咨询、组织学术交流、深化国际合作、助力经济社会发展等方面的积极作用，助力科技强国建设。三是充分发挥社会团体在乡村振兴、促进就业等领域的作用。各地应做细做实中央层面政策，动员社会团体积极发挥自身优势参与乡村振兴、促进就业等领域活动，通过树选典型社会团体强化示范带动作用，形成社会团体助力乡村振兴、促进就业，进而推动经济高质量发展的良好局面。

### （四）加强社会团体自身能力建设，推动社会团体高质量发展

一是完善社会团体内部治理体系。完善社会团体资金募集与管理机制，完善资金使用公开公示制度，便于开展内外部监督，提高资金使用效率。二是加强社会团体人才队伍建设，形成完整清晰的人才管理规章制度，厘清各岗位职责，保证全职、兼职人员各司其职；明确人才激励标准，增加全职人员比例，保障社会团体日常运营活动高效开展。三是加强社会团体信息化基础设施建设，同时主动接入全国性社会团体公共服务平台，进行信息互通互享。四是提高品牌建设与战略规划意识，分析自身特色，借鉴先进经验，打造社会团体品牌，提升影响力。

**参考文献**

习近平:《决胜全面建成小康社会 夺取新时代中国特色社会主义伟大胜利》,《人民日报》2017 年 10 月 19 日。

习近平:《高举中国特色社会主义伟大旗帜 为全面建设社会主义现代化国家而团结奋斗》,《人民日报》2022 年 10 月 26 日。

王伟进、顾天安、李健:《我国社会组织功能定位与管理体制的演变——基于国务院政策文件库的分析》,《社会建设》2022 年第 5 期。

王博:《我国社会团体登记管理工作现状及展望——基于对〈社会团体登记管理条例〉实施效果评估的分析》,《中国行政管理》2021 年第 2 期。

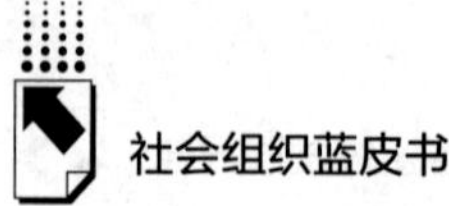


张长东、马诗琦：《中国社会团体自主性与政策倡议积极性》，《政治学研究》2018年第5期。

王雁红：《从双重管理到分类管理：我国社会组织管理的制度变迁与路径创造》，《江苏社会科学》2018年第6期。

# B.3

# 2022年中国民办非企业单位发展报告

徐 明　魏朝阳　陈斯洁　李佳颐*

**摘　要：** 民办非企业单位作为社会组织的重要组成部分，在推动经济发展、繁荣社会事业、创新社会治理等多个方面发挥了积极作用。本报告对2022年民办非企业单位的现状和发展情况进行梳理，详细分析了2022年民办非企业单位的总量变化、省域分布和区域差异、五大重大国家战略发展区域民办非企业单位变化趋势、民办非企业单位的结构分布变化以及其对经济的贡献情况。报告指出，新时代民办非企业单位应当进一步加强其党建工作，扩大党组织覆盖面；完善相关法律法规体系；优化治理结构和监督形式；拓宽民办非企业单位发展资源的获取渠道；加强专业化人才队伍建设，推动民办非企业单位高质量发展。

**关键词：** 民办非企业单位　国家战略发展　高质量发展

---

* 徐明，博士，中国社会科学院大学商学院教授、博士生导师、国家治理现代化与社会组织研究中心主任，主要研究方向为人力资源开发管理与人才发展、社会治理、公共安全与应急管理；魏朝阳，北京市委社会工委民政局基层政权和社区建设处处长，主要研究方向为经济管理、社会治理、社会组织；陈斯洁，中国社会科学院大学博士研究生；李佳颐，中国社会科学院大学硕士研究生。

## 一 2022年民办非企业单位[①]总量变化情况

### （一）2022年民办非企业单位总量

2022 年，民办非企业单位的总量相比前一年略有下降，全国民办非企业单位总量为 511855 个，与 2021 年的 521883 个相比共下降了 10028 个，增长率为-1.92%，与 2021 年的增长率相比，下降了 4.05 个百分点。

2012~2015 年，民办非企业单位总量稳步上升，且年增长率均在 10%以上。2012 年党的十八大以来，财政部与民政部联合设立“中央财政支持社会组织参与社会服务示范项目”，有效促进了各级政府加大对社会组织的培育和支持力度[②]。此后国家各部门也针对社会组织及民办非企业单位建立了一系列扶持性政策，如税收优惠[③]和推进社区社会组织发展[④]等，为我国民办非企业单位的蓬勃发展提供了良好的发展环境。此外，国家对于民办非企业单位的监管制度也不断完善，执法力度不断增大，进一步优化了民办非企业单位的发展环境。2018 年以来，民办非企业单位数量的增长趋势逐年减缓，并于 2022 年首次呈现负增长。但民办非企业单位在我国社会组织中的占比仍保持在 50%

---

① 民办非企业单位是我国改革开放以来发展形成的一类社会组织，最初也被称为“民办事业单位”。1996 年，经中共中央政治局常委会专门研究决定，将“民办事业单位”的名称确定为“民办非企业单位”，由民政部统一归口登记。2016 年以来《中华人民共和国慈善法》《中华人民共和国民法总则》均明确社会服务机构将取代民办非企业单位。根据全国人大常委会法制工作委员会相关释义，慈善法和民法总则中的“社会服务机构”就是目前根据《民办非企业单位登记管理暂行条例》登记的民办非企业单位。本报告使用民办非企业单位，以与《中国民政统计年鉴》统计口径对应。

② 《财政部 民政部关于印发〈中央财政支持社会组织参与社会服务项目资金使用管理办法〉的通知》（财社〔2012〕138 号），中国社会组织促进会网站，https：//www.chinanpo.org.cn/ds/23046fc9e0.html，最后检索时间：2023 年 10 月 4 日。

③ 《关于非营利组织免税资格认定管理有关问题的通知》（财税〔2014〕13 号），中华人民共和国财政部门户网站，https：//szs.mof.gov.cn/zhengcefabu/201402/t20140217_1043659.htm，最后检索时间：2023 年 10 月 4 日。

④ 《民政部关于大力培育发展社区社会组织的意见》（民发〔2017〕191 号），中华人民共和国民政部门户网站，https：//xxgk.mca.gov.cn：8445/gdnps/pc/content.jsp？id=116380&mtype=，最后检索时间：2023 年 10 月 4 日。

以上（见图 1），由此可见，民办非企业单位依然是一个相当规模的群体，具有非常广阔的发展前景。

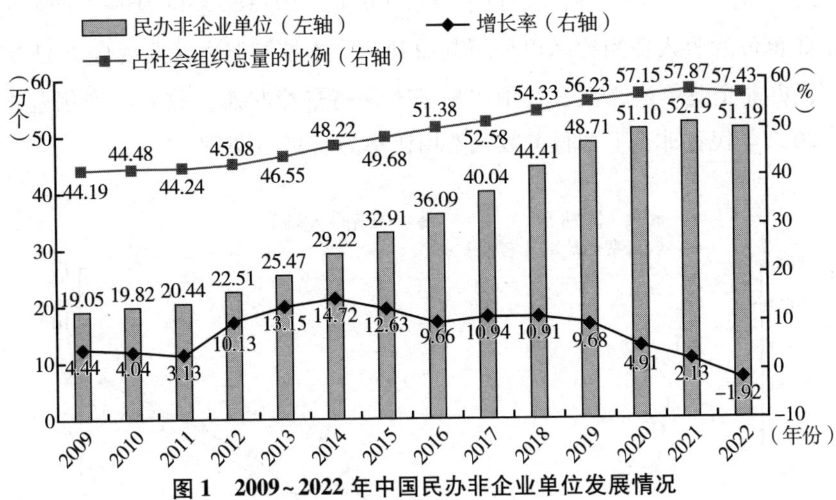


**图 1　2009~2022 年中国民办非企业单位发展情况**

资料来源：2010~2023 年《中国民政统计年鉴》。

## （二）2022年民办非企业固定资产原价、收入、费用情况

截至 2022 年底，民办非企业单位固定资产原价共 5930.1 亿元，与 2021

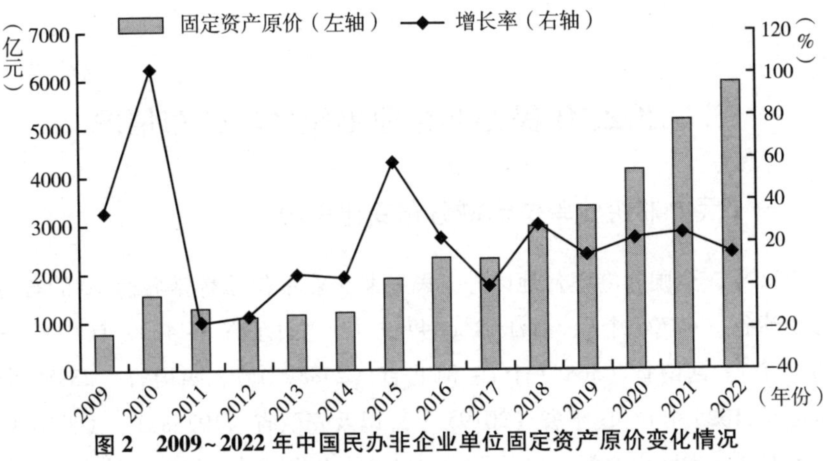


**图 2　2009~2022 年中国民办非企业单位固定资产原价变化情况**

资料来源：2010~2023 年《中国民政统计年鉴》。

年相比增长了 15.03%（见图 2）。民办非企业单位收入共 4787.0 亿元，与 2021 年相比增长了 583.6 亿元，增长率达 13.88%。民办非企业单位费用共 5302.7 亿元，与 2021 年相比增长了 566.0 亿元，增长率达 11.95%。计算民办非企业单位的收入费用比率以分析其盈利和成本控制能力，发现自 2011 年以来，民办非企业单位的收入费用比率基本保持平稳状态，收入与费用基本持平。2022 年民办非企业单位的收入费用比率为 0.90（见图 3）。

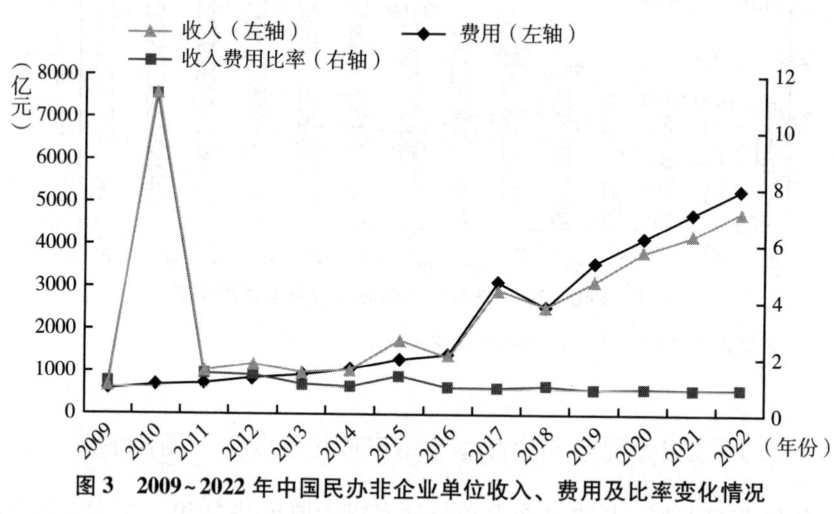


**图 3　2009~2022 年中国民办非企业单位收入、费用及比率变化情况**

资料来源：2010~2023 年《中国民政统计年鉴》。

## 二　2022年民办非企业单位省域分布情况

### （一）民办非企业单位省域分布变化情况

2022 年，全国除港澳台地区外，民办非企业单位总量排名前 10 的省份分别为江苏省（47705 个）、浙江省（44739 个）、山东省（44626 个）、广东省（37827 个）、河南省（36447 个）、河北省（24887 个）、四川省（23989 个）、湖南省（21025 个）、辽宁省（20195 个）以及安徽省（19788 个）（见图 4）。

考虑到各省区市之间人口总量、人口结构及发展情况等差异较大，因此选取 2022 年各省区市常住人口数并计算各省区市的平均每万人的民办非企业单

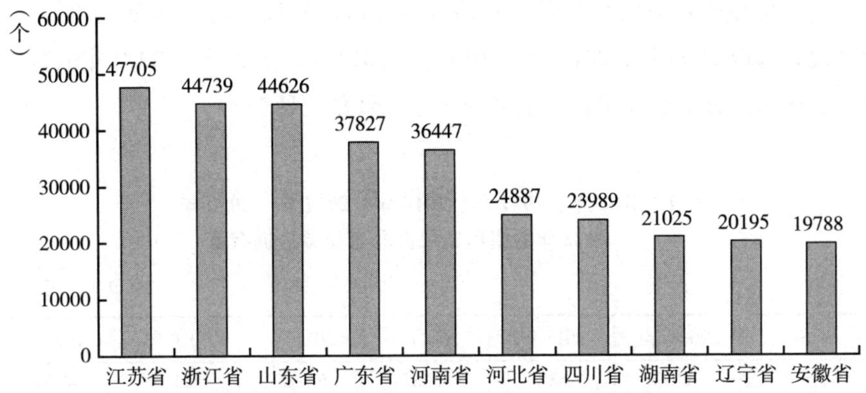


**图 4　2022 年中国民办非企业单位总量 Top 10 省份**

资料来源：2023 年《中国民政统计年鉴》。

位数量，探究民办非企业单位数量与人口总量的关系。由图 5 可见，2022 年全国平均每万人的民办非企业单位数量排名情况与民办非企业单位总量的排名有较大差异。其中，海南省、上海市、黑龙江省、内蒙古自治区以及福建省等省区市在民办非企业单位总量排名中并未进入前 10 名，但在平均每万人的民办非企业单位数量排名中较为靠前。这说明该省区市的民办非企业单位总量较少可能是受人口等因素的限制，而人均民办非企业单位数量较多，说明其民办非企业单位的发展和产出效率较高，具有非常大的发展潜力和空间。

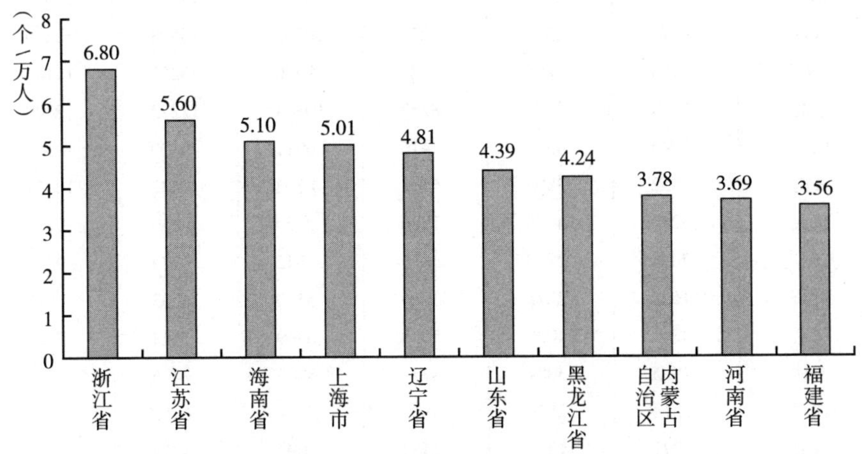


**图 5　2022 年中国每万人民办非企业单位数量 Top 10 省份**

资料来源：2023 年《中国民政统计年鉴》；2022 年各省份统计公报。

为了更加清晰地展示各省（自治区、直辖市）民办非企业单位的发展变化情况，选取 2008 年、2011 年、2014 年、2017 年、2020 年、2022 年的数据，对各省区市民办非企业单位的数量变化进行研究（见表 1）。

**表 1　2008 年、2011 年、2014 年、2017 年、2020 年、2022 年各省区市民办非企业单位拥有量**

单位：个

| 省份 | 2008 年 | 2011 年 | 2014 年 | 2017 年 | 2020 年 | 2022 年 |
|---|---|---|---|---|---|---|
| 江苏 | 12892 | 16887 | 38382 | 51225 | 59195 | 47705 |
| 浙江 | 12383 | 13770 | 20033 | 27183 | 44619 | 44739 |
| 山东 | 32766 | 23725 | 23335 | 30903 | 41532 | 44626 |
| 广东 | 12856 | 16756 | 24990 | 34185 | 38585 | 37827 |
| 河南 | 7588 | 9221 | 16285 | 22506 | 34241 | 36447 |
| 河北 | 5864 | 6133 | 7783 | 12684 | 22631 | 24887 |
| 四川 | 12612 | 13139 | 17642 | 21975 | 24517 | 23989 |
| 湖南 | 4525 | 6399 | 11628 | 18609 | 20595 | 21025 |
| 辽宁 | 8421 | 9939 | 11102 | 14688 | 19367 | 20195 |
| 安徽 | 4238 | 6383 | 10492 | 14860 | 18948 | 19788 |
| 湖北 | 10847 | 12653 | 14587 | 16974 | 19095 | 18661 |
| 广西 | 3849 | 4517 | 7961 | 11913 | 15362 | 16387 |
| 江西 | 4346 | 4303 | 6156 | 11233 | 14939 | 15547 |
| 福建 | 3580 | 5140 | 7286 | 10651 | 14711 | 14927 |
| 陕西 | 4621 | 6350 | 8055 | 10705 | 13598 | 13879 |
| 黑龙江 | 5994 | 7214 | 6932 | 9340 | 13227 | 13145 |
| 上海 | 5439 | 6572 | 8257 | 10504 | 12273 | 12409 |
| 山西 | 3945 | 4355 | 5416 | 6911 | 9800 | 10545 |
| 云南 | 2452 | 3805 | 6145 | 8393 | 9622 | 10051 |
| 重庆 | 3210 | 4455 | 7284 | 9160 | 9869 | 9780 |
| 内蒙古 | 2098 | 2889 | 4655 | 7042 | 8735 | 9074 |
| 贵州 | 1609 | 2276 | 3760 | 5520 | 6793 | 7640 |
| 北京 | 3350 | 4089 | 5035 | 6969 | 7648 | 7483 |
| 吉林 | 2985 | 3087 | 4771 | 5803 | 7496 | 7309 |
| 甘肃 | 3314 | 2550 | 3605 | 5397 | 6855 | 7255 |
| 海南 | 971 | 1319 | 2457 | 3992 | 4975 | 5236 |
| 天津 | 1969 | 2125 | 2450 | 2927 | 3544 | 3770 |

续表

| 省份 | 2008 年 | 2011 年 | 2014 年 | 2017 年 | 2020 年 | 2022 年 |
|---|---|---|---|---|---|---|
| 新疆 | 2264 | 2573 | 3344 | 4155 | 3887 | 3614 |
| 宁夏 | 745 | 943 | 1140 | 2270 | 2305 | 1899 |
| 青海 | 607 | 760 | 1126 | 1610 | 1851 | 1864 |
| 西藏 | 9 | 15 | 17 | 41 | 46 | 60 |

说明：此表中各省区市的民办非企业单位总量并非民办非企业单位全国合计量，后者还包括民政部登记管理的民办非企业单位。

资料来源：2009~2023 年《中国民政统计年鉴》。

2008 年，全国民办非企业单位数量相对较少，总计为 182382 个。2011 年，全国民办非企业单位数量逐步增长到 204388 个，其间平均每年增长 7335 个。2011 年，山东省民办非企业单位数量共计 23725 个，与 2008 年相比减少了 9041 个，但仍居全国首位。2011 年全国民办非企业单位总量超过 10000 个的省份有山东省（23725 个）、江苏省（16887 个）、广东省（16756 个）、浙江省（13770 个）、四川省（13139 个）和湖北省（12653 个）。其中，2011 年江苏省、广东省和浙江省的民办非企业单位数量均有较大增长。江苏省民办非企业单位数量与 2008 年相比共增长了 3995 个，位居全国第二。广东省民办非企业单位数量与 2008 年相比共增长了 3900 个，位居全国第三。浙江省民办非企业单位数量与 2008 年相比共增长了 1387 个，排名提升至全国第四。其他大部分省份的民办非企业单位数量也有小幅度提升。

2011~2014 年，民办非企业单位数量增长至 292195 个，平均每年增长 29284 个。三年内，江苏省民办非企业单位数量以每年平均增长 7165 个的速度迅速跃升至全国第一，共计 38382 个，为 2011 年数量的 2.27 倍。广东省民办非企业单位数量以每年平均增长 2745 个的速度提升至全国第二，共计 24990 个。山东省民办非企业单位数量进一步下降至 23335 个，与 2011 年相比减少了 390 个，排名降为全国第三。2014 年，全国近 1/3 的省份民办非企业单位数量超过 10000 个。

2014~2017 年，全国民办非企业单位数量增长至 400438 个，平均每年增长 36081 个，增长速度较快。三年内，江苏省民办非企业单位数量平均每年增长 4281 个，增长速度最快，总量保持在全国第一。广东省、山东省、浙江省民办非企业单位数量均有稳步提升，分别以平均每年增长 3065 个、2523 个和 2383 个的速度列全国第二、三、四名。2017 年，超过一半的省份民办非企业单位数量超过 10000 个，近 1/5 的省份民办非企业单位数量超过 20000 个。

2017~2020 年，全国民办非企业单位数量依然快速增长，平均每年增长 36844 个。三年内，江苏省民办非企业单位数量平均每年增长 2657 个，总量保持在全国第一，共计 59195 个。浙江省民办非企业单位数量增长最快，以平均每年增长 5812 个的速度上升至全国第二，共计 44619 个。山东省和河南省民办非企业单位数量增长速度也较快，分别以平均每年增长 3543 个和 3912 个的速度，总量位列全国第三名和第五名。2020 年，已有 17 个省份民办非企业单位数量突破 10000 个，全国 1/4 以上的省份民办非企业单位数量突破 20000 个。

2020~2022 年，全国民办非企业单位数量增长速度逐渐减缓，平均每年仅增长 451 个。其中江苏省民办非企业单位数量每年下降 5745 个，但总量仍保持全国首位，共计 47705 个。山东省民办非企业单位数量依然稳步上升，平均每年增长 1547 个，总量位居全国第三，共计 44626 个。截至 2022 年，已有 19 个省份民办非企业单位数量突破 10000 个，近 1/3 的省份民办非企业单位数量突破 20000 个。

## （二）民办非企业单位数量的区域差异情况

党的十六届三中全会中首次提出区域协调发展战略，指出要形成“东中西相互促进、优势互补、共同发展的区域发展格局”。① 党的十九大报告中进一步指出应实施区域协调发展战略，“强化举措推进西部大开发形成新格局，深化改革加快东北老工业基地振兴，发挥优势推动中部地区崛起，创新引领率先实现东部地区优化发展”。② 因此，为清晰呈现我国民办非企业单位区域分

① 《区域发展战略成效显著 发展格局呈现新面貌——改革开放 40 年经济社会发展成就系列报告之十六》，中华人民共和国中央人民政府门户网站，https：//www.gov.cn/xinwen/2018-09/14/content_ 5321859.htm，最后检索时间：2023 年 10 月 5 日。

② 《习近平：决胜全面建成小康社会 夺取新时代中国特色社会主义伟大胜利——在中国共产党第十九次全国代表大会上的报告》，中华人民共和国中央人民政府门户网站，https：//www.gov.cn/zhuanti/2017-10/27/content_ 5234876.htm，最后检索时间：2023 年 10 月 5 日。

布现状，本报告采用泰尔指数，按照东部地区、中部地区、东北地区和西部地区四部分进行结构分解来测算我国民办非企业单位分布的空间差异，并将总体差异设置为100%，在此基础上计算得到区域间和区域内差异对整体差异的贡献度。泰尔指数的分解公式如下所示：

$$T = T_{WR} + T_{BR} = \sum_i \left(\frac{O_i}{O}\right) ln\left(\frac{O_i/O}{G_i/G}\right) = \left[ \sum_{j=1}^{m} \frac{O_i}{O} \sum_{i}^{j(n)} \frac{O_{ji}}{O_j} ln\left(\frac{O_{ji}/O_j}{G_{ji}/G_j}\right) \right] + \sum_{j=1}^{m} \left(\frac{O_i}{O}\right) ln\left(\frac{O_i/O}{G_i/G}\right) \quad (1)$$

$$T_{WRi} = \sum_i \left(\frac{O_{ji}}{O_j}\right) ln\left(\frac{O_{ji}/O_j}{G_{ji}/G_j}\right) \quad (2)$$

式（1）测算的是民办非企业单位总数的泰尔指数 $T$、区域内差异 $T_{WR}$ 和区域间差异 $T_{BR}$，其中 $O$ 为各省份民办非企业单位数量之和，$O_i$ 为各省份民办非企业单位数量，$G$ 为各省份国民生产总值之和，$G_i$ 为各省份的国民生产总值；式（2）表示区域内民办非企业单位的泰尔指数 $T_{WRi}$，其中 $O_j$ 为民办非企业单位数量之和，$G_j$ 为国民生产总值之和；$j=1\sim4$，分别代表东部地区、中部地区、东北地区和西部地区四大地理区域。

从民办非企业单位发展的总体差异方面来分析，2022 年民办非企业单位的泰尔指数值为 0.052，与 2021 年的 0.049 相比增加了 0.003。2009～2017 年，我国民办非企业单位的泰尔指数和区域内泰尔指数总体均呈下降趋势，总体泰尔指数下降了 0.041，区域内泰尔指数下降了 0.029。2018～2022 年，民办非企业单位的泰尔指数和区域内泰尔指数又有所回升。2009～2022 年，我国民办非企业单位的区域间泰尔指数大致呈下降趋势，共下降了 0.011（见图 6）。这表明我国民办非企业单位的总体区域间和区域内差异逐渐减少，即区域间和区域内民办非企业单位的发展情况趋于平衡。从民办非企业单位发展的差异贡献率方面来分析，2022 年，民办非企业单位区域间差异贡献率为 21.12%，区域内差异贡献率为 78.88%，区域间和区域内差异贡献率的差距有所减小。

从四大区域的民办非企业单位发展的泰尔指数方面来分析，2022 年在全国民办非企业单位中，东部地区的泰尔指数最高，为 0.058，西部、中部和东北地区泰尔指数分别为 0.039、0.017 和 0.009。2009～2022 年，四大地理区域的民办

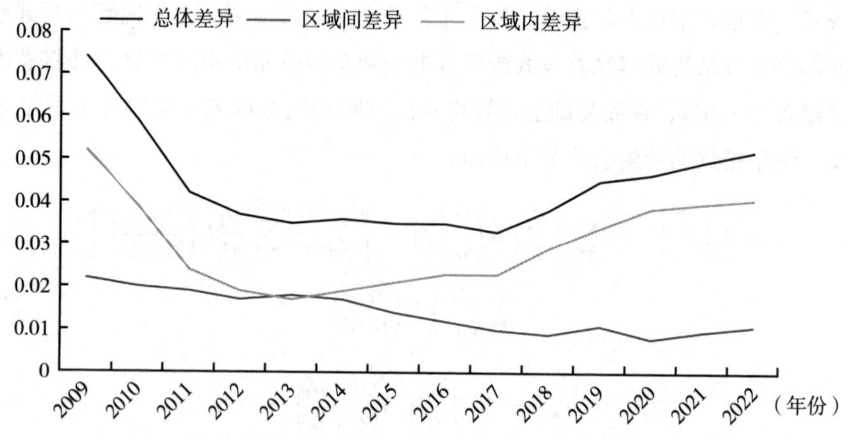


**图 6　2009~2022 年中国民办非企业单位发展泰尔指数变化**

资料来源：根据 2010~2023 年《中国民政统计年鉴》《中国统计年鉴》测算得到。

非企业单位泰尔指数总体均有所降低，即各区域内部民办非企业单位发展差异逐渐减小。其中中部地区的下降幅度最大，从 2009 年的 0.048 降至 2022 年的 0.017，下降了 64.58%；西部地区的下降幅度排第二，从 2009 年的 0.078 降至 2022 年的 0.039，下降了 50.00%；东北地区的下降幅度排第三，从 2009 年的 0.021 降至 2022 年的 0.012，下降了 42.86%；下降幅度最低的地区是东部地区，从 2009 年的 0.093 降至 2022 年的 0.058，共下降了 37.63%（见图 7）。

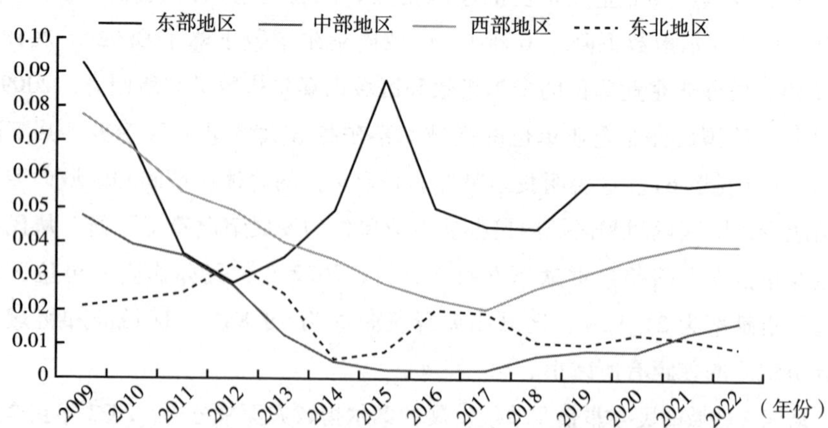


**图 7　2009~2022 年四大地理分区民办非企业单位发展泰尔指数变化**

资料来源：根据 2010~2023 年《中国民政统计年鉴》《中国统计年鉴》测算得到。

总体来看，2009~2022 年，中国民办非企业单位发展的泰尔指数大体呈下降趋势。同时，四大地理区域的区域间泰尔指数差距和区域内泰尔指数总体上也在减小，这说明不同区域之间和各区域内部的发展差距均在不断缩小。由此可见，我国区域发展战略的实行取得了一定的成效。各区域内民办非企业单位发展较为先进的省份应当承担起引领发展和带动经济增长的重要角色，缩小区域内各省份在民办非企业单位发展上的差距，促进各地区民办非企业单位协调发展、协同发展、共同发展。

## 三　重大国家战略发展区域民办非企业单位变化情况

当前，我国形成了京津冀协同发展、长江经济带发展、粤港澳大湾区建设①、长三角一体化发展以及黄河流域生态保护和高质量发展等五大国家级区域发展战略。党的二十大报告中强调，要“深入实施区域协调发展战略、区域重大战略、主体功能区战略、新型城镇化战略，优化重大生产力布局，构建优势互补、高质量发展的区域经济布局和国土空间体系”②。

### （一）京津冀协同发展区域

京津冀地区包括北京、天津两大直辖市和河北省下属城市。2013 年 8 月，习近平总书记在主持研究河北发展问题时提出要推动京津冀协同发展。2014 年，习近平总书记首次提出京津冀协同发展战略。2015 年 6 月，中共中央政治局会议审议通过《京津冀协同发展规划纲要》，并将其作为指引京津冀协同

---

① 粤港澳大湾区由香港、澳门两个特别行政区和广东省广州、深圳、珠海、佛山、惠州、东莞、中山、江门、肇庆 9 个珠三角城市组成，是中国开放程度最高、经济活力最强的区域之一，在国家发展大局中具有重要战略地位。由于港澳地区对于社会组织发展相关数据的统计口径与内地有所不同，目前无法充分展现港澳地区社会组织发展情况。同时受数据可及性的限制，广东九市的部分数据也难以展现，故本报告不再呈现粤港澳大湾区民办非企业单位的发展情况，待未来地区间统计口径一致后，再补充呈现。

② 《习近平：高举中国特色社会主义伟大旗帜 为全面建设社会主义现代化国家而团结奋斗——在中国共产党第二十次全国代表大会上的报告》，中华人民共和国中央人民政府门户网站，https://www.gov.cn/xinwen/2022-10/25/content_5721685.htm，最后检索时间：2023 年 10 月 5 日。

发展的总体纲领①。

2009~2022年，京津冀地区民办非企业单位拥有量持续增长，且从2018年起增长速度逐渐减缓。2022年，京津冀地区民办非企业单位拥有量为36140个，相比于2021年增长了1.05%。从各地区民办非企业单位数量的增长趋势来看，河北省民办非企业单位数量持续增长且增长速度较快，特别是2015年《京津冀协同发展规划纲要》发布后，年度增长率首次突破20%。而北京市和天津市民办非企业单位数量增长趋势始终较为平缓（见图8）。由此可见，《京津冀协同发展规划纲要》的发布在一定程度上促进了河北省民办非企业单位的蓬勃发展。未来，北京市、天津市、河北省应当继续围绕《京津冀协同发展规划纲要》加强协作，优势互补，推进京津冀民办非企业单位协同发展取得更多进展和成效。

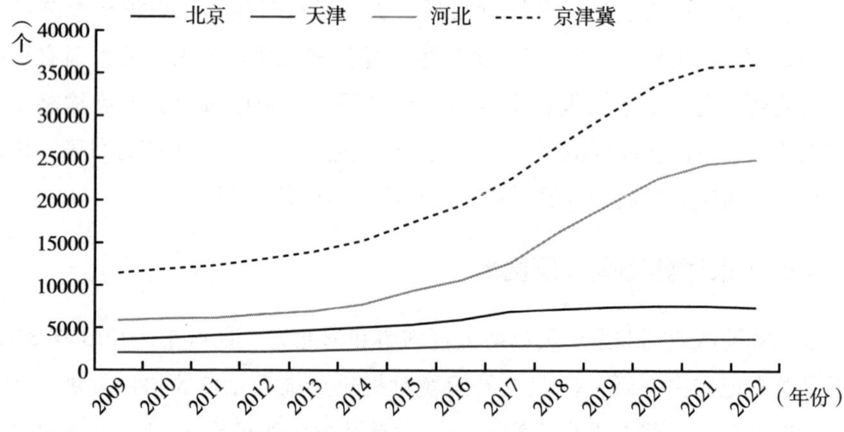


**图8　2009~2022年京津冀地区民办非企业单位数量变化**

资料来源：2010~2023年《中国民政统计年鉴》。

## （二）长江经济带发展区域

长江经济带横跨中国东中西三大区域，共包括上海、江苏、浙江、安徽、江西、湖北、湖南、重庆、四川、云南、贵州11个省市，人口和地区生产总值均超

① 《习近平总书记引领推动京津冀协同发展纪事》，中华人民共和国司法部门户网站，https://www.moj.gov.cn/gwxw/ttxw/202305/t20230515_478793.html?eqid=ddabb22200004ecd0000000364741f06，最后检索时间：2023年10月5日。

过全国的40%，具有十分重要的战略地位和巨大的发展潜力①。2020 年 11 月 14 日，习近平总书记主持召开全面推动长江经济带发展座谈会并指出“推动长江经济带发展是党中央作出的重大决策，是关系国家发展全局的重大战略。长江经济带应该在践行新发展理念、构建新发展格局、推动高质量发展中发挥重要作用”②。

2022 年，长江经济带地区民办非企业单位总量为 231334 个，相比于 2021 年减少了 3.65%，约占全国民办非企业单位总量的 45.20%，这与长江经济带地区的人口和经济生产总值情况基本相符。从各地区民办非企业单位数量的变化情况来看，2022 年下游长三角地区、中游城市群和上游成渝经济区民办非企业单位数量与 2021 年相比均有不同程度的下降，分别降低了 5.70%、1.38%和 0.90%。其中，2022 年，下游长三角地区的民办非企业单位数量为 124641 个，占整个长江经济带地区的 53.88%，而中游城市群和上游成渝经济区民办非企业单位数量分别为 55233 个和 51460 个，在整个长江经济带地区中占比不超过 1/4（见图 9）。由此可见，下游长三角地区是长江经济带地区的核心区域，有必要发挥其带头作用，带动中游和上游城市群民办非企业单位的健康发展。

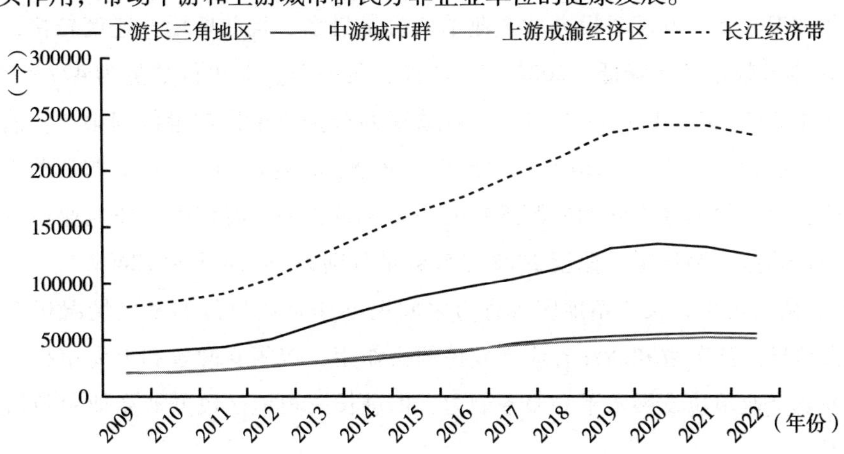


**图 9　2009~2022 年长江经济带地区民办非企业单位数量变化**

资料来源：2010~2023 年《中国民政统计年鉴》。

---

① 《习近平为长江经济带发展立了个规矩》，央视网，http://news.cctv.com/2018/04/28/ARTI3RUsZ0KyJ21uPfP9jbgH180428.shtml，最后检索时间：2023 年 10 月 5 日。

② 《习近平主持召开全面推动长江经济带发展座谈会并发表重要讲话》，中华人民共和国中央人民政府门户网站，https://www.gov.cn/xinwen/2020-11/15/content_5561711.htm?eqid=d6119ca80000e15d0000000664756bd0，最后检索时间：2023 年 10 月 5 日。

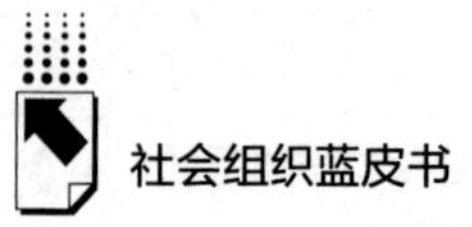



## （三）长三角一体化发展区域

长江三角洲地区包括上海市、江苏省、浙江省和安徽省四地，地区区位条件优越，经济基础雄厚，是全国发展基础最好、综合实力最强的地区之一。2010 年，国家发改委正式印发《长江三角洲地区区域规划》，规划展望至 2020 年，长三角将形成以上海为核心的“一核九带”空间格局①。2018 年 11 月 5 日，习近平总书记在首届中国国际进口博览会开幕式上发表主旨演讲，指出“将支持长江三角洲区域一体化发展并上升为国家战略”②。2019 年 12 月，中共中央、国务院发布《长江三角洲区域一体化发展规划纲要》，将其作为指引长三角一体化发展的总体纲领，规划展望至 2035 年，为长三角一体化发展提出了具体的要求及发展目标。

2009~2020 年，长江三角洲地区民办非企业单位数量持续增长，2021~2022 年数量有所下降。2022 年长江三角洲地区民办非企业单位数量为 124641 个，与 2021 年相比减少了 5.70%。从各省市民办非企业单位数量的变化情况来看，江苏省民办非企业单位数量最多，且前期增长速度较快，但 2021 年起数量开始降低。2022 年，江苏省民办非企业单位数量为 47705 个，相较于 2021 年减少了 11.95%。浙江省民办非企业单位数量位列第二，前期增长速度较为稳定，在 2019 年时出现显著增长，随后趋于平缓，与江苏省民办非企业单位数量之间的差距逐年缩小。安徽省和上海市民办非企业单位数量增长趋势较为稳定，截至 2022 年底数量分别为 19788 个和 12409 个（见图 10）。由此可见，长三角地区各省市之间民办非企业单位的发展情况仍存在较大差异。江苏省和浙江省应当发挥领头作用，带领安徽省和上海市提高其民办非企业单位发展水平和服务能力，推进长三角地区民办非企业单位协同发展。

---

① 《国家发展改革委关于印发长江三角洲地区区域规划的通知》，中华人民共和国国家发展和改革委员会门户网站，https://www.ndrc.gov.cn/xxgk/zcfb/tz/201006/t20100622_964657.html，最后检索时间：2023 年 10 月 5 日。

② 《习近平在首届中国国际进口博览会开幕式上的主旨演讲（全文）》，中国人民政治协商会议全国委员会门户网站，http://www.cppcc.gov.cn/zxww/2018/11/06/ARTI1541464391814109.shtml?eqid=b47a8fa3001ea67c000000026438c07c，最后检索时间：2023 年 10 月 5 日。

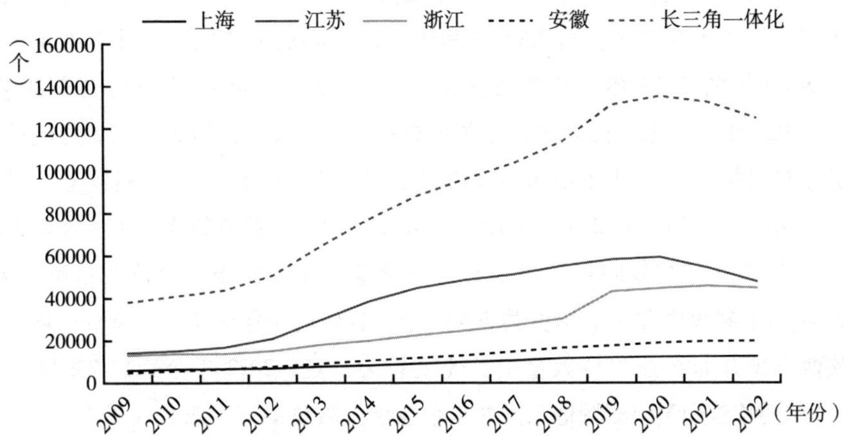


**图 10　2009~2022 年长江三角洲地区民办非企业单位数量变化**

资料来源：2010~2023 年《中国民政统计年鉴》。

## (四)黄河流域生态保护和高质量发展区域

2019 年 9 月，习近平总书记主持召开黄河流域生态保护和高质量发展座谈会并发表重要讲话。2021 年 10 月，习近平总书记主持召开深入推动黄河流域生态保护和高质量发展座谈会并发表重要讲话。两次重要讲话作出了加强黄河治理保护、推动黄河流域高质量发展的重要部署，深入阐明了黄河流域生态保护和高质量发展的重大意义①。2021 年 10 月，中共中央、国务院发布《黄河流域生态保护和高质量发展规划纲要》，指出规划范围为黄河干支流流经的青海、四川、甘肃、宁夏、内蒙古、山西、陕西、河南、山东九省区相关县级行政区②。

① 《习近平在黄河流域生态保护和高质量发展座谈会上的讲话》，中华人民共和国中央人民政府门户网站，https：//www. gov. cn/xinwen/2019-10/15/content_ 5440023. htm，最后检索时间：2023 年 10 月 5 日。《习近平主持召开深入推动黄河流域生态保护和高质量发展座谈会并发表重要讲话》，中华人民共和国中央人民政府门户网站，https：//www. gov. cn/xinwen/2021-10/22/content_ 5644331. htm，最后检索时间：2023 年 10 月 5 日。

② 《中共中央 国务院印发〈黄河流域生态保护和高质量发展规划纲要〉》，中华人民共和国中央人民政府门户网站，https：//www. gov. cn/zhengce/2021-10/08/content_ 5641438. htm，最后检索时间：2023 年 10 月 5 日。

2022年，黄河流域民办非企业单位数量共计149578个，与2021年相比略有下降，减少了0.39%，与2009年相比，2022年黄河流域民办非企业单位数量是2009年的2.20倍。从各省区民办非企业单位数量的变化情况来看，2009~2022年，山东省民办非企业单位数量有一定波动，但始终在黄河流域地区数量排名第一。2022年山东省民办非企业单位共44626个，相较上一年增长了1.13%。2009~2022年，河南省民办非企业单位数量始终处于快速增长状态，并于2017年超越四川省成为黄河流域地区民办非企业单位数量第二名。2022年河南省民办非企业单位共36447个，相较前一年增长了0.20%。四川省和陕西省民办非企业单位数量增长速度较为稳定，2022年分别以23989个和13879个的总数列黄河流域地区民办非企业单位数量第三、四名（见图11）。此外，2009~2022年内蒙古自治区、甘肃省、宁夏回族自治区和青海省民办非企业单位数量均未超过10000个，可见黄河流域不同省份和自治区之间的民办非企业单位发展水平仍有很大差距。因此，需要山东、河南、四川等发展水平较高的省份积极发挥引领作用，带领其他相对落后省份的民办非企业单位协同发展。

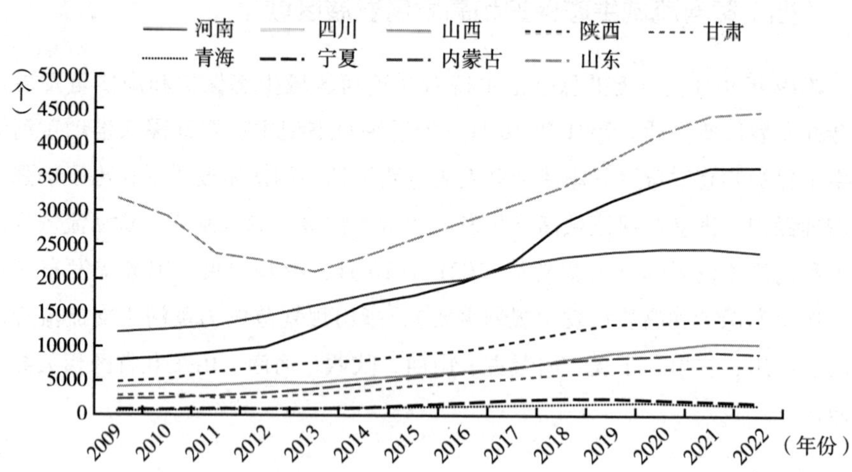


**图11　2009~2022年黄河流域地区民办非企业单位数量变化**

资料来源：2010~2023年《中国民政统计年鉴》。

综上所述，以上四大国家级区域民办非企业单位的总量和变化情况各有差异。2009~2022年，四大国家级区域的民办非企业单位数量总体均呈现增长趋势。其中长江经济带地区由于包含省份最多，数量始终位于四大区域首位；京津冀地区虽然民办非企业单位总量最少，但是始终保持正增长趋势；长三角一体化发展区域民办非企业单位数量增长速率最快，至 2022 年末已经拥有 124641 个民办非企业单位，是 2009 年的 2.28 倍。

尽管四大国家级区域在民办非企业单位总量上都有所增长，在具体的增长情况上却有明显区别。例如，京津冀协同发展区域民办非企业单位的增长速度和规模相对较小，这可能是因为京津冀地区正面临着非首都功能的疏解以及区域经济和空间结构的优化，所以其民办非企业单位的总量变化相对较小；长江经济带发展区域的民办非企业单位增长可能得益于沿江经济带的快速发展以及政府对于民营企业扶持政策的积极落实，但平均增长速度较之长三角地区和京津冀区域有所不及，还需进一步优化资源配置，促进各城市间的均衡发展；长三角一体化发展区域的快速增长则可能源于其强大的经济实力、创新能力以及优良的营商环境；而黄河流域生态保护和高质量发展区域的稳步增长则可能源于其近年来对于生态保护和高质量发展的重视以及相关政策的推动。

总体来说，四大国家级区域的民办非企业单位发展情况呈现各自独有的特点和趋势，这些特点和趋势的形成既与各区域的经济社会发展状况有关，也与政府的政策导向密不可分。针对四大国家级区域之间民办非企业单位发展程度不均衡的问题，应当加强政策引导，注重跨区域交流合作，促进经验和资源的共享，推动实现各区域间民办非企业单位的协同发展，从而更好地服务当地社会和经济的高质量发展。

## 四　民办非企业单位结构分布变化情况

### （一）民办非企业单位的性质分布情况

民办非企业单位根据其实体类型可分为法人类民办非企业单位、合伙类民办非企业单位和个体类民办非企业单位。2022 年，全国法人类民办非企业单位共 460652 个，合伙类民办非企业单位共 5678 个，个体类民办非企业单位共 45525 个。2009～2022 年，法人类民办非企业单位的数量整体呈上升趋势，共增长了 1.55 倍，仅在 2022 年有小幅下降。法人类民办非企业单位在总体中的占比逐年提升，2022 年占比达到 90.00%，在三种类型中占比最高。个体类民办非企业单位数量总体呈下降趋势，且在总体中的占比也逐年降低，由 2009 年的 28.07%降至 2022 年的 8.89%。合伙类民办非企业单位在三种类型中占比最少，且 2017 年后数量持续减少，2022 年仅占总体的 1.11%（见图 12）。从民办非企业单位的发展趋势中可以看出，法人类民办非企业单位已逐渐成为发展主流。

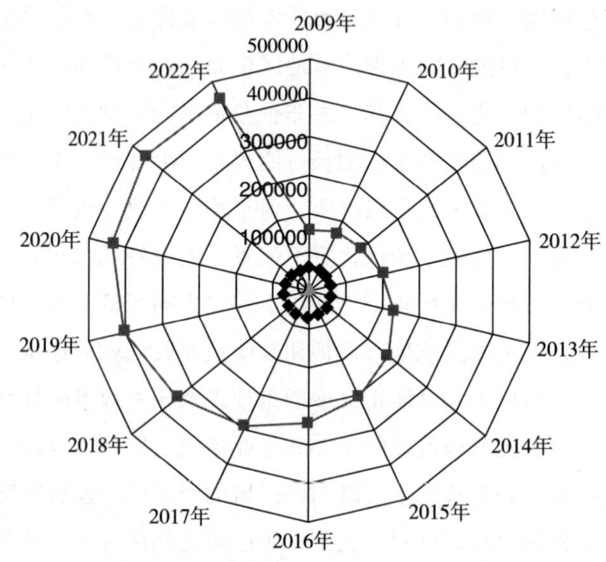


**图 12　2009~2022 年中国民办非企业单位性质分布**

资料来源：2010~2023 年《中国民政统计年鉴》。

## （二）民办非企业单位行业分布情况

2022 年，全国民办非企业单位行业分布集中于教育、社会服务、卫生、文化等领域。其中教育领域的民办非企业单位数量最多，为 263140 个，占总体的 51.41%，与 2021 年相比减少了 8125 个，占比减少 0.57%。社会服务领域的民办非企业单位数量其次，为 93964 个，占总体的 18.36%，与 2021 年相比减少了 154 个，但在总体中的占比增加 0.32%。卫生领域民办非企业单位数量为 34193 个，占总体的 6.68%。文化领域民办非企业单位数量为 32632 个，占总体的 6.38%。体育领域民办非企业单位数量为 22462 个，占总体的 4.39%。科技与研究领域民办非企业单位数量为 12858 个，占总体的 2.51%

(见图 13)。相比之下，生态环境、国际及涉外组织以及宗教等行业民办非企业单位数量均不超过 1000 个，占比极低。由此可见，我国民办非企业单位的行业分布情况十分不均匀，不同行业之间数量差别很大，行业结构尚需进一步调整和优化，行业间协同发展水平仍需提高。

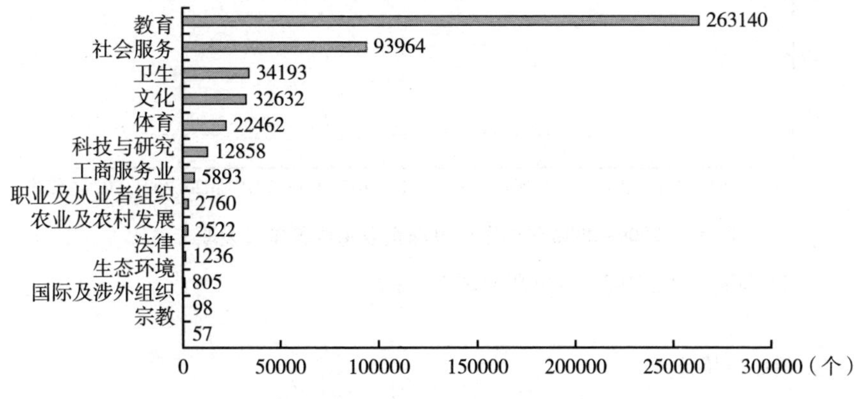


**图 13　2022 年中国民办非企业单位行业分布**

资料来源：2023 年《中国民政统计年鉴》。

## （三）民办非企业单位工作人员变化情况

### 1. 年龄结构分布

截至 2022 年底，民办非企业单位职工共有 6750527 人，其中 35 岁及以下的职工共 3164949 人，占总体的 46.88%。36~45 岁的职工共 2114095 人，占总体的 31.32%。46~55 岁的职工共 1008868 人，占总体的 14.95%。56 岁及以上的职工共 462615 个，占全部职工的 6.85%。2009~2022 年，35 岁及以下的职工人数占比总体呈上升趋势，共增加了 7.73 个百分点。36~45 岁和 46~55 岁的职工人数占比总体呈下降趋势，分别减少 5.36 个和 3.29 个百分点。56 岁及以上的职工人数占比基本保持稳定，且在总体中占比最少（见图 14）。由此可见，35 岁及以下的青年[①]职工逐渐成为民办非企业单位的主要职工群体。

① 中共中央、国务院于 2017 年印发的《中长期青年发展规划（2016—2025 年）》中将青年年龄范围界定为 14~35 周岁。

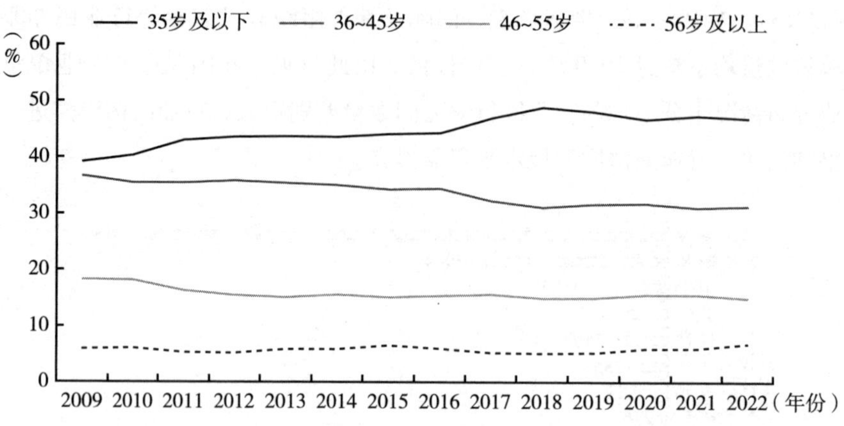


**图 14　2009~2022 年中国民办非企业单位各年龄段职工占比**

资料来源：2010~2023 年《中国民政统计年鉴》。

2. 职业资格水平

本报告通过民办非企业单位中社会工作师和助理社会工作师的人数来反映民办非企业单位职工的职业资格水平，进一步反映民办非企业单位发展的专业化程度。

截至 2022 年底，全国民办非企业单位中社会工作从业专业人才共有 186767 人，相较 2021 年增长了 8.58%。其中社会工作师共 106997 人，相较 2021 年增长了 29.26%，助理社会工作师共 79770 人，相较 2021 年降低了 10.60%（见图 15）。由此可见，全国民办非企业单位中社会工作从业专业人才逐渐增多，专业水平逐渐提高，但专业人才在民办非企业单位职工中的占比过低，2022 年占比仅有 2.77%，这说明民办非企业单位未来仍需进一步吸纳专业性人才，以提升民办非企业单位发展的专业化水平。

3. 受教育程度

民办非企业单位职工的受教育程度除了能够反映职工个人的知识和技能水平，还可以反映民办非企业单位整体的人才队伍质量和可持续发展的能力。2009~2021 年民办非企业单位中受教育程度为大学专科的职工人数不断增加，仅在 2022 年略微下降，相较 2021 年减少了 1.99%，2022 年民办非企业单位中受教育程度为大学专科的职工人数为 1614649 人。2009~2022 年民办非企业单位中受教育程度为大学本科及以上的职工人数呈持续增长趋势且增速较快。

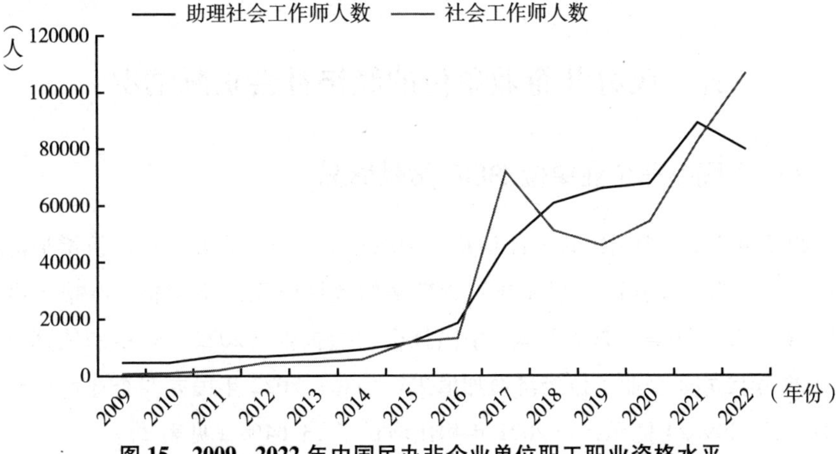

**图 15　2009~2022 年中国民办非企业单位职工职业资格水平**

资料来源：2010~2023 年《中国民政统计年鉴》。

2022 年民办非企业单位中受教育程度为大学本科及以上的职工人数为 1704035 人，并首次超过受教育程度为大学专科的职工人数。截至 2022 年底，我国民办非企业单位中受教育程度为大学专科和大学本科及以上的职工在所有职工中占比已达 49.16%（见图 16）。由此可见，民办非企业单位中职工的受教育程度不断增加，即职工的综合素质能力不断提高，这为民办非企业单位的持续高质量发展提供了坚实的人才保障。

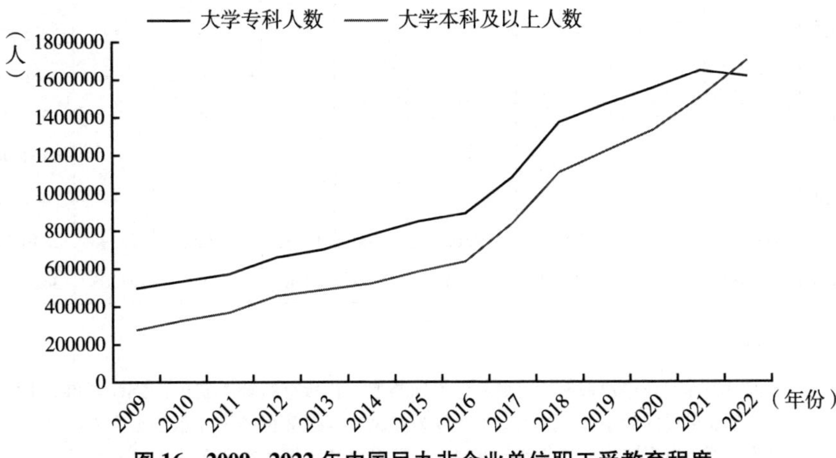

**图 16　2009~2022 年中国民办非企业单位职工受教育程度**

资料来源：2010~2023 年《中国民政统计年鉴》。

## 五　民办非企业单位的经济社会贡献情况

### （一）民办非企业单位 GDP 贡献情况

2015 年起，《中国民政统计年鉴》中删除了民办非企业单位经济增加值的统计指标，为了弥补这一指标缺失所带来的统计体系的不完整，本报告沿用《职工社会组织报告（2021）》《中国社会组织报告（2022）》中的估算方法对 2022 年民办非企业单位经济增加值进行估算。2022 年民办非企业单位经济增加值为 7499. 24 亿元，与 2021 年相比增长了 13. 64%（见表 2）。

**表 2　2009~2022 年中国民办非企业单位经济增加值估算①**

| 年份 | 教育类 | | | 卫生类 | | | | | 民办非企业单位经济增加值（亿元） |
|---|---|---|---|---|---|---|---|---|---|
| | 全国民办学校教职工数（万人） | 教育行业年平均工资（元） | 教育类劳动者报酬（亿元） | 非公立医疗机构平均人员数（人） | 卫生类民办非企业单位数（万个） | 职工总人数（万人） | 卫生、社会保障和社会福利业城镇单位就业人员平均工资（元） | 卫生类劳动者报酬（亿元） | |
| 2009 | — | — | — | — | — | — | — | — | 278. 11 |
| 2010 | — | — | — | — | — | — | — | — | 323. 35 |
| 2011 | — | — | — | — | — | — | — | — | 438. 80 |
| 2012 | — | — | — | — | — | — | — | — | 369. 46 |
| 2013 | — | — | — | — | — | — | — | — | 399. 40 |
| 2014 | — | — | — | — | — | — | — | — | 447. 80 |
| 2015 | 414. 60 | 66592 | 2760. 90 | 4. 65 | 2. 40 | 11. 16 | 71624 | 79. 93 | 2840. 84 |
| 2016 | 446. 09 | 74498 | 3323. 28 | 5. 11 | 2. 55 | 13. 01 | 80026 | 104. 08 | 3427. 36 |

① 我国民办非企业单位根据行业划分为不同类型，在所有行业类别中，教育类和卫生类民办非企业单位的劳动者报酬数据相对较为齐全，其他类型的民办非企业单位皆因缺失某项数据而难以完整表征其劳动者报酬，这里采用教育类民办非企业单位劳动者报酬和卫生类民办非企业单位劳动者报酬之和来粗略表征 2015~2022 年民办非企业单位的经济增加值。

续表

| 年份 | 教育类 | | | 卫生类 | | | | | 民办非企业单位经济增加值（亿元） |
|---|---|---|---|---|---|---|---|---|---|
| | 全国民办学校教职工数（万人） | 教育行业年平均工资（元） | 教育类劳动者报酬（亿元） | 非公立医疗机构平均人员数（人） | 卫生类民办非企业单位数（万个） | 职工总人数（万人） | 卫生、社会保障和社会福利业城镇单位就业人员平均工资（元） | 卫生类劳动者报酬（亿元） | |
| 2017 | 487. 77 | 83412 | 4068. 59 | 5. 71 | 2. 70 | 15. 42 | 89648 | 138. 21 | 4206. 80 |
| 2018 | 526. 28 | 92383 | 4861. 93 | 6. 25 | 2. 10 | 13. 11 | 98118 | 128. 64 | 4990. 57 |
| 2019 | 517. 70 | 97681 | 5056. 95 | 6. 72 | 3. 41 | 22. 91 | 108903 | 249. 55 | 5306. 49 |
| 2020 | 576. 60 | 106474 | 6139. 29 | 7. 07 | 3. 51 | 24. 81 | 115449 | 286. 40 | 6425. 69 |
| 2021 | 562. 01 | 111392 | 6260. 32 | 7. 40 | 3. 61 | 26. 70 | 126828 | 338. 59 | 6598. 90 |
| 2022 | 592. 03 | 120422 | 7129. 33 | 8. 00 | 3. 42 | 27. 36 | 135222 | 369. 91 | 7499. 24 |

说明：由于 2022 年中华人民共和国教育部教育统计数据在本报告撰写时尚未发布，无法得到 2022 年全国民办学校教职工数，故此处采用插值法，借助 2015~2021 年的数据来估算。

由于 2023 年《中国卫生健康统计年鉴》在撰写报告时尚未发布，无法得到 2022 年卫生类民办非企业单位数，故此处采用插值法，借助 2010~2021 年的数据来估算。

资料来源：中华人民共和国教育部教育统计数据，http：//www. moe. gov. cn/jyb_ sjzl/moe_ 560/2021，最后检索时间：2023 年 10 月 6 日；2016~2022 年《中国卫生健康统计年鉴》；2023 年《中国民政统计年鉴》。

从表 2 中还可以看出民办非企业单位在公共服务方面的贡献情况。例如，2021 年全国学校教职工共有 2337. 34 万人，其中民办学校教职工数 562. 01 万人，占比约为 24. 04%。而 2015 年全国民办学校教职工数 414. 60 万人，约占全国学校教职工数的 21. 65%。这表明民办学校教职工人数在全体学校中的占比不断增加，民办学校规模不断扩大，民办非企业单位在教育等公共服务方面有较大贡献。

## （二）民办非企业单位对就业的贡献情况

随着民办非企业单位的服务领域逐渐延伸，民办非企业单位也更加广泛地参与社会各个领域的建设。为进一步推动社会组织人才队伍的建设，保障社会组织从业人员的待遇水平，国家持续出台了一系列相关的政策规定。这些政策为民办非企业单位吸纳就业提供了十分有力的支持与保障。

2022 年，民办非企业单位共有职工 675.05 万人，与 2021 年相比增加了 2.37%。2009~2022 年，我国民办非企业单位解决就业占比以及就业人员占第三产业就业人员的比重随其职工人数的增加而逐年增长（见图 17）。2022 年，民办非企业单位解决就业占比达到 0.92%，比 2021 年提高了 0.04 个百分点。就业人员占第三产业就业人员的比重达到 1.95%，比 2021 年提高了 0.11 个百分点。由此可见，随着我国民办非企业单位的持续高质量发展，民办非企业单位将成为解决就业的重要力量之一。

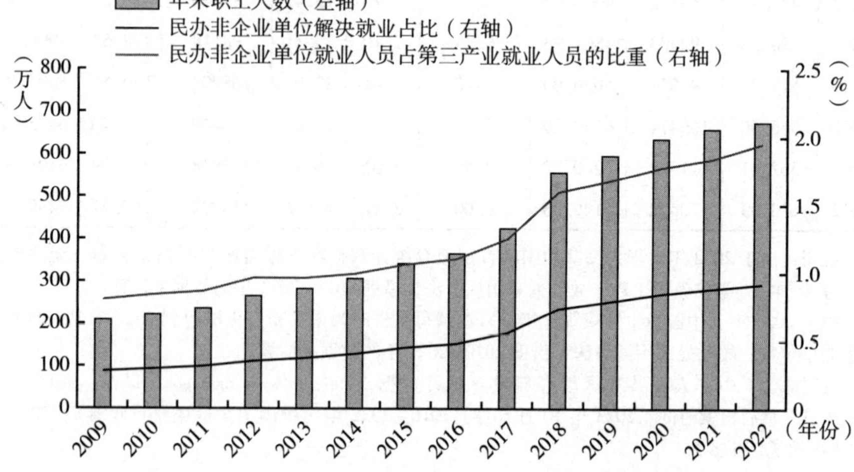


**图 17　2009~2022 年中国民办非企业单位解决就业的情况**

资料来源：2010~2023 年《中国民政统计年鉴》；《中华人民共和国 2022 年国民经济和社会发展统计公报》，国家统计局网站，http://www.stats.gov.cn/sj/zxfb/202302/t20230228_1919011.html，最后检索时间：2023 年 10 月 6 日。

## 六　民办非企业单位发展存在的短板

社会组织是我国社会主义现代化建设的重要力量。党的十八届三中全会中指出要充分激发社会组织活力，推进“政社互动”以更好发挥社会组织的作用①。

① 《中共中央关于全面深化改革若干重大问题的决定》，中华人民共和国中央人民政府门户网站，https://www.gov.cn/zhengce/2013-11/15/content_5407874.htm，最后检索时间：2023 年 10 月 7 日。

党的十九届四中全会中指出应“发挥群团组织、社会组织作用，实现政府治理和社会调节、居民自治良性互动，夯实基层社会治理基础”①。党的二十大报告提出“加强新经济组织、新社会组织、新就业群体党的建设”②，为新时代新征程社会组织发展提供了重要要求和科学指引。民办非企业单位作为社会组织的重要组成部分，通过为社会提供大量公共服务来促进社会的进步与发展。基于此，本报告客观分析当前民办非企业单位在党建工作、法律法规建设、治理结构、获取资料来源以及专业化水平等方面的现实发展情况并指出其存在的以下不足之处。

首先，民办非企业单位的党建工作仍有待加强。民办非企业单位党的建设没有跟上业务发展的步伐。一是民办非企业单位党的组织建设薄弱，党组织覆盖面较小。2023 年《中国民政统计年鉴》数据显示，截至 2022 年底，我国共有 64364 个民办非企业单位建立了党组织，仅占所有民办非企业单位的 12.57%。民办非企业单位中党员人数 948478 人，仅占全体职工的 14.05%，同比下降了 0.67 个百分点。二是民办非企业单位党组织内部中仍存在党的领导弱化、党的组织制度落实不到位、党的活动没有经常性开展等现象，有必要对其党建活动形式及内容做进一步调整。

其次，民办非企业单位相关法律法规建设滞后。目前，我国现行的《民办非企业单位登记管理暂行条例》（以下简称《民非条例》）发布于 1998 年，时间较为久远，相关法律制度调整和更新不及时，落后于当前民办非企业单位发展的步伐，且《民非条例》中的部分规定与其他上位法之间存在一些冲突③，同时部分民办非企业单位类型的定位和规范条件也需要完善。此外，民办非企业单位监管的相关政策规定仍不完整。目前，国内对民办非企业单位乃

① 《中共中央关于坚持和完善中国特色社会主义制度 推进国家治理体系和治理能力现代化若干重大问题的决定》，中华人民共和国中央人民政府门户网站，https://www.gov.cn/zhengce/2019-11/05/content_5449023.htm?ivk_sa=1024320u&wd=&eqid=c2c9aec10000211f0000000364813f62，最后检索时间：2023 年 10 月 7 日。

② 《高举中国特色社会主义伟大旗帜 为全面建设社会主义现代化国家而团结奋斗——在中国共产党第二十次全国代表大会上的报告》，中华人民共和国中央人民政府门户网站，https://www.gov.cn/gongbao/content/2022/content_5722378.htm，最后检索时间：2023 年 10 月 7 日。

③ 于小龙：《民办非企业单位基本问题及其法制应对》，四川师范大学硕士学位论文，2014。

至社会组织缺乏一部基本的监管法律，仅有《民非条例》等行政法规和一些规范性文件，缺乏具体可操作的实施细则①。民办非企业单位退出的相关政策规定也有待进一步完善。例如，民办非企业单位根据性质可分为法人类、个体类和合伙类三种，但仅有法人类民办非企业单位的退出机制在《民法总则》《公司法》《破产法》中有明确规定，而个体类和合伙类民办非企业单位缺乏此类规定②。

再次，民办非企业单位治理结构有待进一步完善。按照《社会组织登记管理条例》规定，社会服务机构的治理结构主要由决策机构、执行机构和监督机构组成，分别由理事会、执行委员会和监事会履行相应职能。但部分小规模的社会服务机构难以按照治理结构设立相应的决策、执行和监督机构，即便设立了理事会、执行委员会、监事会，但有些民办非企业单位治理机制作用发挥不到位，经常出现重执行弱监督、决策执行交叉或决策程序缺失、监督缺失缺位、信息披露制度存在盲区③等问题。

又次，民办非企业单位获取发展资源的方式较为单一。提供服务收入和承接政府购买服务项目是民办非企业单位获取发展资源的主要方式，而来源于民间捐赠和资助的收入占比较低。但政府购买服务项目时间通常为一年制，社会组织难以有序布局和实施项目，在有限时间内难以发展壮大。随着民办非企业单位的不断发展和政社合作程度的加深，对政府购买服务项目的依赖依附程度过高也会更加影响民办非企业单位进一步发展的自主性和竞争力④。

最后，民办非企业单位专业化水平有待提升。一是民办非企业单位普遍面临着专业技术人才尤其是高层次人才短缺的问题，由于民办非企业单位的待遇和职业发展前景等因素，民办非企业单位难以有效招聘到适合组织发展的专业技术人才，2022 年全国民办非企业单位中社会工作师和助理社会工作师的人数仅占全体从业人员的 2.77%。二是一些民办非企业单位缺乏对员工的系统性和专业性的培训，导致员工的专业素质和技能水平不能满足服务对象的需求，

---

① 巴莹：《民办非企业单位监管问题研究》，《经贸实践》2016 年第 3 期。

② 符雅琪：《民办非企业单位退出困境研究》，云南大学硕士学位论文，2018。

③ 马继东：《民办非企业单位内部治理结构问题探讨》，上海交通大学硕士学位论文，2007。

④ 赵宴群：《当前公共服务购买中的政社关系及发展路径——以上海市民办非企业单位样本为例》，《思想战线》2016 年第 3 期。

难以实现可持续发展，甚至可能导致社会资源的浪费。三是部分民办非企业单位专业意识不强，缺乏对服务对象的需求和特点进行深入的了解和研究，无法提供具有针对性和有效性的高质量服务。

## 七　促进民办非企业单位发展的政策建议

针对以上指出的目前民办非企业单位发展存在的问题，本报告相应给出如下的政策建议，为民办非企业单位可持续和高质量发展、更好地发挥其公共服务作用提供帮助和参考。

第一，持续加强和改进民办非企业单位的党建工作。首先，新时代民办非企业单位要更加自觉以习近平新时代中国特色社会主义思想为指导，不断加强和改进党对组织业务工作的领导，有效实现党的组织和党的工作全覆盖。其次，要理顺党的建设与组织业务开展之间的关系，充分发挥民办非企业单位党组织的政治引领作用，创新党组织工作内容和活动方式，将党建工作融入社会组织运行和发展的全过程。最后，要提升组织合力，加强对民办非企业单位内部职员的思想政治教育以确保民办非企业单位始终秉持社会责任意识和社会服务的公益性。

第二，完善民办非企业单位相关法律法规体系建设。一是对现有的相关制度进行整理和健全，根据民办非企业单位发展需求对相关法律规制进行完善和修改。二是建立和落实相应的财政税收扶持和优惠政策，例如为符合贷款条件的民办非企业单位提供信贷支持等，保障民办非企业单位依法享有税收优惠等合法权益。三是完善相应的监督管理体制机制，明确政府部门监管权责的具体范围，促进民办非企业单位在更合理科学的法律体系下承担社会职能。

第三，优化民办非企业单位的治理结构。一是理顺出资人或发起人与组织的关系，充分发挥理事会的议事决策功能，加强组织议事决策制度建设。根据出资人或发起人确定的组织目标及组织章程，制定明确的议事规则、决策程序和监督机制，同时还要建立有效的反馈机制，以便及时了解和响应出现的问题和争议，从而确保组织的稳定和持续发展。二是实施多元监督，在推进政府和民办非企业单位内部监督机制建设的同时可以引入一些第三方如公众、新闻媒体以及具有法定权威的中介机构组织等进行监督①，重视发挥主管部门、组织成员、服务对象和社会大众的监督职能。三是创新监督方式，推进信息公开。引入一些新技术、新方法如利用大数据和人工智能技术对组织运营数据进行实时监控和分析，以实现对组织运营情况的全面掌握。同时通过适当的渠道如官方网站、组织年报、公告等及时向公众发布组织的运营信息。四是充分发挥督导和评估的作用。由组织内部或外部的专家组成督导小组对组织的运营情况进行检查指导。建立科学的评价指标体系和方法，定期对组织进行全面的自我评价和外部评价。

第四，拓宽民办非企业单位发展资源的获取渠道。一是政府应增加公益项目种类和覆盖面，出台统一规范的民办非企业单位服务量化标准，在同等标准下引导民办非企业单位自发有序承担各类公益性项目。政府要对参与公共服务的民办非企业单位建立明确可量化的考核依据和标准，确保民办非企业提供的服务质量得到更有效的控制与保障，同时也能避免民办非企业单位之间的不正当竞争。二是鼓励民办非企业单位与具有社会责任的营利性组织合作，由营利性组织提供公益性赞助，支持民办非企业单位与基金会等慈善组织合作以获取资金支持。此外，营利性组织还可以为民办非企业单位提供必要的技术支持和培训，帮助其提升公共服务的技术水平和效率。

第五，加强民办非企业单位专业化人才队伍建设。一是加强人才引进和培养。民办非企业单位要加大专业人员招聘力度，建立和完善人力资源激励机制如绩效管理、奖惩机制等，提供良好的工作环境和文化氛围，吸引和培养高素质的专业人才，提高组织的专业化水平。二是加强专业培训。开展职业资格培训，提高民办非企业单位中社会工作师和助理社会工作师的占比。加强对员工的系统性和专业性培训，提高员工的专业知识和技能，进而提升服务质量和组织形象，推动组织的持续发展。

① 李金海、李佳欣：《基于政府购买服务背景下的民非组织变革》，《华北理工大学学报》（社会科学版）2017 年第 2 期。

# B.4

# 2022年中国基金会发展报告*

郭 磊　赵紫祎　李重阳**

**摘　要：** 基金会是社会组织的重要组成部分，近年来我国基金会数量和规模持续扩大，带来的社会效益和经济贡献日益显著。本报告回顾2022年我国基金会发展情况，梳理基金会的总量变化、地区总体分布及党建情况，并对基金会的财务及不同类型基金会的数量变化进行了阐述；利用泰尔指数进一步分析了基金会省域变化、区域差异以及京津冀地区等重大国家战略发展区域的基金会情况，发现基金会的发展并不均衡。同时，报告还阐明了基金会工作人员在年龄、职业资格、受教育程度方面的结构变化。最后，报告对基金会的经济社会贡献情况进行了分析，发现基金会在差异化发展、区域间发展及贡献水平等方面仍有提升空间。报告建议坚持党建力量在基金会工作中的组织引领；突出自身定位特色，推动基金会差异化发展；加强基金会的合作交流、优势互补，实现“共融式”发展；注重基金会的数字化建设，数字赋能实现高质量发展。

**关键词：** 基金会　高质量发展　数字化建设

* 本文系中国社会科学院青年人文社会科学研究中心调研项目“城乡居民养老保险的目标规划与发展路径研究”(项目编号:2024QNZX027)阶段性研究成果。

** 郭磊，中国社会科学院大学政府管理学院副教授、国家治理现代化与社会组织研究中心副主任，主要研究方向为社会治理、社会保障；赵紫祎，中国社会科学院大学政府管理学院硕士研究生；李重阳，中国社会科学院大学政府管理学院硕士研究生。

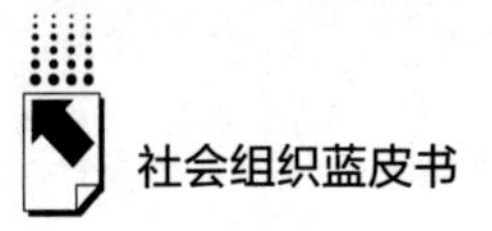


## 一　2022年基金会的总量变化情况

### （一）基金会总量稳步递增

截至2022年底，全国共有基金会9319个①，占社会组织总量的比例为1.05%，与2021年的8877个相比，总量增长了442个，增速为4.98%。基金会作为社会组织的重要部分，虽然目前占比较小，但在推动社会治理共同体建设、促进公益事业发展等方面发挥着独特的作用。

回顾基金会发展历程，自2003~2022年，在数量上，我国基金会总体呈现增长的趋势，特别在2010年之后，基金会数量增长明显提速，到2022年年末其总量已经达到9319个（见表1），相较2012年的3029个，增长率达到207.66%。进一步观察还可发现，将2010年作为一个节点，2004~2010年，基金会增长幅度相对平缓，年均增长仅有218个；2010~2022年，增长幅度相对更快，年均增长约为593个。不难看出，近十余年已成为基金会快速发展的重要时期。同时值得注意的是，2016年《中华人民共和国慈善法》正式实施，与此前出台的《基金会管理办法》等相关的基金会发展政策一起，初步构成支持基金会发展的法律法规体系，使得相关部门对基金会的日常监管与规范得以加强。

**表1　2003~2022年中国基金会发展情况**

单位：个，%

| 年份 | 基金会 | 社会组织合计 | 基金会占比 |
|---|---|---|---|
| 2003 | 954 | 266612 | 0.36 |
| 2004 | 892 | 289432 | 0.31 |
| 2005 | 975 | 319762 | 0.31 |
| 2006 | 1144 | 354393 | 0.32 |
| 2007 | 1340 | 386916 | 0.35 |
| 2008 | 1597 | 413660 | 0.39 |

① 统计资料来源于2023年《中国民政统计年鉴》。

续表

| 年份 | 基金会 | 社会组织合计 | 基金会占比 |
|---|---|---|---|
| 2009 | 1843 | 431069 | 0.43 |
| 2010 | 2200 | 445631 | 0.49 |
| 2011 | 2614 | 461971 | 0.57 |
| 2012 | 3029 | 499268 | 0.61 |
| 2013 | 3549 | 547245 | 0.65 |
| 2014 | 4117 | 606048 | 0.68 |
| 2015 | 4784 | 662425 | 0.72 |
| 2016 | 5559 | 702405 | 0.79 |
| 2017 | 6307 | 761539 | 0.83 |
| 2018 | 7034 | 817360 | 0.86 |
| 2019 | 7585 | 866335 | 0.88 |
| 2020 | 8432 | 894162 | 0.94 |
| 2021 | 8877 | 901870 | 0.98 |
| 2022 | 9319 | 891267 | 1.05 |

资料来源：2004~2009 年《民政事业发展统计报告》、2010~2023 年《中国民政统计年鉴》。

在占比上，2003~2022 年，基金会占社会组织总量的比例有较大幅度的增长。2003 年，基金会占社会组织总量的比例为 0.36%，2004 年和 2005 年小幅下降至 0.31%，之后的十几年间，这一比例不断提高，至 2022 年首次超过 1%，达到近年来的最高值 1.05%（见图 1）。由此可见，基金会的发展速度和在社会组织中的占比均有所提高。

**图 1　2003~2022 年中国基金会数量增长情况**

资料来源：2004~2009 年《民政事业发展统计报告》、2010~2023 年《中国民政统计年鉴》。

## （二）基金会地区总体分布

就全国基金会分布情况而言，当前各地区基金会数量还存在较大差异，地区分布不均衡现象明显，其中，以京津冀和苏浙沪为主的东南沿海城市群中的基金会数量一直处于领先的状态，而西部欠发达地区的基金会发展相对缓慢。具体而言，2022 年期末，全国拥有基金会数量前三位的省份（直辖市）分别为广东省（1462 个）、浙江省（1035 个）和北京市（825 个），而以这三个省份（直辖市）为代表的东南沿海地区、长三角地区、京津冀地区等经济发达地区的基金会拥有量整体处于领先地位。经济发达地区的慈善部门较多、各类资源丰富，往往能获得较多的发展机会，因而也使得基金会更多地向经济发达地区聚集。相比之下，新疆维吾尔自治区（38 个）、青海省（34 个）、西藏自治区（22 个）等欠发达地区的基金会拥有量与东南地区相比差距较大。

从基金会同比增长量来看，以上所提到的传统经济发达地区仍然呈现明显的上涨趋势，浙江省（131 个）、广东省（80 个）和福建省（47 个）名列前茅。此外，与上年相较，中部六省份中有 5 个省份位于基金会增长数量的前列，分别为湖南省（19 个）、山西省（13 个）、江西省（13 个）、安徽省（6 个）和湖北省（5 个），中部省份整体发展潜力不可小觑。然而，西部地区基金会增长速度正在放缓乃至趋于停滞，广西壮族自治区、甘肃省、西藏自治区较 2021 年度基金会数量均无增长，宁夏回族自治区则较上一年度减少了 20 个，可能与地区经济发展、产业导向等因素有关。

## （三）基金会党建情况

改革开放以来，我国社会组织迅速发展并发挥着越来越重要的作用。在科学引导社会组织健康发展的同时，党组织的覆盖面逐步扩大。2017 年，习近平总书记在党的第十九次全国代表大会上强调要“加强基层组织建设，将社会组织等基层党组织建设成为坚强战斗堡垒”，同时要“注重从社会组织中发展党员”。而在《中国民政统计年鉴》上，“基金会中职工中中共党员人数”和“建立党组织的基金会数量”两项统计数据，可作为对基金会党建情况较为具体细化的衡量指标。2017~2022 年，建立党组织数量虽有波动但总体增长明显，职工中中共党员人数整体较为稳定，年平均党员人数为 11721 人。以 2022 年为例，建立党组织的基金会数量达到 2581 个，党员数量达 14399 人（见图 2）。

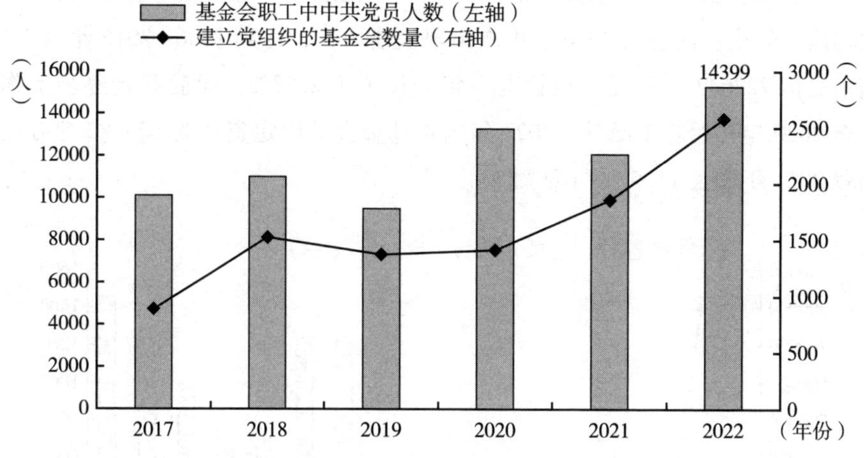


**图 2　2017~2022 年中国基金会党建情况**

资料来源：2018~2023 年《中国民政统计年鉴》。

从各省区市的数据看，2022 年建立党组织的基金会数量最多的省份是上海市，达到 524 个，北京市（404 个）紧随其后，福建省（181 个）位居第三。而部分省份基金会在党建工作方面有所欠缺，如山东省、湖北省、重庆市、西藏自治区、青海省建立党组织的基金会数量均为 10 个以下，与其他省份数量差距明显。基金会职工中党员人数最多的省份为广东省，达到 1789 人，北京市（1700 人）和上海市（1049 人）分别位居第二和第三，而基金会职工中的党员数量最少的两个省份为贵州省（19 人）和青海省（20 人）。整体来看，京津冀地区以及苏浙沪地区的基金会党建情况整体较好，而西北地区在基金会党建方面仍需进一步加强。党组织建立的数量和发展趋势、党员数量的增加都能反映出基金会党建工作的推进情况，需注意的是，不平衡的地区差距也指明了未来基金会党建工作的发展方向。

## （四）基金会的固定资产、收入和费用支出情况

### 1. 基金会的固定资产

2006~2022 年，基金会的固定资产整体呈现上升趋势。在经历 2007 年和 2008 年的较大波动后，基金会的固定资产变化渐趋平稳，相对应的增长率变化幅度也较小。而直到 2016 年再次出现快速增长，达到 2006~2016 年这十年间最高值 722643.4 万元，相较上一年增长了 102.13%，而后开始逐步下降，直至 2020 年开始趋于回升。2022 年当年基金会的固定资产为 829685.7 万元，相较 2021 年增长 11.57%（见图 3）。

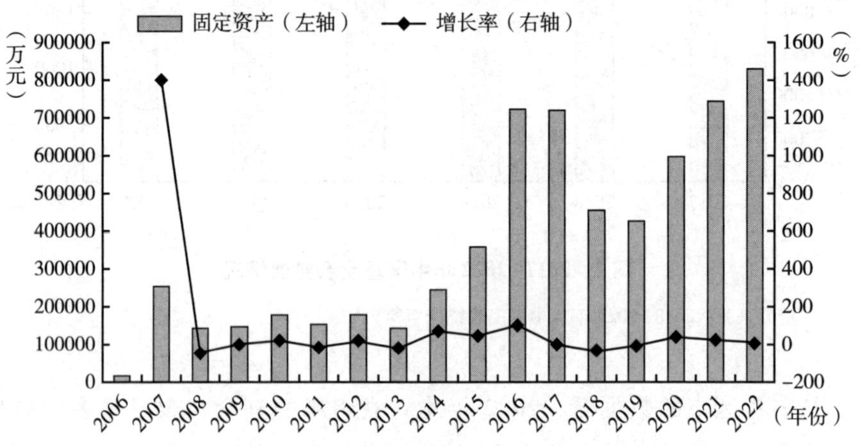


**图 3　2006~2022 年中国基金会固定资产变化情况**

资料来源：2007~2023 年《中国民政统计年鉴》。

### 2. 基金会的年收入和费用支出

2006~2022 年，基金会的收入和费用水平整体呈现波动式上升的趋势。第一次收支不平衡出现在 2019 年，2019 年期末基金会收入合计为 7434353.4 万元，相较上一年同期，增长率为-11.61%；费用合计为 6482598.8 万元，相较上一年同期，增长率为 4.29%，尽管尚未有较明显的收支差距，但这是历年里首次出现两者的增长率反向变动，不过下一年度便回归了正常状态。2022 年收入合计 9160661.8 万元，费用合计 7640552 万元，相较 2021 年的收支上升状态（收入合计 9811256 万元，费用合计 7747415.7 万元）而言，有所下降（见图 4）。

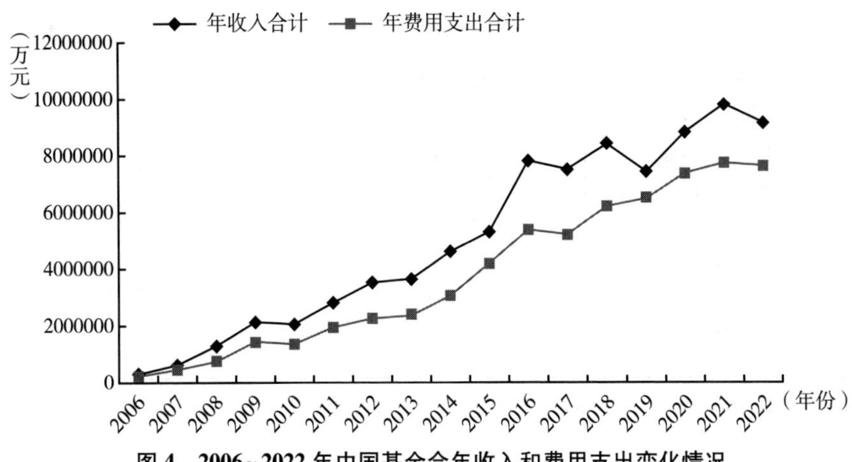


**图 4　2006~2022 年中国基金会年收入和费用支出变化情况**

资料来源：2007~2023 年《中国民政统计年鉴》。

## （五）不同类型基金会数量变化

### 1. 不同行业类型基金会数量及占比

基金会依据行业类型可具体划分为科技与研究、生态环境、教育、卫生、社会服务、文化、体育、法律、工商服务业、宗教、农业及农村发展、职业及从业者组织、国际及涉外组织、其他共 14 种。2022 年我国的 9319 个基金会中，社会服务类、其他类和教育类占据基金会行业类型中前三位，总占比超过八成。其中，仅社会服务类的占比就达到 32.54%（见表 2）。剩余行业类型基金会数量和前三位相比过于悬殊，不同的行业类型也体现出我国基金会对于不同领域的关注度。

**表 2　2022 年中国不同行业类型基金会数量及占比**

单位：个，%

| 行业分类 | 基金会数量 | 占比 |
| --- | --- | --- |
| 社会服务 | 3032 | 32.54 |
| 其他 | 2759 | 29.61 |
| 教育 | 2059 | 22.09 |
| 文化 | 387 | 4.15 |
| 科技与研究 | 349 | 3.75 |
| 卫生 | 293 | 3.14 |

续表

| 行业分类 | 基金会数量 | 占比 |
|---|---|---|
| 工商服务业 | 132 | 1.42 |
| 农业及农村发展 | 98 | 1.05 |
| 生态环境 | 77 | 0.83 |
| 体育 | 52 | 0.56 |
| 法律 | 32 | 0.34 |
| 宗教 | 27 | 0.29 |
| 职业及从业者组织 | 20 | 0.21 |
| 国际及涉外组织 | 2 | 0.02 |

资料来源：2023 年《中国民政统计年鉴》。

### 2. 公募、非公募基金会数量及占比

根据基金会性质不同，可将其划分为公募基金会和非公募基金会，二者各自的数量变化也代表了基金会的未来发展趋向。图 5 反映了 2005~2022 年我国不同类型基金会数量的变化情况，公募基金会保持了较为稳定和平缓的增长，从期初 2005 年的 771 个发展到期末 2022 年的 2214 个。而非公募基金会的增长速度明显更快，2005 年非公募基金会的数量仅为 204 个，此后直至 2010 年，其数量不断接近公募基金会的数量，并于 2011 年反超公募基金会。此后，其增长速度进一步加快，最终在 2022 年达到 7105 个（见图 5）。

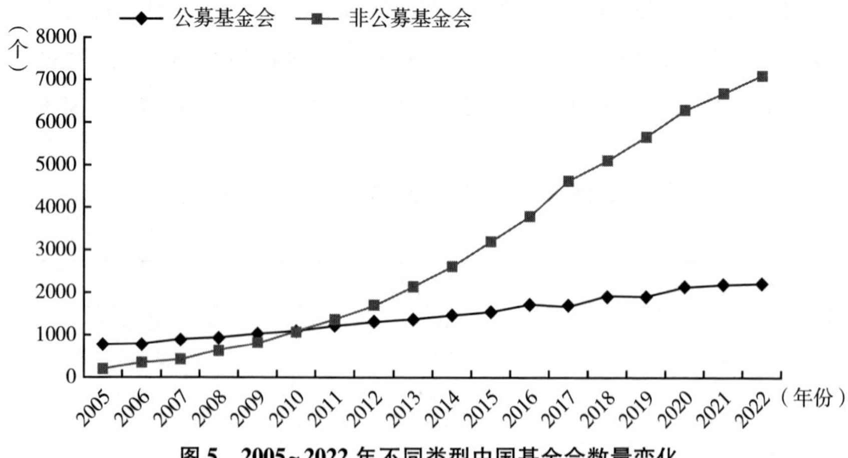


**图 5　2005~2022 年不同类型中国基金会数量变化**

资料来源：2006~2023 年《中国民政统计年鉴》。

## 二 2022年基金会的区域分布情况

### （一）基金会省域分布变化情况

2022 年，各省区市基金会平均拥有量为 294 个，大约是 2006 年的 8.7 倍。然而，各省区市的基金会分布并不均衡，拥有基金会数量最多的 5 个省市均处于东部地区，经济发展水平相对较好，依次为广东省（1462 个）、浙江省（1035 个）、北京市（825 个）、江苏省（797 个）以及上海市（610 个）。而拥有基金会数量最少的 5 个省区均位于经济发展水平相对靠后的西部地区，依次为贵州省（71 个）、宁夏回族自治区（58 个）、新疆维吾尔自治区（38 个）、青海省（34 个）、西藏自治区（22 个）。

2006~2022 年，基金会数量增长最为显著的省份是广东省，从 2006 年的 141 个增长到 2022 年的 1462 个，除 2010 年以外，其基金会数量在所调查的所有省市中始终位列第一。近三年增长最显著的省份为浙江省，从 2020 年的 827 个增长为 2022 年的 1035 个，增长率达到了 25.15%；相比之下，基金会数量增长较为缓慢的地区为西藏自治区，仅从 2006 年的 8 个增长到 2022 年的 14 个。

为了更清晰明确地描述不同地区基金会的发展变化情况，选取 2006 年、2010 年、2014~2022 年 11 个年份研究各省、自治区、直辖市基金会的空间格局演变（见表 3）。

**表 3 各阶段基金会在各省、直辖市、自治区的数量变化情况**

单位：个

| 省份 | 2006 年 | 2010 年 | 2014 年 | 2015 年 | 2016 年 | 2017 年 | 2018 年 | 2019 年 | 2020 年 | 2021 年 | 2022 年 |
|---|---|---|---|---|---|---|---|---|---|---|---|
| 北京 | 76 | 144 | 318 | 382 | 515 | 609 | 729 | 771 | 796 | 806 | 825 |
| 天津 | 28 | 43 | 64 | 70 | 69 | 77 | 85 | 99 | 105 | 110 | 113 |
| 河北 | 12 | 25 | 49 | 61 | 85 | 103 | 121 | 144 | 518 | 517 | 517 |
| 山西 | 15 | 29 | 59 | 67 | 73 | 77 | 98 | 117 | 132 | 151 | 164 |
| 内蒙古 | 31 | 68 | 91 | 102 | 122 | 120 | 133 | 140 | 152 | 166 | 181 |
| 辽宁 | 17 | 39 | 69 | 72 | 92 | 103 | 103 | 104 | 104 | 106 | 106 |

续表

| 省份 | 2006 年 | 2010 年 | 2014 年 | 2015 年 | 2016 年 | 2017 年 | 2018 年 | 2019 年 | 2020 年 | 2021 年 | 2022 年 |
|---|---|---|---|---|---|---|---|---|---|---|---|
| 吉林 | 21 | 36 | 79 | 81 | 81 | 102 | 108 | 113 | 119 | 121 | 125 |
| 黑龙江 | 16 | 42 | 76 | 86 | 96 | 103 | 114 | 116 | 119 | 120 | 121 |
| 上海 | 75 | 117 | 199 | 270 | 335 | 426 | 467 | 499 | 483 | 574 | 610 |
| 江苏 | 81 | 310 | 483 | 543 | 608 | 660 | 710 | 740 | 762 | 781 | 797 |
| 浙江 | 125 | 189 | 381 | 436 | 511 | 593 | 677 | 756 | 827 | 904 | 1035 |
| 安徽 | 16 | 36 | 80 | 100 | 112 | 124 | 151 | 171 | 178 | 189 | 195 |
| 福建 | 50 | 113 | 179 | 221 | 256 | 316 | 353 | 380 | 422 | 477 | 524 |
| 江西 | 12 | 25 | 50 | 52 | 64 | 74 | 84 | 87 | 86 | 88 | 101 |
| 山东 | 28 | 60 | 92 | 118 | 135 | 167 | 200 | 212 | 242 | 284 | 327 |
| 河南 | 25 | 53 | 104 | 120 | 125 | 135 | 145 | 148 | 157 | 160 | 152 |
| 湖北 | 15 | 47 | 95 | 106 | 132 | 148 | 145 | 176 | 186 | 194 | 199 |
| 湖南 | 66 | 121 | 189 | 223 | 249 | 282 | 311 | 354 | 378 | 395 | 414 |
| 广东 | 141 | 202 | 558 | 677 | 804 | 951 | 1088 | 1184 | 1294 | 1382 | 1462 |
| 广西 | 14 | 22 | 49 | 57 | 71 | 80 | 90 | 96 | 109 | 113 | 113 |
| 海南 | 11 | 28 | 56 | 62 | 80 | 89 | 97 | 108 | 119 | 129 | 126 |
| 重庆 | 7 | 28 | 54 | 64 | 76 | 78 | 77 | 82 | 88 | 89 | 92 |
| 四川 | 50 | 77 | 128 | 143 | 153 | 158 | 168 | 179 | 188 | 195 | 196 |
| 贵州 | 5 | 15 | 40 | 46 | 51 | 53 | 58 | 66 | 70 | 67 | 71 |
| 云南 | 24 | 38 | 75 | 93 | 98 | 112 | 116 | 117 | 110 | 107 | 108 |
| 西藏 | 8 | 11 | 13 | 13 | 14 | 18 | 19 | 22 | 22 | 22 | 22 |
| 陕西 | 18 | 45 | 88 | 95 | 101 | 122 | 150 | 167 | 176 | 179 | 188 |
| 甘肃 | 17 | 25 | 53 | 54 | 68 | 68 | 77 | 79 | 83 | 90 | 90 |
| 青海 | 8 | 11 | 27 | 30 | 29 | 32 | 34 | 32 | 32 | 33 | 34 |
| 宁夏 | 15 | 23 | 55 | 59 | 67 | 71 | 71 | 74 | 76 | 78 | 58 |
| 新疆 | 18 | 24 | 37 | 41 | 42 | 43 | 42 | 39 | 37 | 35 | 38 |

资料来源：2007~2023 年《中国民政统计年鉴》。各省、自治区、直辖市基金会数量变化未将中央级（部本级）基金会计算在内，后续总量以《中国民政统计年鉴》的数据为准。

2006 年，全国的基金会总量相对较小，只有 1144 个，大部分省份的基金会数量低于 100 个。除了居于第一位的广东省和第二位的浙江省分别拥有 141 个和 125 个基金会外，其他各省份的基金会均为 100 个以内，其中 23 个省市不足 50 个，最少的 4 个省份的基金会在 10 个以内，分别是青海省（8 个）、西藏自治区（8 个）、重庆市（7 个）和贵州省（5 个）。

2010 年，全国的基金会总量有了一定的发展，比 2006 年将近翻了一番，达到 2200 个。2006~2010 年，江苏省基金会的发展势头十分强劲，从 81 个迅速增长至 310 个，位列全国第一。原本基础较好的广东省和浙江省在此期间增长速度较为平缓，以 202 个和 189 个紧随其后。其他基金会数量超过 100 个的省市还有北京市（144 个）、湖南省（121 个）、上海市（117 个）和福建省（113 个）。

2014 年，全国的基金会总量持续增长，与 2010 年相比又增长了将近一倍，达到 4117 个。在 2010~2014 年，广东省保持了较为平稳的增长，基金会数量重回全国第一，达到 558 个。其他基金会数量较多的省市为江苏省（483 个）、浙江省（381 个）、北京市（318 个）、上海市（199 个）、湖南省（189 个）、福建省（179 个）、四川省（128 个）和河南省（104 个），其余省区市的基金会数量仍然未达到 100 个。

2015~2022 年间，全国的基金会总量依然保持了较快的增长势头，截至 2022 年 12 月，已经达到 9319 个。基金会总量最多的广东省已经于 2018 年突破 1000 个，2022 年达到 1462 个。浙江省基金会数量自 2007 年以后在第三、第四的位置浮动，但近三年来增速更胜一筹，逐步拉近了与江苏省、北京市之间的距离，最终于 2019 年反超了江苏省、2020 年再次反超北京市，并逐渐与北京市拉开了差距。在 2022 年，浙江省以 1035 个基金会的数量位居第二，首次突破 1000 个，北京市和江苏省分别以 825 个和 797 个列第三和第四位。同时，自河北省在 2020 年以迅猛的发展势头进入了第二梯队后，直至 2022 年仍然稳定居于该梯队中（上海市 610 个、福建省 524 个、河北省 517 个、湖南省 414 个、山东省 327 个）。其余梯队的数量与第一梯队差距较大，其内部之间的差距竞争却依旧保持稳定。相较之下，2022 年，有 15 个省市的基金会数量处于 100~200 个，仍然有 7 个省份的基金会数量不足 100 个。

整体来看，无论是在期初的 2006 年，还是期末的 2022 年，无论是基金会的数量还是基金会的发展速度，均呈现东部领先、中部次之和西部相对落后的情况。从已有研究出发，社会经济等多重因素影响了社会组织的发展，比如经济发展、城市化、市场化、人口、对外开放、国家战略导向、党建工作等因素均与社会组织的发展紧密相关。因此，一方面，我国东部的经济基础较好，外部条件较为成熟，有利于基金会的快速发展，另一方面，中部和西部地区的发展具有一定的后发优势，基金会的发展未来还有较大的潜力和空间。

## （二）基金会数量的区域差异情况

基金会的省域分布情况显示，相较于西部地区，中东部地区基金会发展得更快。为了进一步探究基金会总量分布的空间差异，可以借助泰尔指数①进行测算。

《中华人民共和国国民经济和社会发展第十四个五年规划和2035年远景目标纲要》中强调要"深入推进西部大开发、东北全面振兴、中部地区崛起、东部率先发展，支持特殊类型地区加快发展，在发展中促进相对平衡"②。结合关于区域协调发展战略的部署，将各省、自治区、直辖市结构分解为西部地区、东北地区、中部地区和东部地区四大区域板块，同时以泰尔指数分解方法为基础，探究基金会总数分布的空间差异，将总体差异设置为100%，在此基础上计算各种差异的贡献度。泰尔指数的分解公式为：

$$T = T_{WR} + T_{BR} = \sum_{i} \frac{O_i}{O} \ln\left(\frac{O_i/O}{G_i/G}\right) = \left[ \sum_{j=1}^{m} \frac{O_j}{O} \sum_{i}^{j(n)} \frac{O_{ji}}{O_j} \ln\left(\frac{O_{ji}/O_j}{G_{ji}/G_j}\right) \right] + \sum_{j=1}^{m} \frac{O_j}{O} \ln\left(\frac{O_i/O}{G_i/G}\right) \tag{1}$$

$$T_{WRi} = \sum_{i} \frac{O_{ji}}{O_j} \ln\left(\frac{O_{ji}/O_j}{G_{ji}/G_j}\right) \tag{2}$$

式（1）测算的是基金会总数的泰尔指数$T$、区域内差异$T_{WR}$和区域间差异$T_{BR}$，其中$O$为各省份基金会数量之和，$O_i$为各省份基金会数量，$G$为各省份国民生产总值之和，$G_i$为各省份国民生产总值；式（2）表示区域内各省份基金会的泰尔指数$T_{WRi}$，其中$O_j$为各区域基金会数量之和，$G_j$为各区域的国民生

① 泰尔指数是一种相对差距分析方法，最早用于测算各国之间的收入水平差异，后被广泛用于衡量国家间、地区间经济、人口、环境等方面的差异。泰尔指数可以有效反映区域差距的结构特征，同时，通过分解不同地区或样本组，可以进一步了解子样本之间和子样本内部的差距，进而将差距的变动进一步区分为组间差距变动和组内差距变动，分别得到区域间差异和区域内差异对整体差异的贡献度。

② 《中华人民共和国国民经济和社会发展第十四个五年规划和2035年远景目标纲要》，中国政府网，http：//www.gov.cn/xinwen/2021-03/13/content_5592681.htm，最后检索时间：2023年10月1日。

产总值之和；$j$ 的取值范围为 1～4，依次代表西部地区、东北地区、中部地区和东部地区。

2007～2021 年，中国基金会的泰尔指数整体比较平稳，自 2013 年起持续上升，直到 2017 年后有所下降。2018 年，习近平总书记多次致信有关社会组织重大活动，表达了对于社会组织的高度重视并提出了殷切希望①，为基金会发展相对落后的地区营造了良好的制度环境，极大促进了基金会的发展。总体来说，四个区域板块的区域间泰尔指数在 2007～2022 年间一直低于区域内泰尔指数。整体来看，基金会泰尔指数总体的变化趋势与区域内泰尔指数较为相似，基金会区域内泰尔指数对总体泰尔指数的平均贡献率为 78.59%，可见基金会数量的区域差异变化在很大程度上是由区域内各省份的差异变化带来的（见图 6）。

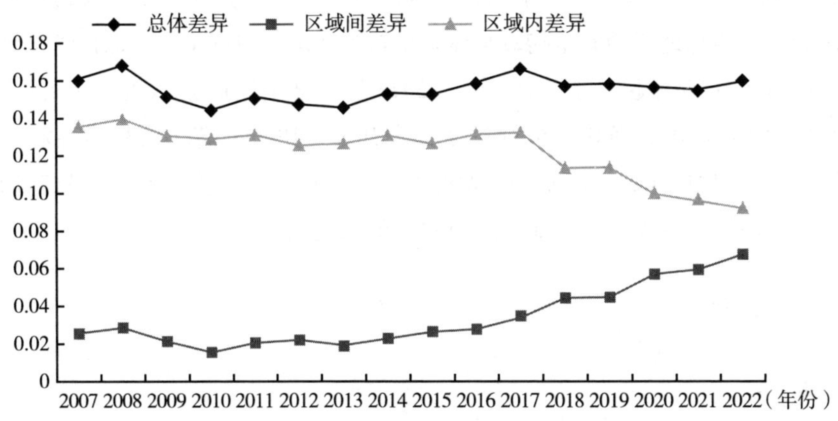


**图 6　2007～2022 年中国基金会发展泰尔指数变化**

资料来源：2008～2023 年《中国民政统计年鉴》。

从四大区域板块泰尔指数的变化趋势来看，东北部地区泰尔指数变化最大，一直处于较为明显的波动状态，除了 2014 年和 2015 年，东北部地区的泰尔指数一直低于其他区域，可见该地区各省份间基金会发展相对来说较为均衡。但自 2016 年后，东北部地区的泰尔指数一直处于上升趋势，与其他地区

---

① 《2018 年社会组织十件大事》，http://gongyi.people.com.cn/n1/2019/0101/c151132-30498001.html，最后检索时间：2023 年 10 月 1 日。

的泰尔指数差异逐渐缩小。区域内各省份基金会发展水平逐渐拉开差距，很可能是受到了国家发展战略的影响，《中华人民共和国国民经济和社会发展第十四个五年规划和2035年远景目标纲要》（以下简称《纲要》）明确要推动东北振兴取得新突破，“打造辽宁沿海经济带，建设长吉图开发开放先导区，提升哈尔滨对俄合作开放能级”，同时“改造提升装备制造等传统优势产业，培育发展新兴产业”以“形成新的均衡发展产业结构和竞争优势”。中部地区的泰尔指数在2007~2014年间持续下降，之后逐渐回升。《纲要》特别强调要推动中部地区加快崛起，“推动长江中游城市群协同发展，加快武汉、长株潭都市圈建设，打造全国重要增长极”，同时，“支持淮河、汉江生态经济带上下游合作联动发展”，这种协同联动不仅仅体现在经济建设方面，各省份基金会同样应抓住发展契机，进一步优化区域布局。东部地区的泰尔指数总体水平较高，自2017年起出现了明显下降，区域内各省份基金会逐步出现较为均衡的发展趋势。西部地区的泰尔指数总体来说较为稳定，但近年来也保持着上升趋势，在2021年明显超过东部地区后，2022年西部地区的泰尔指数稍有回落。《纲要》中强调要“强化举措推进西部大开发，切实提高政策精准性和有效性”。在大力扶持西部地区基金会发展的同时，也要注重优化基金会的区域布局，缩小经济发展水平不同地区之间的差距（见图7）。

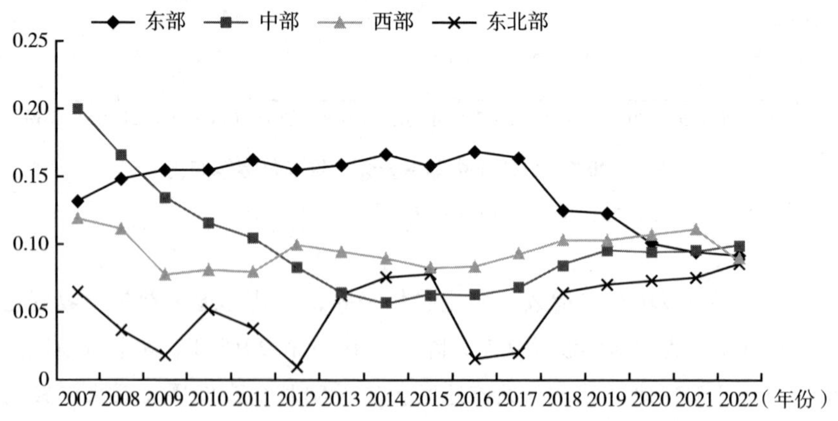


**图7　2007~2022年四大区域板块基金会发展泰尔指数变化**

资料来源：2008~2023年《中国民政统计年鉴》。

## 三　国家重大战略发展区域基金会变化情况

自2019年以来，按照京津冀协同发展、长江经济带发展、粤港澳大湾区建设、长三角一体化发展、黄河流域生态保护和高质量发展的区域发展格局，我国逐渐形成了以五大重大国家战略为引领的区域协调发展新格局。五大重大国家战略连南接北、承东启西，构建起了优势互补高质量发展的区域发展格局①。在“十四五”开局之年，我国将聚焦实现战略目标和提升引领带动能力，推动区域重大战略取得新的突破性进展，促进区域间融合互动、融通补充②。

### （一）京津冀协同发展区域

京津冀位于环渤海心脏地带，是中国北方经济规模最大、最具活力的地区，京津冀地区是中国的“首都经济圈”，包括北京市、天津市和河北省的保定、唐山、廊坊、石家庄、邯郸、秦皇岛、张家口、承德、沧州、邢台、衡水等11个地级市以及定州和辛集2个省直管市。

按照《中国民政统计年鉴》的统计数据，以北京市、天津市以及河北省的基金会总量来表示京津冀地区的基金会发展情况。2022年京津冀地区基金会总量为1455个，数量占全国基金会总量的15.61%。2006~2019年，京津冀地区的基金会总量总体处于稳步上涨的状态，在2010年后增长趋势明显加快，尤其是在2020年其数量激增，增长率达到了39.94%。其中，河北省的变化最为显著，从2019年的144个激增为2020年的518个，尽管北京市在京津冀地区基金会总量上排名始终维持第一，但是河北省在2020年的爆发式增长也证明了国家战略导向对区域发展的深刻影响。天津市整体发展趋势较为平稳，2006~2015年，天津市的增速较快，2015年之后天津市的发展稍慢，但是整体的趋向依旧是稳步上升（见图8）。

---

① 《五大国家战略引领，四大区域板块支撑——2019年我国区域形势分析及2020年展望》，https://www.sohu.com/a/368384254_100006058，最后检索时间：2023年10月1日。

② 《中华人民共和国国民经济和社会发展第十四个五年规划和2035年远景目标纲要》，中国政府网（2021年3月13日），http://www.gov.cn/xinwen/2021-03/13/content_5592681.htm，最后检索时间：2023年10月1日。

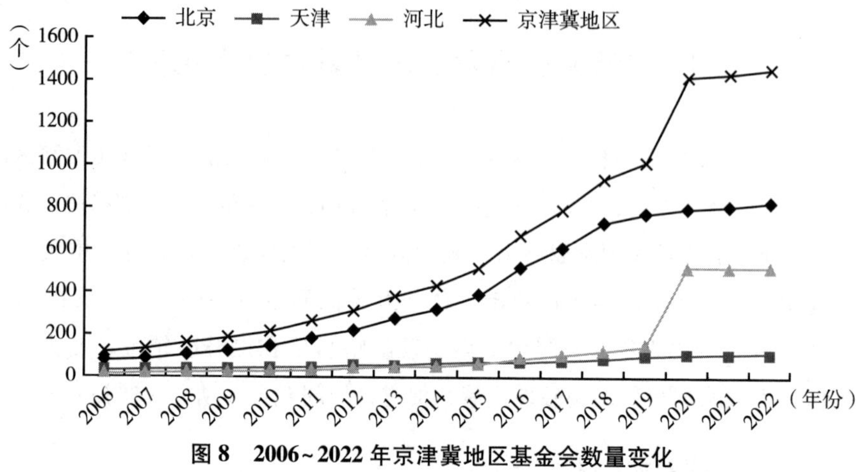


**图 8　2006~2022 年京津冀地区基金会数量变化**

资料来源：2007~2023 年《中国民政统计年鉴》。

同其他国家战略性区域相比，京津冀地区的基金会总量相对较少，但是北京的长期领先、天津市的稳步上升以及河北省的迅猛势头都展现了京津冀地区基金会的发展空间和战略潜力依旧充足。

## （二）长江经济带发展区域

长江经济带横跨中国东中西三大区域，是中央重点实施的“三大战略”之一。长江经济带覆盖上海、江苏、浙江、安徽、江西、湖北、湖南、重庆、四川、云南、贵州 11 个省市。推动长江经济带发展，是以习近平同志为核心的党中央所做出的重大决策，是关乎国家发展全局的重大战略，对实现“两个一百年”奋斗目标、实现中华民族伟大复兴的中国梦具有重要意义。

按照《中国民政统计年鉴》的统计数据，以这 11 个省市的基金会总量来表示长江经济带的基金会发展情况。2022 年长江经济带地区基金会总量为 3818 个，其数量占全国基金会总量的 40.97%。2006~2019 年，长江经济带的基金会总量快速增长，相较于 2006 年，2022 年长江经济带的基金会总量增长了 7 倍之多。

长江经济带还可以进一步划分为上游成渝经济区、中游城市群和下游长三角地区。其中，浙江省在和江苏省的竞争中一直处于上风，江苏省基金会拥有量增长较为显著，2007~2018 年，江苏省均为长江经济带中基金会拥有量最多的省份，但是浙江省在 2019 年反超江苏省后发展势头相当迅猛。2022 年，浙江省（1035 个）和江苏省（797 个）也进一步拉开了与同属长三角的上海市（610 个）和安徽省（195 个）的差距。

从基金会总量上看，下游长三角地区的基金会发展优势明显，2022 年浙江省、江苏省和上海市的基金会数量分列全国第二位、第四位和第五位。相比之下，上游成渝经济区和中游城市群的基金会虽然近年来保持了良好的发展趋势，但是总体数量上仍远远落后于下游长三角地区（见图 9），截至 2022 年，重庆市和贵州省的基金会数量仍不足 100 个，上游成渝经济区和中游城市群的基金会仍有较大的发展空间。

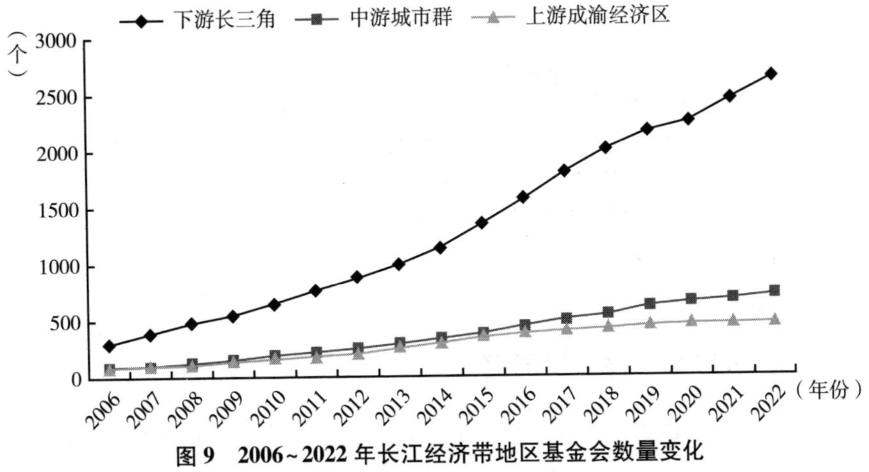


**图 9　2006~2022 年长江经济带地区基金会数量变化**

资料来源：2007~2023 年《中国民政统计年鉴》。

## （三）粤港澳大湾区

粤港澳大湾区由香港、澳门两个特别行政区和广东省广州、深圳、珠海、佛山、惠州、东莞、中山、江门、肇庆 9 个珠三角城市组成，是中国开放程度最高、经济活力最强的区域之一，在国家发展大局中具有重要战略地位。由于港澳地区对于社会组织发展相关数据的统计口径与大陆地区有所不同，目前无法充分展现港澳地区社会组织发展情况。同时，受到数据可及性的限制，广东九市部分数据也难以展现，故本报告不再全部呈现粤港澳大湾区基金会的发展情况，仅以广东省基金会发展情况作为代表来呈现，待未来地区间统计口径一致后，再补充呈现。

按照《中国民政统计年鉴》的统计数据，以广东省的基金会总量来反映粤港澳大湾区基金会发展情况。2022 年广东省基金会总量为 1462 个，其数量相较于上一年增长了 5.79%。在 2006~2022 年，广东省的基金会总量不断增加，发展势头迅猛，相较于 2006 年，2022 年广东省的基金会总量增长了 9.37 倍之多（见图 10）。

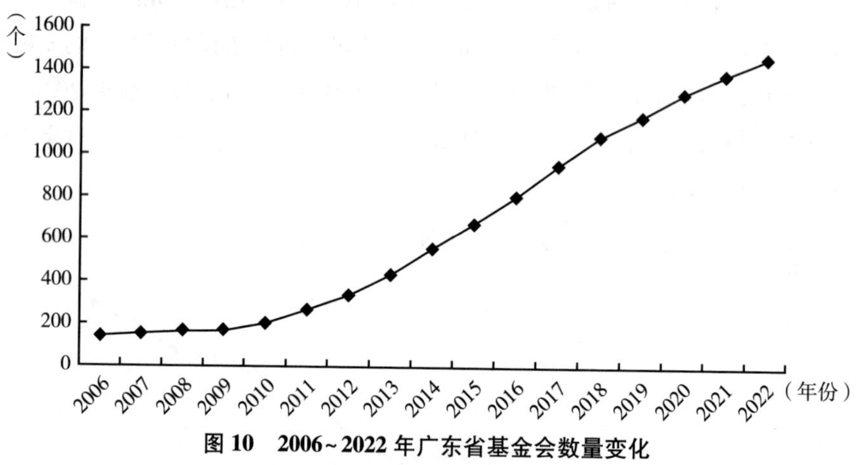


**图 10　2006~2022 年广东省基金会数量变化**

资料来源：2007~2023 年《中国民政统计年鉴》。

## （四）长三角一体化发展区域

长江三角洲城市群以上海市为中心，位于长江入海之前的冲积平原，根据 2019 年发布的《长江三角洲区域一体化发展规划纲要》，规划范围正式定为苏浙皖沪三省一市全部区域，辐射带动长三角地区高质量发展。长三角城市群是"一带一路"与长江经济带的重要交汇地带，在中国国家现代化建设大局和开放格局中具有举足轻重的战略地位，是中国参与国际竞争的重要平台、经济社会发展的重要引擎、长江经济带的引领者，是中国城镇化基础最好的地区之一。

按照《中国民政统计年鉴》的统计数据，以其所对应的"三省一市"的基金会总量来表示长江三角洲城市群基金会的发展情况。2022 年，长三角地区基金会总量为 2637 个，其数量相较于上一年增长了 7.72%。2006~2022 年，长三角地区的基金会总量平稳增长，相较于 2006 年，2022 年长三角地区的基金会总量增长了 7.88 倍。其中，浙江省和江苏省在长三角地区的基金会数量基本保持了齐头并进的态势，2022 年其总量分别达到 1035 个和 797 个。浙江省自 2007 年开始一直落后于江苏省，直到 2019 年完成反超，并且在随后的两年中逐渐与之拉开差距。上海市的基金会发展呈现先慢后快的趋势，2006~2013 年增长较慢，而 2014~2022 年经历了较为快速的发展时期。安徽省的基金会数量则发展较为平缓，但是整体趋向保持增长态势，虽然与前述二省一市的差距有些悬殊，但是发展潜力值得期待（见图 11）。

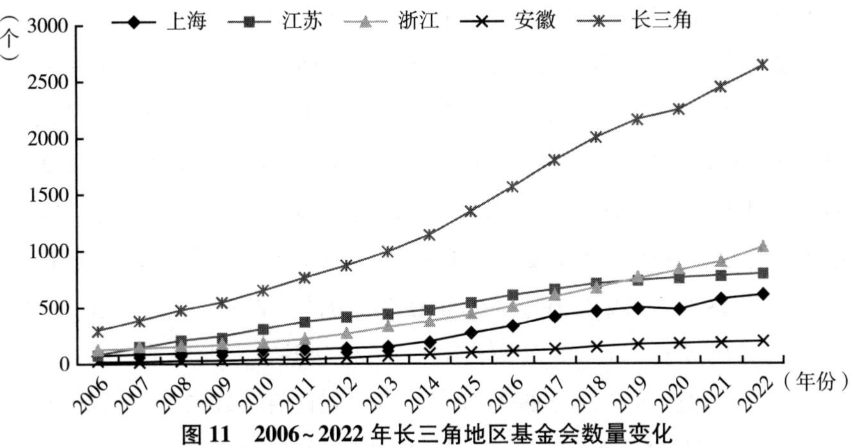


**图 11　2006~2022 年长三角地区基金会数量变化**

资料来源：2007~2023 年《中国民政统计年鉴》。

## （五）黄河流域生态保护和高质量发展区域

黄河流域是我国重要的生态屏障和重要的经济地带，是打赢脱贫攻坚战的重要区域，在我国经济社会发展和生态安全方面具有十分重要的地位。加强黄河治理保护，推动黄河流域高质量发展，积极支持流域省区打赢脱贫攻坚战，解决好流域人民群众特别是少数民族群众关心的防洪安全、饮水安全、生态安全等问题，对维护社会稳定、促进民族团结具有重要意义①。

按照《中国民政统计年鉴》的统计数据，以黄河流域所对应的河南省、四川省、山西省、陕西省、甘肃省、青海省、宁夏回族自治区、内蒙古自治区和山东省这 9 个省份的基金会总量来表示黄河流域基金会的发展情况。2022 年黄河流域地区基金会总量为 1390 个，其数量较上一年增长了 4.04%。2006~2022 年，黄河流域地区的基金会总量不断增长，相较于 2006 年，2022

① 《黄河流域生态保护和高质量发展上升为国家战略》，人民网，https：//baijiahao.baidu.com/s？id=1645427504296794897&wfr=spider&for=pc，最后检索时间：2023 年 10 月 1 日。

年黄河流域地区的基金会总量增长了5.71倍。

黄河流域目前的经济社会发展呈阶梯状分布：上游落后、中游崛起、下游发达。尤其是黄河上游的甘肃、青海、宁夏在全国的经济排名中较为靠后，相比较黄河中游的关中城市群、晋陕豫黄河金三角、中原城市群和下游的山东半岛城市群、黄河三角洲高效生态经济区，黄河上游地区的落后更加明显①。在黄河流域所有省份中，下游地区山东省的基金会数量在期初2006年时只排在第三位，而期末2022年时以327个跃居第一，同时增长势头迅猛。从近年来的发展情况看，山西省、四川省、陕西省、河南省和内蒙古自治区属于黄河流域的第二梯队，整体增速较快，2022年的基金会数量在150~200个。第三梯队包括甘肃省、青海省和宁夏回族自治区，2022年的基金会数量分别为90个、34个和58个。其中，基金会数量增长最慢的为青海省，甚至在2007年、2016年和2019年有所减少，2022年仅在2021年基础上增加1个，青海省从2006年的8个增加到2022年的34个。宁夏回族自治区2022年在2021年基础上骤减20个，是2022年度基金会数量减少最多的省份（自治区），与区域内其他省份差距较大，未来还有很大发展空间（见图12）。

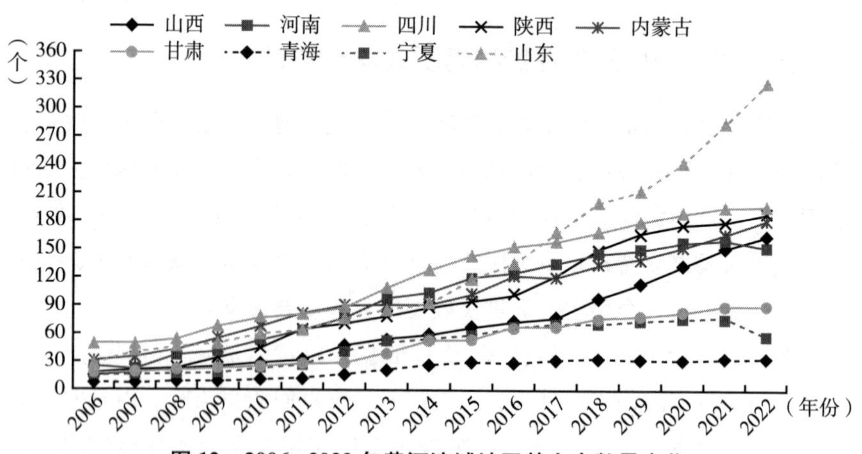


**图12　2006~2022年黄河流域地区基金会数量变化**

资料来源：2007~2023年《中国民政统计年鉴》。

① 《国家重大区域战略解读之“黄河流域生态保护和高质量发展”》，http：//www.han-consulting.com.cn/article/item-1560.html，最后检索时间：2023年10月1日。

# 四 基金会结构分布变化情况

## （一）基金会工作人员年龄结构分布

2022年，基金会中36~45岁的职工共有16466人，占全部职工的36.22%；紧随其后的是35岁及以下的职工，共13214人，占比为29.07%；46~55岁的职工8669人，占比为19.07%；56岁及以上的职工数量占比最少（15.64%），人数为7112人。

从变化趋势来看，2008~2019年的大部分时期是35岁及以下的职工占据最大的比例，但是整体波动较大，第一个高峰段出现在2011年和2012年，分别达到基金会总人数的38.02%和37.71%，之后的2013年和2014年下降到不足30%；第二个高峰段则出现在2015~2017年，占基金会总人数的比例重新回到35%左右，但是在2018年有较大幅度的下降，占比降至28.31%；2019年则出现了第三个高峰点，所占比例再次回升至35.01%；此后，35岁及以下的职工人数占比呈回升趋势。在经过2020年度占比23.92%的大幅下降后，2021年期末，所占比例略有回升至27.40%，2022年占比继续升至29.07%。

36~45岁、46~55岁的职工属于第二梯队，2008~2017年占基金会总人数的比例均在20%~30%小幅波动。2018年，这两个年龄段的职工人数均有明显的增长，占比都达30%以上。但值得关注的是，36~45岁职工人数在2019年略有下降后，于2020年和2021年这两年间迅速增长，其所占比例不断攀高，在2020年超越“35岁及以下年龄段”后，在2021年所占比例达到了38.53%。即使2022年其占比略微下降至36.22%，但仍然有接近四成的基金会职工来源于这一年龄段，36~45岁职工是基金会职工的“主力军”。

在56岁及以上这一年龄段上，其职工人数在2019年之前与另外三个年龄段的职工人数存在显著差距，特别是其占比在2011~2018年一直处于低于20%的水平，2014年后其占比更是连年下降，直至2018年降至9.94%。然而下降趋势于2019年得到明显扭转，在2020年达到20.62%后，2021年回落至

13.54%，同时其职工人数也从2020年最高峰时的8079人下降至2021年的5486人，2022年，人数大幅回升至7112人，占比为15.64%（见图13）。整体而言，基金会的职工群体正在出现“大龄化”的倾向。缺乏新鲜力量注入，或许将导致基金会的发展活动和动力受到影响。

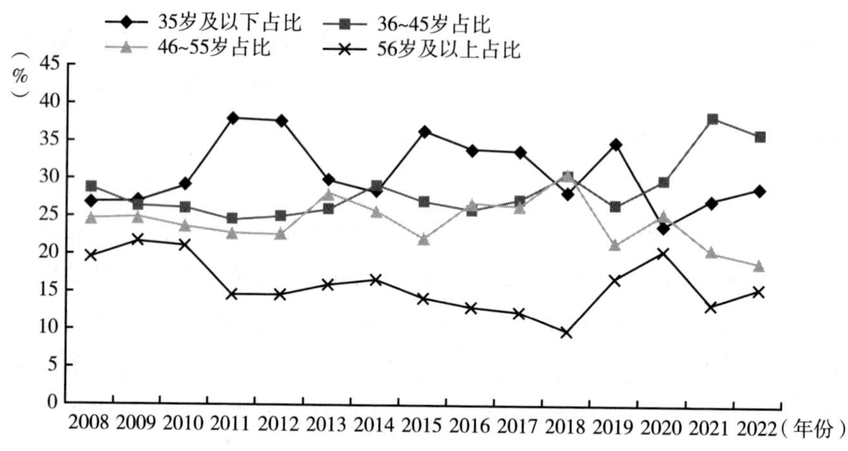


**图13　2008~2022年基金会各年龄段职工占比**

资料来源：2009~2023年《中国民政统计年鉴》。

## （二）基金会工作人员职业资格水平

自2008年以来，《中国民政统计年鉴》中开始有了关于基金会职工职业资格水平的统计数据。社会工作专业人才是具有一定社会工作专业知识和技能，能够提供社会服务、进行相关政策管理和从事社会组织管理的专业人员。基金会中社会工作师和助理社会工作师的数量可以在一定程度上反映基金会职工的职业资格水平，进而反映基金会的专业化程度。

2008~2016年，基金会的社会工作师人数和助理社会工作师人数都在小幅波动中增长，二者的人数于2017年出现大幅增长，分别达到984人和876人，达到峰值。然而之后又出现了明显的下降，2018年，全国基金会中共有社会工作师310名以及助理社会工作师353名，分别较上一年下降了68.5%和59.7%。虽然出现了暂时的下降趋势，但结合我国基金会发展趋势和国家政策导向，总体而言未来我国基金会职工的职业资格水平将不断提高，基金会的专业化水平也将不断提升，从 2022 年的数据也能看出，社会工作师和助理社会工作师的人数也分别回升至 655 人和 839 人（见图 14）。

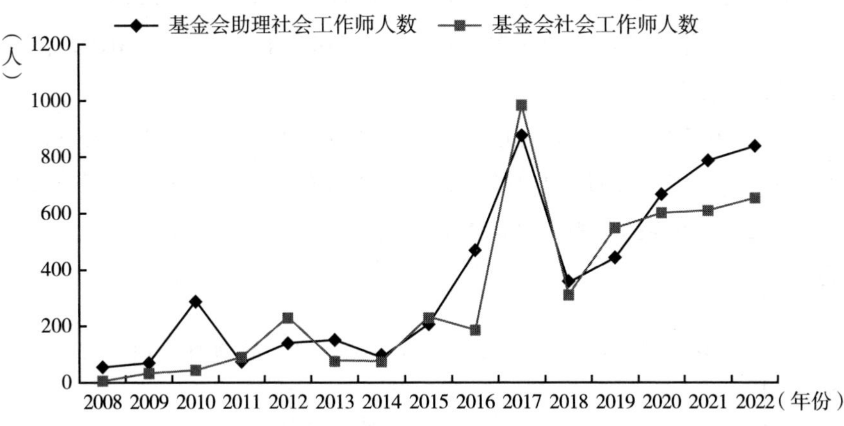


**图 14　2008~2022 年基金会职工职业资格水平**

资料来源：2009~2023 年《中国民政统计年鉴》。

## （三）基金会工作人员受教育程度

自 2008 年以来，《中国民政统计年鉴》中开始有了关于基金会职工受教育程度的统计数据。基金会职工的受教育程度可以反映工作人员的整体素质，进而反映基金会的发展质量、发展可持续性等。

2008~2022 年，基金会中受教育程度为大学专科的职工数量整体变化情况较为平稳，呈现波动上升的发展趋势。另外，与同期相比，可将 2014 年视为一个节点，即在 2014 年以前，大学专科职工数量与大学本科及以上职工数量相近，交替上升；但自 2015 年及以后，大学专科人数虽然总体上波动增长，却变化范围较小，大学本科及以上的职工人数与之不断拉开差距，截至 2022 年年末，大学本科及以上的职工人数是大学专科职工人数的 2.94 倍。

此外，仅从大学本科及以上的职工人数来看，虽然在 2009 年、2013 年和 2018 年职工人数都有不同程度的回落，但整体呈现波动上涨的趋势，且增长率变化幅度较为明显。2008~2022 年，增长率超过 60%的情况出现了 4

次，分别为 2010 年（85.56%）、2012 年（99.60%）、2016 年（65.76%）和 2019 年（69.70%）；而在职工人数减少上，2018 年，受教育程度为大学本科及以上的基金会职工共有 7729 人，相较于 2017 年的 12580 人下降了 38.56%，为近年来最显著的一次下降，但与 2008 年的 1231 人相比，仍然增长了 5.28 倍之多。

而到了 2022 年，受教育程度为大学本科及以上的基金会职工人数在经历 2019 年和 2020 年两次明显上升和 2021 年的略有下降后，再次回升至 22686 人，与 2020 年出现的历史最高值 18824 人相比，进一步上升了 20.51%（见图 15）。

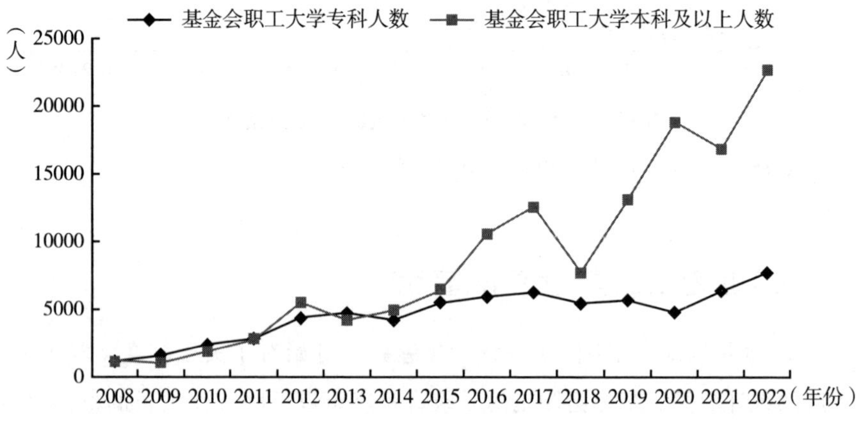


**图 15　2008~2022 年基金会职工受教育程度**

资料来源：2009~2023 年《中国民政统计年鉴》。

2022 年，受过大学专科、大学本科及以上教育的职工在基金会职工总数为 30393 人，占比 66.86%，其中大学本科及以上学历的职工人数贡献了 49.90%的比例。未来的高教育水平职工所占比例还将进一步增长，基金会职工受教育水平的提高，有利于基金会得到更高质量、更具可持续性的发展。

## 五　基金会的经济社会贡献

基金会通过多方面的社会参与和项目支持，影响着社会的各个层面，包括教育、医疗、文化、环保等领域。这种广泛的影响不仅提高了人们的整体生活质量，还促进了社会的可持续发展。基金会所提供的资源和支持不仅仅是资金，还包括专业知识、人力资源和社会网络，这些都为社会的进步和繁荣做出了巨大的贡献。在带来巨大社会价值的同时，基金会在服务提供和经济活动过程中还创造了可观的经济价值。

## （一）基金会的经济贡献

基金会的增加值是在其服务过程中所创造的附加价值，即提供物质产品和服务的价值超过其成本的部分。这一附加价值反映了基金会对整个国民经济的贡献份额，因此，本报告的主要焦点将放在从基金会增加值的角度来展现其经济贡献。

在2015年之前，除个别年份外，历年《中国民政统计年鉴》均会公布基金会经济增加值相关数据，而自2015年起，《中国民政统计年鉴》去除了相关统计指标。为了兼顾科学性和有效性，本部分将仅统计2014~2022年的基金会增加值，计算方式将借鉴学者杨莹的研究成果，用收入法进行估计。

如表4中数据所示，近10年全国基金会职工人数可通过查阅历年《中国民政统计年鉴》得到。基金会从业人员的劳动报酬按从事公共管理、社会保障和社会组织类别的工作人员的年平均工资计算，其中2014~2021年的年平均工资数据可通过查阅2015~2022年《中国统计年鉴》整理得到，2022年的数据可通过国家统计局网站查阅得到。鉴于基金会内有相当数量的兼职人员并不领取工资报酬，本报告以学者杨莹在重庆市渝中区调研所获得的地方社团专职人员的比例为依据，按照17.4%的比例计算专职人员数量，进而根据年平均工资计算得到2014~2022年基金会劳动者报酬。

从《中国民政统计年鉴》中可得到2014~2022年基金会的固定资产，按照服务业固定资产每年折旧4%的习惯算法计算得到每年基金会的固定资产折旧。此外，杨莹在进行社会组织GDP贡献的估算时，认为产生的税收和盈余十分有限，且这些数据难以获得，因而可将这两项舍弃。本部分采用了同样的方法进行估算，因此，增加值的计算公式为：

基金会增加值 = 劳动者报酬 + 固定资产折旧

据此公式可计算得出2014~2022年基金会经济增加值（见表4）。

表 4　2014~2022 年基金会经济增加值

| 年份 | 全国基金会职工人数(万人) | 专职人员人数(万人) | 年平均工资(元) | 劳动者报酬(亿元) | 固定资产(亿元) | 固定资产折旧(亿元) | 增加值(亿元) |
|---|---|---|---|---|---|---|---|
| 2014 | 2.0 | 0.35 | 53110 | 1.9 | 24.5 | 1.0 | 2.9 |
| 2015 | 2.5 | 0.44 | 62323 | 2.7 | 35.8 | 1.4 | 4.1 |
| 2016 | 3.1 | 0.54 | 70959 | 3.8 | 72.3 | 2.9 | 6.7 |
| 2017 | 3.1 | 0.54 | 80372 | 4.3 | 72.0 | 2.9 | 7.2 |
| 2018 | 3.54 | 0.62 | 87932 | 5.5 | 45.6 | 1.8 | 7.3 |
| 2019 | 3.67 | 0.64 | 94369 | 6.0 | 42.6 | 1.7 | 7.7 |
| 2020 | 3.92 | 0.68 | 104487 | 7.1 | 59.7 | 2.4 | 9.5 |
| 2021 | 4.05 | 0.70 | 111361 | 7.8 | 74.4 | 3.0 | 10.8 |
| 2022 | 4.55 | 0.79 | 117440 | 9.3 | 83.0 | 3.3 | 12.6 |

资料来源：2015~2022 年《中国统计年鉴》、2015~2023 年《中国民政统计年鉴》；国家统计局网站，http：//www.stats.gov.cn/sj/zxfb/202305/t20230509_ 1939290.html，最后检索时间：2023 年 10 月 1 日。

可以看出，近年来基金会繁荣发展，在产生巨大社会价值的同时，也创造了与之相匹配的经济价值，职工人数、职工报酬及经济增加值均实现了稳定增长，对社会发展做出了重要的经济贡献。

## （二）基金会对就业的贡献情况

社会组织“将是今后扩大就业最有潜力的部门，是实现充分就业的有效手段”。数据表明，社会组织已经成为就业领域一个不可忽视的吸纳器，而其通过创造就业岗位、提供就业信息服务、就业入职培训、激励青年创业等方式，扩大了就业领域、维护了社会稳定、促进了经济发展。

基金会职工人数的增多，不仅反映了基金会自身的发展壮大，也代表了基金会解决就业的能力正在提升。从图 16 可以观察到自 2008 年开始，基金会解决就业的占比正在逐步提升，但由于基金会的数量不占优势，其吸纳就业的比重仍相对较低。近 5 年来，基金会新增职工人数及解决就业占比均实现了较快增长，表明基金会在吸纳就业、助力“六稳六保”政策等方面正在发挥更加积极的作用。

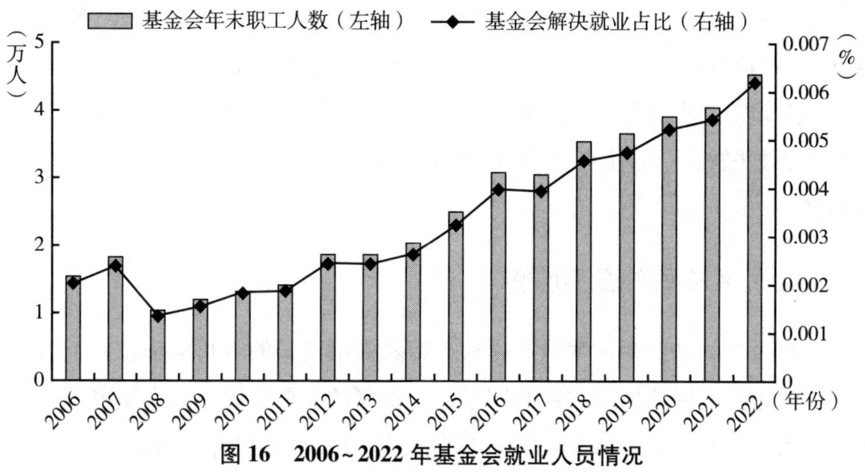


**图 16　2006~2022 年基金会就业人员情况**

资料来源：2007~2023 年《中国民政统计年鉴》。

# 六　基金会高质量发展存在短板

## （一）基金会的运作模式、资金来源单一

### 1. 运作型基金会仍占大部分

按照运作模式，可将基金会划分为两种类型，包括运作型基金会（Operating foundation）和资助型基金会（Grant-making foundation）。运作型基金会利用所筹资金自行运作慈善项目，并在项目完成之后向理事会、捐赠方、公众进行报告。但作为一个复杂的实体，运作型基金会更容易受到公众的质疑，因此，在美国，这类基金会总数不到6%，相比之下，通过资助其他民间组织运作项目的资助型基金会数量越来越多；随着基金会行业的发展，运作型基金会的转型成为一个热点问题，国内基金会虽也在向这一方向转变（典型代表如中国扶贫基金会、中华少年儿童慈善救助基金会、南都公益基金会），但当前我国大部分仍为传统的运作型基金会。

### 2. 捐赠收入依然为基金会收入的最主要来源

从收入结构来看，当前我国基金会最主要的资金来源依然为捐赠收入①。

① 《中国基金会发展独立研究报告（2020）》，基金会中心网，http：//www.foundationcenter.org.cn/report/content？cid=20220224170335，最后检索时间：2023 年 10 月 1 日。

其中公募基金会的捐赠收入在 2018～2020 年的占比分别为 88%、82.3%和 84.3%；政府补助收入是公募基金会第二主要的收入来源，占比分别为 8.1%、11.2%和 10%。非公募基金会相较于公募基金会更依赖于捐赠收入，2018～2020 年，捐赠收入在其资金来源中占比接近九成，分别为 89.1%、88.6%和 87.9%。

## （二）区域间发展不均衡

尽管我国的基金会在数量和规模上都表现出良好的增长势头，但不均衡和不充分的地区发展依然是制约我国基金会发展的主要障碍。以京津冀、苏浙沪城市群为代表的基金会数量一直保持领先地位，并且仍然呈现明显的增长趋势。而其他地区尤其是西部地区，基金会的数量和规模都明显落后，且增长速度正在放缓乃至趋于停滞。基金会区域发展的较大差异影响了基金会在响应国家战略、参与国家建设时的能力发挥，制约着我国基金会的健康、均衡发展。

## （三）基金会专业人才队伍建设亟须加强

“非专业化”“大龄化”问题仍不容小觑。一方面，基金会成员的专业水平较低，社会工作师和助理社会工作师占比较低，相当一部分基金会，尤其是一些规模较小、发展历史较短的基金会，缺乏投资管理、税务、法律、财务、营销、公关等方面的专才；另一方面，基金会从业人员中年龄 56 岁及以上的人数在 2022 年大幅回升，基金会职工群体的“大龄化”趋势并未得到有效遏制。基金会人才队伍的低专业化水平及大龄化趋势，可能会引发对其未来发展的担忧。

## （四）基金会种类分散，中小型基金会体量较小，碎片化明显

我国基金会中学校型基金会的平均净资产规模最大，达 7641 万元，而社会组织型基金会和社区型基金会平均净资产规模最小，均不足千万元[①]。同时，基金会之间净资产规模差异巨大，“马太效应”日益显著：2020 年大型基

① 《中国基金会发展独立研究报告（2020）》，基金会中心网，http：//www.foundationcenter.org.cn/report/content？cid=20220224170335，最后检索时间：2023 年 10 月 1 日。

金会的数量占比下降至5.9%，而这些基金会所拥有的净资产占比却上升至70%，净资产规模前三十的基金会的净资产总和超过了所有中小型基金会的净资产总规模。基金会实现公益目标离不开资金的支持，而我国中小型基金会的数量虽逐年增多，但其体量仍相对较小，这种碎片化的现象可能会对基金会的发展和公益事业的推动带来一定的挑战。

### （五）基金会贡献水平仍有提升空间

整体来看，基金会在经济贡献和社会效益方面表现不俗，体现在对GDP的贡献值不断增长，创造的就业岗位数量也连年攀升。然而，由于基金会的规模相对较小，截至2022年底，全国共有社会组织89.1万个，而基金会仅有9319个，占比仅为1.05%，基金会解决就业占比仅为0.0062%，这表明基金会在这些方面的贡献和影响力尚不够显著。基金会作为捐赠为基础的公益财产的聚集体，充分利用政策机遇，有效管理并利用好公益资产，以最大限度地发挥其在经济贡献、就业创造和慈善事业中的潜力，是实现基金会更大价值的关键所在。

### （六）社会治理参与广度、深度有待进一步提升

近年来，全球面临着一系列重大挑战，包括新冠疫情的常态化、全球气候变暖、非洲粮食危机等，这些挑战对全球社会和经济造成重大冲击。但当前我国基金会的活跃领域主要侧重于教育、扶贫助困等方面，对环境保护、公共安全等领域的关注和支持相对较少。此外，当前基金会在区域间、国家间的合作范围和能力有限，参与多重社会治理、全球治理的广度和深度有待进一步提升。基金会具有“利他性”和“自愿性”特征，如何使其在社会治理、全球治理等领域贡献力量，并发挥举足轻重的作用，应纳入组织战略发展规划予以重点关注。

## 七　基金会高质量发展对策建议

社会组织作为我国社会主义现代化建设的重要力量，在进入“十四五”新时期的背景下，其在经济、科技、教育、卫生、文化、社会和生态文明领

域的作用日益凸显。社会组织的发展改革也已经从简单追求数量增长转向追求质量提升，进入了一个注重质量、结构、规模、速度、效益和安全的高质量发展阶段。此外，《中华人民共和国国民经济和社会发展第十四个五年规划和2035年远景目标纲要》以及《“十四五”民政事业发展规划》中均明确指出了积极引导社会组织参与基层治理、推动社会组织健康有序发展和促进慈善事业健康发展的重要意义。为了响应国家指导方针和要求，民政部于2021年9月印发《“十四五”社会组织发展规划》，为基金会及其他社会组织的党建工作、管理体制、制度建设和发展格局等方面提出了明确的要求和措施方向。

基金会的发展必须立足新发展阶段的特征，全面贯彻新发展理念，服务于构建新发展格局，并妥善应对国际和国内环境变化所带来的不利条件和新挑战。同时，基金会应充分彰显其组织特点，在我国全面建设社会主义现代化国家的新征程中贡献力量。因此，需要从以下几个方面对基金会的发展做进一步完善。

### （一）坚持基金会党建引领

习近平总书记在中国共产党第二十次全国代表大会上的报告中指出，要坚定不移全面从严治党，深入推进新时代党的建设新的伟大工程。严密的组织体系是党的优势所在、力量所在，为了增强党组织的政治功能和组织功能，加强基金会党建是必不可少的重要一环。

首先，基金会应建立健全党组织与党建工作机构，明确党组织的职责和权力，厘清党建工作的要求和任务，制定党建工作的计划和目标，确保党的领导贯彻到基金会的各个层级和各个领域。党组织参与制定并推动实施基金会的发展战略，小到日常工作，大到决策计划，进一步提高基金会的整体管理水平，将党的政治优势转化为组织和工作效能。其次，加强党员队伍建设。通过党员培训、教育宣传以及交流活动，提高党员的综合素质和专业能力，增强党员的使命感和责任感。建立健全党员的发展、管理、考核和奖惩机制，加强对党员的监督和管理，发挥党员队伍的重要力量。最后，加强党风廉政建设。落实党员的廉政教育与作风建设，推动基金会权力运行规范、透明、公正，杜绝腐败现象的发生。加强对党员干部的监督和约束，提高党员的廉洁自律意识和思想道德水平，确保党员队伍的纯洁性和战斗力，提高基金会的组织力、凝聚力，推动基金会事业健康向前发展。

### （二）明确机构定位，推动基金会差异化发展

基金会应该明确并突出自身定位和特色，制定差异化的发展策略，聚焦重点领域。立足自身使命和愿景，形成长期目标规划，以将资源更加集中投入在核心领域，提高工作的针对性和效果。这需要基金会在选择项目和领域时具有独特性和创新性，通过深入研究和了解社会问题，于特定领域或群体中深耕，发挥优势和专长。同时，重视基金会的治理结构建设和组织文化培养，建立相应的治理机制和流程，使发展方向更加明确，促进决策与定位相一致，运作与理念相符合。通过差异化发展，基金会可以在特定领域中积累专业知识和经验，提高自身的专业能力和权威声誉，扩大社会影响力。也有助于优化基金会的资源配置，避免资源的分散和浪费，提高资金、人力和时间的利用效率，增加项目的成功率和影响力。进而，也有利于基金会与其他组织和机构形成更加紧密的合作伙伴关系，资源共享、经验互补。

### （三）加强基金会的合作交流，实现“共融式”发展

“共融式”发展，意味着不同基金会之间通过合作和共享资源，实现优势互补、共同发展的模式。首先，“共融式”发展强调多元协作，不同基金会可以在项目实施、资源整合、经验交流等方面展开合作交流与信息共享，共同高效解决问题。其次，“共融式”发展鼓励优势互补。将不同基金会在领域专长、资源储备、影响力等方面的显著差异转化为互补优势，提高整体实力。例如，在社会服务领域有深厚的经验和专业知识的基金会可以与在农村发展领域有丰富的资源和人脉网络的基金会进行合作，共同开展服务城乡居民养老的项目，实现互利共赢。最后，“共融式”发展需要共担责任。基金会间的合作不仅仅是资源的共享，更要共同承担社会责任，迎接风险和挑战，在这一过程中形成更加稳固的合作关系，并赢得更广泛的社会认可与支持，也有利于构建合作共赢的社会生态系统。

在发展不平衡、不充分的当下，区域间联盟与网络的建立可以提供经验交流和资源整合的机会，形成区域间的共享机制，通过共同设立基金池、共享研

究报告和优秀案例分享等方式，促进区域间基金会的协调与合作。发起跨领域的合作项目，邀请不同地区的基金会参与，也有助于汇集不同领域的资源和力量，改善区域间不平衡的现状。

基金会间的“共融式”多元协作，既包括区域间基金会的协调与合作，也涵盖国际交流与合作。在全球化背景下，基金会间的国际合作对于解决全球性问题、推动可持续发展非常重要。可以通过签订合作协议、共同出资、共同举办活动等方式实现跨国基金会合作，提出倡议、募集资金、开展项目，广泛覆盖社会福利、环境保护、教育、医疗、灾害援助等多个领域，合力应对全球性挑战。并邀请国际专家和国际组织进行交流，携手推动全球发展议程。在扩大基金会在国际社会中的影响力的同时，吸引更多的合作伙伴，进一步实现基金会的使命和愿景。

### （四）注重基金会数字化建设，数字赋能实现高质量发展

随着信息技术的迅猛发展，数字化转型的趋势愈加明显，基金会应积极采取措施以加强数字化建设，提升运作效率，创新服务模式，更好地满足社会需求。通过建立完善的信息化基础设施，确保基金会内部的信息流通畅通无阻，并投资和采用如云计算、大数据分析、人工智能等先进的信息技术工具，综合提高基金会的数据分析管理能力。同时，推动基金会数字化服务创新，开展在线捐款、项目申请、项目评估等服务，提供更加便捷、高效的服务体验。基金会可以充分利用社交媒体和其他数字平台，加强与公众的互动和沟通，提高公众参与度和社会影响力。相应地，应加强数字化人才队伍建设，开展数字化技能培训，提高基金会员工的数字化素养和专业能力。通过与高校及科研机构合作，吸引和培养具备数字化背景的专业人才，为基金会的数字化转型提供有力支持。

需要引起重视的是，数字化建设也对数据安全和隐私保护提出了更高的要求，应依法建立数据管理制度和隐私保护机制，保护个人信息和敏感隐私，确保数据的合法性、准确性和安全性。顺应时代潮流，以数字化建设提升基金会的运作效率、创新能力和服务水平，实现基金会更加高质量、可持续的发展。

## 参考文献


官志平：《参与式资助：我国基金会运营模式的现实判断与选择》，《理论观察》2012 年第 2 期。

赖先进、王登礼：《社会组织发展影响因素的实证研究——基于 2007 年~2014 年 31 个省级面板数据的分析》，《管理评论》2017 年第 12 期。

赖先进：《社会组织党建会制约区域社会组织发展吗？——基于 31 省份面板数据的实证研究》，《天津行政学院学报》2021 年第 3 期。

李国武、李璐：《民间组织的省域分布研究》，《学会》2011 年第 9 期。

李敏：《中国公益基金会运行效率研究》，华中科技大学博士论文，2020。

马庆钰、曹堂哲、谢菊：《中国社会组织发展指标体系构建与预测》，《中国行政管理》2015 年第 4 期。

唐文敏、赵媛、徐昕等：《中国社会组织发展的时空演化与影响因素》，《人文地理》2020 年第 1 期。

肖金明、杨伟伟：《从“嵌入”走向“嵌合”：社会组织党建模式创新探析》，《中州学刊》2021 年第 4 期。

于秀琴、王怡萝、王鑫：《基于政策工具视角下的基金会政策文本研究》，《山东工商学院学报》2022 年第 1 期。

杨莹：《供给侧结构性改革视角下的社会组织 GDP 贡献研究》，《宏观经济管理》2017 年第 9 期。

# B.5

# 2022年中国慈善组织发展报告*

吴丽丽　李梦瑶**

**摘　要：** 本报告回顾了2022年我国慈善组织的发展情况，包括慈善组织的总量变化，各省份、区域慈善组织的发展情况，并借助泰尔指数进一步测算了各区域发展的空间差异，发现区域之间、区域内部的慈善组织分布不均衡。此外，本文结合2016~2022年民政部门的统计数据，从慈善捐赠、慈善信托、志愿服务三方面，描述和分析了慈善组织对于慈善事业的发展贡献。最后报告建议：坚持党建引领慈善组织发展，提升党建工作的影响力；推动慈善组织的高速及区域协调发展；推动慈善组织参与慈善信托；着重提高慈善组织公信力，推动慈善组织参与慈善信托实现高质量发展。

**关键词：** 慈善组织　泰尔指数　慈善活动

## 一　2022年慈善组织总体发展情况

截至查询时间2023年5月26日，在全国慈善信息公开平台进行公开登记的慈善组织达13590个，与2021年11592个相比，增加了1998个，增长了17.2%。

回顾慈善组织近年来的发展情况，2016~2022年慈善组织总量整体发展迅

---

* 本文系中国社会科学院大学卓越研究项目"'普惠+优待'视角下优抚对象养老需求和保障机制研究"（项目编号：校20230197）阶段性研究成果。

** 吴丽丽，中国社会科学院大学政府管理学院副教授，国家治理现代化与社会组织研究中心副主任，研究方向为社会保障与人口发展、公共政策评估、退役军人管理保障；李梦瑶，中国社会科学院大学政府管理学院硕士研究生。

速，2016 年底全国注册慈善组织 6818 个，经过 6 年的发展，至 2022 年慈善组织数量已达到 13590 个，较 2016 年慈善组织总量增长了 6772 个，较 2016 年总数约翻了一番，平均每年增速为 12.2%。受新冠疫情的影响，2020 年和 2021 年慈善组织总量增速放缓，增幅持续下降（见图 1）。但 2022 年随着国民经济复苏，慈善组织发展又有抬头之势。

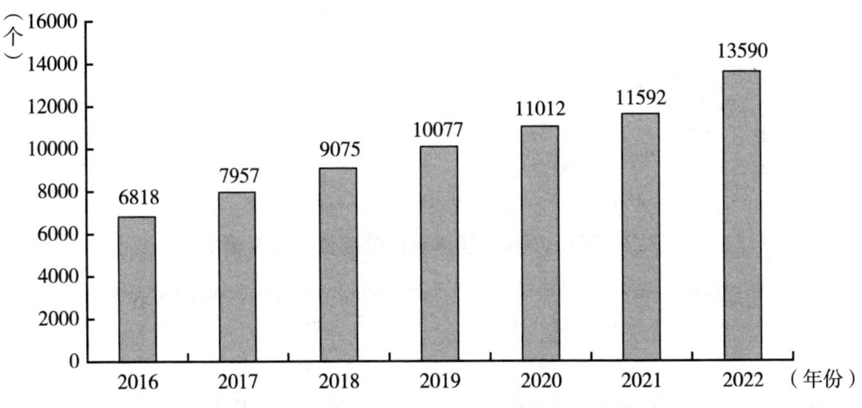


**图 1　2016~2022 年全国注册慈善组织个数**

资料来源：全国慈善信息公开平台，http：//cishan. chinanpo. gov. cn/platform/login. html，最后检索时间：2023 年 5 月 26 日。

### （一）慈善组织的公募资格拥有情况

2022 年底，慈善组织中具有公开募捐资格的慈善组织有 4179 个，占慈善组织总量的 30.8%，较 2022 年初的 2459 家增加了 1720 家，增长率高达 69.9%（见图 2）。

### （二）慈善组织的类别层级情况

根据慈善组织的管理机构层级，将慈善组织分为中央、省级（直辖市）、市级、区县级（不设区的市）四个等级，慈善组织的登记管理机构以各层级的民政部门为主。

我国慈善组织发展呈现多点开花、注重基层的特点。中央部门管理的慈善组织最少，仅占全部慈善组织的 1.5%。省级登记管理的慈善组织最多，有

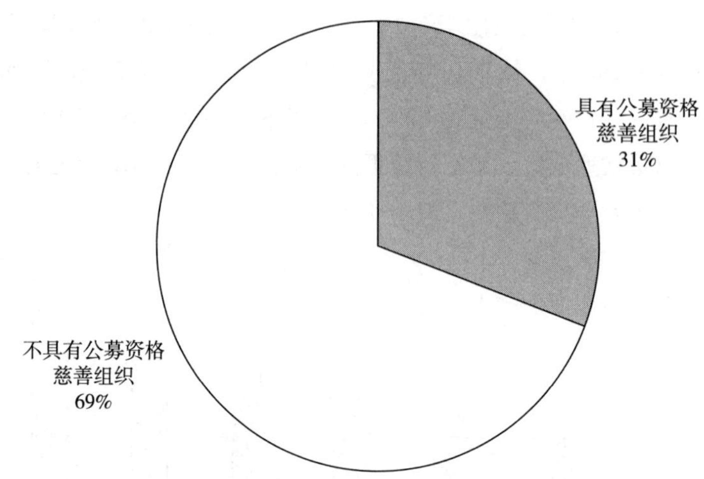


**图 2　2022 年全国慈善组织公募资格拥有情况**

资料来源：全国慈善信息公开平台，http：//cishan. chinanpo. gov. cn/platform/login. html，最后检索时间：2023 年 5 月 26 日。

4997 家，占比为 36. 8%。市级登记管理的慈善组织有 3659 家，占比为 26. 9%。区县级登记管理的慈善组织为 4732 个，仅次于省级管理的慈善机构 265 家，占比达到 34. 8%（见图 3）。

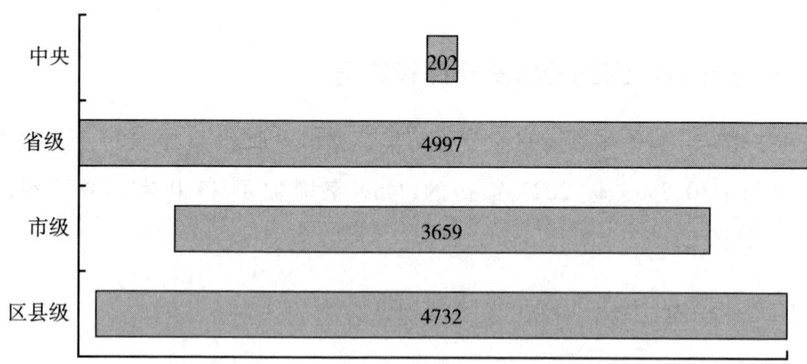


**图 3　2022 年全国慈善组织层级分布情况（个）**

资料来源：全国慈善信息公开平台，http：//cishan. chinanpo. gov. cn/platform/login. html，最后检索时间：2023 年 5 月 26 日。

## （三）慈善组织关注领域情况

将获取的慈善组织名称导入词频分析软件中进行分析并形成关键词词云图（见图4），发现慈善组织名称中出现最多的词语前三名为教育（1987次）、发展（1579次）和救助（327次）；最少为乐善（16次）、英烈（16次）。依据关键词分析结果，将慈善组织关注领域分为教育、就业创业、经济发展、医疗卫生、环境保护、文体活动、妇女儿童、社会优抚、社会救助、老龄事业、科学技术、综合、其他等。

**图4　2022年全国慈善组织名称关键词词云图**

经过筛选、讨论、分类，发现综合类慈善组织有7753个，占慈善组织总数的57.0%，非综合类慈善组织共有5837个，占慈善组织总数的43.0%。在非综合类慈善组织中，关注教育领域的慈善组织最多为2279个，占比为16.8%；其次为投身社会治理提供志愿服务的慈善组织有998个，占比为7.3%；然后为从事社会救助的慈善组织有599个，占比为4.4%，关注以下领域的慈善组织较少：创业就业（0.4%）、青少年发展（0.6%）、环境保护（0.7%），详见表1。

**表 1　慈善组织关注领域情况**

单位：个，%

| 分类 | 关注领域 | 个数 | 占比 |
|---|---|---|---|
| 综合 | 综合 | 7753 | 57.0 |
| 非综合 | 教育 | 2279 | 16.8 |
| | 社会治理 | 998 | 7.3 |
| | 社会救助 | 599 | 4.4 |
| | 社会优抚 | 484 | 3.6 |
| | 经济发展 | 356 | 2.6 |
| | 文化体育 | 323 | 2.4 |
| | 妇女儿童 | 150 | 1.1 |
| | 老龄事业 | 142 | 1.1 |
| | 医疗卫生 | 113 | 0.8 |
| | 科学技术 | 110 | 0.8 |
| | 环境保护 | 91 | 0.7 |
| | 青少年发展 | 84 | 0.6 |
| | 创业就业 | 54 | 0.4 |
| | 其他 | 54 | 0.4 |

资料来源：全国慈善信息公开平台，http：//cishan. chinanpo. gov. cn/platform/login. html，最后检索时间：2023 年 5 月 26 日。

## 二　慈善组织的省域分布及发展趋势

### （一）慈善组织省域分布变化情况

2016 年《慈善法》实施以来，截至 2022 年底，各省份慈善组织数量均有所增长，但从全国来看，慈善组织数量省域分布呈现明显差异。

从绝对数量来看，截至 2022 年底，广东省（1864 个）、浙江省（1463 个）、山东省（912 个）、福建省（887 个）以及北京市（870 个）是拥有慈善组织数量最多的 5 个省份。而西藏自治区（9 个）、青海省（47 个）、宁夏回族自治区（68 个）、新疆维吾尔自治区（76 个）、海南省（99 个）为拥有慈善组织数量最少的 5 个省份。

从绝对增长量来看，2016~2022 年，慈善组织增长量排名前 5 名省份分别是广东省（1073 个）、浙江省（876 个）、河北省（520 个）、山东省（500 个）和福建省（482 个）。相较而言，慈善组织增量排名后 5 名的省（自治区）分别为西藏自治区（6 个）、新疆维吾尔自治区（21 个）、吉林省（23 个）、宁夏回族自治区（27 个）、青海省（28 个）。

从相对增长速度来看，2016~2022 年，慈善组织数量年均增速最快的 5 个省（自治区）分别是河北省（30.4%）、陕西省（21.9%）、西藏自治区（20.1%）、浙江省（16.4%）和青海省（16.3%）。截至 2022 年底，河北省慈善组织总量有 653 个，是 2016 年河北省慈善组织总量的 4.91 倍；陕西省慈善组织总量为 381 个，是 2016 年陕西省慈善组织总量的 3.28 倍。西藏自治区因慈善组织总量基数小，发展至 2022 年也实现了 3 倍增长，仍有长足发展的空间。而慈善组织数量增速较慢的 5 个省（自治区、直辖市）分别是吉林省（3.8%）、新疆维吾尔自治区（5.5%）、河南省（5.6%）、重庆市（6.8%）、湖北省（7.8%）（见表 2）。

**表 2　2016~2022 年慈善组织在各省、自治区、直辖市的数量变化情况**

单位：个

| 省区市 | 2016 年 | 2017 年 | 2018 年 | 2019 年 | 2020 年 | 2021 年 | 2022 年 |
|---|---|---|---|---|---|---|---|
| 北京 | 514 | 608 | 737 | 789 | 819 | 837 | 870 |
| 天津 | 79 | 99 | 115 | 137 | 145 | 152 | 172 |
| 河北 | 133 | 166 | 188 | 385 | 553 | 565 | 653 |
| 山西 | 98 | 108 | 128 | 150 | 166 | 186 | 211 |
| 内蒙古 | 155 | 177 | 195 | 207 | 222 | 230 | 258 |
| 辽宁 | 141 | 162 | 172 | 174 | 193 | 215 | 251 |
| 吉林 | 91 | 100 | 104 | 106 | 110 | 113 | 114 |
| 黑龙江 | 150 | 173 | 199 | 211 | 226 | 231 | 245 |
| 上海 | 120 | 190 | 191 | 192 | 195 | 195 | 254 |
| 江苏 | 461 | 534 | 647 | 712 | 742 | 770 | 854 |
| 浙江 | 587 | 707 | 835 | 935 | 1048 | 1167 | 1463 |
| 安徽 | 191 | 211 | 243 | 259 | 276 | 287 | 329 |
| 福建 | 405 | 490 | 576 | 651 | 728 | 785 | 887 |
| 江西 | 154 | 176 | 202 | 231 | 254 | 263 | 328 |
| 山东 | 412 | 461 | 517 | 561 | 627 | 702 | 912 |
| 河南 | 256 | 279 | 300 | 310 | 325 | 332 | 355 |
| 湖北 | 234 | 266 | 281 | 298 | 315 | 319 | 367 |

续表

| 省区市 | 2016 年 | 2017 年 | 2018 年 | 2019 年 | 2020 年 | 2021 年 | 2022 年 |
|---|---|---|---|---|---|---|---|
| 湖南 | 401 | 465 | 517 | 572 | 603 | 619 | 683 |
| 广东 | 791 | 1014 | 1219 | 1393 | 1551 | 1644 | 1864 |
| 广西 | 128 | 143 | 165 | 174 | 181 | 184 | 221 |
| 海南 | 44 | 55 | 64 | 67 | 70 | 74 | 99 |
| 重庆 | 108 | 113 | 122 | 127 | 138 | 143 | 160 |
| 四川 | 312 | 333 | 357 | 375 | 396 | 410 | 502 |
| 贵州 | 131 | 137 | 147 | 158 | 178 | 195 | 248 |
| 云南 | 162 | 179 | 187 | 189 | 195 | 197 | 264 |
| 西藏 | 3 | 7 | 7 | 8 | 8 | 8 | 9 |
| 陕西 | 116 | 144 | 181 | 213 | 233 | 242 | 381 |
| 甘肃 | 135 | 145 | 153 | 159 | 167 | 173 | 244 |
| 青海 | 19 | 24 | 30 | 34 | 35 | 35 | 47 |
| 宁夏 | 41 | 45 | 49 | 51 | 60 | 64 | 68 |
| 新疆 | 55 | 55 | 56 | 58 | 60 | 61 | 76 |

资料来源：全国慈善信息公开平台，http：//cishan. chinanpo. gov. cn/platform/login. html，最后检索时间：2023 年 5 月 26 日。

整体来看，东部地区慈善组织总量多、增速快，截至 2022 年，东部地区慈善组织总量有 8028 个，较 2016 年增长了 4482 个，增幅为 126. 4%，年均增速为 14. 6%；而中部、西部地区慈善组织总量相对较少，增速较低。截至 2022 年，中部地区慈善组织总量有 2273 个，较 2016 年增长了 939 个，增幅为 70. 4%，年均增速为 9. 3%；西部地区慈善组织总量有 2478 个，较 2016 年增长了 1113 个，增幅为 81. 5%，年均增速为 10. 4%；东北部地区慈善组织总量有 610 个，较 2016 年增长了 228 个，增幅为 59. 7%，年均增速为 8. 1%（见图 5）。

由上文分析可知，我国东部地区，相较其他区域，经济发展水平较高、支持发展政策较健全，综合推动了东部地区慈善组织的快速发展。而当前中西部地区慈善组织数量总量较少、增速较慢，未来还有较大的发展潜力和发展空间。由此可见，慈善组织数量发展在一定程度上受到地区经济发展和政策支持环境综合水平的影响。

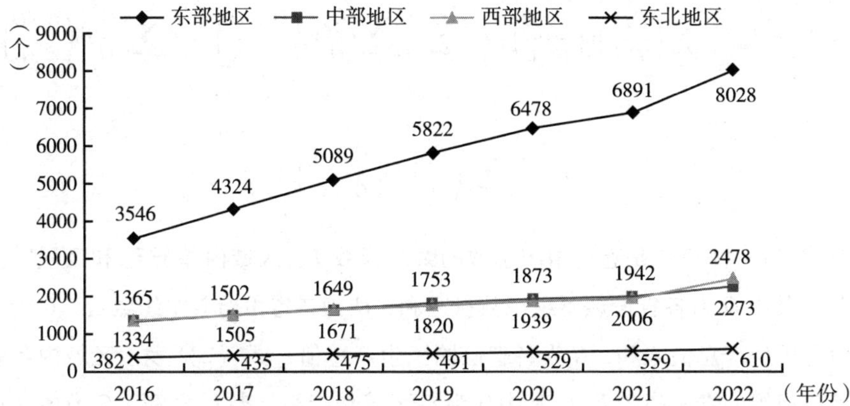


**图5　2016~2022年东、中、西、东北部地区慈善组织数量**

说明：登记管理部门为民政部的慈善组织未计入内。

资料来源：全国慈善信息公开平台，http://cishan.chinanpo.gov.cn/platform/login.html，最后检索时间：2023年5月26日。

## （二）慈善组织分布区域差异情况

为更进一步探究慈善组织分布的区域差异，本文借助泰尔指数①进行慈善组织区域发展程度测算。

本文将各省、自治区、直辖市聚类为东部地区、中部地区、西部地区和东北地区四大区域板块②，同时以泰尔指数分解方法为基础，探究慈善组织总数分布的空间差异，将总体差异设置为100%，在此基础上计算各种差异的贡献度，泰尔指数的高低能够反映区域间和区域内慈善组织发展的均衡状况，泰尔指数越高则反映慈善组织发展水平越不均衡，反之亦然。泰尔指数的分解公式为：

---

① 泰尔指数是一种相对差距分析方法，最早用于测算各国之间的收入水平差异，后被广泛用于衡量国家间、地区间经济、人口、环境等方面的差异。泰尔指数可以有效反映区域差距的结构特征，同时，通过分解不同地区或样本组，可以进一步了解子样本之间和子样本内部的差距，进而将差距的变动进一步区分为组间差距变动和组内差距变动，分别得到区域间差异和区域内差异对整体差异的贡献度。

② 《中华人民共和国国民经济和社会发展第十四个五年规划和2035年远景目标纲要》中强调要"深入推进西部大开发、东北全面振兴、中部地区崛起、东部率先发展，支持特殊类型地区加快发展，在发展中促进相对平衡"。本文以此区域协调发展战略的部署为依据，进行省、自治区、直辖市的区域聚类划分。

$$T = T_{wr} + T_{br} = \sum_{i}\left(\frac{O_i}{O}\right)\ln\left(\frac{O_i/O}{G_i/G}\right) = \left[\sum_{j=1}^{m}\frac{O_j}{O}\sum_{i}^{j(n)}\frac{O_{ji}}{O_j}\ln\left(\frac{O_{ji}/O_j}{G_{ji}/G_j}\right)\right] + \sum_{j=1}^{m}\frac{O_j}{O}\ln\left(\frac{O_i/O}{G_i/G}\right) \quad (1)$$

$$T_{wri} = \sum_{i}\left(\frac{O_{ji}}{O_j}\right)\ln\left(\frac{O_{ji}/O_j}{G_{ji}/G_j}\right) \quad (2)$$

式（1）测算的是慈善组织总数的泰尔指数 $T$、区域内差异$T_{wr}$和区域间差异$T_{br}$，其中 $O$ 为各省份慈善组织数量之和，$O_i$为各省份慈善组织数量，$G$ 为各省份国民生产总值之和，$G_i$为各省份国民生产总值；式（2）表示区域内各省份慈善组织的泰尔指数$T_{wri}$，其中$O_j$为各区域慈善组织数量之和，$G_j$为各区域的国民生产总值之和；$j$ 的取值范围为 1~4，依次代表西部地区、东北地区、中部地区和东部地区。

2016~2021 年中国慈善组织的总体指数整体比较平稳，2018 年、2019 年持续下降，直到 2020 年后有所上升，2021 年再度下降。区域内差异指数变化与总体差异指数的变化趋势较为相似，但值得注意的是，区域间泰尔指数正逐年上升，且增幅较大。但总体来说，四个区域板块的区域间差异指数在 2016~2021 年间仍远低于区域内差异指数。慈善组织区域内差异指数对总体差异指数的平均贡献率为 90.1%，可见慈善组织数量总体差异变化绝大程度上是由各区域内部各省份的差异变化引起的，但慈善组织的区域间发展差异也不容忽视（见图 6）。

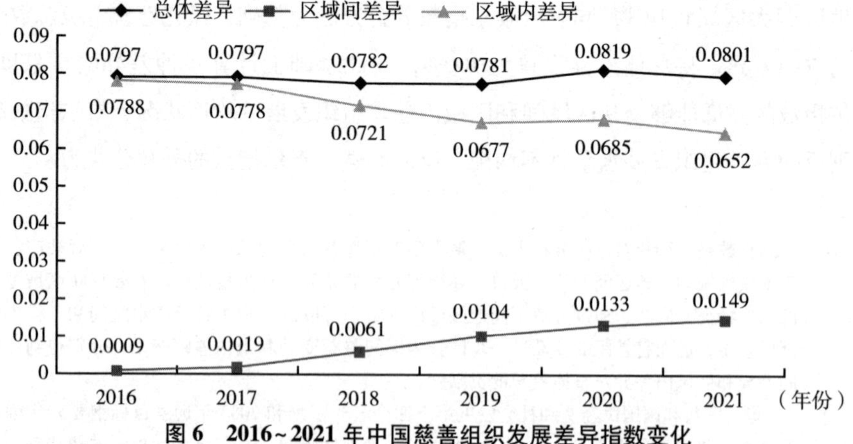


**图 6　2016~2021 年中国慈善组织发展差异指数变化**

资料来源：全国慈善信息公开平台，http://cishan.chinanpo.gov.cn/platform/login.html，最后检索时间：2023 年 5 月 26 日。

从东、中、西、东北四大发展区域的泰尔指数分析看，东部地区泰尔指数虽始终高于其他三大发展区域，但总体变化呈下降趋势，且降幅较大，区域内各省份慈善组织逐步出现较为均衡的发展趋势。中部地区的泰尔指数在2016~2019年间持续上升，2020年、2021年出现回落，各省份慈善组织发展渐趋平衡。西部地区的泰尔指数总体来说较为稳定，虽有增长但增幅较小。东北地区泰尔指数变化幅度最大，且2016~2019年增幅最大，2016年和2017年东北部地区的泰尔指数一直低于其他区域，可见东北地区内部各省份间慈善组织发展相对其他区域来说较为均衡，但自2018年起，东北部地区的泰尔指数大幅增加，与其他地区的泰尔指数差异逐渐缩小，甚至超过中部地区和西部地区，说明东北部地区区域内各省慈善组织发展水平逐渐拉开差距。到2021年东北部地区泰尔指数又明显下降，东北部各省慈善组织发展又趋于均衡（见图7）。

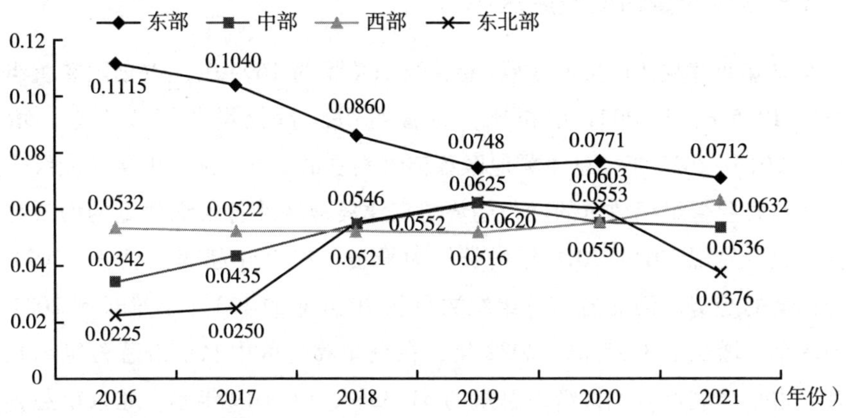


**图7　2016~2021年四大区域板块慈善组织发展泰尔指数变化**

资料来源：全国慈善信息公开平台，http：//cishan. chinanpo. gov. cn/platform/login. html，最后检索时间：2023年5月26日。

总体来看，慈善组织区域间差异指数较低，但呈现逐年上升趋势，表明各区域间慈善组织发展差距正逐渐拉大。慈善组织区域内泰尔指数较高，表明各个区域内部慈善组织发展存在一定差距。因此，未来慈善组织发展应注意以下方面：其一，继续保持东北部区域各省份之间慈善组织的协调发展，防止东北部地区慈善组织发展差距拉大。其二，保持东部地区慈善组织的协调发展趋势，促进区域内部各省份之间的慈善组织平衡发展。其三，大力扶植中部、西部地区慈善组织发展的同时，也要注重优化慈善组织的区域布局，缩小不同经济发展水平地区之间的差距。

## 三　重大国家战略发展区域慈善组织发展情况

我国始终高度重视区域开发建设，不断完善区域发展战略，“京津冀一体化”“长江经济带”“长三角一体化发展区域”“黄河流域生态保护和高质量发展区域”等区域发展战略相继提出并实施。在此以重大国家战略发展区域为划分依据，观察慈善组织分布情况，能够更好地为慈善组织区域协同发展提供建议。

### （一）京津冀协同发展区域

2022 年京津冀协同发展区域①慈善组织总量为 1695 个，占全国慈善组织数量的 12.5%，与 2021 年相比，慈善组织总量仅增长了 141 个，增长 9.1%。2016~2022 年，京津冀地区慈善组织总量稳步上涨，但增速变缓。其中，河北省慈善组织数量的增长趋势与京津冀地区慈善组织数量的增长趋势较为一致，呈现 2016~2018 年增长较为平缓、2019 年起变化显著、2021 年增速回落的趋势。河北省慈善组织数量从 2016 年的 133 个，增长到 2021 年的 565 个，增长了 3.25 倍。2022 年，在京津冀地区中北京市慈善组织数量最多，占京津冀地区慈善组织总量的 51.33%，但 2019 年起，北京市慈善组织数量发展势头放缓，河北省慈善组织发展正在大踏步赶上北京市，2022 年河北省慈善组织数量与北京市相比仅少 217 个。天津市慈善组织总量较少，整体增长也较为平缓，可能是受到经济发展、行政区域等多种因素影响（见图 8）。

---

① 京津冀地区包括北京市、天津市和河北省的保定、唐山、廊坊、石家庄、邯郸、秦皇岛、张家口、承德、沧州、邢台、衡水等 11 个地级市以及定州和辛集 2 个省直管市。

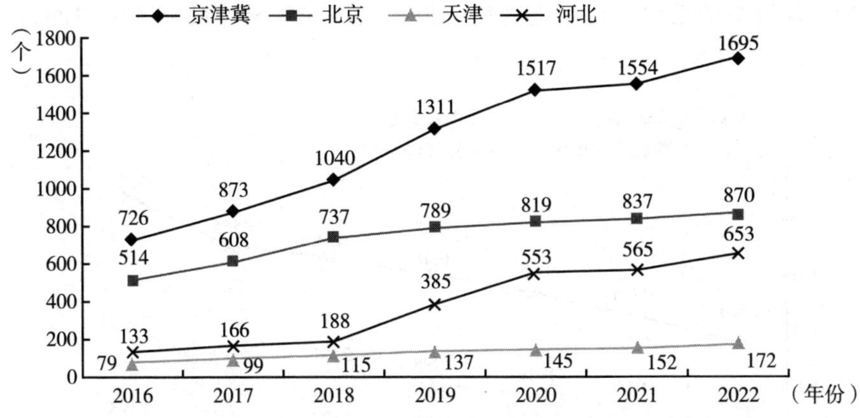


**图 8　2016~2022 年京津冀地区慈善组织数量变化情况**

资料来源：全国慈善信息公开平台，http：//cishan. chinanpo. gov. cn/platform/login. html，最后检索时间：2023 年 5 月 26 日。

## （二）长江经济带发展区域

2022 年，长江经济带发展区域[①]慈善组织总量为 5452 个，占全国慈善组织数量的 40. 12%，比 2021 年总量增长了 887 个，增长了 19. 43%。其中，浙江省慈善组织总量最多、增速最快，2022 年，浙江省慈善组织达到 1463 个，占长江经济带全区域慈善组织总量的 26. 83%。相较而言，重庆市慈善组织数量较少，仅有 160 个，2016~2022 年增长了 52 个。

长江经济带内部各发展区域慈善组织发展也极不平衡。其中，下游长三角地区慈善组织数量在 2022 年达到 2900 个，占长江经济带慈善组织总量的 53. 19%，较 2021 年增加了 481 个，增幅为 19. 88%，所以从慈善组织数量上看，下游长三角地区的慈善组织发展优势明显。比较而言，下游长三角地区慈善组织数量远高于中、上游地区慈善组织数量（见图 9）。未来应着力提高长江经济带发展区域的协同发展，以下游长三角地区慈善组织的发展，带动上、

① 长江经济带横跨中国东中西三大区域，覆盖上海市、江苏省、浙江省、安徽省、江西省、湖北省、湖南省、重庆市、四川省、云南省、贵州省等 11 个省、直辖市，是重大国家战略发展区域之一。长江经济带还可以进一步划分为上游成渝经济区、中游城市群和下游长三角地区。

中游慈善组织的发展，从而提高整个长江经济带发展区域慈善组织的发展水平。

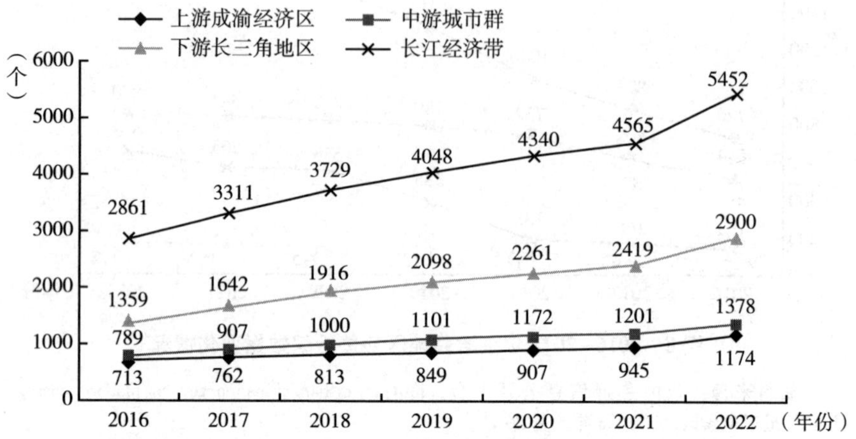


**图9　2016~2022年长江经济带地区慈善组织数量变化情况**

资料来源：全国慈善信息公开平台，http：//cishan. chinanpo. gov. cn/platform/login. html，最后检索时间：2023年5月26日。

## （三）长三角一体化发展区域

2022年长三角一体化发展区域①慈善组织总量为2900个，占全国慈善组织总量的21. 34%。在2016~2022年，长三角地区慈善组织总量保持快速增长，相较于2016年，2022年长三角地区慈善组织总量翻了1倍多。其中，浙江省2022年慈善组织共有1463个，占长三角地区慈善组织总量的半壁江山，50. 45%，并保持着快速发展趋势。江苏省慈善组织总量占比位居第二，2022年共有854个，但发展势头趋于平缓，较2021年仅增长了84个。上海市、安徽省的慈善组织数量较少、增速较慢，与浙江省和江苏省的差距逐渐拉大，还需进一步发展（见图10）。

① 长江三角洲城市群以上海市为中心，位于长江入海之前的冲积平原，长三角一体化发展区域涵盖了江苏省、浙江省、安徽省和上海市。作为长江经济带的重要城市群，同时也是“一带一路”的重要地带，长三角城市群是长江经济带的引领者、是经济社会发展的重要引擎，也是中国参与国际竞争的重要平台，是我国对外开放的重要窗口，在我国国家现代化建设大局中发挥着重要作用。

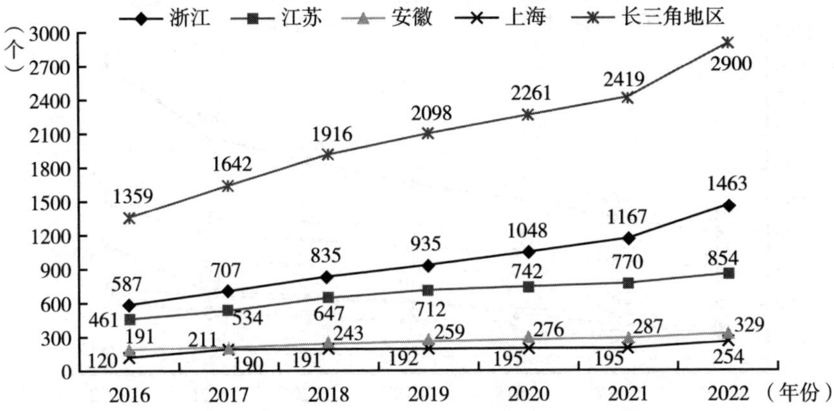


**图 10　2016~2022 年长三角地区慈善组织数量变化情况**

资料来源：全国慈善信息公开平台，http：//cishan. chinanpo. gov. cn/platform/login. html，最后检索时间：2023 年 5 月 26 日。

## （四）黄河流域生态保护和高质量发展区域

2022 年黄河流域生态保护和高质量发展区域①慈善组织总量为 2978 个，相较于 2021 年增长了 604 个，增幅为 25. 4%。在黄河流域所有省份中，山东省慈善组织数量最多，发展较为迅速，2022 年共有 912 个，占黄河流域慈善组织总量的 30. 6%。其次，四川省、陕西省、河南省慈善组织数量较多，分别为 502 个、381 个、355 个，分别占总量的 16. 9%、12. 8%、11. 9%，是黄河流域慈善组织发展水平的第二梯队。最后，位于黄河流域上游民族地区的青海省和宁夏回族自治区的慈善组织发展较为缓慢，发展水平与中下游省份有差距，需要进一步加大对该地区慈善组织发展的扶持力度（见图 11）。

① 黄河流域包含了河南省、四川省、山西省、陕西省、甘肃省、青海省、宁夏回族自治区、内蒙古自治区和山东省。黄河流域是我国重要的生态屏障和重要的经济地带，对我国经济社会发展和生态安全具有十分重要的作用。实现黄河流域的高质量发展，是重大国家战略之一。

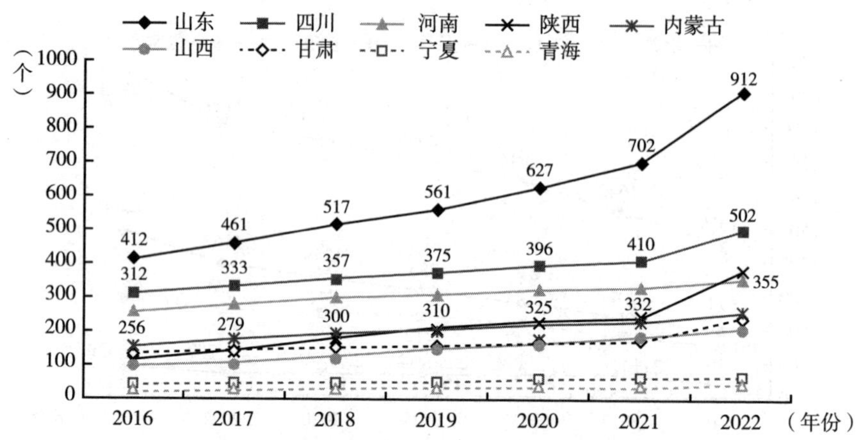


**图 11　2016~2022 年黄河流域生态保护和高质量发展区域慈善组织数量情况**

资料来源：全国慈善信息公开平台，http：//cishan. chinanpo. gov. cn/platform/login. html，最后检索时间：2023 年 5 月 26 日。

比较而言，四个重大国家战略发展区域中，长江经济带发展区域因涵盖省份广、经济发展条件较好，是慈善组织总量最多的重大国家战略发展区域，截至 2022 年底，慈善组织总量为 5452 个，占全国慈善组织总量的 40. 12%，但其内部各省份之间慈善组织发展水平存在较大差距，还需进一步协调。京津冀协同发展区域慈善组织总量增长速度最快，截至 2022 年底，慈善组织总量为 1695 个，是 2016 年的 2. 33 倍。长三角地区慈善组织发展同样迅猛，2022 年慈善组织总量为 2900 个，较 2016 年增长 113. 4%。黄河流域地区慈善组织数量增长较为平缓，并且区域内部各省份慈善组织发展水平也较为均衡，未来的发展方向应注重慈善组织总量的增长。综上所述，四大重大国家战略发展区域慈善组织总量均有所增长，在 2021 年受新冠疫情连续性影响，四个重大国家战略发展区域慈善组织数量总体增速放缓，从区域之间看，经济较发达的长江经济带慈善组织数量高于欠发达的黄河流域。从区域内部看，位于流域上游的省份慈善组织发展情况不如流域下游地区。未来还需注重慈善组织内外部协调发展（见图 12）。

**图12　2016~2022年重大国家战略发展区域慈善组织数量情况**

资料来源：全国慈善信息公开平台，http：//cishan. chinanpo. gov. cn/platform/login. html，最后检索时间：2023年5月26日。

## 四　2022年慈善组织对慈善事业的贡献

随着慈善事业的发展，慈善的形式也更加多种多样。这一部分选取社会捐赠、志愿服务和慈善信托三个角度，探讨慈善组织对慈善事业如何做出贡献。

### （一）慈善组织在社会捐赠中的参与情况

慈善组织对社会捐赠的作用主要表现为两个方面：一方面，慈善组织作为社会捐赠的主要接收方之一，承担了社会捐赠募捐和接收的职责；另一方面，慈善组织作为社会捐赠的捐赠主体之一，直接进行社会捐赠。

#### 1. 社会捐赠接收站（点）和慈善超市数逐年回升

结合《历年中国民政统计年鉴》及《2022年民政事业发展统计公报》中对于社会捐赠接收站（点）和慈善超市的统计数据，分析得出如下结论。由于资金缺乏、自身经营不善以及《慈善法》实施以来政策转向鼓励慈善组织发展，2018年社会捐赠接收站（点）和慈善超市经历数量巨幅下降。虽然自2019年以来，社会捐赠接收站（点）和慈善超市数缓慢上升，但数量上较2016年仍有较大差距。至2021年底，社会捐赠接收站（点）和慈善超市数总和为 1.4 万个，较 2020 年有所下降，降幅为 6.7%。其中慈善超市数有 4034 个，较 2020 年下降了 621 个（见图 13）。

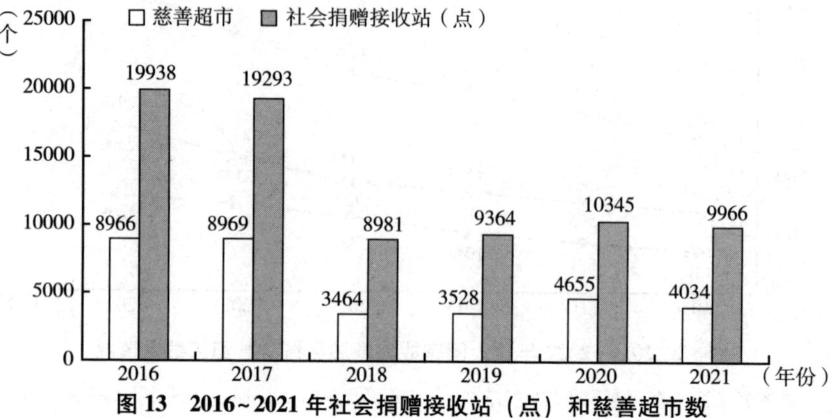


**图 13　2016~2021 年社会捐赠接收站（点）和慈善超市数**

资料来源：2017~2022 年《中国民政统计年鉴》《2022 年民政事业发展统计公报》。

### 2. 慈善组织接收社会捐款总额有较大幅度提高

《中国民政统计年鉴》中最初对于社会捐赠主要分为民政直接接收的和各类慈善组织接收的两方面进行统计，但 2015 年起不再发布民政部门直接接收的捐赠数额，更是从 2018 年起社会捐赠合计金额与各类慈善组织接收捐赠数额相等，由此可见，各类慈善组织作为主要接收方对接收社会捐赠的影响逐渐增加。2021 年各类慈善组织接收捐赠数额有较大幅度上升，为 1192.5 亿元，较 2020 年上升了 133.4 亿元，增幅为 12.6%（见图 14）。

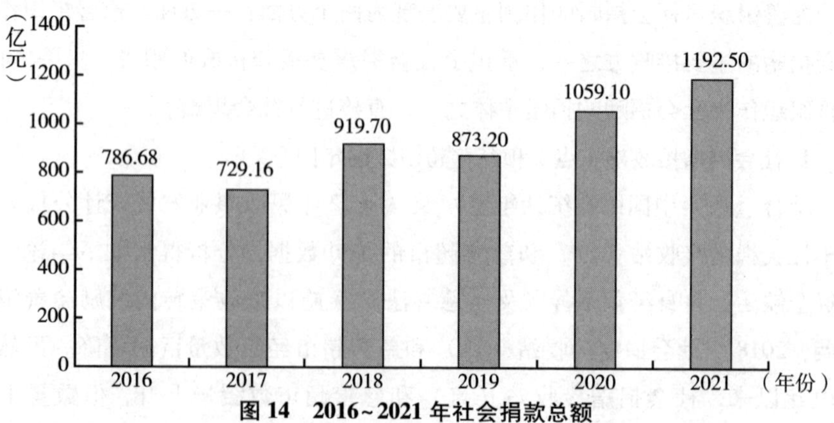


**图 14　2016~2021 年社会捐款总额**

资料来源：2017~2022 年《中国民政统计年鉴》《2022 年民政事业发展统计公报》。

### 3. 福利彩票销售量、筹集公益金及支出降幅明显

福利彩票销售量方面，2016~2018 年销售量稳步上升，但 2019 年以来福利彩票销售量快速下降，至 2021 年底，福利彩票销售总金额为 1422.5 亿元，较上年下降 22.4 亿元，降幅为 1.6%。彩票筹集公益金与支出总额随着销售量的变化而有所起伏。同样 2016~2018 年彩票筹集公益金总额逐年上升，但 2021 年彩票筹集公益金总额仅为 443.6 亿元，较上年下降了 1 亿元。福利彩票筹集公益金支出总额方面，2021 年福利彩票筹集公益金支出总额为 196.8 亿元，也比上年下降 14.4%（见图 15）。

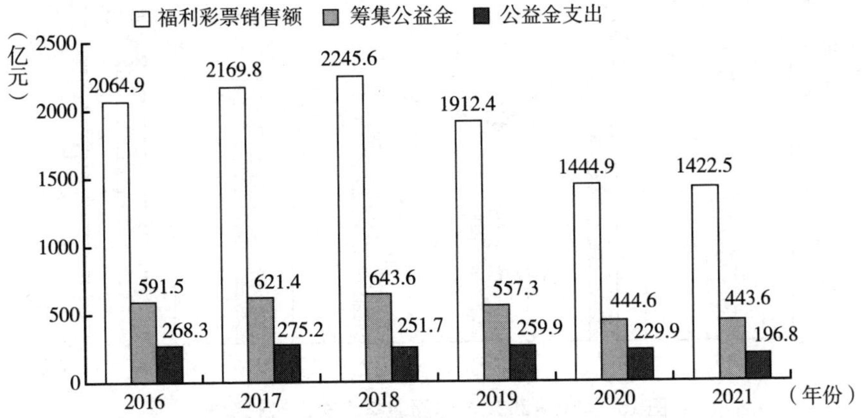


**图 15　2016~2021 年福利彩票销售量、筹集公益金及支出金额**

资料来源：2017~2022 年《中国民政统计年鉴》《2022 年民政事业发展统计公报》。

## （二）慈善组织在志愿服务中的参与情况

《慈善法》实施以来，志愿服务加快发展，各地区加大资金投入，完善规章制度，志愿服务的规范体系和社会环境日益完善。慈善组织作为志愿者统一筹划、行动的平台，在推进慈善组织发展的同时对于志愿服务也将有所推动。2021 年，共有注册志愿者 22096.4 万人。①

结合历年《中国民政统计年鉴》中对于志愿服务人次、时长的统计数据，发现 2016~2021 年，志愿服务人次、时长总量总体上呈上升的趋势。2021 年

① 资料来源：《中国民政统计年鉴 2022》。

志愿者服务人次数为 2227.4 万，志愿服务时长为 6507.4 万小时，相较 2016 年翻了一番多，较 2020 年志愿者服务人次稍有回落但志愿服务时长增长了 13.3%。较为特殊的 2018 年志愿者服务人次和服务时长断崖式下降，相比 2017 年志愿者服务人次下降了 37.5%、志愿服务时长下降了 55.7%（见图 16）。2021 年平均每人次志愿服务时长为 2.9 小时，较 2020 年增加了 0.5 小时，但对于历史最高值还有 0.2 小时的空间需要追赶。

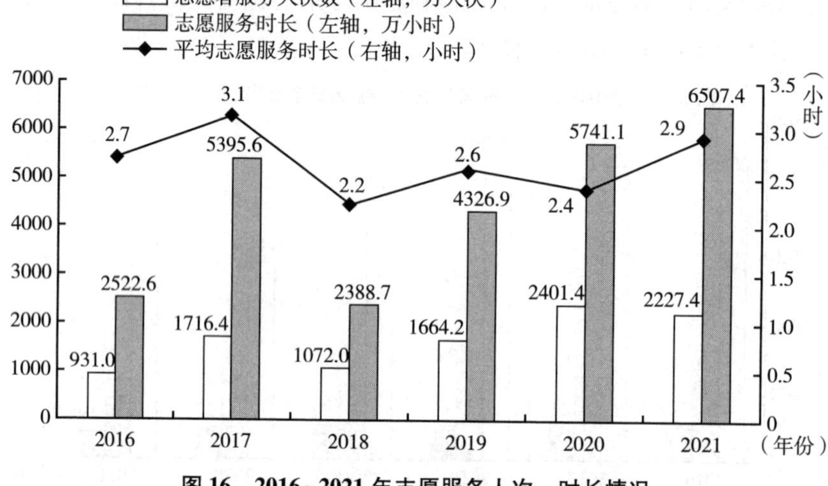


**图 16　2016~2021 年志愿服务人次、时长情况**

资料来源：2017~2022 年《中国民政统计年鉴》《2022 年民政事业发展统计公报》。

## （三）慈善信托事业的蓬勃发展

2017 年，银监会、民政部印发《慈善信托管理办法》为我国慈善信托落地生根提供了制度保障。① 这六年来慈善信托不断发展，在我国慈善事业发展中发挥积极作用。

### 1. 慈善组织作为受托人参与慈善信托总体情况

截至 2023 年 8 月 24 日，慈善信托备案量为 1438 个，受托人包含慈善组织有 376 个，仅占总信托数量的 26.2%。② 慈善组织正在逐步进入慈善信托领

① 范佳富：《十年来慈善事业和社会工作政策创制大事记》，《中国民政》2022 年第 14 期。

② 资料来源：全国慈善信息公开平台，http://cishan.chinanpo.gov.cn/platform/login.html，最后检索时间：2023 年 8 月 24 日。

域，担当慈善信托受托人。其中，信托资产总规模最大的 3 家项目如表 3 所示，其信托资产规模从高到低依次为 50000 万元、49200 万元、20000 万元，分别属于甘肃、广东、浙江省（见表 3）。

**表 3　慈善组织作为受托人参与慈善信托规模前三名**

| 慈善信托项目 | 金额(万元) | 受托人 | 所属地区 |
| --- | --- | --- | --- |
| 光信善 · 昆山慈善信托 1 号 | 50000 | 光大兴陇信托有限责任公司<br>昆山市慈善基金会 | 甘肃省 |
| 中信 · 何享健慈善基金会 2017 顺德社区慈善信托 | 49200 | 广东省何享健慈善基金会<br>中信信托有限责任公司 | 广东省 |
| 中信信托 · 公牛集团慈善信托 | 20000 | 慈溪市慈善总会<br>中信信托有限责任公司 | 浙江省 |

资料来源：全国慈善信息公开平台，http://cishan.chinanpo.gov.cn/platform/login.html，最后检索时间：2023 年 8 月 24 日。

### 2. 慈善信托的地域分布和资产规模

以慈善信托备案地为依据，对慈善信托的地域分布、资产规模进行分析，见表 4。慈善信托的地区分布不均衡，仍有较大空白。只有 18 个省份（自治区、直辖市）的慈善组织作为受托人参与到了慈善信托当中。其中备案量最多的浙江省慈善信托量为 257 个，占慈善组织慈善信托总量的 68.4%；第二是广东省有 32 个，占比为 8.5%；第三是江苏省，占比为 7.2%。慈善组织信托总资产规模有 171516.7 万元，平均资产规模达到 456.2 万元。分地区来看，总资产规模广东省最大，有 68427.1 万元；湖北最小，为 7.2 万元。平均资产规模甘肃省最大，为 50000.0 万元；湖北最小，为 7.2 万元。

**表 4　慈善组织作为受托人参与慈善信托各省（自治区、直辖市）情况**

| 区域 | 个数(个) | 总资产规模(万元) | 平均资产规模(万元) |
| --- | --- | --- | --- |
| 安徽 | 1 | 50.0 | 50.0 |
| 北京 | 3 | 1200.0 | 400.0 |
| 福建 | 1 | 10.0 | 10.0 |
| 甘肃 | 1 | 50000.0 | 50000.0 |
| 广东 | 32 | 68427.1 | 2138.3 |

续表

| 区域 | 个数(个) | 总资产规模(万元) | 平均资产规模(万元) |
|---|---|---|---|
| 海南 | 1 | 100.0 | 100.0 |
| 河北 | 3 | 1510.0 | 503.3 |
| 湖北 | 1 | 7.2 | 7.2 |
| 江苏 | 27 | 1809.6 | 67.0 |
| 江西 | 4 | 230.0 | 57.5 |
| 内蒙古 | 2 | 150.0 | 75.0 |
| 山东 | 1 | 10.0 | 10.0 |
| 陕西 | 3 | 630.0 | 210.0 |
| 上海 | 2 | 652.8 | 326.4 |
| 四川 | 6 | 53.0 | 8.8 |
| 天津 | 26 | 1580.0 | 60.8 |
| 云南 | 5 | 76.0 | 15.2 |
| 浙江 | 257 | 45021.1 | 175.2 |
| 总计 | 376 | 171516.8 | 456.2 |

资料来源：全国慈善信息公开平台，http：//cishan.chinanpo.gov.cn/platform/login.html，最后检索时间：2023年8月24日。

### 3. 慈善信托的期限选择

信托期限非常灵活，有214家慈善信托采取无固定期限，占比为56.9%；162家选择有固定期限的信托方式，占比为43.1%。在有固定期限的慈善信托中，短期信托依然是慈善信托的主要选择。1年定期的慈善信托共有49单，占到30.2%，其次为3年期的慈善信托有37单，占到22.8%，然后为永久存续的慈善信托29单，占比为17.9%（见图17）。

## 五　慈善组织发展面临的挑战

从2022年来我国慈善组织发展的状况来看，慈善组织的数量不断增长、对慈善事业的贡献也有长足发展，但与新时代发展要求还有一定差距，具体表现在如下五个方面。

其一，地域分布不均衡，主要表现在东中西部地区之间、重大国家战略发

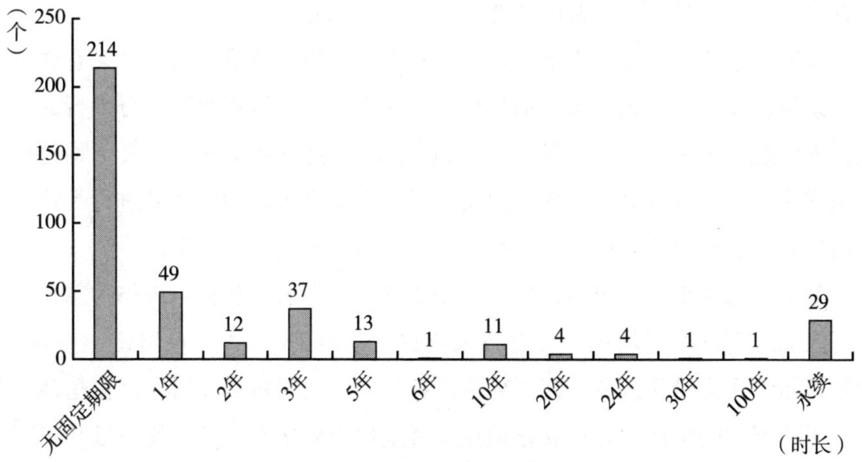


**图 17　2021 年度慈善信托期限选择情况**

资料来源：全国慈善信息公开平台 http：//cishan. chinanpo. gov. cn/platform/login. html，最后检索时间：2023 年 8 月 24 日。

展区域之间、重大国家战略发展区域内部各省份之间慈善组织数量的不均衡。我国慈善组织分布东多西少，沿海多内陆少，虽然部分中部地区部分省份如湖南省发展较快，但多数的中西部省份的慈善组织总量仍与东部地区差距较大。而重大国家战略发展区域之间，长江经济带发展区域慈善组织总量最多、京津冀协同发展区域慈善组织总量增长速度最快，黄河流域地区慈善组织发展相对较慢。慈善组织数量在区域的不平衡发展，使得各地区的慈善组织之间无法形成有效合力以覆盖到每一处需要的地方。

其二，慈善组织总量增速放缓，并在社会组织总量中占比较低。一方面，数据显示，2016~2022 年，慈善组织平均每年增长 1128. 7 个，但 2022 年较 2021 年增长 1998 个，增速显著提高，在新冠疫情基本结束的情况下，慈善组织继续保持良好的发展势头。另一方面，截至 2021 年底，共有社会组织 89. 4 万个，而慈善组织仅有 13590 个，占比仅为 1. 52%。社会组织可依法认定成为慈善组织，但目前社会组织申请认定为慈善组织的积极性不高。

其三，部分慈善组织人员工作专业经验不足，专业性较低。在官方福利彩票行业中，职工具有专业职称如助理社会工作师、社会工作师人数不足职工总数的 5%。在处理突发公共事件中，慈善组织从业人员表现出了流动率过高、教育培训开发不足、不具备应急能力和素养等问题①。

其四，慈善组织公信力下降。部分慈善组织思想建设薄弱、缺乏有效的监管体系等，加之部分慈善组织信息公开透明度较低、募捐及物资分发行为不规范，导致慈善组织公信力下降。② 一方面表现为爱心企业及爱心人士跳过慈善组织直接对困难群众进行帮扶、捐赠；另一方面则表现为以物品进行帮扶替代直接捐款。慈善组织公信力下降使得慈善组织发展进一步受阻。

其五，慈善组织参与慈善信托还需要进一步发展。慈善组织作为慈善信托受托人的地区分布不均衡，仍有较大空白。只有 18 个省（自治区、直辖市）的慈善组织作为受托人参与到了慈善信托当中，备案数量和财产规模呈现东部多、中西部少的特征。并且慈善信托发展呈现疲软之态、备案规模近几年都呈现萎缩趋势。③

## 六　结论及建议

回顾 2022 年，慈善组织保持了逐年上升的发展态势，但增速放缓，慈善组织积极参与慈善捐献、志愿服务和慈善信托。慈善组织在应急治理中发挥了较为重要的作用，但也存在一些短板，未来还需在以下几个方面进行优化和完善。

首先，坚持党建引领发展。慈善组织的党建工作有助于加强党对慈善组织的领导，更好地激发慈善组织的活力，扩大慈善组织的影响力。一方面，应强化顶层设计，做好慈善组织党建工作的总体布局，实现慈善组织党建工作系统化、规范化。另一方面，找准党建工作和慈善组织业务的结合点，发挥党组织的“领航员”和“助推器”作用，加强慈善组织内部党员干部建设，积极成立党支部，完善社会组织党组织建设内部治理结构。

其次，推动慈善组织的高速、高质量及区域协调发展。慈善组织增速放缓，加之区域内及区域间发展不平衡，都一定程度上限制了慈善组织的发展，

① 颜烨、王爱军：《结构-功能：社会组织的应急能力及困境改善途径》，《中共福建省委党校（福建行政学院）学报》2023 年第 1 期。

② 邱光和：《提高慈善组织透明度　增强慈善事业公信力》，《检察日报》2021 年 3 月 15 日。

③ 童志锋、严米平：《慈善信托推动共同富裕的作用与机制》，《治理研究》2023 年第 2 期。

影响了慈善组织的作用发挥。一方面，要进一步完善《慈善法》，促进《慈善法》有效实施。完善慈善组织的税收优惠立法，吸引社会组织进行申请认定，促进慈善组织数量增长；另一方面，要加强政策引导和政策激励，保持东部地区慈善组织总量快速增长趋势，激励中西部地区慈善组织快速发展。立足国家重大战略发展区域，发挥政策优势，促进区域内慈善组织协调发展。

再次，推动慈善组织参与慈善信托。一方面，修改完善相关法律法规明确慈善信托配套税收优惠具体措施，从源头上激励慈善资金投入慈善信托。另一方面，协调金融和民政系统在慈善信托监管方面的协作关系，明确慈善信托使用的具体规则，为慈善组织参与慈善信托提供明确的监管指引，并且建议民政部门在慈善组织作为单一受托人的情况下研究更为平衡的投资监管策略。同时慈善组织也要在人员队伍专业化、项目管理规范化、筹款和投资领域市场化方面做出积极探索。

最后，着重提高慈善组织公信力。一方面，建立慈善组织内外部监督机制。完善慈善监管机制，强化部门之间的协同监管，进一步推进慈善组织的法治化进程，同时建立慈善组织外部信息舆论监督机制，在接受大众监管质询的同时引入第三方监管机构规范慈善组织行为。另一方面，慈善组织自身也应注重服务的公开性和透明性，提高服务的针对性和有效性，以此打造慈善组织良好形象，提高慈善组织公信力，推动慈善组织高质量发展。

## 参考文献

欧翠玲、颜克高：《党组织建设是否提高了社会组织筹资收入？——来自中国基金会的经验证据》，《外国经济与管理》2022 年第 12 期。

吕鑫：《从社会组织到慈善组织：制度衔接及其立法完善》，《苏州大学学报》（哲学社会科学版）2022 年第 5 期。

袁桅、高旸：《高等教育慈善信托捐赠的国际实践与中国探索——兼论中国高校基金会的责任与挑战》，《清华大学教育研究》2022 年第 6 期。

尹润澔、钟裕民：《慈善组织运行中委托代理失灵及其矫正之策》，《南京社会科学》2023 年第 6 期。

王海漪：《网络大病个人求助：一个具有中国特色的慈善案例》，《社会保障评论》

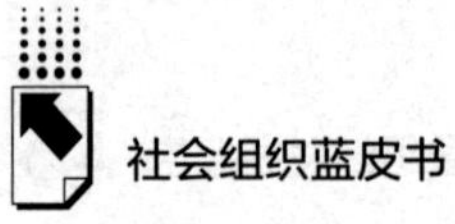


2023 年第 1 期。

谢琼：《中国网络慈善的创新价值与未来发展》，《社会保障评论》2023 年第 3 期。

高玉勤：《我国慈善组织治理与监管机制研究的回顾和展望——基于 2004~2021 年 CNKI 文献可视化分析》，《行政与法》2023 年第 3 期。

# B.6
# 2022年中国社会企业发展报告

金仁仙　李羽洁*

**摘　要：** 本报告对2022年社会企业数量、地域、聚焦社会问题、社会价值创造领域、客户群体、服务对象的分布情况加以回顾，并梳理、分析社会企业所持续耕耘领域，有重点地突出当前社会企业对各类社会问题的认识深度与干预程度。同时，以政府、行业认证、社会创投、影响力投资或其他评选奖项认定、社会绩效衡量入手，进一步把握当下中国社会企业社会价值现状，以及其发展情况和趋势，探寻其社会价值来源与创造路径，并为其进一步扩大社会价值提供启发。经研究发现，2022年社会企业整体发展情况与其社会问题发现及社会价值创造现状密不可分，并从制度完善、战略规划、企业建设等角度为社会企业发展提出指向性建议，以促进其规模扩大解决社会问题。

**关键词：** 社会企业　社会问题　社会价值

## 一　绪论

自中国改革开放以来，伴随市场经济、政治民主、社会自治等现代化趋势的发展，社会结构急剧变迁、利益格局深度调整，社会问题逐渐暴露并呈现多

* 金仁仙，博士，对外经济贸易大学政府管理学院副教授，中日韩社会经济研究中心主任，主要研究方向为社会经济、中日韩产能合作；李羽洁，北京绿色金融与可持续发展研究院ESG投资研究中心实习研究人员，中日韩社会经济研究中心主任助理。感谢中国社会企业认定平台（CSESC）提供数据支持和大力配合。

元化、复杂化趋势。处于社会转型期的中国，正经历百年未有之大变局，并于其间产生诸多亟待解决的社会问题。同时，伴随经济社会发展，不同程度的政府失灵、市场失灵和志愿失灵相继展露，亟须寻求全新的治理模式有效缓解、规制频发的社会矛盾与冲突。鉴于此，政府与民间力量相结合共同解决社会问题渐成趋势。

社会企业以兼顾经济价值和社会价值为经营目标，通过提供产品、服务或雇佣弱势群体等方式，以缓解市场、政府及志愿失灵所带来的社会问题，并在缓解就业排斥、生计困难、扶贫扶弱等方面发挥重要作用。社会企业不满足治标式地缓解社会矛盾，而是追求根本性和可持续地解决社会问题，并在此过程中维持商业逻辑、社会逻辑和政治逻辑间的动态平衡，实现经济与社会双重价值获取和创造。更进一步，社会企业的经济价值获取是实现企业可持续发展的副产品，归根究底其主要目标仍为有效率地创造社会价值，进而推动社会创新与社会变革。

近年来，中国社会企业内部组织建设和外部生态环境均日臻完善，取得丰富建设成就。一方面，社会企业的数量与规模不断增长，自身建设不断加强，其于组织使命、人力资源、产品服务、财务规范等各个组织子系统中的运作逐渐规范；另一方面，社会企业外部生态系统发育日趋成熟，于政策与法规、投资融资、评优认证等多方面获得扶助与支持，为社会企业的孵化成长、影响力提升等做出贡献。但中国社会企业在高速发展的同时，仍旧存在社会企业定位模糊、社会问题识别不清晰、社会价值创造渠道及增长路径不明确、业务领域与组织使命匹配度低、目标群体缺乏针对性等问题，严重制约社会企业以社会目标为导向，创造并扩大社会价值的运营过程，以及社会影响力的持续性扩张。加之，现阶段社会企业的社会价值难以于市场中获得有效、准确的评估和反映，这增加了社会企业的资本吸引与资源配置难度，同时外部资本也缺乏有效的投资依据，致使社会企业的业务增长与规模扩大陷入困境。故此，对社会企业解决社会问题创造社会价值的目标、路径、成效等予以盘点、分析，具有重要的理论及现实意义。

本报告通过对 2022 年社会企业整体发展情况加以回顾，把握中国社会企业解决社会问题的思路及手段，并解析其创造社会价值的现状和特征以及最新发展趋势，为其进一步发挥在社会治理创新中的主体作用建言献策。

## 二　2022年中国社会企业发展情况

### （一）社会企业的数量

目前中国尚未实行官方统一的社会企业登记注册制度，对社会企业身份识别缺乏统一标准，但社会企业认证作为一种唤醒自我身份认同，并运用定性与定量的指标对社会企业进行综合评价、认证的系统体系，对于宏观掌握社会企业发展趋势、严格把握社会企业数量具有较好的指示性意义。通过对社会企业认证数量加以统计，能保守、客观地反映中国社会企业数量。现阶段中国社会企业认证可以分为行业认证和地方认证两种类型。行业认证由社会企业认定平台（CSESC）主办的中国社会企业认证①，是中国首个全国性的民间社会企业认证机制。地方认证则有广东省佛山市顺德区委区政府主办的佛山市顺德社会创新中心、成都市市场监督管理局发起的成都市社会企业综合服务平台、中共北京市社会工作委员举办的北京社会企业发展促进会、北京市昌平区委社会工委组建的昌平区社会组织发展服务中心，立足经济发展和社会治理的需求，在地方政府支持下，分别开展本地社会企业认证工作。本报告以社会企业认定平台开展的中国社会企业认证数据为蓝本，其作为全国性行业认证平台，以及成都市、北京市、佛山市顺德区地方社会企业认证事业的主要执行方，所统计社会企业信息具备跨平台、跨区域的代表性、全面性和精准性，也避免因重复认证、认证失效等因素引发的差错问题。

社会企业认定平台对所申报社会企业随时申请、逐月认证，及时更新获认证社会企业名单，同时每届认证有效期为三年，并对逾期未申请再认证的社会企业予以剔除。2015 年、2016 年开展的两届社会企业认证中，分别有 4 家和 9 家社会企业获得认证。2017 年和 2018 年举办的第三届和第四届社会企业认证活动中，认证数量大幅增长至 89 家、107 家。2019 年，认证社会企业数量有所回落达 74 家，2020 年受疫情影响更是未能开展相关认证，2021 年也只有有限的 68 家企业参与认证。2022 年，在外部环境稳定、社会企业积极参与、认证

---

① 社会企业认定平台源自 2015 年 6 月开始的中国公益慈善项目交流展示会（下称“中国慈展会”）社会企业认证，2016 年，由深圳市社创星社会企业发展促进中心正式接手执行后，于 2019 年更名为中国社会企业认定平台。

制度改革的背景下，社会企业认证工作重回常态化轨道，当年获得认证的社会企业数量跃升至 187 家，是上年同期的 2.75 倍，创历年之最。社会企业认证工作开展 7 年来，获认证社会企业数量总体增长，截至 2022 年 12 月，经平台认证社会企业已达 538 家，企业申报积极性和行业平台认证工作成熟度均在大幅提升中（见图 11）。排除因企业超期未再次申报带来的认证逾期问题，现存认证有效期内的社会企业亦达 255 家，社会企业作为一种新型经济主体呈现蓬勃发展之势。近几年来，虽社会企业认证平台影响力逐步增强，中国社会企业认证意识和行动力逐步提高，但有鉴于社会企业对现有社会企业认证平台的知悉程度和参与认证动力仍然不足，此数据仍旧大大低估了中国社会企业的数量。

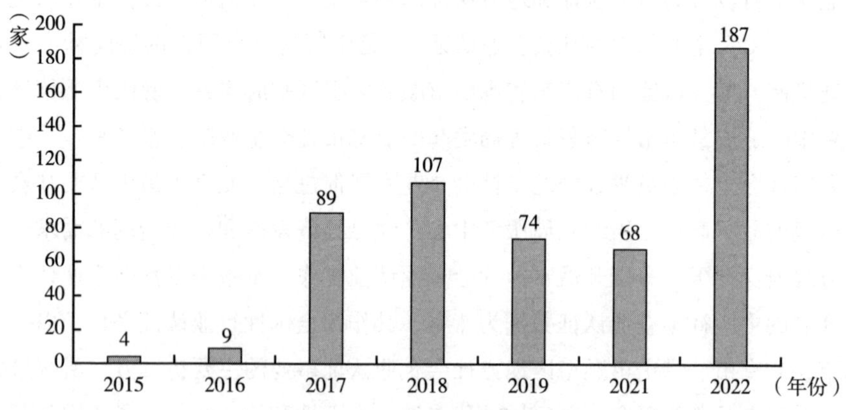


**图 1　2015~2022 年社会企业数量增长情况**

资料来源：依据中国社会企业认定平台所提供资料整理。

## （二）社会企业地域分布

社会企业可将其创造的社会价值向本地发展做出正向传导，以企业的创新经营活动充分撬动当地经济社会发展活力和社会价值生成，并为居民福祉的扩大带来乘数效应。其以所在地为轴心，以业务覆盖能力为半径向外辐射，故社会企业所在地应为其主要的社会价值创造阵地，认证社会企业的区位特征在某种程度上亦显示出社会企业所创造社会价值的地域分布。

根据对社会企业认定平台数据的汇总，获认证的社会企业覆盖全国 28 个省、自治区、直辖市，较 2021 年新增吉林、天津、新疆三省区市。截至

2022 年底，全国社会企业认证数量总量居前五位的城市分别为北京（110 家）、成都（96 家）、深圳（31 家）、上海（27 家）、佛山（21 家），均为全国经济活跃、发达的一线、二线城市，而在偏远的中西部地区，大部分省、自治区、直辖市的认证社会企业拥有数量仅为个位数。一方面，中国社会企业认证区域分布不均衡的特点尤为突出；另一方面，伴随社会企业理念与实践的推广，社会企业认证亦开启向三线城市扩张的道路，如太仓、张家港、伊犁等市于 2022 年开始首次拥有申报认证的社会企业。

2022 年，四川省拥有的社会企业认证数量为 174 家，位列鳌首，较上年度增加社会企业 30 家，增长 21%；北京市以 110 家社会企业的数量位居第二，较上一年增长 69 家，增幅达 1.7 倍，两地皆展现出强劲的社会企业培育实力。广东省以 102 家的数量居第三位，新增社会企业 12 家，增幅达 13.3%。上海市、浙江省和江苏省的成绩紧随其后，但与前一位间存在较大差距。根据各地社会企业认证数量统计情况，东部沿海地区社会企业认证数量远高于中西部地区。特别是成都市、北京市、佛山市三处已经由政府牵头开展社会企业地方认证的地区，其区域内社会企业认证数量占全国社会企业认证数量的 42.2%（见表 1），存在明显官方扶持效应，规章政策先行在社会企业认证工作中具有良好示范作用。

**表 1　2022 年各地社会企业认证数量分布**

单位：家

| 地区 | 社会企业认证数量 | 地区 | 社会企业认证数量 | 地区 | 社会企业认证数量 |
|---|---|---|---|---|---|
| 四川 | 174 | 湖北 | 6 | 西藏 | 2 |
| 北京 | 110 | 陕西 | 5 | 重庆 | 2 |
| 广东 | 102 | 海南 | 5 | 吉林 | 1 |
| 上海 | 27 | 安徽 | 4 | 贵州 | 1 |
| 浙江 | 25 | 甘肃 | 4 | 宁夏 | 1 |
| 江苏 | 21 | 福建 | 3 | 青海 | 1 |
| 河南 | 9 | 江西 | 2 | 新疆 | 1 |
| 湖南 | 9 | 辽宁 | 2 | 广西 | 1 |
| 云南 | 9 | 内蒙古 | 2 | | |
| 山东 | 7 | 天津 | 2 | | |

资料来源：依据中国社会企业认定平台所提供资料整理。

### （三）社会企业聚焦社会问题分布

社会企业的特点之一在于其对社会问题的深入洞察，并以达成社会使命为行为动机，主张将社会管理方法与商业运作有机结合，以整合创新和可持续方式解决复杂的社会问题。

根据社会企业认定平台统计数据，截至2022年12月，社会企业最为关注的社会问题集中于弱势群体领域，22.8%的社会企业长期关注弱势群体的生存困境和发展难题。15.8%的社会企业将解决关系国计民生、科教兴国的教育问题作为使命。社区发展作为基层治理中较为基础、紧迫的环节，需要社会力量与基层政府的共同配合，14.2%的社会企业专注解决社区发展中面临的社区治理、居民多元利益诉求、社区经济发展等问题。农业农村事关国家经济发展和社会稳定，10.1%的社会企业投身于“三农”问题的解决，深耕乡村振兴和产业扶贫。文化保护问题关系精神文明的传承与时代价值的延续，7.9%的社会企业选择关注文化传播、文艺旅游、遗产保护过程中产生的社会问题。伴随人口老龄化进程的加速，中国社会养老问题日益突出，7.5%的社会企业聚焦于此，有助于解决社会养老服务有限且家庭养老负担重等问题。工业化、城市化进程引发并加剧生态环境与经济发展之间的矛盾，引发生态环境危机，关注生态保护和绿色经济发展问题的社会企业占比7%。人口健康问题既是个体生命基石，又关乎国家经济社会发展，6%的社会企业将其作为首要关注对象，致

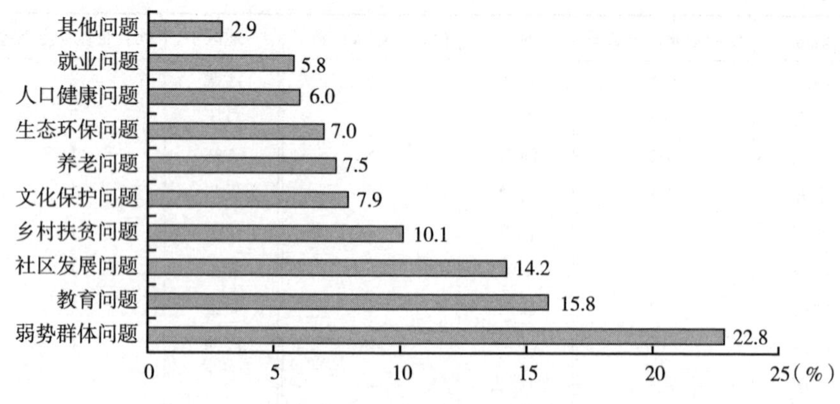


**图2　2022年中国认证社会企业聚焦社会问题分布统计**

资料来源：依据中国社会企业认定平台所提供资料整理。

力于解决公众特别是弱势群体的医疗服务和保障问题。解决就业问题是国家、社会的长期责任，5.8%的社会企业对此关注，推动并实现社会边缘人群、弱势群体能够获得福利供给和社会融合的渠道。此外，还有2.9%的社会企业关注如何通过普惠性金融服务和互联网技术促进各类社会问题的解决（见图2）。

## （四）社会企业创造社会价值领域分布

依托经济社会发展需求和政府政策导向，社会企业涉足领域广泛，在教育培训、就业促进、社区经济发展、乡村振兴、文化艺术、养老保障、环境保护、医疗健康、居住改善、互联网、普惠金融等领域均发挥一定价值创造作用。

截至2022年12月，中国538家认证社会企业的业务成果如图3所示。其中，教育培训符合科教兴国的基本国策，为社会提供人才、智力支持，在教育培训领域创造价值的社会企业占21.9%，其主要价值创造方式包括女性创业辅导、儿童教育社工服务、贫困助学、公益家庭教育咨询与讲座等。其次为创造就业服务类社会价值的社会企业，占比16.8%，其通过弱势群体职业介绍和培训、社会人才智库建设、居家就业等形式，帮助就业弱势群体获得工作岗位及基本生活来源。为实现社区资源有效整合与转化，激活基层治理，在社区经济发展与服务领域做出贡献的社会企业占14.9%，其以提供社区内消费、维修、社会工作服务等方式发展社区经济，完善社区配套设施、设立综合服务社、社区困难家庭扶助、社区氛围营造等多元形式，协助社区治理，促进居民生活条件改善。科技与互联网作为现代社会企业创造社会价值的重要依托性力量，9.6%的社会企业在此领域中帮助劳动者实现维权和保护、发展人工智能辅助技术、搭建解决社会问题的平台等。通过为弱势群体提供公益类无障碍服务和社会支持服务等实现社会价值的社会企业占比达8.7%，其价值创造措施包括开发无障碍设施服务、开展企业社会责任宣传、提供弱势群体法律咨询等。致力于从事文化传播与交流、文艺旅游、文艺人才培育、遗产保护等创造文化艺术类社会价值的社会企业占比8.4%。发展绿色经济是建设生态文明的重要环节，为生态环保问题提供可持续解决方案的社会企业占5.8%，其业务内容包括废弃物分类回收技术创新、环保产品技术研发、社区主妇及高校学生环保志愿服务队建设、市民环保教育、可持续生产方式倡导等。伴随老龄化社会的到来，养老和医疗成为两大热门民生领域，分别集中5.8%和5.5%的社会企业，通过推进适老环境改造、提供临终关怀、建设养老公寓，提供居家养老服务、社区医疗服务、公众心理健康培育、普惠型保险保障等方式，维护与促进老年人权益。农林牧副渔与乡村发展领域符合乡村振兴和精准扶贫的战略布局，此领域社会企业占比 2.6%，并以发展基于本地资源的特色农业和生态农业，加强土壤恢复、减少化肥施用等生态环境保护措施，拓展产业链、打造农业品牌等多种方式，创造企业社会价值。

社会企业作为有效填补政府、市场和志愿部门服务死角地带的力量，针对三部门无法解决或解决效率偏低的社会问题及公共服务供给不足等领域做出贡献。教育及就业作为两大重点民生领域，不仅长期深受政府、社会、家庭的重视，亦成为汇聚社会企业数量第一与第二位的社会价值创造阵地，集中近 40%的社会企业。数量位列第三、第四的社区经济和数字化互联网领域，作为提升国家治理能力、治理水平的重要抓手和有效工具深受政策与市场关注，共计近 25%的社会企业分布于此。此外，其余的社会企业社会价值领域既囊括社会支持、养老医疗、乡村经济等传统社会服务领域，又包含紧扣时代特色的文化艺术、绿色经济领域。

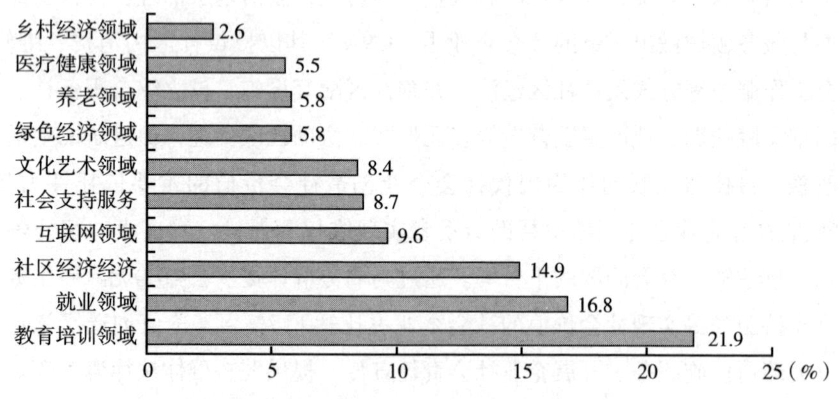


**图 3　2022 年中国社会企业行业分布及其社会价值创造情况**

资料来源：依据中国社会企业认定平台所提供资料整理。

## （五）社会企业客户群体类型

客户群体是社会企业最直接、最广泛的服务对象，社会企业对客户类别的关注情况，是企业对自身社会价值理解和服务导向确认的重要体现。截至2022 年 12 月，中国社会企业的客户群体大致可以分为政府、社会大众、弱势群体、特定人群、其他社会组织和企业（见图 4）。其中，40. 4%的社会企业将客户群体定位于弱势群体，为其提供社会服务可更好地体现企业的社会价值；14. 5%的社会企业服务于学生、军人、少数民族等特定人群的特殊需求；28. 7%的社会企业与政府有一定联系，受惠于政府订单、政府补贴等措施，服务于政府社会治理创新的实践活动；34. 4%的社会企业面向其他社会组织和企业提供服务，并努力构建起多方合作的互动网络以获取资源并创造更大的社会价值。总体而言，服务于社会大众的社会企业占据绝大多数份额，45%的社会企业以面向大众提供产品服务的方式实现社会价值。

目前，近一半的中国社会企业客户群体广泛，面向普通大众供给产品和服务，满足其多元社会需求，并以此为基础在广泛而规模化的层次内创造价值，着力于社会效益最大化。同时，基于社会企业的公益属性，在客户群体中尤为重视面向弱势群体、特定人群的关怀与服务，超一半社会企业致力于为此二者赋能和输血，充分体现社会企业的公益目的和价值取向。

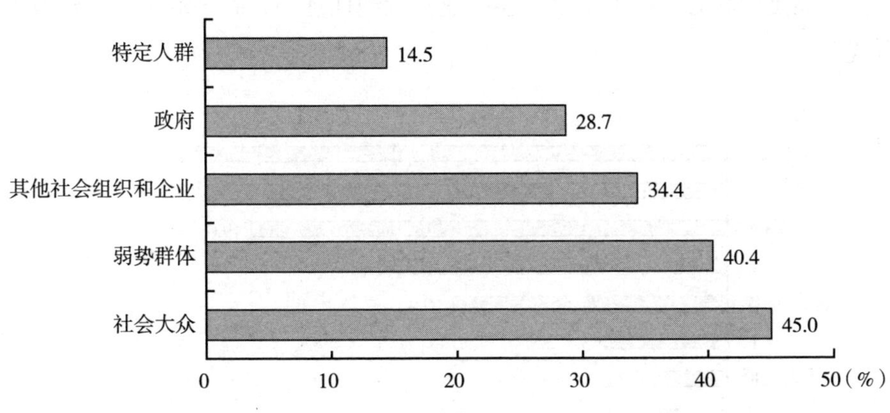


**图 4 认证社会企业客户群体分布（多选）**

资料来源：依据中国社会企业认定平台所提供资料整理。

## （六）社会企业关注特定人群分布

为进一步明确社会企业服务指向，判断社会企业社会使命和价值目标的落脚点，可对其服务的固定群体进行进一步细分和拆解。截至2022年12月，中国社会企业关注并服务的特定社会人群包括残疾人、老年人、女性、农民、中低收入群体、留守儿童、少数民族、学生边缘人群等（见图5）。其中，关注留守儿童、老年人和残疾人的社会企业数量分列前三位，占比为21.2%、20.4%、19%；以农民和中低收入群体为服务对象的社会企业数量稍次之，占比为13.9%和10.9%；关注女性、边缘人群、学生和少数民族的社会企业相对较少，占比仅为5.1%、3.6%、2.9%和2.9%。

社会企业存在的目的之一即以高效、创新的服务弥补政府、市场、志愿部门的不足，为弱势群体和特定人群提供专业服务和全面、平等的发展机会，进而扭转不利的弱势境遇。教育、乡村发展作为社会企业主要社会价值领域，集中多数以解决教育不公平、城乡二元发展为目的的社会企业，留守儿童成为获得关注最多的弱势群体。此外，老年人、残疾人、农民、中低收入群体作为社会持续关注、政策长期倾斜的弱势群体亦获得较多关注，超六成社会企业以其作为服务对象。而女性、学生、边缘人群和少数民族群体，长期或受关注较少，或未能被纳入弱势群体等，从而使其处于需求和利益未被充分满足的状态。近15%的社会企业注意到此现象，并采取积极行动改善其境况。

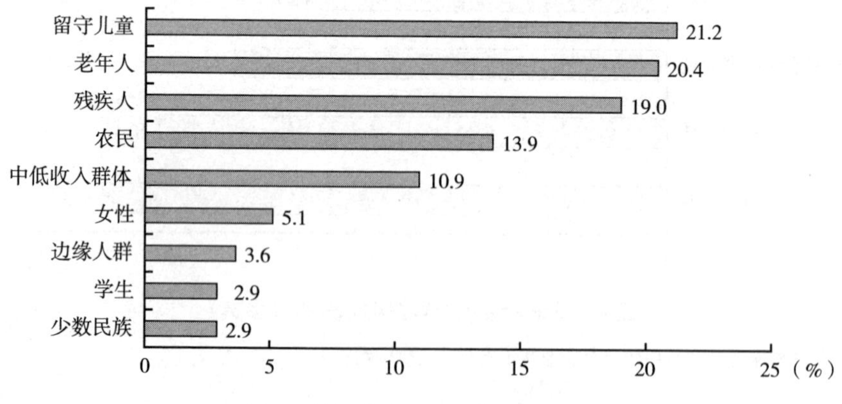


**图5 认证社会企业服务群体分布**

资料来源：依据中国社会企业认定平台所提供资料整理。

## 三 社会企业与社会问题

社会企业明确把握社会矛盾焦点并精准识别社会问题，进而采取有的放矢、行之有效的解决途径，有助于防止其社会使命的漂移，维持社会企业的创立初心。社会企业在经济使命和社会使命两股强大力量的驱动下，通过识别社会变革需要的内在本质，针对社会问题提出创新解决方案，以可持续发展的组织架构和多元化的资金来源，为特定社会目标群体提供产品和服务，并在创造商业价值的过程中最大化达成其社会使命。但在实现业绩增长、开展组织变革的过程中，社会企业面临巨大的系统风险性，其经营策略、方向的转变与内外部环境因素的交互作用等，均有可能对社会企业的社会使命造成冲击。鉴于此，从国际和国内角度，厘清国际组织、政府、社会企业行业及社会企业自身所聚焦的社会问题，有助于社会企业增进对社会问题本质的把握并提升问题识别能力，在与利益相关者展开充分沟通与合作的基础上，联手开拓更创新更高效更具可持续性的破局方式。

首先，作为全球命运共同体，国际社会面临的贫困、环境破坏、卫生差、不公平等全球普遍性社会问题与中国社会问题相互交织、影响，同时又在相同的主题中呈现中国社会独有的特点。一方面，作为国际社会公认准则，联合国提出可持续发展目标（Sustainable Development Goals，SDGs），其以清单式罗列法提出贫穷、教育不公平、环境污染、气候变化等项目，这也是当前中国面临的突出性社会问题，从而为公共部门、社会组织、社会企业行业平台等国内主体提供明确的问题识别方向和解决思路。另一方面，中国政府对 SDGs 进行本土化拆解，将其纳入国家发展战略中，并每年编制报告向国际社会汇报 SDGs 所涉社会问题的解决程度，以国际化标准向全球充分验证中国在解决贫困、就业、创新发展、生态文明等问题中取得显著成效。

其次，现代社会政策影响无所不在，政府作为中国社会治理活动的主导者，积极关切各领域社会问题。社会公平问题、就业问题、教育问题、弱势群体问题是政府和社会各界普遍关注的社会问题，收获大量政治主张、政令计划、公共项目方面的解决对策。同时，政府所关注并纳入政策议程的社会问题与社会运行中实际凸显的社会问题并非一致重合。政府解决社会问题的过程亦是进行价值选择的过程，利益相关者、新闻舆论、政府机构、政策研究组织、社会企业等主体在不同视角强调、在不同程度上关注多样化社会问题。部分社会问题历经政策规划和价值、问题抉择，得以进入公共议程视野范围并最终转化为政策方案，并通过政府活动和政策方案得以解决，即从政府角度关注社会问题取向的政策生成过程。

再次，由国内少数基金会、影响力投资机构等构成的社会企业行业平台，既是社会问题的发现者，又是问题解决的行动者和倡议者。在政府和社会普遍关注的乡村振兴、扶贫开发、人才教育等问题中，社会企业行业平台以高度的政策敏感性，将所关注的社会问题与公共政策、社会舆论环境紧密结合，综合形成对其内涵、外延、影响等的体系化解读，全面升华对社会问题的认识。其所关注的社会问题既有与政府当前公共政策相重合的扶贫济困问题，又包含公共政策尚未全面发力的流动人口子女教育问题，从而以社会力量实现对公共政策的强调与补充。同时，凭借雄厚的资源背景和强大的资源链接、整合能力，社会企业行业平台借由策划实施公益项目和支援相关社会企业，对公益资本进行有效配置和运作，达成社会资源共享、社会问题缓解及平台影响力增强的多方受益效果。在此过程中，平台通过宣传推广、包装策划等途径，使平台关注的社会问题获得利益相关方的感知和认可，并动员各方资本，形成问题解决的规模化合力，从而加速问题解决进程。

最后，社会企业在社会企业认证、影响力投资、基金会、社会企业评奖、社会绩效等领域持续贡献。其作为社会公共事务的积极参与者，政府社会治理的有力补充，广泛挖掘公共服务的死角地带，集中涉足于社区经济、弱势群体、生态环境、养老、教育、医疗、就业、文化保护等社会问题高发领域，发挥自身优势化解社会问题。一方面，社会企业积极响应政策号召投身于热门政策领域，以获得合法性并实现可持续发展。社会企业希望自身解决社会问题的努力与政策及资源倾斜方向不谋而合，以社会资源整合者、公共服务提供者、社会治理参与者、社会风险分担者的形象，成为政府政策工具的延伸，获取更坚实的发展空间和助力。另一方面，社会企业针对所深耕的领域又具备独特的洞察视角，依据社会企业目标和使命独立开展行动，定位目标群体，应对社会问题。当前社会企业涉猎领域多元，在普惠金融、无障碍、互联网等较新的领域内，通过创新经营活动持续回应、满足社会需求，构建起多元主体协作供给的公共服务供给体系和社会治理体系，在更为广泛的领域内，更为精准地识别和化解社会问题。

综上，社会企业通过积极获取、整合内外部资源，在利用创新商业模式和科学技术手段的基础上，对社会问题准确研判并切入，以规模化的社会服务供给，有效回应目标群体需求并扩大社会公众对此的参与。中国社会企业不仅是辅助政府有效解决社会问题的理性化工具，也是社会结构调整塑造的合意性结果，其产生更是国家与社会、市场合作的成果，在更高的程度上采用更为灵活的手段，满足社会层出不穷的多元利益需求。

通过对国际和中国各层面所关注的社会问题进行系统性梳理和研究发现，国际关注、社会运行、政府关注、行业聚焦的社会问题，与社会企业实践中所聚焦和实际采取措施解决的社会问题既有高度重合之处，又有分歧所在。一方面，社会企业在教育、医疗、贫困、社会公平、环境、资源等国内外普遍关注的传统社会问题领域内倾注资源。此类社会问题具有严峻性、跨地区性和显著性，长期而深刻地对人类社会产生普遍影响。社会企业作为人类共同利益关切者和全球范围内的积极行动者，具备充分动因筹措资源、构建行动网络，并以各具特色的解决思路和制度安排，对社会问题分类、分步化解。另一方面，社会企业又基于中国社会具体国情，对社会问题予以重新定义和审视，聚焦与时代发展相映衬的流动人口、失地农民、基层治理等新型社会问题，并试图借助各具特色的组织理念、社会目标设置、行动计划布局，以彰显其对社会问题的理解与解决问题的能力。同时，为提高对社会问题剖析、解决的能力，社会企业与政府、市场、公民等多元主体有机结合、沟通互动，在明确各主体责任前提下调动资源、协调合作，充分释放创新活力与能量，为当前社会问题的解决搭建治理网络、供给有效策略，成为化解社会风险与危机的关键性力量。

## 四　社会企业与社会价值

社会企业作为社会治理创新的载体和社会变革的推动者，其最终发展目的，是通过业务活动化解社会矛盾，为社会带来影响和福祉，创造社会价值。创造社会价值是社会企业天然的属性与独特的社会使命，即社会企业的社会价

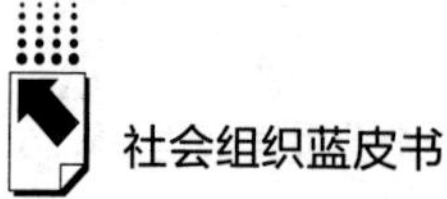


值创造是以创新的经营模式将解决社会问题纳入经营和组织活动中，并通过彻底渗入社会问题生长的底层土壤，可持续性地根除社会问题并实践企业社会价值主张。围绕社会企业社会目标，理顺其社会价值创造途径，借助商业技能与市场化运作，找到最大化满足需求并创造社会效益的途径，减少企业运作中的资源损耗和精力分散，充分提升社会企业的竞争力，实现社会价值规模化创造。

在国际层面，全球影响力投资网络、国际影响评估协会等具有较广泛影响力和权威性的跨国机构，经多年智库研究而推出影响力报告和投资标准（Impact Reporting and Investment Standards，IRIS）、国际社会影响评估原则（International Association of Impact Assessment，IAIA）等社会价值体系，其拥有较强科学性和普适性，以宏观之视角对全球社会价值领域予以广泛、全面概括，并积极利用机构影响力予以全球推广。其于社会价值目标的多样化描述中存在很大共性，于生态环境保护、社会公平、可持续发展、多样性维护等议题中达成一致推崇与普遍共识，并致力于推动与全球主体间联系和共同行动的开展。其所提出的共同性原则，创造有意义的活动和倡议，为私人部门提供团结与联合行动的机会，并改变原有工作方式，与国际机构携手做出实现目标导向的解决方案，促进社会包容性增长，改善全球经济、社会和环境福祉。

在国内政策层面，宪法、五大发展理念、“十四五”规划和 2035 纲要等政策法规，均紧紧围绕其主导的价值观念开展，紧扣当前解决社会矛盾的主线，为将来一段时期的行动指明方向。从宪法至五大发展理念再至“十四五”规划和 2035 纲要，共同缔造全社会普遍遵循的价值秩序、普遍认同的价值立场和共同奋斗的价值目标。这些社会价值目标是对普遍行动的呼吁，是联合各利益相关主体做出积极贡献的重要工具，为社会企业谋求与政府间合作治理、构建伙伴关系等架桥铺路。如五大发展理念强调要实现创新、绿色、共享、协调和开放式发展，并在“十四五”规划和 2035 纲要中将上述宏观、抽象的概念细化为具体可实行的加强区域协同和城乡一体化建设、实现经济和文化的协同发展、建设开放型市场经济等目标，大量服务于脱贫攻坚、乡村经济、生态环保等领域的社会企业于其间均有所对应，成为被纳入国家宏观布局的积极行动主体。

国内相关行业平台建立的社会价值目标体系，构筑于国际倡议和国内政策价值导向之上，在致力于普遍概括国内社会问题的基础上，又展示出对社会价值领域的独特区分。首先，若干社会企业行业代表性平台所划分的社会价值领域呈现较大相似性，体现出国内权威平台对社会价值把握的趋同性取向。社会企业行业平台普遍基于环境和社会两大主题，对当前社会企业主要社会价值实践领域予以区分。在环境主题中，各行业平台着重突出对生态环境保护和能源合理利用，以及采取环境友好的开发利用形式，统筹环境保护与经济发展的关系。在社会主题中，共同聚焦教育、就业、文化、养老、医疗、城乡发展等全社会长期关注且攸关一定体量人群的主题，反映出业界在此价值领域中的共识。其次，基于对社会价值的不同界定方式，各平台在价值领域的划分中存在一定差异。如社会企业认证力求尽可能多地涵盖社会企业价值创造相关领域，其基于国民经济行业分类将社会价值领域划分为乡村发展、生产制造、居住改善、居民服务、公共服务事业、教育文化、普惠金融等多个领域，均衡地对社会企业社会价值予以汇总和归纳。而影响力投资机构所设计的影响力投资图谱在全行业平台共同聚焦的主题范围之外，以独特的洞察力视角系统性关注循环经济和废弃物管理、可持续消费及运输、气候变化、灾害应急管理等其他平台尚未重点强调的领域。基金会聚焦边缘人群、弱势群体境况的改善，在改善生态环境和促进社会进步两大领域，通过为弱势女性、农民等群体提供就业机会、增加收入来源、提升教育质量等手段，促进其素质提升、收入增长，实现体面生活。国内社会企业评奖活动，在行业共同聚焦的主题范围外，额外关注互联网、科技创新、生命安全领域的社会企业，在更广领域内挖掘社会企业价值创造潜力。社会企业社会绩效衡量活动，概括性地采取社会服务价值、就业价值、环境价值、文化价值、扶贫价值和社会观念价值的整合性划分方式，力求以较大延展性，不遗漏地囊括各类社会企业价值创造方式。各平台于社会价值分类中的分歧，恰有助于社会价值理念的进一步延展，以抛砖引玉的姿态促进国内社会价值的丰富与发展。

在社会企业实践中，以发现、干预社会问题为基础，通过商业化运营模式，创造性开发、利用资源，为目标群体特别是弱势群体提供产品和服务，以提升其福祉来创造社会价值。通过在生态环境、教育、医疗、养老、就业、扶贫、居住改善、性别权益促进等方面创造价值，社会企业将国际社会倡导、国内政策倾斜、行业平台支持的各社会价值领域与社会企业经营实践活动有机衔接，实现价值倡导与价值创造的有效结合。同时，基于社会企业兼具经济和社会双重混合属性，其价值创造亦呈现多维融合的状态。只有明晰市场逻辑和公益逻辑，才能降低经济和社会价值间的二元冲突，真正夯实社会企业的生存根基，为其发展提供合法性根据，不断扩张社会价值和社会影响力。

根据前述对国际、国内社会企业行业以及社会企业自身所创造社会价值的目标、领域及创造模式进行系统性梳理发现，现阶段国际组织、国内政府、相关行业的各类主体于社会价值领域的认识既保有各自关注的核心议题，又有达成共识的共同价值，对社会价值的内涵及组成要素的理解已形成一定规律性认识。中国社会企业虽尚未建立起可通用、明确的社会价值体系，但各相关主体就社会企业社会价值的概念、内涵等已达成共识，并积极自建评价指标体系，寻找与机构社会价值理念相符的社会企业并开展支持活动。同时，各机构在学习、引进国际先进社会价值评估经验的同时，亦结合国情尝试提出及诠释机构自身价值目标，并通过在中国社会企业间的实践检验，促进社会价值培育。此外，在各机构投资或业务活动开展过程中，努力将以往定性描述的社会价值以定量测量的方式具象展示，以期增强社会价值使用中的客观性，并鼓励社会企业增进价值创造动力，最终形成社会价值创造领域的雪球效应。

## 五　总结与建议

回顾2022年社会企业整体发展，其不仅呈现数量增长、分布地域拓展、关注领域延伸、社会价值扩张等新的趋势，其识别社会问题与创造社会价值的过程也更为成熟。2022年，社会企业对外部生态环境的回应性更强，与政府、行业平台、影响力投资机构、基金会等利益相关主体间建立起更为良性的互动关系。具体而言，社会企业对社会问题的洞察、价值创造的方向及能力受政策导向、社会需求、投资驱动等多方面因素的影响。一方面，社会企业基于自身使命和观察，对社会需求导向各有其独到见解，并试图借助各具特色的社会目标设置及孜孜不倦的业务实践，以彰显其解决社会问题、实现社会价值的决心。另一方面，中国政府近年来的政策导向、社会企业行业平台的指导、影响力投资机构和基金会的投资倾向等，均对社会企业贡献领域的选择、价值生产的规模、变革社会的程度产生重要影响。

此外，社会问题和社会价值具有稳定的内在联系和动态转化过程，并将贯穿于社会企业的生产经营活动及社会运行之中。社会企业的本质在于遵循一定的社会使命，并选择相应的公益与商业逻辑以开展社会创新活动，在解决社会问题的过程中，实现社会价值与商业价值的共赢。由此可见，一方面，社会企业在解决社会问题的过程中，与政府、市场、公众构筑良好互动协作关系，结合多元主体力量，兼顾各方利益，持续性供给有益产品，创新性提出解决方案，共同完成多元社会价值的创造。社会企业鼓励、带动公众共同投入社会问题解决的实践活动，从而培育并传播相应社会价值观念及实现其科学性、进步性跨越。另一方面，社会价值在社会问题解决过程中发挥引导与支持作用。社会企业解决社会问题的实践并非单纯依赖经济或技术手段，更重要的是在此之前确立行动的价值观指引，即社会企业最初的行为动力和创新源泉来自其所追求的社会使命目标。社会企业在特定价值观的引领下，才能有的放矢地通过制定战略和具体措施、供给商品和服务、扭转公众观念等行为，塑造良性运转的社会生态系统，实现社会问题的圆满解决，增进公众福利，促进社会进步。社会价值在社会企业解决社会问题的努力过程中，形成典型外部效应。社会企业的产品或服务供给过程，并非只助益目标客户群体，甚至在更多广阔的范围内，全体社会公众都可获益。

在此基础上，结合现阶段社会企业发展状况及研究结果，下文为进一步扩大社会企业规模解决社会问题即实现社会价值最大化提出几方面的启示。

第一，加强社会企业培育、成长与成熟的制度建设，为社会企业健康发展保驾护航。首先，为社会企业的法律身份提供官方认定，促进其自我意识觉醒。目前国内尚未建立起针对社会企业的统一官方认证体系，故政府可考虑建立全国性社会企业认定体系或法规制度，加强对社会企业的支持和监管。以可靠的、确定性的法制保障和政策环境，提高社会企业的公信力和认可度，为其获取资源、吸引投资、扩大规模、提高声誉等架梁立柱，从而进一步增强社会企业向纵深处洞察、挖掘、解决社会问题的信心和能力。其次，建设官方层面全国统一的社会企业评估和认证机制，以满足快速壮大、高速成长的中国社会企业发展需求，清晰社会企业的身份识别范式。从当前各自为政的地方和行业社会企业认证机制，转向由中央政府出面设立或指定社会企业认证机构，制定全国通用的社会企业评估和认证标准，并鼓励社会企业参与认证，以打破区域界限，在更高层面证明社会企业的社会责任性和商业可行性，进而普遍提高社会企业的信誉和公信力。最后，以社会价值为依据提供投融资和税收优惠政策。社会企业是以社会使命为重的主体，无法像传统工商企业一样单纯逐利和扩增组织，从而造成其在竞争财政支持、财政补贴、融资便利、税收优惠等政策红利中处于劣势。故政府可将社会价值产出能力和绩效水平作为额外考量指标，单独创设财政支援项目，有的放矢地精准滴灌，从而既可提高财政效率，又能使社会企业无后顾之忧地充分发挥乘数效应，在生产经济成果的同时撬动社会价值上涨。

第二，充分发挥社会企业行业平台承上启下的引导和服务作用，理顺政社协同、价值共创的作用机制。社会企业的发展来源于官方、社会、行业、企业等众多利益相关主体的共同促进，社会企业行业平台在其中发挥穿针引线、行业托举的关键核心作用。首先，行业平台可增强政策方针解读能力，结合社会企业发展现状与时俱进地对政策精神、远期目标、核心价值、长效机制等做出阐释，在国家宏观导向与行业发展方向间做出有机衔接，以帮助社会企业在纷繁复杂的社会问题与社会价值中找准坐标与定位，力争获得映衬时代主题的“风口效应”，以进一步提升社会影响力。其次，提升业务水平，做好政府主导社会企业评估、认证等工作的重要外部咨询机构和执行主体。当前，长期深耕社会企业认定、服务领域的行业平台，已经形成一套成熟且行之有效的认证模式、认证指标和服务体系，可直接或经演化后为政府所用，并成为配合政府工作、助推社会企业发展的专业外部辅助性力量。最后，发挥推动社交合作、宣传推广的轴心与润滑作用。行业平台作为充分发挥聚合资源、搭建社交、培养人才、扶持投资等效用的综合型、共创性网络，可在社会企业间、与资源和舆论间构筑交换渠道，充分动员各类因素哺育社会企业成长。

第三，鼓励影响力投资成为耐心资本，以价值共创为目标陪伴社会企业成长。社会企业将社会价值目标置于营利之前的社会使命感，会使其在建立可持续、自给自足的商业运行模式过程中遭遇重重困境，若投资方缺乏耐心，强加投资回报周期和回报率的要求，则很容易引发社会企业的道德失范和使命漂移问题，故而影响力投资需要发挥更大的热情和耐心，以时间换价值。首先，完善投资筛选标准，与社会企业携手为解决社会问题而买单。影响力投资机构不断完善社会价值评估体系，并高效筛选出其认同的与使命相符的社会企业，展开资金支持，帮助社会企业摆脱因资金链断裂而引发的危机，并进一步扩大规模、提高影响力，从而有力地完成社会价值倡导过程。其次，督促社会企业高效识别及解决社会问题。影响力投资机构应明确在投资过程中其对被投社会企业负有的责任，并发挥全流程的企业评估和资源支持，促进社会企业制定短中长期发展目标和计划，确保其能不断创新问题解决手段，提升产品和服务质量，提高社会绩效水平，以卓有成效的合作促进社会资源高效流入相应社会服务领域。最后，监督社会企业履行社会责任，促进提升公信力。影响力投资机构不仅要将社会需求作为投资导向，还要重视对社会企业的投中及投后管理，定期与其管理层沟通，对其运营进行长期跟踪和监督，以充分把握受投企业在社会使命达成中的进展和成就，并及时提供咨询或支持以纠正社会企业面临的使命漂移风险，确保其在正确的社会价值创造轨道中运营。

第四，社会企业应在深挖社会问题、增强创新能力的基础上，不断扩大社会绩效。社会问题是社会企业创立的起点，提供市场需求和商业机会可为社会企业发展壮大创造机遇。而社会价值则可被视为社会企业运营的落脚点与归宿，社会企业创新经营的最终目的是服务于社会发展进步和人民福利改善。首先，社会企业在明确把握社会矛盾焦点的基础上精准识别社会问题，进而采取有的放矢、行之有效的解决途径，将资源的有效利用与企业的良性可持续发展相结合，并在此过程中严守初心，不断检验和完善社会问题解决过程和社会价值创造路径。其次，明确社会企业社会价值的创造方式，促进对其社会绩效提升路径的优化，助力社会企业高质量、规模化扩张，更好地服务于社会。面对不断涌现、发展的社会问题，社会企业在相应问题的解决中也需具备永续性，及时发现市场需求，与自身资源相结合，在不断试错中找到最大化满足需求并创造社会效益的途径。同时，运用新理念、新技术、新方法实现社会产品和服务的深度开发，并产生足够的效益来进一步投资企业活动和社会计划，实现企业规模扩张与规模化解决社会问题的双赢。再次，密切社会企业与外部生态系统联系，为政府、社会资本、民间平台等参与社会企业共建、发挥支持作用提供坚实依据。在系统分析社会问题、把握社会企业价值取向的基础上，社会企业理顺与外部生态系统间的互动关系，从而有效引导、调动外部生态系统支援社会企业建设并为其链接资源的积极性，促进共同投身于服务社会目标的实践。最后，重视基础性经营数据积累，积极参与社会绩效评估。充分提高数据统计意识并重视基础性经营数据的积累工作，可为社会企业把握自身经营状况、预测未来发展趋势、制定企业战略、开展绩效评估打下坚实基础，并将真实、可靠、有效的数据带入对社会绩效评估工作的参与中，客观展示社会企业的产出水平和行动给予受益群体在生活中带来的变化，以期在商业价值与社会价值有机连接的属性中，将产品、服务和社会贡献推向更高水平，并为政府和社会资本的扶持、注资提供有力依据。

## 参考文献

北京大学社会学系社会学理论教研室《社会学教程》编写组编《社会学教程》，北京大学出版社，1987。

〔美〕查尔斯·扎斯特罗：《社会问题：事件与解决方案》，范燕宁等译，中国人民大学出版社，2010。

郭志云：《富强 民主 文明 和谐——社会主义核心价值观国家层面价值目标的再解读》，《天津市社会主义学院学报》2017 年第 4 期。

黄玉捷：《社会问题释义》，《社会》1999 年第 11 期。

〔美〕文森特·帕里罗等：《当代社会问题：第四版》，周兵等译，华夏出版社，2002。

〔美〕约翰·D. 卡尔：《社会问题》，刘仲翔、吴军译，中国人民大学出版社，2014。

# 实证篇

Demonstration Reports

# B.7

# 2022年社会团体与基金会网络舆情分析报告

课题组*

**摘　要：** 为了解公众对2022年社会团体与基金会的整体评价，本报告从热度、情感和主题三个方面进行了综合分析，并针对新冠疫情和重大体育赛事展开了专题分析。首先，通过微博数、点赞数、评论数和转发数对网络舆情进行热度分析，并确定热点事件；其次，对相关微博进行情感分析，获取公众对社会团体与基金会的情感评价，并提取高频词；再次，对相关微博进行主题分析，发现公众对社会团体与基金会工作的关注焦点，并对负面舆情做进一步分析；最后，对新冠疫情和重大体育赛事展开专题分析，并重点分析负面舆情。综合以上成果，得出以下结论：2022年社会团体与基金会这两类社会组织在国家治理体系中履行了各自的社会职责，尽管存在一定比例的负面舆情，但绝大多数网

* 课题组成员：任韬，首都经济贸易大学统计学院教授，博士生导师，主要研究方向为经济统计学、大数据分析；宋子琨，首都经济贸易大学统计学院博士研究生；侯思思、李艺琳、岳绪同、何宇馨，首都经济贸易大学统计学院硕士研究生。

络舆情呈现正面积极的情感倾向。这表明这两类社会组织在2022年的工作在国家治理和社会生活中发挥了积极作用，对人民生活产生了正面影响。公众总体上肯定了这两类社会组织在2022年的表现，但社会组织仍需不断完善工作机制以减少负面舆情。

**关键词：** 社会团体　基金会　网络舆情

## 一　引言

目前，我国的社会组织包括社会团体、基金会和民办非企业单位，这些组织在社会中具有较高的知名度和广泛的社会影响力。每年都会产生大量与社会团体和基金会相关的网络舆情，反映了人民群众对它们工作的评价，也从侧面揭示了我国社会治理中存在的问题。因此，对社会团体和基金会的网络舆情展开分析具有重要意义。首先，网络舆情分析有利于收集和反馈意见。通过监测社交媒体、在线论坛和新闻报道等渠道的舆情，可以广泛收集到公众的意见和观点，更好地了解公众的需求和期望。其次，网络舆情分析有助于问题预警和危机管理。社会团体和基金会可以通过舆情分析及时发现和跟踪与其相关的问题和争议，并进行预警和危机管理。最后，网络舆情分析有助于决策支持和战略规划。分析舆情数据，可以为社会团体和基金会的决策制定和战略规划提供数据支持。了解公众的关注点、热点话题和需求，可以指导组织的发展方向和战略重点。

总之，网络舆情分析对社会团体和基金会具有重要意义，可了解公众需求、预警危机、支持决策、引导舆情、管理声誉，提升形象和影响力。本报告针对2022年社会团体与基金会在新浪微博上的网络舆情进行热度、情感、主题和专题分析，以科学全面地评估情况。

报告的后续内容如下：第二部分介绍资料来源和获取途径；第三部分通过微博数、点赞数、评论数和转发数对2022年社会团体和基金会的网络舆情进行热度分析，揭示舆情热度变化趋势和热点事件；第四部分进行情感分析，比较2022年与2020年、2021年的情感结构和趋势，分析正负面微博的词频和高热度组织的相对情感值；第五部分进行主题分析，解析每个主题的含义，并结合情感分析结果分析负面舆情；第六部分针对2022年热点事件，如新冠疫情和重大体育赛事，进行专题分析，绘制情感结构和趋势图，并重点分析负面舆情；第七部分总结报告成果，并提出政策建议。

## 二　数据获取与分析过程

### （一）资料来源

本报告选用微博平台作为数据的来源，微博是中国较具有权威性的社交评论网站之一，其用户基数大、讨论范围广，文博博文阅读和发布速度快，具有较强的传播影响力，是国内民众发声的重要平台。

在确定网络爬虫所依据的关键词后，本报告使用民政部社会组织管理局2021年12月27日发布的《2020年度全国性社会组织评估等级公告》中的社会团体与基金会名称作为关键词。最终确定社会组织关键词名单共94个，其中基金会44个、社会团体50个（见表1）。

**表1　社会组织关键词名单**

| 类别 | 关键词名单 |
| --- | --- |
| 基金会 | 中国红十字基金会，中华社会救助基金会，中国妇女发展基金会，中国青少年发展基金会，中国扶贫基金会，中华思源工程扶贫基金会，北京韩红爱心慈善基金会，中国教育发展基金会，中国绿化基金会，爱佑慈善基金会，中国医学基金会，中国电影基金会，中国志愿服务基金会，中华慈善总会，中国老龄事业发展基金会，阿里巴巴公益基金会，中华环境保护基金会，中国保护消费者基金会，中国孔子基金会，中国华侨公益基金会，中华健康快车基金会，中国航天基金会，中国文物保护基金会，中国教师发展基金会，中国光华科技基金会，中国互联网发展基金会，中国足球发展基金会，中国健康促进基金会，中华少年儿童慈善救助基金会，中国少年儿童文化艺术基金会，腾讯公益慈善基金会，儿童希望救助基金会，慈济慈善事业基金会，马云公益基金会，中国退役军人关爱基金会，中国文学艺术基金会，中国金融教育发展基金会，中国法律援助基金会，中国国际文化交流基金会，中国人权发展基金会，中国光彩事业基金会，北京病痛挑战公益基金会，中天爱心慈善基金会，中华社会文化发展基金会 |

续表

| 类别 | 关键词名单 |
| --- | --- |
| 社会团体 | 中国质量协会,中国航空运输协会,中国篮球协会,中国足球协会,中国消费者协会,中国棉花协会,中国中药协会,中国旅游协会,中国医院协会,中国计算机学会,中国地质学会,中华医学会,中国营养学会,中国保险行业协会,中国羽毛球协会,中国游泳协会,中国银行间市场交易商协会,中国环境科学学会,中国道路运输协会,中国水产学会,中国航空学会,中国安全生产协会,中国建筑学会,中国滑冰协会,中国证券业协会,中国建筑业协会,中国健康管理协会,中国化工学会,中国房地产业协会,中国免疫学会,中国乒乓球协会,中国电影电视技术学会,中国汽车工业协会,中国钢铁工业协会,中国国际公共关系协会,中国互联网协会,中国高等教育学会,中国营养保健食品协会,人文经济学会,中国智能交通协会,中国税务学会,中国服装协会,中国粮油学会,中国农学会,中国药学会,中国通信学会,中国医疗器械行业协会,中华护理学会,中国古迹遗址保护协会,中国城市规划协会 |

## （二）数据获取

本报告利用网页爬虫技术抓取自 2022 年 1 月 1 日至 2022 年 12 月 31 日期间 94 个社会组织关键词的微博信息，共抓取 7 个指标，分别是关键词、发博用户、发博时间、博文内容、点赞数、评论数、转发数。最终爬取到 266913 条数据，其中社会团体有 96037 条数据，基金会有 170876 条数据（见表 2）。

**表 2　三年的数据量对比**

单位：条

| 年份 | 总数据量 | 社会团体数据量 | 基金会数据量 |
| --- | --- | --- | --- |
| 2020 | 2184924 | 320473 | 1864451 |
| 2021 | 889729 | 255108 | 634621 |
| 2022 | 266913 | 96037 | 170876 |

对比 2022 年与 2020 年、2021 年数据量，社会团体与基金会的数据量持续减少，主要是因为随着新冠疫情得到控制，人民生产生活基本恢复正常，总体经济运转较为稳定，社会团体与基金会也恢复到了疫情前的状态，相较于疫情初期，其活跃程度大大降低。抓取数据的某一个样本如下（见表 3）。

表 3　数据示例

| 指标 | 内容 |
| --- | --- |
| 关键词 | XX 协会 |
| 发博用户 | XXXX |
| 发博时间 | 2022 年 2 月 28 日 17:35 |
| 博文内容 | 【这个班组荣获国家级荣誉啦!】日前,晋能控股煤业集团太原煤气化龙泉能源公司监测监控队安装标校组荣获中国质量协会 2021 年全国质量信得过班组 |
| 点赞数 | 87 |
| 评论数 | 18 |
| 转发数 | 7 |

注：本表隐匿了发博用户和相关社会团体的具体信息。

## （三）分析方法与过程

本报告针对基金会与社会团体的相关微博进行四个方面的分析工作，包括热度分析、情感分析、主题分析和年度热点专题分析，具体的分析方法和过程如下。

### 1. 热度分析

在热度分析部分，首先按照周粒度对时间进行聚合，并绘制聚合后的微博数、点赞数、评论数和转发数的各指标热度趋势图，通过热度峰值找到对应的热点事件。继而基于以上各指标对相关社会团体与基金会进行排序，并且将 2022 年与 2020 年、2021 年排名进行对比。

### 2. 情感分析

在情感分析部分，首先对每条微博进行情感打分，根据得分添加情感标签（情感得分>0.5 为正面情感，否则为负面情感），以正负情感比的对数构造相对情感值，并绘制社会团体与基金会全年情感走势图。通过对正负情感微博数进行统计，绘制社会团体与基金会全年情感结构图和正负微博数走势图。然后，统计社会团体与基金会正负面微博中的词频情况，并展示其中意义明确的前 20 个词语。最后，计算年度相对情感值，展示高热度社会团体与基金会的情感状态。

3. 主题分析

在主题分析部分，首先对社会团体与基金会的相关微博内容进行数据清洗；接着建立 LDA 主题模型，以高频词为依据概括出主题的含义；最后结合情感分析结果，对负面舆情进行分析。

4. 专题分析

该部分将根据前面分析的结果，确定 2022 年度的热度专题，并筛选出相关微博；接着对各专题进行热度分析并筛选出热点事件；最后对各专题进行情感分析，将情感结构与相对情感值走势进行可视化展示，并针对负面舆情进行分析。

## 三　热度分析

本报告以周度为时间粒度绘制社会团体和基金会微博数、评论数、转发数与点赞数四个指标的热度趋势图，定位年度热点事件以及各指标的热度排行榜。

### （一）社会团体相关微博热度分析

以周度为时间粒度绘制社会团体在微博数、点赞数、评论数与转发数这四个指标上的热度趋势图（见图 1）。从图 1 中可以观察到，社会团体的微博数周热度的量级在千条左右，最高达到 3000 余条。对比近三年的微博数趋势图（见图 2），2020 年的微博数趋势图有较强的波动性①，2021 年则较为平稳②，而 2022 年的微博数热度趋势图有一个缓慢上升的趋势，且波动性更强。

① 任韬、周振坤、郭慧鑫：《2020 年基金会及社会团体网络舆情分析报告》，载黄晓勇主编《中国社会组织报告》，社会科学文献出版社，2021，第 178 页。

② 任韬、郑惠文、张颖、宋子琨：《2021 年基金会及社会团体网络舆情分析报告》，载黄晓勇主编《中国社会组织报告》，社会科学文献出版社，2022，第 210 页。

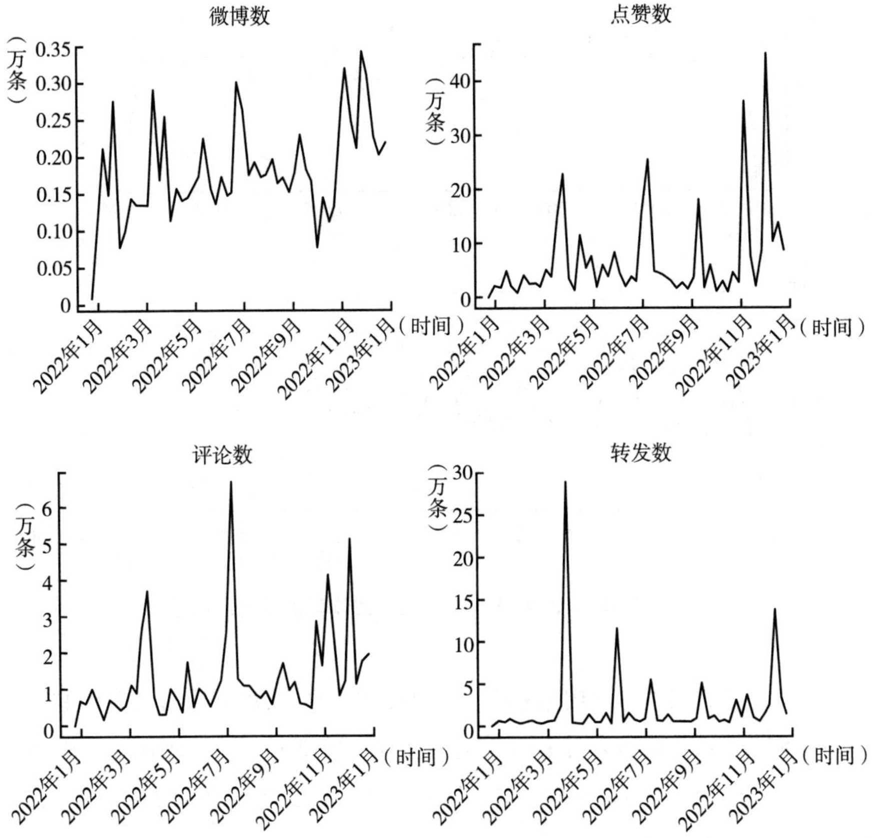

**图1　社会团体的热度趋势**

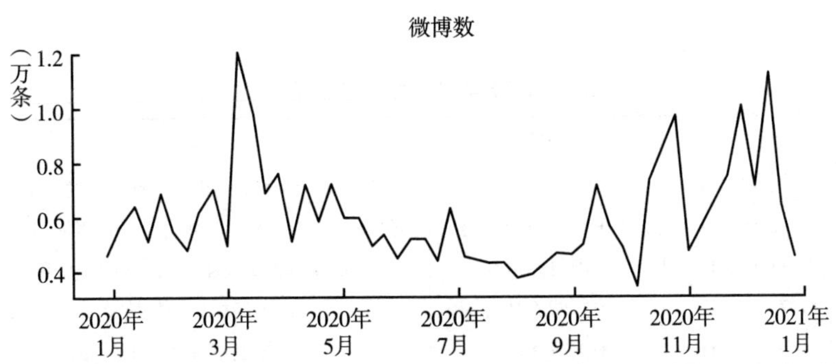

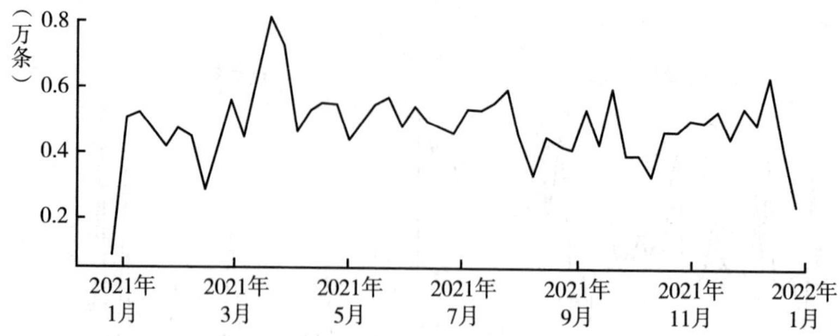


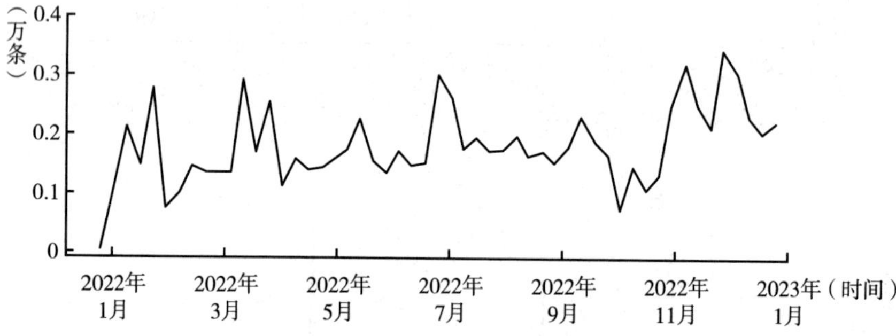


**图 2　2020 年至 2023 年 1 月社会团体微博数对比示意**

12 月，社会团体网络舆情热度高主要是因为疫情放开政策，其中相关的社会团体包括中华医学会与中国医院协会等。2022 年 2 月，中国举办冬季奥运会、11~12 月卡塔尔世界杯、对中国女足和谷爱凌等运动员的嘉奖等，掀起了全民运动的高潮。

综合点赞数、评论数和转发数这三个指标的热度峰值出现的时点和对应的微博内容可以确定 2022 年在网络舆情方面与社会团体相关的热点事件（见表 4）。

**表 4　2022 年社会团体的热点事件**

| 时间 | 社会团体名称 | 事件 |
|---|---|---|
| 2022 年 12 月 8 日 | 中华医学会 | 钟南山院士谈奥密克戎传染性极强，致病率减弱 |
| 2022 年 12 月 6 日 | 中国高等教育学会 | 著名教育家、中国高等教育学开创者潘懋元逝世 |
| 2022 年 11 月 9 日 | 中国滑冰协会 | 短道速滑刘氏兄弟申请变更为中国国籍 |
| 2022 年 7 月 13 日 | 中国营养学会 | 武大靖探秘轻盐榨菜厂 |
| 2022 年 3 月 29 日 | 中国滑冰协会 | 中国短道速滑队退出世锦赛 |

本报告得到各指标热度总量排名在前五的社会团体名单（见表5、图3），以及各指标热度峰值排名在前五的社会团体名单（见表6、图4）。

**表5 各指标热度总量排名前五的社会团体**

热度单位：万条

| 热度指标 | 2022年排名 | 社会团体名称 | 热度总量 | 排名变动 |
|---|---|---|---|---|
| 微博数 | 1 | 中国消费者协会 | 4.18 | ↑1 |
| | 2 | 中国足球协会 | 0.69 | ↓1 |
| | 3 | 中国汽车工业协会 | 0.68 | ↑5 |
| | 4 | 中华医学会 | 0.66 | ↑5 |
| | 5 | 中国营养学会 | 0.57 | ↑19 |
| 点赞数 | 1 | 中国消费者协会 | 56.71 | ↑2 |
| | 2 | 中华医学会 | 55.74 | ↑11 |
| | 3 | 中国滑冰协会 | 55.35 | ↑2 |
| | 4 | 中国营养学会 | 53.38 | ↑14 |
| | 5 | 中国乒乓球协会 | 29.43 | ↓1 |
| 评论数 | 1 | 中国消费者协会 | 15.41 | ↑11 |
| | 2 | 中国足球协会 | 13.52 | ↑7 |
| | 3 | 中国营养学会 | 11.88 | ↑33 |
| | 4 | 中华医学会 | 5.56 | ↑30 |
| | 5 | 中国滑冰协会 | 4.76 | ↑19 |
| 转发数 | 1 | 中国乒乓球协会 | 32.79 | ↑25 |
| | 2 | 中华医学会 | 28.51 | ↑23 |
| | 3 | 中国营养学会 | 14.50 | ↑31 |
| | 4 | 中国消费者协会 | 6.65 | ↑7 |
| | 5 | 中国汽车工业协会 | 5.05 | ↑35 |

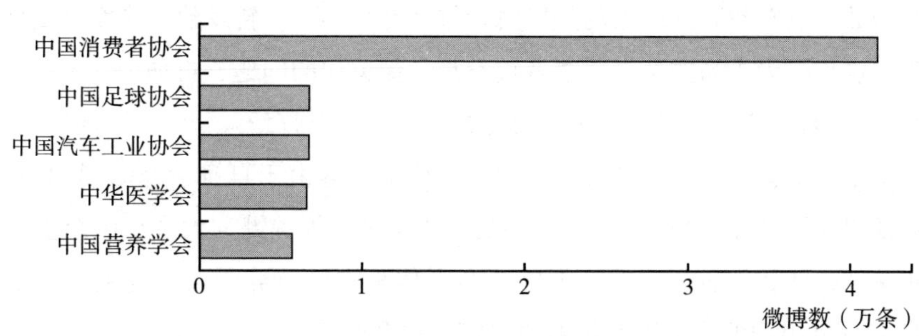

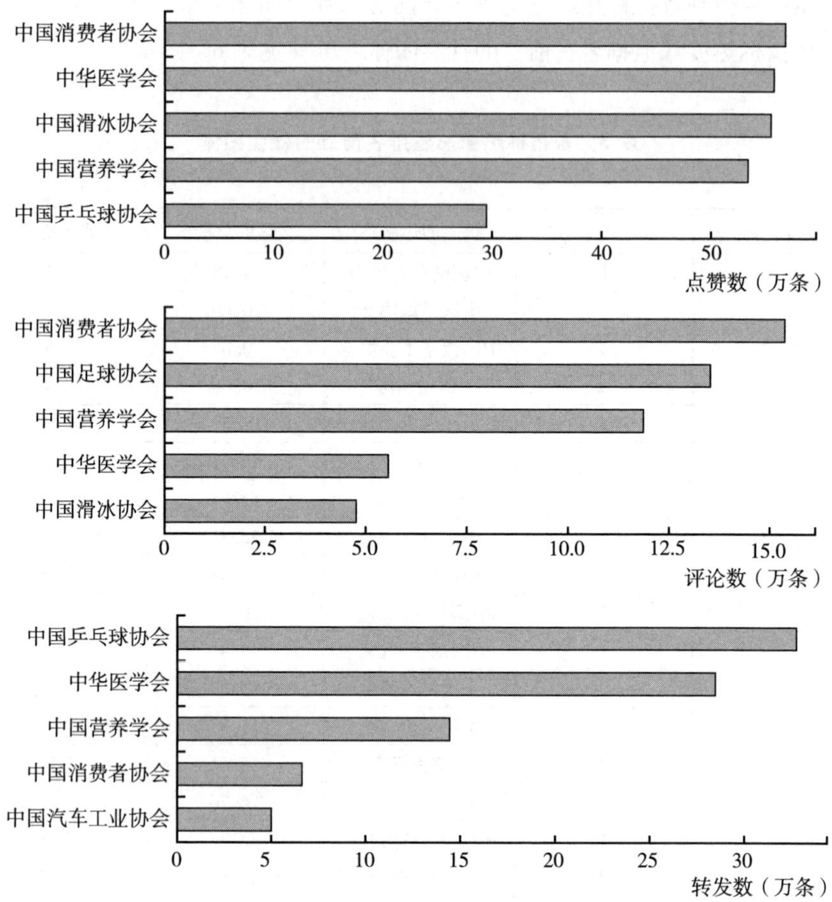


**图 3　各指标热度总量排名前五的社会团体**

从热度总量的情况可以观察到（见表 5、图 3），中国消费者协会 2022 年在微博数、点赞数和评论数的热度总量排名都是第一，转发数的热度总量排名第四，这是因为食品安全和消费者权益是广受关注的问题，再加上“3 · 15 打假行动”，食品安全和消费者权益话题的影响力非常广泛。

中华医学会、中国足球协会、中国滑冰协会等由于自身话题的影响力高，这些社团涉及“疫情放开政策”“冬奥”“运动”等关键词大多与民众生活密切相关。微博数排名变动特别大的社会团体是中国营养学会，这主要是因为 2022 年反复出现的疫情以及年末的“疫情放开政策”。

从热度峰值的情况（见表6、图4）可以观察到，中华医学会受新冠疫情封控逐步放开政策的影响，各指标的峰值排名都有非常大的提升。

**表6　各指标热度峰度排名前五的社会团体**

热度单位：万条

| 热度指标 | 2022年排名 | 社会团体名称 | 热度峰值 | 排名变动 |
|---|---|---|---|---|
| 点赞数 | 1 | 中华医学会 | 30.86 | ↑11 |
| | 2 | 中国滑冰协会 | 16.13 | ↑1 |
| | 3 | 中国消费者协会 | 10.25 | ↑1 |
| | 4 | 中国高等教育学会 | 6.91 | ↑35 |
| | 5 | 中国营养学会 | 6.44 | ↑16 |
| 评论数 | 1 | 中华医学会 | 2.41 | ↑32 |
| | 2 | 中国高等教育学会 | 1.39 | ↑23 |
| | 3 | 中国乒乓球协会 | 1.39 | ↑24 |
| | 4 | 中国营养学会 | 1.16 | ↑38 |
| | 5 | 中国滑冰协会 | 0.75 | ↑23 |
| 转发数 | 1 | 中国乒乓球协会 | 27.48 | ↑23 |
| | 2 | 中华医学会 | 12.83 | ↑26 |
| | 3 | 中国营养学会 | 1.94 | ↑40 |
| | 4 | 中国游泳协会 | 1.06 | ↑7 |
| | 5 | 中国汽车工业协会 | 0.61 | ↑43 |

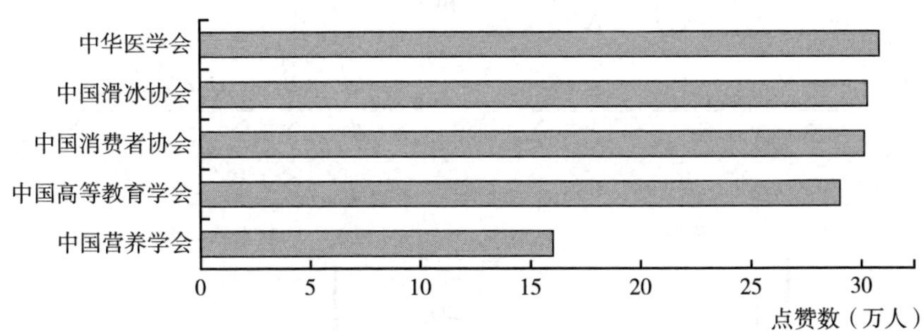


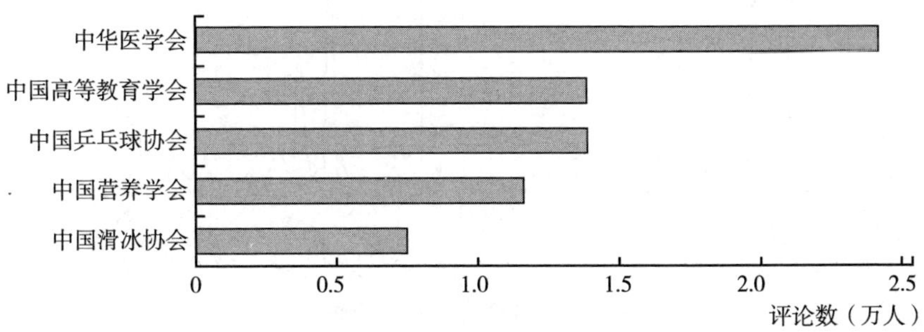

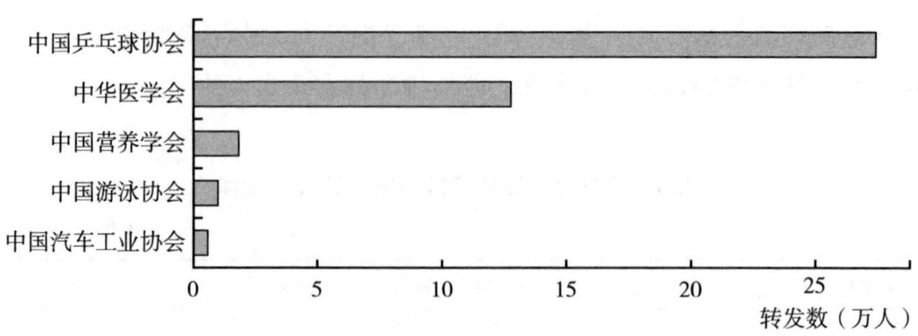


**图 4　各指标热度峰值排名前五的社会团体**

## （二）基金会相关微博热度分析

以周度为时间粒度绘制基金会在微博数、点赞数、评论数与转发数这四个指标上的热度趋势图（见图 5）。

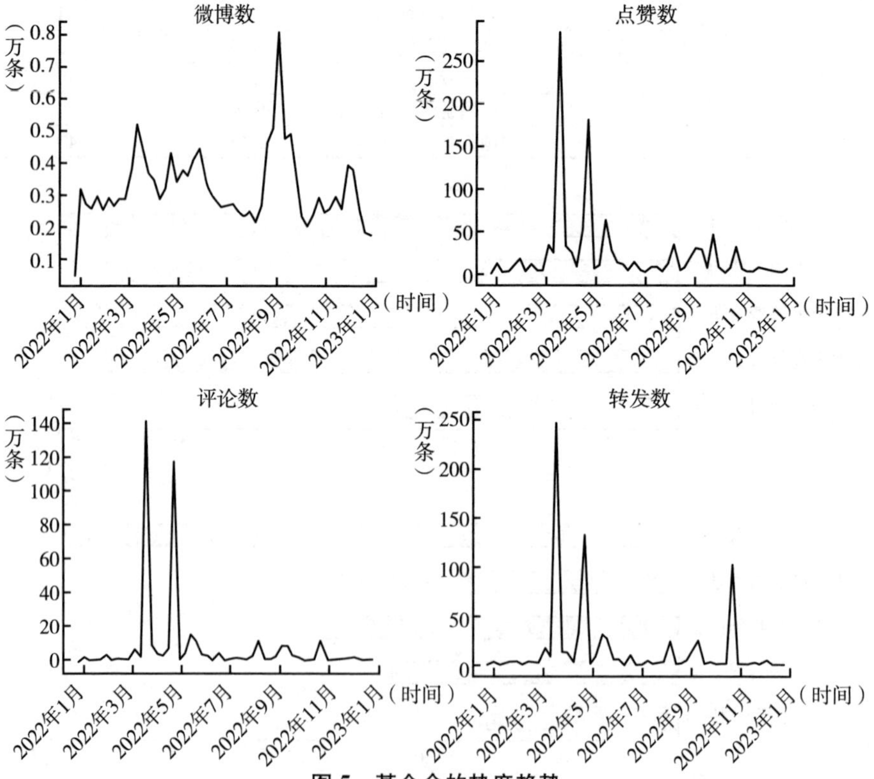

**图 5　基金会的热度趋势**

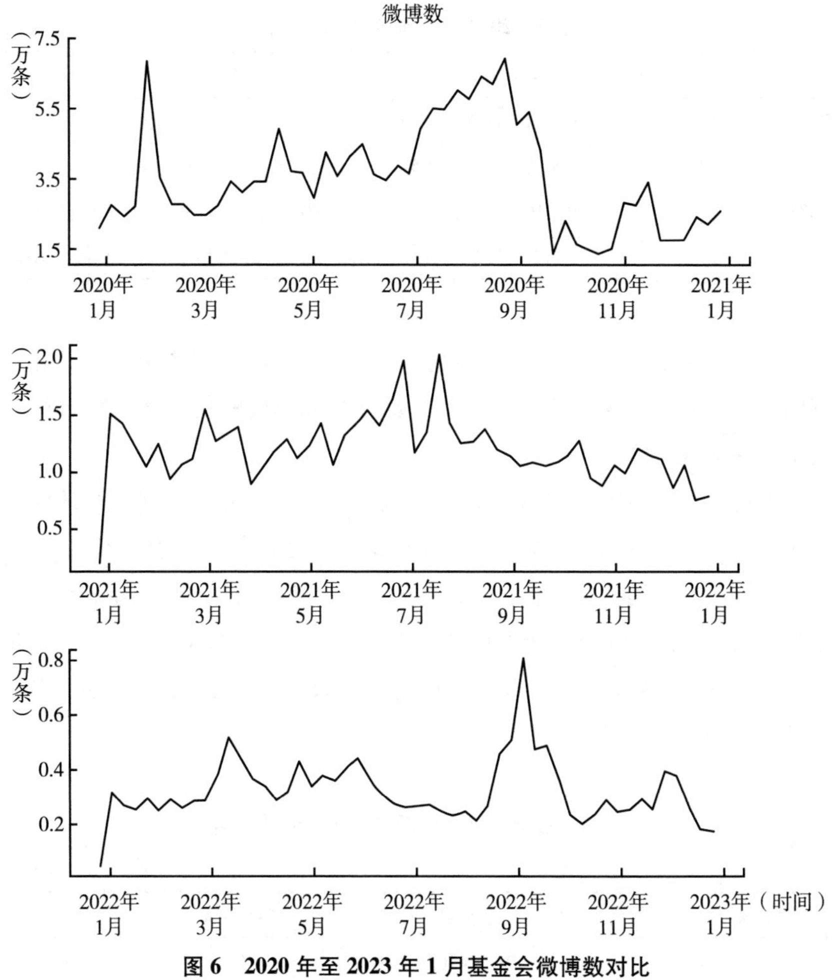


**图 6　2020 年至 2023 年 1 月基金会微博数对比**

从图 5 中可以观察到，基金会的微博数周热度的量级在千条，最高达到了 8000 余条且全年具有波动性。对比近三年的微博数趋势图（见图 6），2020 年与 2021 年的基金会微博数的热度趋势图都有较强的波动性，而相比之下 2022 年的微博数的热度趋势图较平稳。根据各指标的热度趋势图看出，2022 年的 3~5 月的基金会网络舆情热度整体较高。综合点赞数、评论数与转发数这三个指标的热度峰值出现的时点和对应的微博内容可以确定 2022 年在网络舆情方面与基金会有关的热点事件（见表 7）。

**表 7 2022 年基金会的热点事件**

| 时间 | 基金会名称 | 事件 |
|---|---|---|
| 2022 年 3 月 25 日 | 中国绿化基金会 | 百万森林公益项目 |
| 2022 年 4 月 27 日 | 中华思源工程扶贫基金会 | 星愿宝贝公益计划 |
| 2022 年 3 月 21 日 | 中国扶贫基金会 | 一首小诗一个好梦、成长如果是首诗 |
| 2022 年 9 月 21 日 | 中国妇女发展基金会 | 鞠婧祎捐款 50 万用于给女性提供 hpv 疫苗 |

为了进一步观察基金会舆情热度水平，本报告得到各指标热度总量排名在前五的基金会名单（见表 8、图 7），以及各指标热度峰值排名在前五的基金会名单（见表 9、图 8）。

从热度总量的情况可以观察到（见表 8、图 7），有一些基金会的网络舆情热度高是由于本身的话题量大，因此自身话题的影响力较为广泛，例如：中国绿化基金会、中国扶贫基金会等，这些基金会热度高是受到明星担任形象大使影响。值得注意的是基金会的评论数和转发数在 3 月都远超 100 万条，远超其他月份的评论数和转发数，主要是因为中国绿化基金会在 3 月发起活动“百万森林公益项目”。

**表 8 各指标热度总量排名前五的基金会**

热度单位：万条

| 热度指标 | 排名 | 基金会名称 | 热度总量 | 排名变动 |
|---|---|---|---|---|
| 微博数 | 1 | 中国绿化基金会 | 6.73 | ↑1 |
| | 2 | 中国扶贫基金会 | 2.57 | ↑1 |
| | 3 | 中华思源工程扶贫基金会 | 2.45 | ↑1 |
| | 4 | 中国妇女发展基金会 | 2.14 | ↑2 |
| | 5 | 中国红十字基金会 | 0.91 | ↑10 |
| 点赞数 | 1 | 中国绿化基金会 | 412.44 | ↑15 |
| | 2 | 中华思源工程扶贫基金会 | 209.37 | ↑16 |
| | 3 | 中国扶贫基金会 | 195.86 | ↑2 |
| | 4 | 中国妇女发展基金会 | 109.95 | ↑9 |
| | 5 | 中国青少年发展基金会 | 55.70 | ↑17 |

续表

| 热度指标 | 排名 | 基金会名称 | 热度总量 | 排名变动 |
|---|---|---|---|---|
| 评论数 | 1 | 中国绿化基金会 | 162.69 | ↑9 |
| | 2 | 中华思源工程扶贫基金会 | 121.82 | ↑14 |
| | 3 | 中国扶贫基金会 | 76.62 | ↓2 |
| | 4 | 中国妇女发展基金会 | 28.90 | ↑9 |
| | 5 | 中国红十字基金会 | 7.93 | ↑30 |
| 转发数 | 1 | 中国绿化基金会 | 233.20 | ↑15 |
| | 2 | 中国扶贫基金会 | 184.81 | ↑1 |
| | 3 | 中华思源工程扶贫基金会 | 146.31 | ↑18 |
| | 4 | 中国妇女发展基金会 | 114.71 | ↑8 |
| | 5 | 中国青少年发展基金会 | 36.60 | ↑17 |

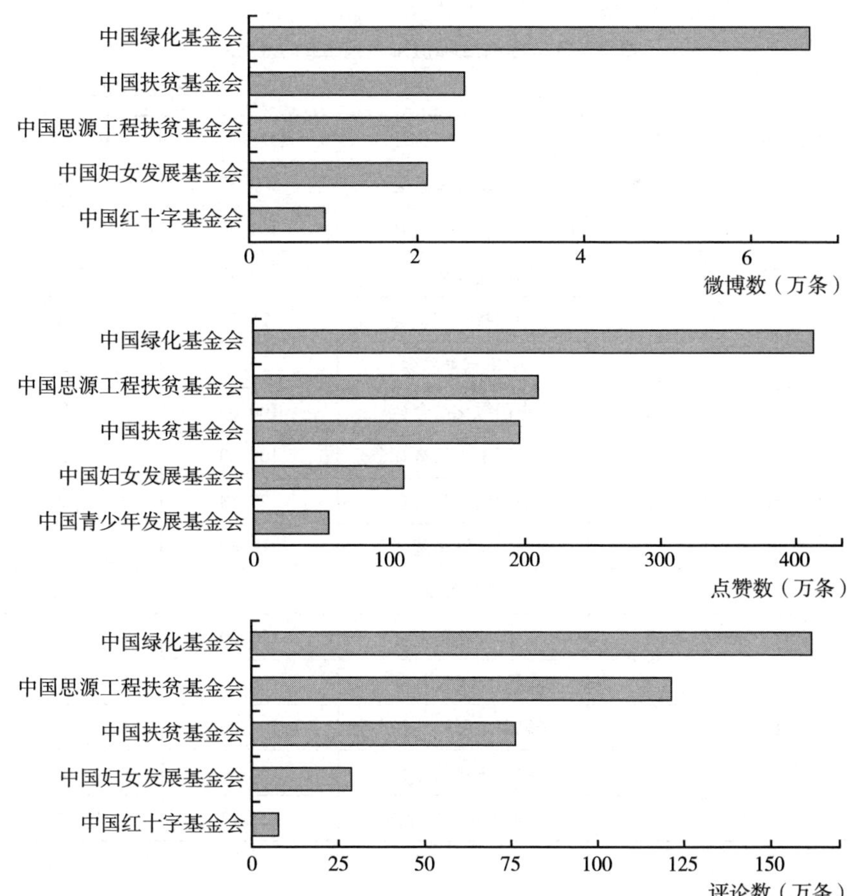

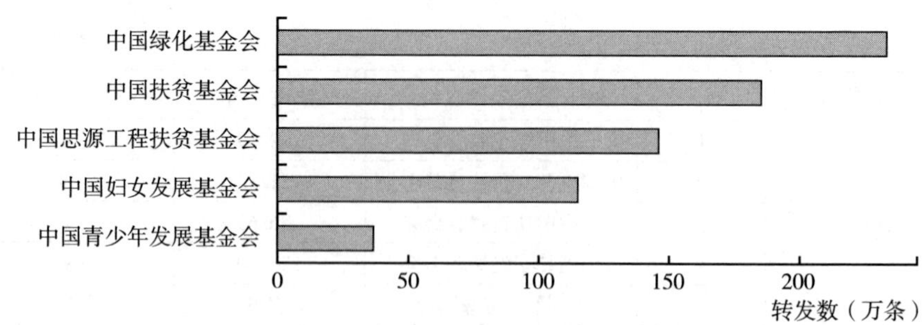


**图 7　各指标热度总量排名前五的基金会**

从热度峰值的情况（见表 9、图 8）可以观察到，中国绿化基金会受“百万森林公益项目”活动的影响，各指标的峰值排名都有非常大的提升。

**表 9　各指标热度峰值排名前五的基金会**

热度单位：万条

| 热度指标 | 排名 | 基金会名称 | 热度峰值 | 排名变动 |
|---|---|---|---|---|
| 点赞数 | 1 | 中国绿化基金会 | 203.33 | ↑16 |
| | 2 | 中华思源工程扶贫基金会 | 121.57 | ↑23 |
| | 3 | 中国妇女发展基金会 | 38.47 | ↑12 |
| | 4 | 中国扶贫基金会 | 25.25 | ↑8 |
| | 5 | 中华慈善总会 | 19.04 | ↑28 |
| 评论数 | 1 | 中国绿化基金会 | 100.00 | ↑13 |
| | 2 | 中华思源工程扶贫基金会 | 100.00 | ↑20 |
| | 3 | 中国扶贫基金会 | 27.58 | ↓2 |
| | 4 | 中国妇女发展基金会 | 10.82 | ↑8 |
| | 5 | 中华慈善总会 | 4.29 | ↑28 |
| 转发数 | 1 | 中国绿化基金会 | 100.00 | ↑20 |
| | 2 | 中国妇女发展基金会 | 100.00 | ↑8 |
| | 3 | 中华思源工程扶贫基金会 | 100.00 | ↑20 |
| | 4 | 中国扶贫基金会 | 100.00 | ↓2 |
| | 5 | 中国青少年发展基金会 | 25.17 | ↑27 |

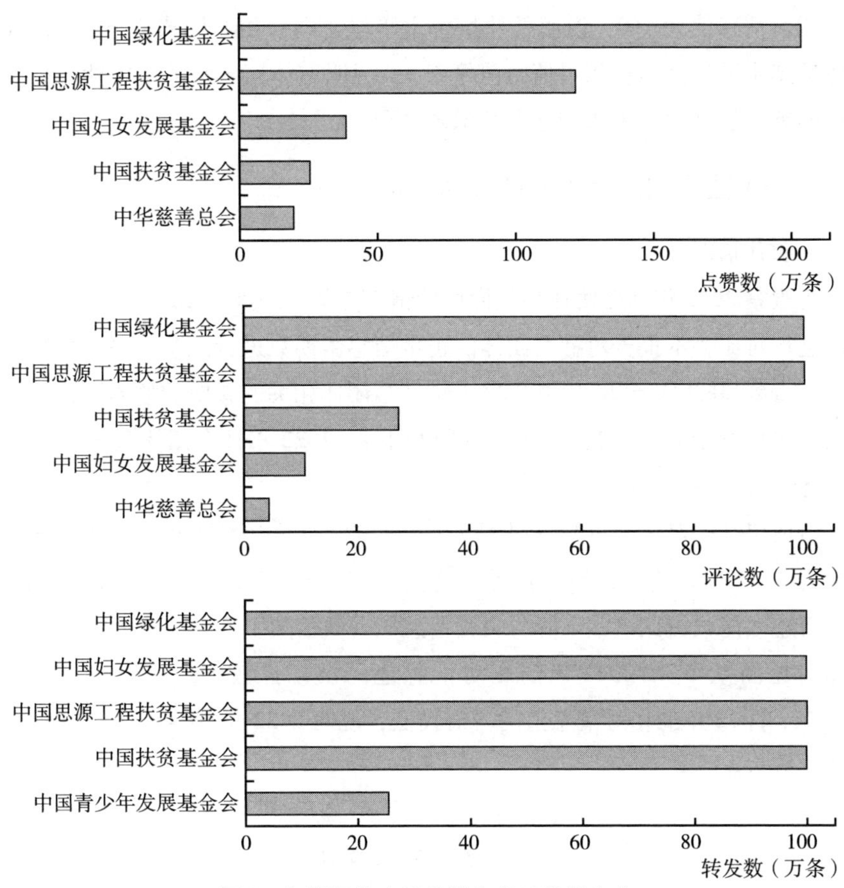


**图 8　各指标热度峰值排名前五的基金会**

## 四　情感分析

本报告从微博情感倾向、情感词频分析以及高热度社会组织的情感状态三方面分别对 2022 年社会团体与基金会的相关微博进行情感分析，并与 2020 年、2021 年情况进行对比。本部分将计算相对情感值作为反映情感水平的指标，计算方式如下：

$$相对情感值 = \ln\left(\frac{正面情感微博数}{负面情感微博数}\right)$$

相对情感值大于 0，说明整体情感水平呈正向；相对情感值小于 0，说明整体情感水平呈负向；相对情感值等于 0，说明整体情感水平呈中性。相对情感值的绝对值越大，说明表达的情感越强烈。

## （一）社会团体相关微博情感分析

### 1. 整体情况

为观察 2022 年社会团体相关微博的情感走势，以及与 2020 年、2021 年的情况进行对比，本报告对社会团体的正负情感微博数进行汇总，并计算相对情感值，得到 2022 年与 2020 年、2021 年社会团体相关的微博的整体情感结构对比图（见图 9 上）、走势对比图（见图 9 下）、2022 年社会团体正负情感微博数走势图（见图 10）。

由情感结构对比图可知（见图 9 上），2022 年社会团体的正面情感微博数占比为 47.79%，负面情感微博数占比为 52.21%，与 2020 年、2021 年相比，正面情感微博数占比大幅下降，负面情感微博数倍数上升。由情感走势对比图可知（见图 9 下），2022 年的相对情感值的波动性较大。相较于 2020 年、2021 年，2022 年的相对情感值的均值较低，说明 2022 年社会团体的负面情感微博数较多。

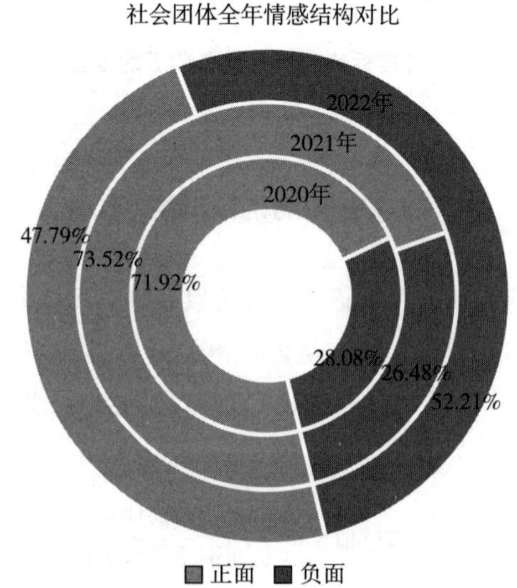

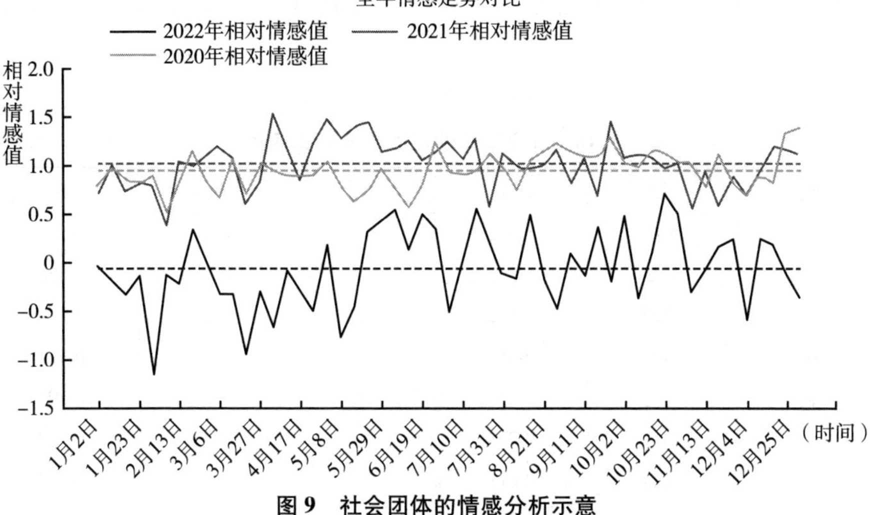

**图 9　社会团体的情感分析示意**

注：相对情感值以周度进行计算，2021 年与 2022 年划分周度对应的日期稍有差异，此处以 2022 年为准。

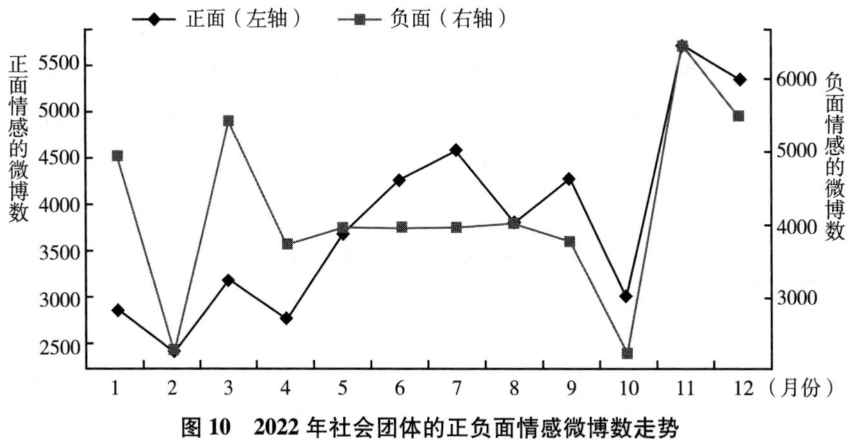

**图 10　2022 年社会团体的正负面情感微博数走势**

由图 10 可知，2022 年社会团体的正面情感微博数与负面情感微博数的走势情况大体相同，负面情感微博数的波动性更大。在 2022 年 3 月和 11 月，负面情感微博数出现了峰值，主要与消费者权益有关。

### 2. 情感词频分析

对社会团体正负面情感微博中出现的正面情感微博词频较高的前 20 个

词语（见表 10）与负面情感微博词频较高的前 20 个词语（见表 11）进行展示。

**表 10　社会团体的正面情感微博词频**

| 排序 | 词语 | 词频 | 排序 | 词语 | 词频 |
|---|---|---|---|---|---|
| 1 | 发展 | 28972 | 11 | 市场 | 17586 |
| 2 | 消费 | 20857 | 12 | 医学 | 17536 |
| 3 | 健康 | 20072 | 13 | 增长 | 16677 |
| 4 | 国家 | 19967 | 14 | 能源 | 16474 |
| 5 | 研究 | 19774 | 15 | 工作 | 16195 |
| 6 | 企业 | 19258 | 16 | 产业 | 15789 |
| 7 | 营养 | 19011 | 17 | 足球 | 14539 |
| 8 | 技术 | 18707 | 18 | 新能源 | 14330 |
| 9 | 公司 | 18124 | 19 | 服务 | 14301 |
| 10 | 行业 | 18032 | 20 | 大学 | 13470 |

从表 10 中可以看出，2022 年社会团体正面情感微博的高频词主要与发展、研究、服务、文化、健康等相关，其中产业发展、技术研究在 2021 年与 2022 年均得到了广泛关注。

**表 11　社会团体的负面情感微博词频**

| 排序 | 词语 | 词频 | 排序 | 词语 | 词频 |
|---|---|---|---|---|---|
| 1 | 消费 | 116881 | 11 | 工作 | 13108 |
| 2 | 公司 | 22746 | 12 | 游戏 | 12662 |
| 3 | 投诉 | 22335 | 13 | 信息 | 12520 |
| 4 | 市场 | 20885 | 14 | 足球 | 12144 |
| 5 | 客服 | 19141 | 15 | 监管 | 12004 |
| 6 | 企业 | 18316 | 16 | 手游 | 11837 |
| 7 | 快递 | 15520 | 17 | 商品 | 10921 |
| 8 | 服务 | 15132 | 18 | 产品 | 10702 |
| 9 | 汽车 | 15001 | 19 | 证券 | 10528 |
| 10 | 维权 | 14124 | 20 | 食品 | 10342 |

从表11中可以看出，2022年社会团体的负面情感微博的高频词主要与消费者权益、服务管理、价格监管等有关，与2020年、2021年相比，消费者权益问题得到了更为广泛的关注。

### 3. 高热度社会团体情感状态分析

对微博数热度总量排名前五的社会团体以年度相对情感值为依据进行降序排列，分析高热度社会团体的情感状态（见表12）。

**表12　高热度社会团体的情感状态**

| 排序 | 社会团体名称 | 年度相对情感值 | 正面情感占比(%) | 负面情感占比(%) |
|---|---|---|---|---|
| 1 | 中国旅游协会 | 1.18 | 76.41 | 23.59 |
| 2 | 中国消费者协会 | -1.81 | 14.12 | 85.88 |
| 3 | 中国游泳协会 | 1.11 | 75.24 | 24.76 |
| 4 | 中国建筑学会 | 1.46 | 81.12 | 18.88 |
| 5 | 中华护理学会 | 3.71 | 97.61 | 2.39 |

如表12所示，2022年网络舆情热度高的社会团体，大部分其年度相对情感值为正，其中只有中国消费者协会的年度相对情感值为负，主要原因在于公众在消费过程中遇到问题通过网络平台进行反映，且每年“3·15”会揭露侵犯消费者权益的事件，由此会出现负面舆情。2022年该方面事件涉及校外培训、网络游戏和个人信息保护等多个方面。但是这些并非针对中国消费者协会，相反，这体现了中国消费者协会履行其宗旨，对消费市场规范发展起着重要作用。

## （二）基金会相关微博情感分析

### 1. 整体情况

为观察2022年基金会相关微博的情感走势，以及与2020年、2021年的情况进行对比，本报告对基金会的正负情感微博数进行汇总，并计算相对情感值，得到2022年与2020年、2021年基金会相关的微博的整体情感结构对比图（见图11上）、走势对比图（见图11下）、2022年基金会正负情感微博数走势图（见图12）。

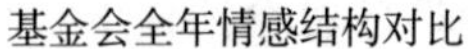


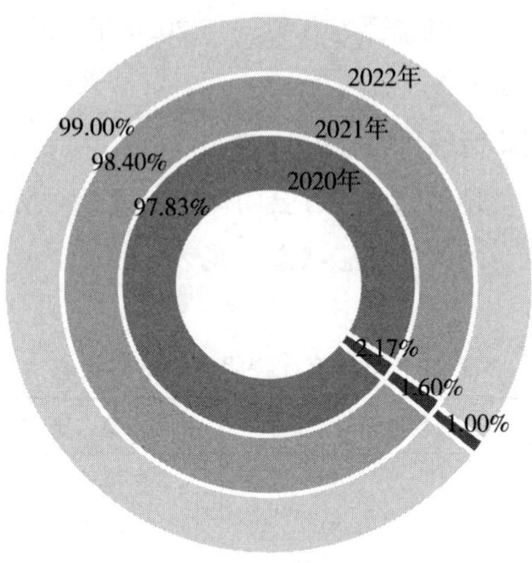


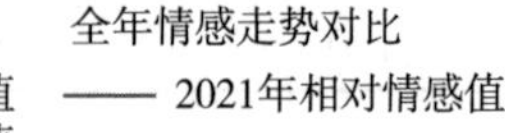


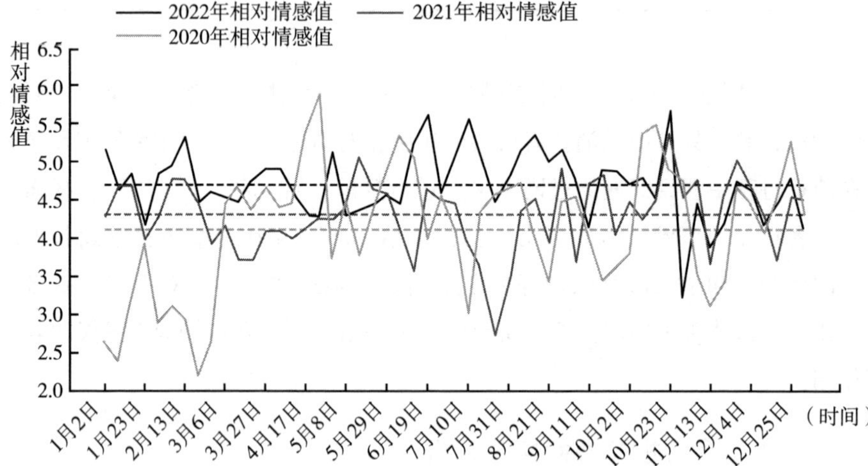


**图 11　基金会的情感分析示意**

注：相对情感值以周度进行计算，2021 年与 2022 年划分周度对应的日期稍有差异，此处以 2022 年为准。

2022 年基金会的正面情感微博数占比为 99.00%，负面情绪微博数占比为 1.00%，与 2020 年、2021 年相比，正面情绪微博数占比有所上升。与 2020

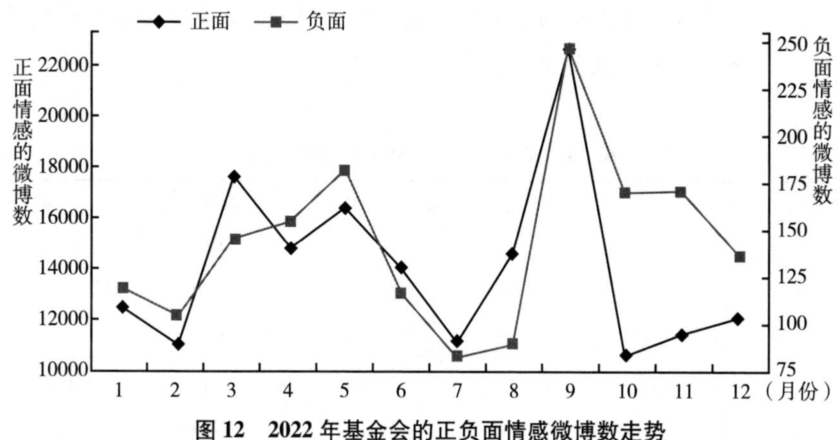


**图 12　2022 年基金会的正负面情感微博数走势**

年、2021 年相比，2022 年的相对情感值的平均水平较高，整体趋势比较平稳。由图 12 可知，2022 年基金会的正负面情感微博数波动均较大。在 2022 年 5 月和 9 月，负面情感微博数出现了峰值，这主要与“先心病儿童的‘心’生”项目和“联合辟谣”活动有关。

2. 情感词频分析

与整体情况的分析结果相结合，分别统计基金会正负面情感微博中出现的高频词，并从中选取对本次分析有意义的正面情感微博词频较高的前 20 个词语（见表 13）与负面情感微博词频较高的前 20 个词语（见表 14）进行展示。

**表 13　基金会的正面情感微博词频表**

| 排序 | 词语 | 词频 | 排序 | 词语 | 词频 |
|---|---|---|---|---|---|
| 1 | 公益 | 166432 | 11 | 守护者 | 62618 |
| 2 | 大使 | 129280 | 12 | 温暖 | 62617 |
| 3 | 捐款 | 121382 | 13 | 思源 | 53701 |
| 4 | 守护 | 104411 | 14 | 希望 | 51416 |
| 5 | 森林 | 85888 | 15 | 发展 | 49168 |
| 6 | 扶贫 | 81980 | 16 | 母亲 | 44598 |
| 7 | 宣传 | 77732 | 17 | 传递 | 43726 |
| 8 | 爱心 | 76104 | 18 | 绿色 | 32819 |
| 9 | 绿化 | 70057 | 19 | 疫情 | 31670 |
| 10 | 熊猫 | 62862 | 20 | 工程 | 31559 |

由表 13 可知，2022 年的基金会正面情感微博的高频词主要与公益活动、环境保护、动物保护和扶贫工作等有关。

**表 14　基金会的负面情感微博词频表**

| 排序 | 词语 | 词频 | 排序 | 词语 | 词频 |
| --- | --- | --- | --- | --- | --- |
| 1 | 公司 | 972 | 11 | 工作 | 516 |
| 2 | 项目 | 963 | 12 | 管理 | 379 |
| 3 | 儿童 | 875 | 13 | 消费 | 353 |
| 4 | 公益 | 778 | 14 | 机构 | 350 |
| 5 | 发展 | 762 | 15 | 健康 | 348 |
| 6 | 爱佑 | 693 | 16 | 教育 | 344 |
| 7 | 心病 | 677 | 17 | 童心 | 339 |
| 8 | 捐款 | 668 | 18 | 救灾 | 335 |
| 9 | 医疗 | 644 | 19 | 法律 | 311 |
| 10 | 企业 | 578 | 20 | 妇女 | 310 |

从表 14 中可以看出，2022 年基金会负面情感微博的高频词主要与公益项目和社会发展、公司和企业管理、儿童健康和妇女权益有关。

3. 高热度基金会情感状态分析

对微博数热度总量排名前 5 的基金会以年度相对情感值为依据进行降序排列，分析高热度基金会的情感状态（见表 15）。

**表 15　高热度基金会的情感状态**

| 排序 | 基金会名称 | 年度相对情感值 | 正面情感占比(%) | 负面情感占比(%) |
| --- | --- | --- | --- | --- |
| 1 | 中国绿化基金会 | 7.43 | 99.94 | 0.06 |
| 2 | 中国电影基金会 | 1.32 | 78.89 | 21.11 |
| 3 | 中国教育发展基金会 | 3.22 | 96.17 | 3.83 |
| 4 | 中国扶贫基金会 | 5.51 | 99.60 | 0.40 |
| 5 | 中华思源工程扶贫基金会 | 7.01 | 99.91 | 0.09 |

如表 15 所示，2022 年网络舆情热度高的基金会，其年度相对情感值均显著为正，2020 年和 2021 年的年度相对情感值也均显著为正，说明基金会在近三年一直发挥了重要作用，且公众对其整体表现评价非常积极。

## 五　主题分析

为了解 2022 年社会团体和基金会网络舆情的主题，本报告使用 LDA 主题模型对社会团体与基金会相关微博分别进行主题分析，并进一步结合情感分析结果，对负面舆情进行分析。

### （一）社会团体主题分析

#### 1. 社会团体全部微博主题分析

基于社会团体全部微博建立 LDA 主题模型，得到 3 个主题以及每个主题下出现概率较高的 10 个词语和相应概率（见表 16）。

**表 16　社会团体的主题汇总**

| 主题名称 | 主题词分布情况 |
| --- | --- |
| 主题 1 | 汽车(0.005)、新能源(0.004)、增长(0.004)、万辆(0.004)、公司(0.003)、市场(0.003)、同比(0.003)、数据(0.002)、消费(0.002)、行业(0.002) |
| 主题 2 | 城市(0.004)、发展(0.003)、建设(0.003)、文化(0.003)、工作(0.003)、产业(0.002)、建筑(0.002)、技术(0.002)、项目(0.002)、创新(0.001) |
| 主题 3 | 明星 1(0.131)、代言人(0.024)、品牌(0.013)、时代(0.013)、高音(0.012)、少年(0.012)、主唱(0.012)、核能(0.012)、大中华区(0.007)、品牌形象(0.007) |

注：(1) 本报告选取较为重要的关键词进行展示，词语括号中的数字为词语在该主题下的权重，下同；(2) 本表由于涉及个人或企业隐私问题，因此统一将名字换为明星或企业加数字形式，不同数字指代不同明星或企业，下同。

表 16 显示，主题 1 中出现概率较高的词主要与“新能源汽车”相关；主题 2 中出现概率较高的词主要与“城市及产业发展”有关；主题 3 中出现概率较高的词都和“品牌代言”相关。

2. 社会团体负面微博主题分析

结合情感分析结果，对社会团体负面微博建立 LDA 主题模型，得到 4 个主题及每个主题下出现概率较高的 10 个词语和相应概率（见表 17）。

表 17　社会团体负面微博的主题汇总

| 主题名称 | 主题词分布情况 |
| --- | --- |
| 主题 1 | 企业 1(0.006)、同比(0.005)、汽车(0.004)、增长(0.004)、下降(0.004)、万辆(0.003)、销量(0.003)、工作(0.003)、价格(0.003)、市场(0.002) |
| 主题 2 | 手游(0.026)、诈骗(0.020)、道具(0.012)、奖池(0.010)、保底(0.009)、产出(0.008)、游关服(0.008)、概率(0.007)、玩家(0.007)、底数(0.006) |
| 主题 3 | 点餐(0.007)、个人信息(0.006)、扫码(0.006)、食品(0.005)、消费(0.005)、维权(0.005)、安全事件(0.005)、餐饮(0.004)、民以食为天(0.003)、变质(0.002) |
| 主题 4 | 调解(0.009)、消费者(0.005)、纠纷(0.005)、投诉(0.004)、客服(0.004)、企业 2(0.004)、平台(0.003)、中国消费者协会(0.003)、当事人(0.003)、退款(0.003) |

如表 17 显示，主题 1 出现概率较高的词主要与“新能源汽车销售”有关，可见某新能源车企在行业内处于领先地位，但是未来的发展仍面临多个风险与挑战；主题 2 出现概率较高的词主要与“手游诈骗”有关；主题 3 出现概率较高的词主要与“食品安全”有关；主题 4 中出现概率较高的词有调解、纠纷、投诉等，这些词都与“消费者权益”相关。

## （二）基金会主题分析

1. 基金会全部微博主题分析

基于基金会全部微博建立 LDA 主题模型，得到 4 个主题以及每个主题下出现概率较高的 10 个词语和相应概率（见表 18）。

表 18　基金会的主题汇总

| 主题名称 | 主题词分布情况 |
| --- | --- |
| 主题 1 | 公约(0.012)，美国(0.010)，经济(0.007)，建设(0.007)，全球(0.006)，多样性(0.006)，国家(0.006)，组织(0.005)，生物(0.005)，法治(0.005) |

续表

| 主题名称 | 主题词分布情况 |
|---|---|
| 主题 2 | 明星 2(0.118),小红花(0.062),长津湖(0.039),明星 3(0.027),奇迹(0.022),电影票房(0.020),影史(0.016),明星 4(0.013),战狼(0.011),影评(0.009) |
| 主题 3 | 保护(0.015),熊猫(0.012),守护者(0.011),百万(0.010),森林(0.009),地球(0.008),自然(0.007),沙漠(0.006),力量(0.006),绿化(0.005) |
| 主题 4 | 儿童(0.006),文化(0.005),活动(0.005),救助(0.004),慈善(0.004),流浪(0.004),活下去(0.003),公益(0.003),关爱(0.003),病痛(0.002) |

表 18 显示，主题 1 中出现概率较高的词主要与“全球环境保护合作”有关,；主题 2 中出现概率较高的词者主要与“电影”有关；主题 3 中出现概率较高的词主要与“环境和动物保护”有关；主题 4 中出现概率较高的词主要与“儿童慈善救助活动”有关，体现了对困难家庭大病儿童的救助。

2. 基金会负面微博主题分析

结合情感分析结果，对基金会负面微博建立 LDA 主题模型，得到 4 个主题及每个主题下出现概率较高的 10 个词语和相应概率（见表 19）。

**表 19　基金会负面微博的主题汇总**

| 主题名称 | 主题词分布情况 |
|---|---|
| 主题 1 | 报道(0.062)、足球(0.047)、发展(0.025)、新闻(0.017)、整顿(0.012)、AED(0.010)、日常(0.009)、分子(0.009)、每次(0.008)、组织(0.007) |
| 主题 2 | 台湾(0.043)、大陆(0.023)、台独(0.020)、国务院(0.019)、顽固(0.015)、央视(0.010)、国台办(0.008)、惩戒(0.007)、国际(0.006) |
| 主题 3 | 股份(0.017)、美国(0.014)、科技(0.013)、集团(0.009)、公司(0.008)、投资(0.008)、金融(0.006)、疫苗(0.006)、经济(0.005)、全球(0.005) |
| 主题 4 | 票房(0.071)、市场(0.026)、国庆(0.021)、电影院(0.021)、电影票房(0.020)、观众(0.016)、预售(0.012)、上映(0.011)、排片(0.009)、票价(0.009) |

如表 19 所示，主题 1 中出现概率较高的词主要与“足球”有关；主题 2 中出现概率较高的词体现了极少数“台独”顽固分子的分裂行径引发公众不

满，对“台独”分子必须依法实施惩戒，实现祖国完全统一是民心所向、大势所趋；主题 3 中出现概率较高的词主要与“美国企图遏制中国发展”有关；主题 4 出现概率较高的词主要与“电影”有关。

## 六　年度热点专题分析

在 2022 年社会团体与基金会相关的网络舆情中，新冠疫情是贯穿始终的热点话题，此外体育赛事也成为公众关注的焦点。基于此，本报告分别针对新冠疫情及重大体育赛事展开了 2022 年网络舆情专题分析，相应关键词及专题微博总数如表 20 所示。

**表 20　专题关键词及微博总数**

| 专题 | 关键词 | 微博总数（条） |
| --- | --- | --- |
| 新冠疫情 | 抗疫、疫情、肺炎、新冠、防控、物资、口罩、隔离、感染、确诊病例、病毒、变异、病例、密切接触者、防护、封城、疫苗、防疫、方舱医院、医护、无症状感染者、奥密克戎 | 40474 |
| 重大体育赛事 | 体育、运动、赛事、冬奥、双奥、运动员、滑冰、滑雪、速滑、冰丝带、雪飞天、冠军、金牌、银牌、铜牌、谷爱凌、苏翊鸣、武大靖、任子威、一起向未来、世界杯、女篮、男篮、篮球、姚明、CBA、NBA、足球 | 19699 |

### （一）新冠疫情专题

#### 1. 热度分析

本部分依旧采用微博数、评论数、转发数与点赞数作为指标进行新冠疫情相关微博的热度分析。以周为时间粒度，绘制疫情相关微博的各指标热度趋势图（见图 13），该图显示疫情相关微博的微博数周热度的量级在百条左右，最高的微博数周热度约 2500 条。从波动情况看，在 2022 年前半年的热度整体较大，在 2022 年的 3 月底达到峰值，在 2022 年后半年的热度显著变小。疫情相关微博的微博数热度趋势与我国疫情防控的进展大致相同，体现了我国疫情防控工作取得显著成效。

综合转发数、点赞数与评论数这三个指标的热度峰值情况，可以确定2022年与疫情相关的热点事件（见表21）。

为了进一步观察新冠疫情相关微博中的话题量及影响力较大的社会组织，表22展示了与疫情相关微博各指标热度总量排名在前10的社会组织名单。

**表21　2022年新冠疫情热点事件**

| 时间 | 热点事件 |
| --- | --- |
| 2022年1月5日 | 中华思源工程扶贫基金会、北京博能志愿公益基金会联合发起的乡村儿童健康防护包公益项目给偏远乡村儿童提供健康防护用品和卫生用品 |
| 2022年3月29日 | 考虑到新冠疫情等因素，中国短道速滑队决定退出世锦赛 |
| 2022年4月3日 | 5000万元连花清瘟乘专列驰援上海 |
| 2022年4月20日 | 明星5给上海捐赠2辆负压救护车 |
| 2022年4月24日 | 明星6向上海捐赠生活物资 |
| 2022年4月28日 | 电影人驰援上海特别行动 |
| 2022年9月27日 | 明星7捐款50万元用于给女性提供hpv疫苗 |
| 2022年12月3日 | 张文宏称未来对新冠控制是降低致病率 |
| 2022年12月8日 | 钟南山院士谈奥密克戎传染性极强，致病率减弱 |
| 2022年12月11日 | 新冠治疗等相关微博合集 |

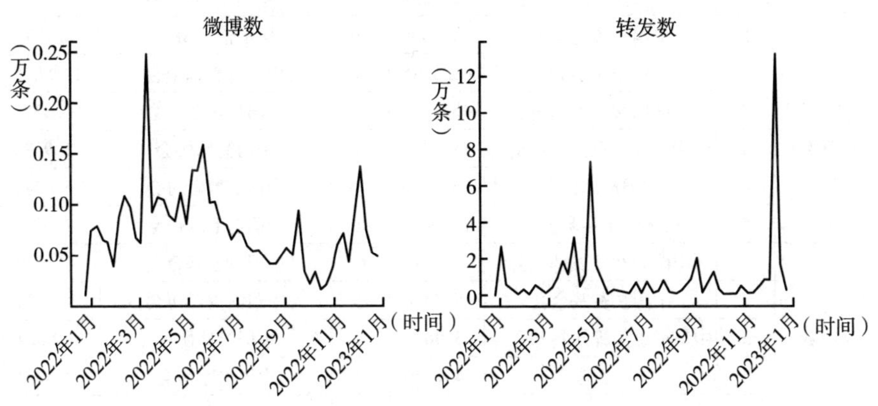

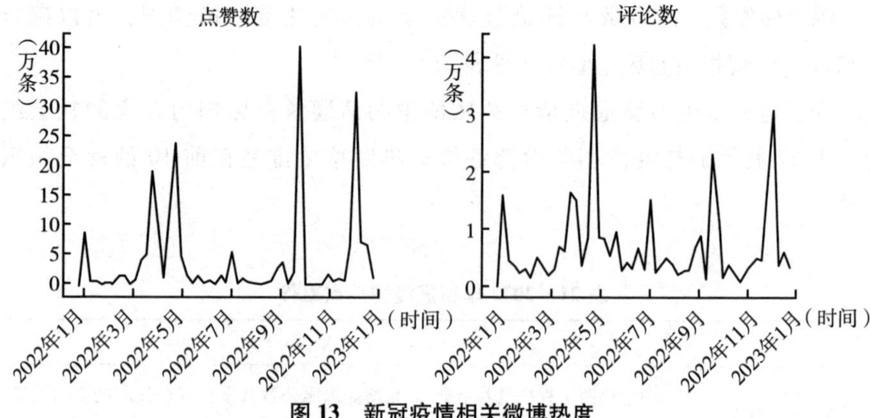


**图 13　新冠疫情相关微博热度**

**表 22　疫情相关微博各指标热度总量排名前 10 的社会组织**

热度单位：万条

| 热度指标 | 排名 | 社会组织名称 | 热度总量 | 排名 | 社会组织名称 | 热度总量 |
|---|---|---|---|---|---|---|
| 微博数 | 1 | 中国扶贫基金会 | 1.1187 | 6 | 中国红十字基金会 | 0.1130 |
| | 2 | 中国妇女发展基金会 | 0.9484 | 7 | 中国汽车工业协会 | 0.0857 |
| | 3 | 中华思源工程扶贫基金会 | 0.6228 | 8 | 中国篮球协会 | 0.0592 |
| | 4 | 中华医学会 | 0.2694 | 9 | 中国营养学会 | 0.0581 |
| | 5 | 中国消费者协会 | 0.2450 | 10 | 中国足球协会 | 0.0343 |
| 转发数 | 1 | 中华医学会 | 16.0260 | 6 | 中国扶贫基金会 | 1.7547 |
| | 2 | 中华思源工程扶贫基金会 | 12.8401 | 7 | 中国消费者协会 | 0.8635 |
| | 3 | 中国红十字基金会 | 7.3843 | 8 | 中国华侨公益基金会 | 0.5702 |
| | 4 | 中国妇女发展基金会 | 2.5638 | 9 | 中国营养学会 | 0.5524 |
| | 5 | 中国电影基金会 | 2.2608 | 10 | 中国篮球协会 | 0.4990 |
| 点赞数 | 1 | 中华医学会 | 48.5195 | 6 | 中国电影基金会 | 11.5806 |
| | 2 | 中国妇女发展基金会 | 46.9892 | 7 | 中国扶贫基金会 | 8.3328 |
| | 3 | 中华思源工程扶贫基金会 | 37.5661 | 8 | 中国篮球协会 | 5.9735 |
| | 4 | 中国滑冰协会 | 16.7109 | 9 | 中国消费者协会 | 5.9240 |
| | 5 | 中国红十字基金会 | 14.6462 | 10 | 中国羽毛球协会 | 2.9279 |
| 评论数 | 1 | 中国妇女发展基金会 | 9.1731 | 6 | 中国电影基金会 | 1.7939 |
| | 2 | 中国扶贫基金会 | 6.7678 | 7 | 中国消费者协会 | 1.2044 |
| | 3 | 中华思源工程扶贫基金会 | 5.9637 | 8 | 中国篮球协会 | 1.0064 |
| | 4 | 中华医学会 | 4.1840 | 9 | 中国滑冰协会 | 0.6724 |
| | 5 | 中国红十字基金会 | 3.1835 | 10 | 中国营养学会 | 0.5807 |

2. 情感分析

（1）整体情况

图 14 展示了与新冠疫情相关微博的情感分析，整体而言，与疫情相关的微博中，正面情感微博数占比为 88.63%，而负面情感微博数占比为 11.37%，表明公众对于 2022 年基金会和社会团体在我国新冠疫情防控中的表现整体持肯定态度。与 2021 年疫情专题情感结构相比，负面情感微博数占比由 5.43%上升为 11.37%，反映出基金会和社会团体在疫情防控工作中的负面舆情占比呈现上升趋势。相对情感值的计算结果进一步显示，2022 年疫情相关微博的正面微博数都要大于负面微博数，并且在 2 月、6 月、10 月和 12 月形成峰值。

（2）社会团体和基金会的情感状态分析

图 15 展示了 2022 年社会团体新冠疫情相关微博的情感分析，其中正面情感微博数占比为 59.49%，负面情感微博数占比为 40.51%，与 2021 年社会团体疫情相关微博的情感结构相比，负面情感微博数占比由 18.10%上升为 40.51%，显示了社会团体在防疫工作中产生的负面舆情占比较上一年大幅增长。从相对情感值可以进一步看出全年大部分时间社会团体正面情感微博数大于负面情感微博数，但在 2022 年 1、3、4、7、9 月底和 11 月初社会团体正面情感微博数低于负面情感微博数，表明公众对于 2022 年社会团体在新冠疫情防控中的工作总体上持肯定态度。

图 16 展示了 2022 年基金会新冠疫情相关微博的情感分析，其中正面情感微博数占比高达 99.12%，负面情感微博数占比仅为 0.88%，与 2021 年疫情专题基金会情感结构相比，负面情感微博数占比由 1.42%下降为 0.88%，凸显基金会在疫情防控中的工作表现十分突出，公众对于 2022 年基金会在新冠疫情防控中的工作满意度很高。

综合上述分析，在与新冠疫情相关的微博中，社会团体的情感结构呈现正向特征，但负面舆情占比较上一年有所上升需要引起关注，基金会情感结构明显表现出正向特征，负面舆情极少，这表明公众对于社会团体与基金会在新冠疫情防控中的工作整体上持肯定态度。

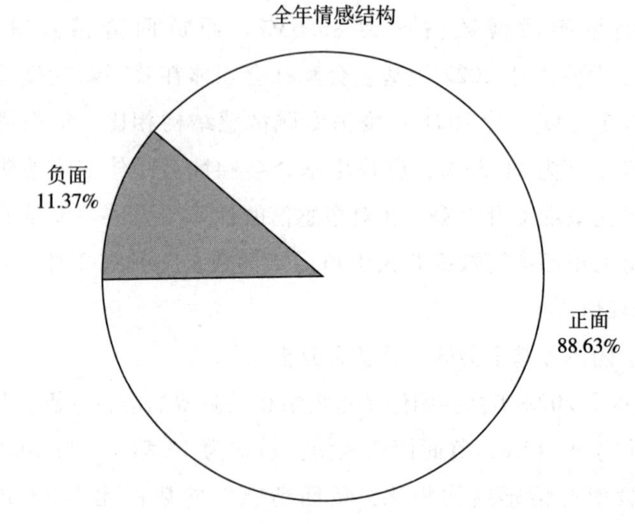

**图 14　新冠疫情相关微博情感分析**

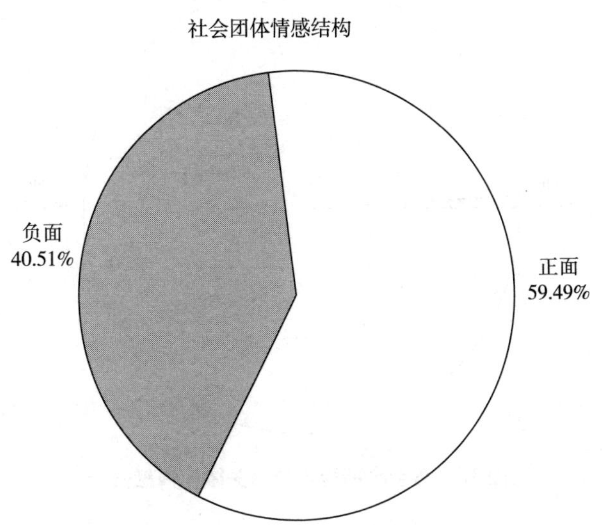


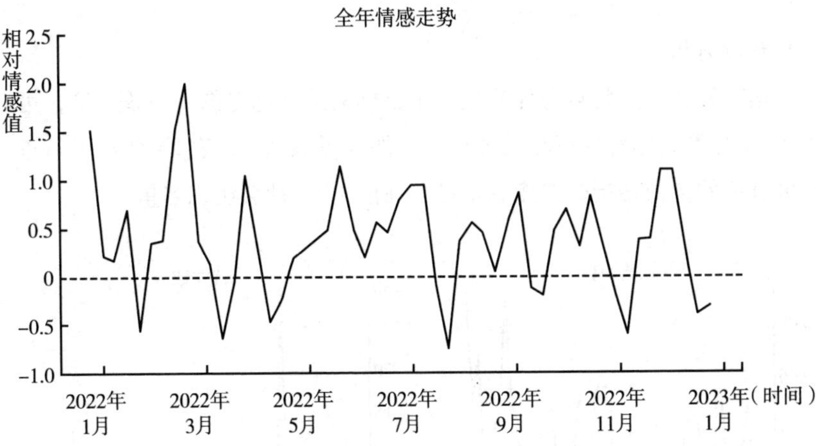


**图 15　社会团体新冠疫情相关微博情感分析**

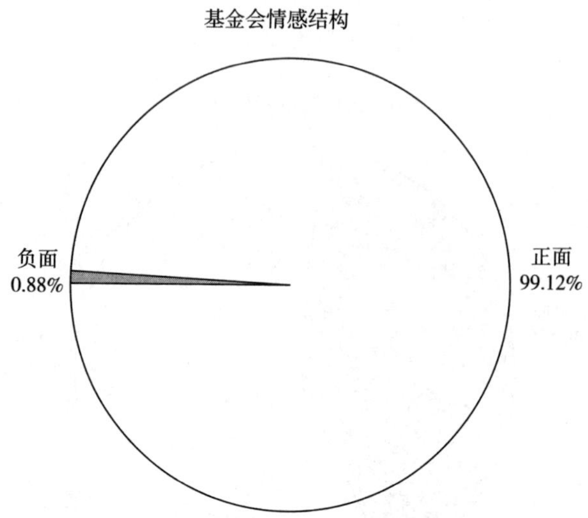


**图 16 基金会新冠疫情相关微博情感分析**

## （二）重大体育赛事专题

### 1. 热度分析

根据转发数、点赞数与评论数三个指标的热度趋势图（见图 17），可以确定 2022 年与重大体育赛事相关的热点事件（见表 23），表 24 展示了与重大体育赛事有关的微博各指标热度总量排名在前 10 的社会组织名单。

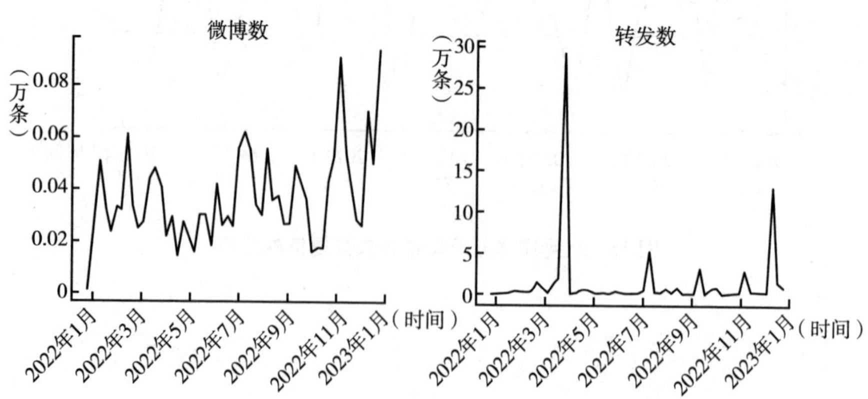

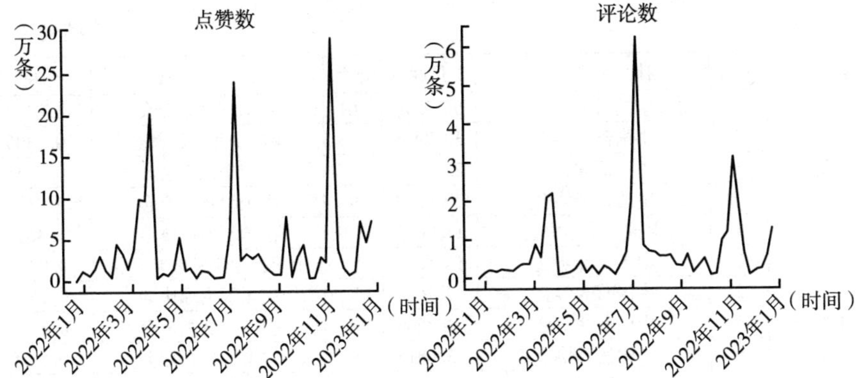


图 17　重大体育赛事相关微博热度趋势

表 23　2022 年重大体育赛事热点事件

| 时间 | 热点事件 |
| --- | --- |
| 2022 年 1 月 6 日 | 国家女篮备战世界杯资格赛 |
| 2022 年 2 月 19 日 | 武大靖鼓励小朋友参与冰雪运动 |
| 2022 年 2 月 25 日 | 足球第一课希望工程公益足球场 |
| 2022 年 3 月 29 日 | 中国短道速滑队退出世锦赛 |
| 2022 年 4 月 2 日 | 马龙获得杭州亚运会单打资格 |
| 2022 年 4 月 28 日 | 中国女足获全国工人先锋号 |
| 2022 年 7 月 6 日 | 国家篮球队应对出访参赛新情况 |
| 2022 年 9 月 12 日 | 国乒男女团世乒赛阵容海报 |
| 2022 年 11 月 10 日 | 刘少林兄弟父母支持儿子回到中国 |
| 2022 年 12 月 29 日 | 姚明徐梦桃告诉你梦想有多强 |

表 24　重大体育赛事微博各指标热度总量排名前 10 的社会组织

热度单位：万条

| 热度指标 | 排名 | 社会组织名称 | 热度 | 排名 | 社会组织名称 | 热度 |
| --- | --- | --- | --- | --- | --- | --- |
| 微博数 | 1 | 中国足球协会 | 0.6891 | 6 | 中国羽毛球协会 | 0.0803 |
| | 2 | 中国篮球协会 | 0.3068 | 7 | 中国营养学会 | 0.0675 |
| | 3 | 中国滑冰协会 | 0.2392 | 8 | 中国扶贫基金会 | 0.0577 |
| | 4 | 中国青少年发展基金会 | 0.1044 | 9 | 中华医学会 | 0.0505 |
| | 5 | 中国乒乓球协会 | 0.0874 | 10 | 中国消费者协会 | 0.0369 |
| 转发数 | 1 | 中国乒乓球协会 | 30.8903 | 6 | 中国滑冰协会 | 2.0568 |
| | 2 | 中华医学会 | 14.2963 | 7 | 中国扶贫基金会 | 1.8189 |
| | 3 | 中国营养学会 | 8.7939 | 8 | 中国篮球协会 | 1.7773 |
| | 4 | 中国青少年发展基金会 | 3.8793 | 9 | 中国航天基金会 | 1.2116 |
| | 5 | 中国足球协会 | 3.1576 | 10 | 中国绿化基金会 | 0.8985 |

续表

| 热度指标 | 排名 | 社会组织名称 | 热度 | 排名 | 社会组织名称 | 热度 |
|---|---|---|---|---|---|---|
| 点赞数 | 1 | 中国滑冰协会 | 55.3540 | 6 | 中国扶贫基金会 | 11.8277 |
| | 2 | 中国营养学会 | 30.7983 | 7 | 中国青少年发展基金会 | 10.8306 |
| | 3 | 中国篮球协会 | 22.2592 | 8 | 中华医学会 | 8.7751 |
| | 4 | 中国足球协会 | 20.6242 | 9 | 中国绿化基金会 | 5.9120 |
| | 5 | 中国乒乓球协会 | 14.0013 | 10 | 中国羽毛球协会 | 5.4654 |
| 评论数 | 1 | 中国足球协会 | 13.5229 | 6 | 中国青少年发展基金会 | 0.9951 |
| | 2 | 中国营养学会 | 7.1668 | 7 | 中国羽毛球协会 | 0.6534 |
| | 3 | 中国滑冰协会 | 4.7566 | 8 | 中国扶贫基金会 | 0.6501 |
| | 4 | 中国篮球协会 | 3.0813 | 9 | 中国绿化基金会 | 0.5620 |
| | 5 | 中国乒乓球协会 | 2.3188 | 10 | 中华医学会 | 0.5095 |

2. 情感分析

（1）整体情况。图 18 展示了重大体育赛事相关微博的情感分析。与重大体育赛事相关的微博中，正面情感微博数占比为 77.61%，而负面情感微博数占比为 22.39%，从相对情感值可以进一步看出全年绝大部分时间重大体育赛事相关的正面情感微博数大于负面情感微博数，仅有 2022 年 12 月底的一段时间正面情感微博数小于负面情感微博数。表明公众对于 2022 年社会团体和基金会在支持举办重大体育赛事中的表现整体持肯定态度，仅有一小部分工作形成了负面舆情，需要进一步改进和完善。

全年情感结构

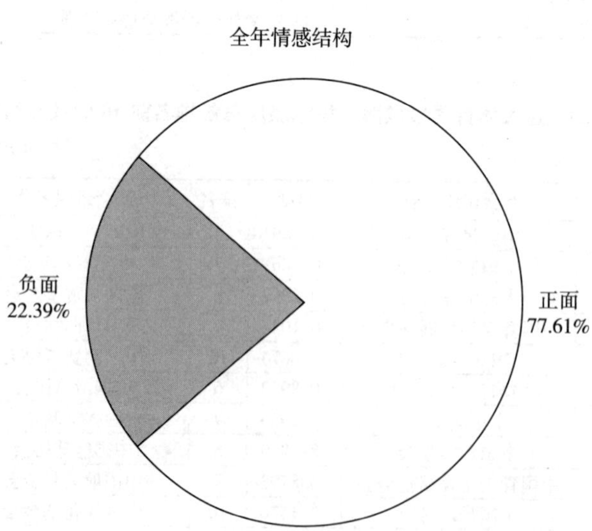

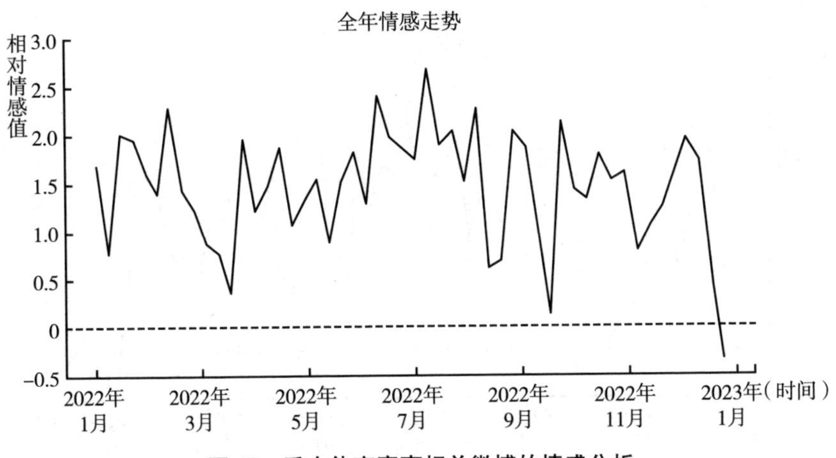


**图 18　重大体育赛事相关微博的情感分析**

（2）社会团体和基金会的情感状态分析。图 19 展示了 2022 年社会团体重大体育赛事相关微博的情感分析，其中正面情感微博数占比为 74. 30%，负面情感微博数占比为 25. 70%，相对情感值全年基本都是正值，但在 2022 年 3 月、9 月底接近 0 并且在 12 月底的一段时间为负值，表明公众对社会团体在保障重大体育赛事圆满举办相关工作中的表现满意度较高。

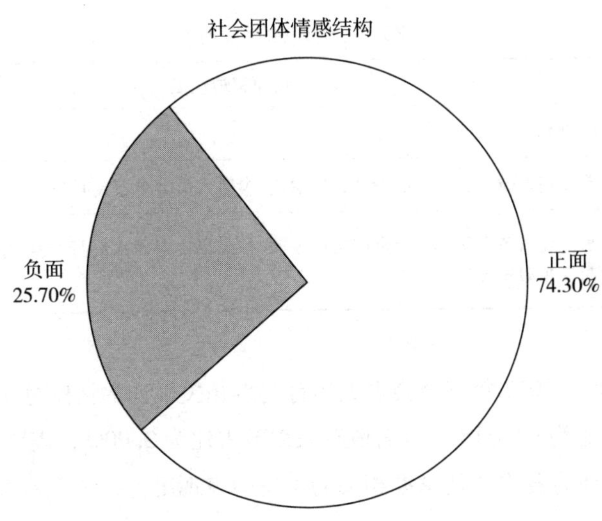

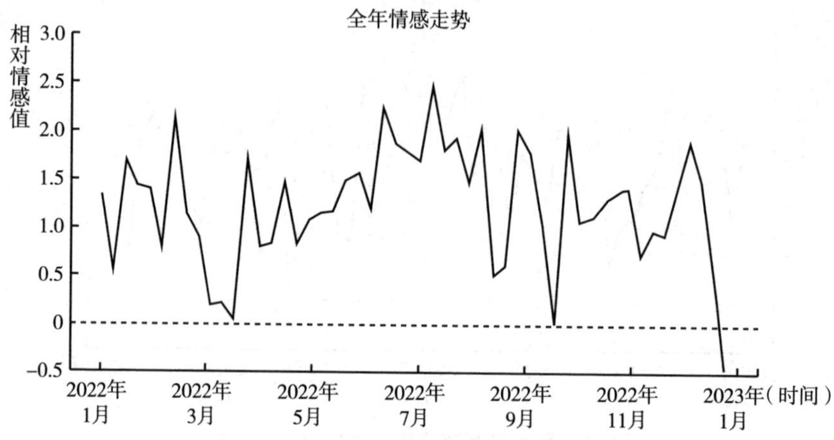


**图 19　社会团体重大体育赛事相关微博情感分析**

本报告通过找到社会团体重大体育赛事相关微博相对情感值接近 0 以及为负值的时间段中发生的热点事件看出，负面舆情主要集中在如表 25 所示的社会团体中。其中相对情感值在 12 月底为负值主要与中国足球协会的负面舆情有关。

**表 25　社会团体负面舆情**

| 社会团体 | 负面舆情焦点 |
|---|---|
| 中国篮球协会 | 裁判判罚不公正 |
| 中国滑冰协会 | 受疫情影响计划承办的滑冰比赛取消、参赛人员名单不及时公布 |
| 中国足球协会 | 足协要求各俱乐部解决全部历史欠薪、中国足协对六人终身禁赛、中国足协通报处罚广东假球事件 |

图 20 展示了 2022 年基金会重大体育赛事相关微博的情感分析，其中正面情感微博数占比为 97.00%，负面情感微博数占比为 3.00%，表明 2022 年基金会在确保重大体育赛事成功举办相关的工作中表现出色，公众对基金会的工作非常认可。

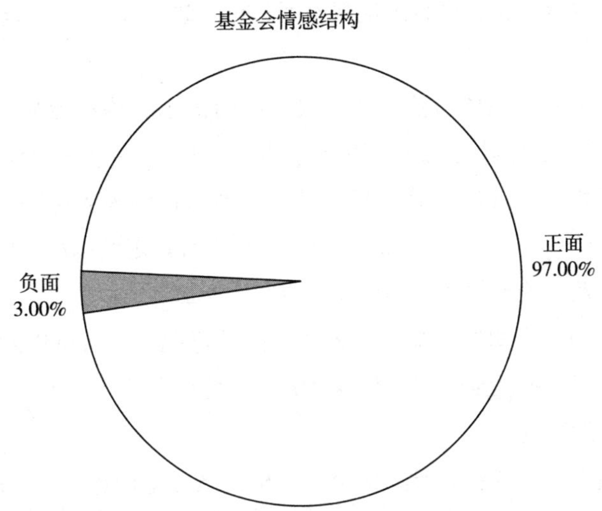


**图 20　基金会重大体育赛事相关微博情感分析**

综合上述分析，在与重大体育赛事相关的微博中，社会团体和基金会的情感结构均呈现正向特征。这表明公众对于社会团体与基金会在与重大体育赛事相关的工作中的表现整体上持肯定态度，仅有小部分涉及重大体育赛事的工作引起了公众的负面情绪。

## 七　结论与建议

2022 年是实施“十四五”规划的关键之年，是党的二十大召开之年，也是我国踏上全面建设社会主义现代化国家新征程、向第二个百年奋斗目标进军的重要一年。在 2022 年，中国经济总量再攀新高，高质量发展取得新突破，北京冬奥会、冬残奥会成功举办，疫情得到了有效控制。在这一年中，社会组织的作用发挥日益突出、职能地位日益凸显，对于参与公共事件、抗击新冠疫情、促进社会和谐稳定都具有十分重要的现实意义与深远影响，社会组织已经成为我国构建共建共治共享社会治理新格局的重要力量。本报告对 2022 年社会团体与基金会的相关微博进行舆情分析，得到如下成果。

（1）通过对社会团体与基金会相关微博的各指标热度总量、热度峰值以及排名变动的热度分析，可直观地观察到其热度波动趋势以及与热度峰值相关的热点事件。

（2）通过对社会团体与基金会相关微博的情感结构和走势进行分析，并与2021年的情况进行对比发现，2022年社会组织正面情感微博数占比明显下降，负面情感微博数占比显著增长，且相对情感值的整体水平低于2021年，说明公众对于2022年社会组织的整体表现持相对肯定的态度，但是公众对社会组织的工作及相关事件产生的负面情绪有所增加。

（3）通过对社会团体与基金会相关微博进行主题分析可以发现，2022年公众对社会组织的关注点除了与其本身的职能特点有关外，还受到新冠疫情与重大体育赛事的影响。

（4）通过对新冠疫情、重大体育赛事相关微博进行热点事件的专题分析，展示了社会组织与基金会网络舆情的发展趋势与特征。

基于以上研究成果，可以得到如下结论。

第一，根据2022年基金会与社会团体网络舆情的综合分析结果，这两类社会组织在舆情中反映的热度和主题与它们的本职工作密切相关，显示它们在国家治理体系中履行社会职责的能力良好。部分基金会排名提高，是因明星参与和推广，吸引了大量粉丝群体，扩大了公益项目的影响力。社会团体的排名提高受到疫情政策的影响，公众对医疗健康知识的关注度明显提高。

第二，情感和主题分析显示，大多数网络舆情呈现正面情感，但仍有部分负面情感存在，整体情感水平低于2021年。负面舆情主要集中在新冠疫情、消费者权益、食品安全、价格监管和足球运动等话题。与2021年相比，公众仍关注新冠疫情和足球运动，而2022年成功举办的北京冬奥会等重大体育赛事激发了公众对体育运动的热情。此外，食品安全和消费者权益问题也逐渐受到公众关注。

基于以上研究结论，针对社会组织的舆情管控工作提出以下几点建议。

第一，社会团体和基金会应高度关注舆情问题，在社会热点事件或高关注领域加强监测和分析，建立舆情应急处置制度，利用媒体宣传引导正面舆情。对于负面舆情，要迅速了解背景和原因，回应公众质疑。同时确保处理过程公开透明、客观有效，提高公信力，尽量减少负面舆情影响。社会团体和基金会应增强管理和危机防范意识，关注公众需求，致力于改善民生，这样可以提升公信力，维护声誉，不应被动应对负面舆论，而应主动应对舆论监督，满足公众期望。

第二，民政管理部门应定期指导和培训社会团体和基金会的舆情管控工作，提高其对网络舆情风险的意识和应对能力。针对可能产生负面影响的社会热点事件和相关领域，要及时提供舆情管控的指导与建议，确保负面舆情不影响社会组织的服务能力，维护其在社会中的公信力和形象。

第三，针对负面舆情中的食品安全和消费者权益问题，中国消费者协会作为社会团体在保护消费者权益方面发挥重要作用，政府和行政部门应密切合作，支持和帮助消费者协会履行职能。构建现代化市场监管体系，加强食品质量安全监测。加强对网络直播、网络游戏等领域的监管，建立舆情监测机制，保障网络消费安全，优化网络消费环境，重视消费者需求和权益。在网络购物节期间，关注负面舆情的来源，及时解决消费者投诉问题，发挥社会组织的服务功能。

## 参考文献

王鹏、高铖、陈晓美：《基于 LDA 模型的文本聚类研究》，《情报科学》2015 年第 1 期。

李凌鸥：《科层治理与组织合法性：社会组织协同应对突发事件的双重逻辑与实现路径》，《社会工作与管理》2020 年第 6 期。

孔建华：《社会组织协同参与网络舆情治理研究》，《传媒论坛》2021 年第 1 期。

江必新：《关于多元共治的若干思考》，《社会治理》2019 年第 3 期。

杨立公、朱俭、汤世平：《文本情感分析综述》，《计算机应用》2013 年第 6 期。

谢耘耕、荣婷：《微博舆论生成演变机制和舆论引导策略》，《现代传播（中国传媒大学学报）》2011 年第 5 期。

赵妍妍、秦兵、刘挺：《文本情感分析》，《软件学报》2010 年第 8 期。

Chen Q、Yao L、Yang J.：Short Text Classification Based on LDA Topic Model，2016 International Conference on Audio，Language and Image Processing（ICALIP）. IEEE，2016.

# B.8 社会组织促进长江三角洲区域经济增长的分析报告

刘泉军*

**摘 要：** 本报告以2008~2022年长江三角洲区域4个省、直辖市为样本，利用固定效应面板模型和调节效应模型，研究社会组织给经济增长带来的影响。研究结果表明，在长江三角洲区域，社会组织整体上对经济增长具有显著的正向促进作用，其中民办非企业单位对经济增长具有显著的正向促进作用，社会团体和基金会对经济增长不具有显著影响，且市场化发展水平负向影响社会组织对经济增长的促进作用；疫情期间，浙江省社会组织整体上对经济增长具有显著的正向促进作用，主要表现为民办非企业单位和基金会对经济增长具有显著的正向促进作用。基于研究结果，本报告提出相应建议：从国家治理的角度加深对社会组织的认知，充分发挥社会组织的社会治理作用；分类施策，在市场化发展水平较高的区域重视发展民营非企业单位；从政府和行业两方面采取切实有效措施，促进长江三角洲区域社会组织的一体化发展。

**关键词：** 社会组织 经济增长 长江三角洲区域 面板模型

长江三角洲区域（简称“长三角区域”）包括上海市、江苏省、浙江省、安徽省4个省、直辖市，其区域总面积约35万平方公里，占全国的3.65%；人口规模为2.27亿，占全国的16.1%；2022年国内生产总值合计为290289亿

* 刘泉军，中国社会科学院大学商学院副教授，主要研究方向为财务管理与资本市场。

元，约占全国的24%。长三角区域区位条件优越，自然禀赋优良，经济基础雄厚，体制比较完善，城镇体系完整，科教文化发达，已成为全国发展基础最好、体制环境最优、整体竞争力最强的地区之一，在中国社会主义现代化建设全局中具有十分重要的战略地位①。2018年11月5日，习近平总书记在首届中国国际进口博览会上宣布，支持长江三角洲区域一体化发展并上升为国家战略。长江三角洲区域的社会组织数量多、治理质量高、发展势头好，有力地促进了该地区的社会各项事业的发展。本报告以长江三角洲区域为例，探讨社会组织的发展与经济增长的关系，并根据研究结论提出相应的政策建议。

## 一　社会组织对经济增长影响的简要理论分析

### （一）社会组织对经济增长的影响分析——基于国家治理视角

一个国家经济的长期持续稳定健康发展，离不开一个有效的国家治理环境。政府、市场和社会是国家治理的三个重要组成部分。国家治理活动中，政府力量最擅长公共领域的治理，市场力量最擅长经济领域的治理，而社会力量最擅长纠正和弥补政府力量和市场力量的缺陷和不足，社会力量在公共领域和私人领域都能够找到自己最佳的角色定位②。以社会组织主导的社会力量参与国家治理，主要从事政府和市场无力或不愿提供治理产品的领域。在这一领域中，政府虽然愿意提供治理产品，却受到自身的人员、能力和专业化的限制，因此没有能力提供；而市场因为无利可图，根本不愿在此领域投入资金和技术。因此，中间领域一般是由社会组织主导的③。社会组织量大面广，分布在

① 《加强协同合作奋力打造长三角国际一流营商环境——〈长三角国际一流营商环境建设三年行动方案〉解读之一》，https：//baijiahao. baidu. com/s？id＝1749472714990940077&wfr＝spider&for＝pc，最后检索时间：2023年5月26日。

② 张晓晶：《政府、市场和社会三元共治，社会也是至关重要的一方》，https：//baijiahao. baidu. com/s？id＝1638010988271561253&wfr＝spider&for＝pc，最后检索时间：2023年5月26日。

③ 宋道雷：《社会治理的“中间领域”：以社会组织为考察对象》，《社会科学》2020年第6期，第58~70页。

各个领域，团结凝聚着众多群众，是党和政府联系服务群众的桥梁和纽带；一些社会组织汇集了大批专家学者，是党和政府的“智囊团”；一些社会组织可以有效化解矛盾纠纷，成为促进社会和谐的“黏合剂”。社会组织是社会治理的重要参与者和实践者，是坚持和完善共建共治共享社会治理制度的重要力量和载体①。社会组织作为“第三部门”，积极参与国家治理，充分发挥自身独特的优势与作用，形成政府、市场和社会三方力量相对均衡、相互支持的格局，为经济持续稳定健康发展提供一个良好的发展环境。

### （二）社会组织对经济增长的溢出效应分析

社会组织对经济增长的影响是多方面的、长期性的。社会组织对经济增长能够提供直接贡献，主要体现在：一是社会组织提供的社会产品和服务是社会总产品的重要组成，直接增加国内生产总值；二是社会组织可以直接提供大量的就业岗位，缓解就业压力。更为重要的是社会组织对经济增长的溢出效应，这种溢出效应体现在空间上的溢出效应和时间上的溢出效应。

空间上的溢出效应主要体现为关联效应和引致效应。社会组织的正常运营，既要消耗其他部门的产品，同时其他部门的生产也要消耗它的产品，因而形成部门与部门间的相互消耗关系，由此产生的效益即为关联效应。社会组织的发展首先会引起与其直接关联产业的发展，这些产业的发展又会按照不同产业关联方式引起相关产业的发展，这种关联影响过程依次传递，但影响程度逐渐衰减，由此产生的效益即为引致效应②。此外，社会组织对经济增长的影响往往超出了本区域的范围，向临近区域甚至全国延展。比如，上海市的公益基金会可能将募集到的捐赠款项投放到全国范围内最需要资金支持、最能发挥资金效益的地方。例如，上海全市基金会以西藏日喀则市、青海果洛州、新疆喀什地区和克拉玛依市以及云南省 13 州市等上海对口支援和东西部扶贫协作地区为主战场，2022 年共组织开展乡村振兴项目 807 个，

---

① 刘忠祥：《在共建共治共享的社会治理中发挥社会组织的积极作用》，民政部网站，https：//mzzt. mca. gov. cn/article/zt_ 19jszqh/mtbd/202001/20200100022801. shtml，最后检索时间 2023 年 5 月 26 日。

② 王玲玲、李芳林：《中国社会组织发展的社会经济效益量化测度与分析》，《统计与信息论坛》2017 年第 3 期，第 42~49 页。

总资助金额 2.6 亿元[①]。时间上的溢出效应，主要体现在社会组织提供的社会服务具有基础性、公益性特征，能够跨越时间周期，长期持续性地发挥作用。例如，社会组织提供的教育服务，能够提高未来劳动者的知识水平和综合素质，提升劳动生产力水平；公益基金会等各类社会组织积极参与农村脱贫攻坚和乡村振兴，能够缩小城乡发展差距，促进社会公平，实现共同富裕；学会协会等社会组织能够促进知识交流、科技进步和技术传播，行业协会等社会组织能够促进行业健康发展。

## 二 社会组织对经济增长影响的总量分析

### （一）样本主要数据分析

本报告以 2008~2022 年长三角区域 4 个省、直辖市为样本，选取且整理各省、直辖市的国内生产总值、社会组织数量、社会组织职工数、常住人口、固定资产投资额、财政一般预算支出、市场化指数等作为基础数据，构成数据分析集。其中，各省、直辖市国内生产总值、常住人口、固定资产投资额、财政一般预算支出等数据，由中华人民共和国国家统计局网站整理得到，社会组织数量、社会组织职工数等社会组织数据，由民政部网站和各年的《中国民政统计年鉴》整理得到；市场化指数取自中国市场化指数数据库。

1. 长三角区域国内生产总值和社会组织数量

2008~2022 年，长江三角洲区域国内生产总值和社会组织数量保持稳定增长的趋势，国内生产总值从 2008 年的 76285 亿元增加到 2022 年的 290289 亿元，年复合增长率约为 10.02%（见图 1）；社会组织数量从 2008 年的 84078 个增加到 2021 年的 215062 个，年复合增长率约为 7.49%，其中受新冠疫情影响，2020 年增长趋缓，2021 年首次出现负增长。长江三角洲区域社会组织数量的增长慢于国内生产总值的增长。

① 《多领域参与，多类型帮扶，上海基金会助力乡村振兴》，上海民政局网站，https://mzj.sh.gov.cn/2023bsmz/20230221/e58e0e2abb6d4411beabd0e156318d6d.html，最后检索时间：2023 年 5 月 26 日。

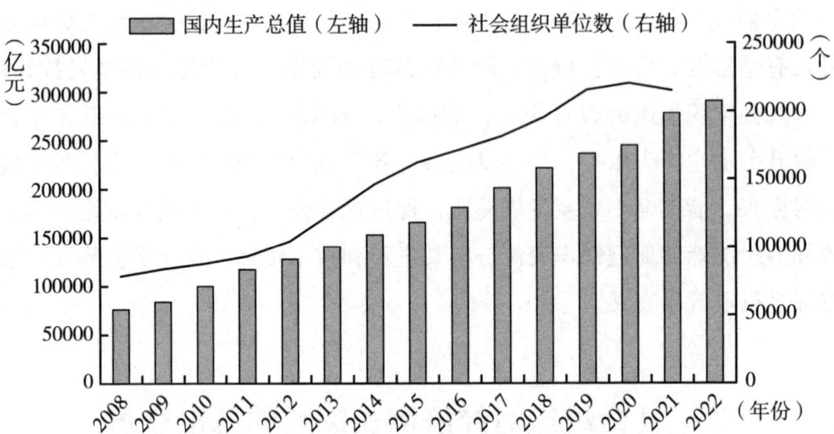


**图1　2008~2022年长江三角洲区域国内生产总值与社会组织数量**

资料来源：根据中华人民共和国国家统计局网站和民政部网站整理得到。

## 2. 2021年长三角区域各省、直辖市社会组织分布

从细分省份来看，江苏省2021年的社会组织数量89247个（见图2），民办非企业单位和社会团体数量均排名第一，基金会数量排名第二，且江苏省的国内生产总值也处于绝对领先地位；浙江省的社会组织数量排名第二，基金会904个排名第一，民办非企业单位和社会团体数量均排名第二；安徽省的社会

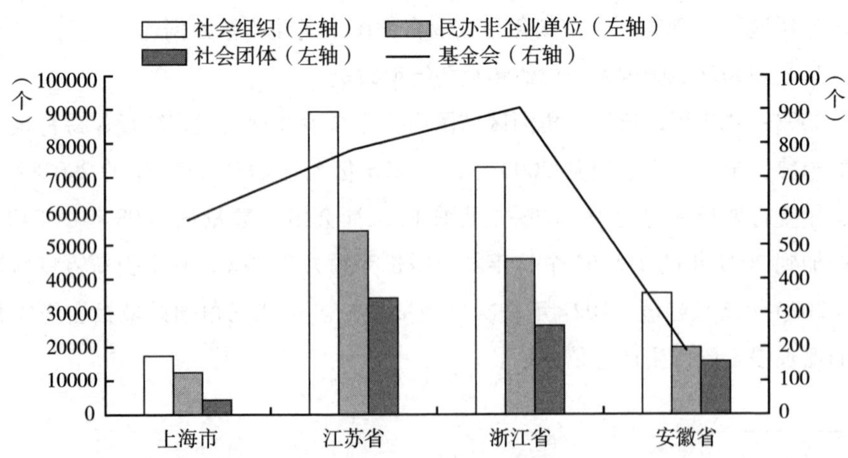


**图2　2022年长江三角洲区域各省、直辖市社会组织分布**

资料来源：中华人民共和国民政部网站。

组织数量排名第三，但基金会仅有189个排名最后，且人均基金会数量也排名最后；上海市社会组织数量最少，其中社会组织数量无论总量还是相对人口比例都是最低水平，但基金会相对人口数量来说偏高。整体上看，江苏省和浙江省社会组织数量多，经济相对发达；安徽省社会组织数量少，经济相对落后；上海市社会组织数量偏少，经济最为发达。

## （二）变量说明

衡量一个国家或地区的经济发展水平常用的指标是国内生产总值（GDP）或人均国内生产总值（人均GDP）。本报告选取国内生产总值（GDP）为被解释变量。作为衡量社会组织发展水平的指标，根据各年《中国民政统计年鉴》和各省、市统计局网站发布的数据，可供选择的指标主要有社会组织单位数量和社会组织职工数量，此外还有社会组织职工学历（包括大专学历人数和本科及以上学历人数）、职称（助理社会工作师和社会工作师）、行政处罚数、固定资产总值、社会组织收入、社会组织费用等其他相关指标，但这些指标经过统计检验都不显著，且降低了模型的有效性。因此，本研究使用社会组织数量和社会组织职工数来代表社会组织的发展程度，作为解释变量。主要变量说明如表1所示。

**表1 主要变量说明**

| 变量 | 属性 | 变量符号 | 变量名称 |
|---|---|---|---|
| 被解释变量 | 经济发展状况 | *GDP* | 国内生产总值 |
| 解释变量 | 社会组织发展 | *NSO* | 社会组织总数 |
| | | *NEU* | 民办非企业单位数量 |
| | | *SO* | 社会团体数量 |
| | | *FO* | 基金会数量 |
| | | *ZG* | 社会组织职工总数 |
| 调节变量 | 市场化程度 | *MAR* | 市场化指数 |
| 控制变量 | 其他影响因素 | *INV* | 固定资产投资额 |
| | | *EXP* | 财政一般预算支出 |
| | | *GP* | 常住人口 |
| | | *ZG*1 | 民办非企业单位职工数 |
| | | *ZG*2 | 社会团体职工数 |
| | | *ZG*3 | 基金会职工数 |

## （三）研究假设与面板固定效应模型的构建

社会组织的发展，对于经济的发展具有重要的影响作用。一方面，社会组织作为国民经济生活的一个重要组成部分，本身提供大量的社会服务和产品，增加社会的总产出，直接增加国内生产总值；另一方面，社会组织作为第三部门，可以发挥桥梁、纽带作用，并通过调整收入分配、促进社会公平、提升劳动者素质，促进社会经济的协调运行，间接增加国内生产总值。因此，本报告提出如下假设。

假设 1：社会组织的发展有助于促进国内生产总值的增长。

为了研究社会组织总体发展对经济增长的影响，本研究以国内生产总值为因变量、以社会组织总数和社会组织职工数为自变量，建立了面板固定效应模型。为了消除模型中可能存在的异方差，使变量呈现线性增长趋势，选择使用各变量的对数值进行回归。其中，$\ln GDP_{it}$为被解释变量，表示当年国内生产总值取对数；$\ln NSO_{it}$为核心解释变量，表示当年社会组织数量取对数；$\mu_i$为固定效应；$\ln INV$、$\ln EXP$、$\ln GP$、$\ln MAR$ 为控制变量，分别表示固定资产投资额、地方财政一般预算支出、常住总人口和市场化指数，取对数处理；$\varepsilon_{it}$表示随机扰动项。

$$\ln GDP_{it} = \mu_i + \alpha_1 \ln NSO_{it} + \alpha_2 \ln INV_{it} + \alpha_3 \ln EXP_{it} + \alpha_4 \ln GP_{it} + \alpha_5 \ln MAR_{it} + \alpha_6 \ln ZG_{it} + \varepsilon_{it} \tag{1}$$

市场化发展为经济的发展提供了外部环境。市场化发展水平越高，越有利于激发市场主体创造财富、发展经济的积极性，越有利于经济的增长。市场化发展水平不仅本身对经济增长有促进作用，同时会作用于社会组织对经济发展的影响，这种影响分为两种类型：促进作用和抑制作用。所谓促进作用，是指市场化发展水平越高，可能为社会组织的发展提供越好的发展环境，越有利于增强社会组织对经济发展的正向影响；所谓抑制作用，是指市场化发展水平越高，市场部门和政府部门就越有效，反而会抑制作为第三部门的社会组织作用的发展，不利于发挥社会组织对经济增长的促进作用。因此，本报告提出了如下假设。

假设 2.1：市场化发展水平越高，越有助于社会组织对经济发展的促进作用。

假设 2.2：市场化发展水平越高，越不利于社会组织对经济发展的促进作用。

为了研究社会组织总体对经济增长的影响，并探究市场发展水平对社会组织发挥促进作用的影响，建立面板调节效应模型。市场化发展水平用樊刚指数——市场化指数代替。市场化指数代表了地区市场化发展水平和程度，由五个方面指数组成，它们分别是：政府与市场的关系、非国有经济的发展、产品市场的发育程度、要素市场的发育程度、市场中介组织的发育和市场的法制环境，分别反映市场化的某个特定方面。

$$\ln GDP_{it} = \mu_i + \alpha_1 \ln NSO_{it} + \alpha_2 \ln INV_{it} + \alpha_3 \ln EXP_{it} + \alpha_4 \ln GP_{it} + \alpha_5 \ln MAR_{it} + \alpha_6 \ln ZG_{it} + \alpha_7 \ln NSO_{it} \times \ln MAR_{it} + \varepsilon_{it} \quad (2)$$

## （四）描述性统计分析

主要变量的描述性统计分析结果见表 2。

**表 2　主要变量的描述性统计分析结果**

| 变量名 | 样本数(个) | 均值 | 标准差 | 最小值 | 最大值 |
|---|---|---|---|---|---|
| 国内生产总值(亿元) | 56 | 41508.85 | 24790.40 | 9517.7 | 117392.4 |
| 社会组织数量(个) | 56 | 37170 | 26065 | 8943 | 97930 |
| 社会团体数量(个) | 56 | 16297 | 10548 | 3409 | 38081 |
| 民办非企业单位数量(个) | 56 | 20532 | 15797 | 4238 | 59195 |
| 基金会数量(个) | 56 | 341 | 246 | 26 | 904 |
| 常住人口(百万人) | 56 | 5644.88 | 2117.83 | 2141 | 8505 |
| 财政一般预算支出(亿元) | 56 | 4893.79 | 1810.81 | 1647.13 | 9158.19 |
| 固定资产投资额(亿元) | 56 | 13190.63 | 6524.05 | 4229.6 | 26905.37 |
| 市场化指数 | 56 | 9.977 | 1.189 | 7.294 | 12.39 |
| 社会组织职工总数(个) | 56 | 370397 | 189961 | 121058 | 827052 |
| 社会组织学历水平 | 56 | 0.36 | 0.11 | 0.11 | 0.541 |
| 社会组织处罚比例 | 48 | 0.003 | 0.004 | 0 | 0.016 |
| 社会组织年收入(亿元) | 56 | 202.20 | 158.96 | 22.82 | 747.26 |
| 社会组织年费用(亿元) | 56 | 185.62 | 154.13 | 20.99 | 713.14 |

## （五）实证结果分析

分析结果见表 3。根据模型（1）的结果，社会组织总量对国内生产总值的增长有正向促进作用，在1%的显著性水平下显著，假设1得到了验证。市场化发展水平、固定资产投资对国内生产总值的增长都有正向促进作用，在1%的显著性水平下显著。但是，社会组织职工数、地区常住人口和财政一般预算支出对国内生产总值的增长无显著影响。

根据模型2的结果，社会组织总量和市场化发展水平都对国内生产总值的增长有正向促进作用，且在1%的显著性水平下显著。由于社会组织总量和市场化发展水平的交互项系数为负，且1%的显著性水平下显著，说明市场化发展水平会抑制社会组织对经济增长的促进作用，假设2.2得到验证，可能的解释为：市场化水平发展程度较高的地区，政府和市场的力量更加强大，削弱了社会组织发挥作用的空间，减少了社会组织对经济增长的促进作用。

**表3　总量面板回归模型分析结果**

| 变量名 | lnGDP(1) | | lnGDP(2) | |
|---|---|---|---|---|
| | 回归系数 | 标准误差 | 回归系数 | 标准误差 |
| ln*NSO* | 0.462*** | 0.0825 | 1.332*** | 0.323 |
| ln*GP* | -0.0597 | 0.384 | 0.0270 | 0.360 |
| ln*EXP* | 0.00778 | 0.144 | 0.0373 | 0.135 |
| ln*INV* | 0.726*** | 0.145 | 0.540*** | 0.151 |
| ln*ZG* | 0.0631 | 0.0529 | 0.0982* | 0.0510 |
| ln*MAR* | 0.734*** | 0.198 | 4.740*** | 1.454 |
| *c*. ln*NSO*#*c*. *lnMAR* | | | -0.372*** | 0.134 |
| *Constant* | -6.504** | 3.086 | -14.82*** | 4.156 |
| *Observations* | 56 | | 56 | |
| *R-squared* | 0.983 | | 0.986 | |

注：***、**、*分别表示回归系数在1%、5%和10%的显著性水平下显著。

## 三　社会组织促进经济增长的结构分析

本报告选取了2008~2021年长三角区域4个省级行政单位的面板数据，使用面板回归方法实证分析不同类型的社会组织对经济增长的影响。

## （一）假设提出

上面实证分析验证了社会组织整体对经济发展有正向促进作用。社会组织由民办非企业单位、社会团体、基金会三种类型构成。社会团体主要起到行业自律、沟通桥梁、规范发展作用，对经济增长既有直接贡献，更有间接促进作用。基金会通过捐赠资金的接收和分配，调节收入分配，维护社会公平，主要对经济增长发挥间接促进作用。民办非企业单位通过提供非营利性社会服务，直接增加国内生产总值，对经济增长的影响较为直接。本报告提出如下假设：

假设 3.1：社会团体的发展有助于促进国内生产总值的增长。

假设 3.2：基金会的发展有助于促进国内生产总值的增长。

假设 3.3：民办非企业单位的发展有助于促进国内生产总值的增长。

## （二）模型构建

$$
\begin{aligned}
\ln GDP_{it} = {} & \mu_i + \alpha_1 \ln NEU_{it} + \alpha_2 \ln SO_{it} + \alpha_3 \ln FO_{it} + \alpha_4 \ln INV_{it} + \alpha_5 \ln EXP_{it} + \\
& \alpha_6 \ln MAR_{it} + \alpha_7 \ln GP_{it} + \alpha_8 \ln ZG1_{it} + \alpha_9 \ln ZG2_{it} + \alpha_{10} \ln ZG3_{it} + \varepsilon_{it} \qquad (3)
\end{aligned}
$$

上述模型中，*lnNEU*、*lnSO*、*lnFO* 为核心解释变量，分别代表民办非企业单位数、社会团体数和基金会数，并取对数处理；ln*ZG*1、ln*ZG*2、ln*ZG*3，分别表示民办非企业单位职工数、社会团体职工数和基金会职工数，并取对数处理；其他变量的含义同前面所述。

## （二）实证分析

分析结果表明（见表 4），在长三角一体化区域，民办非企业单位数量对国内生产总值的增长有明显的正向促进作用，且在 1%的显著性水平下显著，与假设 3.3 相符；社会团体数量对国内生产总值的经济增长呈负向影响，但影响并不显著，基金会数量对国内生产总值的经济增长无显著影响，与假设 3.1、假设 3.2 不符。其主要原因可能在于，民办非企业单位数量多，职工多，且单位规模更大，能够产生数量可观的经济增加值，可以直接带动国内生产总值的增长，因此能够显著促进国内生产总值的增长；社会团体和基金会相对数量较少，单位规模不大，直接产生的经济增加值较少，主要间接拉动经济的增长，因此对国内生产总值的影响不显著。同时，市场化发展水平和社会团体单位职工数对国内生产总值的增长有明显的正向促进作用，且在5%的显著性水平上显著；固定资产投资对国内生产总值的增长有明显的正向促进作用，且在10%的显著性水平下显著。

**表 4　结构面板回归模型分析结果**

| 变量名 | lnGDP(3) | | lnGDP(4) | |
|---|---|---|---|---|
| | 回归系数 | 标准误差 | 回归系数 | 标准误差 |
| ln*NEU* | 0. 322*** | 0. 113 | 0. 651* | 0. 350 |
| ln*SO* | −0. 0329 | 0. 195 | −0. 0425 | 0. 196 |
| ln*FO* | 0. 0628 | 0. 0809 | 0. 0382 | 0. 0847 |
| ln*GP* | 0. 0491 | 0. 413 | 0. 184 | 0. 435 |
| ln*EXP* | 0. 151 | 0. 151 | 0. 160 | 0. 151 |
| ln*INV* | 0. 398* | 0. 207 | 0. 396* | 0. 207 |
| ln*MAR* | 0. 450** | 0. 211 | 1. 877 | 1. 452 |
| ln*ZG*1 | 0. 0283 | 0. 0425 | 0. 0484 | 0. 0471 |
| ln*ZG*2 | 0. 0648** | 0. 0317 | 0. 0577* | 0. 0325 |
| ln*ZG*3 | −0. 0212 | 0. 0141 | −0. 0238 | 0. 0143 |
| *c. lnNEU#c. lnMAR* | | | −0. 138 | 0. 139 |
| *Constant* | −2. 183 | 4. 031 | −6. 721 | 6. 094 |
| *Observations* | 56 | | 56 | |
| *R-squared* | 0. 986 | | 0. 986 | |

注：***、**、*分别表示回归系数在1%、5%和10%的显著性水平下显著。

在黄河流域生态保护和高质量发展区域，民办非企业组织、社会团体和基金会的数量对第三产业的经济增长均有正向促进作用，且社会团体的作用相对最大，民办非企业单位次之，基金会作用最小①。这说明，在不同的经济区域，由于经济发展所处环境的差异，各类型社会组织对经济增长的促进作用出现较大的差异。

① 刘泉军：《社会组织促进黄河流域生态保护与高质量发展区域经济增长的分析报告》，载黄晓勇主编《中国社会组织分析报告（2022）》，社会科学文献出版社，2022，第221~237页。

## 四　疫情期间浙江省社会组织对经济增长的影响分析

浙江省是长三角区域的重要组成部分，浙江省的民营经济发达，城乡一体化发展水平高，经济发展处于全国前列。浙江省的社会组织发展也极具活力和特色。2020 年初突如其来的新冠疫情，持续了 3 年多时间，给整个国家的各项社会活动带来了巨大的冲击和严峻的挑战，也给经济发展造成了较大的负面影响。社会组织具有公益性、专业性和志愿性的特征，其在参与公共危机治理过程中有着自身优势，能够很好地协助政府提供社会公共服务，及时补位，在重大突发事件中作用特别显著①。社会组织通过链接多元主体形成治理合力的机制，有效弥补了社会治理空隙，对疫情状况下的社会治理的良性运转发挥了重要作用②。本报告以浙江省 11 地市为例，探讨疫情期间社会组织对经济增长的影响。

### （一）样本主要数据分析

本报告以浙江省 11 地市为样本，选取了其 2019 年、2020 年、2021 年、2022 年的国内生产总值、社会组织数量、常住人口、固定资产投资额、财政一般预算支出等作为基础数据，构成数据分析集。其中，各地市的国内生产总值、常住人口、固定资产投资额、财政一般预算支出等数据，由浙江省统计局网站整理得到；社会组织数量等数据，由浙江省及其下辖各地级市民政局网站整理得到。

**1. 浙江省各地市国内生产总值和社会组织数量**

2019～2022 年，浙江省的国内生产总值呈现缓慢增长趋势（见图 3），其中 2020 年增幅最小，2022 年次之，2021 年增幅最大；浙江省的社会组织数量在 2020 年和 2021 年呈现缓慢增长趋势，2022 年总体数量稍有下降。从社会组

① 徐家良：《疫情防控中社会组织的优势与作用——以北京市社会组织为例》，人民论坛网站，http：//www. rmlt. com. cn/2020/0821/590902. shtml？from = singlemessage，最后检索时间：2023 年 5 月 26 日。

② 宋道雷：《新型举国体制中的有为社会：社会组织参与疫情防控的视角》，《复旦学报》（社会科学版）2022 年第 2 期，第 177～184 页。

织类型看，民办非企业单位数量最多，约占社会组织总量的63%；社会团体次之，约占社会组织总量的36%；基金会数量最少，占社会组织总量不足1%。从2022年浙江省各地市来看，杭州市和宁波市的GDP和社会组织均排在第一位和第二位（见图4），舟山市和丽水市GDP和社会组织排名后两位，其他城市居中间位置。相对于经济发展水平来看，衢州市、丽水市、台州市、金华市和温州市社会组织相对较多。

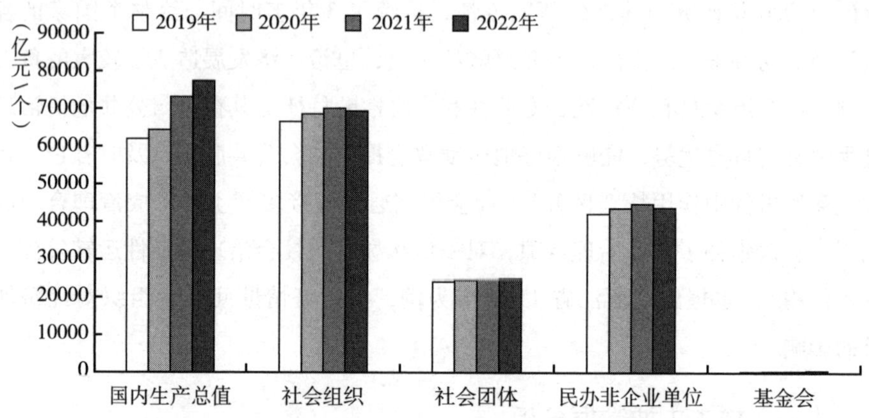


**图3　2019~2022年浙江省国内生产总值和社会组织分布**

资料来源：根据中华人民共和国国家统计局网站和民政部网站整理得到。

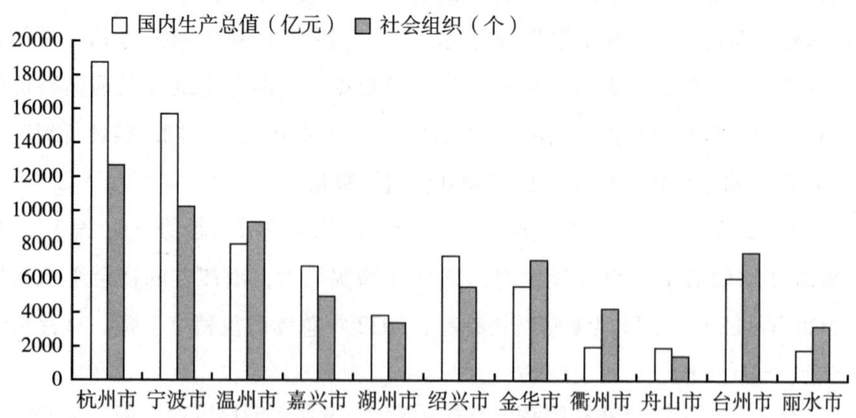


**图4　2022年浙江省各地市国内生产总值和社会组织分布**

资料来源：根据浙江省统计局网站、民政厅网站和浙江省各地市统计局网站、民政局网站整理得到。

### 2. 2022年浙江省各地市社会组织数量分布

从2022年浙江省各地市三种类型社会组织的分布看（见图5），民办非企业单位主要分布于杭州市、宁波市、温州市、台州市和金华市，社会团体主要分布于温州市、杭州市、宁波市、台州市和嘉兴市，基金会主要分布于杭州市、温州市、宁波市和嘉兴市。

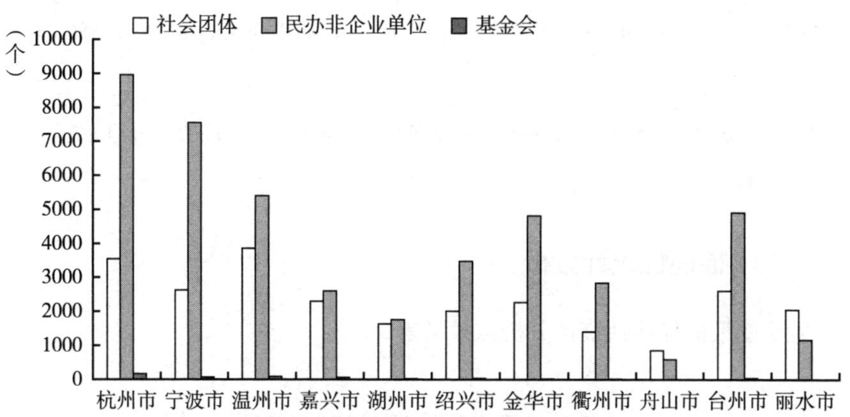


**图5　2022年浙江省各地市社会组织分布**

资料来源：根据浙江省统计局网站、民政厅网站和浙江省各地市统计局网站、民政局网站整理得到。

## （二）基本假设与模型设计

依据前面的分析，本报告建立如下假设。

假设4.1：疫情期间，社会组织总体数量的发展有助于促进国内生产总值的增长。

假设4.2：疫情期间，社会组织总体数量对国内生产总值增长的促进作用有逐渐增长的趋势。

假设4.3：疫情期间，社会团体的发展有助于促进国内生产总值的增长。

假设4.4：疫情期间，基金会的发展有助于促进国内生产总值的增长。

假设4.5：疫情期间，民办非企业单位的发展有助于促进国内生产总值的增长。

为此，本报告建立了三个研究模型。一是总量模型1，研究疫情期间浙江省社会组织总体数量发展对国内生产总值增长的影响；二是总量模型2，研究疫情期间浙江省社会组织总体数量对国内生产总值增长趋势的影响；三是结构模型，研究疫情期间浙江省各类社会组织的数量对国内生产总值的影响。

$$\ln GDP_{it} = \mu_i + \alpha_1 \ln NSO_{it} + \alpha_2 \ln INV_{it} + \alpha_3 \ln EXP_{it} + \alpha_4 \ln GP_{it} + \varepsilon_{it} \tag{4}$$

$$\ln GDP_{it} = \mu_i + \alpha_1 \ln NSO_{it} + \alpha_2 \ln INV_{it} + \alpha_3 \ln EXP_{it} + \alpha_4 \ln GP_{it} + \alpha_5 i.year \times c.\ln NSO_{it} + \varepsilon_{it} \tag{5}$$

$$\ln GDP_{it} = \mu_i + \alpha_1 \ln NEU_{it} + \alpha_2 \ln SO_{it} + \alpha_3 \ln FO_{it} + \alpha_4 \ln INV_{it} + \alpha_5 \ln EXP_{it} + \alpha_6 \ln GP_{it} + \varepsilon_{it} \tag{6}$$

## （三）描述性统计分析

主要变量的描述性统计分析结果见表5。

**表5 主要变量描述性统计分析结果**

| 变量名 | 样本数(个) | 均值 | 标准差 | 最小值 | 最大值 |
|---|---|---|---|---|---|
| 国内生产总值(亿元) | 44 | 6328.18 | 4839.65 | 1371.6 | 18753 |
| 社会团体数量(个) | 44 | 6277 | 3229.27 | 1402 | 12680 |
| 民办非企业单位数量(个) | 44 | 2249 | 837.85 | 855 | 3856 |
| 基金会数量(个) | 44 | 3991 | 2496.64 | 537 | 8960 |
| 常住人口(百万人) | 44 | 38.07 | 36.62 | 6 | 170 |
| 财政一般预算支出(亿元) | 44 | 578.07 | 328.67 | 115.9 | 1237.6 |
| 固定资产投资(亿元) | 44 | 858.43 | 620.09 | 137.12 | 2542 |
| 社会团体数量(个) | 44 | 3592.28 | 2111.55 | 958.9 | 8872.2 |

## （四）实证结果分析

分析结果如表6所示。根据总量模型（5）分析的结果，疫情期间社会组织总量对国内生产总值的增长具有正向促进作用，且在5%的显著性水平下显著；固定资产投资对国内生产总值的增长也具有显著的促进作用，且在1%的显著性水平下显著。根据总量模型（6）分析的结果，疫情期间社会组织对经济增长的促进作用在 2020 年、2021 年、2022 年呈现稳步上升的趋势，2020 年增幅相对较小，且在 10%的显著性水平下显著；2021 年、2022 年增幅相对较大，且在 1%的显著性水平下显著。这说明，随着疫情的发展，社会组织在疫情初期应对稍显仓促，作用发挥受限；后期在熟悉疫情的基础上充分发挥自身优势，在促进经济增长上发挥了更大的作用。

根据结构模型（7）分析的结果，疫情期间，民办非企业单位对国内生产总值的增长具有正向促进作用，且在 1%的显著性水平下显著；基金会对国内生产总值的增长也具有正向促进作用，且在 5%的显著性水平下显著；但社会团体对国内生产总值的增长呈负向关系，且在 1%的显著性水平下显著。究其原因，可能在于疫情期间，一些社会团体减少了自身的组织活动，甚至少数社会团体被注销，导致部分地市社会团体的数量不增反降，影响了社会团体整体作用的发挥。

**表 6　浙江省面板回归模型分析结果**

| 变量名 | lnGDP(5) | | lnGDP(6) | | lnGDP(7) | |
|---|---|---|---|---|---|---|
| | 回归系数 | 标准误差 | 回归系数 | 标准误差 | 回归系数 | 标准误差 |
| ln*NSO* | 0.488** | 0.213 | 0.0750 | 0.151 | | |
| ln*GP* | -0.122 | 0.185 | -0.211 | 0.155 | -0.287* | 0.150 |
| ln*EXP* | 0.0185 | 0.0313 | 0.0263 | 0.0261 | 0.0642** | 0.0272 |
| ln*INV* | 0.770*** | 0.0978 | -0.0644 | 0.142 | 0.708*** | 0.102 |
| 2019*b. year#co. lnNSO* | | | 0 | 0 | | |
| 2020*. year#c. lnNSO* | | | 0.00532* | 0.00289 | | |
| 2021*. year#c. lnNSO* | | | 0.0201*** | 0.00379 | | |
| 2022*. year#c. lnNSO* | | | 0.0281*** | 0.00476 | | |
| ln*SO* | | | | | -1.231*** | 0.390 |
| ln*NEU* | | | | | 0.626*** | 0.145 |
| ln*FO* | | | | | 0.0939** | 0.0363 |
| *Constant* | -1.262 | 1.719 | 9.356*** | 2.028 | 8.210*** | 2.498 |
| *Observations* | 44 | | 44 | | 44 | 0.918 |
| *R-squared* | 0.859 | | 0.951 | | 0.918 | 11 |

注：***、**、*分别表示回归系数在 1%、5%和 10%的显著性水平下显著。

## 五　稳健性检验

### （一）对江苏、浙江、安徽三省的分析

长江三角洲区域里包括江苏省、浙江省、安徽省和上海市，其中上海市属于直辖市，是一个超级大都市，与其他 3 个省份存在较大差异。因此，为了验证结论的可靠性，本报告剔除上海市，以江苏省、浙江省、安徽省为样本，专门建立了总量面板模型、总量面板调节效应模型和结构面板模型，分析社会组织对经济增长的影响。

表 7　江苏、浙江、安徽三省面板回归模型分析结果

| 变量名 | lnGDP(8) | | lnGDP(9) | | lnGDP(10) | |
|---|---|---|---|---|---|---|
| | 回归系数 | 标准误差 | 回归系数 | 标准误差 | 回归系数 | 标准误差 |
| ln*NSO* | 0.382*** | 0.100 | 0.621 | 0.510 | | |
| ln*GP* | -0.526 | 0.403 | -0.480 | 0.419 | -0.0815 | 0.481 |
| ln*EXP* | -0.0844 | 0.161 | -0.0434 | 0.184 | -0.119 | 0.194 |
| ln*INV* | 1.004*** | 0.170 | 0.918*** | 0.248 | 0.692** | 0.281 |
| ln*ZG* | 0.156** | 0.0659 | 0.168** | 0.0715 | | |
| ln*MAR* | 0.510** | 0.197 | 1.701 | 2.497 | 0.601*** | 0.216 |
| *c. lnNSO#c. lnMAR* | | | -0.108 | 0.226 | | |
| ln*SO* | | | | | 0.264 | 0.224 |
| ln*NEU* | | | | | 0.262** | 0.126 |
| ln*FO* | | | | | 0.0939 | 0.105 |
| *Constant* | -5.071 | 3.302 | -7.590 | 6.237 | -3.996 | 5.300 |
| *Observations* | 42 | | 42 | | 42 | |
| *R-squared* | 0.987 | | 0.988 | | 0.985 | |

注：***、**、* 分别表示回归系数在 1%、5%和 10%的显著性水平下显著。

根据回归分析结果，结论基本与前面分析保持一致，社会组织数量对经济增长有显著的正向促进作用，市场化发展水平也对经济增长有显著的正向促进作用，三种社会组织类型中，仅民办非企业单位对经济增长有显著的正向促进

作用，社会团体和基金会对经济增长无显著影响。唯一不同的是，市场化发展水平对社会组织促进经济增长的调节作用不显著。

## （二）对第三产业增加值进行的分析

数据结果显示，中国社会组织与第三产业的综合关联度最高。在国民经济行业分类中，社会组织本身属于第三产业，中国社会组织主要通过提供社会服务与国民经济各产业部门产生关联①。因此，本报告以第三产业增加值（取对数）为被解释变量，再次对社会组织进行总量分析和结构分析。

本次研究分析结果（见表8）与前面以国内生产总值（GDP）为被解释变量的研究完全一致，且所有核心解释变量的系数都大于前面的分析结果，说明社会组织与第三产业联系最紧密，其对经济增长的影响主要体现在对第三产业的影响，相比第一产业和第二产业，社会组织对第三产业经济增长的正向促进作用更加显著。

**表8 以第三产业增加值为被解释变量的面板回归模型分析结果**

| 变量名 | lnGDP(11) | | lnGDP(12) | | lnGDP(13) | |
|---|---|---|---|---|---|---|
| | 回归系数 | 标准误差 | 回归系数 | 标准误差 | 回归系数 | 标准误差 |
| ln*NSO* | 0.614*** | 0.106 | 1.994*** | 0.396 | | |
| ln*SO* | | | | | −0.0820 | 0.219 |
| ln*NEU* | | | | | 0.423*** | 0.127 |
| ln*FO* | | | | | 0.210** | 0.0907 |
| ln*GP* | 0.460 | 0.495 | 0.597 | 0.443 | 0.579 | 0.463 |
| ln*EXP* | −0.161 | 0.186 | −0.114 | 0.166 | 0.00727 | 0.169 |
| ln*INV* | 0.906*** | 0.187 | 0.611*** | 0.186 | 0.244 | 0.232 |
| ln*MAR* | 0.920*** | 0.255 | 7.274*** | 1.786 | 0.493** | 0.237 |
| ln*ZG* | 0.147** | 0.0681 | 0.202*** | 0.0627 | | |
| ln*ZG*1 | | | | | 0.0674 | 0.0477 |
| ln*ZG*2 | | | | | 0.108*** | 0.0355 |
| ln*ZG*3 | | | | | −0.0178 | 0.0158 |

① 王玲玲、李芳林：《中国社会组织发展的社会经济效益量化测度与分析》，《统计与信息论坛》2017年第3期，第42~49页。

续表

| 变量名 | lnGDP(11) | | lnGDP(12) | | lnGDP(13) | |
|---|---|---|---|---|---|---|
| | 回归系数 | 标准误差 | 回归系数 | 标准误差 | 回归系数 | 标准误差 |
| *c. lnNSO#c. lnMAR* | | | -0.590*** | 0.165 | | |
| *Constant* | -10.39** | 3.973 | -23.58*** | 5.107 | -0.955 | 4.519 |
| Observations | 56 | | 56 | | 56 | |
| R-squared | 0.982 | | 0.986 | | 0.989 | |

注：***、**、*分别表示回归系数在1%、5%和10%的显著性水平下显著。

## 六 结论与建议

2008~2022年间，长江三角洲区域的社会组织和经济增长都得到了快速发展，基本呈现同步发展的态势。本报告主要从总量角度和结构角度研究长江三角洲区域社会组织对经济增长的影响，并探讨了浙江省新冠疫情期间社会组织对经济增长的影响。研究结果表明，在长江三角洲区域，社会组织整体上对经济增长具有显著的正向促进作用，其中民办非企业单位对经济增长具有显著的正向促进作用，社会团体和基金会对经济增长不具有显著影响，且市场化发展水平负向影响社会组织对经济增长的促进作用；疫情期间，浙江省社会组织整体上对经济增长具有显著的正向促进作用，主要体现为民办非企业单位和基金会对经济增长具有显著的正向促进作用。

基于上述研究的结果，本报告提出如下建议。

### （一）从国家治理的角度加深对社会组织的认知，充分发挥社会组织的社会治理作用

国家治理体系中，政府、市场和社会三元共治，既相互支持又相互制约，各自在相应的领域发挥关键治理作用。社会组织作为社会治理的中坚力量，在国家治理体系中占据重要位置。社会组织作为“第三部门”，具有民间性、非营利性、自组织性、灵活性等特点，充分发挥自身独特的优势与作用，共同打造共建共治共享的社会治理制度。虽然从社会组织的目标和定位看，促进经济

增长并不是社会组织的主要职能，但我们也必须充分认识到社会组织给经济增长带来的显著影响。加深社会组织对经济增长作用机理的理解，充分认识社会组织对经济增长的溢出效应，可为更好地制定社会组织发展政策提供理论基础。

### （二）分类施策，在市场化发展水平较高的区域重视发展民营非企业单位

在长江三角洲区域，民办非企业单位对经济增长具有显著的正向促进作用，基金会对经济增长的影响不显著，社会团体对经济增长且呈现负向影响，但影响并不显著。这与黄河流域社会组织对经济增长的影响大相径庭。因此，制定社会组织发展政策时，应根据各地的实际情况分类施策，在市场化水平较高、经济比较发达地区，应重视发展民营非企业单位，有序发展基金会，适当规范约束社会团体的发展；在市场化水平较低、经济欠发达地区，应优先发展社会团体，充分发挥社会团体桥梁、引领、沟通作用。

### （三）采取切实有效措施，促进长江三角洲区域社会组织的一体化发展

长江三角洲区域一体化发展是一项重大的国家战略。长江三角洲区域社会组织数量庞大，发展活跃，但整体上长三角社会组织还是在本地行政区域内发展，跨区域的联动性较差，难以打破各地的行政壁垒，提高政策协同，充分发挥长三角中心城市群地域优势、组织优势、专业优势、平台优势①。2022 年，长三角社会组织协同发展苏州大会在江苏省苏州市举办，旨在推进长三角社会组织一体化发展，加强区域协作、要素流动、互动常态、制度规范，更好地推动社会组织平台共建、人才共育、标准共创、成果共享②。因此，从政府层面，应该统筹考虑，建立三省一市社会组织发展规划，指导、协调长三角区域

---

① 徐家良、张煜婕：《“以标定轨”：长三角一体化社会组织高质量发展的推进策略》，《苏州大学学报》（哲学社会科学版）2021 年第 6 期，第 10~18 页。

② 《2022 长三角社会组织协同发展苏州大会聚焦“五社联动”与“社会‘智’治”两大主题》，https：//www. mca. gov. cn/article/xw/mtbd/202212/20221200045349. shtml，最后检索时间：2023 年 3 月 26 日。

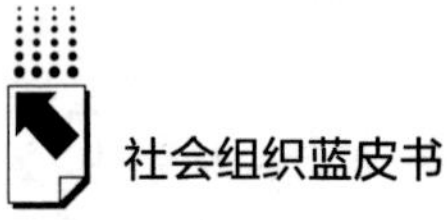



的社会组织发展；从行业层面，大力推动本区域内社会组织的合作、交流，鼓励组建跨区域的平台型社会组织，进一步发挥品牌社会组织的示范带头和桥梁纽带作用。

## 参考文献

李涛、周君雅、金星晔等：《社会资本的决定因素：基于主观经济地位视角的分析》，《经济研究》2021 年第 1 期。

刘定杰、吕守军：《社会资本、政府规模与经济发展——基于 2005~2018 年中国 30 个省市的面板数据分析》，《公共管理与政策评论》2022 年第 5 期。

张梁梁、杨俊：《社会资本、政府治理与经济增长》，《产业经济研究》2018 年第 2 期。

南锐、杨浩：《多元社会治理与经济增长是否实现了良性互动？——来自北京 1995~2015 年的经验证据》，《经济与管理研究》2018 年第 3 期。

崔巍：《社会资本一定会促进经济增长吗？——基于不同社会资本类型的经验证据》，《经济问题探索》2018 年第 2 期。

赖先进、王登礼：《社会组织发展影响因素的实证研究——基于 2007 年~2014 年 31 个省级面板数据的分析》，《管理评论》2017 年第 12 期。

杨莹：《供给侧结构性改革视角下的社会组织 GDP 贡献研究》，《宏观经济管理》2017 年第 9 期。

崔巍：《论社会资本对经济增长的支撑与促进》，《北京大学学报》（哲学社会科学版）2017 年第 3 期。

周江平：《社会组织在社会主义市场经济中的作用研究》，《技术经济与管理研究》2017 年第 3 期。

# 专 题 篇

Hot Topic Reports

## B.9

# 社会组织党的建设助力市域社会治理现代化

## ——以江西省社会组织实践为例

易外庚　杨舸　马晋文*

**摘　要：** 社会组织党建工作在国家治理体系和治理能力现代化建设进程中发挥着重要的作用。近年来，江西省以基层党建“三化”建设为抓手，积极落实“三同步”工作要求，加强枢纽型社会组织党组织建设，探索建立“以强带弱”“以大带小”“结对共建”工作机制，初步积累了社会组织党建参与市域社会治理现代化的工作经验，但在社会组织党组织覆盖面、功能建设、可持续性以及与市域社会治理融合度方面存在问题与挑战，亟须从建立完善社会组织助力市域社会治理党建引领机制、加大培育支持力度激发党建工作活力、大力提升社会组织参与社会治理服务能力水

* 易外庚，江西省社会科学院社会学研究所所长、研究员，主要研究方向为社会学研究方法、社会治理；杨舸，江西省社会科学院社会学研究所研究员，主要研究方向为社会关系、社会治理；马晋文，江西省社会科学院社会学研究所助理研究员，主要研究方向为统计学、社会治理。

平、强化社会组织党建监管体系等四个方面着手，进一步推动社会组织党建助力市域社会治理现代化。

**关键词：** 社会组织　党的建设　市域社会治理　党建监管体系

## 一　背景

社会组织作为党和群众工作的重要阵地，是推进市域社会治理现代化的重要参与者与实践者。① 面对人民日益增长的精神文化需求，党建引领下的社会组织在政府服务、民生需求供给、社区居民服务等方面补齐短板，促使政府治理与社会共治形成良性互动。②

党的十八大以来，社会组织党建受到党中央的高度重视，对于这样一支日渐兴起、愈加重要的社会力量，应加强社会组织党的建设，全面增强党对各类社会组织的领导。③ 2015 年公布的《关于加强社会组织党的建设工作的意见（试行）》明确党组织在社会组织中的功能定位，建立健全领导体制和工作机制，推进党组织的有效覆盖。2018 年，民政部颁布关于在社会组织章程中增加党的建设和社会主义核心价值观有关内容。党的十九大报告更是指出要坚持党对一切工作的领导，明确提出加强党的基层组织建设。党的基层组织是确保党的路线方针和决策部署贯彻落实的基础。要以提升组织力为重点，突出政治功能，把企业、农村、学校、科研院所、街道社区、社会组织等基层组织建设成为宣传党的主张、贯彻党的决定、领导基层治理、团结动员群众、推动改革发展的坚强战斗堡垒。④ 推动社会组织党的建设是促进社会组织健康发展的根本保证，也是推进国家治理体系和治理能力现代化的迫切需要，更是落实全面

① 《治理之道：推动社会组织健康发展》，《人民日报》2017 年 3 月 21 日。

② 张卫、鲍磊：《社会治理重心下移与社会组织协同参与》，《学习时报》2019 年 11 月 6 日。

③ 习近平：《在全国组织工作会议上的讲话》，旗帜网（2018 年 9 月 18 日），https：//www. 1271. cn/2018/09/17/ARTI1537150840597467. shtml。

④ 欧翠玲、颜克高：《党组织建设是否提高了社会组织筹资收入？——来自中国基金会的经验证据》，《外国经济与管理》2022 年第 12 期，第 51~68 页。

从严治党的内在要求。当前，加强社会组织党的建设是巩固和扩大党的执政基础和群众基础的现实需要。

为了系统研究江西社会组织党建与市域社会治理的相关情况，2023 年 3~6 月，课题组采用小组座谈会、一对一深度访问、实地观察、文献研究等调查方式，中观层面访问了省市政法系统和民政系统，微观层面实地调研南昌市、吉安市、赣州市、宜春市等 9 个街道 36 个社区。江西省连续 17 年获评全国平安建设（综治考评）优秀省，作为全国市域社会治理现代化试点省，三年来，江西创新推出一系列有效举措，取得一系列过硬成果，走出了一条具有江西特色、市域特点、时代特征和治理特性的社会治理新路子，市域社会治理现代化格局加快构建、现代化效能显著提升、现代化基础更加坚固、信息化水平不断提高。在此背景下，作为推动市域社会治理现代化主体之一，江西总结全省社会组织党建助力市域社会治理现代化建设的实践成效、困难与挑战，查找改进薄弱环节、集成试点典型经验，探寻以“市域之治”助推“中国之治”，考察社会组织党的建设助力市域社会治理现代化具有重要的现实意义。

## 二　江西省社会组织党建发展现状

社会组织党建的政策体系不断完善，随着 2000 年江西省民间组织管理局成立，全省社会组织党建工作载体进一步拓宽，党组织规范化建设水平大力提升。2001 年，江西省委组织部、江西省民政厅首次联合下发《关于加强社会团体党的建设工作的意见》，指出专职人员中有正式党员 3 人以上的社团，应当建立党的基层组织；2016 年，江西省大力推动社会组织党的组织和工作两个覆盖“三年行动计划”，提出社会组织登记、年检、党建“三同步”要求；2018 年，江西省实施三年行动计划及党建工作“四项提升”行动；2020 年以来，江西省以基层党建“三化”建设为抓手，积极落实“三同步”工作要求，推动社会组织党建工作取得较好成效。①

“十三五”期间，江西省社会组织发展迅速，数量不断增加，涵盖教育、

① 《加强全省性社会团体党的建设工作研究》，江西政府网（2020 年 3 月 3 日），http：//mzt. jiangxi. gov. cn/art/2020/3/3/art_ 34593_ 1651488. html。

科技、文化、卫生、体育、社会建设等各领域，在助力市域社会治理现代化方面发挥积极作用。截至 2022 年底，全省 2.8 万家社会组织，与 2012 年相比，增长了 225.6%，全省社会组织党支部共 4300 个，同比增长 7.5%，社会组织党建覆盖率不断提升（见图 1、图 2）。

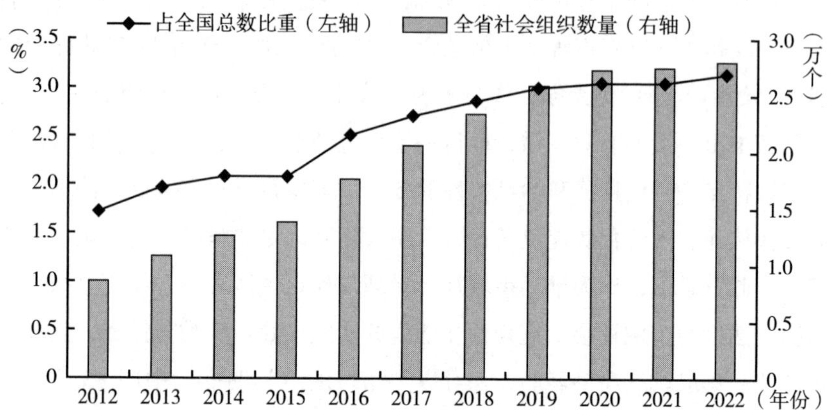


**图 1　2012~2022 年江西省社会组织数量及占全国总数比重走势**

资料来源：江西省民政厅；黄晓勇：《2021 年中国特色社会组织高质量发展报告》，载黄晓勇主编《中国社会组织报告（2022）》，社会科学文献出版社，2022；《全国社区社会组织超过 175 万家》，光明网（2023 年 7 月 17 日），https：//baijiahao. baidu. com/s？id＝1771624896139362997&wfr＝spider&for＝pc。

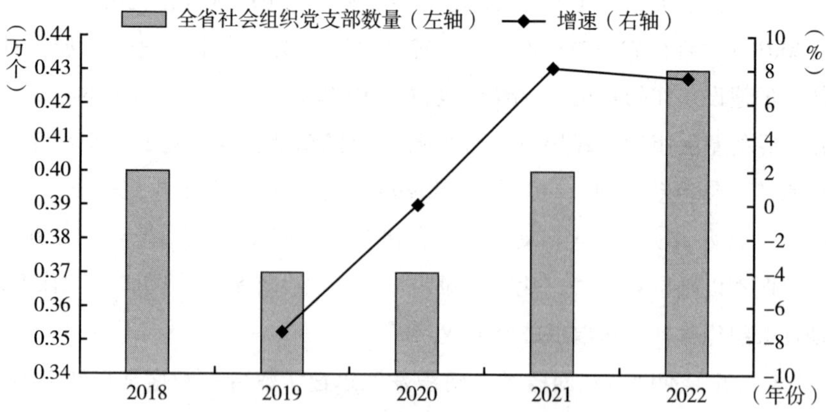


**图 2　江西省社会组织党支部数量及增速走势**

资料来源：中共江西省委组织部。

## 三 实践与成效

近年来，江西省切实加强党对社会组织的领导，以社会组织党建工作为抓手，坚持党建引领、加大帮扶支持、强化服务意识、加强自身建设，不断提升社会组织服务水平，加快推进市域社会治理现代化发展。

### （一）坚持党建引领，凝聚市域社会治理合力

第一，高度重视社会组织党的建设领导工作，把握社会组织的正确发展方向。江西省委组织部、省委“两新”工委、省民政厅先后出台《关于以高质量党建引领推动社会组织高质量发展的指导意见》《省本级社会组织年检同步检查党建工作的操作规程》等文件，2016 年成立“两新”工委，省委组织部副部长兼任书记，统一领导和管理全省社会组织党建工作。按照“三同步”要求，实行党委统一领导、组织部门牵头抓总、“两新”工委具体负责、有关部门协调配合的领导体制，以及“分级负责、条块结合、区域兜底”的管理方式，加强枢纽型社会组织党组织建设，探索建立“以强带弱”“以大带小”“结对共建”工作机制，强化源头管理，夯实工作基础，促进社会组织依法自律开展活动。第二，通过强化对社会组织监督管理，持续营造社会组织健康发展的氛围。全省对社会组织严格落实事前严把登记审批关、事中狠抓年度专项检查、事后强化专项整治行动的监管制度，加强行政执法，持续清理整治“僵尸型”社会组织，打击整治非法社会组织，做实日常监督，落实从严治党举措，确保社会组织健康规范有序发展。根据江西省民政厅数据，2020~2022 年，江西省本级共抽取 176 家社会组织开展实地检查，对查出的问题，督促各被检单位作出详细情况说明、查找原因、制定整改措施，并限期完成。

### （二）加大帮扶支持，夯实市域社会治理基石

第一，江西省民政厅创新实施“五社联动”机制，促进民政资源、力量、平台在基层整合，建立健全推动机制，发挥“五社联动”在民生保障、社会

服务和社会治理中的积极作用，推动实现市域社会治理现代化。① 第二，创新政府购买公共服务、项目合作等方式，形成“社会救助专项购买服务资金+财政预算+福彩公益金+慈善公益资金”的多元化投入机制，强化政社合作，逐步扩大政府向社会组织购买服务的范围和规模，对民生保障、社会治理、行业管理等公共服务项目，同等条件下优先向社会组织购买，鼓励社会组织积极参与各类基层治理。2018 年以来，省民政厅共安排资金 3100 余万元开展社会组织公益创投项目、“三社联动”试点工作。第三，全省各地逐年加大资金投入，大力支持社会组织开展公共服务项目，严格落实财税扶持政策，鼓励银行业金融机构加大对符合条件社会组织的金融支持力度等，为社会组织营造健康的发展环境，进一步培育和促进社会组织健康发展。第四，通过政府投入、社会参与，各地因地制宜地搭建平台，打造社会组织培育发展基地，为社会组织在各项政策、项目及资源等方面提供支持，促进其持续健康发展。如吉安市采取“民政部门主导、专业团队运营、多方力量合作、社会公众受益”的社会组织孵化基地建设运营模式，每年从福彩公益金中安排资金，专项支持社会组织公共服务平台建设。截至 2022 年底，全省共打造社会组织培育发展基地 61 家，实现全省 11 个设区市市级全覆盖。第五，采取降低准入门槛的办法，培育社区社会组织，支持鼓励其发展。江西省委办公厅、省政府办公厅联合印发出台《关于深化社会组织管理制度改革促进社会组织健康有序发展的实施意见》《关于大力培育发展社区社会组织的实施意见》等文件，对达不到登记条件的社区社会组织，按照不同规模、业务范围、成员构成和服务对象，由街道办事处（乡镇政府）实施管理，加强分类指导和业务指导。如吉安市吉州区社会组织的注册资金由 3 万元降低到 5000 元，同时允许多个社会组织合署在社区集中办公，业务主管由区直单位下放至街道办事处和镇人民政府。

### （三）强化服务意识，切实增进人民福祉

第一，坚持以人民为中心，精准对接群众需求，实现政府治理和社会调节的良性互动。全省建立健全“居民群众点单、社会力量接单、党委政府买单”

---

① 《江西省民政厅召开创新“五社联动”机制情况新闻发布会》，江西省民政厅官网（2022 年 12 月 16 日），http：//mzt. jiangxi. gov. cn/art/2022/12/16/art_ 34591_ 4313726. html。

的工作机制，支持培育社区所需的社会组织项目，满足居民多元需求，近年来形成了大批具有特色的项目，如南昌市打造“巾帼公益园”“蓝色心房”等特色基地、“小桔灯”“益心向党”“红色创投”“季艺力”志愿服务团、安义县综治哨兵等一批响亮品牌；吉安市打造“民情气象站”“吉事即办”“吉州区麦田助学服务中心”“吉安市吉州区正丙角社区亿佳微笑家政服务中心”等品牌，充分发挥社区社会组织熟悉社区、服务群众的优势，助力市域社会治理。第二，牢固树立“党建+”理念，引导社会组织履行社会责任。江西省民政厅积极打造“党建+百社解千难”品牌，持续实施《江西省培育发展社区社会组织专项行动实施方案（2021-2023 年）》和“邻里守望”关爱行动，动员社会组织助力乡村振兴、高校毕业生等群体就业、民生保障、基层治理和社会服务，积极参与公益慈善事业。据统计，党的十八大后，全省各类社会组织实施扶贫项目 5200 余个，引导投入资金 26. 27 亿元。第三，充分发挥社会组织贴近群众、了解群众、带动群众的专业能力特点，鼓励和引导社会组织在心理健康、矫治安帮、法律援助、纠纷调处等社会治理的重点领域开展服务，切实解决群众最关心最直接最现实的利益问题，实现社会治理常态化。如 2010 年起南昌市南昌县城乡医患和道路交通事故纠纷凸显，面临巨大压力，2012 年 6 月设立“南昌县医患纠纷道路交通事故纠纷调处中心”；百花洲街道是南昌市的老城区街道，现有失独家庭超过 60 户，通过“搭建平台、提供场地、赞助资金”等方式，引入德济爱民协会；作为省、市金融业主要承载区和增长极，近年来，南昌市红谷滩区累计引进各类金融机构和企业超过 1300 家，活跃的金融活动带来金融领域矛盾风险凸显叠加，2022 年 9 月正式建成启用区矛盾纠纷多元调解中心，唱响“鸿鹄连心桥、调解‘520’”特色调解品牌，在社会和群众中引起良好反响。

### （四）加强自身建设，着力提升市域社会治理效能

第一，加强党员队伍建设，重视党员的示范引领和党员发展工作。党建赋予社会组织更高的权威性，增强社会组织的政治合法性，把加强党员活动阵地建设作为党组织建设的一项重要载体来抓，增强党员认同感和归属感。第二，逐步完善社会组织薪酬管理制度，社会组织对内部薪酬分配享有自主权，结合社会组织所在区域的经济发展逐步建立薪酬水平正常增长机制，对市场化选聘

的社会组织负责人、党组织负责人、引进的急需紧缺人才，结合社会组织发展实际，合理确定薪酬水平，兼职领导干部（含离退休）在职期间的薪酬严格按照中央组织部和省内有关规定执行，确保留住人才。第三，依托社会组织培育发展基地的桥梁和平台作用，调动各社会组织的专业特长、丰富的项目资源和人才资源进行交流合作，促进各社会组织在理论研究、人才培养、信息共享、项目实施等方面开展合作，形成合力，实现共同发展与进步。如江西省兴民社会组织培育发展中心每年为新成立的社会组织提供政策法规专题学习培训班服务，邀请省内社会组织党建、会计及税务、公益项目专家为其提供跟踪服务，激发社会组织造血功能；“正心调解”工作室组织由擅长调解婚姻家庭纠纷各个领域的专家、律师、社工师、心理咨询师组成师资队伍，每年定期对全区基层干部开展轮训，提升基层干部处理矛盾纠纷的专业调解技巧与技能。

## 四　面临的问题与挑战

社会组织党的建设在助力社会治理方面具有积极的作用。但是，社会组织党的建设方面也存在发展不均衡、资金不充足、覆盖不全面等问题，阻碍了其在助力社会治理方面发挥作用的效果。面临的问题与挑战如下。

### （一）社会组织党组织建设水平亟待提高

1. 社会组织党组织发展不均衡

江西省规定，各级民政部门成立的社会组织党委，对不适合属地管理、行业主管部门不能归口管理以及没有业务主管单位的社会组织实行托底管理。但是，从党组织实际覆盖情况来看，不同层级党组织建设覆盖率差异大。社会组织党的建设出现省级覆盖率较高、市级覆盖率低和基层组建难的局面。

根据江西省民政厅数据，江西省本级参加 2022 年年检的 1015 家社会组织中，建有党组织 693 个，组建率达到 68%，远高于全国平均数。其中，省社会组织党委归口管理的 39 个社会组织，建有党组织 36 个，按照组建形式分为 1 个枢纽型党总支、1 个联合党支部、34 个党支部，基本做到了应建尽建。

但是，市级和基层社会组织党组织建设覆盖率较低。如根据吉安市民政局的数据，大部分社会组织党组织为 2016 年以后建立，2022 年吉安全市社会组织党员人数占社会组织总人数的6.5%。全市社会团体建立党组织311家，未建党组织487家，社会团体会员中的党员人数占比6.2%。吉安市社会服务机构建立党组织188家，未建党组织491家，社会服务机构党员人数占社会服务机构专职工作人员数的10.1%。市级和基层社会组织党的建设覆盖率较低。这种现象在其他设区市同样存在。

2. 社会组织发展党员难

江西省针对有3名党员方可成立党支部的常规要求，探索采取向社会组织派驻党建工作指导员或将非领导、非专职会员党员纳入方式，补足3名党员。针对社会组织党员流动性大、不愿转移组织关系，可以探索组建功能型党支部。可以说，社会组织党员人数直接影响到实体性党组织的建设。如根据吉安市民政局的数据，2022年吉安市级322家社会组织党组织中，绝大部分是功能性党组织，实体性党组织只有22个，不到10%。由于工作关系，这些社会组织的会员长期离开户籍所在地，实际居住的社区也不了解他们的现实表现，很难将其列为发展对象。社会组织成员流动性较强、组织较为松散，影响了社会组织发展党员。

3. 党建工作覆盖不全面

根据江西省民政厅工作部署，江西全省自2020年以来，以基层党建“三化”建设为抓手（标准化、规范化、信息化建设），积极落实“三同步”工作要求，着力解决“党组织不强”问题。但现实中社会组织党的建设工作仍然有较大差距。有的社会组织虽然成立了党支部，但是党建工作存在重视不够、管理不严的问题，支部手册填写不规范，活动开展不积极。业务主管部门对主动抓好社会组织党建工作的执行力有待提高、对党建工作中的方法创新性不够、管理运行机制的实效性有待提高。有的社会组织主要负责同志重业务、轻党建，党建工作说起来重要、做起来次要、忙起来不要的现象时有发生。有的社会组织党组织负责人对党建工作的专业性知识掌握不够，党建工作的经验不足，结果导致党内生活规范性不够，党组织开展活动影响力不大，活动中没能充分彰显党组织的战斗堡垒作用和党员的先锋模范作用。

4. 社会组织党建资金不充足

从社会组织党建资金来看，资金来源包括社会捐赠、政府购买服务和市场创收。但是，从江西省整个社会组织的发展和运行情况来看，社会组织的活动资金主要来源于政府购买服务。经费主要依托项目，项目结束后就没有经费。资金的可持续性不够。社会组织中除部分行业协会商会、民办学校、医疗机构等由于有会费或服务收费等较好保障外，其余大部分社会组织无资金来源，党建经费难以有效保障。经费的不可持续性和不稳定性，增加了社会组织正常运行的困难，有的社会组织正常的办公经费支出都存在困难。

#### 5. 社会组织党的建设功能有待提高

一是党组织引领与功能建设之间存在张力。社会组织党建引领是在科层制模式下实行，责任分担方式也是按层级划分。如县区级层面成立社会组织党工委，负责全区社会组织党建工作的宏观指导和协调推进工作；基层的如街道、乡镇、社区层面成立综合党委，管理本辖区内社会组织的所有党建工作。这种由县级宏观管理和基层兜底管理相结合的方式，能够实现垂直管理和监督，保障党建内部治理的规范化。但是，这种管理模式会产生另外的结果，即社会组织与其他政府组织和市场组织的横向联系较少，导致党的建设在参与社会治理中不能很好地发挥其引领功能，在领导社会治理层面不能很好地发挥实效。二是平台引领与扶持政策没有有效对接。社会组织自身存在着注册程序烦琐、固定办公场所难确定等持续发展困难，有的还在孵化阶段。针对社会组织现状，需要依托党建引领的作用，打造集注册申报、审批年检、备案归档、孵化培育等功能于一体的社会组织党群服务基地。[①] 社会组织自身存在的问题，与社会组织党建引领功能的发挥程度有密切的关联性。若能充分发挥党建引领功能，对解决平台建设与政策扶持有效对接问题将大有益处。

### （二）社会组织党建引领社会治理水平有待提高

#### 1. 社会组织党建引领影响力不足

社会组织存在双重信任困境：一方面，相对于政府，群众对社会组织的信任度不高；另一方面，基于一些社会组织运行机制不完善，政府对社会组织的信任度不高。公信力不足，社会组织很难有效开展服务工作。通过优化配强党

① 宋军委：《党建引领社会组织有序有效参与基层社会治理》，《党建研究》2021 年第 1 期，第 58~59 页。

组织书记，交叉任职参与内部治理，可以增强对社会组织的信任度和认可度。从江西省社会组织的党建情况来看，一些运行比较好的社会组织能够实现这一目标，但是大多数社会组织党建引领的影响力不足，这弱化了群众参与社会组织的积极性，也加大了社会组织参与社会治理的困难。

2. 社会组织党建引领获取资源能力不足

《江西省省本级社会组织年度检查中同步检查党建工作的操作规程》第十三条规定，社会组织如有下列情形，可以酌情加分：所在社会组织工作成绩突出的，内部治理规范，等级评估获得 3A 以上的；党组织工作成绩突出，特色党建经验做法得到省级及以上相关部门总结推广或安排会议典型发言的；党建工作信息或调研文章被省级及以上相关部门主办的刊物或网站发表采用的；在急难险重任务中发挥重大作用或履行社会责任中作出突出贡献的；承担上级布置工作任务并取得显著成效的。上述每项所加分值在评分细则内予以明确，累计加分不超过 10 分。从制度层面来看，江西省对社会组织的主要考核内容是内部治理规范层面，对社会组织党建资源共享能力的考核不明确。党建引领社会组织参与社会治理的模式，能够更加有效地争取政府、市场双重资源；党建引领社会组织参与社会治理，能够树立社会组织的品牌影响力、市场认可度和治理规范化，这些良好的声誉能够使社会组织获得更多的社会声誉和社会资本，有利于其在社会治理中良性运行。因此，党建引领社会组织参与社会治理过程中获得更多的资源和创造更多的产品和服务，是提升社会组织社会治理能力的关键点。

3. 基层社会组织党建引领内部治理规范性不足

规范性制度的建立有利于发挥党组织在社会组织内部治理中的重要作用。社会组织党建工作机构、民政部门督促社会组织将党建工作要求写入章程，明确党组织设置形式、职责任务、基础保障等内容。但是基于基层社会组织党组织建设薄弱，许多党建活动无法正常开展，一些重要事项决策、重要业务活动、大额经费开支、接收大额捐赠、开展涉外活动等程序和规章制度建设不完善。

4. 党建引领社会组织的发展能力不强

一是资源匮乏与专业人才严重缺乏。社会组织动员普遍存在资源缺乏、筹资能力薄弱、专业人才不足和管理水平不强等问题。二是综合支持匮乏。在党建引领社会组织参与社会治理方面，缺乏可供参考和操作的实施细则和行业标准，在政策支持层面也没有较为明确的规定。三是扶持力度仍需加大。政府对党建引领社会组织参与社会治理的激励力度不够，不能有效地发挥社会组织的积极性。政府购买社会组织服务机制不健全，对社会组织税收优惠政策力度不强，大大降低了党建引领社会组织参与社会治理的积极性。

### （三）社会组织党建引领社会治理体制机制不健全

#### 1. 市域社会治理与社会组织管理融合程度不够

从行动主体来看，市域社会治理是市域范围内党委、政府、群团组织、经济组织、社会组织、自治组织、公民等多元行动主体，在社会治理体系基础上开展的一种社会行动。市域社会治理的具体措施包括推进综治中心规范化建设全覆盖，深化网格化服务管理，加快建设“一站式”矛盾纠纷调处化解中心，构建市域“共治同心圆”“善治指挥链”。但是，社会组织的注册登记、党的建设、社会治理分属民政部门、各级党委和各级政府部门。不同的社会组织参与社会治理的内容不同，要与不同部门产生联系。部门分割、业务分割的现状导致社会组织不能很好地融入市域社会治理体系。基层综合治理中心与社会组织的平台融合能力不强。

#### 2. 党建引领社会组织参与社会治理的实践性不强

党建引领社会组织参与社会治理的效果主要体现在基层。但是，在基层社会组织参与社会治理过程中，还没有树牢“党建+”理念，结果导致社会组织党建认同感不高、党社互动关系不强、提升服务能力弱、实践性较弱。再加上观念认知偏差、党社关系互动不足以及能力建设失衡等问题，社会治理相关目标难以实现。

#### 3. 党建引领社会组织参与基层社会治理专业性不够

社会组织本身的业务范围、建立基础、价值追求、发展目标等存在较大的差异，依托于地域、行业建立起来的各类社会组织开展业务的依据是自身章程及国家的法律法规，章程的内容也是千差万别。但是社会组织的服务能力多取决于区域的发展水平。由于经济社会发展的不平衡，一些较为落后地区的社会组织发展较为缓慢，参与基础社会治理的专业性不够，而这些较为落后的地区恰恰需要社会组织参与社会治理。基层社会的发展水平差异较大，因此社会组织参与社会治理专业性存在较为明显的城乡差距①。

4. 党建引领乡村社会组织参与乡村治理的供需矛盾持续存在

随着乡村振兴战略的实施和国家治理体系和治理能力现代化的推进，乡村社会组织对乡村治理提出了新的要求与新的定位。我国社会组织的发展和参与社会治理呈现一种区域发展不均衡的状态。社会组织发展中存在的结构性矛盾在党建引领方面也是如此，导致党建引领乡村社会组织参与乡村治理的能力不足。如江西省新干县社会组织的结构有些失衡，依法登记的公益慈善类、社会服务类社会组织发展滞后，养老照护类、农业农村类的社区社会组织数量更是稀少，教体类及各单位考核需求类社团偏多。特别是乡村社会组织发展起步晚，党建引领方面不够完善，有些社会组织难以胜任乡村治理中承担的任务。

## 五　对策与建议

针对当前江西省社会组织党建助力市域社会治理过程中面临的现实问题与挑战，按照新时代党中央对社会组织党建高质量发展的要求，为促进全省社会组织在推进国家治理体系和治理能力现代化进程中更好地发挥积极作用，本文从建立完善社会组织助力市域社会治理党建引领机制、加大培育支持力度、激发党建工作活力、大力提升社会组织参与社会治理服务能力水平、强化社会组织党建监管体系等四个方面提出建议。

### （一）建立完善社会组织助力市域社会治理党建引领机制

一是明确社会组织党组织党建主体责任。党组织凝聚力的提升是开展社会组织党建工作的重要内容，按照“谁主管、谁组建”原则，压实主管单位党组织、党委责任，推动社会组织党建走深走实。二是发挥社会组织党组织的政治引领作用。推动党组织在参与决策和监督中发挥作用，严格要求社会组织及其成员维护党的权威、形象，支持和赞同党的决定，落实和执行党的部署，积极引导社会组织在提供公益服务、化解社会矛盾、推进交流合作等方面发挥作

① 郎帅：《新时代社会组织基层党组织建设的理论思考》，《人民论坛·学术前沿》2021 年第 19 期，第 125~127 页。

用，满足人民群众对日益增长的美好生活需要。三是加强部门之间沟通交流，探索社会组织联建共建模式，进一步落实“两个覆盖”（社会组织党的组织和党的工作的覆盖）行动。联合相关业务主管单位、街道（乡镇）党委、社会组织，探索不同行业、不同组织形态、不同层级组织之间联建共建社会组织党组织模式。推动党组织实体性运转，实现党的工作覆盖，推动社会组织党建“两个覆盖”实现新突破。四是加强队伍建设。针对社会组织内部发展党员难、党建有效覆盖存在差异的问题，要积极推动政治吸纳，各级党组织及时将社会组织中政治素质高、业务能力强的优秀骨干吸纳进党组织，通过优秀党员骨干的带头作用，带动和影响社会组织中的其他成员，使他们对党的路线方针政策以及中国特色社会主义事业产生政治认同、心理认同和情感认同。①

## （二）加大培育支持力度激发党建工作活力

一是探索加强社会组织党建经费保障措施。充足的经费支撑是社会组织可持续发展的基础，因此要重点保障社会组织党建工作的经费，将社会组织党建工作经费纳入全年党费计划，可借鉴湖南省衡阳市财政每年专项列支保障“两新”组织党建工作经费的做法，参照政府机关离退休党支部经费保障标准，按党员人数予以保障，列入同级财政预算。鼓励社会组织积极参与政府相关部门购买服务，职能部门围绕党委、政府中心工作和困难群众的实际需求，将市域社会治理及乡村振兴相关工作项目化，通过政府购买服务、社会组织微公益创投项目等方式运作实施。同时加强宣传评优，在全省范围开展先进社会组织评选表彰活动，给予精神奖励，充分肯定社会组织在全面建成小康社会进程中的积极作用，激励社会组织发挥更大的作用。二是加强社会组织人员专业技能提升。重点将社会组织党的建设、培育发展、能力建设、日常运作等作为教学内容，定期对社会组织骨干人才进行全员培训，同时可采用线下培训、网上课堂、新媒体教学等多种方式拓宽社会组织人才培训方式，并结合社会组织实际开展的服务项目，提升社会组织人员实操技能。三是大力培育农村社会组织。我国社会组织参与乡村振兴还处于起步阶段，要出台相关政策，建设支持

① 陈亮：《社会组织党建嵌入式创制：一个初步的分析框架》，《求实》2022 年第 1 期，第 58~67 页。

平台，多渠道加大财政补助、福彩公益金资助、购买服务、公益创投等方面的支持力度，尽可能地推动资源及服务项目向农村社区社会组织倾斜。民政部门联合乡村振兴局等部门，面向经济薄弱村提供“点单式”帮扶，鼓励引导各级各类社会组织因地制宜探索乡村振兴的新形式、新手段和新途径，展现社会组织党建的担当，进一步推动乡村振兴。

### （三）大力提升社会组织参与社会治理服务能力水平

一是打造枢纽型服务平台。通过“党建+社会组织培育”形式，把党的工作融入建设省、市、县（区）三级社会组织培育发展（孵化）基地，打造一批集党建示范引领、政策法规学习、资源整合、人才培养、能力建设、合作交流等多项功能于一体的社会组织综合服务平台，全面整合党建和服务资源，助推社会组织发展、化解社会矛盾，助力市域社会治理现代化建设。二是加强专业服务能力培训。实施年度社会组织政策法规专题学习培训班，邀请国内社会组织党建、会计及税务、公益项目专家对其提供跟踪服务，切实提高社会组织自律自治能力，提升社会组织自身能力建设，激发其造血功能。以“创新引领社区社会组织发展，汇聚公益资源助力社会服务”为主题，以提升全国社区社会组织能力建设为办班目标，通过培训，赋能社会组织培育发展基地及社区社会组织骨干人才，带动社区社会组织成长发展。三是提升服务效能。作为承接社会组织办事服务的单位，支部在服务窗口设立“党员示范岗”，以“互联网+”为依托，通过线上线下两个渠道，实现方便群众办事。线上打造信息服务系统，连通微信机器人智能回复、窗口智能电子屏建设等，进一步提升服务水平的智能化、信息化；线下举办社会组织年检年报培训班，强调年检中涉企收费、行业协会商会脱钩改革、社会组织专项检查等业务工作的重要性，强化全省社会组织依法依章治会，自觉履行社会责任意识。

### （四）强化社会组织党建监管体系

一是完善党建引领社会组织监管制度。加大社会组织党组织的建设力度，不断扩大党的组织和工作覆盖，旗帜鲜明加强社会组织党建领导。加大党组织参与决策的力度，按照完善党领导社会组织制度要求，坚持将党的领导与社会组织有机结合起来，完善党组织参与决策社会组织重大问题的制度——党组织

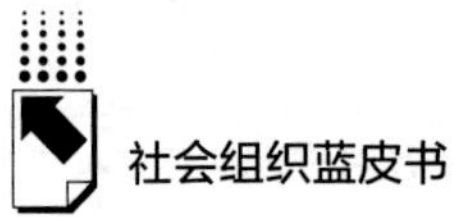



书记参加或列席社会组织管理层的重要会议制度、党组织与组织的管理层进行沟通协商制度，帮助其健全章程，充分发挥监督作用，规范社会组织的运行机制并推进重点任务。二是强化社会组织行业监管的制度建设。进入新时代以后，基层社会治理体系必须能够有效适应多元化的社会需求，而社会组织综合监管机制的建立，核心在于通过政策和制度来有效约束相关主体的行为。无论是对于社会组织的监督、培育还是管理，关键需要畅通政策传导路径，抓好"最后一公里"，更好地发挥社会组织的监管作用。着力加强社会组织监管，完善社会组织"分级监管"体系建设，建立健全政策落地的长效监督机制。三是加大社会监督力度。社会组织综合性监管体系的建设，不仅需要加强党和政府的全方位监管，同时也要构建多元化主体治理网络，加大社会监督的力度。从整体性治理的研究视域来看，社会监管也是社会组织监管体系的重要组成部分。在这一过程中，政府部门建立健全协调与运行机制，树立积极的态度，通过形式化和非形式化的协调方式，主动与不同组织沟通协调，探索构建"组织自治、行业自律、政府监管、社会参与"的共治机制，形成政府、社会、媒体、第三方等综合监督体系，提升社会组织综合监管的能力。

# B.10

# 社会组织党建助力乡村社会治理现代化报告

丁辉侠　薛 帆　李 蕾*

**摘　要：** 社会组织是乡村社会治理的重要参与主体，也是党的基层组织建设的重要领域，推动社会组织党建助力乡村社会治理现代化是全面乡村振兴的重要举措。本报告在梳理社会组织党建的基本情况及其在助力乡村社会治理现代化中作用的基础上，总结了社会组织党建助力乡村社会治理的实践类型，包括结对帮扶乡村振兴重点村、弥补公共服务供给缺口、培养党务工作者队伍、开展乡村先进文化推广活动和创新消费帮扶五种模式。当前，社会组织党建助力乡村社会治理现代化还存在基层党组织引领作用发挥不充分、社会组织自身发展资源不足、社会组织社会认同度较低等问题。为此，社会组织需要建强基层党组织，充分发挥党建引领作用；提升自身建设，丰富社会组织资源；提高社会认同度，争取社会信任和支持。

**关键词：** 社会组织　基层党组织　党建　乡村振兴　社会治理现代化

## 一　引言

党的十八届三中全会提出“完善和发展中国特色社会主义制度，推进国

---

* 丁辉侠，经济学博士，郑州大学政治与公共管理学院教授，博士生导师，当代资本主义研究中心研究员，主要研究方向为基层治理、社会组织与政府绩效；薛帆，郑州大学政治与公共管理学院研究生，主要研究方向为基层治理、社会组织；李蕾，郑州大学政治与公共管理学院研究生，主要研究方向为基层治理、社会组织。

家治理体系和治理能力现代化”。党的二十大报告更是要求“以中国式现代化全面推进中华民族伟大复兴”，“推进以党建引领基层治理，持续整顿软弱涣散基层党组织，把基层党组织建设成为有效实现党的领导的坚强战斗堡垒”。乡村社会治理作为国家治理体系的重要组成部分，在维持乡村社会秩序和促进乡村振兴方面发挥着不可或缺的作用，乡村社会治理现代化直接影响国家治理体系和治理能力现代化目标的实现。为实现乡村治理现代化，要在尊重农民主体地位的前提下，鼓励市场和社会等多元主体参与乡村治理，共同致力于乡村经济、社会、文化、生态等全面发展。

社会组织是我国社会主义现代化建设的重要力量，也是乡村社会治理的重要参与主体，其在维护农村妇女儿童权益、文化服务、老年服务等方面具有专业优势。2022 年 3 月，民政部和国家乡村振兴局在联合印发的《关于动员引导社会组织参与乡村振兴工作的通知》中，提出大力支持服务乡村振兴的社会组织、完善社会组织参与帮扶合作机制、优化社会组织参与乡村振兴支持体系等，从而为社会组织参与乡村社会治理现代化实践提供了更为广阔的舞台。据统计，在 2021 年，全国 31 个省（自治区和直辖市）仅县级及以下社会组织参与乡村振兴的数量就达到了 21.8 万家（见表 1）。其中，江苏省、浙江省、河南省、甘肃省、广西壮族自治区、广东省和陕西省七省（自治区）的县级及以下社会组织参与乡村振兴的数量都达到了 1 万家以上，数量最多的江苏省达到 3.5 万家。这些社会组织服务的领域涉及生态环境改善、人力资源开发、技能提升、乡村文化推广、留守妇女、儿童和老人帮扶等，有力地推动了乡村社会治理现代化。

**表 1　2021 年全国各地区县级及以下社会组织参与乡村振兴的数量**

单位：家

| 省份 | 社会组织数量 | 省份 | 社会组织数量 |
| --- | --- | --- | --- |
| 江苏省 | 35315 | 湖北省 | 9604 |
| 浙江省 | 23421 | 福建省 | 9006 |
| 河南省 | 14381 | 四川省 | 8593 |
| 甘肃省 | 13723 | 安徽省 | 8468 |
| 广西壮族自治区 | 13286 | 云南省 | 7553 |
| 广东省 | 12268 | 江西省 | 7271 |
| 陕西省 | 10820 | 湖南省 | 7260 |

续表

| 省份 | 社会组织数量 | 省份 | 社会组织数量 |
|---|---|---|---|
| 山东省 | 6990 | 黑龙江省 | 1428 |
| 重庆市 | 5231 | 吉林省 | 1321 |
| 河北省 | 4979 | 新疆维吾尔自治区 | 1151 |
| 青海省 | 2494 | 海南省 | 1061 |
| 贵州省 | 2433 | 宁夏回族自治区 | 1035 |
| 辽宁省 | 2284 | 北京市 | 1019 |
| 上海市 | 2250 | 天津市 | 661 |
| 内蒙古自治区 | 1635 | 西藏自治区 | 37 |
| 山西省 | 1479 | 总计 | 218457 |

资料来源：葛宁、周王瑜、杨团、续志琦：《公益慈善力量助力乡村振兴发展报告》，载杨团、朱健刚主编《慈善蓝皮书：中国慈善发展报告（2022）》，社会科学文献出版社，2022，第130~131页。

提高社会组织参与乡村社会治理的质量和成效，需要重视和加强社会组织党建工作，强化党建引领作用。2015年9月，《中共中央办公厅印发〈关于加强社会组织党的建设工作的意见（试行）〉的通知》（中办发〔2015〕51号）将“社会组织党的建设工作”简称为“社会组织党建”，要求“按照应建尽建的原则，实现党的组织和工作全覆盖”，进而确保社会组织坚持党的全面领导。2018年7月3日，习近平在全国组织工作会议上强调：“要加强社会组织党的建设，全面增强党对各类各级社会组织的领导。”在社会组织中加强党的领导和党的建设，有助于强化其从业人员的政治认同，更好地发挥社会组织服务群众、参与社会治理的功能与作用。

在乡村振兴和党建引领基层治理的大背景下，社会组织党建助力乡村社会治理现代化的现状如何？存在哪些困难？又将如何在乡村社会治理实践中发挥更大更好的作用？为厘清和回答这些问题，本报告在梳理社会组织党建的功能与基本情况及其在乡村社会治理现代化中的重要作用的基础上，重点关注当前社会组织党建助力乡村社会治理现代化的实践类型，以及在此过程中遇到的主要困难，以期提出推进社会组织党建更好地助力乡村社会治理现代化的基本路径。

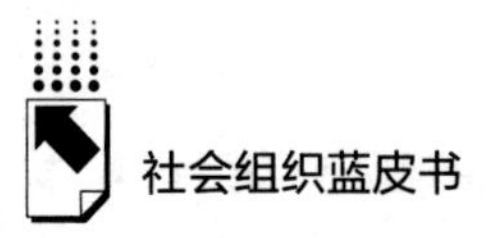


## 二　社会组织党建的基本情况及其在乡村社会治理现代化中的作用

### （一）社会组织党建的功能与基本情况

社会组织党建不仅有助于巩固和增强党的阶级基础、群众基础和执政基础，也有助于社会组织坚持正确的政治方向，以人民为中心，激发其在社会治理领域进行更多的治理理念、手段、方式、方法等方面的创新。早在2015年，中共中央办公厅印发的《关于加强社会组织党的建设工作的意见（试行）》（以下简称《意见》）就把社会组织党组织的基本职责定位为保证政治方向、团结凝聚群众、推动事业发展、建设先进文化、服务人才成长和加强自身建设六个方面。同时，该《意见》还从社会组织党建作用发挥的角度，提出健全社会组织党建管理体制和工作机制、推进社会组织党的组织和党的工作有效覆盖、拓展社会组织党组织和党员发挥作用的途径等具体要求。

由于国家对于社会组织党建工作的重视和支持，我国社会组织党组织的数量随着社会组织数量的增长呈增长趋势。中共中央组织部发布的《中国共产党党内统计公报》显示，2012年底，全国49.93万个社会组织中，有4.03万个社会团体和3.95万个民办非企业单位已建立党组织，分别占具备建立党组织条件的社会团体和民办非企业单位数的99.21%和99.61%。到2022年底，全国89.2万个社会组织中，基层党组织数量达到17.90万个，基本实现应建尽建（见图1）。在此背景下，各地还积极打造社会组织党建品牌，推动社会组织党建工作与业务工作协同发展，引领社会组织深入参与基层社会治理实践。

### （二）社会组织党建在乡村社会治理现代化中的重要作用

乡村社会治理为社会组织发挥其专业优势提供了广阔空间和实践舞台，脱贫攻坚和乡村振兴为社会组织广泛参与乡村社会治理提供了历史机遇。数据显示，截至2021年底，全国社会组织总量为90.19万个①，参与乡村

① 《2021年民政事业发展统计公报》，中华人民共和国民政部网站（2022年8月26日），https：//www. mca. gov. cn/images3/www2017/file/202208/2021mzsyfztjgb. pdf，最后检索时间：2023年8月31日。

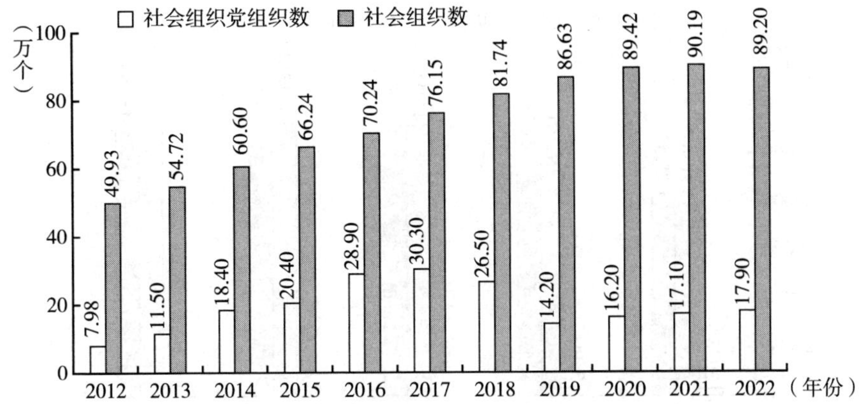


**图 1　2012～2022 年全国社会组织与社会组织党组织数量**

资料来源：2012～2021 年社会组织数根据《中国民政统计年鉴 2022》整理。2022 年社会组织数根据《2022 年民政事业发展统计公报》，数据整理，https：//www. mca. gov. cn/n156/n2679/c1662004999979995221/attr/306352. pdf。社会组织党组织数根据中华人民共和国中央人民政府网历年《中国共产党党内统计公报》数据整理，https：//sousuo. www. gov. cn/sousuo/earch. shtml? code = 17da70961a7&dataTypeId = 107&searchWord = 中国共产党党内统计公报。

振兴的社会组织数量达到 23.73 万个①。图 2 为 2017～2021 年五年内各类社会组织参与乡村振兴的数量。2017～2021 年间，参与乡村振兴的社会组织数量保持逐年增长趋势，这些社会组织也成为提升乡村社会治理水平的重要力量。

在社会组织党组织不断健全、党建工作质量不断提升的背景下，社会组织党建在推动乡村社会治理现代化中的地位更加重要，作用也更加突出。首先，社会组织党建有利于确保社会组织参与乡村社会治理的正确发展方向。在政府不断向社会放权、乡村传统治理秩序逐渐瓦解、新的自治格局和多元治理秩序正在形成的过程中，社会组织可以有效地弥补政府失灵和市场失灵，为乡村提供政府和市场供给不足的各类公共服务和社会服务。但在参与乡村社会治理过程中，由于自身发展需要及其他原因的影响，社会组织的目

① 葛宁、周王瑜、杨团、续志琦：《公益慈善力量助力乡村振兴发展报告》，载杨团、朱健刚主编《慈善蓝皮书：中国慈善发展报告（2022）》，社会科学文献出版社，2022，第 123 页。

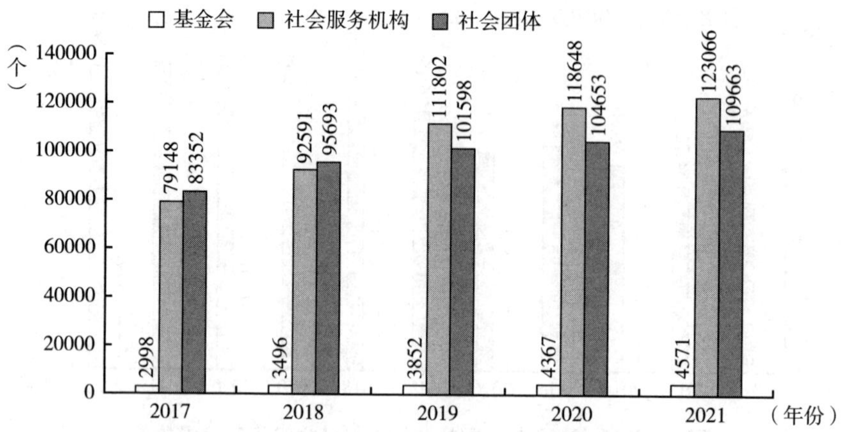


**图 2　2017~2021 年各类社会组织参与乡村振兴数量**

资料来源：根据葛宁、周王瑜、杨团、续志琦：《公益慈善力量助力乡村振兴发展报告》表 2“2017~2021 年参与乡村振兴的社会组织数量”整理所得，载杨团、朱健刚主编《慈善蓝皮书：中国慈善发展报告（2022）》，社会科学文献出版社，2022，第 122~123 页。

标常常不能与国家乡村社会治理的目标同步。因此，加强社会组织党建可以有效引导社会组织的正确发展方向，促进社会组织在追求自身发展的同时，与国家乡村社会治理的目标保持一致，从而有效维护人民群众的根本利益。其次，社会组织党建能够推动社会组织深度参与乡村社会治理。社会组织党建工作与业务工作的深度融合，有利于发挥社会组织的亲民性优势，把党的群众路线工作方法切实应用于社会组织开展的各类活动中，精准定位乡村社会治理需求，高效开展各类利民便民工作。同时，在社会组织参与乡村社会治理过程中，还能够充分发挥自身优势，推动建立政府、社会力量与乡村居民共同参与的协同治理模式，从而更大范围、更深层次地参与乡村社会治理。再次，社会组织党建有助于提升社会组织发展质量。社会组织基层党组织的设立和工作机制的健全，能够促进社会组织党员维护和执行党的纪律，切实履行党员义务。同时，扎实的党建工作也有利于社会组织党员发挥先锋模范作用，不断提高社会组织人员的思想和业务素质，使他们在工作过程中贯彻落实群众路线，有效弥补政府、市场和村民自治在乡村社会治理中的不足，推动乡村社会自治、德治、法治融合发展。

## 三　社会组织党建助力乡村社会治理的实践类型

参与乡村社会治理，既是社会组织服务社会和服务群众的重要责任，也是社会组织自身成长和实现高质量发展的重要途径。2022 年 5 月，民政部、国家乡村振兴局发布《社会组织助力乡村振兴专项行动方案》，指出："加快推进社会组织参与乡村产业、人才、文化、生态、组织全面振兴。"① 在此背景下，全国各地积极开展社会组织党建助力乡村社会治理的实践活动，形成了各具特色的实践类型。

### （一）结对帮扶乡村振兴重点村模式

乡村振兴是一项需要各类主体合力完成的系统工程。广大社会组织充分发挥自身优势，为乡村振兴事业不断注入新的生机活力。结对帮扶是以先进带后进、优势群体帮助扶持相对落后群体的形式和手段。许多地市都开展了社会组织结对帮扶乡村的实践活动。例如，湖南省长沙市开展社会组织助力乡村振兴"党建聚合力，百社帮百村"供需对接活动，遴选出的 381 家社会组织与 150 个乡村振兴示范村、重点村、薄弱村开展结对帮扶。② 深圳市宝山区社会组织党组织积极响应区委区政府号召，深入参与乡村振兴结对帮扶活动，通过开展基层党组织共建、乡村消费帮扶、关爱特殊群体、帮扶民生基础设施建设等活动，提升当地居民的获得感、幸福感和安全感。③ 益阳市举办"'党旗领航、百社联村'社会组织党组织助力乡村振兴活动"，社会组织党组织与结对村签约，要求社会组织党组织发挥自身优势，充分利用技术、服务、特长，奋力书

① 《国家乡村振兴局、民政部关于印发〈社会组织助力乡村振兴专项行动方案〉的通知》，国家乡村振兴局网站（2022 年 5 月 27 日），https：//nrra. gov. cn/art/2022/5/27/art_ 50_ 195305. html，最后检索时间：2023 年 6 月 15 日。

② 《长沙举行"党建聚合力百社帮百村"供需对接活动》，中国社会组织促进会网站（2023 年 4 月 6 日），https：//www. chinanpo. org. cn/ds/23047561c3. html，最后检索时间：2023 年 6 月 15 日。

③ 《宝安区社会组织党组织勇于担当助力乡村振兴》，深圳市宝安区民政局网站，（2022 年 9 月 22 日），http：//www. baoan. gov. cn/bamzj/gkmlpt/content/10/10129/mpost _ 10129635. html，最后检索时间：2023 年 5 月 3 日。

写抓党建促乡村振兴的生动画卷。① 在社会组织党组织结对帮扶乡村振兴重点村模式中，针对帮扶村在乡村产业发展、乡村治理、乡村建设、公共服务、生态文明建设中遇到的困难和问题，各社会组织开展精准化、专业化、差异化、个性化的帮扶行动，为乡村振兴贡献社会组织力量。

### （二）弥补公共服务供给缺口模式

在助力乡村社会治理现代化过程中，社会组织提供的专业化、个性化服务，有效弥补了政府与市场在公共服务供给方面的不足。例如，钦州市社会组织党委积极引导社会组织党组织主动融入乡村助学、养老等社会治理实践，用实际行动诠释社会组织的责任与担当。2022 年，红枫叶养老服务党支部围绕“健康颐养”主题组织开展助老活动，帮扶困难群众 651 人次；钦州市微灯公益协会党支部定期为村民举办“智慧敬老”活动，为农村老人普及基本公共卫生、健康科普、慢性病以及家庭急救等知识，发放智慧手环 1014 个。钦州市惠民社会救助服务中心党支部链接 12 家社会组织为乡村留守儿童开展 36 场周末课外阅读课。② 陕西省咸阳市秦都区以乡村振兴为契机，将社会组织党建工作与乡村社会治理深度融合，为村民提供法律咨询、医疗卫生、养老救助等方面的服务。陕西秦隆律师事务所党支部在村庄宣讲《民法典》和回答村民法律问题，提高了广大村民依法办事、依法维权的能力。民非企业咸阳雨茂医院党支部入村为村民测血压、测尿酸、做心电图、把脉问诊等，并普及健康知识和捐赠药品。③ 社会组织作为政府和市场之外承担公共服务职能的重要主体，近年来在扶老、助残、助学、救灾等服务方面，与政府提供的公共服务互相补充，有效弥补了乡村公共服务供给缺口。

---

① 《益阳市“党旗领航　百社联村”社会组织党组织助力乡村振兴行动启动仪式在资阳举行》，益阳市人民政府网站（2022 年 11 月 7 日），http：//www. yiyang. gov. cn/yysfpw/7039/7051/content_ 1681851. html，最后检索时间：2023 年 4 月 28 日。

② 《钦州市：拓宽社会组织“党建+”服务圈　助力乡村振兴》，八桂先锋网（2022 年 6 月 2 日），https：//www. bgxf. gov. cn/staticpages/20220602/newgx62987058 – 117226. shtml，最后检索时间：2023 年 5 月 9 日。

③ 《秦都党建汇集两新力量　助力乡村振兴》，咸阳新闻网（2022 年 5 月 6 日），http：//www. sxxynews. com/2022/0506/135243. shtml，最后检索时间：2023 年 5 月 13 日。

### （三）培养党务工作者队伍模式

基层党组织是全面加强党的领导、助力乡村社会治理现代化最坚实的基础和最可靠的力量。社会组织充分发挥其联系广泛的优势，组织党员在其开展的各类服务活动中宣传党的路线方针政策，引导党员积极参与乡村社会治理服务活动。例如，2022 年，河南封丘县建立 147 个“联村支部”，80 余个企业和社会组织党支部分别与村党支部协作联动，通过党建帮扶形式，协助提高支部党务工作者和乡村党员工作能力。[①] 湖南益阳市社会组织党委每年开展两期以上“关注党员成长，激发组织活力”培训班，积极培养党建骨干力量，助力乡村振兴。此外，社会组织重点培养基层党组织党建骨干力量，强化社会组织党员队伍建设，以党建汇聚人才、凝聚智力、服务发展。如 2022 年，广西玉林市结合“关注党员成长·激发组织活力”大培训的常态化举办，组织社会组织参与乡村振兴培训班 25 期，培训 1350 余人次。[②] 社会组织还通过设立党员责任区、党员先锋岗和党员示范岗，有效发挥其党员的先锋模范带头作用。社会组织积极开展党务工作者培训，一方面，有利于激发广大党员对党的政治认同，充分发挥党员的模范带头作用，提高其服务群众、服务社会发展的能力；另一方面，有利于加强党务工作者队伍建设，培养基层党组织党建骨干力量，更加有效发挥社会组织专业优势，在推进乡村社会治理体系现代化进程中贡献更大的力量。

### （四）开展乡村先进文化推广活动模式

中华文化本质上是乡土文化。社会组织党建能够确保以社会主义核心价值观为指导，组织开展群众喜闻乐见的文化活动，丰富村民业余生活，营造积极向上的文化氛围。例如，广西玉林市积极推动公益义工类、文艺类等社会组织党组织参与并融入乡村志愿平台的搭建与运营，成立各种社会组织党员义工服务队，

① 《封丘县：大抓基层固根基建强堡垒促振兴》，新乡市人民政府（2023 年 6 月 7 日），http://www.xinxiang.gov.cn/sitesources/xxsrmzf/page_pc/zwgk/zwxx/xqdt/article79d5c0395c584f9d97cf8efabc0ae8c5.html，最后检索时间：2023 年 9 月 2 日。

② 《广西玉林市：推行“双主三化五共模式”党建引领社会组织助力乡村振兴》，中国共产党新闻网（2022 年 9 月 26 日），http://dangjian.people.com.cn/n1/2022/0926/c441888-32534463.html，最后检索时间：2023 年 9 月 2 日。

开展“志愿服务关爱行动”“推进移风易俗、助力乡村振兴”等志愿服务活动，在乡村范围内广泛开展社会主义核心价值观宣传教育，为乡村振兴提供精神动力。① 北京市石景山区动员文化类社会组织对接宁城县大明镇五官营子等4个村，针对自治区级非物质文化遗产民间艺术“铢铢镲”，开展文化帮扶活动，助推优秀民间艺术发展，实现以文化振兴赋能乡村振兴。② 社会组织党组织通过多种渠道开展乡村先进文化推广活动，传承优秀中华传统文化，提升村民精神风貌，改善乡村社会风气，提高乡村社会文明程度。

### （五）创新消费帮扶模式

参与消费帮扶，可以提升社会组织社会认同度，履行社会组织的责任，彰显社会组织责任担当。社会组织党组织充分发挥其政治核心作用，发挥自身优势，带头参与消费帮扶活动。例如，河南省民政厅印发《关于动员广大社会组织实施消费帮扶助力销售贫困地区农副产品的倡议书》后，河南省豫宛商会党支部积极响应，通过开展党建引领系列活动、协助地方政府扶农惠农等活动，其在新野县首创的蔬菜订单销售模式成绩显著，截至2023年上半年，受益农户已达10万余户。③ 广东省价格和产业品牌发展协会宣布与同城本地生活服务平台宝结成战略合作伙伴，双方围绕中央关于“乡村振兴、消费帮扶”系列文件精神，共同创新消费帮扶市场运作模式，推动消费帮扶产品社区分销落地，并鼓励更多的中小商家、社区灵活就业者参与其中。④ 消费帮扶是促进

① 《广西玉林市：推行“双主三化五共模式”党建引领社会组织助力乡村振兴》，中国共产党新闻网（2022年9月26日），http://dangjian. people. com. cn/n1/2022/0926/c441888-32534463. html，最后检索时间：2023年9月2日。

② 《石景山区委社会工委区民政局“三个聚焦”党建引领社会组织参与支援协作助推乡村振兴》，北京市石景山区人民政府网（2022年11月21日），http://www. bjsjs. gov. cn/gongkai/zwgkpd/zxgk_ ywdt/202212/t20221202_ 64309_ sjs. shtml，最后检索时间：2023年6月13日。

③ 《河南豫宛商会党支部：学习中央一号文件助力和美乡村建设》，河南日报农村版（2023年4月23日），https://baijiahao. baidu. com/s? id=1763924388266907383&wfr=spider&for=pc，最后检索时间：2023年9月2日。

④ 《创新“消费帮扶”市场化、品牌化运作模式实现“大众助力、乡村振兴”》，广东省价格和产业品牌发展协会网（2023年3月29日），https://mp. weixin. qq. com/s? __biz=MzI4NjU5OTEwOA==&mid=2247487441&idx=1&sn=6452bc6a246746572a7d32e6db6d2cba&chksm=ebdb3d7adcacb46c8e4fb21edad4409158c47511d28a98f06425d0bf2b6ebfcce6b45832d1e2&scene=27，最后检索时间：2023年8月31日。

乡村地区群众增收、助力乡村发展的重要途径。社会组织发挥自身优势，主动参与，利用自身凝聚力与号召力，促进脱贫地区产品和服务的销售，促进脱贫地区人口稳定增收和脱贫地区产业可持续发展。

## 四　社会组织党建助力乡村社会治理现代化的现实困难

近年来，全国各地社会组织紧密结合党中央的方针政策和地方实际情况，积极开展社会组织党建助力乡村社会治理现代化的实践活动。但在乡村社会变迁和治理转型过程中，受治理环境和社会组织自身等多种因素的影响，社会组织党建助力乡村社会治理现代化过程中仍然面临不少困难挑战，如基层党组织引领作用发挥不充分，社会组织自身发展资源不足，社会组织社会认同度较低等。

### （一）基层党组织引领作用发挥不充分

社会组织党建旨在加强党对社会组织的领导，夯实党的执政基础，确保其沿正确的政治路线发展。社会组织党建工作可以充分发挥社会组织优势，引导社会组织提供更加优质高效的社会服务。当前，我国社会组织党建工作已取得明显成效，但在社会组织参与乡村社会治理的过程中，也存在着社会组织党组织引领作用发挥不充分的问题。首先，一些地方对社会组织党建存在认知偏差。部分社会组织负责人将社会组织党建工作视为“地方党委和政府对其业务活动的一种管控”，“轻党建、重业务”，对党建工作“持消极态度”。[①] 因此，一些社会组织对党建工作重视不够，社会组织党组织没能在乡村社会治理中发挥引领作用。其次，社会组织党组织职责不明确，作用发挥不明显。部分社会组织虽然成立了党组织，但长期不开展活动，缺乏社会组织党建助力乡村社会治理的具体规划，导致社会组织党组织在乡村社会治理中作用发挥不明显。最后，社会组织党建保障机制不健全。[②] 一方面，党建经费不足。社会组织具有公益性，资金来源单一，党建活动经费保障不足，党建活动难以有规律开展。另一方面，活动场地不能得到保障。部分社会组织不重视党建工作，不

① 武磊：《社会组织党建怎么抓》，《人民论坛》2017 年第 31 期。

② 马慧吉、刘强：《新社会组织党建：经验、难题及破解》，《理论探索》2012 年第 6 期。

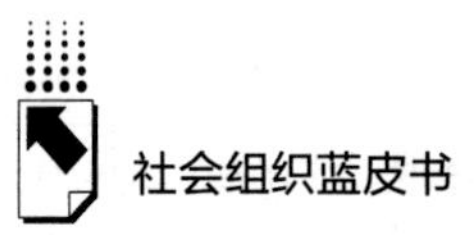


愿为党建活动提供固定场地。由于这些原因，一些社会组织党建活动开展比较少，社会组织党组织没能有效发挥其政治引领和业务指导作用。

### （二）社会组织自身发展资源不足

社会组织作为参与乡村社会治理的重要主体，其自身问题直接影响社会组织党建助力乡村社会治理的成效。“打铁还需自身硬”，社会组织要在乡村社会治理中更好地发挥作用，自身建设不容忽视。当前，我国社会组织在资金、人才、管理体制等方面都存在不足。在资金方面，大部分社会组织的活动经费主要来源于政府购买服务项目，资金来源单一且数量不足，缺乏“造血”功能，不仅制约社会组织自身发展，也制约社会组织在乡村开展服务活动及其服务效果。在人才方面，很多社会组织存在着党员流动性大、高素质党务干部较少的问题，参与党建活动的党员人数较少，缺乏高素质党务干部。① 在管理体制方面，部分社会组织管理体制不健全，缺乏完备的管理规范、健全的组织架构以及高效的监督机制。② 社会组织自身发展资源不足，社会组织党建工作运行不规范，从而影响其参与乡村社会治理的积极性和服务质量。

### （三）社会组织社会认同度较低

在社会组织党建开展乡村社会治理服务的过程中，存在政府、社会和村民对社会组织作用认识不足问题，从而增加其承接政府购买服务的难度，社会组织不易获得社会资金的支持，也不利于在具体活动中提高村民的参与度。从政府层面看，部分地方政府对社会组织在乡村社会治理中的作用认识不全面。一些地方政府对社会组织参与乡村社会治理存在认识偏差，存在忽视社会组织、否定社会组织、防范限制社会组织的情况。③ 这不利于社会组织承接政府购买服务项目，获得政府购买服务资金支持。从社会层面看，由于社会组织对其自身功能宣传不充分，社会对其参与乡村社会治理信心不足，对其开展的各类公

---

① 杨静娴：《社会组织党建的制约因素及质量提升》，《河南社会科学》2019 年第 5 期。

② 于健慧：《社会组织参与乡村治理：功能、挑战、路径》，《上海师范大学学报》（哲学社会科学版）2020 年第 6 期。

③ 廖鸿、石国亮：《中国社会组织发展管理及改革展望》，《四川师范大学学报》（社会科学版）2011 年第 5 期。

益活动参与热情不高。从村民层面看，目前，村庄常住居民中多为留守老人、妇女及儿童，他们对新事物的接受能力较低，在遇到困难时习惯性地去寻找村委会和政府部门而不是找社会组织帮忙，这从侧面体现出村民对社会组织不了解、不信任。因此，社会组织提高自身社会认同度，是其更好地参与社会治理的重要条件，而党建是社会组织提高社会认同度的重要切入点。

## 五　社会组织党建助力乡村社会治理现代化的基本路径

### （一）建强基层党组织，充分发挥党建引领作用

社会组织党建助力乡村社会治理工作的关键是要建强其基层党组织，充分发挥党建引领作用。首先，提高党建工作认识水平。社会组织可以通过宣传教育，让社会组织负责人和支部党员对社会组织党建的作用和意义有更加深刻的理解和认知，自觉通过党建工作推动社会组织参与乡村社会治理工作，有效发挥社会组织在乡村社会治理中的应有作用。其次，进一步明确社会组织党组织的职能职责和战斗堡垒作用。社会组织党组织应充分发挥党组织政治优势和组织优势，创新工作方式方法，提高服务能力，提升服务水平，建立社会组织与乡村社会治理对接平台，定期开展党建主题教育、项目对接培训会等活动，促进社会组织与乡村需求有效对接。最后，为社会组织党建工作提供保障。在党建经费方面，通过地方财政补贴、上级党委经费扶持、党费等多种渠道筹措党建经费，保障社会组织党建工作的正常开展。在活动场地方面，可以依托上级党组织的党员活动室和社区活动中心，保证社会组织党组织党建工作有场地。只要建强社会组织党组织，社会组织就能够在各种活动中更好地发挥党建引领和党员先锋模范作用，参与乡村社会治理的效果也能够得到有效保障。

### （二）提升自身建设，丰富社会组织资源

为了更好地发挥社会组织参与乡村社会治理的优势，社会组织应自觉主动地为自己赋能，优化组织资源配置，提高组织工作能力。在资金方面，社会组织要拓宽资金来源，通过多元渠道解决参与乡村社会治理过程中的资金短缺问题。这就要求社会组织不仅要积极承接政府购买服务项目，从政府获取一定的

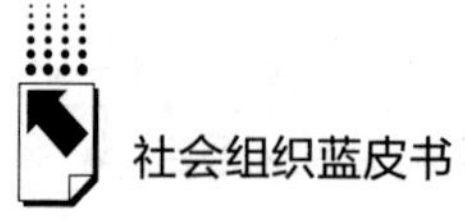


财政资金支持；还应加强同基金会和企业的业务合作，获取更广泛的资金支持。社会组织要强化自己的资源整合能力，将现有资源合理投入乡村社会治理之中，高效开展各类社会组织活动。在人才方面，社会组织应选配高素质的专职党务工作者，加强党建指导队伍建设，并通过加强教育培训等形式，不断提高党务工作者的素质和能力。在技术方面，社会组织应以信息化为支撑，推动社会组织自身内部发展，提升社会组织“智能化”水平，打造现代化的社会组织结构。同时，也可以借助互联网开展线上服务，不断学习现代信息技术，积极利用互联网平台交流需求信息和项目信息，从而使社会组织的信息获取能力、项目执行能力和专业服务能力得到提升。同时，社会组织应完善与发展其参与乡村社会治理的方式和方法，提供真正符合乡村社会治理需要的各种服务。

### （三）提高社会认同度，争取社会信任和支持

社会组织合法性的主要来源是社会组织的社会认同度。社会组织要有效参与乡村社会治理，需要政府、村民、社会对社会组织的信任和支持。首先，社会组织应加强与政府沟通。搭建政府与社会之间的协作平台，建立共享、沟通与合作机制，积极承接政府购买服务项目，获得政府政策及资金支持。其次，社会组织应加大宣传力度，让公众充分理解、信任并且支持社会组织的发展。社会组织可以充分利用阅读专栏、海报、壁画等传统广告素材，借助公众号、朋友圈、新闻头条等新兴媒体，积极宣传社会组织参与乡村社会治理的成效，争取公众的信任和支持。最后，社会组织应当坚定自身服务社会的初心与使命，明确自身定位，不断提升服务意识和责任意识。通过与村民沟通交流，了解村民的切身诉求，积极开展各项符合村民需求的服务活动，让村民在社会组织开展的各项活动之中有所收益，使村民认识到社会组织参与乡村社会治理的价值和作用，从而提升对社会组织的认同和支持。

## 参考文献

陈东辉：《基层党建引领社会治理创新的探索与路径》，《理论与改革》2019 年第 3 期。

陈家喜:《我国新社会组织党建：模式、困境与方向》,《中共中央党校学报》2012年第2期。

寇爽:《社会组织党建的发展沿革、经验探索和路向选择》,《领导科学》2021年第8期。

郭娜:《基层党组织为何要提升组织力》,《人民论坛》2019年第2期。

马立、曹锦清:《社会组织参与社会治理：自治困境与优化路径——来自上海的城市社区治理经验》,《哈尔滨工业大学学报》(社会科学版)2017年第2期。

徐顽强、于周旭、徐新盛:《社会组织参与乡村文化振兴：价值、困境及对策》,《行政管理改革》2019年第1期。

杨丽、赵小平、游斐:《社会组织参与社会治理：理论、问题与政策选择》,《北京师范大学学报》(社会科学版)2015年第6期。

周学荣:《社会组织参与社会治理的理论思考与提升治理能力的路径研究》,《湖北大学学报》(哲学社会科学版)2018年第6期。

# B.11
# 社区社会组织参与基层治理的北京实践

魏朝阳　陈　谊　朱　娟　王瑞雪*

**摘　要：** 社区社会组织是打造共建共治共享格局的基层治理新重要主体。本报告简要介绍北京市推进社区社会组织发展的主要做法成效，重点通过案例分析社区社会组织在首都基层治理中发挥的重要作用。同时着眼于建设基层治理首善之区的要求，分析目前社区社会组织在基层治理中存在的问题，从实施分类引导、培养骨干人才、抓好品牌建设、规范备案管理、加大培育扶持等五个方面，提出进一步促进社区社会组织参与基层治理的举措，推动其更好地服务新时代首都功能发展，满足群众的多元化需求。

**关键词：** 基层治理　社区社会组织　基层治理现代化　共建共治共享

建设和管理好首都，是国家治理体系和治理能力现代化的重要内容。北京市作为国家首都，拥有庞大的社区体量和人口基数，面临着超大城市治理的诸多难题。社区社会组织是参与基层治理的重要主体，北京市立足推进基层治理现代化，不断促进社区社会组织参与基层治理的广度和深度，取得了明显的成效。

---

* 魏朝阳，北京市委社会工作委员会北京市民政局基层政权和社区建设处处长，主要研究方向为社会组织、社会治理；陈谊，北京市委社会工作委员会北京市民政局社会组织工作处处长，主要研究方向为社会组织、人口统计；朱娟，北京市委社会工作委员会北京市民政局基层政权和社区建设处副处长，主要研究方向为社会组织、社会治理；王瑞雪，北京市委社会工作委员会北京市民政局社会组织工作处一级主任科员，主要研究方向为社会组织、社会治理。

## 一　北京市社区社会组织发展的基本情况

### （一）发展历程

2009 年，北京市民政局就领先全国颁布《北京市城乡社区社会组织备案工作规则（试行）》，对社区社会组织备案流程、组织监督等内容进行规范明确，标志着北京市社区社会组织备案管理机制正式建立。2010 年，北京市开发建设城乡社区社会组织备案系统，备案工作进入信息化时代。从 2010 年到 2019 年，北京市备案的社区社会组织从无到有，逐步发展到 2.1 万家；2020 年，出台系列促进社区社会组织发展的政策措施，同时升级改造社区社会组织备案管理系统，社区社会组织数量激增。截至 2022 年 12 月，备案的社区社会组织数量达到 7.5 万余家，较 2019 年增长了 257%，活动领域涉及文体科教、福利服务、治安民调、环境物业、共建发展和医疗卫生等（见图 1）。

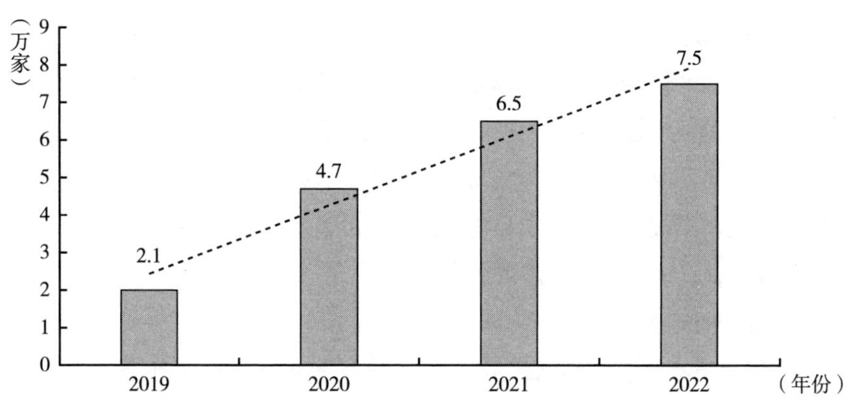


**图 1　北京市备案社区社会组织数量变量趋势**

资料来源：北京市社会组织服务管理平台社区社会组织备案系统，为内部数据。

### （二）主要做法及成效

北京市围绕“打造共建共治共享的社会治理格局”，坚持多措并举、多方

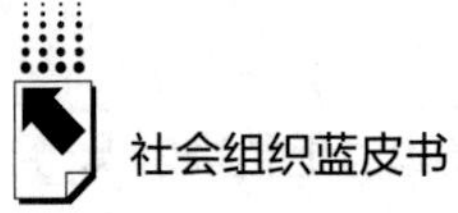



联动，大力推进社区社会组织参与基层治理。

1. 坚持党建引领明方向

持续发挥党组织在社区社会组织孵化培育、发展成长、参与基层治理中的引领作用。加强对社区社会组织负责人的政治培训，通过鼓励社区党组织成员及社区党员领办社区社会组织并担任负责人、引导回社区报到的党员在参与社区社会组织活动中发挥示范带动作用、将社区社会组织优秀党员吸纳到社区党组织领导班子等举措，支持引导社区社会组织更好地融入基层治理体系，听党话、跟党走，服务群众、发挥作用。

2. 完善政策设计强保障

2009 年以来，北京市陆续出台鼓励支持社区社会组织参与基层治理的政策文件 10 余个。2017 年，以市委办公厅、市政府办公厅名义发布《关于改革社会组织管理制度促进社会组织健康有序发展的实施意见》，专章阐述降低准入门槛、增强服务功能等大力培育发展社区社会组织的措施。2019 年，市委社会工委与市民政局联合市发展和改革委员会、市财政局、市农业农村局印发《关于培育发展社区社会组织的实施意见》，明确七项具体支持措施。2021 年，市委社会工委市民政局印发《北京市培育发展社区社会组织专项行动实施方案》，明确五大工程推动社区社会组织助力基层社会治理。2022 年，以市委市政府名义出台《关于加强基层治理体系和治理能力现代化建设的实施意见》，明确“畅通社区社会组织参与基层治理渠道”。为落实此《实施意见》，市委社会工委市民政局同年出台《关于促进社会组织参与社区治理的意见》，引导社区社会组织发挥灵活优势满足社区居民多样化需求。

3. 明确工作规则建机制

2021 年，市委社会工委市民政局修订出台《北京市社区社会组织备案工作规则》，在市区两级民政部门规范开展社会组织登记的基础上，把社区社会组织备案作为社会组织管理工作在基层的延伸。文件明确由各区民政部门统筹协调、综合指导相关工作，街道办事处或乡镇人民政府负责辖区内社区社会组织的规划布局和发展引导计划、设立购买社会组织服务项目、备案管理、人员培训、监督评价等，居民委员会或者村民委员会负责申请受理、初审和日常服务，构建了各层级分工负责的备案管理工作机制。

4. 搭建服务平台重扶持

2017 年，北京市建立了市区街三级社会组织培育孵化体系，对社区社会组织培育起到了较大的促进作用。截至 2022 年底，全市共建有 281 个社会组织培育孵化基地，其中区级 17 个、街乡镇级 264 个，每年财政支出约 1200 万元社会建设资金专门提供保障。各级培育孵化机构协同联动，为社区社会组织提供信息发布、资源配置、政策指导、能力建设等服务。其中，镇街级孵化机构发挥了主体作用，每年为社区社会组织提供活动场地 7650 场次以上、活动经费 5300 余万元、人才支持 4590 人次。如，朝阳区 43 个街乡孵化机构共培育社区社会组织 3140 个，平均每个孵化机构培育社区社会组织 73 个。另外，依托社区社会组织联合会为社区社会组织提供承接政府购买服务的专业支持服务，进一步促进其发挥作用。

5. 注重试点先行促创新

2019 年，市委社会工委市民政局和昌平区委、区政府发布《关于回天地区社会组织创新发展示范区建设的试点方案》，探索社区社会组织参与超大型城市社区治理路径。回天地区 7 镇街社区社会组织联合会承担辖区内社区社会组织的联系与服务管理职能。通过加大政府购买服务力度，建立社区社会组织申报项目由镇街社会组织联合会联合申请机制、跨年度连续购买机制，形成“回天有我”“回天好人”“唱好一点”等一批品牌项目。回天地区共培育 1800 余家社区社会组织，推选出 100 家具备号召力、凝聚力、发展力、服务力的优秀社区社会组织，加强示范引领，充分激发活力。

通过多年持续的政策引导和实践推动，全市社区社会组织积极参与到基层治理中。据不完全统计，2020~2022 年，全市有 4.7 万家社区社会组织参与了疫情防控，2.4 万家社区社会组织参与了生活垃圾分类，1 万余家社区社会组织开展了停车治理、环境美化、邻里互助等物业管理服务，8000 余家社区社会组织为居民提供了矛盾调解、治安防范、法律援助等服务。社区社会组织通过居民身边的“关键小事”，撬动了基层治理大问题。有居民称他们是社区治理的“冲锋枪”、尊老助残的“好拐杖”、解决纠纷的“公平秤”、贴心服务的“棉马甲”。

## 二　北京市社区社会组织参与基层治理的具体案例分析

本报告选取全市 16 区及经济技术开发区共 1000 家品牌社区社会组织进行重点调研，这些组织的数量及类型分布如表 1 所示。

**表 1　北京市 1000 家品牌社区社会组织数量及类型分布**

单位：个

| 所属区 | 服务福利类 | 治安民调类 | 医疗卫生类 | 文体科教类 | 环境物业类 | 共建发展类 | 总计 |
|---|---|---|---|---|---|---|---|
| 东城区 | 19 | 3 | 0 | 2 | 5 | 6 | 35 |
| 西城区 | 23 | 5 | 0 | 10 | 7 | 9 | 54 |
| 朝阳区 | 45 | 13 | 0 | 15 | 8 | 20 | 101 |
| 海淀区 | 42 | 7 | 0 | 50 | 9 | 23 | 131 |
| 丰台区 | 32 | 5 | 0 | 15 | 7 | 8 | 67 |
| 石景山区 | 6 | 1 | 0 | 15 | 1 | 4 | 27 |
| 门头沟区 | 13 | 2 | 0 | 8 | 7 | 6 | 36 |
| 房山区 | 23 | 3 | 0 | 33 | 2 | 2 | 63 |
| 通州区 | 41 | 9 | 3 | 29 | 15 | 24 | 121 |
| 顺义区 | 9 | 6 | 0 | 14 | 8 | 5 | 42 |
| 大兴区 | 33 | 6 | 0 | 24 | 3 | 13 | 79 |
| 昌平区 | 10 | 10 | 0 | 45 | 1 | 13 | 79 |
| 平谷区 | 17 | 0 | 0 | 5 | 3 | 2 | 27 |
| 怀柔区 | 13 | 2 | 0 | 11 | 5 | 5 | 36 |
| 密云区 | 17 | 3 | 0 | 9 | 7 | 16 | 52 |
| 延庆区 | 31 | 2 | 1 | 9 | 2 | 3 | 48 |
| 经济技术开发区 | 1 | 0 | 0 | 1 | 0 | 0 | 2 |
| 总计 | 375 | 77 | 4 | 295 | 90 | 159 | 1000 |

资料来源：根据北京市社会组织服务管理平台社区社会组织备案系统的相关数据绘制。

通过梳理分析，社区社会组织参与基层治理主要体现在以下几个方面。

## （一）整合辖区资源，凝聚治理合力

### 1.“以社联社”

典型的做法是成立社区社会组织联合会，把备案的社区社会组织吸纳为会员，纳入服务体系，提供培育发展、交流互动等专业支持，提高社区社会组织的黏合度，以便更好地统筹辖区资源，服务本地居民。目前全市60%以上的街道（乡镇）成立了社区社会组织联合会。如，朝阳区管庄地区社区社会组织联合会，实施“育才”工程，为社区社会组织带头人提供专业培训，建立了指导员、联络员“双员”机制，引导社区社会组织在“邻里守望”“共创平安”“共建共治共享”“文化铸魂”等方面开展系列志愿服务活动共计78场次，服务人数达2.7万余人次。东城区和平里街道社区社会组织联合会注重对社区社会组织人才培养，策划组织赋能工作坊、参访研学等活动，挖掘组织带头人、培养公益人，示范带动和提高社会组织创新、服务能力。同时，不断深化“五社联动”，引导社区社会组织在社区治理、矛盾调解、协商议事等方面发挥积极作用。

### 2. 社区动员

社区社会组织动员社区各方面力量参与社区治理。如，丰台区王佐镇南宫雅苑社区365民情专班，由网格员、辖区企事业单位、党员、居民志愿者联合组建。网格员、党员、居民志愿者是“前哨”，平日在各楼院巡视，承担了辖区190余个楼栋单元公共设施、环境卫生、治安等方面信息收集工作，发现问题及时向社区吹哨，社区协调物业、镇政府等多方协同处理。他们也是“前锋”，定期到残疾、失能等特殊群体家中走访了解需求，通过“一对一”结对帮扶机制提供精准服务；定期开展环境清理、安全值守、防火夜查等系列益民活动。辖区理发店、幼儿园、法庭等单位则为“后卫”，通过学雷锋、便民服务日、走访等活动，为社区居民提供理发、幼儿教育、法律咨询等专业服务，共同形成家门口服务圈，让居民享受到更优质的服务，让共建共治理念深入人心。

### 3. 共建共学

有的社区社会组织主动挖掘、链接社区资源，创新服务居民方式。丰台区方庄街道紫芳园社区共建小组，与社区内的市第二中级人民法院、市人民检察院（第二分院）结对共建，定期组织方庄地区多家单位实地参观市第二中级人民法院学习教育基地，组织参加法庭旁听。市人民检察院（第二分院）成立检察官法律志愿服务队伍，每月为社区义务提供法律援助。市第二中级人民法院、市人民检察院（第二分院）在社区建立大讲堂，为社区工作人员和辖区单位的中高层管理干部，讲解廉政案例，强化廉政教育。2017 年以来，这两家单位与紫芳园社区互派 10 余名干部进行学习交流，市人民检察院（第二分院）副处级干部还在社区进行挂职，创新社区法律工作。2023 年，市第二中级人民法院在社区成立了“暖心司法　服务为民”社区法律服务先锋岗，进一步深化了共建关系。

## （二）维护社区安全，守护共同家园

### 1. 关爱居民生命安全

西城区牛街街道东里社区“夕阳红接送队”，志愿者平均年龄 60 岁。该社区近半数学生在牛街西里一区的回民小学上学，放学时间经常出现来往车辆不礼让行人的现象，易造成交通事故。社区秉承“关爱未成年人，呵护未成年人健康成长”的宗旨，由社区退休党员志愿者骨干组成了“夕阳红接送队”，无论寒冬酷暑，风雨无阻护送孩子们安全通过牛街十字路口，服务总时长达 4000 余小时，服务人数达 49.6 万人次。接送队 74 岁的刘焕焕队长，参与接送服务 17 个春秋。她见证了不少当年的小学生，变成了现在的研究生，有的走上了工作岗位。她的事迹被牛街百姓宣讲团编写成宣讲稿，参加了北京市百姓宣讲“双十佳”评选活动。提供类似服务的组织还有石景山区鲁谷街道五芳园社区义工护花服务队、西城区新街口街道西四北三条社区家园卫士志愿服务队等，他们在川流不息的车辆中，守护学生安全，群众称他们是“马路天使”。

### 2. 服务重大会议活动

大兴区瀛海镇兴海园社区红袖标志愿巡逻队，组建于 2012 年，从最初的 20 余人发展成现在 100 余人。主要由退休党员、居民代表、楼门长及热心社区公益的爱心人士组成，平均年龄在 65 岁左右。自成立至今开展活动近千余次，出色地完成了 G20 峰会、党的十九大、党的二十大、新中国成立七十周年、全国两会等重大节假日的治安巡逻任务。居民评价他们：“是一支宝藏队伍，有了他们，社区越来越美好和谐，大家的幸福指数也越来越高。”房山区西潞街道西潞东里社区好邻居一家亲志愿服务队，在党的二十大安保维稳工作中，发挥他们熟悉辖区情况和地理位置的优势，站岗执勤，解决了社区人手不足的难题，保障了重要会议期间辖区的安全稳定。西城区陶然亭街道大吉巷社区治安志愿服务队，参与了“‘一带一路’国际高峰论坛”“中国国际服务贸易交易会”“全国两会”等党政重大会议服务保障，助力大吉巷社区荣获西城区交通安全社区、全国防灾减灾示范社区等称号。

3. 做好日常安全防范

大兴区天宫院街道新源时代中里社区新中防汛应急抢险队，主要在社区及周边开展汛期监测、防汛隐患风险排查、社区安全应急演练和各类突发应急事件救援等一线专业服务，累计开展服务时长 8000 余小时。西城区大栅栏街道铁树社区女子消防队，与大栅栏消防救援队共驻共建，定期协助街道对住户、门店进行消防安全检查和整治，排查潜在的起火危险源，助力构筑社区安全防范体系。由于她们有亲和力，善于沟通，整治和检查工作能够得到对方的配合，工作开展得很有成效。通州区潞邑街道潞苑嘉园社区治安巡逻队，负责社区消防防盗等安全轮巡，如小区内发现案件或出现安全隐患时，组织群众保护现场，并及时向公安机关报告，发现违法犯罪嫌疑人员，及时拨打“110”，与社区民警共同为社区筑起一道保护屏障。

4. 积极参与疫情防控

社区社会组织在街道（乡镇）、社区（村）两委的统筹协调下参与近三年的疫情防控，有效解决了基层防疫工作力量不足问题。一批社区社会组织以通俗易懂、灵活多样的形式，制作了防疫宣传品，免费为居民发放，引导广大群众相信科学，不信谣、不传谣、不造谣。如朝阳区来广营街道社区社会组织联合会开展抗疫健康视频录播 10 期、有奖疫情防控知识在线问答 3 期、每日疫情防控知识在线播报 21 期，免费推送给社区居民。东城区体育馆路街道四块玉社区以及龙潭街道光明社区“小巷管家”队伍、东花市街道南里东区“邻里烛光队”、建国门街道赵家楼社区“星火之光志愿队”、西城区展览路街道“志愿者协会”等一批社会组织，踊跃参与小区值守站岗、住户排查、体温测试、小区巡逻等工作，坚守居民疫情防控最近的一道防线。

## （三）促进社区和谐，化解矛盾纠纷

### 1. 倡导社区文明行为

社区社会组织致力于劝导居民改掉不良行为，提高文明素质，努力营造"除陋习、树新风、争做文明人"的浓厚社区氛围。如通州区北苑街道帅府社区交通文明劝导队，劝导引导居民自觉遵守公共交通秩序，增强自觉文明出行意识。昌平区霍营街道华龙苑中里社区市民文明劝导队，对社区存在的摊贩游商、乱倒垃圾、随意散发小广告、车辆乱停乱放、不文明养犬、违章改建房屋等行为进行文明劝导，引导社区居民改掉"乱吐、乱扔、乱倒"等陋习。怀柔区龙山街道车站路社区文明养犬劝导队，劝导居民形成文明养犬习惯，进一步提高小区的人居环境质量，也促进了小区的和谐邻里关系。密云区果园街道福荣社区文明倡导志愿服务队，开展密云水库历史讲解、垃圾分类宣传等，组织社区居民走出家门积极参与社区活动，对不文明行为进行监督，对文明行为进行宣传倡导，为文明社区贡献力量。

### 2. 办理居民各类诉求

门头沟区军庄镇东山村娘家人劝导队，队员为村内女党员、女代表、热心妇女。成立两年多来，发挥妇女善解人意、表达能力强的特点优势，协助党支部化解百姓在疫情防控、人居环境整治、垃圾分类等重点工作中产生的不理解，做到未诉先办等调解工作数十项。同时，在传统节日、极端天气时对村内孤寡独居老人、低保户、残疾人等进行关怀慰问，解决他们日常生活困难，化解邻里间矛盾 10 余户。挖掘、发现、宣传好家风好家教近 20 户，为村内的和谐稳定、拉进党群关系等起到了重要推动作用。如今，村民有点难事，或是家里有了矛盾，都愿意找她们念叨念叨，村民说："有难事儿，就找'娘家人'。"

### 3. 调解邻里矛盾纠纷

海淀区九街坊社区人民调解服务队，针对居民投诉不断的社区老人在楼道常年堆物堆料问题，制定专属解决方案，主动对接律师咨询有关法律法规，让楼门（单元）长和人民调解服务队员通过上门聊家常的方式，打开老人心扉，解决邻里矛盾，为社区各项工作开展增能助力。渐渐地，他们成为社区的"侦察兵"和"消防员"，及时"侦"报问题线索，"消"除问题隐患，打造形成了“九街坊热心人”社区治理品牌。顺义区光明街道裕龙六区金钥匙调解服务队，始终遵循问题导向和现场办公、现场解决的原则，化解矛盾179件，用“金钥匙”打开居民的心锁，促进社区治理工作顺利开展。

4. 增进邻里交往互动

随着城市化进程加快，人们的居住条件由平房向楼房转化，楼上楼下相邻多年但互不相识、互不往来的例子屡见不鲜。为此，顺义区胜利街道怡馨一社区邻里互助协会以促进“邻里和谐一家亲、共创幸福好家园”为目标，举办了社区闲置物品交换市场、社区亲子运动会、党员红歌比赛、“以邻为伴、感恩母亲”主题系列活动，提高了邻居之间的交往频率，推动了和谐邻里关系建立。通州区玉桥街道新通国际社区HOME联邦工作室，针对社区90%为外来人口的情况，为了让新老北京人沟通融合，组织以社区融合为主题的各项活动，发挥组织员、宣传员、调解员、协助员作用。通州区临里河街道净水园社区“净·悦相伴读书会”，结合社区需求，把加强家庭文明建设作为推动提升社区文明程度的重要载体，增强服务意识，为社区居民在调解家庭、邻里等矛盾或心理疏导等方面贡献力量，增强居民群众互动，着力培育良好家风。

## （四）培育社区文化，增强居民认同

1. 弘扬优秀文化

西城区陶然亭街道益陶然社区发展研究中心，深入挖掘陶然亭地区的传统文化和红色文化，多次向社区居民讲授陶然文化内涵和历史遗产，联合多家社区社会组织制作和排演《高君宇与石评梅》《国际歌声》《港湾》《慈悲庵》等情景剧，帮助社区居民组成文化艺术和志愿服务团队，形成了“社区搭台、社团演绎、居民受益”的良好局面。丰台区卢沟桥街道假日风景社区正能量宣传队，弘扬优秀传统文化，维护公序良俗，排演的山东柳琴数来宝《和谐社区我来夸》、快板《夸婆婆》、三句半《孝行天下爱中华》等一系列经典节目在社区中广为流传，深受居民喜爱，形成向上向善、孝老爱亲、与邻为善、守望相助的良好氛围。

2. 倡导核心价值

密云区果园街道果园新里北区密云水库儿女情宣讲团，成员有65人，其

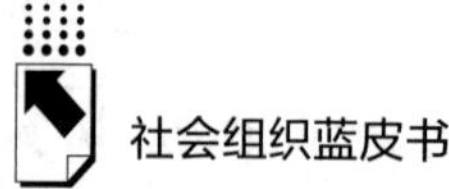


中80%以上是水库移民后代，他们通过讲述祖辈的故事，弘扬传承密云人建库保水、舍小家为国家的水库精神。截至2022年底，宣讲团已经为268个单位进行讲解，受众近万人次，受到广泛好评。朝阳区东湖街道望京花园东社区东阅书院，在百年党史教育活动中，主动牵手诵诗社、剪纸社相关社区社会组织，组成党史宣讲小分队进社区进学校进企业进机关，宣讲20余场受众达6000人次，"学习强国"曾先后三次展播了书院的宣讲视频。大兴区高米店街道科普实践基地科小匠志愿服务队，依托高米店小米粒未成年科普实践基地建立"科小匠公益讲解团"，开展公益普法、校园防欺凌等公益讲座60余场，受益学生1000余人次，持续提升未成年人科学素养，推动形成学科学、讲科学、爱科学、用科学的良好氛围。

3. 组织文体活动

大量的文体科教类社区社会组织，以音乐舞蹈、健身竞技等形式传播活跃社区文化，引导带动居民融入群众性的体育锻炼，在增强社区凝聚力方面发挥积极作用。如海淀区海淀街道碧水云天社区空竹队、通州区新华街道如意社区炫彩空竹队、大兴区亦庄镇泰河园一里社区风之翼空竹非遗传承坊、延庆区百泉街道舜泽园社区彩龙空竹队，每周坚持组织居民训练空竹，使空竹抖练场成为社区一道亮丽的风景线，让传统非物质文化遗产"抖"出无限魅力。这些组织曾多次参加全国各省区市的专业比赛，并多次获奖。海淀区西三旗街道育新花园社区木兰队成立至今已有22年，组织居民学习木兰拳、剑、扇，传递木兰精神，传递正能量。木兰队参加了2008年在天安门举行的迎奥运千人传火炬迎接活动。

### （五）扩大居民参与，促进社区自治

1. 组织居民议事协商

东城区前门街道草厂社区小院议事厅，致力于通过组织居民协商议事来化解矛盾，在街区环境整治提升、养犬自律、垃圾分类等社区服务治理工作中成效显著。2017年，"小院议事厅"运用"五民工作法"，积极收集、反映居民诉求，协助街道仅用1个月的时间平稳顺利地完成草厂地区500余户燃气切改任务，实现工作"零投诉"。此外，针对院落改善、文明养犬、厕所革命等群众关心的问题，先后完成22个居民"美丽院落"的整治提升，打造"零废

弃环保小院”；在172个院落安装夜间照明灯300余盏；新建和改造非机动车车棚5处，安装充电桩94个；设置狗狗便箱35处；建成7个“口袋公园”；组织居民开展绿化美化活动，栽种葡萄树、石榴树、竹子近1000余颗，形成了居民携手建设“美好家园”的氛围。2019年春节期间习近平总书记来到草厂社区小院议事厅，对“居民的事居民议，居民的事居民定”给予了充分肯定。

2. 开展社区自治自管

西城区广内街道长西社区幸福小院8号、9号环境自治队，开展环境整治和邻里守望相助。原来楼道里经常堆放着各种杂物，严重堵塞楼道通道，自治队带领楼内党员志愿者挨家挨户作动员，宣传打通“生命通道”的意义，共同协商制定了《楼院环境公约》，并在楼门处等地方挂上提示牌。自治队经常与居民分享“小自治大治理”的工作理念，通过持续努力，8号、9号院有了翻天覆地的变化，成为居民心目中的最美小院。平谷区大兴庄镇洳苑嘉园社区网格员队伍，结合社区地理空间和房屋属性，以楼栋为基础单元、以140户左右为标准划分，设置了10个微网格，引领带动广大群众参与社区治理，激发自治活力。网格员经常走访群众，与群众交心谈心，及时掌握群众动态，加快办理群众关注事项，让“近”的地理距离转化为“亲”的情感纽带，让群众切实感受到“社区就是自己的家”。2023年，社区通过“微网格”解决群众关心的热点难点问题320余件。

3. 促进多元协同治理

丰台区东高地街道万源东里社区共建联盟服务社，由社区党委、辖区各单位、物业、非公企业、个体工商户等团体共同发起参与，下设互助、互管、互动分社。其中，互管分社每个季度召开例会，将社区居民关注的热点难点问题开列出“需求清单”，各联盟单位现场认领问题，近一年已解决废墟垃圾场治理、学校门前规划网状线等问题百余件。互助分社，近一年开展“雷锋来社区，五号送服务”和“雷锋来社区，预约送服务”活动共71次，直接受惠群众达到15000多人次。互动分社，组建舞蹈、摄影、乒乓球等多支文体活动团队，联盟单位活动场地全年向全体居民开放，每年参与各项文体活动的居民人数达万人次。

## （六）扩大社区服务供给，满足居民多种需求

### 1. 开展助老助残服务

西城区德胜街道安德路北社区“孺子牛”爱心帮扶队，开展“邻里守望笑脸相约”志愿服务项目，对社区内28户老龄、残疾家庭开展“一对一”帮扶，服务项目有日常走访照料，陪医购药、探亲访友，代购物品、代缴费用等。此外，还动员社区居民、驻区单位干部职工、学校师生身体力行，为社区有困难的人群提供就近就便服务。把每天都变成志愿者日，让有需求的居民天天有“笑脸”，促进邻里之间关心关爱，互帮互助。东城区安定门街道国子监社区圣人邻里帮帮团，通过小组包户、结队帮扶、亲情陪伴等形式构建邻里互助“五帮”模式，为社区孤寡、空巢、高龄老人服务，总计服务时长超过1万小时。顺义区石园街道北三社区折翼天使助残志愿服务队，以“折翼的天使也能飞翔，共同展望蓝天”为服务理念，为残疾人提供生活及娱乐服务、帮助残疾人学手艺实现经济创收，组织社区居民体验残疾人生活情景，引导居民关爱残疾人，先后开展了“天使爱美丽社区居家助残”“彩虹之光”残疾人运动会等志愿服务项目，累计服务千余人次。

### 2. 开展日常便民服务

朝阳区安贞街道涌溪社区巧老工作室，为周边居民义务理发，修理小家电、手表，安装水龙头，修理自行车，维修管道等，累计开展志愿服务活动200余场次，服务受众达5500人次。大兴区西红门街道礼域北区爱心妈妈服务队，为社区居民免费裁剪缝补衣物，提供服务千余次，惠民百余人。门头沟区大峪街道增产路东区社区健康夫妻档志愿服务队，为社区居民提供免费理发、量血压、测血糖、磨剪子磨刀的服务，从起初的8名队员发展成为近20人的队伍，共计服务居民1万余人次，发起人张文明2022年被评为“北京榜样”。西城区什刹海街道柳荫街社区连心便民服务队，将每月29日作为便民服务活动日，把小新开胡同5号作为社区便民服务专用场所，集中为社区居民解决家电维修、被褥拆洗、更换水管、调试电暖气等需求，成立15年来，累计办实事17926件，为居民节省资金60余万元。

### 3. 开展各类专业服务

顺义区石园街道港馨家园社区听涛心扬社区心理工作室，对社区居民开展

心理健康监测、心理疏导服务等。2015～2023年共开展婚姻家庭讲座300场，减压活动500场，老年心理讲座200场，个案指导2000小时，解决求助者的心理困扰，提高心理能量。通州区北苑街道新华西街社区生命永恒工作室，开展器官捐献入户宣传及申请办理工作。截至2022年底，共促成90余位居民申请了器官捐献，其中6位居民已经完成捐献。朝阳区安贞街道安华里社区红娘小组，累计开展相亲预热会、男女相亲见面会和家长见面会等70余场，参与人数达1500人次。她们乐当月老，为爱搭桥，解忧父母心，为安贞辖区内未婚的男女解决婚恋问题，促成35对新人牵手成功。

4. 开展公益慈善服务

丰台区长辛店街道朱北社区董桂珍爱心志愿服务队，6年来不断致力于帮困扶贫、邻里互助等各项爱心活动。发起人董桂珍同志继承老伴李生秀的生前遗愿，将党和人民给他的45万元抚恤金，作为爱心基金支持爱心教育事业。自2017年开始与爱心志愿服务队队员一起在河北涞水捐建“李生秀爱心书屋”5个。爱心志愿服务队不仅走向贫困山区的小学、幼儿园，还走向军营、养老院，开展传承红色基因国防教育和关爱老年人等服务活动。延庆区香水园街道凹凸众益慈善义工服务队自2016年建队以来，一直为需要人群募集捐赠衣服，为贫困地区、世园会冬奥会建筑工地捐赠6万多件衣物，捐寄给四川省凉山彝族自治州美姑县新区的贫困学生1300余件冬衣，受到广泛赞誉。

### （七）助力乡村振兴，推动文明村镇建设

1. 帮助农民就业创业

怀柔区琉璃庙镇孙胡沟村康怡残疾人职业康复劳动站，组织村内残疾人制作野山核桃（无食用价值）手串饰品和可循环性环保袋培训，掌握手工制作技能。考虑到这两项工作技术门槛低、制作工艺简单、产品销路较好，劳动站采取居家就业形式扶助，授人以鱼与授人以渔相结合，教授他们技术，同时帮助售卖，核心是让他们树立自尊、自强、自立的理念，增强“自我造血”功能，通过自己的劳动获得稳定收入、缓解家庭生活压力，进而减轻社会救助压力。

2. 促进农村经济发展

大兴区采育镇宁家湾乡村振兴发展研究院，围绕“集体经济增收”总目标，在采育镇党委的帮扶指导下，制定宁家湾村扶持发展工作方案，坚持

“一村一策”，发挥传统农业发展优势，着力解决村集体经济薄弱问题，协助宁家湾村两委干部立足村情实际，厘清发展思路，找准发展方向，不断增强村集体自身发展能力。2020~2022年，宁家湾村借助资源和政策优势，抢抓发展机遇，立足设施蔬菜种植产业，建强队伍努力奋斗，实现集体经济收入由“零”到70余万元的突破，通过集体经济增收逐步带动村级发展，村级人居环境也有大幅改善，成功走出一条符合自身的发展道路，深受群众的认可与支持。

3. 弘扬乡村文明新风

怀柔区怀柔镇郭家坞村村民议事会，倡导村民积极转变思想观念，疫情期间丧事简办、喜事缓办、宴事不办。大力宣传文明节俭办丧事和生态葬，带头践行文明低碳祭扫，纠正婚丧嫁娶中的不正之风，促进镇域农村文明新风的形成和发扬，从而有效助推乡村振兴。大兴区采育镇西辛庄村白理事会开展丧葬习俗治理，鼓励丧事简办，取消“谢孝”习俗，抵制燃放爆竹不良行为，摒弃虚讲排场，为每户村民节约1.7万余元。此举顺应了民心民意，有效遏制了薄养厚葬的陋习，是一项减轻村民负担、减少奢侈浪费的有力举措。

4. 打造乡村文化品牌

大兴区魏善庄镇赵庄子村益民农村社工事务所，扎根农村，带动村民参与自治，从服务和治理两方面发力，打造属于村庄自己的文化品牌。举办群众文化节、庆丰收捕鱼节、慈善公益节等三大主题活动，吸引年轻人回村务工。其中，庆丰收捕鱼节已举办五届，每一届都有200余村民参与；慈善公益节已举办四届，共822人次参与，募集善款21万余元，救助村民89人次。

## 三　北京市社区社会组织参与基层治理存在的问题

从调研看，全市社区社会组织积极参与基层治理的各个方面，有效发挥作用。但与建设首善之区、构建超大城市有效治理体系的要求相比，还存在一些差距。

### （一）组织结构不平衡

整体上，北京市社区社会组织数量庞大、覆盖广泛、门类齐全。但从类别上看，文体科教类的社区社会组织占34.7%，环境物业类、治安民调类、共建发展类等真正能够直接参与基层治理的社会组织还比较少，这三类组织的合计数量才与文体科教类组织持平。从地域上看，朝阳区、海淀区、通州区三个区备案的社区社会组织较多，共占全市数量的34%；门头沟区、平谷区、怀柔区等郊区数量较少，平均不到3000家。从备案的比例看，全市拥有备案社区社会组织街道的比例为82.58%，社区居委会的比例为74.20%，村民委员会的比例仅为27.86%。

## （二）专业能力待提升

相当数量的社区社会组织成员单一，多以退休人员为主，专业人才不足，资源配置能力不强，不能完全满足居民精准化、精细化的服务需求。在调研访谈中，一位社区社会组织负责人表达了自身的担忧："尽管老年痴呆症患者这一部分人很少，但是他们需要引起社会的重视，我们也想做第一个吃螃蟹的人，有个严重的问题就是我们现在没有专业的干预知识，不知道怎么对这类人群实施干预。"一位社区居委会主任在访谈中提到："我们也不敢把社区公益金直接给到社区社会组织，他们没有处理财务的能力，居委会也怕出问题，万一因为钱的事情弄出来大问题就不得了了。"

## （三）思想认识要深化

社区居委会要指导和管理社区社会组织，促进其更好地发挥作用。但在实践中，一些社区居委会人员认识不足，有的在访谈中提到："社区社会组织就是我们小区的一些大爷大妈组织的秧歌队、唱歌队、踢毽子队，实际上发挥的作用很少，就是一群人聚在一起有个休闲娱乐的伴。我们只需要为他们提供一些基本的支持就好，也不要对他们太多干涉，日常主要就是让他们自己活动。"可见，一些人员对于新出现的提供服务、参与调解、促进和谐类的社区社会组织缺少感知，对社区社会组织的认知不深不透，这在一定程度上影响了各项扶持政策的落地见效。

## （四）支持政策不完善

调研发现，活动场地受限是社区社会组织反映较多的问题。一些社区社会组织的负责人表示，活动场地的匮乏，影响了组织成员活动开展。从调研情况来看，市级社区社会组织培育孵化平台运营较好，街道层面的孵化标准尚未达到，海淀区的社会组织培育孵化平台尽管面积有2000多平方米，但因为地址位置较偏，只有周边的少数社区社会组织来此活动，调研中其他多家街道均表示达到要求的500平方米活动场地有困难。另外，近几年来受疫情防控和各级财政紧缩的影响，社区社会组织获得的政府购买服务项目资金被核减压缩，也影响了其活动的持续开展。

### （五）日常管理不精细

对社区社会组织重备案的入口准入，但日常规范管理没有同步跟进，从基层调研看，对备案类社区社会组织的制度建设无硬性要求，容易造成“野蛮生长”。本次调研的1000家社区社会组织属于定期开展业务活动、发挥作用比较充分的，但我们在开展品牌社区社会组织相关工作的一些延伸调研中，也发现个别社区社会组织得了“渐冻症”，长年不开展活动，属于“半休眠型”和“休眠型”备案。一位社区社会组织负责人表示：“我们就是自己开展活动，平时活动基本上就我们几个骨干一商量，说做就做，我们也不说某某是什么职务，负责什么，大家口头上说一句就好，我们这个组织还是纯靠自觉性，成员参加活动也是随机自愿参加，平时也没有什么管理，有活动了就组织大家一起来。”

## 四　促进北京市社区社会组织参与基层治理的对策建议

新时代首都发展，本质上是首都功能的发展。就北京市社区社会组织如何更好地围绕新时代首都发展的要求，参与基层治理，从而更好服务党和国家工作大局，更好满足人民群众对美好生活需要，提出以下建议。

### （一）实施分类引导，优化结构布局

坚持乡镇（街道）党（工）委和城乡社区党组织对辖区内社区社会组织的全面领导，确保社区社会组织正确的发展方向。从整体发展的类型看，要着眼于党的二十大报告提出的“健全城乡社区治理，及时把矛盾纠纷化解在基层、化解在萌芽状态”的要求，重点发展参与社会动员、民主协商、矛盾调

处等基层治理范畴的社区社会组织，进一步发挥社区社会组织在促进社会和谐、动员发动群众方面的作用。从社区的引导方向看，要结合不同类型的社区特点，提高社区社会组织与社区类型的匹配度。如：对老旧社区，要引导社区社会组织参与环境整治、提供助老助残服务；对单位型社区，要引导社区社会组织促进社区资源共享、社区共建，增强居民的社区意识；对商圈型社区，要引导社区社会组织参与志愿服务，参与社区公共服务，解决流动人口管理等问题。

### （二）培养骨干人员，提升专业能力

鼓励社区社会组织带头人、业务骨干参与社区居委会下属专门委员会工作，参与社区议事厅等社区治理日常工作实践，在实际岗位中提升能力素质。鼓励在职党员、社区党员领办社区社会组织，为社区社会组织发展补充人才。加强社区社会组织人才培养，比如：在负责人培训方面，组织开展领导能力建设工作坊、经验分享专题讲座；在组织运作培训方面，开展专业辅导、组织参访交流、举办项目大赛等支持；在资源获取方面，开展筹资专题讲座、提供实务督导和项目运作、政府购买服务辅导等，同时鼓励参加相关职业资格考试，提升专业服务能力，引导社区社会组织构建清晰的使命愿景，增强成员归属感，团结凝聚更多优秀人才，打造核心竞争力。

### （三）抓好品牌建设，做好典型示范

培育一批“可学可看可复制”的社会组织品牌，建立品牌社区社会组织名录，定期公布、宣传、推广，供其他社会组织与在社区落地的项目进行对接。鼓励社区社会组织“发展共享”，紧紧围绕居民需求，加强资源互惠、优势整合，让“居民的需求尽快转化为社区社会组织的项目，让社区社会组织的项目更符合居民的实际需求”，进一步扩大社区社会组织的影响力，推动形成社区社会组织助力基层治理的良好局面。

### （四）规范备案管理，促进健康发展

将社区社会组织的政策法规纳入街道（乡镇）和社区工作者的培训内容，提升基层干部对社区社会组织的认知度。建立社区居委会班子成员联系社区社

会组织制度，安排专人建立健全社区社会组织活动档案，了解掌握社区社会组织人员、活动、资金等信息，畅通社区社会组织服务渠道。指导社区社会组织建立组织章程、活动规则和人员管理等规章制度，健全自我管理和发展的运行机制，提升能力水平、增强社会责任、提高居民信任度。对一些“休眠型”社区社会组织要从备案系统中撤销备案。

## （五）加大培育扶持，拓宽发展空间

社区居委会可以从社区公益金、社区党建经费以及其他财政资金中开发出一些专门面向社区社会组织的经费支持项目。支持有条件的社区建立社区基金会，实施募用分离，社区基金会主要负责慈善资金筹集，社区社会组织提供具体服务，发挥双方的专业优势，提高慈善资金的使用效率。场地方面，倡导就近解决，鼓励有条件的社区居委会向社区社会组织提供服务场地支持，同时积极引导驻区党政机关、企事业单位等，有序向社区社会组织开放内部服务资源，缓解社区服务场地设施不足压力。区、街道（乡镇）孵化基地可与便民服务中心、市民活动中心、市民诉求处理中心等“一址多用”，与社区社会组织联合会合署办公，统筹社区社会组织活动空间使用。

## 参考文献

宋道雷：《政党、社会与社区管理：党建引领社会组织参与社区治理研究》，天津人民出版社，2022。

王名等：《全面深化改革研究书系：社会组织与社会治理》，社会科学文献出版社，2014。

夏建中等：《社区社会组织发展模式研究：中国与全球经验分析》，中国社会出版社，2011。

梁肖月：《社区社会组织培育的理论与实务》，中国社会出版社，2021。

赵小平、陶传进：《社区治理：模式转变中的困境与出路》，社会科学文献出版社，2012。

民政部编写组编著《〈中共中央　国务院关于加强和完善城乡社区治理的意见〉辅导读本》，人民出版社，2017。

段雪辉：《社区社会组织双向汲取行动路径研究——以S市G组织为例》，中国社会出版社，2021。

国家社会组织管理局编《改革社会组织管理制度促进社会组织健康有序发展工作读本》，中国社会出版社，2017。

高红：《社区社会组织与城市基层合作治理》，人民出版社，2016。

马庆钰、廖鸿主编《中国社会组织发展战略》，社会科学文献出版社，2015。

张小劲、于晓虹编著《推进国家治理体系和治理能力现代化六讲》，人民出版社，2014。

# 热 点 篇

Special Topic Reports

# B.12 “双碳”目标下环保类社会组织参与绿色低碳转型的现状与路径*

邢宇宙**

**摘 要：** 近年来我国社会组织获得了较大发展，并在生态文明建设领域发挥着积极作用。在党中央提出“2030碳达峰”“2060碳中和”目标的背景下，社会组织参与绿色低碳转型进入新阶段。目前我国环保类社会组织具有总量不大、类型多样和功能分化等特征，并在自然资源保护、环境污染防治、社区垃圾分类和公众环境教育等领域发挥各自的优势，而推动环保类社会组织发展的动力主要包括逐步优化的制度环境、不断扩大的公众参与、资助型组织的价值引领。因此，在“双碳”目标和应对气候变化战略背景下，进一步扩大社会组织参与的路径，既包括拓宽社会组织参与的渠道、突出不同类型和领域组织参与的重点，也需要完善和优

* 本报告是国家社会科学研究基金一般项目“共建共治共享理念下社会组织参与生态文明建设的机制研究”（20BSH112）的阶段性成果。在此感谢接受调研的环保类社会组织。

** 邢宇宙，社会学博士，北京工业大学文法学部副教授、北京社会管理研究基地研究人员，主要研究方向为社会组织与社会治理。

化社会组织管理体制，发挥地方政府部门的主动性和积极性，推动形成低碳发展的社会共识，助力我国成功实现减碳承诺和绿色发展的目标。

**关键词：** 碳达峰碳中和　社会组织　低碳转型

党的十八大以来，我国将生态文明建设纳入“五位一体”总体格局，不断加强生态环境领域的法治和制度建设。党的十八届三中全会提出了推进国家治理体系和治理能力现代化的总体目标，2020 年 3 月中共中央办公厅、国务院办公厅印发了《关于构建现代环境治理体系的指导意见》，提出“构建党委领导、政府主导、企业主体、社会组织和公众共同参与的现代环境治理体系”。在我国环境污染治理力度不断加大、生态环境质量呈现稳中向好局面的同时，在污染防治攻坚战背景下，现阶段生态环保工作比以往更为复杂艰巨[①]，加之源于人民日益增长的美好生活需要，公众对于生态环境保护的关注度越来越高。党的二十大报告提出“中国式现代化是人与自然和谐共生的现代化”，因此应对气候变化、绿色低碳发展更是意味着经济社会领域的文明转型。2020 年 3 月 15 日在中央财经委员会第九次会议上，习近平总书记强调实现碳达峰、碳中和是一场广泛而深刻的经济社会系统性变革，要把碳达峰、碳中和纳入生态文明建设整体布局。具体而言，生态文明的制度创新根本在于权力机制的变化，转向基于利益相关方的参与式治理[②]。对于“十二五”时期以来中国应对气候变化行动的政策评估，也指出除了行政手段和市场手段外，多措并举、提高公众意识、更深层的社会参与等方面的重要性[③]。

因此，加强生态环境保护、打好污染防治攻坚战需要全社会的共同参与，

① 生态环境部环境与经济政策研究中心编著《环境社会治理理论与政策研究》，中国环境出版集团，2019，第 21 页。

② 潘家华：《中国的环境治理与生态建设》，中国社会科学出版社，2015，第 215 页。

③ 朱松丽、朱磊、赵小凡等：《“十二五”以来中国应对气候变化政策和行动评述》，《中国人口·资源与环境》2020 年第 4 期，第 1~8 页。

将有助于推进环境决策科学有效、提高生态环境监管能力、减少生活性污染排放①。进一步而言，公众参与的升级版即是环境社会治理，其内涵的系统理解应立足于治理的本质要素，包含了技术、组织、人员、制度和文化等五个维度的现代化②，其体系的构建以环境公正理念为价值导向，遵循系统治理、依法治理、源头治理及综合治理的基本原则，通过社会化、法治化、智能化和专业化路径，实现“共建共治共享”的环境社会治理格局③。总之，在构建“党建引领、多元共治”的环境治理全民行动体系中，社会组织作为治理主体，可以在构建和完善社会机制的不同层面发挥积极的中介作用。

## 一　环保类社会组织发展特征

改革开放40多年来，社会组织参与到生态环境保护、环境污染治理和环境政策倡导等各个层面，环保类社会组织是社会组织发展中较活跃的领域之一。对于环保社会组织的总体发展状况，目前缺乏基于大规模数据的追踪研究，但是通过政府部门公开数据、行业调查报告和案例研究，大致可以描绘其发展趋势，以及总体的规模、类型和功能。

### （一）环保类社会组织的总量不大

根据民政部公布的统计数据，截至2021年底，我国社会组织总量已达90.2万家。其中，生态环境类社会团体和民办非企业单位增长缓慢④，从2007年的5675家，占社会组织数量总数的1.47%；到2015年底为7433家，占总数的1.13%；2017年则为6501家，约占总数的0.85%，其中社会团体6000

① 刘友宾：《推动公众参与生态环境社会治理　促进生态环境治理体系和治理能力现代化》，《环境与可持续发展》2020年第1期，第29~30页。

② 洪大用：《关于环境社会治理的若干思考》，《中央民族大学学报》（哲学社会科学版）2022年第1期，第78~84页。

③ 卢春天等：《我国环境社会治理的现代化内涵与体系构建》，《干旱区资源与环境》2021年第9期，第1~8页。

④ 限于民政部社会服务发展统计公报和民政事业发展统计公报统计口径的变化，此处时间段为2007~2017年，仅包括社会团体和民办非企业单位。2010年无社会组织数据，2018年已无生态环境类数据，2019年及以后则已无细分领域的数据。

家，民办非企业单位 501 家（见图 1、图 2）。总体上，社会团体和民办非企业单位（现为社会服务机构）也是我国社会组织中数量庞大的两个类型，相对于我国的人口数量和社会组织总体规模，环保类社会组织数量占 1%左右，数量仍然不大。

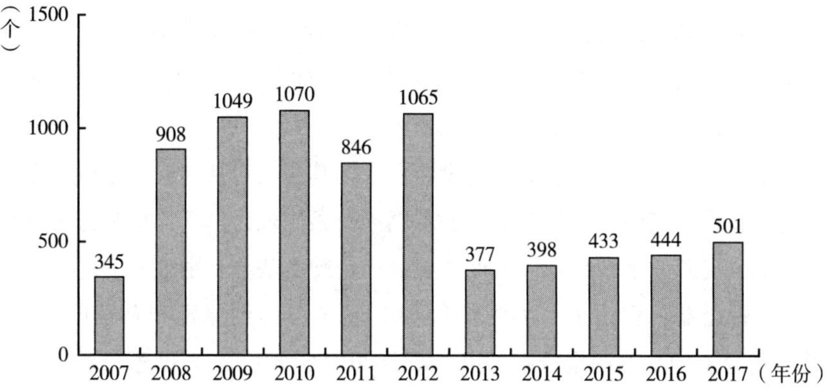


**图 1　生态环境类民办非企业单位数量**

资料来源：民政部 2007~2009 年《社会服务发展统计公报》和 2010~2017 年《民政事业发展统计公报》，https：//www. mca. gov. cn/n156/n189/index. html，最后检索时间：2023 年 8 月 30 日。

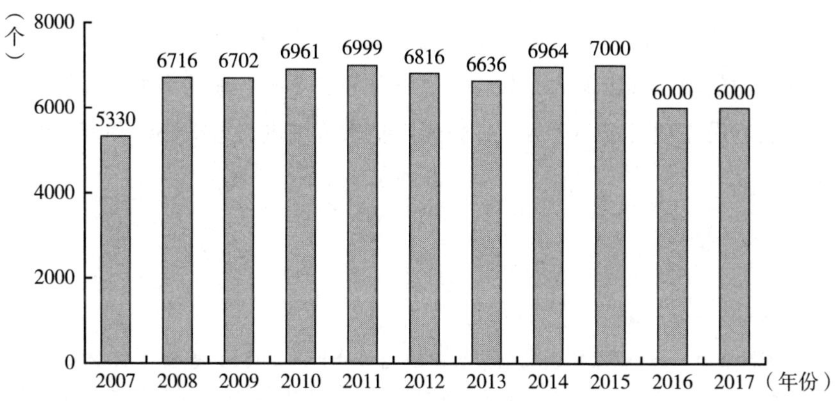


**图 2　生态环境类社会团体数量**

资料来源：民政部 2007~2009 年《社会服务发展统计公报》和 2010~2017 年《民政事业发展统计公报》，https：//www. mca. gov. cn/n156/n189/index. html，最后检索时间：2023 年 8 月 30 日。

此外，近20年来我国基金会获得快速发展，但是其数量在社会组织中占比很小，生态环境领域的基金会数量更少，且增长较为缓慢。根据2015年基金会中心网的报告，2004年专注于自然保护领域的基金会为12家，截至2014年底为51家，占全国基金会总数的1.2%①。2016年10月10日基金会中心网的数据显示：在5209家基金会中，聚焦环境的有159家，动物保护有12家，合计165家（其中两者都有关注的为6家），其中有46家是企业基金会。在地域分布上，北京地区共有32家，其中在民政部注册的为8家。排在前列的还有广东、福建、内蒙古和浙江，分别是35家、10家、9家和8家②。此处基金会主要是以环境保护、生态文明建设为宗旨，其背景包括政府、企业、企业家或企业家联合。其中一些基金会的宗旨则涉及领域较为广泛，如公益慈善事业发展、整合资源的平台、开展环保类项目；资助型基金会主要资助环保类项目和支持环保公益行业发展，如阿拉善SEE基金会的创绿家和劲草同行项目。2019年基金会中心网的报告则指出，截至2019年8月，有39家公益基金会的66个项目关注生态保护，占全部环保项目的20%，项目总支出为8100万元③，机构项目和资助金额的规模相对稳定。

从地域分布来看，随着很多环保议题的本地化，每个省份都有代表性的环保类社会组织，并主要基于本地区实施项目。也有少量环保类社会组织跨区域开展活动，但是环保类组织在地区之间的分布仍不均衡。当然在政策层面，对于全国性社会组织的设立也有着更高的门槛。尽管如此，也有组织采用不同形式扩展机构的项目和影响力，如自然之友分布在全国各地的小组，阿拉善SEE基金会通过设立项目中心等方式，发挥在更大范围进行组织协调和资源整合的作用。

---

① 资料来源：《自然保护领域基金会发展趋势分析·2015》，基金会中心网，http://www.foundationcenter.org.cn/report/content?cid=20150911163817，最后检索时间：2023年8月30日。

② 资料来源：基金会中心网，http://www.foundationcenter.org.cn，最后检索时间：2016年10月10日。

③ 资料来源：《数说基金会：生态保护》，基金会中心网，http://www.foundationcenter.org.cn/report/content?cid=20190829101105，最后检索时间：2023年8月30日。

## （二）环保类社会组织的类型多样

从环保社会组织的身份类型来说，可以根据其与政府的关系，划分为具有政府背景的各类社团、民间力量发起的社会组织、高校环保社团，以及境外非政府组织等。首先是各类学会，如 1978 年成立的中国环境科学学会，是我国成立最早、专门从事环境保护社团工作的国家一级学会，也是环境科学最高学术团体和规模最大的环保科技社团①。还有生态环境部主管的中华环保联合会、中华环境保护基金会等全国性社会组织。

其次是 20 世纪 90 年代以来民间环保组织获得一定的发展。从黑嘴鸥协会（1991 年）开始，自然之友（1994 年）、绿色江河（1995 年）、绿家园（1996 年）、地球村（1996 年）等组织相继成立，这些主要由民间自发结社成立的环保组织，致力于公众环保教育，影响公众政策的制度，推动公民知情权意识的提高②。这些组织至今仍较为活跃，对于民间环保类社会组织发展起着重要的引领作用。

再次是青年志愿者和高校环保社团。高校环保社团地处校园，以环境教育为主，对于青年环保参与发挥着启蒙作用，尤其是从大学生环保社团孕育出诸如绿满江淮、绿色龙江、绿驼铃、中国红树林保育联盟、绿石环境行动网络、青年应对气候变化行动网络等环保组织，成为青年参与环保公益的一支重要力量。其中青年应对气候变化行动网络旨在引导和培养青年人了解气候变化，包括国家应对气候变化的政策、国内高校环保社团的现状、国外青年应对气候变化的优秀案例、气候变化技术问题、各组织气候变化项目及其资源优势等气候议题。

又次是生态环保领域的境外非政府组织。欧美社会随着 20 世纪 60 年代以来环保运动的发展，催生出了一批环境非政府组织，并且它们的活动和项目逐步从所在国家扩展到其他地区，从而发展为国际非政府组织，成为全球生态环境保护的重要倡导者。根据 2009 年的调查，有 50 多家在华国际组织，如世界自然基金会、绿色和平、大自然保护协会、美国环保协会、能源基金会、保护

① 中国环境科学学会编著《中国环境科学学会史》，上海交通大学出版社，2008，第 1 页。

② 汪永晨、王爱军主编《守望：中国环保 NGO 媒体调查》，中国环境科学出版社，2012，第 431 页。

国际等①，这些机构以关注自然资源保护为主，进入中国后与各级政府部门和本土环保组织建立了合作伙伴关系。2017 年 1 月 1 日《中华人民共和国境外非政府组织境内活动管理法》施行以来，在华境外非政府组织管理正式进入法治化监管的新阶段。根据公安部境外非政府组织管理办事服务平台的数据，截至 2022 年 12 月 31 日，共有 678 家组织的代表机构依法登记，其中环保领域的组织 32 家，占 4.72%②。如乐施会 2013 年启动“低碳适应与扶贫综合发展计划”，通过各级政府、研究机构、NGO、私营部门和媒体等开展不同层面的互动与合作，将兼顾减缓与适应的气候变化视角融入农村扶贫发展规划，实现农村社区可持续发展的目标。

最后，我国的环保社会组织积极“走出去”参与全球环境治理，如全球环境研究所向发展中国家推广以市场为导向的解决环境问题的模式，获得基金会、企业和政府的多方支持③。又如深圳桃花源生态保护基金会，采用源于 TNC 保护区模式的理念，管理美国纽约布兰登私立公园。在国际气候谈判中也有我国社会组织参与，青年应对气候变化行动网络从 2009 年起，每年都组织青年代表团参加联合国气候变化大会，至今已有超过 100 名青年参与该项活动；中国民促会为了在气候变化和可持续发展议题上加强与欧洲民间组织合作，建立了中国民间气候变化行动网络，工作内容包括中欧民间组织的互换交流、网络刊物开发、组织民间机构参与全球气候峰会与马德里气候大会以及中国民间气候变化故事传播等④。这些交流合作不仅增进了国际社会对于可持续发展议题的共识，也有助于在国际社会讲好中国生态文明的故事。

### （三）环保类社会组织的功能分化

经过 40 余年的发展，我国环保类社会组织正在经历从志愿者组织向专业组织的转型，表现为从传统的宣传教育转向回应专门的环境议题，以及资源和

---

① 汪永晨、王爱军主编《绿色使者：在华国际环境 NGO 调查》，北京出版社，2010，第 4 页。

② 资料来源：《2022 年境外非政府组织登记备案情况》，境外非政府组织办事服务平台，https://ngo.mps.gov.cn/ngo/portal/view.do?p_articleId=653831&p_topmenu=3&p_leftmenu=1，最后检索时间：2023 年 8 月 30 日。

③ 邓国胜等：《中国民间组织国际化的战略与路径》，中国社会科学出版社，2013，第 44~51 页。

④ 栾彩霞、李夏洁：《中国民间气候变化行动网络的 2019》，《世界环境》2020 年第 1 期，第 12~13 页。

公众动员能力层面的提升。从环保社会组织开展的活动及其功能来看，可以归纳为环境宣传和教育、推动公众参与、生物多样性保护、环保科学技术的研究等功能[①]，囊括了从政策倡导到社会倡导的不同层面。根据合一绿学院的中国环保组织数据库，截至 2023 年 8 月 30 日，全国共有 3063 家环保组织，其中基金会 138 家、国际组织 50 家、校园社团 1353 家，社会组织 1459 家和事业单位 63 家，关注议题包括自然资源保育、生物多样性、荒漠化防治、气候变化、绿色出行等方面共计 31 个议题[②]。2022 年一项针对 500 家环保公益组织的调研发现，超过一半（51%，254 家）的组织业务首要工作领域为“公众宣传倡导”，在二级领域上主要为“自然/环境教育”和“公众行动倡导/动员/参与”[③]，是目前环保公益组织主流的功能定位。

从环保社会组织的使命目标来看，可以根据其注重居住区域保护、投入环境再造的程度，区分为“自然环境保护型”和“环境创造型”两类，后者往往规模较前者更大，且有些组织参与到国际活动中去[④]。基于利益相关者的角度，促使环境运动发展的直接原因可以分为污染驱动型与价值观模式两种类型，依此标准粗略来看，我国环保社会组织大多属于价值观模式[⑤]，注重美好环境宣传和倡导。此外，一些环保组织不仅作为第三方发挥社会监督作用，如针对地方环保部门和污染企业的行为，也积极探索介入弱势群体的环境污染抗争，倡导采用制度化的渠道表达诉求，如申请信息公开、沟通协商和公益诉讼等。相对而言，这类环保组织数量很少，常常缺乏资金和人力，难以获得快速发展。

总体上环保类社会组织的功能分化呈现如下特征：一是组织关注的议题领

① 王名、佟磊：《NGO 在环保领域内的发展及作用》，《环境保护》2003 年第 5 期，第 35~38 页。

② 资料来源：《中国环保组织地图》，合一绿学院网站，http：//www. hyi. org. cn/epngo，最后检索时间：2023 年 8 月 30 日。

③ 资料来源：《2022 年中国环保公益组织现状调研报告》，阿拉善 SEE 基金会、万科公益基金会和明善道。

④ 〔日〕鸟越皓之：《环境社会学：站在生活者的角度思考》，宋金文译，中国环境科学出版社，2009，第 146~147 页。

⑤ Hiso，Hsin-Huang Macheal，“Environmental Movements in Taiwan”，in Yok-shiu Lee and Alvin Y. So. Eds. *Asia's Environmental Movements*：*Comparative Perspectives*，（London：M. E. Sharpe，1999），pp. 31~54.

域更为聚焦，如自然资源保护、垃圾分类、海洋保护、水保护、污染防治、节能减排与环境信息公开，以及自然教育和绿色生活方式等，此外还有诸如荒漠化防治、声污染等相对关注度较小的领域，也有环保社会组织的介入；二是组织的项目和工作手法相对稳定，从监督政府和企业的环境行为、倡导和政策参与到公众环境意识的启蒙，并且基于议题形成若干网络或联盟，如自然教育、污染防治和零废弃等领域；三是组织的工作对象社区化和社群化，不仅越来越多地“下沉社区”、加强与公众之间的联系，在动员居民参与和扩大社会基础等方面有更多创新做法，如充分利用互联网信息技术，开发信息平台、应用和小程序等，也注重生态环境保护与健康、减贫与发展、教育等关联议题之间的跨界融合，以及探索组织形式的创新，如环保和可持续发展领域的社会企业。总之，在中国特色的社会组织体制下，环保类社会组织也获得了独特的发展。

## 二　环保类社会组织典型案例

总体而言，我国是世界上自然资源和生物多样性最丰富的国家之一，既要做到合理开发和利用，也要注重生态环境保护。近年来中央先后做出了京津冀区域生态协同治理、长江大保护、黄河大保护等顶层设计，全面推行河湖长制、建设国家公园等长效机制。而目前我国不仅面临水、大气、固体废弃物等污染问题，也存在土壤环境、水环境、草原、森林、生物多样性等生态破坏问题，以及两类问题交织产生的消极影响。因此，围绕生态保护和环境治理，环保社会组织结合自身优势进行回应和探索。

### （一）通过建站开展自然资源保护

长期以来水流域的保护是环保社会组织积极参与的领域之一，很多知名的环保组织以此命名，如绿色汉江、绿色江河、淮河卫士等，以及绿家园志愿者策划开展了十多年的江河行，还有各地开展的乐水行活动等已经成为公众参与的典型案例。其中，绿色江河作为我国历史较长的环保组织，一直坚守在三江源地区开展生态环境保护，动员大批志愿者参与，推动公众环保意识提升和当地的环保行动。1997 年绿色江河筹集资源和动员志愿者，在可可西里建立了索南达杰保护站，推动了可可西里自然保护区和长江源自然保护区的建立，后移交给政府保护区管理，持续发挥着作用。该站在建设时组织缺少资金、缺乏人力和物资，主要通过创办人的著作义卖等渠道筹款，并动员了一批优秀的工程师作为志愿者，完成保护站的建设。可可西里索南达杰保护站的建设，为后续绿色江河关注长江源地区积累了经验，即通过建立保护站来持续开展自然资源保护活动。

2011 年绿色江河获得浙江新湖基金“沱沱河长江源水生态拯救行动”项目资助，目标是在长江源建立第一个以民间组织为主体的保护站，探索民间组织与政府合作的可持续垃圾回收模式，减缓和消除长江源的垃圾污染。2011 年 6 月长江源水生态环境保护站开工建设，2012 年 9 月正式建成，总建筑面积达 340 平方米，包括展示厅、办公室、宿舍、医务室等，保护站可容纳 4 人办公、20 名志愿者居住。保护站落成后，针对三江源地区的自然资源保护和环境问题，绿色江河动员科学家、工程技术人员、专业探险队和高山病医生在内的志愿者整合各类资源，开展了自然保护区和青藏线的垃圾回收、斑头雁保护等项目，持续关注该地区的生态环境保护，也努力使当地居民受益，并发挥组织的传播优势，通过有效的媒体宣传，持续扩大影响力。在我国广阔的西部分布着大量生态脆弱地区，一定程度上绿色江河引领着众多开展自然资源保护的环保社会组织的工作。

### （二）从荒漠化治理到绿色供应链

西部地区也面临着严重的荒漠化问题。我国荒漠化土地总面积为 261. 16 万平方公里，占国土面积的 27. 2%，岩溶地区石漠化土地面积为 1007 万公顷[①]，西北地区尤为突出。2000 年后，沙尘暴一度影响整个华北区域，辐射范围超过 200 万平方公里，尤其是对于当时即将举办奥运会的首都来说，更是引发政府和社会各界关注，而气候干旱、植被稀少，区内土壤风蚀严重、生态环境非常脆弱的阿拉善是威胁北京的沙尘暴发源地之一。阿拉善 SEE 生态协会的成立正是源于阿拉善地区的荒漠化防治。

为了当地的荒漠化治理，阿拉善 SEE 的项目最初引入“草海管理模式”，

① 马爱平：《从“沙进人退”到“绿进沙退”的历史性转变》，《科技日报》2022 年 6 月 7 日，第 2 版。

强调牧民参与和社区发展，尝试用发展的方式解决问题，后来探索采用建立更大规模保护区的模式①。两者结合起来，后来形成了以“一亿棵梭梭”“地下水保护”为代表的项目，其中“一亿棵梭梭”是针对阿拉善地区荒漠植被的规模化恢复；通过种植沙漠节水小米，促进地下水保护的示范和推广，确保地下水采补平衡。概而言之，就荒漠化治理方面开展的环境修复工作，是以环境问题的解决为导向，寻求牧民经济社会发展需求与当地生态修复和保护目标之间的平衡。

“基于阿拉善，但不限于阿拉善”的提出，是阿拉善 SEE 战略发生变化的转折点之一。动员企业家会员所在企业参与，推动企业绿色转型，则是阿拉善 SEE 探索从自身改变开始、充分发挥自身优势的表现之一，而这类带有自我革命性质的目标也面临更大的挑战。阿拉善 SEE 会员中有多位来自知名地产企业的企业家，2016 年 6 月 5 日首批 48 家房地产及关联企业加入“房地产行业绿色供应链行动”，承诺坚持绿色采购，较早以行业联盟的形式推动绿色供应链管理，其基本路径是用市场化的手段推动供应链上游高污染、高耗能企业做出改变，从而在源头上减少污染。此外，联盟中重要的第三方平台是公众环境参与中心（IPE），其一直致力于收集整理政府和企业的环境信息数据，推动绿色采购和供应链管理，也是阿拉善 SEE 基金会长期的资助对象和合作伙伴。

绿色供应链从最初 50 家企业 1 万亿元销售额的规模，到 2022 年末已有 106 家房地产企业加入该项目。2022 年项目搭建完成“环境合规白名单查询平台”，将 13 个绿色采购品类、130 万家供应商企业全部纳入“白名单”，推动 46 家企业入选“绿名单”，累计带动绿色采购额 370 亿元；推动房地产行业碳减排超 740 万吨②。阿拉善 SEE 的会员企业涉及水处理、环境修复、生态规划、材料制造等行业，在经过原始积累和粗放式增长的阶段后，这类真正基于企业联合和行业自律方式的探索，不仅在当时非常具有创新性和引领性，也为整个行业的绿色发展和转型带来持续影响。

---

① 萧今：《生态保育的民主试验：阿拉善行记》，社会科学文献出版社，2013，第 104～107 页。

② 资料来源：《品牌项目——绿色供应链》，阿拉善 SEE 基金会网站，http://foundation.see.org.cn/Brand/Project/2019/1022/86.html，最后检索时间：2023 年 8 月 30 日。

## （三）多方协同推动社区垃圾分类

随着物质不断丰富和消费社会的到来，当前我国许多城市出现了“垃圾围城”的现象，由此引发局部环境污染和群体冲突等问题。而普通人常常习惯于“即用即扔”的行为方式，对于资源节约乃至垃圾议题存在认识不足或是意识与行为脱节的问题。2016年12月21日，中央财经领导小组第十四次会议提出“普遍推行垃圾分类制度”，推动城市垃圾减量化、资源化和无害化处理成为城市治理和精细化管理的重要目标之一。此后，北京、上海等城市被列为生活垃圾强制分类试点城市，率先从制度层面进行顶层设计和立法推动，实践层面也持续探索部门协同和多元参与。社会组织参与社区垃圾分类和可持续环境建设，正在城市内部、城乡之间和区域之间逐步由点及面地推进，这是自上而下政策推动、自下而上社会参与双向互动的产物，社会组织在其中扮演重要的中介角色。

以北京为例，2020年5月1日新版《北京市生活垃圾管理条例》实施以来，为推动社会组织参与，政府相关部门通过政策引导、购买服务和社区试点等，倡导社会组织设立专项基金、参与购买服务项目等方式，并在社会组织等级评估等管理工作中予以支持，引导各类社会组织广泛参与垃圾分类工作。在此背景下，从2021年开始由北京市社会组织管理中心指导，北京市社会组织发展服务中心及其运营方北京市协作者社会工作发展中心发起，合作伙伴万科公益基金会出资，开展了2期“公益1+1”资助行动之绿缘计划，资助社会服务机构参与垃圾分类工作，目的是进一步提升其参与可持续环境建设的专业能力，促进首都垃圾分类工作深化，在推动可持续社区环境建设的同时拓展社会组织生存发展空间①。在这之中，基金会扮演着价值引领和资源供给的角色，支持型组织发挥平台作用和提供专业支持，赋能社会服务机构的组织发展和能力提升，一线社会服务机构则主要通过深入社区，探索不同场景下推动垃圾分类工作的行动策略和方式。随着政府相关部门在政策指导和机制建设等方面的推动，基金会、支持型社会组织等的协同行动，一线社会服务机构积极参与，

---

① 李涛：《共创公益新生态：“公益1+1”资助行动的实践研究报告》，载黄晓勇主编《中国社会组织报告（2022）》，社会科学文献出版社，2022，第354页。

初步构建了支持社会组织参与社区垃圾分类的组织生态体系，也探索了若干相对成熟的社区动员和居民参与模式，体现了社会组织推动社区可持续环境建设方面的优势。

### （四）基于小组模式推行环境教育

环境保护和生态文明建设最终有赖于全民环境意识提升和行为改变。青年是推动国家发展和社会进步的生力军，学校也是其重要的社会化场所。通过环保社会组织、学校社团和环保小组深入青年群体，开展丰富多样的环境教育活动，增进个体之间的联结，在激发年轻一代公共参与的主动性和积极性、提升青年组织力和领导力的同时，也能增强青年一代参与环境保护的责任感。1977年，珍·古道尔博士呼吁青年人行动起来保护身边的环境，并号召坦桑尼亚的中学生成立“根与芽小组”，参与环保行动，而后这一模式被保留和推广下来，并成立珍·古道尔研究会，主要目标包括两方面：一是支持野生动物研究；二是宣传和推广环境友好的理念，主要依靠的模式是“根与芽小组”，即根与芽环境教育项目。1994 年该模式被引入中国，并于 2000 年成立珍·古道尔（中国）研究会，旨在向更多人宣传环境友好的理念。2017 年 5 月，北京根与芽社区青少年服务中心正式在北京市民政局登记注册，从传统的环境教育机构向支持青年环保梦想的创新型服务组织转变，也逐步实现了向本土机构的转型。

根与芽的“小组模式”引入中国后，结合当地的环境问题和实际需求，调整和开发环境教育项目，增加项目设置和运作的灵活性与自主性，突破其固有的项目模式。如北京根与芽的发展源于在华国际学校，从国际学校学生的环境教育逐步扩展到民办打工子弟学校和公立学校。打工子弟学校教学资源不足，环境教育基础薄弱，但是课余时间相对较多，因而更需要从基础的环境教育出发，培养学生热爱环境的情感和保护环境的能力，如童享自然打工子弟项目，不仅提供环境教育教学资源，而且结合美术、音乐等素质类课程，满足提升学生素质的需求。不过，随着打工子弟学校的关停，这些项目不得不终止。而公立学校往往自身较早就涉及环境教育，且教学基础好，学校重视多样化课程、开设丰富的课外活动，因而更需要丰富多样的体验活动或自主发起小组活动，其中心田计划带领学生体验农耕种植，水地图项目举办湿地夏令营，护鲨行动引导学生自主设计小组活动等。截至 2022 年 12 月，全国范围内大、中、小学校建立了 902 个小组，注册组员 30124 人，开展活动达 10600 次①。总体上根与芽和校园内小组之间是相对松散的伙伴关系。根与芽依靠各小组的人力资源开展活动，扩大它的影响力，而小组也从中获得发展所需的资金和物料支持，双方构建互惠模式，引导成员在心理上认同个体也能为生态环保贡献力量，减少"搭便车"行为，逐步实现社会成员从强环境关心到强环境行动转化，从而有利于青年有序的环境参与。

## 三　环保类社会组织发展动因

我国社会组织发展的制度和社会环境正在逐步改变，总体上经历了从改革初期"放任发展和分散管理"到以"限制发展和归口管理"为特征的双重管理体制，体现为国家对社会组织的管控思维和战略②。党的十八大以来中央提出建立政社分开、权责明确、依法自治的现代社会组织体制，通过一系列规范和支持社会组织发展的制度设计，政府与社会组织之间正在形成党委领导下的新型协同合作关系③。因此，一方面通过深化改革释放社会空间，调整国家与社会之间的关系，为环保社会组织发展和作用发挥提供了政策支持；另一方面通过开放走出国门，政府和民间力量都积极参与到全球环境议题的对话交流中，早期环保社会组织的发展不仅受到国际社会环保思潮的影响，也在资金和能力建设方面获得资助和支持。经过数十年的发展，环保类社会组织不仅在内部治理、资源和公众动员等方面具备一定的能力，也在参与环境治理和绿色低碳转型中不断扩大社会影响力，对于促进公众参与机制的形成发挥着重要的中介作用。具体而言，形塑我国环保类社会组织发展的力量，不仅源于行政体制改革和相关部门的政策支持，也在于公众环境意识和参与意愿的增强，以及基金会资助和构建环保公益行业生态的推动。

---

① 资料来源：根与芽小组，北京根与芽网站，http://www.genyuya.org.cn/groups，最后检索时间：2023 年 8 月 30 日。

② 王名：《社会组织论纲》，社会科学文献出版社，2013，第 5~17 页。

③ 王名等：《中国社会组织（1978~2018）》，社会科学文献出版社，2018，第 55 页。

### （一）推动环保类社会组织发展的制度环境

分类发展是我国社会组织管理的重要特征之一，这种“分类”表现在登记管理、支持政策、发展路径和功能领域等诸多方面，同时基于目前仍在施行的双重管理体制，也呈现“部门化”的特征。从2010年12月10日环保部出台《关于培育引导环保社会组织有序发展的指导意见》，到2017年3月24日环保部和民政部首次两部委联合出台《关于加强对环保社会组织引导发展和规范管理的指导意见》，不仅延续了引导环保社会组织健康发展、有序参与环保事务的基本原则，也明确了混合登记管理体制、购买服务为主的扶持政策、构建综合监管体制、推进能力建设和多部门协同的工作机制等制度安排①。与此同时，2015年先后施行的新《环境保护法》《环境保护公众参与办法》，也都明确鼓励社会组织开展环境宣传、提起公益诉讼，这为推动环保组织参与提供了宏观制度环境。

从地方层面来看，2017年两部委指导意见出台后，广东、江苏、山东、浙江、河北、湖南等地，制定了支持环保社会组织发展的政策、规划、行动计划或指导意见，或为其发展提供各项支持，搭建政府与社会组织之间的对话协商渠道等，如推动成立环保社会组织联合会、环保志愿者协会；组织环保社会组织座谈会、举办论坛；开展组织能力建设，以及通过政府购买服务进行项目资助。这体现了地方政府部门对于环保社会组织地位和作用的认识与重视，并为支持组织发展和作用发挥探索了可行的方式，不过大部分省份仍未有具体的政策和行动，对于环保社会组织的管理政策和支持力度上存在较大的地区差异。更重要的是，按照我国社会组织分级管理的原则，在登记注册、资源动员等法律政策方面存在的制约因素②，无法完全通过中央部委文件的制度安排加以解决，因此在地方政策推动上仍然有着较大的提升空间。

---

① 邢宇宙：《环保社会组织发展的制度安排与前景展望》，《中国环境管理干部学院学报》2017年第6期，第7~10页。

② 曹明德：《中国环保非政府组织存在和发展的政策法律分析》，《清华法治论衡》2013年第3期，第17~30页。

## （二）公众环境意识和参与是重要社会基础

随着我国市场经济的发展和社会转型，大量环境议题开始出现，并通过媒体报道和重要事件逐渐进入公众视野，因环境损害或风险而引发的社会紧张与冲突日益明显，推动社会的绿色转变成为促进社会和谐的内在需要①，同时经济发展和新社会阶层出现、社会空间和资源的释放，以及国际交往带来的理念和资金支持等因素，共同推动环保社会组织的发展②。中国社会综合调查数据（CGSS）的研究表明，公众对于环境问题有着很高的关注度，大多数人认为中国面临着严重的环境问题，且离居民日常生活近的环境议题所受关注更多，如空气污染、水污染和生活垃圾等③。而利益相关事件更容易引起公众参与，全国抽样调查数据的分析表明，当前我国公众的民间环保参与更多停留在对个体利益进行“维权”层次，属于被动型参与，只有当居民所在地区环境污染问题比较严重的时候，公众才会有一定的积极性参与环境保护组织④，这有助于从宏观上理解和认识环保社会组织发展缓慢的现实，但公众环境意识和参与意愿不断增强仍是重要的社会基础，尤其表现在青年、知识分子群体和企业家阶层等，通过发起和成立环保组织、设立公益慈善类的基金会等形式参与进来。

如阿拉善 SEE 是 2004 年由企业家参与发起创建的环保组织，已走过近 20 年的历史。从一开始，阿拉善 SEE 就明确了其生态保护的公益目的，聚焦于阿拉善地区的荒漠化防治，在当地建立起了项目执行团队实施具体的项目。但是在探索和实践中，逐步扩展到在全国各地开展的环境保护项目、资助草根环保组织成长，并从生态协会发展出基金会、社会企业、产业联盟等组织形式，推动环保公益行业发展。又如宁夏宝丰集团燕宝慈善基金会，采用捐赠清华大学设立“宝丰碳中和讲席教授基金”，支持化学、材料等六个碳中和领域相关

---

① 洪大用、范叶超等：《迈向绿色社会：当代中国环境治理实践与影响》，中国人民大学出版社，2020，第 363 页。

② 汪永晨、王爱军主编《守望：中国环保 NGO 媒体调查》，中国环境科学出版社，2012，第 430 页。

③ 洪大用、马国栋等：《生态现代化与文明转型》，中国人民大学出版社，2014，第 95~97 页。

④ 崔岩、尹木子：《我国公众环保组织参与的动机研究》，《青年研究》2015 年第 3 期，第 11~19+94 页。

学科方向的队伍建设和人才引进，并通过举办碳中和论坛等形式，倡导和推动科研机构与碳中和相关的研究和人才培养。

### （三）基金会是构建环保公益生态的重要力量

在中国基金会环保公益的版图上，近年来涌现出了若干将环保作为重点资助领域的项目和机构，尽管资助型基金会的数量仍然不多，但是其在环保类社会组织的能力建设、项目资助、资源筹集、社群网络建设、价值传递中发挥着重要作用。如阿拉善 SEE 基金会的“创绿家”和“劲草同行”，截至2022 年 12 月已经分别资助了 511 家初创期和 90 家成长期的环保组织①。从规模上来说，劲草伙伴计划几乎囊括了国内重要的处于成长期的民间环保组织，而且随着阿拉善 SEE 公益机构及其整个环保公益的发展，这种资助所撬动的互动、交流和合作，碰撞出了更丰富多元的方式，比如从 2017 年开始连续数年多个场次的劲草嘉年华，已经成为生物多样性传播的品牌活动。此外，中华环保基金会和中国扶贫基金会发起的环保公益资助计划、中华环保联合会的小额资助项目、阿里巴巴公益基金会的 XIN 伙伴计划，以及银杏基金会的银杏伙伴计划都对环保领域有所关注。这些资助活动有助于环保社会组织组织化水平和专业化能力的提升，从而推动组织发展及其作用的发挥。

## 四　扩大社会组织参与的路径

随着近年来的机构改革和职责调整，中央加强气候政策和环境政策的协同，2021 年 1 月生态环境部印发《关于统筹和加强应对气候变化与生态环境保护相关工作的指导意见》，提及“气候治理能力”“生态环境治理体系和治理能力”。2021 年 3 月 15 日中央财经委员会第九次会议，强调围绕双碳目标“加强党中央集中统一领导，各级党委和政府要扛起责任”，5 月 26 日碳达峰碳中和工作领导小组第一次会议上也强调“领导小组统筹协调、成员单位分

① 资料来源：《项目介绍——创绿家 劲草同行》，阿拉善 SEE 基金会网站，http://http://foundation.see.org.cn/Brand/Project/，最后检索时间：2023 年 8 月 30 日。

工推进、压实地方主体责任”，逐步推进顶层设计和完善制度安排。但在我国现代环境治理体系构建中，政府、企业、社会组织和公众等主体的力量结构失衡状态改善还不明显，其中体现公众参与的社会治理体系、践行绿色生活的全民行动体系建设仍然存在不足[①]。因此，针对社会机制薄弱环节的完善是推动政策落地见效的关键点之一。

与此同时，“十四五”时期我国社会组织发展进入了从注重数量增长、规模扩张向能力提升、作用发挥转型的新阶段，在逐步健全中国特色社会组织管理体制的同时，突出强调党建引领、部门协同下的分类发展与政策支持。在此背景下，社会组织有着广阔的发展和作用发挥空间。目前，环保类社会组织不仅有传统的志愿服务组织，也逐步走上专业化和职业化的道路，但是关注环境治理、气候变化、绿色低碳和生态文明建设的组织数量和规模仍然有限，不仅面临着自身能力和资源不足、缺乏有效的参与渠道和机制等问题，在环境议题构建、政策倡导以及参与治理等方面仍然还有提升空间，也存在宏观上制度和社会层面的制约因素。

## （一）拓宽社会组织参与绿色低碳转型的渠道

环保类社会组织的参与一是响应国家应对气候变化和绿色发展战略，面向政府开展政策倡导，影响政府层面环境治理和绿色转型方面的政策制定和执行。二是面向企业进行社会监督与问责，倡导和激励企业注重可持续环境和社会责任。三是面向公众，培育公众增强应对气候变化的意识，宣传绿色低碳生活方式等。因此，不仅需要各级政府加大对社会组织参与的资金投入与政策支持力度，如完善政府购买生态环境领域服务的体制，也需要加强社会组织能力建设，创新组织形式、工作手法与议题之间的衔接，提升社会组织与各级党委和政府部门协同的能力，以及通过社群建设深化和拓展与公众的联系。因此，社会组织作为多元协同共治主体之一，不仅可以协同政府、社区、企业和其他社会组织，开展适应或减缓全球气候变化、绿色低碳发展的行动，也需要通过搭建不同环境议题的网络或联盟，发挥平台型组织的作用，形成合力来有效回

① 和夏冰等：《关于地方推进现代环境治理体系实践进展的述评》，《中国环境管理》2022 年第 4 期，第 69~73 页。

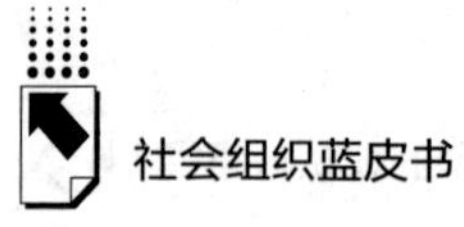


应社会需求，扩大社会影响力，提升社会组织参与的有效性，进一步增强社会合法性。

### （二）突出不同类型和领域社会组织参与重点

我国社会组织的类型多样、涵盖的领域多元，不同类型和领域的组织有着独特的优势，应结合实际突出参与重点。其中，环保类基金会可以发挥资源蓄水池的作用，通过资源筹集、资助和价值引领，推动环保公益行业的发展；行业协会和商会聚集了大量的市场主体，可以通过行业自律和产业链管理，推动产业发展中践行企业社会责任和实现绿色转型；按照法律规定具有环境公益诉讼资格的环保组织，可以通过司法渠道开展生态权益的维护和修复；智库类组织开展相关生态环境领域的专业研究，影响和参与政策制定；深耕社群或扎根社区的组织，可以在基层进行广泛的公众动员；参与全球环境治理的组织，可以参与应对气候变化国际合作，加强对外传播和话语权构建；在华境外非政府组织可以利用国际视野和专业优势，发挥研究和倡导作用。此外，面对外部制度环境存在的不确定性，不同类型和领域的社会组织也应加强联络和协同。

### （三）注重发挥地方政府部门主动性和积极性

在中央高位推动下，生态环境领域的政策重点和社会组织参与的相关性显著，与此同时，地方政府对于具体环境议题的关注和重视程度，也呈现相应的周期性和选择性，无法避免短期性的目标和行为，如对于垃圾分类行为的推动，面临着短期内难以突破的结构性障碍与行动者困境①。在新一轮党和国家机构改革的背景下，随着中央社会工作部的成立，我国社会组织管理体制正面临着新的调整，也迫切需要在构建现代环境治理体系的大方向下，出台推动社会组织参与的指导性文件。因此，在中央统筹与省区市主责的体制下，需要将中央精神和指导意见等政策转化为地方政府部门实施方案，实践表明，地方政府部门需要进一步加大对于环保类社会组织的支持力度、完善政策和管理体制。尤其是关于社会组织的观念认识和功能设定上，不限于“宣传教育”和

① 刘莎莎、戴胜利：《城市生活垃圾分类政策缘何执行艰难？——基于政策执行过程模型的解释》，《干旱区资源与环境》2022年第5期，第1~7页。

"公众动员"，而是真正进入"治理"层面，将自上而下的制度建构与自下而上的实践探索相结合，在党委领导、政府负责、社会协同、公众参与、法治保障的框架下，发挥地方政府部门和社会组织的自主性和灵活性，才能更好地助力我国的低碳转型和绿色发展。

## 参考文献

郇庆治、李宏伟、林震：《生态文明建设十讲》，商务印书馆，2014。

马庆钰、廖鸿主编《中国社会组织发展战略》，社会科学文献出版社，2015。

〔美〕杰里米·里夫金：《零碳社会：生态文明的崛起和全球绿色新政》，赛迪研究院专家组译，中信出版集团，2020。

薛澜等：《应对气候变化的风险治理》，科学出版社，2014。

周桂田：《气候变迁社会学：高碳社会及其转型挑战》，台湾大学出版中心，2017。

# B.13

# 社会组织促进高水平科技自立自强的研究报告

## ——以深圳市软件行业协会为例

徐明　李航　徐辉*

**摘　要：** 当前，国际局势复杂多变，科技脱钩风险凸显，我国科技创新面临着较大的风险挑战。助力完善科技创新体系建设，促进高水平科技自立自强，离不开政产学研用多方的共同努力，以行业协会为代表的社会组织是其中不可或缺的一环。本文从当前我国科技创新中存在的几类常见问题出发，以深圳市软件行业协会为例，结合其在支撑精准制策施策、开展行业评估推优、推动行业协同创新等方面的具体实践，呈现社会组织在促进高水平科技自立自强中发挥的积极作用。并以深圳市软件行业协会为研究样本结合深圳社会组织情况，梳理社会组织当前在促进高水平科技自立自强方面存在的不足之处，提出明确作用和地位、提升专业服务能力、鼓励搭建创新服务网络、强化评价和激励等意见建议，以推动社会组织强化能力建设，更好地发挥作用，助力科技自立自强。

**关键词：** 社会组织　行业协会　软件行业　深圳实践

---

* 徐明，博士，中国社会科学院大学商学院教授、博士生导师、国家治理现代化与社会组织研究中心主任，主要研究方向为人力资源开发管理与人才发展、社会治理、公共安全与应急管理；李航，深圳市软件行业协会副秘书长，主要研究方向为产业政策、社会治理和社会组织、知识产权；徐辉，深圳市社会组织总会常务秘书长，主要研究方向为社会治理和社会组织。

步入疫情防控新阶段，社会治理的复杂程度日益攀升，亟须前沿技术创新和应用。与此同时国际局势复杂多变，科技脱钩风险凸显，部分产业因为关键领域核心技术缺失面临“卡脖子”风险，我国科技创新面临着较大的风险挑战。在此背景下，高水平科技自立自强已成为国家强盛之基、安全之要。党的二十大报告指出，要加快实施创新驱动发展战略，坚持面向世界科技前沿、面向经济主战场、面向国家重大需求、面向人民生命健康，加快实现高水平科技自立自强。习近平总书记在广东视察时也指出，实现高水平科技自立自强，是中国式现代化建设的关键①。

加快实施创新驱动发展战略，实现高水平科技自立自强离不开科技创新体系的强力保障。科技创新体系是促进科技创新链条各环节、各主体有机融合的主要组织载体，完善科技创新体系是推动科技成果向现实生产力转化的根本之道。其根本路径在于优化提升企业科技创新主体地位、不断强化市场导向、深度推进产学研融合互动，最终实现从知识创新、技术创新到产业创新间的有效衔接。在科技创新体系中，除居于主体地位的企业之外，社会组织作为创新链条中的一环发挥的作用也不容忽视，其通过聚合、串联、引导、动员等，可以有效提升政产学研用之间的协同与互动，助力各方之间形成科技创新系统合力，进一步优化创新资源配置，提升科技创新体系整体效能。

民政部发布的《“十四五”社会组织发展规划》明确提出，要引导和支持各级各类社会组织发挥自身优势，量力而行、尽力而为，助力解决经济社会发展现实问题和人民群众急难愁盼问题②。近年来，社会组织在抗击新冠疫情、助力乡村振兴、参与社会治理、助力网络安全建设等方面发挥了重要作用，受到广泛的认可，有关社会组织在推动科技创新过程中发挥作用的研究却并不多见。Saunders 等③提出社会网络是企业学习的重要途径，行业协会通过扩张协

---

① 《“在推进中国式现代化建设中走在前列”——习近平总书记考察广东纪实》，光明网（2023 年 4 月 15 日），https：//m. gmw. cn/2023-04/15/content_ 36498820. htm，最后检索时间：2023 年 9 月 2 日。

② 《民政部关于印发〈“十四五”社会组织发展规划〉的通知》（民发〔2021〕78 号），中国政府网（2021 年 9 月 30 日），https：//www. gov. cn/zhengce/zhengceku/2021-10/08/content_ 5641453. htm，最后检索时间：2023 年 9 月 2 日。

③ Saunders M. N. K.，Gray D. E.，Goregaokar H. SME，“Innovation and Learning：The Role of Networks and Crisis Events”，*European Journal of Training and Development*，38（2014，）.

会内企业的社会网络，从而促进了企业的创新行为；杨进、张攀[①]利用微观数据研究了行业协会对我国民营企业技术创新活动的影响及其机制；浦文昌[②]通过对国外典型案例的分析研究，论述了行业协会商会在国家创新体系中不仅发挥着中介者的作用，而且扮演公共机构的角色；曲耀[③]阐述了行业协会的基本职能及其在创新体制中的主要作用，并从行业协会的社会地位出发探讨了其促进创新的积极作用机制。以上研究多从行业协会职能角度出发分析其在促进企业创新中的作用，具体案例佐证较少。开展社会组织在促进高水平科技自立自强方面的案例研究，梳理社会组织在科技创新体系完善方面的具体作用，对引导社会组织强化自身建设、发挥所长加速技术创新和产业转型升级有积极意义。

深圳是我国改革开放的桥头堡，近年来，深圳把科技自立自强作为城市发展的战略支撑，不断探索完善科技创新体系建设的深圳路径。在此过程中，深圳社会组织在提升企业的科技创新能力、加速产学研用协同创新、激发创新人才活力等方面积极发挥作用，已成为深圳完善科技创新体系建设、推动科技自立自强的重要力量。本文将从当前我国科技创新中存在的几类常见问题出发，以深圳社会组织的代表——深圳市软件行业协会在促进科技创新方面的具体实践为例，探讨社会组织在促进高水平科技自立自强中发挥的作用和存在的问题，并由此提出推动社会组织进一步发挥作用助力高水平科技自立自强的政策建议。

## 一　我国科技创新的现状和困境

科技自立自强是由科技大国走向科技强国的必然要求，党的十八大以来，我国科技事业取得了巨大成绩，在一些前沿领域开始进入并行、领先阶段。从科技整体实力来看，我国科技整体水平不断攀升。2022 年我国全社会研发经费超过 3 万亿元，居世界第二位；研发投入强度达到 2. 55%，超过了欧盟平均

① 杨进、张攀：《加入行业协会能促进企业技术创新吗？——中国民营企业的微观证据》，《经济管理》2020 年第 1 期。

② 蒲文昌：《行业协会商会在国家创新体系中的地位和作用——基于国外典型案例的讨论》，《中共浙江省委党校学报》2017 年第 2 期。

③ 曲耀：《论行业协会在推动技术创新中的地位和作用》，《科技创新与生产力》2023 年第 7 期。

水平；基础研究投入约1951亿元，占全社会研发经费比重提升至6.3%。与此同时，我国PCT国际专利申请量多年蝉联世界第一；我国在世界知识产权组织（WIPO）发布的全球创新指数中排名从2012年第34位上升到2022年第11位，进入创新型国家行列。从部分关键领域来看，我国科技自立自强能力持续提升。量子信息、干细胞、脑科学等方向涌现出一大批重大原创科技成果，深空、深海、深地、深蓝等领域不断取得突破，移动通信、大飞机、特高压输变电、杂交水稻等关键核心技术稳步突破，助力产业向中高端攀升①。

综上情况可以看出，近些年我国科技事业发展迅猛，科技指标稳步提升，科技赋能持续深入，科技创新已成为支撑我国经济社会高质量发展的重要力量。但与此同时，也应清醒认识到我国科技发展上还存在诸多短板和不足②。一是原始创新方面，相较应用型创新而言，原始创新占比较低，从0到1的重大理论突破和原创引领型成果不多，关键核心技术“卡脖子”现象普遍存在。二是科技创新主体方面，企业创新主体的地位不牢固，部分企业存在“等靠抄”的心态不愿投入、不敢投入、不能投入的现象。三是创新资源协同方面，高校、科研院所与企业之间的科技创新资源共享不足，协同水平有待提升。四是科技投入产出方面，政产学研用联动不够，知识成果转移转化的效率不高，科技投入存在分散、重复和低效的状况。五是创新体系整体效能方面，创新主体各单元功能定位不够清晰，社会组织的作用未能得到正视，公共技术平台的效能有待进一步挖掘。六是创新支持政策方面，产业主管部门政策制策宏观有余而精细不足，施策不够精准，往往难以打中“七寸”。七是创新氛围和环境方面，国际交流合作不足，知识产权保护力度不够，创新评价体系不完善、容错试错机制不健全，创新氛围有待提升、环境有待优化。八是科技人才方面，科技人才队伍结构存在失衡，战略科学家、战略企业家缺乏，复合型、综合型人才培养不足，卓越工程师队伍储备不够。

以上这些短板和不足已成为制约我国完善科技创新体系、实现高水平科技

---

① 《坚持科技自立自强　走好中国式现代化道路》，光明网（理论版）（2023年7月27日），https：//theory.gmw.cn/2023-07/27/content_36724647.htm，最后检索时间2023年9月2日。

② 张玉卓：《喜迎二十大、奋进新征程　凝心聚力推动高水平科技自立自强》，《人民论坛》2022年第16期，第6~13页。

自立自强的“拦路虎”和“绊脚石”，亟须科技创新的众多主体认真对待、协同解决。

## 二　深圳社会组织相关工作及深圳市软件行业协会发展历程

### （一）深圳市社会组织促进高水平科技自立自强相关工作介绍

深圳社会组织近年来发展健康有序，服务国家、服务社会、服务群众、服务行业的内生动力持续增强，已经成为推进深圳改革开放和现代化进程的重要参与者和实践者①。在助力完善科技创新体系建设、促进高水平科技自立自强方面，以行业协会为代表的深圳社会组织各展所长，从创新支持政策、创新资源协同、科技人才引培、创新环境营造等多维度出发，做了大量切实有效的工作。典型案例如下。一是在创新人才引培方面。深圳市高科技企业协同创新促进会承办高层次人才产品对接会，搭建“为技术找市场”的人才服务平台，以市场需求为导向实现“以市场育技术”，赋能人才和企业加速成长。深圳市电池行业协会在全国首创锂电池工程专业的职称评审，两年内为行业累计培养近 500 名工程师。二是在创新资源协同方面。深圳市新材料行业协会征集并上报核心关键新材料进口替代重点项目，为容大股份、南玻、首骋科技等企业与南科大、港中大、深大等建立产学研合作。深圳市医疗器械行业协会作为深广高端医疗器械集群的发展促进机构，与中科院先进院等研发支撑机构、检测机构、审评认证机构、临床医疗机构等，共同构建了深圳医疗器械集群的创新支撑体系。三是在促进国际交流合作方面。深圳市无人机行业协会主办的世界无人机大会，自 2017 年开始已连续举办六届，累计有 130 多个国家和地区的 6000 多名国外代表参会参展，极大促进了中外无人机行业交流，提升了深圳乃至中国无人机在全球的影响力。深圳市家具行业协会主办的深圳时尚家居设计周暨深圳国际家具展，自 1996 开始，迄今已成功举办 38 届，2023 年展会吸

① 《深圳社会组织高质量发展之路越走越宽》，深圳特区报（2022 年 10 月 16 日），http://sztqb.sznews.com/PC/layout/202210/16/node_A08.html#content_1264898，最后检索时间 2023 年 9 月 2 日。

引全球400多家展商、500多位艺术家与设计师，以及20多万专业买家的关注，已成为“国际设计资源与中国制造连接”及“中国制造寻找国际、国内市场”的战略平台。四是在营造创新环境氛围方面。深圳市标准化协会2022年联合行业头部企事业单位开展各类团体标准研制，推动成立了粤港澳大湾区标准创新联盟，其推动的一项团体标准进入了“2022年湾区标准清单项目”，填补了大湾区在相关领域的标准空白。深圳市新材料行业协会在行业内推行“专利导航”试点工程，支持企业把专利运用嵌入产业技术创新、产品创新、组织创新和商业模式创新中，自2021年已帮助企业挖掘申请高价值专利100余项。五是在推动多链协同加速产业创新方面。深圳市社会组织党委与建设银行深圳市分行机关党委开展“四链融创”结对共建，创新以党建链引领金融链、产业链、创新链的“四链融创”合作模式。

软件是数字经济发展的基础，软件核心技术正成为全球新一轮竞争的“制高点”。近年来我国软件产业快速发展，工业和信息化部统计数据显示，2022年，我国软件业务收入突破10万亿元，同比增长11.2%，高于GDP增速8.2个百分点。虽然我国软件产业规模庞大，发展迅猛，但仍存在基础软件薄弱、工业软件“卡脖子”、应用软件水平不高的现象，亟须创新突破，提升核心竞争力。深圳市软件行业协会是全国成立最早的地方行业协会之一，也是中国软件行业协会常务理事单位、深圳市5A级行业协会、深圳市中小企业公共服务平台和深圳市软件与信息服务业集群战略咨询支撑机构。现有会员单位3000多家，会员企业业务涉及通信信息、高端装备、智慧城市、金融科技、智能硬件等多个领域。协会成立时间久、企业覆盖面广、机构联系众多、服务项目全面，多年来作为政府、企业、高校间的连接器和服务者，在统计监测、政策支撑、生态建设、活动交流、技术合作、市场推广、标准贯彻、知识产权保护等方面发挥着重要作用，是研究社会组织促进科技创新和产业升级的较好样本。本文接下来将以深圳市软件行业协会的具体实践为例，研究社会组织在促进高水平科技自立自强上发挥的具体作用。

## （二）深圳市软件行业协会发展历程

深圳作为中国软件名城，软件业务收入、软件出口等长年均位居全国前列。工信部统计数据显示，2022年，深圳市软件业务收入达到9983.2亿元，收入规模位居全国第二；软件出口 229.1 亿美元，约占全国 1/3；13 家企业入围中国软件收入百强；软件领域专精特新“小巨人”企业 146 家。从 2000 年的收入不足百亿元发展到如今的万亿元规模，深圳软件在 20 多年里实现了跨越式发展，深圳也从当年的小渔村成长为全国软件产业重镇。其中成绩的取得，与深圳市软件行业协会的引领和支撑是分不开的，回顾协会的发展史，也是一段创新与突破的历史。

深圳软件行业协会成立于 1988 年。这一年，在时任市委书记李灏的促成下，协会由多家软件企业自愿发起成立，这是全国最早成立的地方性软件行业协会。1992 年，协会向深圳市政府提交了《关于深圳软件产业如何发展的建议》。“建议”得到了市委书记李灏的高度重视，批示市政府主管领导尽快组织安排座谈会。座谈会上，来自政府、企业的代表们达成一致意见，萌发了“把深圳建成国家软件出口基地”的构想。

1998 年，深圳出台了推动发展高新技术的“二十二条”。在一系列优惠政策中，软件被提到了显要位置。借此东风，协会建议迅速打出促进深圳软件发展“组合拳”：第一，鼓励企业向不同领域发展，从而形成多元化的发展格局；第二，鼓励企业走联合发展之路，促进软件行业规模化发展；第三，积极为企业寻找投融资渠道推动企业尽快做大做强。在这些思想的指引下，深圳软件企业的数量和规模不断扩大，在 20 世纪 90 年代末初步形成了多元化发展格局。

2000 年，《国务院关于印发鼓励软件产业和集成电路产业发展若干政策的通知》（国发〔2000〕18 号文）的出台，开启了软件产业和集成电路产业发展的“黄金年代”。同年 8 月，深圳软件协会作为全国唯一一家单列市协会，与上海、天津两市成为全国首批三家“双软认定机构”，开始大力推行和落实国家产业政策。自 2001 年起，深圳软件产业开始异军突起，2000 年，深圳软件产业总产值达 60 亿元；2001 年猛增到 138 亿元。2002 年达 200 亿元，占全国软件产值的 18%，位居第二；软件出口占全国的 20%，位列第一。

自 2001 年起，协会一方面为政府提供决策支撑，推动地方政策的制定和落实；另一方面结合产业的实际，大胆提出利用特区优势做政策的“试验田”，引导数百家设备制造企业加大软件研发投入，转型升级发展成为软件企业。在此，特别值得一提的是嵌入式软件。起初，嵌入式软件因其呈现形式特殊并没有被纳入国家软件发展的鼓励范围，在协会领导的积极争取下，深圳得以率先获得授权试点，随后其成功经验才向全国进行推广。如今几十年过去，嵌入式软件所代表的“软硬结合”已经成为深圳软件的特色优势，也孕育了一批闻名遐迩的标杆企业如迈瑞、大疆、大族、华大基因等。

随着深圳软件产业的做大做强，以及政府部分行政审批项目的逐步下放，协会的发挥空间越来越广阔。深圳市软件行业协会也由最初行业起步时的拓荒者、铺路者转变成为产业政策的推动者和行业发展的助推器。随着国家创新驱动发展战略和产业高质量发展目标的提出，协会也在逐渐转变职能，着手推动技术创新和企业提质，在支撑政策制定、规范行业发展、推动技术合作等方面不断深耕。

## 三　深圳市软件行业协会促进高水平科技自立自强的实践

### （一）充当政府智囊，支撑精准制策施策

推动高水平科技自立自强离不开产业政策的助推。深圳市软件行业协会常年进行产业统计和监测工作，同企业间建立了密切的联系，积累了丰富的数据，对了解产业发展动态比较及时和准确，成为支撑市、区产业主管部门制定产业政策时的重要智囊。

早在2001年，全国软件产业才刚刚起步，协会就基于国家发展战略和对软件产业发展潜力的判断，建言深圳市应重点关注和支持软件产业发展，支撑其制定并出台了《关于鼓励软件产业发展的若干政策》，开全国软件专项政策之先河。依据若干措施，深圳在当时全市年财政收入不足300亿元的背景下，下大力气在4年内拿出5亿元设立软件产业发展专项资金，通过支持软件研究开发、支持软件园建设等具体措施推动尚处于萌芽阶段的深圳软件产业快速发展壮大，为日后深圳软件产业的腾飞奠定了坚实的基础。

2021年，深圳系统开展了战略性新兴产业、未来产业的发展谋划工作，希望推动产业向价值链高端攀升。软件和信息服务产业被列入“20+8”重点产业集群支持范围，协会作为集群战略咨询机构承担了集群发展现状调研和发

展规划的草拟工作。一方面通过对深圳市软件产业现状的梳理，绘制软件产业图谱和技术路线图，摸清了家底；另一方面助力政府盘整资源，形成了包括重点企业、重大项目、创新载体、产业空间、政策工具包、咨询智库在内的“六个一”工作体系，为行动计划的制订提供了依据，也为计划的后续落实找到了抓手。

2022年，深圳市深入推进创新链、产业链、教育链、人才链协同发展，强调围绕产业链布局创新链，深圳市科创委也因此开始改革科技项目选题和管理机制。在此背景下，协会积极组织专项座谈会，联系重点企业、院校及科研机构共同谋划，围绕重点领域“卡脖子”软件产品梳理技术空白点和未来发展方向，规划政策支持的重点，有效支撑了深圳市科创委年度科技重大专项的立项和征集。

与政策精准制定相比，政策的有效实施更是政策生命力的体现。在这方面，协会积极发挥其在行业理解上的专业性和在实际操作上的灵活性特长，成为“润滑”各相关部门、助力政策有效实施的主要推手。以软件企业所得税优惠减免为例。自2000年始，国发〔2000〕18号文件确定了支持软件产业和集成电路产业发展的税收优惠政策体系，其中最重要的一条是符合条件的软件企业经认定后，自获利年度起，对其在一定年限内免征或少征企业所得税。该项政策给予了软件企业较大的优惠空间，有利于企业的可持续发展，但难点在于如何有效执行落地。主要原因在于，一是政策执行最重要的是如何判定软件企业，这对产业主管部门和税务部门而言存在一定专业门槛，一旦错判误判，有造成企业偷税漏税的风险；二是税收优惠减免工作既增加了税务部门工作量，又减少了税收额，部分税务部门存在“想不通”和“不愿动”的问题。为切实推动该政策落实执行，施惠广大软件企业，协会多方奔走，一方面主动争取软件企业认定工作，在把控企业风险的同时进行标准宣贯；另一方面积极联系税局和产业主管部门，探讨政策执行的协同机制，最大限度地降低执行成本，最终促成了政、社、企之间的高效配合，共同保障了政策的有效实施。近7年深圳软件和集成电路设计企业中年均享受所得税优惠企业约400家次，累计所得税减免金额近200亿元。税收优惠扩大了企业利润留存，为企业投入再生产进而发展壮大提供资金保障。

### （二）开展评估推优，引导企业提质增效

行业评估，是社会主义市场经济体制推行新型行业管理体制的内在体现，不仅是行业通过“自治”实现自身“增能”的一种途径，也是引导企业向更好更优发展的一种手段。在国家推动去行政化、取消双软认证的行政审批之后，深圳市软件行业协会结合企业需求和工作经验，在全国率先推出“双软评估”（软件产品评估和软件企业评估）服务，并积极推动将“双软评估”的条件上升为中国软件行业协会团体标准（《软件企业评估标准》（T/SIA002-2019）），在全国进行推广实施。软件企业评估标准中对企业研发人员比例（不低于20%）和研发费用总额占企业销售（营业）收入总额比例（不低于6%）提出了明确要求，目的在于引导企业加大研发投入，提升企业竞争力。2021年中国软件行业协会发布的团体标准《国家鼓励的软件企业评估标准》（T/SIA025-2021），是结合新时代软件产业高质量发展的需要，对以往行业评估工作的继承和强化，在提高企业研发人员占比和研发费用总额占比的同时，对企业知识产权、开发环境和软件工程质量管理也提出了要求，切实贯彻落实了国家鼓励企业加大研发投入、提升企业竞争力的意图。

双创评选（“创新产品”和“创新人才”评选）是深圳市软件行业协会发挥行业影响力、引导行业发展的又一举措。软件行业属于高附加值、高知识密度行业，服务属性重，企业竞争力提升的主要途径就是会聚优秀人才，打造过硬产品。基于此，深圳市软件行业协会于2018年试点开展了免费的双创评选工作，一方面引导企业关注新兴技术和领域，加快融合创新；另一方面也鼓励企业奋力弥补产业链薄弱环节，筑牢产业发展基础。创新产品评选涵盖云计算、大数据、人工智能等新兴技术产品和基础软件、工业设计与检测等基础支撑产品，评选主要考量产品创新性、技术先进性、市场适用性和社会价值等指标；创新人才评选则主要考量候选人的从业经历和代表性产品。双创评选一经推出，获得了企业和社会的广泛关注，早期获评的多家初创企业现已成长为细分领域的佼佼者。2023年，结合数字化转型加速对软件需求不断增加的背景以及中国软件行业协会年度优秀软件产品评选的工作情况，协会在双创评选的基础上增加了“标杆案例”的评选，以标杆案例的示范作用带动技术融合和应用创新。

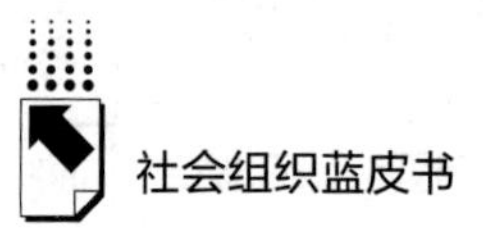


## （三）组建行业联盟，加速行业创新协同

长期以来，深圳市科技创新的特点是，动力和活力主要来自企业，创新的发展多依赖个别企业的单兵突进带动，形成了所谓“六个90%”的说法①（90%的创新型企业为本地企业、90%的研发人员在企业、90%的研发投入源自企业、90%的专利产生于企业、90%的研发机构建在企业、90%的重大科技项目由龙头企业承担）。但随着产业升级和融合应用增多，创新逐渐驶入深水区，尤其是面对重大突发事件（如疫情）和关键卡脖子方面，行业呼唤更具科技含量的原始创新，单个企业的内部创新风险增大又显得力量单薄，分工合作和协同创新愈加必要。

在此背景下，深圳市软件行业协会联合中国长城、华为等共同发起成立了深圳信息技术应用创新联盟，以推动信息技术领域软硬件关键技术研究和产品开发。随后，为支持深圳打造全国鲲鹏示范区，协会又联合华为发起成立了深圳市鲲鹏产业联盟，开展鲲鹏技术推广和生态建设。两个联盟自成立后，积极组织各种互动活动，在联盟的带动和撮合下，多家企业同华为、飞腾、麒麟等芯片和操作系统头部企业建立了合作关系，通过共建联合实验室、开展产品适配验证、共同打磨行业解决发案等方式推动信息技术软硬件技术攻关和协同创新。比较典型的是长亮科技同华为的合作，长亮科技是国内知名的金融科技解决方案服务商，长期为银行提供核心业务服务，在华为刚刚推出鲲鹏战略的时候，协会便积极牵线推动华为与长亮开展合作。后来，长亮不仅与华为自主服务器、自主数据库完成了核心系统对接，为其产品迭代升级提供场景和反馈，还在华为云上部署了核心系统，且成功在银行投产应用，极大地丰富了华为自主产品在金融领域的应用实践。经过几年的发展，深圳逐步形成了以“ARM+技术路线”为主的鹏腾信创生态，已发展成为全国信创产业发展的重镇；鲲鹏生态圈也日渐繁荣，目前拥有合作伙伴260多家，占全国的近15%；共提交430多个基于鲲鹏云的行业解决方案，超过全国总数的10%。

---

① 《深圳：“六个90%”成就中国“硅谷”》，中国经济网（2018年1月30日），http://www.ce.cn/xwzx/gnsz/gdxw/201801/30/t20180130_27961961.shtml，最后检索时间：2023年9月2日。

## （四）举办交流培训，促进技术扩散融合

创新扩散对产业发展的带动作用有时比创新本身更加重要，基础软件和底层芯片领域更是如此，应用生态的搭建对基础类产品的生存和发展至关重要。

协会极其重视推动国产原创技术和新兴技术在行业中的扩散，早在2018年，便联合华为腾讯等技术领军企业围绕人工智能、大数据等举办了一系列技术沙龙，加速推动新兴技术应用落地。2020年，华为推出了自主研发的操作系统 Harmony OS，随后捐献给开放原子基金会成为 Open Harmony 项目，Open Harmony 作为一款面向全场景的开源分布式操作系统，具有巨大的应用前景和想象空间，引起各界的广泛关注。2021年，在协会的积极争取和安排下，深圳软件行业在全国第一时间举办了 Open Harmony 技术与生态交流研讨会，围绕 Open Harmony 的技术能力、开源协议特点、开源社区治理和开发机制、企业如何参与共建等多个关键问题开展充分的交流，及时帮助企业了解基础技术发展趋势，把握机遇，抢先布局。2022年和2023年，协会持续关注基础技术动态，联合华为组织了“走进升腾·开放共升 AI 企业研讨沙龙”活动、联合飞腾信息技术有限公司开展了“飞腾平台运行工程师认证培训—深圳站”活动、联合 openEuler 社区组织举办“openEuler Meetup 机器人专场，推动嵌入式用户生态发展”活动。通过以上这些活动的举办，联盟得以持续推广核心技术突破成果，贯通从应用基础创新到应用创新的途径，推动国产基础软硬件产品的应用生态建设。

软件是一个强渗透性的行业，与众多行业均有交叉，产业高质量发展离不开软件技术与行业知识的深度融合。除技术沙龙外，作为深圳市软件产业集群建设的重要推动机构，协会十分重视集群间的跨界融合，积极同深圳市互联网文化市场协会、深圳市应急安全产业协会、“一带一路”环境技术交流与转移中心（深圳）、赛升数字经济研究中心等机构建立了合作机制，通过举办技术沙龙、供需对接会、梳理数字化转型服务目录等形式强化软件的支撑和赋能作用，以单位联动促进集群发展，推动软件与各行业间融合创新。

## （五）强化知产保护，营造创新友好氛围

知识产权是技术创新的桥梁和载体，是我国塑造发展新动能新优势、实现

高水平科技自立自强的关键抓手。习近平总书记强调："创新是引领发展的第一动力，保护知识产权就是保护创新。"① 党的二十大报告也提出，要加强知识产权法治保障，形成支持全面创新的基础制度。软件行业是轻资产行业，知识产权往往就是软件企业最主要的资产，提升知识产权质量和强化知识产权保护对软件行业而言更是至关重要。

深圳市软件行业协会在深圳市场监督管理局的指导下成立了知识产权保护工作站，自成立以来积极团结知识产权界各方力量，从宣传培训、业务指导、维权援助、纠纷调解、孵化运营、监测分析等维度全力打通知识产权保护服务链，努力打造知识产权培训、知识产权服务、知识产权维权和知识产权融资创新孵化等四项基本职能平台。在知识产权培训方面，一方面依托协会官网及微信公众号等平台，开设知产专栏，向企业宣传知识产权相关法律法规、知识产权营商环境政策、知识产权热点和典型案例等内容；另一方面举办"加强知识产权法治保障，有力支持全面创新""'世界知识产权日'海外专场座谈会""知识产权+保值增值与竞争超越"等线下培训交流活动，以提升会员企业的知识产权保护意识，营造尊重知识产权的环境和氛围。协会多家会员单位荣获国家级知识产权示范企业、国家级知识产权优势企业称号。在知识产权服务方面，协会面向企业提供专利预审和知识产权公益服务，是深圳市首家获得授牌的"广东省知识产权保护中心专利预审服务工作站"。在知识产权维权方面，协会组织专业人员为会员单位提供知识产权维权培训和一对一服务，典型如深圳市堪雍商业软件开发有限公司遭遇离职员工侵犯技术秘密、违反不正当竞争的问题，协会邀请知识产权专业律师一对一为其提供指导分析，助力其妥善解决。

### （六）汇聚服务资源，护航企业创新发展

在2021年开展的一次面向企业的调查②中，当被问到"创新发展面临的

---

① 《全面加强知识产权保护工作　激发创新活力推动构建新发展格局》，求是网（2021年1月31日），http://www.qstheory.cn/dukan/qs/2021-01/31/c_1127044345.htm 最近检索日期，2023年9月2日。

② 深圳市南山区科技创新局委托开展的关于区内软件企业发展存在的问题的调研，共收到有效问卷499份。

主要困难和阻力”时（多选题），63.1%的企业选择了“资金压力大、难以招到合适的研发团队”，29.5%的企业选择了“技术路线选择困难、缺乏技术诊断和指导”，21.2%的企业选择了“没有合适的技术来源途径，技术转移转化能力弱”，由此可见不同类型的企业在推进创新发展时所需要的服务往往有所差异。为支撑产业实现高质量发展，协会适时启动了深圳软件行业高质量发展服务体系计划，广泛汇聚优质的服务资源，构建高质量产业服务体系，为企业创新发展保驾护航。

在人才服务方面。2020年协会联合深圳市工程师联合会、深圳市注册建筑师协会在内的多家社团、单位开展深圳卓越工程师、深圳工程大师等科技人才认定工作，得到了市相关部门的认可和支持，对于提高工程师的社会地位、弘扬工程师精神具有积极推动作用。在产学研合作方面。协会组织多家企业走进中国科学院深圳先进技术研究院开展专题技术对接活动，搭建“创新链”与“产业链”协同桥梁，促进科研机构与产业企业开展技术交流与对接；加入清华大学深圳国际研究生院产业联盟，助力校企合作和技术转移转化。在数字化转型方面。协会聚合多方资源，发起数字化赋能中小企业系列活动，围绕企业办公、研发、销售、人力资源、财税管理等环节开展多场专题沙龙；举办中小企业数字化转型赋能对接会，分享转型实践，探索转型路径，推动会员企业提质增效。在投融资服务方面。协会联合20多家会员企业成立了投融资联盟，引导产业资本回流产业，通过举办投融资对接会，组织企业公开路演，为发展中的企业精准对接投资方；科创板和创业板注册制相继实施以后，公司上市速度加快，协会联合高新投等开展新形势下企业融资辅导培训活动，助力企业了解政策动态和资本市场，做好融资规划。在科技风险保全方面。协会联合中国人保深圳分公司共同探索软件首版次质量安全责任保险、网络安全软件质量安全责任险等新型保险产品的应用落地，为企业科技创新系上“保险带”，解除软件企业在产品创新方面的后顾之忧。

## 四　社会组织在促进高水平科技自立自强中存在的不足

社会组织是我国社会主义现代化建设的重要力量，在国家创新驱动战略的大背景下，社会组织尤其是行业协会在推动企业创新、助力产业价值链攀升中发挥的作用逐渐凸显。以深圳市为例，深圳市高度重视发挥行业协会作用，2022年在对20个战略性新兴产业和8个未来产业发展作出重大战略布局时，将“一集群一协会”纳入“六个一”工作体系。深圳市民政局、深圳市社会组织总会也多次举办了研讨会和经验交流会①，分享行业协会工作经验，探讨如何为社会组织发展注入澎湃动力，助力深圳的经济和社会发展。但在座谈和走访交流中也发现，由于难点问题多，又存在不少制约因素，以行业协会为代表的社会组织当前在促进高水平科技自立自强工作中仍存在着诸多不足之处。

1. 服务定位不清晰、缺乏抓手

行业协会作为一种自治性民间社会组织，成立之时大多数规划的重点在于发挥其沟通、协调功能，旨在推动行业实施自律管理。目前社会组织在参与科技创新和产业治理方面的角色定位尚不清晰，缺乏制度保障和政策支持。部分行业协会对何为高水平科技自立自强、行业如何实现高水平科技自立自强、行业协会能做哪些工作促进高水平科技自立自强并不清楚，一时难以把握社会组织在推动完善科技创新体系中的定位，也无法快速找到可操作的具体抓手。

2. 服务专业化程度不高

除服务定位不清晰之外，行业协会还常存在提供的服务专业化程度不高的问题。推动行业高水平发展的代表性服务如知识产权转移转化、行业标准建设、科技成果评价和行业发展规划等，都对参与者的综合素质和专业水平提出了较高的要求，以往是由专业服务机构在承担相关工作。而以行业协会为代表的社会组织专业人才往往不足，严重制约了其服务专业化程度的提升。《中国社会组织报告（2022）》数据显示，截至2021年，接受过大学本专科及以上教育的职工在社会团体职工总数中所占比重仅为28.48%，拥有职业资格水平证书的社会团体职工占比不足1%，从业人员专业化水平低、专业人才储备不足且人员流动性大。

3. 服务体系不健全

高水平科技自立自强涉及知识创新、产业加速、人才培养、行业治理等多个方面。我国社会组织单位发展尚处于早期，多数单位提供的服务业务仅能覆

① 《积极培育 发挥作用“20+8”新兴产业集群与行业发展研讨会举行》，深圳商报（2022年7月22日），https://baijiahao.baidu.com/s?id=1739016437950846740&wfr=spider&for=pc，最后检索时间2023年9月2日。

盖到其中的个别方面，尚无法串珠成链，形成较为完善的创新服务支撑体系；又或者没有意识和能力汇聚外部服务资源形成创新服务网络。

4. 服务评价反馈机制未建立

完善科技创新体系、助力高水平科技自立自强是社会组织发展的高级目标，实现难度大，对社会组织也相应地提出了更高的要求。但相应工作的评价反馈机制尚未建立，尤其是在当前各方对社会组织的评价和评级中还没有对这部分工作有明确的体现，政府部门掌握的公共资源对相应服务突出的社会组织也没有特别的支持，难以激发多数社会组织开展和优化这方面的服务。

## 五　推动社会组织发挥作用促进高水平科技自立自强的政策建议

展望未来，随着国际竞争的加剧，加快创新引领、早日实现高水平自立自强、开辟高质量发展新赛道显得愈加紧迫。社会组织作为推动科技创新体系完善的重要力量，承担着开展创新专业服务、链接创新资源、编制创新网络等多项职能，未来在强化企业科技创新主体地位、提高科技成果转化和产业化水平以及打造开放创新生态等方面，将扮演越来越重要的角色。为此，要从党建引领、拓展参与空间、人才队伍建设、专业能力提升、强化评价激励等多维度入手进一步激发社会组织活力，推动其在促进高水平科技自立自强方面发挥更多积极作用。

### （一）进一步完善社会组织的党建工作

一是推动“党建入章”，在社会组织章程中强化党建引领作用，提升社会组织政治觉悟，将促进高水平科技自立自强列为组织发展目标，服务创新驱动强国战略。二是强化社会组织中基层党组织的建设，提升社会组织党组织的覆盖率，支持社会组织内党组织的发展壮大，推动其切实发挥作用，鼓励优秀党员在社会组织中扎根，积极参与与科技创新相关的工作，更好带动社会组织承担相关职能。三是丰富党建互动活动，充分利用党组织间的“穿针引线”作用，加强社会组织内部成员单位间的交流活动，推动社会组织之间、社会组织与政府部门、院校机构之间的交叉互动，营造科技创新协同合作的机会。

## （二）拓展社会组织参与治理的空间

一是进一步推进政府职能转变。合理界定政府职能范围，积极推进政府向社会组织转移部分职能，为其参与产业治理拓展空间。推动社会组织登记主管部门、业务主管部门、相关职能部门之间强化全局意识、担当意识和协作意识，形成协同监管机制，引导社会组织积极参与科技创新相关工作。二是强化政府部门和社会组织之间的互信合作和信息共享。将符合规定的重点社会组织列为政府收发文单位，及时精准向其推送有关政策，鼓励其发挥“信息中转站”作用。鼓励社会组织经常性收集相关意见建议，反映技术创新方面的共性问题，提出有针对性的改进措施。在政府部门起草相关法规文件和发展规划时，积极征询相关社会组织意见，邀请社会组织参与科技创新相关的重大调研活动以及相关课题研究。在发展规划、产业规划、科技规划中进一步明晰社会组织的定位，充分发挥社会组织的协调和带动作用。三是革新对社会组织的监管约束方式。对社会组织及其提供服务的监管避免采用“一刀切”的简单方式，应采取分类管理、因类施策的方式，依据社会组织属性和开展服务的性质进行区别对待。此外，建议发展枢纽型社会组织、综合性社会组织，推动其在社会组织中发挥牵头引领作用，提升社会组织的自律自治能力，形成以会治会，提升监管效率。

## （三）加强社会组织人才队伍建设

一是组织开展专题活动。围绕“社会组织如何促进高水平科技自立自强”开展专题讨论，推动社会组织间的经验交流会，鼓励不同行业、不同领域的社会组织间相互激荡，取经互补。条件成熟时可以考虑利用财政资金开设专题能力提升培训项目，围绕何为高水平科技自立自强、如何实现高水平科技自立自强、社会组织能做哪些工作促进高水平科技自立自强等方面，对社会组织相关负责人和骨干人员进行系统化培训。二是推动社校、社企联合人才培养。支持高校、职业院校开设社会工作专业，鼓励校社之间开展人才联合培养和定向培养，提升实践教学内容，畅通人才培养输送通道。支持社社、社企之间开展跨界培育项目，充分发挥商学院、教育基金会等教育类社会组织特长，联动科技事务所、技术专业转化机构积极参与，建设社会组织特色人才培育工作站，结合当前社会组织科技创新服务人才匮乏现状，组织开展特色人才培育项目。三是建立健全社会组织人才成长和评价体系，畅通职业发展通道。支持社会组织根据实际需要建设社会组织从业人员评价标准和规范，将科技创新服务能力作为人才评价指标之一，推动社会组织相关职称评价体系建立。提高社会组织相关岗位的吸引力，从根本解决专业人才供给不足的问题。鼓励社会组织广泛征集和遴选行业技术专家、标准化专家、政策研究专家、知识产权专家、技术转移转化专家等，建立科技创新服务专家库，打造科技创新服务的智力底座。

### （四）鼓励社会组织开展专业化服务

一是鼓励打造专精品牌服务。鼓励社会组织依托自身优势在科技创新服务方面主动作为，如行业协会、学会可以建设行业大数据平台，促进行业数据共享，加速先进适用技术的推广；有条件的社会组织可以设立或者联合设立科创发展基金，来推动科技创新孵化加速工作；科技型民办非企业单位可以建设科技情报咨询中心，推动科研文献和资料共享，开展技术路线图研制、科技成果评价服务。二是推动社会组织加强数字赋能。支持社会组织的数字化转型，推广数字化管理工具和协同办公工具，鼓励建设特色数据库，加强数据共享，利用人工智能、大数据等技术开展数据的深度分析，依托云服务、移动互联网技术打造服务窗口，对外提供便捷服务。三是支持科技创新网络打造。鼓励法律、金融、媒体、知产等专业服务业机构同社会组织积极开展结对子活动，支持有能力的社会组织串珠成链，聚合多方服务，搭建行业创新服务网络，建设创新服务窗口平台。

### （五）强化对社会组织的评价和激励

一是完善社会组织评价机制。推动完善当前社会组织的评价机制，在全国先进社会组织评价、社会组织等级评估中将促进高水平科技自立自强作为考察项纳入其中，引导社会组织关注并开展相关工作。二是加大对社会组织服务的支持力度。推动政府部门、事业单位在科技调查研究、科技发展规划、科技项目评估咨询等方面加大对社会组织相关服务的采购力度，支持社会组织拓展相关服务；鼓励央企国企在科技项目立项、创新中心建设、创新项目投融资中加强同社会组织联动，在同等条件下，优先考虑采购社会组织服务。鼓励事业单位、国有企业以一定的优惠条件将会议场地、闲置房产协议出租给开展科技创新服务的社会组织使用。三是强化宣传推广。实施社会组织评估考核“榜单制”，加强对评估考核结果运用；对有重大示范效应或具有特色的典型案例进行跟踪报道宣传，形成示范带动效应；优化党代会代表、人大代表、政协委员中优秀社会组织成员的比例结构，充分发挥其作用。

## 参考文献

邓丽姝：《习近平关于完善科技创新体系重要论述的逻辑理路》，《治理现代化研究》2023 年第 4 期。

郭玲：《亲历深圳 40 年 20 人》，中国文献出版社，2020。

黄晓勇主编《中国社会组织报告（2022）》，社会科学文献出版社，2022。

王一鸣：《坚持创新在我国现代化建设全局中的核心地位》，《马克思主义与现实》2020 年第 6 期。

许光文：《关于做实行业研究共同体切实推进科技自立自强的建议》，《中国发展》2023 年第 3 期。

赵吉、彭勃：《社会借道行政：后脱钩时代行业协会自我增能的有效机制》，《治理研究》2021 年第 1 期。

## B.14

# 促进民办科研机构科技攻关助力产业链韧性建设

孙 晓*

**摘 要：** 全球产业链重构，“堵链”“断链”问题频发，使得提升产业链韧性、维护产业链安全成为全球主要经济体面临的重要发展议题。本文从产业组织理论视角对产业链及产业链韧性进行了理论界定，分析了其大变局下的多重不确定性、关系现代产业安全的基础重要性以及自主创新在产业链韧性提升中的关键性等时代特征。以民办科研机构为代表的新型研发机构是我国自主创新体系中的重要力量，本文在对我国民办科研机构发展现状进行梳理的基础上，采用纵向单案例研究方法，以北京协同创新研究院为例，就科技类民办非企业类型的新型研发机构进行了运行机制分析，并总结其主要优势与面临的挑战。结合理论分析、现状分析、案例分析，文章最终从多元主体协同、业务领域融合、组织结构平台化等方面分析了民办科研机构助力产业链韧性建设的发展趋势并提出相关对策建议。

**关键词：** 产业链韧性 民办科研机构 新型研发机构 科技攻关

## 一 引言

随着经济全球化持续演进和国际分工日益深化，全球产业竞争进入“链

* 孙晓，经济学博士，中国社会科学院大学商学院专职教师，主要研究方向为产业组织与产业发展、企业创新与社会责任。

时代”，即从以产品竞争为主升级到产业链群之间的竞争。全球主要经济体纷纷进行从产业政策向产业链政策的调整，力争迈入全球价值链中高端。然而，百年未有之大变局下的世界经济面临各种不确定性，大国关系博弈、逆全球化浪潮此起彼伏、西方国家制造业“回流”、关键核心技术受制于人等，使得“堵链”“断链”问题成为威胁各国经济安全和世界发展稳定格局的重要因素。加之新一轮科技革命和全球新冠疫情影响，各国产业链布局发生根源性变化，一系列阻碍产业链通畅运转的不稳定、不安全因素错综复杂。提升产业链韧性、维护产业链安全成为有效应对外部冲击、解决“堵链”“断链”问题、构建现代化产业体系、实现高质量发展的战略选择。

在外部环境压力与内部转型要求的共同作用下，我国提升产业链韧性水平任重道远。党的十八大以来，党和国家就产业链韧性建设与提升进行了一系列战略部署。党的二十大报告强调，要着力提升产业链供应链韧性和安全水平。从外部环境来看，产业链韧性意味着对外部不确定性冲击的及时、有效应对；从内部驱动来看，产业链韧性意味着创新成为现代产业体系构建和经济高质量发展的核心驱动。这从本质上反映了提升科技创新水平和科技自立自强能力是产业链韧性提升的根本途径，而提升科技创新水平和自立自强能力离不开创新主体的支撑。近年来，以民办科研机构为代表的新型研发机构在基础科学研究、产业共性技术研发、科技成果转化、科技企业孵化等方面发挥越来越积极的作用。如何发挥这支新型研发力量潜能、助力产业链韧性建设成为具有重大现实意义和理论价值的研究议题。

## 二　产业链韧性的理论内涵与时代特征

### （一）产业链韧性的理论内涵

#### 1. 产业组织理论视角下的产业链

产业链是随着社会分工不断深化而形成的产业形态，它从中观产业层面的投入产出关系来界定产业效率与产业竞争力。产业链涵盖产品生产或服务提供的全过程，反映了高度关联的相关产业之间、产业内不同企业或者实体之间在时空分布、供需关系、技术关联、信息流通等层面的全产业链网络交织形态。

处于产业链上、中、下游不同环节的企业或主体的质量与效率影响整个产业链条的运行质量与效率。国外学者大多使用供应链的概念来概括这种产业关联形态并展开研究，国内学者则更多使用产业链概念。产业链与供应链相互联系，本文对两者不作具体区分，并按照国内习惯使用产业链的概念表述。

2. 产业链韧性的理论内涵

"韧性"（Resilience）一词来自拉丁文"Resilire"，原是一个物理学的基本概念，用以表示系统或个体受到外部冲击后的回弹能力①。在具体使用过程中，韧性概念的外延不断扩大，逐步扩展至生态、地理、经济等领域。"韧性"概念应用于经济学领域，主要衡量经济体在受到外部冲击时所表现出的自我缓冲、回弹至受冲击前状态并开辟新经济增长点的能力。"产业链韧性"则是产业链上下游关联产业及其微观主体在遭遇外部冲击时能够有效应对并保障整个产业链稳定运转的能力。产业链各环节之间的高度关联性意味着各节点的运行质量及不同节点之间的协作程度对于产业链整体韧性的提升至关重要；而产业链韧性则反映了全产业链对不确定性的敏感程度和应对能力。与产业链韧性相对立的是产业链断裂，其发生的主要原因在于关键技术不能自立自强，核心零部件无法自给自足，对进口的过度依赖使得"卡脖子"难题时有发生，下游产业无法获得生产所需的原材料或中间品投入，产业链运转受阻。尤其是当一国产业处于全球价值链中低端且其中间产品附加值较低时，更容易受到来自价值链中高端的"脱钩""断供""制裁打压"等恶意竞争的伤害。

产业链韧性水平的高低随外部发展环境和内部科技创新能力的变化而发生变动。当科技创新能力不断提升、自给自足的中间品附加值逐渐提高时，产业链对外部冲击的抵御能力会相应提升，整个产业链的韧性也会提高；反之，产业链韧性水平则会下降。当产业链创新能力强、韧性足、稳态运转时，外部冲击的破坏力也会逐渐转弱。因此，产业链韧性的建设与提升有赖于全产业链各关联企业与主体共同引致的自主创新，以此为主导的"技术补链"是产业链韧性生成的基础性、战略性举措。

① Rose A.，"Economic Resilience to Natural and Man-made Disasters：Muitidisciplinary Origins and Contextual Dimensions，" *Environmental Hazards*，2007，7（04）.

### （二）产业链韧性的时代特征

1. 全球大变局下的不确定性增加

当今世界正在经历百年未有之大变局，各种不确定性交织加大了世界经济发展的难度，使得产业链韧性建设阻力重重。全球经济增长乏力使得出口需求大幅下降，继而对出口依存型的产业链系统形成负面溢出效应。逆全球化浪潮导致全球产业结构重新布局，发达经济体纷纷加速产业链本土化、区域化，尤其是制造业回流现象突出。新一轮科技革命及产业变革进一步加速了全球产业格局重构；加之地缘政治的不确定性、霸权主义此起彼伏，劳动力投入、中间品供需、战略性竞争等环节均出现一系列阻碍产业链良性运转的风险点。

2. 产业链韧性关系现代产业安全与经济安全

产业链韧性是产业链本身所应具有的重要属性，它体现了产业链条上各类主体应对各种可预测和不可预测的冲击仍保持自身稳态的能力。这一能力的提升将有效防止产业链断链，避免可能带来的各种损失，进而保障产业链的安全运转。同时，产业链作为中观层面的产业概念，涵盖原材料、中间品投入、先进设备、技术工艺、产业配套等不同维度，是连接宏观经济发展与微观市场主体活力的中间枢纽，其安全性、稳定性对于整个宏观经济的安全与稳定至关重要。

3. 自主创新是产业链韧性锻铸的关键密码

产业链发展面临的“堵链”“断链”问题的核心症结在于关键核心技术受制于人，导致整个产业链链条过短、附加值偏低、长期处于价值链低端。在外部不确定性因素的冲击下，产业链下游极易遭受断供威胁进而被“卡脖子”。而突破“卡脖子”封锁的关键密码就在于以自主创新为抓手补充产业链断点、延长产业链链条、锻造产业链韧性。当具备战略性、前瞻性、防御性技术的产业链节点增多时，整个产业链的附加值提升、话语权增多，可能面临的“堵链”“断链”风险减弱，其韧性自然生成并得到提升。

## 三 我国民办科研机构的发展现状与运行机制分析

产业链韧性建设的关键密码在于自主创新。加强自主创新，实现科技自立自强，能够有效提高产业链全球竞争力。而我国传统科技创新体制显然已经束缚了创新潜能的释放，突出表现在创新主体积极性未被充分调动、创新资源配置效率不高、科技成果转化率较低、科技与产业融合度有待提升等方面。近年来，政府、企业与社会等多方力量均在积极探索更加高效的科技创新模式与路径。其中，以民办科研机构为代表的新型研发机构作为一股新兴力量，不断以理念创新、机制创新、模式创新推动科技创新与产业发展融合，助力国内自主创新体系不断完善。

### （一）民办科研机构是新型举国体制的重要参与主体

创新已成为我国深化体制机制改革、实现经济社会转型、助力中国式现代化的核心动能。党的二十大报告指出，坚持创新在我国现代化建设全局中的核心地位；完善党中央对科技工作统一领导的体制，健全新型举国体制。作为实现高水平科技自立自强的制度基础，新型举国体制的核心要义就是围绕战略任务布局而开展的系统性制度创新，是社会主义制度优越性与市场经济效率性的有效结合。

我国历来具有集中力量办大事的制度优势，但过去提及集中力量通常意味着国家主导调动具备"国有"资质的相关主体，进行自上而下的制度安排与资源配置。随着市场化改革的深入，所谓"举国体制"的外延不断拓展，"民办""民营"类主体的地位逐渐被认可。尤其是在新一轮科技革命进程中，要实现战略性、前瞻性、卡脖子、防御性技术的攻关，单凭某一部门、单一企业是难以完成的，需要汇聚政府、企业、高校、科研院所等创新主体深度参与，集聚不同领域的优质资源开展联合攻关，共同促进科学与技术、科技与产业融合深化。因此，新型举国体制是在社会主义市场经济体制下，政府、企业、高校和科研院所、新型研发机构和各类服务平台等各主体、多部门协同参与的集成创新。其中，民办科研机构作为新型研发机构的典型代表，以实际问题为导向，通过市场化运作，以自主灵活的体制机制提供技术开发、推广、应用等服务，提升了技术市场活力，促进了人才有效流动，加速了科技成果转化，为企业转型、经济发展、技术进步贡献了积极力量。

### （二）我国民办科研机构的发展现状

民办科研机构是我国经济体制改革和科技体制改革不断深化的产物，体现了市场化改革背景下科研组织形式的必然趋势。20 世纪 80 年代初，一批来自公办科研院所的科技人员自愿组合、自筹资金成立自负盈亏、自主经营的科技研发机构，成为我国科技创新发展的一支新生力量。为解放科技生产力、规范各类科研机构发展、激发科技人员的积极性、促进经济社会发展，中共中央于 1985 年 3 月出台了《关于科学技术体制改革的决定》，将集体或个人创建的科学研究或技术服务机构明确合法化。随着经济结构转型、创新发展战略的提出，社会各界对科技创新的要求日益提升，国家科技体制改革持续深化。2015 年 3 月，中共中央、国务院印发了《关于深化体制机制改革加快实施创新驱动发展战略的若干意见》。2019 年 9 月，科技部印发了《关于促进新型研发机构发展的指导意见》（以下简称《意见》），明确了新型研发机构的组织属性、主要业务和分类等。新型研发机构以科技创新需求为导向，主要从事科学研究、技术创新和研发服务。作为独立法人机构，新型研发机构可依法注册为科技类民办非企业单位（社会服务机构）、事业单位和企业，实行市场化的投融资机制、运营管理机制、人才使用机制等。

截至 2021 年底，全国各地上报数据显示，我国共有 2140 家新型研发机构①。其中，科技类民办非企业单位（社会服务机构）类型的新型研发机构为 204 家，占上报总量的 9.53%；事业单位类型的新型研发机构为 472 家，占上报总量的 22.06%；企业类型的新型研发机构为 1464 家，占上报总量的 68.41%（见图 1）。广义上的民办科研机构包括科技类民办非企业单位和注册为企业的民营科技企业；狭义上的民办科研机构主要指科技类民办非企业单位。在实际运行中，政府、企业、科研院校与新型研发机构之间，各个类型的研发机构之间呈现协同合作趋势，共同致力于科技产品与服务的研发、应用与扩散。

我国新型研发机构所从事的产业领域主要涉及新一代信息技术、高端装备制造、新材料、生物医药、新能源、数字创意、节能环保等。其中，新一代信息技术产业领域新型研发机构数量最多，为 721 家，占总量的 33.69%；从事新材料产业和高端装备制造产业领域的机构数量分别为 668 家和 666 家，分别占总量的 31.21%和 31.12%②（见图 2）。其开展的业务主要包括基础研

---

① 资料来源：中华人民共和国科学技术部，调查数据由各省（区、市）、新疆生产建设兵团和计划单列市科技厅（委、局）汇总报送（调查区域不包含港澳台地区）。

② 资料来源：中华人民共和国科学技术部。

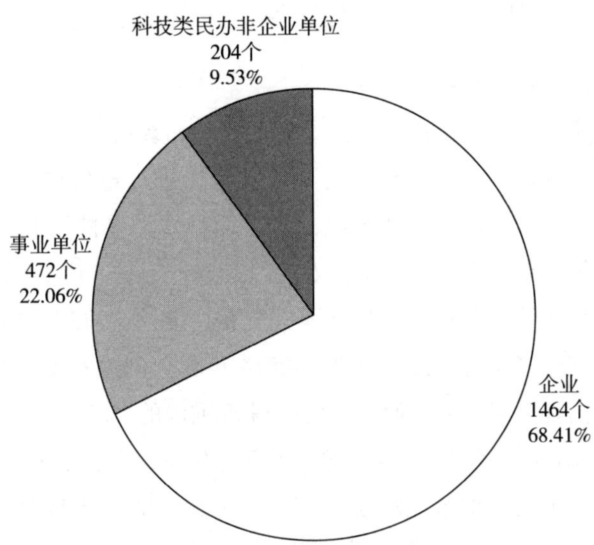


**图 1　我国新型研发机构的主要构成（截至 2021 年底）**

究、技术研发、成果转化、实体孵化等，多数机构同时开展两项及以上业务，体现了集“研发、转化、孵化、服务”于一体的集成业务功能。

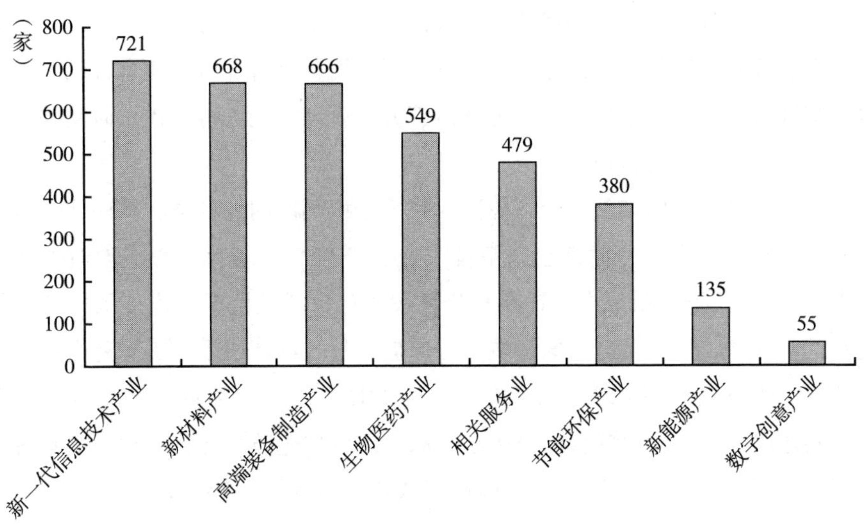


**图 2　我国新型研发机构产业领域分布情况（多选）（截至 2021 年底）**

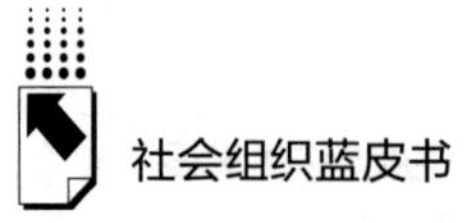


### （三）民办科研机构的运行机制分析——以北京协同创新研究院为例

1. 案例选取与背景介绍

当前，我国新型研发机构总体上处于发展的初级阶段，在不同行业领域、不同区域之间表现出较大差异性，对其研究难以进行量化和跨区域比较。因此，本文将选取北京协同创新研究院（以下简称“协同院”）为样本进行单案例分析，具体主要考虑以下几个方面的因素。一是基于其作为民办非企业研发机构的典型代表性。北京协同创新研究院是由北大、清华、中科大等10余所学术单位和100多家高新技术企业于2014年联合创建的民办非企业性质的研发机构。协同院自诞生之初便具有民办科研机构的“三无”（无行政级别、无事业编制、无财政拨款）、“四不像”（不完全像大学、不完全像科研院所、不完全像企业、不完全像事业单位）特征，更加灵活的体制设计有利于调动不同主体的积极性、提升不同资源的配置效率，从而与其发展初衷相一致。二是基于其更具特色的运行机制和丰硕成果。作为由10余所位于北京市的顶尖学术单位和100多家高新技术企业联合创建的新型研发机构，无论是在规模上还是质量上，其都具有其他研发机构无法比拟的优势。此外，协同院的成立时间在国内虽不是最早的，但它成立以来发展迅速，并摸索出特有的运行机制，快速联结国内外、各领域的优质科教资源、金融资本及人力资本，最大化发挥其集聚效应和创新效应。三是基于数据的可得性，笔者通过关注官方网站、搜集文献资料、进行电话采访与实地调研等方式就该案例进行了较长时间的跟踪观察，具备一定的资料积累。

作为一个公益性创新平台，协同院致力于协同国内外各类学术团体、科技企业，打造全球化的“原始创新策源中心、新兴产业培育中心、创新人才培养中心”。原始创新策源中心旨在充分释放北京市科教资源、连接国内外科技创新优质资源，产出具有全球影响力的原创性科技创新成果。协同院先后与国内外各类研究机构合作成立创新组织。如2015年7月，协同院与柏林史太白大学共建协同院史太白联合研究中心，联合实施先进技术转移转化、实施科研和创新教育项目。2018年8月，科技部依托北京大学、协同院等单位建设中国产学研融合创新体系中心。新兴产业培育中心旨在将科技创新成果转化为产业优势，缓解科技与经济“两张皮”问题，探索以科技创新支撑引领经济社会发展的可行模式。创新人才培养中心旨在探索创新体系理论研究与实践相结合的有效模式，为科技创新的可持续发展培养后备科研人才。如协同院获批设立博士后科研工作站，以此为契机，与国际一流大学合作，建立“国内国际联合、创新创业结合”的博士后培养体系。

2. 运行机制分析

（1）组织架构

协同院实行理事会领导下的院长负责制，这是实施市场化运营的组织基础。理事会下设 3 个委员会，分别为技术委员会、指导委员会和工作委员会。技术委员会由行业专家和学科带头人组成，负责技术发展规划、项目立项论证、项目结项验收等；指导委员会由政府部门负责人、产业界精英、学术界专家组成，负责提供发展咨询、推动政产学研开展合作等。同时，协同院下设合作部、科研工作部、教学工作部、运营保障部等 9 个职能部门。此外，北京协同创新控股有限公司作为协同院独资企业具体管理下属高科技企业，并先后创建投资基金管理与资本运作、科技园区产业发展与运营、创业平台建设与企业服务等业务平台。

（2）三元耦合的产业化运营模式

协同院遵循围绕产业链构建创新链、围绕创新链配置资金链的运营思路，摸索形成了协同创新中心、基金、专业研究所三元耦合的运营模式。协同院按重点产业领域组建协同创新中心，负责本领域项目规划与运营。目前已经建成包含高端装备、电子信息、医疗与科学仪器、生物医药、新能源、环境保护在内的 6 个产业协同创新中心。与中心高科技企业共同组建知识产权基金，中心成员共同出资设立中心专属的子基金，以市场化的方式决策及领投研发课题，并根据出资比例分享基金投资权益。围绕重点领域的若干关键方向，协同院自建 5 个专业研究所，分别为智能制造研究所、光电技术研究所、材料工程研究所、生物医学工程研究所、环境与资源研究所。

协同创新中心、专业研究所与基金在具体运营中各司其职、相互合作与支撑。课题首先由协同创新中心论证及推荐，再由子基金联合中心评估、领投，研究所根据任务需要，灵活组建攻关团队，加速进行中试放大和产业化。此外，针对子基金的领投项目，知识产权基金还会跟投，政府也会给予配套资金支持。最终形成中心遴选推荐项目、基金决策领投项目、研究所开发项目的三元耦合模式，共同致力于科技攻关，推动产学研用的紧密结合。

（3）共建资本平台，优化资本运作与投入机制

协同创新中心成员联合北京市科委、海淀区以及社会资本共同发起设立总规模达 12 亿元的北京协同创新投资基金，包括知识产权基金、产业发展基金等。基金主要运作方式为首先由协同创新中心推荐项目，产业基金领投，知识产权基金跟投，政府给予配套资金支持。成员可根据出资比例分享基金投资权益。目前，产业发展基金联合协同创新中心企业已设立 6 支协同创新子基金，涉及高新技术多个行业领域。协同院通过共建资本平台，创造性地实现了“目标一致、责任共担、利益共享、行动同步”，从机制上保证了科技创新资源的市场化配置。

（4）创新“四双”人才培养机制

协同院自创立之初便致力于打破国别限制、大学围墙和知识边界，与国内外一流大学联合培养具有“自由求真的探索精神、专业系统的知识体系、知行合一的行为模式、顶天立地的创造能力”的高端创新创业人才。协同院在此人才培养理念的引导下，形成了独特的“四双”人才培养模式，即“双课堂、双导师、双身份、双考核”。

所谓“双课堂”，即学生不仅需要在大学学习专业理论课程，还需在中心学习创新创业课程，并以真实项目为基础组队进行创新创业训练。所谓“双导师”，即学生由学术导师和创新导师联合指导，所在大学的学术导师主要负责指导理论学习和学术训练，来自中心及企业的创新导师主要负责指导课题研究或创业训练。所谓“双身份”，即学生在学校以学为主，在中心以研、创为主，在中心牵头或参与项目科研转化或参与创业项目训练，可获得立项经费支持并分享成果转化收益。所谓“双考核”，即除考核专业理论学习成绩外，协同院也将科技成果产业化成效作为考核标准，双达标后授予学位。“四双”模式是典型的“人才+创新”“人才+创业”的内生发展模式，学生持续参与项目有序推进了技术转移，技术转移成功率大大提高。

（5）实施特色工程加快科技成果转化

协同院通过实施一系列特色工程，着力于培育技术先锋企业，通过“项目+团队”或“项目+企业”形式，开展技术转移转化，加快了成果产业化进程。如“我创新你创业计划”使得协同院将完成中试的项目面向社会公开招

募高水平运营团队，共同出资组建创业企业，培育产业新生力量。“中小企业协同创新工程”可使协同院持续将项目以技术入股或许可的形式注入已有企业，改造其技术基因，提升企业竞争力。“龙头企业整合创新工程”助推协同院与大企业联合攻关全产业链关键技术并实施产业化，培育产业集群。

3. 主要优势特色

第一，搭建多层次协同创新体系，实现科技创新资源全球范围内优化配置。协同院自成立初期便推出大学与大学、大学与产业、创新与创业、创新与教育、北京与全球协同发展战略。协同院成为连接高校、科研院所和企业的纽带，在持续壮大中有效链接全球创新资源，助力科技企业成长，带动产业转型升级，加速科技成果转移转化，提升专业人才培养质量。协同院以北京为基点，组建全球研发团队，推动成果在全国范围转化，既促进了成果落地，又提升了创新能力。北京研究总院主要承担发展的创新规划和管理工作以及部分科研任务。为能够及时跟进前沿科学进展，布局具有引领性的前沿技术，协同院通过设立国际分院、共建国际协同实验室等方式在全球范围链接创新资源，与全球一流科研团队合作研发引领性前沿技术。协同院积极和地方建立联系，已经在广州、义乌等地设立分院，通过在国内主要省区市建立分支机构，就地转化自主研发成果，推进院地高效合作。同时，以北京本部为中心，吸纳多元科技创新主体，以特色“产业群”的形式深入推进京津冀国家技术创新中心建设。

第二，协同院通过产业链、创新链、资金链深度融合，助力价值链水平提升。协同院通过组织创新、运营模式创新、投入机制创新与人才培养模式创新有机融合了应用研究、技术开发、产业化应用、企业孵化等业务板块，打造形成较为完整的科技创新链条。创新链与产业链、资金链深度融合，资金链支持布局前沿科技、交叉领域、跨界创新等新型创新模式，产业链保证了科技成果产业化落地和产业发展对科研的反哺，创新链赋能产业链附加值提升，创新链与产业链共同支撑资金链的畅通运行，由此实现了通过创新链整合各类资源和要素并转化为竞争优势的良性循环。“三链”的深度融合有效降低了组织内外的交易成本，提升了组织运行效率；构建起良好的信任机制和信用基础，将知识流、技术流、信息流、资金流糅合为一个有机整体，优化了要素支撑与配置机制。

4. 面临的主要挑战

第一，如何进一步通过体制机制优化来调动不同主体的积极性，从而最大化发挥各类主体的协同力量。参与主体的多元化在集聚了各领域优势资源的同时也使组织协调面临新的挑战。不同主体通常基于不同的价值判断，在创新组织协调中表现出不同的实践逻辑。如大学和科研院所遵循科学原则，尤其是在基础研究中需大量的资源投入；而企业往往遵循商业利益最大化原则，追求科技成果转化所带来的市场效益，两者在实践中难免会出现价值判断、运行实践等方面的矛盾冲突，而冲突的缓解与各方力量的协同需要科学合理的协同机制。当前，协同院围绕组织目标、功能定位进行了一系列体制机制探索，但在成果转移转化、各业务环节之间的协同等方面仍需突破性的探索。

第二，如何进一步通过运营模式优化来有效整合各业务板块，从而最大化实现资源的优化配置。多元参与主体通常意味着资源的多类型和来源的多渠道。不同主体实际参与到各业务板块的实际运行中，难免遇到各种阻力，需围绕组织目标不断进行组织架构和运营模式的调整。此外，基于我国政治经济制度的特殊性以及新型研发机构发展历程较短，协同院的运行实际上也是在“摸着石头过河”。未来，协同院仍需根据自身资源优势、遇到的实际问题，不断调适运营模式，走出一条高效、共益的创新之路。

## 四　民办科研机构助力产业链韧性提升的发展趋势与对策建议

结合上述理论分析、现状分析和案例分析，我国以民办科研机构为代表的新型研发机构日益成为我国创新体系的重要组成力量，在促进原创性与前沿性科技创新、加速科研成果转化、实现科技与经济深度融合等领域发挥了重要作用，在实践探索中呈现参与主体多元化、业务领域融合化、创新系统平台化等趋势。未来要围绕其发展趋势，优化政策配套、完善体制机制，推动多元主体协同打造创新生态体系；完善组织内部治理机制，加速业务领域融合，形成集成运营模式，畅通产业链上下游；大力发展平台型组织模式，发挥平台在广泛连接、资源对接、信息传递等方面的突出优势，推动民办科研机构健康、持续、创新发展，进而在优化创新体系、助力产业链韧性提升领域做出新的突出贡献。

## （一）多措并举促进多元参与主体协同，共建创新生态体系

从总体来看，我国新型研发机构仍处于起步阶段，运行体制机制有待进一步完善，总体实力和创新能力有待提高。尤其是与传统科研院所相比，新型研发机构仍面临政策配套、资源支撑等方面的约束，社会各界对其认识程度和支持力度不到位，针对创新工作者的激励、资助、成果保护和转化机制等不够健全，亟须强化社会各界对该类机构的支持，从而优化其发展环境，促进其可持续发展。新型研发机构虽然可以注册为不同类别，但都是政产学研协同的实体，其构建离不开多元创新主体的支持。《意见》也明确提出新型研发机构要“调动社会各方参与”。未来，各类主体将发挥各自不同优势、扮演不同角色，共同打造创新生态体系，助力我国科技自立自强、支持产业链韧性提升。这也与“市场经济条件下发挥新型举国体制优势”的战略引导相一致，最大限度激发各方主体的积极性和创造性以高效实现发展目标。

首先，民办科研机构的良好运行离不开政府的规制与激励。未来，各地各级政府应持续出台相关政策、完善配套体系，力争扮演好规划者、组织者、协调者的角色。作为规划者，政府要围绕国家战略规划优化布局，聚焦关系国家产业发展与经济安全的重点领域，着力突破具有先发优势的关键技术和引领发展的前沿技术。作为组织者，政府要以完善组织运行机制为抓手，做好基础性研究和重大创新活动的组织工作，尤其是在一些涉及公共服务、国防安全的重要领域，政府应及时弥补“市场失灵”，做到不缺位、不越位。作为协调者，政府应用好各种政策手段，从法规、政策、财政、金融等方面为协同攻关协调必需的要素资源，保障多主体跨领域形成强大合力。

其次，高校与科研院所是知识创新的重要载体。高校与科研院所作为科技创新市场的主要供给者，其产出与市场需求之间经常错配，无法充分满足科技创新市场需求。而这正是民办科研机构的优势所在，两者紧密结合能够更好地将科学研究、技术开发、人才培养等转化为现实生产力，高校等为民办科研机构提供智力支撑，民办研发机构为高校提供研究课题、产业共性需求等市场信息，两者信息共享、价值共创。

再次，企业是新技术的应用者、新产品的开发者和新工艺的传播者。但企业的科研力量较为薄弱，科技研发的高投入、高成本、高风险与企业的营利性

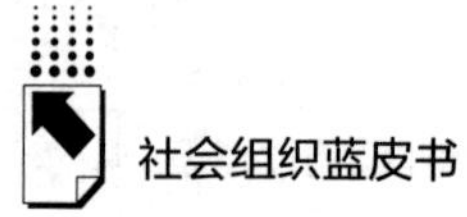



质往往出现冲突，致使企业研发投入有限，或难以承受科研投入带来的高风险。既有研究表明，产学研不能深度融合将极大削弱新型研发机构对产业创新发展、产业链韧性提升的支撑作用。因此，以民办科研机构为枢纽连接高校与企业，真正形成产学研用深度融合体系，充分掌握产业共性技术需求，围绕技术需求开展联合攻关，并将创新技术及时应用于产业发展，实现产业链与创新链互补互促的良性循环。此外，应通过与第三方服务机构加强合作，发挥其专业化、特色化的服务优势，共建开放融通的创新生态。

### （二）以内部治理机制优化促进业务领域融合，畅通产业链上下游

民办科研机构的主要组织目标在于通过市场化运作，聚焦科技市场需求，高效提供科学研究、技术创新和成果转化等服务。在现实运行中，其组织目标的实现面临链接产业力量有限、社会资本参与不足、助力科技自立自强仍有差距等约束。在中试成果产业化阶段，机构既可能面临技术资质认证程序复杂、现有技术阻碍、新技术应用成本不可控等问题，也可能面临中试产品无法向产业链下游延伸、企业孵化过程中融资难、市场拓展阻力重重等问题。

为解决上述问题，民办科研机构等新型研发机构要真正发挥其“新”的优势，通过包含利益分配机制、激励机制、人才引进、流动与培养机制、绩效评价机制等在内的内部治理机制优化，将不同参与主体有效连接，发挥不同主体的优势作用，融合科学研究、技术研发、成果转化、企业孵化、资本运作等业务，在组织内部实现资源优化配置。调查研究也表明，多数新型研发机构实际上同时开展两项及以上业务，体现了集“研发、转化、孵化、服务”于一体的集成业务功能。尤其是在整个产业化与产业链运行阶段要挖掘科技金融的潜力，融通人才流、技术流、信息流与资金流，助力产业链各环节高效协同、产业链韧性持续提升。

### （三）顺应数字化、智能化趋势，推动组织结构平台化

根据功能发挥的侧重点不同，我国新型研发机构可分为研发型和平台型两种类别。研发型机构主要聚焦创新链上游的基础研发和应用研发，通过原始创新和前沿技术突破解决特定战略新兴产业和关键领域的技术瓶颈。平台型机构主要聚焦加快对原始创新技术的推动管理，使其在产业中得到应用，提供各类

科学技术服务并支撑科技型企业的成长与孵化。其中，平台化的组织结构将成为民办科研机构等新型研发机构未来发展的主要模式，尤其是在数字化、智能化趋势下，以数字技术为支撑的数字平台将为各类新型研发机构的组织模式创新提供更多可能。

平台化模式是数字技术赋能新型研发机构创新发展、助力产业链韧性建设与提升的重要模式。首先，数字平台大大提升了创新资源整合、配置与利用效率。一方面，它可以有效集聚人力、资本、技术等传统要素资源，并实现无时滞、跨区域的资源配置。另一方面，它可以通过数据要素资源的收集、整理与分析，挖掘数据要素价值，并发挥数据使用边际成本为零等特性提升传统要素的使用效率，在各类要素资源的高效配置中促进创新技术市场供给与需求之间的动态适配。其次，数字平台可加速信息流动速度，缓解信息不对称难题。产业链各环节协同的一个重要瓶颈就是信息流动过程中存在各种壁垒。平台通过其数字联通技术可广泛连接产业链上不同主体或多条产业链，通过大数据技术深度挖掘数据要素价值，通过信息整合、数据共享等推动产业链形成网络协作状态，并与创新链、资金链深度融合，在多链融合互通中提升产业链韧性水平。再次，数字平台作为连接各类主体的中枢系统，可依托数字技术为产业链、创新链各环节高效提供知识创新、技术支撑、交易中介、资本运作等服务，助力创新生态体系的形成。未来，要打造高水平创新平台，深度挖掘其在促进民办科研机构等新型研发机构价值创造等方面的显著作用。

## 参考文献

陈晓东、刘洋、周柯：《数字经济提升我国产业链韧性的路径研究》，《经济体制改革》2022 年第 1 期。

高菲、王峥、王立：《新型举国体制的时代内涵、关键特征与实现机理》，《中国科技论坛》2023 年第 1 期。

洪银兴：《围绕产业链部署创新链——论科技创新与产业创新的深度融合》，《经济理论与经济管理》2019 年第 8 期。

黄寿峰：《中国式现代化视域中的新型举国体制：演进、内涵与优化》，《学术前沿》2023 年第 1 期。

李晓华：《产业链韧性的支撑基础：基于产业根植性的视角》，《甘肃社会科学》2022年第6期。

罗茜等：《科技成果转化与创新链整合驱动的路径研究：以新型研发机构为主导》，《中国高校科技》2022年第9期。

毛义华、水悦瑶：《新型研发机构：研究理论框架与未来展望——基于1997年以来核心期刊的文献分析》，《中国高校科技》2022年第9期。

盛朝迅：《从产业政策到产业链政策："链时代"产业发展的战略选择》，《改革》2022年第2期。

肖兴志、李少林：《大变局下的产业链韧性：生成逻辑、实践关切与政策取向》，《改革》2022年第11期。

薛雅、王雪莹、罗仙凤：《鼓励社会资本参与的新型研发机构组织模式研究》，《科技中国》2022年第5期。

张其仔：《探索提升产业链供应链韧性和安全水平的有效路径》，《光明日报（理论版）》2023年2月27日。

周君璧等：《新型研发机构的不同类型与发展分析》，《中国科技论坛》2021年第7期。

周君璧、汪明月、胡贝贝：《平台生态系统下新型研发机构价值创造研究》，《科学学研究》（网络首发）2022年第5期。

# 案例篇

Cases

# B.15

## 社会团体高质量发展研究

### ——以我国科技社团为例

马福云　唐德龙 *

**摘　要：** 近年来，我国科技社团逐步转型发展，成为我国经济社会建设的重要推动者。从高质量发展的视角来看，我国科技社团依然存在内部治理、运作机制建构及服务质量不佳等问题，为此要进一步推动科技社团的治理结构优化、运作治理机制健全，进而提升其治理能力及服务质量，推动科技社团的高质量发展。

**关键词：** 高质量发展　科技社团　社会团体

高质量发展这一主题由党的十九大报告提出。高质量发展最初为对我国经

---

* 马福云，博士，教授、博士生导师，中共中央党校（国家行政学院）社会和生态文明教研部社会治理教研室主任，中国社会科学院大学国家治理现代化与社会组织研究中心特约研究员，主要研究方向为发展社会学、基层治理、社会组织管理；唐德龙，博士，北京科技大学文法学院副教授，主要研究方向为公共管理改革与创新、社会组织管理。

济发展的要求，后逐步拓展为对我国社会发展及其社会治理等多方面的要求。近年来，我国社会团体逐步从数量增长向高质量发展转型，这就需要对社会团体的高质量发展问题进行探讨。本文在介绍高质量发展内涵基础上，从科技社团转型发展过程及其发展现状入手，分析科技社团高质量发展的问题，并提出推动其高质量发展的政策建议。

## 一 高质量发展的含义及其评估

党的十九大报告做出“我国经济已经由高速增长阶段转向高质量发展阶段”的重要论断。2017 年 12 月召开的中央经济工作会议提出，中国特色社会主义进入新时代，我国经济发展也进入新时代，其基本特征就是我国经济已经由高速增长阶段转向高质量发展阶段。随后，高质量发展总体要求进入经济社会各个领域，强调高质量发展是创新、协调、绿色、开放、共享新发展理念引领之下的发展，是更好满足人民群众日益增长美好生活需要的发展。

### （一）高质量发展的基本含义

“高质量发展”的含义十分广博，不同学者从不同侧面对其内涵进行了探讨，提出不尽相同的解释。例如赵剑波、史丹、邓洲提出，对高质量发展内涵和外延，可从系统平衡观、经济发展观、民生指向观三个视角理解，因其既是发展观念转变，也是增长模式转型，更是对民生水平关注。① 又如王瑞芬提出，现有高质量发展研究有三方面侧重点：一是从“质量”的经济学理论角度出发，侧重解读高质量发展的本质；二是从发展理念和发展目标角度出发，侧重解释高质量发展的终极目标和落脚点；三是从高质量发展的特征表现出发，侧重说明推进高质量发展的方向。② 我们认为，高质量发展是践行新发展理念，以质的提升来更好地满足人民群众对不断增长的美好生活需求的经济社会发展方式。

---

① 赵剑波、史丹、邓洲：《高质量发展的内涵研究》，《经济与管理研究》2019 年第 11 期。

② 王瑞芬：《关于我国高质量发展内涵界定的若干研究观点综述》，《中国商论》2022 年第 6 期。

1. 高质量发展要体现并践行新发展理念

新发展理念，即创新、协调、绿色、开放、共享的发展理念，由习近平总书记在党的十八届五中全会上提出。其中，创新发展注重解决发展动力问题，协调发展注重解决发展不平衡问题，绿色发展注重解决人与自然和谐问题，开放发展注重解决发展内外联动问题，共享发展注重解决社会公平正义问题。新发展理念是针对我国经济社会发展中面临的突出问题和重大挑战而提出，是应对我国经济社会转型的治本之策，是实现更高质量、更有效率、更加公平、更可持续发展的必由之路。高质量反映了我党对经济社会发展规律认知的深化。高质量发展与新发展理念一脉相承，高质量发展需要体现并践行新发展理念。

2. 以经济增长推进社会发展，使得经济社会协调发展

经济与社会的协调发展强调经济发展成果为全体民众所共享，为改善社会结构、促进整体社会福利提供条件，它包括防止经济增长的负外部性，提升收入分配的均衡性；缩小城乡、区域及群体收入差距，推动形成橄榄形社会阶层结构；推动东中西部区域间的协调发展，以城乡互动改善城乡二元经济结构，加快城乡一体化进程等。经济与社会协调发展，要落实社会公平正义，使得民众获得平等发展机会、全面共享发展成果；保障人民平等参与发展权，为各行业劳动者创造“出彩”的舞台和环境；坚持发展为了人民、发展依靠人民、发展成果由人民共享，并做出更有效的制度安排，使得发展成果更多、更公平地惠及全体人民。

3. 以高质量发展满足人民群众的美好生活需要

提升人民福祉、促进人的全面发展是经济发展的出发点与落脚点。要创造条件为全体民众提供更优质的教育、更稳定的就业、更满意的收入、更可靠的社会保障、更高水平的医疗服务、更舒适的居住条件、更优质的环境与更丰富的精神文化生活。人民群众的美好生活需要不仅体现为物质生活条件的提高，也体现为获得感、安全感和幸福感的提升，以及不断升级的个性化、多样化需求得到满足。人民群众对美好生活的期待的背后是政府社会管理能力、社会保障水平以及社会服务品质的整体提升。走以人民为中心的高质量发展路径，满足人民群众日益增长的美好生活需要为我国社会发展指明了前进的方向。

## （二）社会团体高质量发展评估

在我国经济社会转型走向高质量发展背景下，社会组织也需贯彻新发展理念，服务新发展阶段，融入新发展格局，更好满足民众组织起来、自我服务及互利、利他服务需求。党的十八大报告提出，加快形成政社分开、权责明确、依法自治的现代社会组织体制。这肯定了社会组织在国家治理中的主体地位，指明了新时期社会组织发展方向。此后，党和政府日益重视社会组织，不断完善社会组织登记管理、培育扶持、综合监管等政策，建立健全现代社会组织发展体系，使得政社分开、权责明确、依法自治的社会组织治理架构更加完善。社会组织也积极动员社会力量、整合多方资源、提供专业服务，内部管理日渐规范，助力治理体系和治理能力现代化逐渐提高，高质量发展转型也逐步推进。

社会团体是一定数量的社会成员（自然人或者法人）为达到特定目标而依法组建起来的社会组织。社会团体是基于人们共同意愿，为实现会员共同利益或公益目的等非营利性目标而经依法登记建立的。从微观来看，社会团体的高质量发展需要在合法合规的基础上，以科学规范的内部治理来推动组织的高效运行，满足利益相关方的诉求和期望。社会团体高质量发展评估需考虑四方面因素。

1. 合法合规

社会团体的登记、管理及其服务符合现行政策、法律法规以及行业性标准等社会规范。社会团体从登记、运行到管理的合法合规，是社会团体高质量发展的基础，是其规范运作和健康发展的底线要求。

2. 治理科学

社会团体内部治理结构及其关系科学规范，有规范的理事会、监事会、秘书处等机构设置，内部机构之间协作互动良好，团体的理事、会员等凝聚力和向心力较强，对理事、会员及服务对象诉求回应较好，与外部合作关系良好。

3. 高效运行

社会团体在科学规范内部治理基础上，整合各类社会资源，以职业化、专业化的项目活动为会员、服务对象等提供专业、精准、有效的社会服务，促进会员、服务对象的社会境遇的改善，提升其社会福祉。

4. 满意度高

社会团体通过激发组织内生动力、高效匹配社会资源、提供专业化服务、提高服务绩效等在组织治理、管理与服务多方面取得良好成效，进而得到组织的管理方、捐赠方、会员、志愿者、从业者、受益人等较好的满意度评价。

## 二　我国科技社团发展历程及其高质量发展需求

我国科技社团在计划经济体制下逐步形成挂靠运作体制。改革开放后，科技社团的运作体制和治理方式逐步转型。为了解高质量发展背景下科技社团转型发展历程及其存在问题，基于对学会挂靠体制研究，我们采取案例访谈和实地调查方式收集实证材料，并对其进行定性分析后阐释科技社团运作管理体制转型面临的制约因素，分析其高质量发展过程中的探索。

### （一）我国科技社团运作管理体制的演变

科技社团是科技类社会团体的简称，它是科学技术工作者自愿组成的学术性、科普性或职业性社会团体。① 科技社团以科学技术为主要业务领域，以促进科技进步、科学普及，以及促进科技与经济社会结合为活动宗旨，为科技工作者提供学术交流平台，为广大民众普及科学技术知识。科技社团多以科研院所、科研机构及科技协会等为业务主管，并在民政部门登记，一般以学会、协会、研究会来命名，在具有社会组织共性特征同时，具有较强科技属性及学术特征。

我国科技社团初创在新中国成立前。1958 年，中华全国自然科学专门学会联合会（简称全国科联）和中华全国科学技术普及协会（简称全国科普）联合建立中国科技后，中国科协对学会工作提出“挂、靠、并、动”四字方针。伴随计划经济体制的形成，科技社团逐步挂靠到政府有关职能部门，演变形成“挂靠体制”，科技社团在有关政府部门、科协直接领导和上级学会业务指导下开展工作。

20 世纪 70 年代末，在中国科协带领下，一些业务停滞的社团恢复活动，一些新社团逐步建立。1990 年 1 月，中国科协提出，挂靠部门要为所挂靠学

① 中国科协学会服务中心编著《学会内部治理工作手册》，科学出版社，2020，第 6 页。

会工作及活动提供必要人财物保证，同时要求其尊重学会理事会的领导，尊重学会的独立自主权。1993 年 1 月，中国科协学会部召开全国性学会（协会、研究会）改革工作座谈会，会议提出要通过改革使得学会组织更有活力，工作活动更有特色，学会要由过去那种适应高度计划经济要求的模式，逐步改革成为自主活动、自我发展的社团法人；同时强调在学会管理中引入竞争机制，对全国性学会工作进行评估、考核，进行分类指导。

2001 年 12 月，中国科协发布《关于推进所属全国性学会改革的意见》。该意见提出，推动全国学会成为满足党和国家以及科技工作者需要、适应社会主义市场经济体制、符合科技团体活动规律、具有中国特色、充满生机和活力的现代科技团体，并以此为目标推动学会改革。2007 年 5 月，民政部、中国科协印发《关于推进科技类学术团体创新发展试点工作的通知》，针对学会整体发展仍不能满足时代发展和社会需求等问题，提出推动学会管理体制、运行机制改革，积极探索科技类学术团体发展规律，促进学会健康有序发展，以充分展现学会作为国家创新体系重要力量的作用，加强学会的凝聚力、服务能力等。此后一些学会逐渐脱离原挂靠单位，在人事、财务、行政等方面探索实现经济独立和自给自足。

党的十八大以来，党和政府大力推动“放管服”改革，中国科协所属学会开始有序承接政府转移职能，这推动着科技社团治理结构与治理方式变革。2015 年 7 月，《行业协会商会与行政机关脱钩总体方案》印发后，中国科协开始推进学会与挂靠单位的“脱钩”行动，倡导“从挂靠走向支撑，从依附走向自治”。2016 年 3 月，《科协系统深化改革实施方案》印发，提出深化学会治理结构改革，建设能负责可问责的中国特色现代科技社团；理清挂靠单位与学会权责关系，扩大无挂靠、无业务主管单位学会的试点范围；着力打造运转高效、规范有序的实体办事机构，探索形成适合我国国情和学会发展规律的组织体制。2017 年 1 月，中国科协出台的《中国科学技术协会全国学会组织通则（试行）》中将“挂靠单位”改为“支撑单位”，取消了全国学会与挂靠单位的领导关系，为学会依法依章程开展工作提供了制度保障。

### （二）科技社团的管理运行体制改革

我国科技社团的管理运行体制还在改革调整中。在计划经济体制下，社团挂靠体制对科技社团发展发挥积极作用。这使得每个科技社团都有个“娘家”作为挂靠单位，社团依附并隶属于这个单位，人财物等都从挂靠单位获取，并由其进行管理。挂靠单位一般为国家部委、央企、高校、科研院所等机关事业单位，例如中国电子学会曾挂靠在原电子工信部下，中国航空学会曾挂靠在原航空部下等。科技社团的党组织建设、机构编制、规章制度、人员安排等大体上复刻挂靠单位架构设计，有的则以部门形式归属挂靠单位，在协助挂靠单位做好主管主营业务同时，兼业开展学会活动，并形成了“行政主导”的发展模式。

改革开放后，伴随经济体制改革，科技体制随之推行改革，科研活动更多地为经济社会发展服务，社团逐步向自主活动、自我发展的社团法人转型。1998 年进行的国务院机构改革，撤销了电力、煤炭、冶金等 10 个专业经济部门，颠覆了挂靠组织的基础，倒逼推动科技社团改革。2001 年 12 月，中国科协发布《关于推进所属全国性学会改革的意见》，确定全国学会改革的总体目标及主要内容，标志着中国科协所属科技社团改革的全面启动，科技社团与挂靠单位脱钩着手推进。2006 年 4 月，中国科协实施全国学会改革创新试点项目，推动全国科技社团体制改革，其中中国计算机学会与原挂靠单位中科院计算技术研究所脱离，走上自主经营、自主发展的道路。2007 年 5 月，民政部、中国科协联合推动科技类学术团体创新发展试点，挂靠在中国科学院的 45 个全国学会被纳入中国科学院、中国科协的共建范畴，双方联合发文要求加大对学会工作的支持力度。其后，中国科协还积极推动农业部所属中国农学会等 9 家学会强化能力建设。

由于历史遗留问题和具体操作层面因素，科技社团在脱离原挂靠单位时遇到诸多难题，例如，很多学会的人员户口、编制、职称考评甚至办公场所等都离不开挂靠单位。而“脱钩”推进过程又恰逢政府职能调整及事业单位机构改革，往往老挂靠问题未解决，伴随机构改革的新问题又产生。结果，许多全国学会形式上脱离了“挂靠”单位，但实际“管控”反而更多，有的既接受业务主管单位指导管理，又要向行政主管单位报告工作，出现“一个媳妇、两个婆婆”问题；有的学会由于失去挂靠关系，无法获取与挂靠时同等的资源配置，向业务主管单位、行政主管单位寻求支持时，又会遇到“踢皮球”。面对行政管理要求，受外部制度环境等多方面影响，科技社团管理转型路径还有待继续探索前行。

## （三）科技社团管理体制改革的新进展

党的十八大以来，创新驱动要求科技社团进一步激发活力，提升专业能力，以更好满足政府及社会发展需求。基于此，中国科协开始推动科技社团深化管理体制改革，并将科技社团的改革目标从管理更多转向激励；从激发活力更多转向能力建设；从为政府提供科技咨询更多转向承接政府转移职能。基于自身转型驱动及经济社会发展需求，科技社团走向通过专业发展促进科技创新、提供优质科技公共产品的发展路径，从而推动着科技社团治理体制深化改革。

### 1. 科技社团的能力建设提上日程

2013 年 9 月，中国科协、财政部《关于深入实施学会能力提升专项的通知》印发，提出提升学会服务创新能力、服务社会和政府能力、服务科技工作者能力、学会自我发展能力。2015 年中国科协启动为期 3 年的创新和服务能力提升工程，重点建设 50 个优秀学会。2018 年中国科协启动学会能力评估和世界一流学会建设工作，遴选 50 个优秀学会，提升“五大能力”和“八个重点建设方向”，致力于改革学会治理结构和治理方式，推动学会向中国特色、世界一流学会目标迈进。

### 2. 科技社团承接政府转移职能工作有序推进

2013 年 10 月，中国科协成立推进学会有序承接政府转移职能领导小组，并部署学会承接政府相关工作。2014 年 8 月，国务院在《关于深化行政审批制度改革加快政府职能转变工作情况的报告》中提出，要开展中国科协所属学会有序承接政府转移职能的试点，稍后科协启动了首批 10 个学会的试点工作。2015 年 5 月，学会有序承接政府转移职能试点工作被纳入中央全面深化改革总体部署，中国科协分类制定职能转接操作规范，推进学会治理结构与治理方式的调整改革。7 月，中国科协扩大试点工作，重点突出科技评估、工程技术职业资格认定、标准研制、国际科技奖励推荐等科技类公共服务职能转接，并要求加强制度和机制建设。2016 年 10 月，学会承接转移职能试点总结会召开，共有 69 家全国学会承接了 21 个政府部门转移委托的 87 项职能，达到试点预期目标。

3. 继续推动科技社团与挂靠单位脱钩

根据《行业协会商会与行政机关脱钩总体方案》要求，中国科协部署推进学会与挂靠单位的“脱钩”行动。《科协系统深化改革实施方案》强调指出，形成适合我国国情和学会发展规律的组织体制，理顺学会决策机构、执行机构、监督机构间的关系；明确挂靠单位与学会权责关系，扩大无挂靠、无业务主管单位学会的试点范围，着力打造运转高效、规范有序的实体办事机构。其后，“挂靠单位”改为“支撑单位”，全国学会与挂靠单位领导关系被取消，这为学会依法管理、依章程开展服务工作提供了制度支撑。

4. 强化科技社团党的建设工作

2011 年，中国科协开始探索实施“党建强会计划”，将科技社团党建工作项目化、业务化，以党建带动学会建设，有效激发学会参与党建工作的积极性。2016 年 9 月，中国科协科技社团党委成立，专事全国学会党建工作。同年 10 月，中国科协发布的《关于加强科技社团党建工作的若干意见》提出，科协所属学会要实现学会党的组织和工作全覆盖，党建工作的制度和机制科学规范，党组织的政治核心和战斗堡垒作用充分发挥。基于此，全国各学会积极加强功能型党组织建设，探索党建强会的创新模式和实际路径。2021 年 10 月，中国科协召开学会党建工作指导委员会会议，提出党建和业务要相融互促，破解党建和业务“两张皮”难题，以“党建强会”为引领，通过“学术立会、开放兴会、依章治会”，牢牢把握国家重大战略需求，建设好世界一流科技期刊和世界一流学会。

伴随政社分开的推进，科技社团脱钩工作有序推动。原挂靠单位与社团之间的权责关系逐渐理顺，社团自主自治程度得到提高。基于高质量发展需求，伴随着经济及科技体制深化改革，挂靠管理模式越来越难以适应新形势，其行政、直管的官僚制管理逐渐调整到激励、制衡的协同式治理。面向科技创新发展，构建高效、规范、有序的科技社团治理体制，理顺其与挂靠单位、主管机构、登记管理机构间的关系是必然的。

## 三　科技社团高质量发展中存在问题及其应对

在中国科协推动下，我国科技社团向高质量发展转型，内部机制逐步优化，外部发展环境逐步改善。但是，当前科技社团高质量发展依然存在一些问题需要及时予以处理。

### （一）当前科技社团高质量发展面临的挑战与问题

基于社会团体高质量发展评估的合法合规、治理科学、高效运行、满意度高四方面的指标来衡量，可以发现我国科技社团改革成效与社团高质量发展要求还存在一定距离。

**1. 科技社团运作合法合规，但例外及掣肘因素依然存在**

在加强改进党的群团工作背景下，科协系统深化改革指明了科技社团的改革方向。中国科协以科技社团的治理结构和治理方式改革为重点，推进着科技社团治理的现代化。但是基于科技社团特殊性、挂靠体制惯性，以及机构改革影响，科技社团在合法运作中，面对不同管理主体的规范性要求时，存在一些掣肘因素影响。科技社团以科技工作者、学者为主，专业性强，学术氛围浓郁，大多以科研院所为挂靠单位，共同展开学术研究交流，推动学会发展。学科专业是科技社团发展基石，它影响甚至决定着社团运营及发展状态。基础学科科技社团更倾向依托挂靠单位运营，而应用学科科技社团更易市场化运作和筹资，实现独立自主发展；从专业行业看，农科、医学类科技社团更重视稳定发展与长期积累，与挂靠单位联系紧密；一些新兴行业，例如生物科技、信息技术、清洁能源、新材料及先进制造等社团根本找不到挂靠实体单位，只能依靠头部企业行业、市场生存。面对不同领域类别、不同运作样态、不同规模的科技社团，培育扶持、登记注册、监督管理等的“一刀切”式粗放管理中难免遇到“政策打架”现象。受到历史因素等诸多影响，一些尚未脱钩的科技社团连实际的独立非营利法人地位都难以获取，人员编制、工作项目和办公场所等都在单位管理下，要求其按照社团管理运作很难谈得上。

**2. 部分社团内部治理结构存在瑕疵，会员（代表）大会运行不佳，理事及理事会履职效率不高**

会员是科技社团内部治理的基本单元，也是社团核心利益相关者。社团应该关注会员利益，但是科技社团的实际工作重心往往与普通会员实际利益诉求存在偏差。会员（代表）大会代表全体会员行使权力，体现“会员至上”原则，但是在少数服从多数议事原则下，会议决策并不能简单视为个体会员利益的实现。普通会员个性化利益诉求难以上升到“重大事项”层面，难以得到社团支持回应。同时，很多科技社团会员权利虚置，会员服务体系不健全，会员服务内容单一，会员被隔绝于社团事务之外，难以参与社团治理，也就难以建立社团责任。科技社团建立理事及理事会制度，推动治理决策。但是，社团理事会成员履职的积极性和有效性均有明显不足，制约理事会决策效率。这成为科技社团内部治理机制和实践运营的长期困扰之一。一些社团采取动态淘汰制、常务理事差额选举制以及合理控制理事会规模等措施，提升理事参与学会事务积极性，但治理成效不理想，未形成普遍适用性和可推广的经验措施。

3. 部分社团运行不畅，秘书处任务繁重、责权利配给失衡，社团监事履职资质及能力不佳

作为常设专职工作机构，科技社团秘书处处于上传下达的中枢位置，承担着社团日常管理任务，尤其是一些社团分支机构取消后，社团整体的财务管理、运作事项审批、印章管理等职责集中在秘书处，秘书处工作人员既要熟悉本领域业务，又要具备管理相关知识。但是，社团秘书处的薪酬待遇不高、职业晋升通道模糊，难以吸引和留住能力突出、表现优秀的人员，专职管理工作普遍存在人员不足、能力不佳等问题。另外，社团监事会的监事大多由往届理事长、秘书长、常务理事、理事等担任，大多不具备履行监督职能的专业知识。同时，社团监事会的监督内容和程序不够健全，社团决策的公开透明、合规管理机制等尚未健全，监事会监督的形式多于实质。

4. 部分社团服务功能偏弱，难以回应“四服务”需求，满意度评价不高

我国科技社团是党和政府联系科技工作者的桥梁纽带，科技社团承担着为科技工作者服务、为创新驱动发展服务、为提高全民科学素质服务、为党和政府科学决策服务等“四服务”职能。但是，从目前科技社团运行实践来看，与“四服务”相匹配的工作体系尚未健全，社团服务方式与能力有待提升。在服务科技工作者方面，社团存在组织覆盖不全、联系渠道不广现象，受到服务内容、形式及方法手段单一等制约，基层服务“最后一公里”梗阻现象明显，制约社团联系和服务科技工作者的作用发挥。在服务创新驱动发展方面，科技社团工作重心偏向于学术交流，忽视与产业市场的融合，在协同攻克关键科技、促进科技成果转化等方面的积极性相对较弱，有关科技创新的体制机制仍待优化。在服务全民科学素质方面，部分科技社团轻视科技普及，学会内部

未建立专门负责运作科技普及、科学传播事务的职能部门，不能调动科技人员投入科普工作。在服务党和政府科学决策方面，当前科技社团承接政府职能主要涉及职称评定、资格认证、标准规范制定等领域，服务政府科学决策范畴存在局限。

## （二）促进科技社团高质量发展的策略建议

科技社团高质量发展困难有的来自科技社团改革过程中遗留下来的老问题，有的来自科技社团改革中新背景下的新要求，是科技社团内部治理机制发展与外部政策环境等内外双重因素影响的结果，面对社团高质量发展要求，需从多方面予以优化提升。

**1. 推动科技社团管理法规建构，为合规管理提供规范性支持**

在对社会组织予以科学定位，清晰界定政府、社会的权力边界基础上，面对科技社团管理，要加快出台社团管理法规，优化科技社团发展外部环境。同时，作为科技社团业务主管的科协要与作为登记管理部门的民政机构强化管理工作交流，共同创新科技社团管理体制机制，推进学会分类管理，建立多层次、精细化、竞争性科技社团培育运作体系。一是识别细分科技社团类型，要研判学会与科协之间的关系强度，要理清学会与挂靠单位之间的实质关系，并基于学科专业、会员规模、发展历史等，建立科学分类及指导体系。二是基于科技社团的分类体系，推动管办融合的多层次培育体系，建构尊重差异和个性的精细化管理服务体系，推动各类社团的规范发展，并对市场属性强的社团建构竞争淘汰机制，推动社团服务功能的强化。三是细化指导对各领域各类科技社团的培育，增强社团的内部管理结构及运作绩效，持续推进社团治理现代化，推动社团管理服务能力提升。

**2. 强化科技社团基于章程的依法依规治理，厘清内部治理结构及权力边界**

章程是科技社团运行依法依规治理的基础，要强化社团的章程意识，推进社团从组织使命、愿景、价值出发，完善各项具体管理制度，创造有法可依的条件。在社团治理中，需要考虑：一是保障会员（代表）大会的权力与地位，推动会员（代表）的真实意愿表达，确保会员大会有效行使规则制定权、人事权、重大事项决定权和监督权。二是突出会员主体地位，要践行为科技工作者服务使命，建立会员分类管理体系，开展会员个性化、精细化服务，根据会员意见及时调整服务内容方式。三是提升理事会民主治理水平，建立起公平公开的竞争性差额选举制度，推动理事个人目标与学会组织目标激励相容，增强理事对学会治理的参与意愿和参与能力。四是重视办事机构专业化职业化建设，制定社团岗位规范及履职评价机制，建立配套人力资源管理机制，构建运转高效、规范有序的秘书处等办事机构。五是选任具备法律财务知识等素质的监事成员，从入口门槛守住监事质量，完善监督程序，促进程序监督与实质监督相结合，事前事中事后监督并重，推进监事会监督的合规管理。

**3. 以科技社团内部治理体系完善，构建透明、约束和激励机制，提升社团运作绩效**

在理顺社团内部治理结构机制基础上，推动社团内部治理体系建设。一是推动决策与执行间的协同，建构议行协同机制。建立理事会与秘书处相互支持的工作协同机制，做好社团秘书处建设，考虑秘书长专业素养与执行和管理能力间的平衡，以科学民主决策推动执行团队领导人的选拔选优。二是完善社团信息公开机制，提升管理决策透明度，推进会员参与。利用社团网站、微信公众号、内部报刊等途径，建立社团信息公开制度，落实会员代表的权力行使，引入会员面对面交流、监督问责机制，拉近会员与学会事务的距离，推动会员参与，提升参与的感知与效能。三是健全激励机制，通过内部规章制度确定社团工作者的薪酬待遇，做优社团工作者评优奖励表彰，建构社团工作者向上流动渠道。四是构建社团内外部监督体系，强化内部治理监事会的监督，通过党的政治思想工作引入党组织的监督，健全理事会对秘书处工作的自我监督，重点加强财务核算、年度审计等工作。

**4. 引导科技社团回应“四服务”要求，强化社团业务服务能力，提升各方满意度**

科技社团回应时代要求，明确自身使命目标，建构内部治理体制机制的同时，围绕主导业务开展服务活动。一是制定科学的会员工作制度，建立系统会员工作组织体系。科技社团应该突出科技工作者主体地位，明确服务类型方向，制定会员服务制度和管理办法，为科技工作者提供多样化服务。二是积极开展科普工作。科技社团要创新科普模式，运用多样化传播渠道以及大众喜闻乐见的宣传方式，推动科学知识普及，为我国公民科学素质提升贡献力量。三是主动承担政府转移职能，建构与政府的合作治理。科技社团应找准自身定位，转变自身角色定位，通过优化资源配置、承接政府转移职能等，从参与治理的载体逐步发展为与政府协同治理的一方，为党和政府科技决策提供参考。四是深化产学研合作，为创新驱动发展提供契机。各个科技社团要发挥自身专业优势，搭建与各政府部门、科研机构及企业合作的对接平台，进一步深化产学研合作，推动科技成果转化，形成创新驱动发展合力。

## 参考文献

中国科协学会服务中心主编《中国科协全国学会发展报告（2020）》，科学出版社，2021。

中国科协学会服务中心：《全国学会内部治理研究》，中国科学技术出版社，2018。

朱文辉、朱晓红：《内部治理及其对学会发展的影响》，《学会》2020 年第 7 期。

陈子韬、孟凡蓉等：《科技人力资源、科技社团与科技创新绩效——基于中国内地省级面板的实证分析》，《科技导报》2021 年第 10 期。

# B.16 行走民间20年："协作者"的可持续发展路径解析

李　涛*

**摘　要：**"协作者"作为国内成立最早的民办社会工作机构之一，经过20年的发展，从一个无法正式注册的草根组织成长为5A社会组织，创新出团结协作助人自助的服务模式，突破了社会组织局限于微观服务的认识，证明了社会组织在社会治理中的多元功能和价值。本文回顾了"协作者"长达20年的组织发展历程，结合五个"协作者之问"，总结出"协作者"通过明确使命定位、建立服务体系、价值评估标准、组织战略规划、建构组织文化等五个方面的组织治理，形成了清晰的使命定位；明确的组织发展战略规划；持续不断的能力建设与文化建设；以赋权增能为导向的项目选择机制；以服务对象为中心、多方参与的资源整合模式；服务创新、教育倡导与专业支持相结合的战略服务体系等六大核心能力，从而使组织走上可持续发展之路。"协作者"的发展受益于改革开放提供的社会准入和市场准入，同时也面临着公益生态环境不成熟而导致的资金和人才匮乏的挑战。

**关键词：**社会组织　协作者　社会工作　组织治理　农民工

* 李涛，"协作者"（Facilitators）创始人，北京市协作者社会工作发展中心主任，中国社会科学院大学国家治理现代化与社会组织研究中心特约研究员，高级社会工作师，民政部首批全国社会工作专业领军人才，研究方向为社会组织、社会工作、社区治理、城市化与流动人口。本文受益于"协作者"团队社会工作者、专家、志愿者、合作伙伴和服务对象的不懈努力，尤其感谢王思斌、矫杨、王永前、李真、刘胜和崔宇等理事会成员的支持。

作为第三部门的社会组织的诞生，是人类社会应对社会问题的重大组织制度创新，也是构建中国式现代化社会治理体系的重要主体和依托。然而，社会组织自从诞生那天起，便面临着无穷的挑战，这种挑战的艰巨性既来自其致力于促进社会可持续发展的使命的复杂性，也来自其自身能否实现可持续发展的现实性。由此，在生存环境跌宕起伏的时代，“如何（活下去）实现组织的可持续发展”，成为社会组织尤其是扎根社区的社会服务机构的命运拷问。

2003 年的春天，一群青年人在北京东五环外的一间出租屋里，签下“我自愿参与非典救援服务，并承担在服务过程中可能感染的风险”的生死状，开始了农民工抗击 SARS 紧急救援服务。由此，全国第一家致力于以社会工作专业服务农民工的民办社会工作服务机构——北京协作者[①]诞生。这个当时因找不到业务主管单位而无法在民政部门注册的、连自身生存都不能保障的草根组织，选择了以我国社会转型时期的农民工问题为介入点，试图通过开展紧急救援、能力建设、社区发展和政策倡导等社会工作专业服务，使农民工及其子女在参与中，逐步由受助者转变为服务者，实现自我服务与服务社会的有机统一，进而在实践中总结提炼专业经验，推动我国本土社会工作与社会组织的发展。

时光流转，20 年过去了。“协作者”从当年只有一个没有工资的工作人员组织，成长为拥有 50 多名全职社会工作者、数千名志愿者的团队；从无法注册的草根组织，到连续三次获评 5A 社会组织，被民政部评为全国社会工作服务示范单位；其创新的“助人自助的农民工服务模式”荣获第二届中国社会创新奖，两次荣获北京大学和香港理工大学联合授予的“林护杰出社会工作项目奖”；“协作者”的组织模式不仅被成功复制推广到长三角地区、珠三角地区、山东半岛和中西部地区，而且培育支持了上千家社会组织，发布了 50 多个研究报告，参与了多项政策和标准的制定。从 2003 年启动“农民工非典紧急救援行动”，历经 2008 年金融危机紧急救援，再到 2020 年发起“农民工

① 2003 年成立之初，“协作者”由于找不到主管单位，只能在工商局注册为“企业”。2010 年 6 月，该机构正式在北京市民政局注册，成为北京第一家由民政局直接主管的民办社会工作专业机构，名字为“北京市协作者社会工作发展中心”，本文简称“北京协作者”，并将“北京协作者”及其复制推广的南京市协作者社区发展中心、珠海市协作者社会工作教育推广中心、青岛市协作者社会工作发展中心和江西省协作者社会工作发展中心统称为“协作者”。详细信息可登录查阅官方网站（http：//www. facilitator. org. cn）。

抗疫救援行动"，20 年来，"协作者"始终秉持了"每个弱者都有力量，每个生命都有尊严"的信念，与农民工、流动儿童、困境家庭和草根组织在一起，以实现"每个人都可以怀抱着尊严和梦想，自由地行走在大地"的愿景为己任，形成了具有鲜明的本土草根特色和专业服务精神的组织风格。

"协作者"的发展历程被媒体誉为"草根组织的华丽转身"，不仅证明了中国本土社会组织完全可以通过自身探索成为具备专业水平的组织[①]，而且突破了社会组织局限于微观服务的认识，证明了社会组织完全可以发挥专业服务、资源整合、赋权增能、政策倡导、社会创新、专业支持等多元功能，成为参与社会治理的重要力量。中国社会科学院社会学研究所研究员、社会政策中心顾问、《慈善蓝皮书》主编杨团认为："'协作者'在中国民间组织的发展历程中不仅是见证者，而且是建设者。'协作者'的发展过程其实揭示了中国民间组织、中国民间公益这么多年锲而不舍的一种努力，如果说过去它只是一抹亮色的话，那么今天这个亮色已经映照了整个天空。"

20 年前，创始团队在筹备成立"协作者"时，先用了 2 个多月的时间澄清了几个问题；20 年来，每年"协作者"团队都会重新审视这些问题，并在此基础上，逐渐形成了"协作者之问"：

我们为什么在一起？我们在一起做什么？我们的做法有效吗？我们将向何处去？我们从哪里来？本文以五个"协作者之问"为主干，解析促进社会组织可持续发展的组织治理要素，以期为建设具有中国特色的社会组织现代治理制度，提供可鉴的本土经验。

## 一　我们为什么在一起：明确使命定位

缺少赖以生存的资源，是社会组织在创建阶段遇到的主要挑战。"协作者"也不例外。当时的"协作者"只有 1 名没有工资的"专职人员"，所有的家当都是从自己家搬来的：1 台 386 电脑，1 张桌子，两把椅子。然而，"协作者"创始团队认为，比资源更重要的是为什么需要资源，需要什么资源，"很多社会组织为了生存，什么有钱就做什么，最终在发展中逐渐迷失了自我。社

① 李涛：《北京协作者：团结协作助人自助的典范》，《公益时报》2018 年 12 月 13 日。

会组织存在的目的并不是为成立组织而成立，而是有效地实现自己的专业使命。组织像人一样，最核心的是其灵魂。对于社会组织来说，组织使命定位就是其核心灵魂。如果我们不能搞清楚自己的使命和定位，那么我们就会为了成立组织而成立组织，沦为没有灵魂和目标的组织机器。”①

因此，创始团队在筹备阶段，提出的第一个“协作者之问”就是“我们为什么在一起”——为什么要成立“协作者”，有“协作者”和没有“协作者”，这个世界会有何不同?

根据人类行为与社会环境的理论视角，除了基因和生物因素的影响之外，人的行为选择还受制于环境的影响。创始团队从情感和责任两个角度定位即将诞生的“协作者”。

## （一）基于创始人的情感

“协作者”创始团队主要有三位成员②，都有农村生活经历。这让他们相信自己与打工者在情感上是相通的，有责任反哺乡村。“给我印象非常深刻的就是中国农民的朴实、勤劳、善良，他们养育了我。所以若干年之后，当我在城市里遇到了进城的农民的时候，我感觉到我不是为别人在服务，是为我的父老乡亲们在服务。”

“协作者”创始团队三位成员都出生于20世纪70年代，成长于80年代，并在90年代大学毕业进入城市工作，那是一个无论对个人还是对国家都充满转折和无限可能性的改革开放的年代。从生命史的角度，有三个关键因素对他们创建“协作者”产生了关键影响。

### 1. 目睹农民和农民工的苦难

20世纪七八十年代的中国农村物质生活贫乏，农民身份权利处于底层。生活经历对创始人的职业理想产生了重要影响。

---

① 李涛：《让梦想扎根——一个民办社会工作机构的十年——“协作者”故事》，《中国社会工作》2013年第9期，第12~15页。

② “协作者”创始团队主要成员为李涛（原为媒体记者，现为“协作者”中心主任），李真（原为媒体记者，现为“协作者”中心常务主任，社会工作督导），崔宇（文中“没有工资的专职人员”，现为“协作者”监事）

"我童年里有一段时间，跟着妈妈住在医院的家属宿舍里。那个医院在镇上。在北方的农村，每当到了农忙季节，隔三岔五，就会有自杀的人被送过来，大部分都是农村妇女，其中有些我还在集市上面见过。很多妇女拿出最好的衣服、打扮得非常整洁，像去赶集一样。我挤在看热闹的人群里，没有感到恐惧，但感到非常难过，因为我曾经看到过她们活着的样子。她们的年龄与我妈妈相仿。通过周围人的议论，我了解到她们自杀的起因，大部分是与家人发生矛盾，让她们难以忍受的是来自丈夫或婆婆的冤枉、责骂和殴打，所以她们选择了一死了之。若干年之后，我也在一些文献材料中发现，中国农村妇女的自杀率是世界上最高的。那个时候我开始思考一个问题：人死了就无法说话了，再大的委屈也无法说出来，为什么要去死？有没有一种工作，比医生还厉害，能让人活着时好好说话，而不用选择去死？因此，那时候我有一个梦想，希望长大后可以做记者，可以帮助那些受到冤屈的人。"①

"协作者"创始人大学毕业后做了记者。"我当时采访了很多打工妹……我遇到过两三年拿不到工资的保姆，遇到过被囚禁起来天天挨打的保姆。我也遇到过被雇主强暴，从楼上跳下来，造成粉碎性骨折的保姆。这些事情给了我很深的触动。"

随着采访的深入，他们逐渐发现这不是个例，而是一个群体和一个社会在时代转型中面临的挑战。

"（20世纪90年代中）中国每年因工死亡人数达13万以上，其中大多数是农民工；仅在珠江三角洲就有1000万农民工具备患职业病的基本条件；全国2000多万流动儿童，失学率高达9.3%，近半数适龄儿童不能及时入学；全国农民工被拖欠的工资估计在1000亿元左右……

在我们的身边每天都发生着这样的悲剧：被拖欠工资的农民工爬上了'塔吊'，精神崩溃的打工仔手持菜刀扑向行人……1996年夏天，我们亲

① 李涛：《信念与现实——基于协作者的本土实践（一）》，协作者云社工，2022年4月14日，https：//mp.weixin.qq.com/s/0eXYL-GOuiVKu6SatpUx7A，最后检索日期：2023年10月20日。

眼目睹了一个年轻的打工妹在北京西直门立交桥上撞车自杀未遂的一幕，而这位打工妹的身后有两个年幼的孩子……

显然，没有一个劳动者甘愿被他人克扣工资，即使他的法律意识再淡薄；也没有一个打工仔愿意疲劳作业失去手臂，即使他的健康意识再匮乏。然而，又是什么原因使辛勤劳作的农民工连自己的工钱都无法讨要，不得不爬上'塔吊'，以死相逼？是什么原因让一个母亲宁肯舍弃自己的孩子，选择自杀？"①

2. 看见劳动群体蕴含的能力

"协作者"创始团队的三位成员中，有两位大学毕业后成为记者。他们都深度参与了农民工群体的调查报道。这些生命故事不仅使他们对中国城市化问题有了深刻的了解，而且出于情感认同性和职业敏感性，他们在对苦难的解读中没有停留在新闻报道的层面，而是能够以尊重和欣赏的优势视角，发现该群体蕴含的尊严、智慧和能力。

"首先，我们想问大家三个问题：一个16岁的小姑娘，背着简单的行囊，告别父母，独自一人走出四川的大山，向陌生的城市进发，这个小姑娘的勇气是否值得我们钦佩？

小姑娘来到了举目无亲的城市，开始租房子，找工作，自己安排自己的生活，在这个过程中，她还必须面对城市生活、商业社会的种种陷阱，面对失业、生病、孤独、歧视……而她承受并顽强地生存了下来，这个小姑娘的生存智慧，是否值得我们学习？

多年来，这个被称为'打工妹'的小姑娘，依靠自己的双手，不仅养活了自己，而且为家乡的妹妹支付着学费，为年迈的双亲寄钱看病……这个小姑娘的勤劳与贡献，是否值得我们尊敬？

这个小姑娘便是中国1.2亿农民工的真实缩影。我们有理由相信，这个被称为'弱势群体'的背后，实际蕴藏着巨大的潜能力，他们不需要同情与可怜，因为他们完全有能力解决自己的问题，他们需要的只是一个

① 李涛、李真：《农民工：流动在边缘》，当代中国出版社，2006。

平等的环境。只有承认这个基本事实，我们才能真正理解并承认农民工在城市化进程中的主体地位。"①

这些认识中蕴含着朴素的"助人自助"和"以人为本"的社会工作价值理念，成为日后他们与社会工作和社会组织相遇时，能够"一见如故"携手同行的价值基础。

3. 在自发行动中遇见专业

随着认识的深入，创始人越来越感觉到，仅仅依靠采访与写作是无法真正解决问题的，"必须行动起来"。

"在那个年代，很多打工妹都是文盲或者半文盲。因为不识字，她们连合同都看不懂，也不能给家里写信，遇到困难的时候也不知道该去哪里求助。教育改变命运——这是那个时代的口号。我觉得应该从教育入手。1996 年的冬天，我们从北大医院借了一间阶梯教室，开始办打工妹文化补习班，从小学一年级的语文开始教起，一直到把初中的知识讲完……

但是，我发现，识字解决不了她们自卑的问题，解决不了她们更好地接纳自我的问题，解决不了她们更好地去处理跟家庭、跟雇主矛盾的问题，也解决不了她们未来发展迷茫和困惑的问题。我觉得这些都是人的一生中关乎幸福的最根本问题。既然解决这些问题这么重要，就应该有一套专业技术和方法，像医学、教育学一样，来协助我们更好地理解和掌握其中的技巧、方法和知识。所以我想，有没有一个专业，比教师更厉害，是专门做这个事情的？"②

1998 年，发生了三件事，进一步催化了"协作者"萌芽。

一件事是 1998 年"张北 110 地震"。在媒体任记者的"协作者"创始人被借调到灾区救灾，这一次，他要面对的不是 60 多个扫盲的打工妹，而是负

① 李涛、李真：《农民工：流动在边缘》，当代中国出版社，2006。

② 李涛：《信念与现实——基于协作者的本土实践（二）》，协作者云社工。2022 年 4 月 20 日，https：//mp. weixin. qq. com/s/WoghtvdbqhybFQM6Pe5PhA，最后检索日期：2023 年 10 月 20 日。

责两个县 30 多个村庄的灾后重建和紧急救援工作。

> “怎么建房子呢？我自己都不懂盖房子，在那个地方如果完全靠自己，我可能几天都活不下来。地震之后，水源减少，我也不知道该去哪里找水。但农民们祖祖辈辈都生活在这个地方，他们活下来了。他们告诉我，历史上还有一些更恶劣的极端灾害，他们都活下来了。尽管他们不认识字，但具备本土智慧和能力。因此，我要更好地完成救灾任务，必须相信并依靠他们。
>
> 所以，我鼓励当地农民参与，组建了不同的小组，包括分配建材、盖房子、做饭、后勤等。每个小组经常开会，制定相应的规则来落实这些事情，效果非常好。大家齐心协力，修路、架桥、打井、盖房，改良农作物的品种，优先帮助村子里的孕妇和老人在上冻之前盖房子。在灾区那三年里，我重新认识到了弱者的力量。正如‘协作者’所说，每个‘弱者’都有力量，每个生命都有尊严。这不仅仅是一句口号，而且是一个客观事实。即使再弱小的人，如果他们获得充分的信任和尊重，并为其创造组织化的平台，那么他们蕴含的智慧和能力就会爆发出来，转化为建设社区、改变社区的巨大力量。”①

这些思考成为“协作者”组织理念“团结协作 助人自助”的最原始的实践来源。

第二件事是 1998 年，中华女子学院邀请创始人担任学院社会工作督导。“我发现真的有这样一个专业，来更好地处理人和人、人和社会的关系，更好地让人完善自我、认识自我，更有自信、更有能力地去追求更美好的生活，建设更美好的社会。我感觉到，天地之间像有一束光，把我的整个人生照亮了。”②

---

① 李涛：《为什么要培育打工青年成为社会工作者（一）》，协作者云社工，2023 年 8 月 14 日，https：//mp. weixin. qq. com/s/L9Wsj7e3xj7iTrNn5FESGg? poc _ token = HB _ nMWW jkjhoq1FRqf33CEjEl7uPCuicXbxIeR41，最后检索日期：2023 年 10 月 20 日。

② 李涛：《信念与现实——基于协作者的本土实践（二）》，协作者云社工，2022 年 4 月 20 日，https：//mp. weixin. qq. com/s/WoghtvdbqhybFQM6Pe5PhA，最后检索日期：2023 年 10 月 20 日。

第三件事是1998年，清华大学创建NGO研究所，"协作者"创始人经常受邀参加研究所组织的NGO沙龙活动，使其对第三部门有了系统而深入的了解。

> "社会组织非营利性、社会性和自愿性的特点，使其更适合促进边缘群体更好地团结起来，实行自主服务。我在想，可不可以把社会工作的专业方法跟社会组织的组织载体结合起来，有组织地、系统性地去回应农民工的需求，去推动中国城市化的健康发展。
>
> 当时社会上流行一种说法，认为中国没有真正的社会组织，所谓的社会组织要么是半官方的GNGO，要么是处于婴儿阶段，治理能力有问题、发展不规范、缺乏专业技术、人员不稳定、财务不透明……而其中一个重要的解决办法就是需要向国外学习。
>
> 而我们认为，社会组织必须建立在本土有需要人群特别是困难群体的实际需求上，以自发自愿参与为基础，以满足本土社区服务需求为发展导向，在积极学习借鉴国际经验的同时，还应该积极在实践中创新总结适用于自身发展要求的本土经验模式。这仅有良好的意愿是不行的，还需要将意愿转化为有策略的行动。正是在这样一个背景之下，我们决定发起成立协作者。"①

### （二）基于社会责任的思考

社会组织的使命在于解决某个影响深远的社会问题，由此构成存在的社会基础。2003年春天，创始团队在上述情感认识和实践探索基础上，最终形成了"协作者"未来所要推动解决的社会问题的理性思考。

#### 1. "协作者"要解决的社会问题

"协作者"认为，全球化对中国最大的影响是城市化进程加快，大量农民进入城市成为"农民工"，他们在为我国的经济、社会和文化发展做出巨大贡献的同时，也面临着诸多挑战。而作为流动人口个体，在家庭收入改变和个人见识增加的同时，也承载了越来越多的健康、教育和心理压力，付出了权益难

---

① 李涛：《我们愿做一名"协作者"——从"协作者"的转型看支持性组织的使命与功能》，《北京社会组织杂志》2015年第1期。

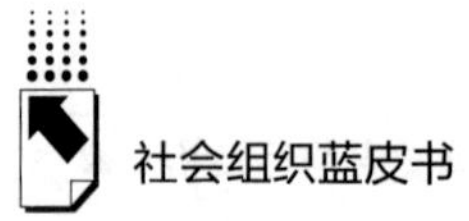


以保障、家庭两地分隔等代价。

“协作者”认为，中国已经进入人口高速流动的社会，未来的中国，每个人都有可能成为流动人口，每个人都将生活在流动人口构成的社区。当下在农民工群体身上发生的制度差异和社会排斥，如果不能得到解决，未来将会出现在每个中国人身上。因此，农民工的问题实际上是我国各类民生问题在高速流动的社会变迁下，在该群体身上的聚集性体现。流动人口问题是中国社会转型的核心问题，不仅包括农村向城市的流动，还包括城市之间的流动，而农民工是社会开放后流动在最前面的人，是替我们承受苦难的人，在该群体身上的任何服务创新和治理突破，都会惠及每一个中国人。如何建立一个尊重每个个体的差异、各群体相互接纳包容的社会，不仅关系流动人口问题的解决，更关系中国社会未来能否和谐发展。

“协作者”认为，社会工作是以实践为基础的专业，是促进社会改革和发展、提高社会凝聚力、赋权并解放人类的一门学科。社会工作是伴随工业化而萌芽、伴随城市化而兴起的，是人类应对城市化和工业化造成的社会问题的专业自觉。经过100多年来的发展，针对全球化时代背景下的流动人口问题，社会工作从理念、理论到方法技巧，为我们提供了系统的专业解决路径。反观人类历史，城市化进程与社会组织建设息息相关，反思社会工作发达的国家和地区，其重要特点就是社会组织发达，因为社会工作的应用和发展需要借助社会组织，而社会组织则是推进社会参与的实体，社会组织的不断发展将推进中国现代社会治理体系的建设和发展。然而，无论是社会工作，还是社会组织，都处在初级阶段，难以回应社会发展需要。①

2. 导致该问题的原因

“协作者”认为，长期的二元结构社会体制，使城乡两个群体分割得太久远，直接表现形式是流动人口的社会保障、社会保护、社会支持、社会参与，乃至其子女公平教育的权利和资源的缺失，其直接原因是现有的静态的行政化主导的传统社会管理和服务，已经远远不能适应高度流动、分层的社会结构需求，而以社会工作赋权增能为核心的专业服务体系和以社会参与为核心的社会组织体系

① 李真、李涛、刘倩等：《社会工作服务农民工的功能与角色》，《广东工业大学学报》（社会科学版）2013年第3期，第10页。

尚未能建立。在这背后更深层的原因则是社会文化和社会心理的隔阂与冲突。前者需要社会政策和社会服务的建构，而后者则需要几代人的文化整合。

3. 解决该问题最大的瓶颈

“协作者”认为，传统的发展理念与手法是社会管理低效、服务资源投放无效的主要原因。其最大的弊端是忽略服务人群的潜能，忽略社会参与的组织意愿和技术变革。农民工长期被视为廉价劳动力，成为被管理被服务的对象，他们的能动性被压制，参与意愿被排斥，显而易见的事实是，如果我们不能转变发展理念和方法，不重视服务人群的直接参与，任何部门和组织都无法为数亿之众的群体提供有效服务。

尽管社会各界逐步加大了对流动人口的关注和服务力度，然而，这些关注和支持依然是“自上而下”的，流动人口成为“被服务者”，某种程度上其边缘地位正在因为缺乏服务参与而不断被强化；而社会组织特别是草根组织的处境与流动人口极其相似，尽管社会认为社会组织非常重要，对社会组织“能力差”“不规范”“效率低”的指责却日益严重，公益服务以直接的物质救助为主要手法，以满足“捐赠者”的捐赠要求和“资金问责”为导向，而忽视服务者的尊严与组织发展的需要，回避推动社会变革的公民责任的担当。社会组织成为“被能力建设者”“被监管对象”，而能够给其提供支持的资源掌握者自身往往缺乏草根视角与实务能力，社会组织特别是草根组织的边缘地位如同农民工一样，在“关注与支持”的名义下被不断强化。

因此，“协作者”创始团队从情感和责任两个角度去定位即将诞生的“协作者”：

> “从情感来看，我们都有着来自农村生活的切身体验，深知故土乡亲养育的艰辛与我辈反哺的义务。从责任的角度，我们认识到，仅靠一个‘协作者’的服务是不够的，一个机构再有能力，其服务范围也是有限的，而当我们不能有效教育公众影响社会，不能带动一个行业的发展，那么我们的服务价值将大打折扣。”①

---

① 李涛：《我们愿做一名“协作者”——从“协作者”的转型看支持性组织的使命与功能》，协作者云社工，2015 年 3 月 24 日，https：//mp. weixin. qq. com/s/LIHYhndxuxoYDc-VeQ_neA，最后检索日期：2023 年 10 月 20 日。

基于以上背景，“协作者”决定选择以中国社会转型时期最核心的城市化和流动人口问题为介入点，确立了以流动人口、社会工作者和草根组织为主要服务对象，秉持“团结协作 助人自助”的服务理念，团结社会各界，协同合作，运用社会工作专业方法，在回应服务对象现实需求的同时，协助其在服务参与中由受助者成长为助人者，并在实践中总结提炼本土经验，推动社会工作和社会组织的发展，最终实现“每个人不再因为地域、职业、文化和性别的差异而遭受歧视，都可以怀抱着尊严和梦想，自由地行走在大地”的组织愿景，从而成为赋权“弱者”、增能“草根”、推动社会融合的“协作者”。

## （三）确定使命定位

“协作者”将使命定位分解为三个要素：一是愿景，即组织的终极理想，希望给这个世界带来的改变；二是理念，即组织的价值观和判断体系，它指导团队如何看待问题并做出行动选择；三是使命，即组织为实现愿景所扮演的主要角色和采取的主要策略。基于上述情感与责任两个角度，“协作者”创始团队制定了机构的使命定位，并在每次制定组织发展战略规划时定期回顾，适当调整。

1. “协作者”的愿景

2003 年创办时组织确立的愿景为：“我们力求使农民工获得基本的社会公正，不再因为性别、职业和城乡差别而遭受歧视，每一个人都可以怀抱劳动者的尊严和梦想，自由地行走在大地。”

2010 年，在制定第三个组织五年战略发展规划时，“协作者”对愿景当中的“农民工”以及“性别、职业和城乡差别”等概念，做了进一步界定。认为，未来每个人都有可能成为流动人口，应还原“农民工”作为“人”的身份和需要，因此将愿景精简为：“每一个人都可以怀抱着尊严和梦想，自由地行走在大地。”

2. “协作者”的使命

2003 年创办时的使命：“协作者致力于流动人口社会工作服务创新，提升服务人群助人自助的能力，倡导社会融合，推动本土社会工作与社会组织建设。”

2010 年，在制定第三个组织五年战略发展规划时，该使命调整为："通过服务创新、政策倡导和专业支持，使包括流动人口在内的服务对象，在参与中从受助者成长为助人者，实现自我价值与社会价值的统一，进而总结提炼本土经验，推动本土社会工作和社会组织发展。"该演变的过程，体现了"专业支持"在达成愿景中扮演着越来越重要的角色。

2022 年，"协作者"在制定第五个组织战略发展规划时，对使命进一步做了修订，确定为："通过服务创新、教育倡导和专业支持，使包括流动人口和草根组织在内的受助者成长为助人者，推动社会工作和社会组织发展。"

3. "协作者"的理念

2003 年创建时确定的理念为：基于相信包括流动人口在内的社区人群具有团结互助、自我解决问题、谋求幸福生活的愿望与能力，"协作者"以"团结协作 助人自助"为组织服务理念，与社会各界人士相互团结，协同合作，让服务对象在接受帮助的同时培育其自我解决问题和帮助他人的能力，在为服务对象提供帮助的过程中也提升机构本身的发展能力。始终将自己定位为社会融合、社会工作建设与社会组织建设的"辅助者""推动者"。

2022 年，在制定第五个组织战略发展规划时，"协作者"对理念的描述做了精简，调整为：基于相信"每个生命都有尊严，每个弱者都有力量"，我们以"团结协作　助人自助"为理念，做一名推动边缘群体和草根组织发展的"协作者"。

经过 3 个月的筹备，2003 年 2 月 28 日，"协作者"宣告成立，在当时的环境下由于找不到业务主管单位，在工商部门注册为企业，以获得法人治理的地位，名字为"北京市协作者文化传播中心"，创始团队希望即使在有限的条件下，也要做最大的组织规范建设的努力，使"协作者"作为本土社会组织的先行者，成为"团结协作　助人自助"的典范。

## 二　我们在一起做什么：建立服务体系

一个组织仅有美好的愿景是不行的，还需要将愿景转化为有策略的行动。这是"协作者之问"需要澄清的第二问题："我们在一起做什么"。

服务策略取决于价值取向。传统服务视角把服务对象看作问题群体、弱势群体，将服务对象的问题单一归因于服务对象自身在认识和能力上的问题，采用的策略以掌握资源的精英为服务对象提供帮扶服务为主。

“协作者”助人自助的服务理念，建立于社会工作基本信念下的优势视角，将服务对象视为具有改变意愿和潜能的参与者、建设者——不仅是自我服务的参与者、建设者，个人生活的参与者、建设者，也是社会工作专业的参与者和建设者。“协作者”团结协作的服务理念，建立于“人在情景”中的系统视角，强调人和环境的相互关系，强调多元决定论，认为无论是农民工还是草根组织，都置身于系统中，服务对象的问题不只是服务对象自身认知和能力的问题，还包括其所在环境系统的影响，既包括微观的家庭环境，也包括中观的社区环境，还包括政策、文化等宏观社会环境。如果只服务于个体，而不推动环境的改变，那么就没有办法真正实现“人与环境”的良性互动。

基于以上认识，“协作者”在筹备阶段，经过大量的调查论证和实践，确立了三大服务目标，建立了“三位一体”的服务体系。

## （一）“协作者”的服务目标

“协作者”将愿景分解为三个具体的目标。

### 1. 推动流动人口的社会参与

开展社会工作专业服务，协助流动人口实现从受助者到助人者的转变，不仅有能力解决自己的问题，而且可以参与社区建设，参与社会表达。

### 2. 推动社会发展理念与技术变革

开展教育倡导，转变社会对弱势群体的传统认识；推动社会服务由自上而下、物质救助的传统模式转变为多元参与、助人自助的专业模式，社会治理更加注重目标人群的参与。

### 3. 推动社会工作与社会组织建设

开展专业支持，在实践中总结提炼专业技术经验，进而为政府、社会组织和社区提供专业支持，促进本土社会工作和社会组织发展。

## （二）“协作者”的服务体系

“协作者”围绕三大目标，确立了“服务创新—教育倡导—专业支持”三位一体的服务策略，即以深入社区的社会工作服务为基础，同步开展行动研究，研究成果一方面作为政策倡导依据，协助政府完善社会政策；另一方面作为服务创新经验，支持其他社会组织和社会工作者的专业建设，以系统性地推动社会问题的解决。具体分解为三大业务、九个领域的服务。

1. 服务创新

运用社会工作专业服务理念和手法，通过具体的服务创新手段，回应流动人口紧迫的权益保护、健康安全、文化教育和职业发展等现实需要，并以服务为载体，鼓励推动流动人口的直接参与，在使其享受社会工作专业服务、解决其具体困难的同时，培育其自我服务与服务社会的能力，由受助者成长为助人者。具体包括困境救助/紧急救援、社区服务和能力建设等三个领域的服务。

2. 教育倡导

以公众教育为载体，在促进社会各群体对流动人口的理解和接纳的同时，提升流动人口的自我表达和社会表达能力；开展需求评估和社会调查，了解服务对象的需求和看法，为倡导和服务提供依据；在服务过程中开展行动研究，并鼓励服务对象参与到研究进程中，将自己对社会问题的看法和建议纳入研究报告中；进而通过研究报告发布、专题研讨会开展、媒体推广、图书出版等方式，在倡导社会政策更契合服务人群需求的同时，影响社会公众更好地理解和接纳流动人口，更好地参与支持社会组织和社会工作建设。具体包括公众教育、调查研究和社会对话等三个领域的服务。

3. 专业支持

在服务实践基础上总结提炼适用于我国本土的专业服务和组织建设经验，进而在专业服务和社会组织发展薄弱的地区推广复制"协作者"模式，并通过培训和督导为其他社会组织、政府部门和社区部门提供专业技术支持，培育青年社会工作人才和社会组织领袖人才，推动本土社会工作服务创新与社会组织建设。具体包括培育孵化、监测评估和试点示范等三个领域的服务。

### （三）"协作者"的重点项目

"协作者"依托"服务创新—教育倡导—专业支持"的服务体系，建立项目化服务体系，各项服务均以项目化运作实施。

自成立以来，“协作者”承接实施各类项目500多个，逐渐形成了多个品牌项目，多次获得全国性奖项及入选权威书籍，其中，“农民工新市民意识与新生活能力建设服务项目”荣获民政部“首届全国优秀专业社会工作服务项目评选活动一等奖”；“社区探访快车——边缘流动人口社区教育服务与流动探访快车服务项目”被世界银行第二届中国发展市场评选为“中国最具创新性的100个扶贫项目”之一，并荣获民政部“全国优秀志愿服务项目与志愿者工作案例评选一等奖”；“牵手行动——孤寡老人与流动儿童社区照护服务项目”荣获民政部“全国优秀志愿服务项目与志愿者工作案例评选二等奖”；“流动人口社会融合服务与行动研究项目”被民政部和李嘉诚基金会“大爱之行”项目办公室评为全国20个重点示范项目之一；“从微观到宏观——金融危机下的农民工社会工作综合干预服务项目”荣获北京市民政局“首届优秀社会工作服务案例评选一等奖”；“农民工抗疫救援行动项目”荣获北京大学和香港理工大学联合授予的第九届“林护杰出社会工作服务项目奖”；“社会支持视角下困境儿童三社联动社会工作精准救助项目”荣获全国百优社会工作服务案例；“北京市社会组织发展服务中心建设与运营项目”探索出具有全国引领示范性的“政府主导、专业运营、社会力量广泛参与”的共建、共创、共享的平台运营模式，运营经验被多地民政部门借鉴引进到当地平台的建设工作中，项目经验案例被中央党校（国家行政学院）作为教学案例，并被收录到《社会组织蓝皮书：中国社会组织报告》。

在“团结协作 助人自助”服务理念引导和“三位一体”服务体系支撑下，“协作者”的服务项目普遍呈现出赋权增能取向、整合性干预和持续性服务等三大特征，以协助农民工为代表的服务对象从“问题群体”“弱势群体”转变为参与社区建设的“新市民”“志愿者”（见图1）。

**1. 服务创新项目案例：从“打工者写给打工者的一本书”，到“骑手讲给骑手的一堂课”**

针对农民工难以适应城市生活，而传统的培训注重技能忽视综合能力、注重专家经验脱离农民工实际的现实，“协作者”在2006年启动了“农民工新市民意识与新生活能力建设暨社区服务项目”（以下简称“新市民项

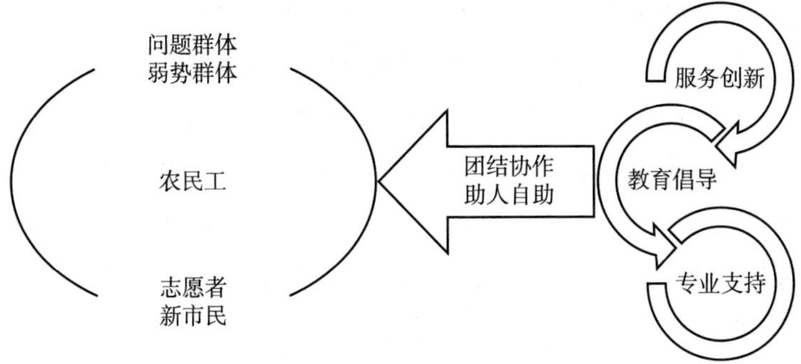


**图 1　"协作者"服务体系示意**

目"），历时 3 年，在友成基金会支持下，针对居住在北京城乡结合部和建筑工地的农民工开展系列参与式能力建设，以安全生产、城乡文化、人际关系、亲子教育、健康就医和法律法规等城市生活常识培训为载体，辅以人生价值、职业规划、新市民常识等通识教育，在提升农民工适应城市生活基本能力的同时，树立农民工的健康意识、发展意识、法律意识、公益意识等新市民价值观。项目同时跟进包括社区发展与社区融入、个案咨询与社会救助等在内的社会工作专业服务，培育社区领袖和项目推广者，每周末定期组织社会工作者、志愿者开展社区发展、系列社会工作成长小组、个案咨询与辅导、城市融入、健康体检与教育等系列专业社区探访服务。该项目使超过 1 万名农民工直接受益，社会工作者招募有多年务工经验的农民工志愿者开展农民工融入城市生活系列社会工作成长小组活动，以小组活动为载体，鼓励组员分享提炼城市生活经验，编写出版了《农民工城市新生活自助手册》，被出版界誉为"第一本打工者写给打工者看的实用指导手册"，项目荣获民政部首届全国优秀专业社会工作服务项目一等奖。

"新市民"项目产出的成果持续发挥作用，被很多职业技术学校作为教材参考。2019 年，"协作者"联合微软发起"数字技能赋能"公益项目，通过与职业教育院校合作，提供计算机技术技能专项培训、职业与生活综合素质能力培训，对接 500 强优质工厂实训，为家庭困难学生提供实习补贴及辅导支持，促进职校学生职业发展及教师教学能力提升。其中，综合素质培训所用资料便借鉴了《农民工城市新生活自助手册》。

近年来，借助互联网技术而快速兴起的“共享经济”模式正在改变着劳动者的就业形态。骑手作为新就业形态劳动者，在为人们创造美好生活的同时，也面临着各种挑战，尤其是职业特性造成的安全风险。对骑手的研究和服务不仅关系该群体的利益，也关系中国式“共享经济”的可持续发展。为此，2021 年 1 月，“协作者”与“壳牌中国”联合发起“骑手关爱行动”社会工作专业服务项目，项目采取了“协作者”“服务创新—教育倡导—专业支持”三位一体的服务策略，一是整合多方资源，构建社会支持系统，开展包含交通安全、健康支持、心理减压、社会支持网络建设、骑手子女服务和紧急救援等关爱服务，多元回应骑手作为“全人”的需求；二是项目产出的《骑手生存与发展需求报告》，被财新杂志、工人日报等多家知名媒体报道，报告形成的问题与建议被全国工商联办公厅《工商动态》采纳，被工商联系统及相关单位落实在骑手服务中；三是项目借鉴当年“新市民”项目的经验，联合交通安全专家培育骑手志愿者发掘本土经验，形成“一堂骑手讲给骑手的安全课”系列课程，以短视频方式多渠道地面向骑手群体推广传播，截至 2023 年 7 月，播放量超过 1347.6 万次。

2. 教育倡导项目案例：从工地演出到登上国家级大剧院①

“我们都是在外地打工的，知道翠花做工摔伤了，来看看她，我们几个姐妹凑了点钱，二虎你可别嫌少啊，一定收下……”这是 2007 年 9 月 8 日，在长安大剧院大型民众戏剧《一个民工的美丽期待》演出中的一幕。台上表演的是农民工，台下坐的是高校的大学生、政府干部和企业高管等观众。这出戏剧中的故事全部来源于真实经历，并且是由农民工自编自演的。剧中的二虎与翠花虽然只是一对普通的进城打工的农民夫妻，然而他们代表的却是中国 1 亿多的农民工。

“每一个人都可以成为演员，每一个人的经历都可以成为剧本。”2006 年，为消除城市主流人群与农民工群体之间的社会文化心理屏障，“协作者”启动以农民工直接参与的系列公众教育项目，将民众戏剧艺术手法与社会工作成长小组、教育倡导相结合，以“民众戏剧剧场”为小组载体，鼓励农民

① 李真主编《从微观到宏观——流动人口社会工作服务项目案例集》，中国社会出版社，2017。

工在肢体表达、语言表达、艺术表达的自我体验过程中，分享彼此的经验、审视自我价值与社会生活，开展全国巡回展览和演出，以图片展、民众戏剧、现场对话等方式鲜活直观地展现农民工群体的生存状况和问题，还原农民工从"廉价劳动力"到"人"的真实。其中，2006~2007年，农民工原创自编自演大型民众戏剧《一个民工的美丽期待》登上长安大剧院，并在南京大行宫会堂、珠海人民会堂、清华大学、中国青年政治学院、西单图书大厦、三联书店、南京先锋书店等高校、剧院和公共文化场馆进行演出，超过10万名企业高管、政府干部、城市市民和大学生等观看。活动引起社会广泛关注，《人民日报》《光明日报》《新华日报》《中国日报》《中国青年报》以及中央电视台等30余家媒体对此进行了报道，上百家媒体进行转载。其中，中央电视台《焦点访谈》栏目作了专题报道，被业内人士誉为"公益倡导的巅峰之作"。这之后，"协作者"平均每年推出一部服务对象参与编演的民众戏剧，推动社会各阶层对农民工群体的理解和接纳，项目创新出农民工直接参与、社会工作专业与民众戏剧手法相结合、促进多方平等对话的公众教育模式。

早在2003年"协作者"创立之时，便成立了劳工文艺探访队。这是一支由农民工志愿者组成的义务演出队伍，以农民工喜闻乐见的文艺方式普及宣传各类文化知识，曾经在"非典"期间为工地民工演出，普及防疫知识，缓解疫情带来的紧张气氛；在北京地铁10号线建筑工地，与市政公司团委共同对工地工人进行慰问演出，普及职业安全健康和劳动权益知识；为打工子弟学校白血病患儿义演筹款；在首都图书馆向市民用文艺展示打工文化……他们克服各种困难，从相声、小品、快板，最终走上大舞台。

3. 专业支持项目案例：从"向日葵计划"到"协作者学堂"

"上班时是高速运转的机器，下了班是躺下的机器，这不该是年轻人应有的生活。"一位工友的话道出了新生代农民工心灵深处的呐喊。如何践行社会工作的核心价值观实现助人自助，如何挖掘服务对象参与的主动性和潜能，回应新生代农民工自我价值实现和精神层面归属的需要，使其从流水线"廉价劳动力"还原为社区人的角色？带着这些思考，2010年8月至2011年10月，"协作者"在珠海斗门新青工业园——一个具有10万流动人口的工业区开展了"农民工企业社会工作向日葵成长计划"项目（以下简称"向日葵计划”)。该项目充分贯彻了“协作者”助人自助的服务理念，整合了多年积累的赋能弱势群体的专业经验，通过帮助来自流水线的工人学习理解社会工作价值观和服务理念、基本的服务手法与程序，参与工业区的志愿服务，培育流水线工人从受助者成长为助人者。共有 11 名流水线工人参与“向日葵计划”，经过 1 年的试验，其中 3 名工人相继通过国家社会工作者职业水平资格考试，取得助理社会工作师职业资格。该项目荣获广东省优秀专业社会工作服务项目二等奖。

如何让以“助人自助”为核心价值的社会工作专业走出“围墙”、走进社区，成为公众尤其是弱势群体也可以学习和建设的专业，在改变自我命运的同时，成长为投身公益服务的专业社会工作者？这是“协作者”自成立以来一直用行动追寻的命题。2020 年新冠疫情突发之后，“协作者”决定在“向日葵计划”基础上启动“协作者学堂”社会工作教育项目，面向有志于投身公益而又缺乏资源与学习机会的打工青年，提供三年的全脱产社会工作专业学习与实践机会，培育其成为投身公益、推动社会发展的社会工作专业人才，使“弱者”实现助人自助，使公益发展有人才可用。经过三年的试验，“协作者学堂”已经打造出适用于社区困弱群体和草根组织学习与参与社会工作的教育模式，除了面向打工青年的培育，针对儿童开设了公益少年营，让儿童可以从小学习社会工作知识和公益知识，以及面向缺少人才的社会组织开展社会工作助力计划，协助社会组织培养社会工作人才。

## 三　我们的做法有效吗：价值评估体系

监测评估是社会组织做好服务成效管理和组织可持续发展的重要措施。“协作者”在创立之初即提出了“我们的做法有效吗？”的“协作者之问”，并带着该思考，在实践中建立了一套完善的组织评估系统。

### （一）全流程的监测评估体系

传统的公益服务项目监测评估，以问责取向为主，其特点是带着问题视角审查项目，其方法是单向的、教条的，注重书面证据，通过大量的资料审查和财务审计规避风险，需要社会组织投入很多的精力去维护这套书面材料系统。

支持性监测评估是“协作者”多年来在实践中探索出来的以参与服务实践为载体，以有效服务民生和提升组织能力为导向、以多元化专业能力建设手法为保障的成长取向的评估模式。①

1. “协作者”将评估视为服务管理的组成

“协作者”依据社会工作通用过程制定了科学的服务流程，规定无论针对个人、家庭、团体还是社区的服务，均应进行包括事前需求评估、过程性监测评估和事后成效评估在内的全流程评估，且要组织服务对象、志愿者和社会工作者等相关方参与到评估中来，否则该服务计划将难以通过督导的审核，以此保障了服务对象的意见不仅被看见和听见，而且能够影响到服务决策，使“助人自助”成为可能。

2. “协作者”将评估视为能力建设过程

“协作者”的评估在发现问题的同时，要求多角度评估服务对象的优势，并在评估中与服务对象建立专业关系，鼓励其参与到评估中，培养其参与表达需求与意见的能力，增强自信。为此，“协作者”启动“发声计划”，培养农民工及其子女掌握民众戏剧、绘画、摄影、写作等多元化的表达技巧，鼓励以适合他们的方式表达对教育、安全、生计、融入等需求和问题的看法。“需求评估”由此成为赋能困弱群体社会表达、实现公众教育的重要服务手段。同时，“协作者”结合评估中发现的问题和经验，跟进对工作人员、实习生和志愿者的督导支持。

3. “协作者”将评估视为政策倡导的过程

“协作者”将评估与研究结合，将评估成果通过研讨会、论证会等方式与多部门共享，既避免了重复调研导致的资源浪费，又实现了政策倡导。如，“协作者”利用评估研究产出，组织开展“政社合作下多方联动儿童保护服务模式调研与论证会”；参加国务院妇儿工委办公室、民政部儿童福利司、农业农村部等部门组织的政策改革座谈会，从社会工作和社会组织角度提出政策建议；参与民政部《儿童社会工作服务指南》起草制定工作；联合其他社会组织共同推出《儿童公益组织行为准则指南》《一线儿童工作者能

---

① 李涛：《共创公益新生态：“公益 1+1”资助行动的实践研究报告》，载黄晓勇主编《中国社会组织报告（2022）》，社会科学文献出版社，2022。

力素养与行为准则指南》，倡议和指导更多公益组织加入儿童保护工作规范化建设。

4. “协作者”将评估视为组织建设的过程

“协作者”服务成效衡量指标和团队能力建设相结合，无论何种服务，其成功与否均需符合“协作者”制定的三个评估维度：一是能够切实使服务对象受益，实现项目目标；二是能够使参与服务的社会工作者、志愿者受益，实现成长目标；三是能够总结提炼出有推广价值的经验教训，实现推动专业发展的目标。“协作者”要求所有的项目结束时，除了项目总结报告，还要完成三个任务，一是案例研究性质的项目案例报告，二是记录各方参与者亲历经验的口述史性质的专题通讯，三是影像纪录报告，从而使评估价值最大化贡献于发展社会工作专业和公益行业的使命。

除了对服务活动和项目评估，“协作者”还建立了面向机构工作和团队成员的多方参与的360环评制度，每半年开展一次全员评估，每年针对年度工作目标开展年度工作评估，每3~5年开展阶段性战略评估。多维度的评估工作，不仅保障了服务成效，而且规范了组织内部治理，并为提升团队成就感和提高组织公信力发挥了重要作用，真正做到了以评促建。

## （二）将价值理念转化为可衡量的评估标准

通常，对于单个项目/服务活动的评估较易，而适用于贯穿组织发展历程的、各类服务活动的评估方法很难；对体现服务数量和范围的量化评估较易，而制定能够反映价值理念的质性评估指标很难。

“协作者”创造性地突破了以上两个瓶颈。

“协作者”核心价值源于组织服务理念“团结协作 助人自助”。“协作者”认为，有效的服务理念不仅能够指导服务，而且可以通过具体的服务工作转化为服务成效，因此，也能够成为衡量服务工作的评价指标，从而保障组织服务和发展不偏离价值导向。

为此，“协作者”将核心价值分解为包括2个一级指标，4个二级指标，8个三级指标的评估指标体系，要求“协作者”的服务活动/项目的指标设计均应围绕“团结协作 助人自助”的指标体系，其成效评估均应看该服务活动/项目回应指标体系的程度（见表1）。

**表 1　"协作者"核心价值评估指标**

| 一级指标 | 二级指标 | 三级指标 | 评估方法 |
| --- | --- | --- | --- |
| 团结协作 | 主流人群参与志愿服务 | 服务对象的社会资本扩大程度 | 社会交往关系图,评估问卷,访谈 |
| | | 主流人群参与志愿服务的数量 | 活动记录表,志愿服务人次统计表 |
| | 主流人群与服务对象共同参与服务 | 服务对象链接资源能力/协作信心提高程度 | 前后测问卷,访谈 |
| | | 主流人群对服务对象协作的认识/改变程度 | 前后测问卷,访谈 |
| 助人自助 | 服务对象自助能力提升 | 服务对象问题解决的程度 | 评估问卷,访谈 |
| | | 服务对象自我解决问题能力/信心提高程度 | 前后测问卷,访谈 |
| | 服务对象参与助人服务 | 服务对象参与志愿服务的数量 | 活动记录表,志愿服务人次统计表 |
| | | 服务对象志愿服务的能力提高程度 | 前后测问卷,访谈 |

资料来源：《协作者组织文化制度手册》。

## （三）"协作者"服务成效

### 1. 服务创新成效

20 年来，"协作者"累计为超过 141.8 万人次农民工及其子女、孤寡老人等困境人群提供了各类专业服务，协助其走出困境，建立自信，发展自我，服务社会。在服务中培育了 17459 名志愿者，其中 60%以上是从服务对象成长起来的志愿者，并有 10 名农民工通过国家社会工作者职业水平资格认证考试，成为专业社会工作者，创新出"助人自助"的农民工社会工作服务模式。

社会工作服务的本质是"生命影响生命"。"协作者"的价值成效不仅是改善困弱群体的生活质量，更重要的是使其有尊严地掌控自我的命运，有能力参与到社会发展中。

**成长案例：农民工也可以成为社会工作者**

吴志葵，湖南凤凰人，流水线女工，2009 年参与珠海协作者志愿服务，成为“向日葵计划”学员，通过全国社会工作者职业水平考试，从流水线女工成长为社会工作师，目前任珠海协作者社工部主任。2015 年荣获第四届“广东社工之星”称号，2022 年获得珠海社会工作“十年服务纪念奖”。

我的成长是“协作者”社会工作服务下打工群体的一个缩影。

2007 年高考结束，我成了一名打工者。刚出来打工的时候，我渴望参加成人高考，能学习电脑知识。但我身边的同事都没太大的学习动力，我的期望和梦想也随着在工厂上班、下班、吃饭三点一线的忙碌和单调、枯燥的生活，慢慢地被磨灭了。

2009 年，我认识了珠海协作者。最初参与珠海协作者的“向日葵计划”时，我只希望可以接触更多的新事物，可以学习和成长。但我工厂的上司怕影响工作，不理解也不支持我参与“向日葵计划”。在失落和无奈中，我决定退出。项目负责人杨玳瑁当时给了我很大的鼓励：“不管我们做什么，总会遇到一些困难，但在遇到困难的时候，需要我们勇敢地去面对它。只有敢于面对困难，敢于面对自己，才能够解决困难。你要相信自己。”

虽然这样简单的话当时并不能让我立即成功改变上司的想法，但在心理上给了我很大的鼓励。最初，我直接和上司面谈，后来又给上司写了一封电子邮件表达了自己的想法，经过一番波折，我最终得以参与“向日葵计划”，并在 2011 年通过考试，成为一名合格的社会工作者之后我进入了珠海协作者工作，负责“工友大家乐”等青年工人服务，为喜欢文艺的工友们提供一个展示的平台，帮助打工朋友提升当众表达的自信。因为工业区此前没有开展过类似活动，我们组织了一些打工朋友和志愿者讨论如何开展服务，并把服务持续开展起来。到现在，“工友大家乐”品牌服务仍然在珠海多个工业园区开展。

在多年服务的过程当中，我接触到很多处于底层的打工朋友，看到他们其实有服务他人的意愿，也看到通过我们社会工作者点滴的努力，他们参与公益带来的一些改变。我也能够从他们身上感受到自己的工作价值。正是这样的一些经历和感受，一直支持着我继续走在公益这条路上。（吴志葵）

**成长案例：坚持的理由**

王瑞海，河北人，曾经做过送水工、保洁员、煤球厂工人，2003 年“非典救援”时结识“协作者”，2007 年作为志愿者参与南京协作者筹建，取得社会工作师职业资格证书，成长为一名兼具服务、实习生督导、项目管理等综合能力的优秀社会工作者，目前任南京协作者社会工作督导。

我曾经是一名送水工、保洁员、煤球厂工人、影楼摄影助理；因为对高等学府有着强烈的向往，多次骑着自行车在清华大学校门口徘徊；为求学，两个月靠方便面、馒头充饥，却始终不忘记心中那份精神食粮。一份稳定且收入相对不错的工作曾是我的最大目标。

一切从 2003 年“非典”时期的那个夏天开始发生改变。那时，我是一名保洁工，北京协作者的社会工作者和志愿者为我们送去了口罩、体温计，一向在陌生人面前不善言辞的我，第一次主动与志愿者打招呼，感觉像看到亲人一样。也是那次，让我了解到在城市里还有专门关注我们打工者的人。

后来，我在北京找了一份摄影助理的工作，并成为北京协作者的志愿者。在那里，我萌发了像社会工作者那样开展摄影兴趣小组的想法。

这个想法得到了机构社工督导李真老师的肯定和鼓励，他们帮我完成了我的第一份系列摄影兴趣小组计划书，而且我在不了解社会工作的情况下，直接参与了社会工作小组活动。从不了解、不懂到接触、运用，协作者这个团队给了我最大的支持。

2007 年，南京协作者成立，我和其他同事一起来到南京，开始探索南京本土农民工社会工作服务模式，经历了一次次地被误解、一次次地挫折流泪，南京协作者的服务模式终于被政府、社会公众认可了。

在南京协作者成立的同时，我也有了自己的家。可是，因为两地分居，妻子多次和我发生争吵。很多时候，我觉得自己快要崩溃了。每到这个时候，我都会向机构的老师求助，他们给了我很多建议。到现在，我的家庭生活更加幸福美满，也有了二宝。

在流动儿童服务方面，我们把最开始的摄影小组升级为“社区小记者”，组织儿童通过采访居民了解社区问题与需求，并提出建议。在这些经验基础上，我们还开展了“公益少年营”，培育流动儿童认识和参与公益，参与社区建设。在这个过程中，我们最大限度地激发每个人的潜能，让每个孩子都成为最好的自己、最好的家人、最好的邻居、最好的公民。我想任何一个人都希望自己生活在一个平等、自由的社会，社会工作在促进人们追求平等、自由的生活中发挥着非常关键的作用。我对社会工作的坚持就是因为心底找到了归属，自己觉得社会工作是对的方向，也看到自己和服务对象在不断成长。（王瑞海）

2. 教育倡导成效

20 年来，“协作者”开展了包括民政部委托的课题研究在内的 54 项调查研究，发布《社会工作人才服务农民工问题研究报告》《基层社会治理中的社区、社会组织与社会工作互动机制研究报告》《农民工幸福状况调查研究报告》《金融危机对农民工影响研究报告》《中国留守儿童家长研究报告》《打工妈妈健康状况调查报告》《社会工作视角下的中职生职业发展需求评估报告》《骑手生存与发展需求报告》等多个研究报告；参与了《社会工作服务项目绩效评估指南》、《社区社会工作服务指南》、《全国社会工作者职业道德规范指引》、国家职业大典社会工作职业定义、全国社会工作者职业水平评价标准、促进民办社会工作机构发展意见、政府购买社会工作服务项目意见、关于促进农民工融入城市社区的意见等多项社会政策和行业标准的起草制定工作；构建“协作者文库”，出版了《流动与融合》《工殇者》《流动人口社会工作实务手册》《从微观到宏观——流动人口社会工作服务项目案例集》等 9 本书籍；组织召开了“全国农民工职业安全与健康权益保障研讨会”“全国农民工公共政策改革与服务创新研讨会”“首届全国农民工社会工作服务创新研讨会”等 10 多次全国性研讨会议，农民工和流动儿童代表出席会议，并做大会主旨发言，开辟了由“被研究的对象”坐在主席台上作为主角全程参与的研讨会，创新出以服务对象为中心、多方参与的社会对话模式。

3. 专业支持成效

20 年来，“协作者”为全国超过 7.65 万名政府干部、社会工作者、社区工作者、社会组织工作者及志愿社团领袖/志愿者开展了专业培训。受民政部门、妇联和基金会等部门单位委托，对超过 300 个社会组织服务项目进行支持性监测评估工作；受北京市妇联委托，设计了市级示范妇女之家创建评估指标体系，对北京 160 个市级示范妇女之家创建单位进行评估与能力建设；受北京市民政局委托，设计完善了农村典型示范社区创建评估指标体系，并对北京134个农村社区进行典型示范社区创建评估工作；承接北京市社会组织发展服务中心支持平台的运营管理，为全市4000多家市级社会组织提供专业支持；与全国30多所高校合作建立社会工作专业实践基地，为上千名高校学生提供了专业实践机会和专业督导服务，持续推动青年社会工作学生投身社会工作发展。

4. 社会影响

"协作者"被民政部评为首批全国社会工作服务示范单位；被全国妇联授予"全国三八红旗集体"称号；创新的"助人自助的农民工服务模式"荣获第二届中国社会创新奖；两次荣获北京大学和香港理工大学联合授予的"林护杰出社会工作服务项目奖"；"协作者"的组织模式不仅被成功复制推广到长三角地区、珠三角地区、山东半岛和中西部地区，而且培育支持了上千家社会组织；包括中央电视台、人民日报、新华社、财新、南方周末在内的媒体，对"协作者"及其服务活动开展了1590篇报道。

5. 专业影响

"协作者"从六个方面对本土社会工作服务与社会组织建设作出了创新：第一是创新了服务理念，扭转了农民工作为"被服务者"的传统服务理念，树立了"团结协作、助人自助"的服务理念。第二是创新了资源整合方式，充分发挥社会工作资源整合的专业功能，注重多方参与，不仅注重协调政府、企业和社会组织以及志愿者的力量，更加注重农民工群体本身的参与资源，有效满足服务人群实际需求并带动不同主体参与项目服务。第三是创新了专业服务模式，将农民工的救济性服务和发展性服务结合起来，突破了传统服务的单一模式，以多元化的项目服务满足农民工的多样性需求，并以专业服务为平台促进农民工社会参与能力、社会表达能力和社会融入能力的建设。第四是创新了政策倡导模式，突破传统项目只注重具体服务而忽视研究、倡导与推广的局限，注重将服务实效与政策倡导结合起来，注重将矛盾调处与反映服务人群利益诉求结合起来，注重将项目经验总结与社会组织推广相结合，发挥了服务者、倡导者、研究者和推广者的多重功能。第五是创新了项目管理模式，突破了传统项目管理局限于项目周期和活动瓶颈，而是注重将项目规划与组织发展规划、项目发展与组织发展、项目服务质量与机构专业能力建设结合起来，从而形成一个有机的项目生态系统。第六是创新了组织建设模式，将民办社会工作机构组织建设建基于创新性的解决社会民生问题、推动本土社会工作专业发展的基础之上，围绕机构使命制定组织发展战略规划，严格依照规划来开展组织建设和服务设计，重点建立组织者与志愿者、服务对象平等参与、共同成长的组织文化，形成了以组织使命为核心，以战略规划为指引，以组织文化为保障，在行动中反思、在反思中成长的组织生态系统。

“协作者”的创新具有三个明显特征：一是持续性的创新，通过创新不断解决遇到的问题，形成持续发展的动力，使创新成为组织的本质特征；二是集成性的创新，通过多种创新形成合力，增强解决社会问题的能力，形成多个创新性的平台和品牌，探索出了服务、倡导与专业支持互动等服务模式；三是模式性的创新，重在形成可以推广到其他地方的社会工作模式，从而推动我国本土社会工作服务和社会组织建设创新。

## 四　我们将向何处去：组织战略规划

战略是决定组织各项活动和决策的一致性和方向性的统一主线。战略规划是一系列帮助组织作出根本性的决定和选择重要的行动的规范过程，从而定义和指导一个组织是什么、做什么和为什么做。“协作者”从创立之日起，每3~5年制定一次组织发展战略规划，至今已经实施了五个组织发展战略规划，也构成了“协作者”的五个发展阶段。

### （一）第一阶段（2003~2006年）：探索服务创新与政策倡导相结合的服务模式

该阶段，“协作者”主要开展了三方面工作。

**1. 以直接服务为载体，培育服务对象“助人自助”的能力**

“协作者”在该阶段成立新市民之家、社区儿童之家、社区教育探访快车，组织社会工作者和志愿者开展生活扶助、能力建设、权益保护、社区照护等系列社会工作专业服务活动，在回应包括农民工、流动儿童及孤寡老人现实困难的同时，提升服务对象应对生活危机、保护合法权益、融入社区生活的方法和技巧，并逐步成长为服务社区的志愿者。

**2. 以公众教育为载体，促进社会各群体的相互接纳**

"协作者"鼓励打工青年和流动儿童作为志愿者，用图片、诗歌、演讲、戏剧等方式表达自己的需求与梦想，并与城市居民交流。其中，《一个民工的美丽期待》农民工原创自编自演大型民众戏剧，在长安大戏院公开演出，并在全国巡回展览演出。

**3. 以调查研究为载体，在倡导社会政策关注农民工需求的同时，提升农民工社会对话能力**

"协作者"开展农民工职业安全与健康权益状况调查、农民工公共政策需求调查、农民工幸福状况调查等调查研究工作，培训农民工掌握调查技巧和方法，鼓励农民工参与到调查中，并在调查研究成果基础上创建了"协作者文库"；与国家安全生产监督管理局、民政部、农业部、卫生部等部门合作举办了"全国农民工职业安全与健康权益保障研讨会""农民工公共政策改革与服务创新研讨会"。至此，探索总结出服务创新与政策倡导相结合的社会组织服务模式。

## （二）第二阶段（2007~2010年）：探索志愿者培育与组织推广相结合的组织建设模式

"协作者"在该阶段通过选择我国具有代表性的农民工聚集地域，推广复制北京协作者模式，检验北京协作者模式在不同地域的可行性的同时，总结提炼推广经验，推动当地农民工社会工作专业服务与社会组织的发展。

2007 年 5 月，应南京市当地学者和民政局邀请，北京协作者模式被复制推广到长三角地区，建立了长三角第一家以服务农民工为主的民办社会工作机构——南京市协作者社区发展中心。南京协作者在原有模式基础上，经过 3 年努力，创造出以流动儿童为服务切入点，进而深入家庭、带动社区、促进社会融合的农民工社会工作服务模式。

2008 年 12 月，应珠海市民政局和当地企业邀请，北京协作者模式被复制推广到珠三角地区，建立了国内第一家致力于企业社会工作的民办社会工作专业机构——珠海市协作者社会工作教育推广中心，整合政府、企业、社会组织三方资源，通过企业社会工作服务培育具有社会工作理念的新生代农民工志愿者，构建工业区农民工支持系统。该模式被民政部称为“我国内地社会工作专业人才队伍建设的第四种模式”。

2010 年 6 月，北京协作者突破双重管理制度限制，在北京市民政局正式注册为民办非企业，成为北京市第一家兼具服务性、倡导性与支持性的市级民办社会工作专业机构。由此证明了北京协作者具备的专业推广价值。

### （三）第三阶段（2011~2016年）：探索“服务创新—教育倡导—专业支持”三位一体的综合服务模式，引领行业发展

该阶段，北京协作者除了继续开展农民工服务和倡导工作外，还将工作重心放在专业支持领域。自 2010 年开始，北京协作者以主要协办单位的身份协助市民政局开展了“政府购买社会组织公益服务项目推介展示暨资源配置大会”，为首都 400 余家社会组织、1500 余人提供了直接服务；受北京团市委委托，北京协作者培育建立“东四协作者社区青年汇”，探索专业社会工作者引领青年志愿者、专业社会工作机构引导社区志愿者组织的社区青年志愿者服务模式。

2012 年，北京协作者启动“社会工作者助力计划”和“社会组织助力计划”，为社会工作者和社会组织提供专业支持；并作为第三方专业组织受北京市民政局、首都慈善联合会、东城区社工委、北京市妇联等组织委托，持续对其开展的购买服务项目开展第三方监测评估工作，探索出支持性监测评估模式。

2013~2015 年，受北京市民政局委托，北京协作者在朝阳区东风乡开展“三社联动”试点示范工作，并根据试点经验完成民政部委托的研究课题。北京协作者与东四街道建立了第一家镇街层面的支持平台——东四社会治理支持中心，开始全面支持其他街乡的社会治理工作；受东城区民政局委托，培育孵化东城区社会工作者联合会；受北京市民政局委托，承接北京市农村示范社区创建评估工作，对 12 个区县 134 个农村社区进行评估。

2015 年，北京市民政局将原为事业单位的北京市社会组织发展服务中心委托给北京协作者管理运营，对全市社会组织提供年检辅导、政策咨询、培育孵化和资源配置等服务，由此开启了政社合作推动社会组织管理创新之路。

2016 年，协作者在 13 年儿童服务经验基础上，全面启动社区儿童之家——“协作者童缘”建设工作，在打造自然、简约、优雅的服务环境的同

时，将儿童社会工作赋权增能和人与环境等核心理论与手法融入社区儿童服务，从自我、家庭、社区、社会四个维度开展服务，建设"四位一体"的儿童社区教育服务模式。目前，"协作者"已在全国建立了 9 个童缘中心。其中，北京协作者童缘被北京市妇儿工委作为全市儿童之家培育示范基地，为全市儿童之家建设提供专业支持。

2016 年 12 月，"协作者"模式被引进到山东半岛，青岛协作者社会工作发展中心成立。青岛协作者采取了由北京协作者培育当地社会工作者、联合当地力量的建设模式，即青岛当地社会工作者到北京协作者实习培养，之后带着北京协作者成熟的技术和资金，前往当地，在当地政府和学界的支持下注册成立。在该模式中，北京协作者负责提供技术和资源支持，双方签署合作协议，将协作者品牌授权青岛协作者使用，而理事长、法人和管理者均由青岛本土人士担任，独立运营。

### （四）第四阶段（2017~2021年）：构建服务困境儿童及其家庭、培育草根伙伴的支持平台

"协作者"在 2017 年启动第四个组织战略发展规划，整合过往经验，重点围绕流动人口社会融合、困境儿童救助、社会组织领袖和社会工作者培育，进一步探索规范化、专业化、标准化和精准化的服务和支持模式。受 2017 年大兴火灾触动，在该阶段，北京协作者紧密围绕"草根支持"的核心目标，为困境人群、社会组织赋能。通过"协作者公益少年营""困境儿童自助图书馆"等项目持续培育困境青少年成长为志愿者；启动"协作者学堂"，为有志于投身公益而又缺乏资源与学习机会的打工青年提供社会工作专业学习机会；发布《打工母亲健康状况调查报告》《贫困农民工春节返乡状况调查报告》《脆弱与潜能——疫情下农民工家庭调查报告》《骑手生存与发展需求报告》等多个困弱群体生存需求调查报告，传递服务对象声音；2020 年新冠疫情突发，继非典救援行动后，时隔 17 年，"协作者"再次依托三位一体的服务体系，紧急启动了农民工抗疫救援行动；针对草根组织受疫情影响生存困难的需求，"协作者"发起"公益 1+1"资助行动，携手北京春苗慈善基金会、万科公益基金会、北京泰康溢彩基金会多家基金会共计资助儿童服务、老年人服务、可持续社区环境建设等领域社会组织 410 万元，并在提供资金支持基础上为其提供专业技

术支持，协助其面对疫情冲击，支持他们更好地服务有需要的困难人群。

2009年，北京协作者获得了第一笔政府购买服务资金2万元，到2017年北京协作者启动第四个战略规划时，政府购买服务收入占比超过90%，因此，北京协作者将建立多元化筹资体系作为第四个组织发展战略目标之一，启动“困境儿童自助图书馆”网络众筹、“协作者之友”月捐计划，加强了与企业和基金会的合作，在第四个组织战略规划结束时，机构收入构成调整为政府购买与基金会资助各占45%、企业和社会捐赠占10%的状态，保证了机构总体运营健康发展的需要，组织管理体系得到进一步优化。

2019年，在江西省民政厅支持下，北京协作者支持两名江西籍社会工作者返乡创业，成立江西省协作者社会工作发展中心。江西协作者扎根农村社区，开始农村社会工作探索。

### （五）第五阶段（2022~2027年）：赋能困境人群和草根组织，促进社会团结，发展草根公益

“协作者”在2021年1月21日启动第五个战略规划的编制工作，于2022年8月确定了北京协作者2022~2027年组织五年发展战略目标、策略性工作手法和三年工作计划。未来五年，面对百年未有之大变局，“协作者”的总体战略目标是：构建赋能困境儿童及其家庭、打工青年和草根组织的社会支持网络，促进社会团结，发展草根公益。具体包括困境救助、流动人口服务、打工青年和草根组织赋能、促进社会对话和提高组织治理能力等六个方面。

## 五　我们从哪里来：构建组织文化

什么原因导致两个同时期成立、具有相似愿景使命、同等发展基础的社会组织，在未来发展中产生了巨大的差距，哪个拐点改变了它们的轨迹呢？基于该思考，“协作者”在成立十周年的时候，提出了第五个“协作者之问”：我们从哪里来？

组织文化是组织发展形成、能够以各种形式流传的要素。“协作者”认为，任何发展都建立在过去构成的历史界面上；一个组织不仅要看到未来，还要清楚自己的过去，最终形成可传承的组织文化，“历史给我们力量，并创造

未来"。这也是组织可持续发展能力建设中最具挑战的部分。

"协作者"从以下七个方面进行组织文化建设。

一是建立机构文化形象。将机构无形的愿景、价值观和使命，形成有形的、可传承、可记忆的文字符号，记录到组织章程、管理制度、项目文件、宣传资料、T恤衫和办公室墙上……同时，机构根据相关政策法规和组织章程，明确了定期检视组织使命定位、修改使命定位的程序等管理办法，保障使命定位不会因为偶然因素而被随意更改。

二是建立团队文化回顾程序。"协作者"会在定期团队建设中，鼓励大家回顾和分享彼此与机构的历史故事，将"协作者"的历史故事转化为组织文化记忆：我为何加入"协作者"，我在"协作者"经历了什么，我理想中的"协作者"……从而实现个人和组织的文化融合，塑造为共同的梦想而在一起的组织文化。

三是建立机构大事记制度，记录机构发展进程中的里程碑事件。

四是建立工作专题通讯制度。"协作者"从成立之日起，即制定了"协作者之友"专题通讯编辑出版制度，平均每月一期，不仅宣传服务活动，还鼓励机构工作人员、志愿者、专家、实习生、合作伙伴和服务对象撰写案例、回忆文章和工作手记，将精神和历史流传给后来者。

五是建立文化敏感性，定期评估组织的文化氛围。包括建立"桌面谈事沟通原则"，保持机构开放坦诚的文化氛围；培养批判性思维，学习多元文化知识，鼓励大家以建设性原则反思差异，建立平等接纳的文化意识。

六是建立组织伦理守则。"协作者"以参与式工作方法，组织大家结合工作案例，广泛征求意见，借鉴学习各地社会工作专业伦理手册，制定了《协作者工作人员伦理守则》，从而超越文化知识和文化意识，形成文化能力。

七是注重隐性知识管理。"协作者"认为，只有拥有良好的组织文化，制度才会从纸面转化为现实，管理才会从控制转化为自觉，先进经验才会传承下来。相对于制度建设，文化建设属于隐性知识管理，渗透于组织的每个行为细节。对此，"协作者"鼓励成员结合行为特征，开展团队文化画像，将团队文化归纳为：人性（以人为本，注重情感），朴实（为人朴实，工作务实），勤奋（勤勉努力），专业（认真，精益求精），参与（团结协作，尊重他人），反思（批判性思维）等六个要素。

> “如何加强专业建设始终是社会组织关注的焦点，因为‘专业’是有效服务的技术保障，但很多人将专业片面地理解为技术层面的方法技巧。其实，专业能力建设只是组织建设的一个部分，社会工作服务要想发挥专业成效，必须依托有效的组织平台，这就涉及组织治理、团队管理、战略管理、项目管理等诸多要素的有机互动。有实习生曾满是疑惑地问我，为什么一个不起眼的小组活动，‘协作者’也要反复召开评估会、筹备会，具体到需要几张纸、桌椅该怎么摆放、签到会出现什么问题……我告诉他：这就是‘协作者’专业建设的‘秘密’——‘专业’作为‘协作者’的核心能力之一，不仅是专业知识，还是做任何事情都要精益求精的专业精神。”①

对于公益组织尤其是以社会工作专业为主体的社会工作机构，人本主义是组织文化的哲学基础。“协作者”认为，人是组织最核心的要素，不仅是服务对象，还包括组织中的每一个工作者。

> “‘勤奋’是‘协作者’团队文化之一，‘协作者’工作很辛苦，甚至很‘拼命’。然而，‘协作者’每年至少拿出20天以上的时间开展能力建设，促进个人和团队的成长；无论工作多么紧张，‘协作者’工作人员只要有需要，都可以随时请假，都可以依据自己的需要设定请假时间。这些年来，‘协作者’先后支持5名同事带薪参加香港理工大学的MSW学习。当一名同事请假时，另一名同事会毫无怨言地顶上去；当某项工作没有人能够顶起来时，机构管理者就会顶上去……有人问我：你不担心大家因此而占便宜吗？我说，‘协作者’团队没有这种人，这种人即使进来了也不会待太久。‘协作者’一直坚守着当年关于团队人力资源建设的一个承诺：在漫漫的黑夜中，总有一双手可以紧紧相握，总有一双手可以给彼此温暖。”②

2010年，北京协作者在民政局正式注册为民办非企业，全面开启政社合

① 李涛：《让梦想扎根——一个民办社会工作机构的十年——“协作者”故事》，《中国社会工作》2013年第9期，第12~15页。

② 李涛：《让梦想扎根——一个民办社会工作机构的十年——“协作者”故事》，《中国社会工作》2013年第9期，第12~15页。

作时，“协作者”创始人在庆祝文章中写道，“如果有一天，当我们面对他人的痛苦而不觉，面对弱者的泪水而无动于衷，我们就会成为一个官僚机器，看似程序严谨、专业规范，而内心冰冷、僵硬，这样的组织毫无存在的意义。”

2023 年 2 月 28 日，“协作者”创始人在纪念协作者成立 20 周年的文章中写道：“今天，站在 20 年的节点上，我问自己，‘协作者’是否成为 2003 年春天那个想成为的‘协作者’？我们是否还是那群面对他人的苦难而眼中有泪的人？答案是肯定的，也是沉重的。”

这就是“协作者”的“秘诀”——人性与情感。社会组织管理除了达成宏大的组织服务目标之外，还有更多具体的、微观的，需要被珍视的但也容易被忽略的因素：社会组织工作者自身对于生命意义的探索。

> “置身在这个庞大的全球化、机械化、商业化的时代中，我们期待重新找回内心深处那份最软柔的东西，那份东西其实构成了生活最基本的意义和价值。此时此刻，我们依然要重温‘协作者’起航时的誓言：
>
> 我们是社会工作者，都有着来自基层生活的切身体验，深知付出与回报的关系，深知故土乡亲养育的艰辛与我辈反哺的义务。我们愿意以毕生的努力将我们的理想付诸实践，做好人，做好事——无论艰难的过去，还是美好的未来。”

至此，通过五个“协作者之问”，“协作者”构建了“愿景管理—战略管理—项目管理—服务管理”组织治理体系，使愿景理想，通过规划和理念，转化为理性的行动（见图 2）。

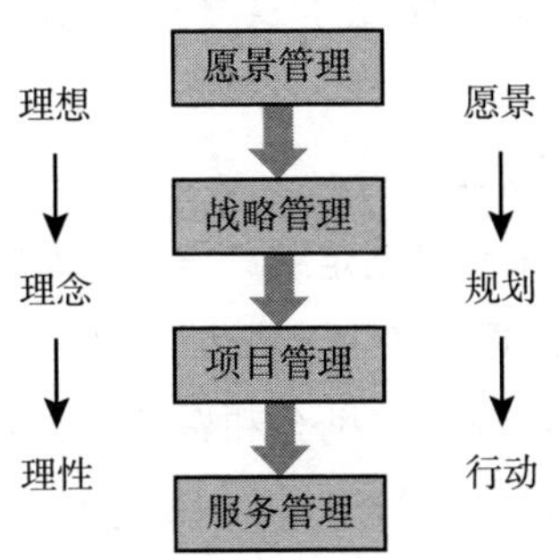


**图 2 “协作者”组织治理体系示意**

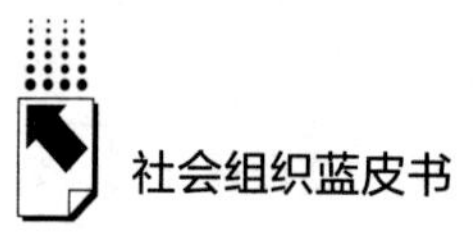


## 六　总结：发展组织核心能力

组织存在于系统中，既包括外部环境系统，也包括内部治理系统，由此构成影响“协作者”可持续发展之路的两大因素。

### （一）内部治理因素

组织治理的重要目标是建立组织核心能力，即从组织创始之日起，在长期实践中的文化、知识、技能和资源的积累，由此组合成的一个综合组织体系，是组织独具的，与他人不同的一种能力。“协作者”将20年来的核心能力归纳为六个方面。

1. 清晰的使命定位

组织总是处在变化中，如果不能变化，组织则会萎缩。这是因为社会总是处于变化之中，一方面社会组织必须保持对社会变化的敏感性，另一方面社会组织需要有清晰的价值标准分析和判断变化，做出最有利于达成专业使命的选择，而非陷入短期利益陷阱。通过分析“协作者”发展历程可以发现，“无论是挑战还是诱惑”，“协作者”20年来始终坚持推动流动人口社会融合，促进社会工作和社会组织发展的使命定位，坚持“每个弱者都有力量，每个生命都有尊严”的价值信念不变，即“团结协作 助人自助”这8个字的组织理念没有变过。相反，疫情影响、新就业形态和相关政策发生变化，导致服务对象处境更为艰难，资源方对相关社会组织的服务资源支持急剧减少时，“协作者”反而加强了困境救助服务。正是清晰的使命定位，并坚持履行组织使命，有策略的行动，使“协作者”建立了良好的公信力，获得了广泛的认同和支持。

2. 明确的组织发展战略规划

反观“协作者”20年来坚持制定组织发展战略规划，通过规划着眼未来，成为指导组织管理和服务的重要工具，帮助“协作者”将有限的资源得到更有效的利用，避免危机，发现新的机会和资源，并指导“协作者”保持自主性，避免被资源方操控。“‘协作者’决定开展每一个服务活动、每一个项目的时候，我们必定会问问自己，它和我们的战略目标有关系吗？”

现实中，社会组织要么没有战略规划，要么不知道为什么要做战略规划，要么专家或其他组织代为制定战略规划，导致规划与实际两张皮，或者难以转化成服务行动。对此，"协作者"坚持采取参与式规划方法，每次规划均成立由中心主任牵头领导的战略规划领导小组，邀请不同领域的政府领导和专家为团队成员开展相关主题培训和咨询，为战略规划编制提供参考。但规划始终遵循"参与式规划"的原则，采取"全员共创—分组讨论—大组汇报讨论—战略规划领导小组集中讨论，共同完善"的方式，使制订战略规划的过程成为团队成员重新理解服务对象与机构的过程，反省机构发展方向、服务手法的过程，每个成员定位自己在机构中的角色的过程，最终成为"我们自己的规划"。

3. 持续不断的能力建设与文化建设

"协作者"认为，任何有责任感的社会组织其发展的目的都是更好地服务有需要的人群，更好地达成使命，而非只是组织自身规模的做大做强。因此，团队能力建设不仅是组织建设的手段，更是一种责任、一种使命，必须跳出组织者小团队能力建设的概念，是涵盖着组织者、服务人群、志愿者与合作伙伴的"大团队能力建设"，不是局限于几次培训，而是贯穿于日常服务的全过程。

在该认识的指引下，"协作者"在成立之初即提出了"组织者与志愿者、服务对象共同参与、共同成长"的能力建设理念，一是在评估体系中设立了服务对象受益、团队成员成长、发展专业/行业的综合评估维度，将服务成效与能力建设有机结合，"在实践中反思，在反思中行动，在行动中成长"。二是建立了专业督导体系，通过一对一督导、小组督导、书面督导等多元方式为社会工作者提供情感和技术支持。三是建立了专家培训、同伴教育、外出学习等多元化的培训体系，其中相继支持 5 名工作人员带薪完成了香港理工大学社会工作专业硕士学习。

正是建基于清晰的使命定位的持续不断的能力建设和文化建设，"协作者"始终保持着专业创新的活力。

4. 以赋权增能为导向的项目选择机制

"协作者"各项服务均以项目化运作实施，按照《协作者项目管理指引手册》的规范、要求实施管理，保障项目质量。

"协作者"之所以通过项目化方式开展服务，首先是因为项目化运作有利于整合日常活动开展系统性服务，便于服务与规划的统一，有利于持续解决宏观层面的社会问题；其次，项目有一定的实践性、规范性，便于评估管理；并且项目化运作管理便于经验的整合与推广以及品牌化，扩大影响力；再次，项目化运作涉及项目设计、实施管理、评估、资源整合等多方面工作，有助于机构自身专业能力的提升；最后，当前政府购买服务以及基金会资助或社会化筹资均以项目化运作，机构内部项目化运作也有利于机构申请资源支持。由此，项目化运作不仅服务于服务对象，也提升机构的可持续发展能力。

即使公益服务项目，对缺乏权能的弱者而言，也存在负功能的风险。反观“协作者”开展的各类项目，始终注重服务对象自身的参与和主体性，让服务人群自身的潜能得到发挥。这是因为“协作者”将“助人自助”的增强权能理论视角纳入项目管理机制，即“协作者”在开展某个项目时，不只看该项目能够满足服务对象的生活需要，还要具备两个目标：一是项目能够鼓励服务对象参与进来，协助服务对象发掘其内在潜能，增强其自主性，而非因为“被服务”更加弱化；二是项目能够消除阻碍服务对象发展的环境因素。反之，即使该项目有再多资源，“协作者”也会慎重考虑。

5. 以服务对象为中心，多方参与的资源整合模式

多方参与是社会治理的基础，资源整合是社会工作专业方法。反观“协作者”发展历程，其是在团结协作理念指引下多方参与、资源整合的协作过程。无论是抗疫救援行动，还是公众教育，“协作者”最大限度有效地整合了政府、媒体、企业、高校以及公众等多方资源和力量，在此过程中，服务对象始终是核心，一是“协作者”围绕服务对象需求推动各方合作，整合资源，实现社会参与、社会团结和社会融合；二是将多方合作、资源整合作为扩大服务对象社会资本、建立社会支持网络的策略，围绕如何发挥服务对象自身蕴含的巨大能动性开展资源整合，以发挥资源的最大效应。“无论怎样形式的合作，都应以案主（服务对象）利益最大化为准则，社会工作者应最大化地整合政府、企业与社区的参与，兼顾多方利益，但当多方利益发生冲突的时候，社会工作者的唯一准则是回归其专业使命，那就是维护社会公正，促进社会公平发展”。①

---

① 李真、李涛、刘倩等：《社会工作服务农民工的功能与角色》，《广东工业大学学报》（社会科学版）2013 年第 3 期，第 10 页。

找不到"服务对象"也是当下很多社会组织面临的窘境。"协作者"认为，社会组织最大的合作伙伴并不是资助者，而是服务对象。由此，"协作者"构建了广泛的群众基础。曾有很多人好奇地问农民工为什么这么信任"协作者"，陪伴了"协作者"20年的农民工张占军说："我们和'协作者'是生死之交，在非典那么危险的情况下，人们都躲着我们，只有'协作者'的人来找我们……"2007年，"协作者"到南京创业。第一次活动只来了一对母子，工作人员依然严格依照服务要求认真完成了活动。"有人就奇怪，'协作者'为什么要这样做？我说：'无论是只有一个服务对象，还是上千人参加的活动，我们都要提供全心全意的高质量服务。'就是这样坚守，3年后，南京协作者的服务人群已经拓展到2000个家庭……"①

6. 服务创新、教育倡导与专业支持相结合的战略服务体系

社会组织的本质是服务社会，"有行动才会有改变"，反观"协作者"的战略服务体系，正是以坚持不懈的行动为基石，形成了近乎完美的有机闭环。而"创新"在"如何做得更有效"的探索中，自然而然地产生。

### （二）外部环境因素

在"协作者"筹备时，创始人画了一幅象征"协作者"未来的理想图，图中有一群大雁，在乌云、大海和狂风巨浪间抱团飞行，但远方是太阳。"协作者"认为，虽然环境充满挑战，但这是一项正确的事业，前途是光明的。

"协作者"认为，其发展受益于改革开放。

改革开放的重要变化就是政府和市场、社会的分离，这既是中国改革的目标，也是改革进一步解放生产力、促进发展的动力。改革让社会组织作为第三部门介入社会治理，从制度上成为一种可能，这种可能表现为社会准入与市场准入两个方面。

社会准入首先是登记注册的准入，"协作者"成立于2003年，但直到2010年才在民政局正式注册。"协作者"能够获得合法性，受益于国家对社会组织双重准入许可制度的改革，2009年，民政部出台了《关于促进民办社会

---

① 李涛：《让梦想扎根——一个民办社会工作机构的十年——"协作者"故事》，《中国社会工作》2013年第9期，第12~15页。

工作机构发展的通知》，提出了如果民办社会工作机构在登记注册时找不到“婆婆”，可以由民政部门直接主管。这是一个重大的改革，不仅为社会组织颁发了“出生证”，也为公众更多元地参与社会服务和社会治理颁发了准入证。

其次是市场准入。这里所说的市场并非商业市场，而是指以市场化机制进行公益资源配置的方式。对于“协作者”，有两个标志性的事件。在 2010 年之前，“协作者”主要依靠基金会和企业的资助，年度收入基本在 100 万元之内；2019 年这个数字接近了 1000 万，其中政府购买服务占了一大半。这得益于政府购买社会组织服务政策的出台和完善。2010 年，“协作者”登记注册后的第一个任务就是作为协办单位，协助北京市民政局开展政府购买社会组织服务项目暨资源配置大会。第二个标志性的事件是 2017 年“协作者”依托爱佑慈善基金会和爱德基金会启动了公募项目，这个变化得益于《慈善法》的颁布实施。

“协作者”之所以将这两个事件看作标志性的事件，因为它们不仅促进了社会组织的可持续发展，而且分别标志着国家公共财政分配方式、公众参与公益慈善方式的重大变革。这两个准入为社会组织“生下来”和“活下去”提供了保障条件，并促成了三个基本共识。

一是对社会组织的共识：承认社会组织是国家现代化建设的重要力量，而不是可有可无的补充。从 1995 年北京世界妇女大会，到 2016 年《慈善法》的颁布，这个承认是改革开放以来两代 NGO 人前赴后继的成果。

二是对社会工作的共识：承认社会工作专业人才队伍建设是推进社会治理现代化的国家策略。从 1987 年马甸会议，到 2006 年十六届六中全会提出建设宏大的社会工作人才队伍战略决策，到 2023 年中央社会工作部的成立。政府、教育界和实务界做了大量工作，促进了各界对社会工作的基本承认。

三是对社会参与的共识——承认公众参与协商共治是构成社会治理体系的基础。

尽管不同立场的利益相关方对以上共识的理解程度和角度不同，但在意识形态方面已经不可能退行回改革开放之前。

“协作者”受益于改革开放，也参与了改革开放：2009 年，“协作者”参与了民政部出台的《促进民办社会工作机构发展的指导意见》的修订工作；

2010 年，"协作者"作为协办单位，协助北京市民政局开启了政府购买社会组织服务工作。通过反思"协作者"的发展历程，可以发现社会组织管理制度的改革，一方面是来自政府的顶层设计，是政府自身有效服务民生、完善社会治理体系的需要和行为，另一方面是社会组织自觉寻求社会问题的解决促进社会发展的动力。

2004 年，"协作者"成立一周年时，机构创始人写下了这样一句话："我们有幸生活在一个改革开放的时代，我们不只是这个时代的见证者，还应该是这个时代的建设者。"

### （三）机遇与挑战

展望未来，机遇其实从 2006 年中央提出构建宏大的社会工作人才队伍就已经开始了，经过 17 年的顶层设计和民间行动，在两种逻辑的耦合作用下，我们迎来了新的机遇期，表现在顶层制度逻辑方面，标志性的事件就是中央社会工作部的成立，而作用于底层逻辑方面，则是专业信心的建立，如同 20 年前，"协作者"绘制的"理想图"。

挑战与机遇实际上是一体两面。随着对社会工作的重视，无论是相关部门还是社区，乃至公众，对社会工作服务机构的要求和期望都将越来越高，但能否给予"协作者"这样的民办社会工作机构相匹配的资金、政策和环境支持，会否存在以购买服务的方式使专业屈从于资方业绩的需要，而非服务对象的需求，这是需要警惕的。在内部，社会工作服务机构或假以社会工作名义的投机者更加逐利而影响社会对社会工作专业的认识。

这些因素传导到"协作者"，使缺少资金和人才依然是这个成立了 20 年的 5A 社会组织面临的主要挑战。这既有政府购买社会组织服务资金不足、资助型基金会凤毛麟角等公益生态不成熟的大环境的影响，也有"协作者"坚持"草根"特色，服务边缘群体的影响。多年来，尽管"协作者"的收入持续上升，但用于组织运营成本的比例并不多，而赋能困弱群体的项目往往服务周期长、见效慢、成本高、风险大，导致资源方不愿意合作，包括"协作者学堂"在内的多个核心项目长期缺乏资助，依靠社会工作者的志愿服务维持，这进一步增加了本已超负荷运作的团队成员的压力。另外，由于缺乏社会承认，工作压力大，收入低，接受专业教育的社会工作学生毕业后不愿委身社会

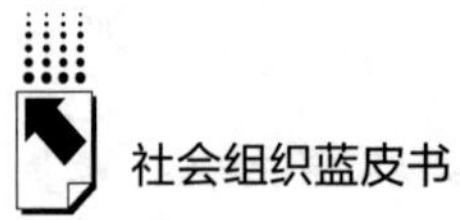


组织特别是草根组织。专业人才匮乏成为遏制类似于“协作者”服务边缘群体的社会组织发展的关键瓶颈。“我们正在陷入一个‘虚弱的繁荣’的怪圈：公益慈善以立法和教育的姿态进入主流话语，受过良好教育的知识精英不愿投身底层的慈善服务，而底层的服务对象缺乏参与的机会”。[①]

对此，一方面，“协作者”一直有心理准备，“草根组织将长期处于边缘化，这是由我们的使命定位决定的；我们的责任是让服务对象变得更强大。这些问题都不应该被视为‘困难’，而是前行道路上应该也必须解决的问题。如同当我们选择了登高远望，势必应在起点便知攀登的艰辛”。[②]

另一方面，“协作者”将在新阶段的战略规划中，加大“协作者学堂”项目的力度，“为基层公益事业培育专业人才，让社会工作教育走出围墙，回归社区，服务大众，奉献社会”。

2023 年 9 月 8 日，“协作者学堂”一期两名学员——在珠三角流水线工作了 12 年的女工蔡冬英，以及在北京务工超过 20 年的单亲妈妈张艳艳，顺利完成学业，投身社区，服务困境农民工及其子女。“协作者学堂”向两位学员赠送了鲜花和一份特殊的礼物——吊兰。这是“协作者”20 年前救活的两株被遗弃的近乎枯死的吊兰，如今它已经繁衍了 20 年。

这就是草根的力量。

---

① 李涛：《社会组织陷入“虚弱的繁荣怪圈”？有何表现？为何如此？如何突破?》，《爱德传一基金》2020 年 10 月 19 日，https：//mp. weixin. qq. com/s/4qBy3z5R4-92ZFZ3nW3qkA，最后检索日期：2023 年 10 月 20 日。

② 李涛：《前行，在生命的春天里——写给 1 岁的协作者》，《协作者之友通讯合订本卷首语》，2004 年。

B.17

# 我国机构养老服务高质量均衡发展研究

李君甫　吴 迪*

**摘　要：** 进入21世纪，我国步入老龄化社会，老年人口的不断增长也带来越来越多的养老服务需求，在家庭规模不断缩小、人口流动加剧的今天，机构养老是老年人养老的兜底保障，是社会化养老的主力军，具有引领示范意义，在我国养老体系中具有举足轻重的地位。促进机构养老的高质量发展，是关乎国计民生的大事。随着国民经济的不断发展和政府的大力支持，我国机构养老发展已取得长足的进步，养老机构数量和养老床位不断增多，越来越多的专业人才愿意进入养老机构，提升了机构照护能力，也为更多失能、失智老人的晚年生活提供了保障。然而，面对日益严峻的养老形势和老年人越来越多样化的养老需求，我国机构养老也面临更多的挑战，服务质量不高、人才队伍薄弱、区域和城乡差异明显等因素都制约着机构养老的发展。因而，整合现有资源，加大财政支持，引导鼓励社会各界力量推动养老机构更加适老化、均衡化和高质量发展势在必行。

**关键词：** 老龄化社会　机构养老　养老服务体系　适老化

21世纪以来，老龄化成为各国人口发展的普遍趋势，已经成为一个全球性的问题。早在2000年中国就迈入了老龄化社会的行列，目前中国的老年人

---

* 李君甫，北京工业大学文法学部教授，北京社会管理研究基地研究员，北京社会建设研究院执行院长，主要研究方向为社会政策、社会建设以及社会治理、城乡社会学；吴迪，北京工业大学文法学部研究生，北京社会管理研究基地研究人员。

口增速加快，同时也是世界上老年人口数量最多的国家。根据第七次全国人口普查的数据，2020 年我国 60 岁及以上人口为 2.6 亿人，占比为 18.7%，与 2010 年相比上升了 5.44%，而截至 2022 年底，我国 60 周岁及以上老年人口已超过 2.8 亿人，占全国总人口的 19.8%。① 其中，65 周岁及以上老年人达 2.1 亿人，占全国总人口的 14.9%。②

老年人的养老问题不仅关乎民生，而且深刻影响着国家的稳定持续高质量发展。因此，研究老龄社会、认识养老问题、提高养老水平、改善养老服务已刻不容缓。自 2019 年 3 月，民政部、财政部联合印发《关于推进养老服务发展的意见》，明确提出要推动机构养老服务高质量均衡发展，各地也陆续出台了相关政策措施来促进机构养老服务高质量均衡发展。机构养老服务是我国养老服务的重要组成部分，在养老服务体系中占有十分重要的地位，机构养老高质量均衡发展有利于更好地满足老年人对美好生活的追求，尽快解决现阶段养老发展不平衡不充分的问题。

## 一　发展机构养老的必要性

### （一）家庭结构的变迁和人口流动导致机构养老需求增加

一直以来我国老年人都是以家庭养老为主，而家庭规模的逐步缩小削弱了家庭的养老功能，很多老人的子女不在身边工作，导致空巢老人增加，居家养老已不能很好地满足高龄老人和失能老人等特殊老年人群的养老需要，使得老年人对于机构养老的需求不断增加。中国的主干家庭一直占据着主导地位，老人一般是与成年的子女共同居住，并且一对老年夫妇由三到四个子女共同赡养。而如今“四二一”的倒金字塔形结构（“祖父祖母+父母+子女”的模式）成为家庭结构的主流，在这种家庭结构中，老年人对于养老的

---

① 《第七次全国人口普查公报（第五号）——人口年龄构成情况》［TEB/OL］.（2021-05-11）［2021-12-16］，http://www.stats.gov.cn/tjsj/tjgb/rkpcgb/qgrkpcgb/202106/t20210628_1818824.html。

② 晏国文、曹学平：《医养结合型社会养老机构受欢迎》，《中国经营报》2023 年 6 月 10 日，第 14 版。

需要远远超过了家庭所能够提供的资源，这对于家庭养老而言，无疑是一种沉重的负担。家庭现代化理论认为，当社会现代化的进程不断被推进的时候，扩展的亲属关系纽带将被弱化，传统的家庭形态将变得更加松散，核心家庭将成为独立的亲属单元，这种变化必将导致代际（特别是亲子）之间的凝聚力随之减弱①。不断发展的经济、扩张的教育以及流动的职业和地域，促进了传统家庭结构的消解，② 导致家庭代际情感抚慰、生活照顾等支持功能逐步弱化。尤其是我国工业化和城镇化迅猛发展，越来越多的劳动力开始不断迁移，虽然从某种程度上来说，这些流动人口在经济上对父母的接济能力更强了，但老人的生活照料和精神慰藉也因此被忽视了。种种迹象都表明，传统的家庭养老模式已经不能适应当前的社会发展形势。而机构养老能够减轻子女的养老负担，为老人提供专业的护理和服务，既能让子女“省心”又能让老人“安心”，社会上对于机构养老的需求呈现不断上涨的趋势，机构养老已逐渐成为解决我国养老问题的重要路径。

## （二）机构养老是我国养老体系的重要组成部分

### 1. 机构养老的“兜底”功能

集中式机构养老是我国养老事业顶层设计下“居家为基础、社区为依托、机构为补充”的养老体系中一个重要的组成部分，其中的部分中低端养老机构承担着兜底的功能。我国大部分老人更愿意居家养老，也能够居家养老，社区也可以就近解决部分养老问题。然而，家庭结构的变化使部分老人已经很难在家庭中得到正常的照料，一些高龄、失能、独居老人无法靠家庭养老，公办养老机构就是他们安享晚年的唯一选择。根据我国“9073”的养老模式，居家养老和社区养老解决97%老年人口的养老问题，但居家和社区养老都无法满足特殊老年群体的养老需求。我国老年人口基数大、增长快，高龄孤寡的失能、困难老人也是一个庞大的群体，他们是整个养老体系的底线，只有满足他们的养老需求才能实现老有所养的全覆盖，拉高这条底线才能推动整个养老体

① Goode, W. J., *World Revolution and Family Patterns*, (NewYork: Free Press of Glencoe, 1963), p. 236.

② 杨菊华、李路路：《代际互动与家庭凝聚力——东亚国家和地区比较研究》，《社会学研究》2009年第3期。

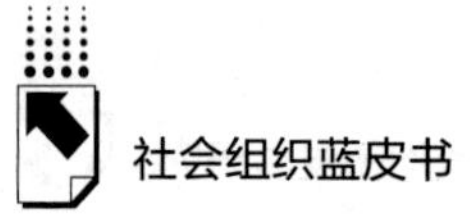


系的进步和发展。而对于硬件基础设施相对较差的社区，机构养老拥有很多适老化的设施与设备，弥补了无法在家庭、社区中获得养老服务的需求缺口，补齐了我们国家的养老短板，有效发挥了机构养老的“兜底”作用。

2. 机构养老的引领示范作用

不论从总量规模、结构功能还是服务水平等方面看，在我国的养老体系中机构养老都是不可或缺的重要组成部分，机构养老的发展推动着我国养老体系整体的发展。随着国家和政府相关改革政策的落地实施，养老机构的服务质量和服务水平都有了长足的进步，打破了人们对于养老机构的刻板印象，养老市场上也涌现出一批拥有更加优质环境和服务的高质量养老机构，为行业中的其他养老机构提供了成功范本。此外，在专业化服务、适老化发展等方面，机构养老更是为社区养老和居家养老做出了示范。在机构养老、社区养老和家庭养老的比较研究中，有很多学者都提出不同养老模式的老人对生活质量的总体评价差异并不显著，有关联影响的是老年人的主观幸福感。而老年人的主观幸福感受生理因素、心理因素和社会因素等多方面的影响，机构养老具有专业的护理技术，且一直在向适老化、智能化的方向发展，使得机构中老年人的身体健康、心理健康状况越来越好，老年人认为自己得到了很好的照顾，因此主观幸福度较高。研究表明，在健康状况和生活满意度评价方面，选择机构养老的老年人确实要优于和家人同住的老年人。例如谭海燕就在其对湖南某县 150 名老人调查中发现，就主观幸福感的总体水平而言，福利院养老高于居家养老高于家庭养老，因此她认为养老机构确实能为老年人提供最高的主观幸福感。[①] 徐霞通过对河南六市 21 所民办养老机构的 450 名老人进行调查后也发现，民办养老机构入住老人的主观幸福感较强，大部分的老人认为养老机构对他们照顾得很好。[②] 虽然这些地方性研究不能代表国内的普遍现象，但是可以部分说明机构养老有其自身独特的发展优势。此外，一些机构能够在为老年人提供基本的生活和医疗保障的同时，更加注重老年人的精神健康，通过举办各种活动来使老年人获得精神上的慰藉，这些都为居家养老和社区养老提供了可汲取的实践经验。因此，机构养老不仅是我国养老体系中的重要一环，是老年人多样化

① 谭海燕：《老年人社会养老与家庭养老生活质量和主观幸福感比较研究》，赣南师范学院硕士学位论文，2010。

② 徐霞：《河南省民办养老机构老年人健身现状及对策研究》，河南大学硕士学位论文，2011。

养老不可或缺的选择，也对提高专业化的服务水平、发展养老科学技术，具有十分重要的意义。

## 二　中国养老服务机构发展的态势

随着人口老龄化程度的不断加深，养老服务需求将呈现多样化、多层次特点。为应对这种变化，国家提出要构建“以居家为基础、社区为依托、机构为补充、医养相结合”的多层次养老服务体系。① 进入 21 世纪以来，我国机构养老飞速发展，机构规模不断扩大，越来越专业化、适老化，取得了一定的阶段性成果。

### （一）全国养老机构数量与收养情况

#### 1. 机构数量

2005~2021 年，我国养老机构数量变化大致经历了四个阶段（见图 1）：2005~2012 年我国养老机构数量波动上升；2013~2015 年我国养老机构数量大幅下降，锐减至 27753 个，达到了改革开放以来的最低点；2016~2018 年，养老机构数量开始缓慢回升；2019~2021 年养老机构数量开始进入迅速增长阶段，2021 年底全国机构养老共计 39961 个，同比上涨 4.7%。

2013 年为了应对日趋严峻的老龄化形势以及发展养老服务产业，国务院出台了《国务院关于加快发展养老服务业的若干意见》（国发〔2013〕35 号），我国养老产业正式进入快速发展阶段，改变过去社会保障体系补充的定位，尝试向产业高度进发，全国 4 万多家养老机构开始改革转型。之后，一系列加快推进养老服务体系建设的政策及配套措施也相继付诸实施。特别是在 2014 年，多部委发布了 22 个文件，这可以说是我国养老产业政策出台最为密集的一年，并且政府、保险、外资、地产、服务商五路大军进入养老产业。机构养老从重“数量”向重“质量”转变。国家出台的管理和许可办法规范养老机构管理，注册登记的养老机构与未注册登记

① 张林广：《中国特色养老保障制度的改革与发展》，《中国社会保障》2017 年第 9 期，第 88 页。

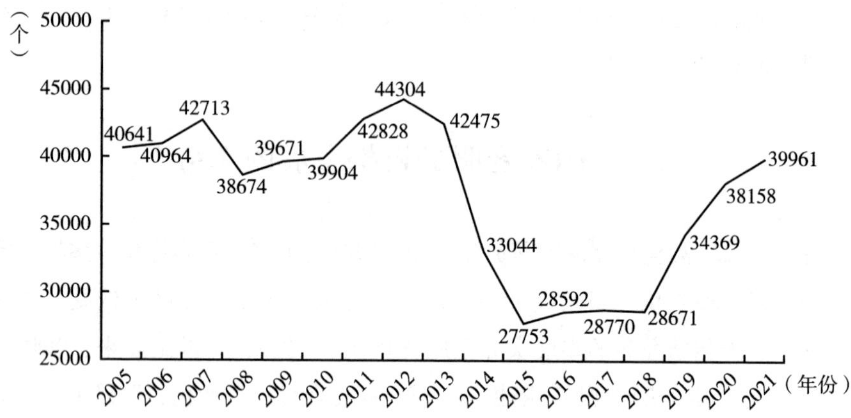


**图 1　2005~2021 年全国养老机构数量变化**

资料来源：《中国民政统计年鉴 2022》。

的养老服务设施分开统计，减少了一个机构多块牌子的现象。

从 2017 年开始民政部等部门联合启动实施了为期四年的全国养老院服务质量建设专项行动。① 部分民办养老机构因为设施简陋、服务水平有限、质量不达标且存在很多安全隐患被整改或清退，这部分养老机构退出减少了养老机构数量和床位数量。根据中国老龄科研中心吴玉韶等《中国养老机构发展研究报告》，减少的养老机构中，有一些是缺乏经费的民办养老机构，公办养老机构和民办养老机构的补贴标准差异大，影响了民办养老机构的发展。公办养老机构经营场地是各级政府部门投资建设的，运营中得到的政府补贴多，经营压力小，服务价格低，提供的养老服务较好，服务质量有保证；而民办养老机构极少数自己购买经营场地，绝大多数是租场地，建设中主要的负担是自己承担，运营中得到的政府补贴或帮助也不如政府办机构多，很多民营机构只能勉强维持运营。②

2015 年，民政部等 10 部门制定了《关于鼓励民间资本参与养老服务业发展的实施意见》（民政部〔2015〕33 号令），2016 年，国务院办公厅又印

① 周爱民：《当前我国养老保障制度改革的现状、面临的挑战及其对策探讨》，《湖南社会科学》2019 年第 6 期，第 133~140 页。

② 吴玉韶、王莉莉等：《中国养老机构发展研究报告》，华龄出版社，2015，第 109~135 页。

发《关于全面放开养老服务市场提升养老服务质量的若干意见》（国办发〔2016〕91号），[①] 从放宽准入条件、优化市场环境两大方面，推进全面放开养老服务市场，鼓励民间资本举办养老机构，我国养老机构数量才开始回升。到2019年，《民政部关于贯彻落实新修改的〈中华人民共和国老年人权益保障法〉的通知》（民函〔2019〕1号）明确提出“不再实施养老机构设立许可”，社会力量参与养老机构建设只需依法做好登记和备案管理即可，全面取消了养老机构设立许可。我国养老机构准入门槛不断放宽，社会力量进入养老市场的速度不断加快，在此期间养老机构数量和床位数量开始新一轮增长。

2. 床位数

与养老机构数量变化一致，2005~2021年我国养老床位数量变化也经历了四个阶段（见图2）。2005~2013年我国养老床位数量不断上升，从158.1万张增长到了429.5万张。2014~2015年响应国家和政府出台的关于机构养老改革的政策，养老机构数量减少，养老床位数也随之大幅下降，到2015年只剩358.2万张。这一时期取缔了很多不合要求的中小型养老机构，保留了较为专业、规范的机构，使得养老机构整体的服务水平有所提升，做出了从追求数量到追求质量的重要转变，因此虽然数量锐减总体的发展趋势却是向好的。2016~2018年，养老床位数开始进入缓慢增长阶段，2019~2021年养老床位数量开始进入迅速增长阶段，2021年底，全国共有养老床位503.6万张，同比上涨3.2%，达到了养老事业发展以来的最高峰。

养老机构的床位数量可以反映该机构的规模大小，而养老机构的质量和机构的规模密切相关，养老机构规模越大服务人数越多，获得可持续发展的资金越多，可以投入引进设备、雇用的专业人才越多，分工也会更精细、更专业化。如果将100张以下床位的养老机构划分为小型养老机构，100~300张床位的养老机构划分为中型养老机构，300张以上床位的养老机构划分为大型养老机构，从不同规模的养老机构占比来看，各种类型养老机构占比总体稳定。其中大型养老机构占比略有提升。2021年底，全国养老机构床位数在大型养老

① 周爱民：《当前我国养老保障制度改革的现状、面临的挑战及其对策探讨》，《湖南社会科学》2019年第6期，第133~140页。

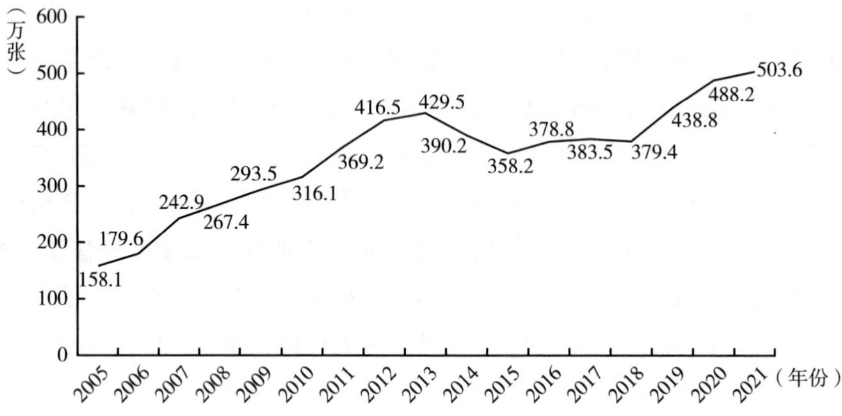


**图 2　2005～2021 年全国养老床位数量变化**

资料来源：《中国民政统计年鉴 2022》。

机构有 3320 个（见图 3），占比 8.3%；中型养老机构有 14457 个，占比 36.2%；小型养老机构有 22184 个，占比 55.5%。

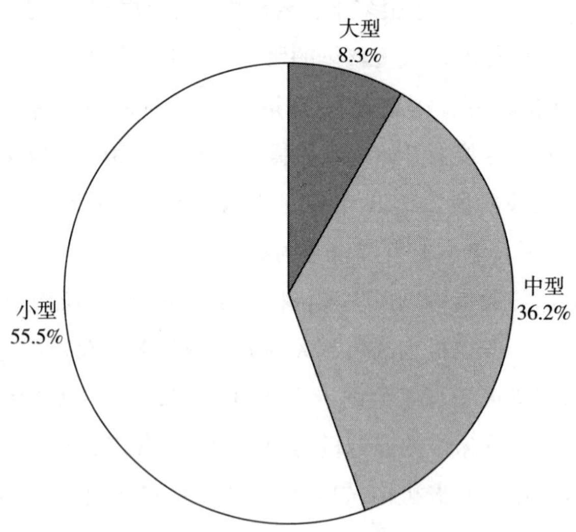


**图 3　2021 年不同规模养老机构数量占比**

资料来源：《中国民政统计年鉴 2022》。

3. 收养人员情况

2021 年底，我国养老机构收养各类人员共计 225.5 万人（见图 4），入住率仅为 44.8%。养老机构的功能发展主要体现在收养人员的身体健康状况和自理程度上。近年来，养老机构收住部分失能、完全失能的老年人数量和比例不断上涨，2021 年底在养老机构收养的老人中，不同程度的失能老人超过半数（见图 5），包括部分失能和完全失能，共计有 1210576 人。有自理能力的老人占 46%，有失能情况存在的老人占 54%，失能老人数量占大多数也反映出养老机构的专业化照护服务能力在逐步提升，能够为更多失能老人提供更好的照护服务，证明了机构养老向高质量发展的良好势头。

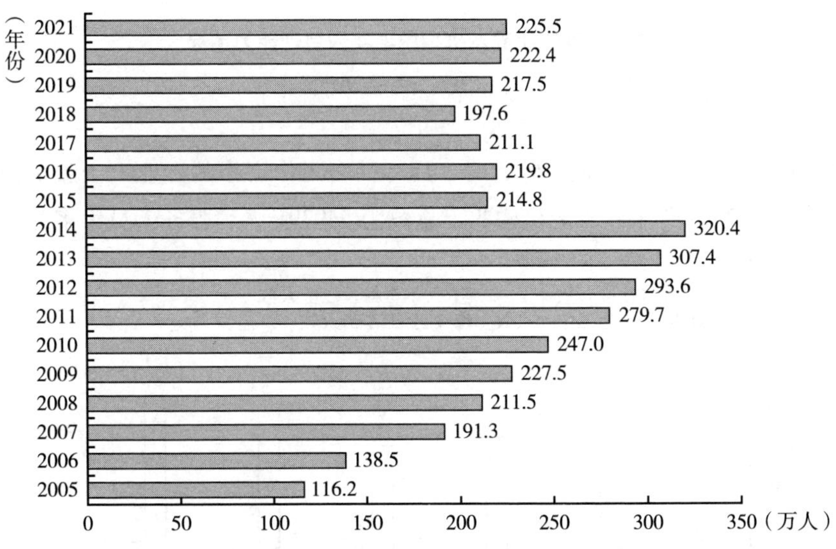


**图 4　2005~2021 年养老机构收养人员情况**

资料来源：《中国民政统计年鉴 2022》。

4. 服务人员情况

在养老机构人员配置上，工作人员数量多年来呈现不断增长的趋势，照护比也不断提高。2020~2021 年，工作人员数量由 51.8 万人增加到了 54.9 万人，照护比由 1∶5 转变为 1∶4，由以前的平均一名服务人员需要照顾五位老人，到现在平均一位服务人员需要照顾四位老人。近年来拥有大学专科或本科

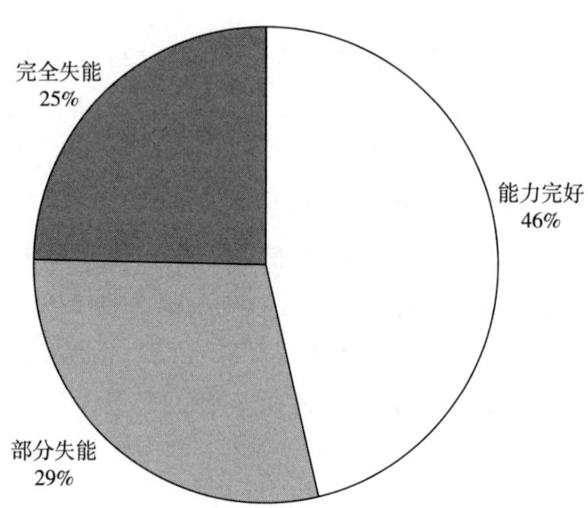


**图5　2021年养老机构中老年人自理能力情况**

资料来源：《中国民政统计年鉴2022》。

学历的人才越来越多（见图6），对于具有社会工作资格的专业人士吸引力也不断增强。2021年末，养老机构职工总数为549391人，服务人员大多为女性

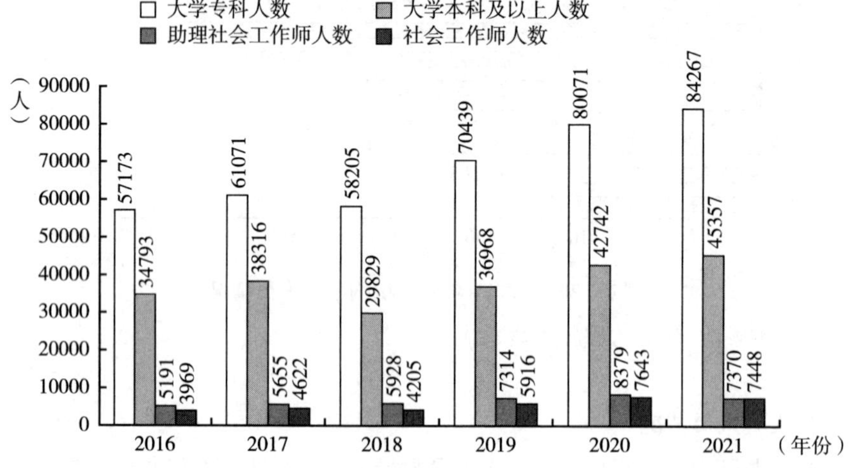


**图6　养老机构工作人员大专及以上学历和职业资格水平变化情况**

资料来源：2017~2022年《中国民政统计年鉴》。

（见表1），占职工总数的61.9%，比上一年增长了2.9个百分点，服务人员年龄多为46~55岁人群，占比35.3%，年龄45岁以上的中老年服务人员占到了员工总数的一半以上。从受教育程度上看，有23.6%的人接受过大学专科、大学本科及以上等高等教育，全国养老机构服务人员中，接受本科及以上高等教育的占比仅为8.3%，绝大部分人受教育水平较低。从职业资格水平上看，具有社会工作相关从业资格的仅有2.7%，97.3%的人没有受过系统、专业的养老服务培训。要提高养老服务质量，从业人员队伍素质需要不断加强。

**表1　2021年养老机构服务人员情况**

| 项目 | 分类 | 人数(人) | 占比(%) |
|---|---|---|---|
| | 职工总数 | 549391 | 100 |
| 性别 | 男性 | 209468 | 38.1 |
| | 女性 | 339923 | 61.9 |
| 年龄 | 35岁以下 | 108754 | 19.8 |
| | 36~45岁 | 143657 | 26.1 |
| | 46~55岁 | 194137 | 35.3 |
| | 56岁以上 | 102843 | 18.7 |
| 受教育程度 | 高中及以下 | 419767 | 76.4 |
| | 大学专科 | 84267 | 15.3 |
| | 大学本科及以上 | 45357 | 8.3 |
| 职业资格水平 | 无社会工作相关职业资格 | 534573 | 97.3 |
| | 助理社会工作师 | 7370 | 1.3 |
| | 社会工作师 | 7448 | 1.4 |

资料来源：《中国民政资料统计年鉴2022》。

## （二）养老机构的区域分布

根据国家统计局关于东中西部、东北地区的划分标准，“东部地区包括：北京、天津、河北、上海、江苏、浙江、福建、山东、广东和海南；中部地区包括：山西、安徽、江西、河南、湖北和湖南；西部地区包括：内蒙古、广西、重庆、四川、贵州、云南、西藏、陕西、甘肃、青海、宁夏和新疆；东北地区包括：辽宁、吉林和黑龙江”。分区域来看，以上四个区域在机构养老发展方面存在着很大的差异。

在养老机构分布数量上，东部地区共有养老机构 12667 个，中部地区共有养老机构 13002 个，西部地区共有养老机构 8509 个，东北地区养老机构仅有 5783 个，分别占全国养老机构总数的 31.7%、32.5%、21.3%和 14.5%。

从养老机构规模来说，各地区养老机构都是以中小型养老机构的模式为主。东部地区小型养老机构占地区养老机构总数的 47%，中型养老机构占地区养老机构总数的 40%，大型养老机构占地区养老机构总数的 13%（见图 7）。中部地区小型养老机构占地区养老机构总数的 56%，中型养老机构占地区养老机构总数的 38%，大型养老机构占地区养老机构总数的 6%（见图 8）。西部地区小型养老机构占地区养老机构总数的 55%（见图 9），中型养老机构占地区养老机构总数的 37%，大型养老机构占地区养老机构总数的 8%。东北地区小型养老机构占地区养老机构总数的 75%，中型养老机构占地区养老机构总数的 20%，大型养老机构占地区养老机构总数的 5%（见图 10）。从不同规模来看，东部地区大型养老机构是各地区中占比最多的，东北地区大规模的养老机构为四大区域中占比最少的，且养老机构普遍规模较小缺乏发展动力。就养老机构质量而言，东部地区、中部地区、西部地区、东北地区呈依次递减的趋势。

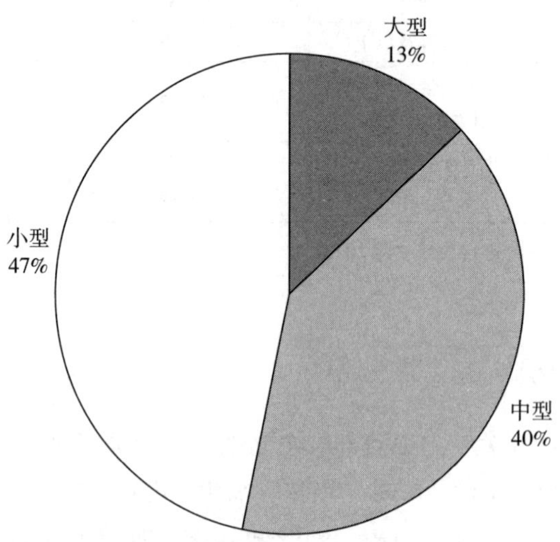


**图 7　东部地区不同规模的养老机构占比**

资料来源：《中国民政统计年鉴 2022》。

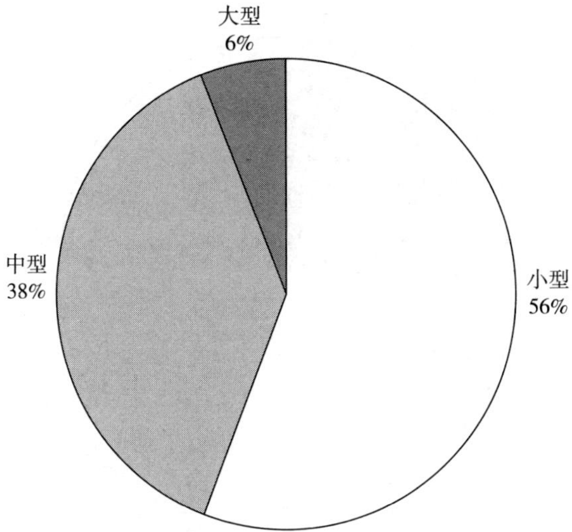


**图 8　中部地区不同规模的养老机构占比**

资料来源：《中国民政统计年鉴 2022》。

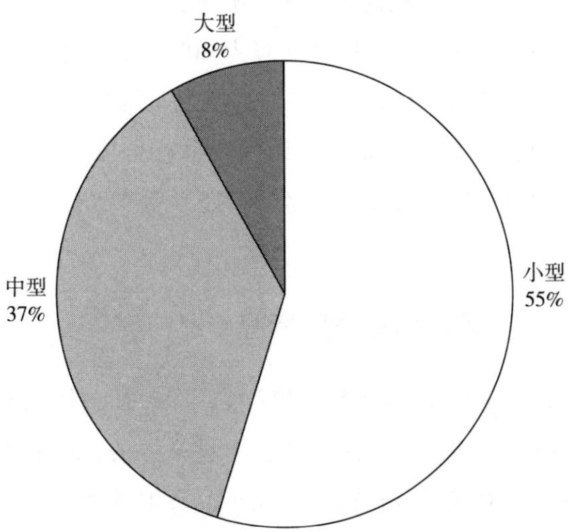


**图 9　西部地区不同规模的养老机构占比**

资料来源：《中国民政统计年鉴 2022》。

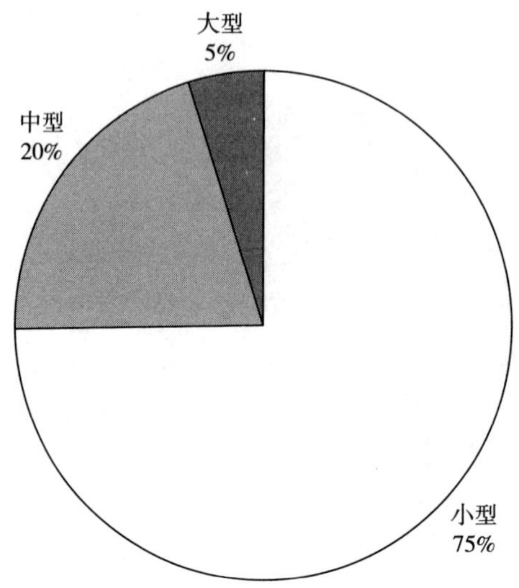


**图 10　东北地区不同规模的养老机构占比**

资料来源：《中国民政统计年鉴 2022》。

从全国各省份单个养老机构床位数情况来看，2020 年全国单个养老机构平均床位集中在 100~200 张。其中上海为 208.3 张，平均床位数最高；北京、浙江分别为 193.2 张、191.6 张，位列第二、第三。到 2021 年，平均养老床位数还是集中在 100~200 张这一区间，也有少数几个省份低于 100 张，但是数量最高的前三个省份变成了上海（215.1 张）、宁夏（193.1 张）、北京（189.2 张）。

## （三）民办养老机构服务发展情况

公办养老机构，是指由政府举办和管理、面向社会提供基本养老服务的养老机构。而民办养老机构，是指由社会力量举办的，主要为老年人提供集中居住和照料服务的养老服务机构。近几年，各地遵循了多元投资主体的要求，积极引导和鼓励社会力量兴办老年公寓、福利院、敬老院等养老机构，打破了政府直办、直管、直属的传统做法。当前我国社会力量兴办的养老机构发展迅速，有些地区民办养老机构的数量甚至超过公办养老机构，成为养老服务事业发展的主力军。2021 年末，我国公办养老机构即编制部门登记的机构共有 15894 个（见图 11）；民办养老机构进行民非登记的机构共有 17825 个；民办养老机构在市场监管部门登记的养老企业共有 5895 个。可以看出，民办养老机构已经超过公办养老机构数量。虽然民办养老机构在数量上比公办养老机构多，其床位数却远不及公办养老机构。且民办养老机构人房比与公办养老机构有较大差距，入住率也远低于公办养老机构。①

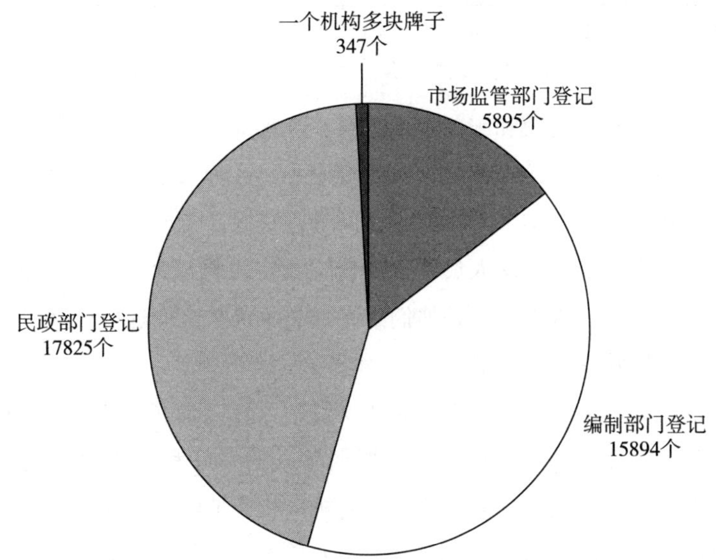


**图 11　2021 年末不同类型养老机构数量**

资料来源：《中国民政统计年鉴 2022》。

在企业、民非和事业单位三种性质的养老机构中，固定资产原价最高的是事业单位类型养老机构（见表 2），可以看到政府依然是养老机构投入的中坚力量，市场投入力度相对不足。此外，2021 年企业类型养老机构总体营业利润为-64881.4 万元，虽然较上一年有一定程度的好转，但在单一年度的营业利润上，企业类型养老机构运营还是存在不同程度的压力，需要通过加强管理来提高可持续运营能力。

① 赵娜、方卫华：《人口老龄化、养老服务需求与机构养老取向》，《重庆社会科学》2016 年第 5 期，第 56~65 页。

**表 2　2021 年不同性质养老机构的财务状况**

单位：万元

| 机构性质 | 固定资产原价 | 本年收入 | 本年支出 | 营业利润 |
|---|---|---|---|---|
| 企业 | 2797243. 1 | 410480. 3 | 304809. 1 | -64881. 4 |
| 事业单位 | 6560514. 4 | 1764729. 5 | 1726661. 4 | — |
| 民间非营利 | 4960746. 4 | 3149056. 4 | 1289934. 2 | — |

资料来源：《中国民政统计年鉴 2022》。

民办养老机构在规模和服务水平上存在着很大的两极分化现象。有的民办养老机构规模大，收养的人数多，有的规模小，收养人数也非常少。规模小的民办养老机构采取的基本上是家庭为主的管理模式，工作人员很少且基本是非专业人员，缺乏专业的护理人员。这类机构收住的老人少，普遍资金紧缺、设施简陋、技术落后，价格低廉是他们唯一的竞争优势，而这恰恰吸引着那些收入较低而又急需特殊照护的老人。

大型的民办养老机构拥有更为奢华的设施，环境较好，工作人员专业化程度高，管理模式比较科学，还会有根据老年人的爱好和特长而开设的各项活动，丰富老人的精神生活，但是这类养老机构相应地收费也偏高，能够入住的大部分是收入比较高的退休老人。这类民办养老机构相对来讲无论是硬件还是软件方面都要比公办养老机构好得多，因此只有享受退休金或者家庭经济条件比较宽裕的老人才会选择高档养老院度过晚年。

## 三　中国养老机构发展的问题

机构养老在养老服务体系中发挥着越来越重要的作用，但是在未来一个时期，我国机构养老服务发展既面临重要战略机遇，也面临诸多挑战。

2022 年中国消费者协会为厘清当前养老服务和老年消费现状，从需求与供给两端对养老消费的现状展开了专项调研，据中消协对外公布的《2022 年养老消费调查项目研究报告》统计，老年人对养老机构服务质量满意度仅为 62. 03%。可见，机构养老还存在许多现实问题使得老年人对于机构养老缺乏信心。

调查显示，影响老年人养老方式选择的因素多为年龄、受教育程度、自理能力以及收入水平等。年龄在 70 岁以上、自理能力差、受教育程度高的高收入老年群体对于机构养老的接受程度较高。此外，老年人对于机构养老服务的需求主要集中在医养结合、特殊护理用品及其他辅助用品的增加方面，这也是机构养老想要高质量均衡发展亟须关注的方向，推动机构养老的高质量均衡发展对于满足老年人日益增长的多样化多层次需求，构建多主体参与、多要素配置、多模式融合的机构养老服务体系具有重要意义，必须通过加强顶层设计，优化资源配置，完善政策措施来解决发展中存在的问题，更好地满足老年人这种多样化、多层次的养老服务需求。

## （一）供需矛盾突出

我国养老机构供需矛盾突出，且社会化功能尚未有效发挥。进入 21 世纪以来，我国老龄化问题越来越严重，虽然老年人口增长率时升时降，但由于我国人口基数不断扩大，实际上老年人口数量和比例持续增长，我国养老床位数量平均增长速度却波动较大（见图 12）。2021 年底，我国每千老年人口拥有的床位数仅为 30 张，从数据可以看出，养老机构床位数量并不宽裕。然而，还有很多专业的养老机构虽然拥有 500 多万张床位，实际收养却只有 200 多万人。

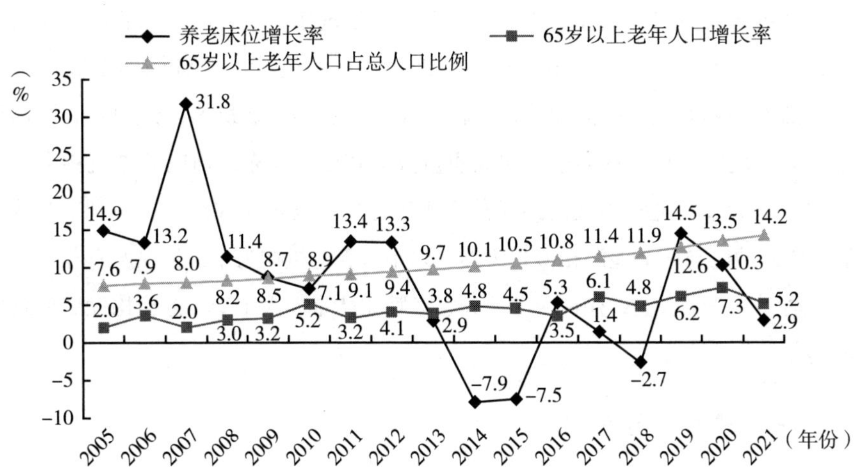


**图 12　2005~2021 年我国 65 岁以上老年人口与养老床位增长情况**

资料来源：《中国民政统计年鉴 2022》；国家统计局年度数据，https：//data. stats. gov. cn/easyquery. htm？ cn=C01。

随着老年人数量的激增，我国对机构养老服务的需求也越来越大，这种供给总量不足与供给资源闲置的悖论说明我国养老机构确实存在很多问题导致供需不平衡。目前，我国养老仍然面临着社会化程度不高、社区服务和机构养老尚未得到充分发展的问题，在一定程度上，老年人养老问题的解决仍然依靠传统的家庭养老和档次与收费较低、服务较差的公立机构养老，这样的养老方式完全不能满足老年人的养老需要，而且很多公办养老机构还仅仅停留在收养特困人员层面，面向社会的收养程度很低，导致很多机构入住率不高，产生了床位剩余的现象。有限的社会福利资源出现了大量闲置，造成我国福利资源的浪费，影响了社会福利事业的高质量可持续发展。

### （二）区域差异明显

我国养老机构区域发展不均衡，东、中、西部及东北地区在养老机构数量、规模、从业人员素养等各方面都存在差异，其中最明显的为规模大小上的不均衡。相对来说，规模大的机构内部分工更明确，专业化程度更高，因此规模大的养老机构数量在地区养老机构总数中占比越大越能反映这一地区机构养老水平发展较高。在上述不同规模类型养老机构的占比分析中，从全国各省份和分地区看，养老机构发展水平和养老服务水平总体上呈现东、中、西、东北依次递减的态势，且东部地区明显高于中部和西部地区，东北地区养老机构的发展水平最低。东部地区养老机构中大型养老机构占比高于小型养老机构，证明养老机构行业发展态势良好，正在从高速度向高质量方向转变；而东北地区养老机构中小规模的占到了75%，这种小规模的经营模式床位少、收养人数也少，不利于存续与发展。中部地区与西部地区相似，仍然是以小型养老机构为主，且在所有养老机构中占比达到了一半以上，存在人才流失、老龄化严重而大中型养老机构发展后劲不足的问题。

### （三）城乡分布不均

从全国范围来看，城市养老机构的数量高于农村，发展水平也略微领先于农村，①

---

① 赵娜、方卫华：《人口老龄化、养老服务需求与机构养老取向》，《重庆社会科学》2016年第5期，第56~65页。

并处于持续快速的发展中。随着人口老龄化进程的不断加快，养老行业的市场规模将会不断扩大。然而，目前城乡养老存在差异仍是不可忽视的问题。一方面，城市中养老机构的养老设施相对更加先进，服务质量更高。另一方面，在农村，受经济水平制约，养老机构的设施建设较为滞后，服务质量相对较低。

此外，现今我国养老机构的城乡差异还体现在“一床难求”与“床位空置”并存上。大城市核心区域老年人口密集，但机构规模小收住人员数量较为有限，出现了“一床难求”的现象。而在农村地区老年人口较为分散，养老服务主要依靠公办农村特困人员供养机构，且家庭养老仍是主要选择，导致大量养老机构床位空置。

### （四）财政支持不足

无论规模大小，也无论公办、民办，养老机构最普遍、最突出的问题都是经费不足，国家政策对于民办养老机构和老年人养老补贴的支持力度仍需加强。在国家优惠政策的享有方面，虽然公办养老机构实施的是财政拨款，享有水电气等优惠政策，但由于其非营利的特殊性质，支出费用也十分高昂，容易导致入不敷出的情况。尽管在法律和政策层面，民办养老机构也享有同等优惠政策，但大部分民办养老机构实际上并没有享受到这些待遇。同时民办养老机构的经费来源单一，主要依靠个人或企业，人员、房租、水电等成本使得养老院经营成本高，有关部门对它们是按企业收费，这样无形之中更增加了民办养老机构运营成本，也挤占了他们的发展空间，造成了公办和民办养老机构的不公平竞争。另外，民办养老院多是社会投资，会有一定收益预期，如果入住率低，就会很难盈利甚至收不回投资，导致民办养老机构发展的停滞。高龄失能和失智老年人是养老服务的刚性需求群体。这一年龄层的老年人，受其收入水平的限制，大部分的养老支出多由子女承担，因此照护成本很高，给家庭带来了很大的经济负担。虽然我国结合各地实际情况，在全国范围内已普遍建立了高龄津贴、养老服务补贴以及失能老年人的护理补贴制度，但是与实际的机构养老消费支出相比仍然存在不小的差距。

### （五）社会参与不高

目前，我国机构养老仍然以“公建公营”为主，这样的运营模式有效保护国有资产的同时也加重了财政负担，还会使得社会力量难以进入。实践证明，仅靠财政是无法支撑机构养老高质量发展的，社会各界的参与不仅能够拓展新的融资渠道，还能更好、更充分地发挥市场的资源优化机制，因此社会参与的力量不容忽视。

## （六）人才队伍有待加强

养老机构还面临着服务人员不足、流动性太大的问题。现有的养老机构主要面向的是部分丧失或完全丧失自我照顾能力的老年人群，为他们提供的是较为基本的、低层次的服务——日常生活上的照料，因此机构多是通过社会招聘吸收一些下岗职工或“4050”人员来作为机构的工作人员，这些人多为女性。近年来，虽然各个年龄段的从业人员都在增加，但年龄结构依然很不平衡，在养老行业中服务人员的年龄偏大已经成为普遍现象，在农村地区甚至出现“老人照料老人”的现象。此外，由于从业人员多是临时外聘人员，人员队伍并不稳定。特别是在一些节假日期间，留在机构中为老年人提供服务的工作人员数量严重不足，给机构的正常运作造成了很大困难。公办机构是按照编制限制来聘用正式员工，机构并没有自主确定工作人员数量的权力，每当机构中需要招聘新的工作人员时都要经过非常繁杂的程序，向上逐级递交申请，效率极低。同时，机构收支两条线的管理模式，使得资金都需要向上申请，这大大制约了机构的自主运营能力。

随着我国人口老龄化日趋严重，社会上希望进入养老机构养老的老年人越来越多。这些老年人的受教育情况、收入水平、兴趣爱好以及身体和精神状况等多种多样，因此也需要机构为他们提供的服务更加多元、专业和优质。但在现有的养老机构中，很多护理人员文化水平很低，大多数人没有接受过专业教育和培训，专业护理知识极度缺乏。养老机构中专业技术人员占比较低，且存在机构需要服务的老人数量和护理人员比例失衡的现象，这就造成了很多老人得不到细致照料。而专业护理人员和社会工作人员的缺乏，也导致老年人在康复和精神照顾方面的需求很难被满足，老年人在机构中的生活质量得不到保证。

## （七）机构服务质量参差不齐

养老机构服务水平有待提升。照护能力和收养人员情况是检验养老机构质量的重要指标之一，从我国养老机构的数量、床位数以及收养人员数的地域分布情况可以看出，我国养老机构的服务水平和质量参差不齐。在经济较发达的东部地区，机构的建筑规模相对较大，床位数较多、收养的人员数也较多，更重要的是拥有更专业的服务人员与合理的收费标准。在中西部地区，一般以小规模的养老机构为主，服务水平较低且只能提供较低层次的服务。

此外，虽然养老机构在硬件设施的建设方面发展较快，但软件环境的建设，例如设计、服务、管理等还比较落后。[①] 且目前各类养老机构提供的服务水平参差不齐，因此更需要出台符合地方情况的、统一的服务标准和价格标准，来促进全国范围内养老服务行业的高质量发展。

个性化的养老需求有待满足。经过几十年的发展，我国的养老保障体系已经基本实现了全覆盖，形成了“老有所养”的基本制度保障，[②] 但相较于经济社会迅速发展情况下老年群体对美好生活的向往，当前的养老体系仍然存在着较大的服务缺口，“特别是非物质需求缺口难以在短时间内得到有效解决”，[③] 老年人的精神文化需要没能得到很好的满足。

相关研究发现，养老服务与老年人需求的不匹配，是机构养老的老年人生活满意度低的主要原因。在养老院中经常可以看到一群老人无精打采地躺在椅子上的情景，除了正常的生活起居外，机构养老的老年人大多时候没有娱乐活动，只是留在屋子里或者在院子里晒太阳，精神生活十分匮乏，老人内心的孤独和寂寞也显露无遗。此外，助老设施和产品供给不足，人性化程度也尚待提升。机构养老在满足老年人文娱、体育、助浴、助洁等方面还有很大的进步空间，特别是对于失能失智以及对于康复护理有刚性需求的老年人，现有相关设施的人性化设计和智能化水平还存在很多不足。很多进口设备更加人性化的同时却也价格昂贵，新设备的引进受养老机构和老年人自身支付能力不足的限制而无法实现。

---

① 李杨、李陈：《我国城市养老机构发展特征与时空格局》，《合作经济与科技》2023 年第 21 期，第 168~169 页。

② 李杨、李陈：《我国城市养老机构发展特征与时空格局》，《合作经济与科技》2023 年第 21 期，第 168~169 页。

③ 李杨、李陈：《我国城市养老机构发展特征与时空格局》，《合作经济与科技》2023 年第 21 期，第 168~169 页。

## 四　推动养老机构高质量均衡发展

2020 年 12 月，国务院办公厅印发了《关于建立健全养老服务综合监管制度促进养老服务高质量发展的意见》，这是我国养老服务领域第一份以监管为主题促进发展的文件，也意味着我国养老机构已经进入了高质量发展的新阶段。要充分发挥市场在资源配置中的决定性作用，更好发挥政府作用，推动机构养老服务高质量均衡发展。首先要以满足老年人不断增长的多样化、多层次的需求为导向，加快完善机构养老服务政策体系；其次要优化机构养老服务资源配置，加强机构养老服务人才队伍建设；最后要加强老年人及其家庭的参与和支持。根据以上三条原则，对推动机构养老高质量发展提出以下建议。

### （一）完善养老机构发展政策

面对我国养老供需矛盾突出、区域和城乡差异明显的问题，必须加强顶层设计，动态掌握失能老年人底数，促进供需的精准对接，还要在落实好现有养老政策基础上进一步激发养老机构活力。通过金融机构创新、金融产品创新、金融服务创新等方式加强金融支持，促进养老服务的发展。例如，把长期护理保险制度当作降低养老机构运营成本和老年人入住成本的突破口，推动由国家财政支持的长护险尽早落地实施。[①] 拓宽筹资渠道，突破主要通过医保这一单一渠道来筹集资金的框架。从养老保险、住房公积金、彩票公益金、残疾人保障金等多个渠道筹集资金，从而减轻养老机构和个人的负担，达到社会和经济的双赢。[②] 与此同时，还需要有关部门出台关于加强新时代养老机构高质量发展的意见，进一步加大对养老机构高质量发展的政策支持力度。

### （二）鼓励更多社会力量参与

从养老模式的发展趋势来看，我国机构养老服务高质量均衡发展既要注重

---

① 洪怀峰：《“长护险”让养老更有保障》，《江西日报》2021 年 10 月 14 日，第 9 版。

② 郑巧英、张小霞、陈雪莲：《标准化助推养老机构服务高质量发展路径探析》，《标准科学》2020 年第 2 期，第 75~79+84 页。

发挥政府在制度安排上的优势，也要充分发挥市场在资源配置上的优势，还要重视发挥社会力量的作用。中共中央办公厅、国务院办公厅印发的《关于推进基本养老服务体系建设的意见》提出，鼓励和引导企业、社会组织、个人等社会力量依法通过捐赠、设立慈善基金、志愿服务等方式，为基本养老服务提供支持和帮助。扩大社会资本的投资渠道，以多种投资、融资方式兴办养老机构。深化公共服务机构的经营管理，支持企业和事业单位将其国有资产用于养老服务。鼓励社会力量参与到老人的日间照料、助餐助洁和康复护理中去。引导养老机构向连锁化、产业化方向发展，通过成本控制、风险控制、品牌形象经营等，积累长期市场竞争优势，提高机构盈利能力。①

### （三）提高机构人员专业素质

健全人才培养机制，开展养老专业人才定向委培，支持高等院校和中等职业院校开设养老服务专业、建立实训基地，鼓励通过属地联合、校企联合等方式开展多元培训。② 加快养老领域慈善公益人才和老年社工人才培养，购买社工站的老年社工服务，建立完善规范化的养老社会工作体系。养老机构与专业的老年社工站合作，在养老机构、社区养老服务中心按照一定的比例配备专业社会工作者。推进老年护理专业等级认证制度，建立健全养老执业资格认证机制，完善多元化、阶梯式的职业发展通道。深化细化对养老机构服务质量的星级评定，促进更多养老机构从运营服务、标准化、安全管理等方面按照星级标准提供专业化养老服务，促进养老机构整体提升。③

### （四）推动养老机构科技化转型

依托智慧化和科技化的养老服务，促进养老服务与其他产业的融合发展，拓展信息技术在养老服务中全领域、全过程的应用。当前我国养老机构中对于适老、助老型设施设备的引进不足，使用率也不高，机构提供的服务多为“人”的服务，依靠护理人员提供生理、心理上的帮助，但鉴于目前护理人员

---

① 徐慧玲：《如何让“养老”变“享老”》，《海南日报》2023 年 6 月 30 日，第 4 版。
② 徐慧玲：《如何让“养老”变“享老”》，《海南日报》2023 年 6 月 30 日，第 4 版。
③ 潘巧：《探索破解大城市养老难题的“北京方案”》，《民主与法制时报》2023 年 6 月 16 日，第 1 版。

专业素养参差不齐的现实，使用科技产品不仅能弥补这方面的缺陷，还能节省机构的用人成本，提升服务能力。研发引进助老设备，例如更方便老人起身的新型轮椅、防摔倒的拐杖等。还可以通过“互联网+养老”技术的支撑，利用信息化应用和智能化产品升级养老服务，也使不同地域、不同养老机构之间形成信息共享，从而使机构的管理体系更加完善和健全。

### （五）满足多种个性化需求

随着经济社会的不断发展，人民生活条件不断改善，养老福利、待遇水平也在不断提高，我国老年人消费需求也随之升级，已从生存型需求更多地转向了发展型需求。因此推动高质量发展可以从发挥特色方面入手，对养老机构实行分级管理和分类指导，为不同的老年人群提供具有针对性的养老服务。例如可以充分利用已经建成的超大规模养老机构的规模优势，重点收住卧床、失能、失智老人，为他们提供专业服务，为构建“保基本、兜底线”养老体系发挥支持作用。① 或者发挥综合性高的优势，打造全方位、连锁化、全业务链条的养老服务等。

### （六）向“医养结合”的新方向发展

医养结合是在养老机构中将现代医疗与养老服务相结合，重点解决老年人养老与健康问题，② 医养结合是养老机构发展大势所趋。截至 2021 年底，全国有国家老年疾病临床医学研究中心 6 个；有老年医学科的二级及以上综合性医院 4685 个，建成老年友善医疗机构的综合性医院 5290 个、基层医疗卫生机构 15431 个，设有临终关怀（安宁疗护）科的医疗卫生机构 1027 个。全国医疗卫生机构与养老服务机构建立签约合作关系的达 7.8 万对；两证齐全（指具备医疗机构执业许可或备案，并进行养老机构备案）的医养结合机构共有 6492 家。联合工业和信息化部、民政部开展 2021 年智慧健康养老应用试点示

---

① 叶宁：《推进公办养老机构高质量发展的对策》，《人民论坛》2019 年第 24 期，第 128~129 页。

② 陈运奇、周琳、杨庭树等：《医养结合机构核心竞争力的发掘与建设》，《中国老年保健医学》2022 年第 1 期，第 11~12 页。

范，确定35家示范企业、2个示范园区，45个示范街道（乡镇）、17个示范基地。[①] 全球发展趋势表明，随着老龄化程度的加深，老年人带病生存越来越成为普遍现象。老年人不得不面对的最大问题就是生理和心理的健康问题，随着年龄的增加，身体机能的不断老化，同时对于老去和死亡的恐惧以及孤独感使得很多老年人都有不同程度的心理问题，专业的医疗服务是老年人最迫切、最必要的需求。这意味着老年人养老需求不再局限于生活照料、机构托管等，还有慢性病管理、健康管理、自我实现等新需求。因此向医养结合的方向发展是提高机构养老质量和服务水平的必由之路。

## 参考文献

姜向群、丁志宏、秦艳艳：《影响我国养老机构发展的多因素分析》，《人口与经济》2011年第4期。

李凯、董金权：《养老服务高质量发展视域下我国主要养老模式比较、困境与进路》，《中国卫生事业管理》2022年第9期。

穆光宗：《我国机构养老发展的困境与对策》，《华中师范大学学报》（人文社会科学版）2012年第2期。

陆杰华：《构建适合中国式现代化特色的养老服务质量评估体系探究》，《河海大学学报》（哲学社会科学版）2022年第6期。

孟李雪、张艳、田雨同等：《养老机构智慧养老系统研究进展》，《护理研究》2023年第6期。

余家军、张惠雅：《数字经济驱动养老产业高质量发展的理论阐释与实践路径》，《老龄科学研究》2023年第5期。

刘清发、孙瑞玲：《嵌入性视角下的医养结合养老模式初探》，《西北人口》2014年第6期。

汪梦、陈晓丽、王鹏飞、刘馨雅、蒋昀、王颖：《上海市医养结合高质量发展评价指标体系构建：基于世界卫生组织〈老年人综合照护实施框架〉》，《中国卫生资源》2023年第1期。

① 《2021年我国卫生健康事业发展统计公报》，中国政府网，https://www.gov.cn/xinwen/2022-07/12/content_5700670.htm。

# B.18
# 社区基金会助力基层社会治理现代化的本土探索与实践
## ——以深圳F社区基金会为例

余 令　刘怡萍*

**摘　要：** 自2008年我国首家社区基金会在深圳成立以来，社区基金会作为一种新型的地域型基金会逐渐受到各界关注，并在北京、上海、广州、南京、成都、武汉等多地陆续开展本土实践与探索。就资金体量而言，社区基金会在慈善公益基金中占比小，但作为基金会中较为特殊的一种社会组织形态，其着力于社区发展和社区治理，能够成为助力基层社会治理现代化的有效力量。本文试以深圳市F社区基金会为实践案例，分析社区基金会有效参与基层社会治理的功能和角色，从外在环境和内在动力两个层面分析社区基金会在本土发展中存在的困境与挑战，并从党建引领、政府支持、法治保障、社会共建、组织自强五个方面，提出中国式现代化进程中推动社区基金会健康良性发展的思考及建议。

**关键词：** 社区基金会　社会治理　基层治理　社会组织

社区基金会是社区的单位或个人为了解决本辖区公共问题而成立的地域型基金，其强调运用本土资源、赋能本土人才、解决本土问题的“三本”原则。

* 余令，深圳经济特区社会工作学院执行院长、高级社工师，主要研究方向为社会组织、社会治理、社会工作；刘怡萍，深圳经济特区社会工作学院研究员、中级社工师，主要研究方向为公益慈善、社会治理。

不同于传统的地域型基金会（如各地的慈善会），社区基金会不仅聚焦于助困济弱，更关注社区发展性议题；不同于其他类型的基金会，社区基金会更为关注社区全面且整体性的发展，并不只关注儿童、老年人、环境等社区发展的某一领域。在资金来源和服务对象两个维度更加凸显本地化。[①] 2021 年，中共中央、国务院出台《关于加强基层治理体系和治理能力现代化建设的意见》提出，要“完善社会力量参与基层治理激励政策，创新社区与社会组织、社会工作者、社区志愿者、社会慈善资源的联动机制，支持建立乡镇（街道）购买社会工作服务机制和设立社区基金会等协作载体”，进一步明确了社区基金会作为“五社联动”的重要组成部分在基层治理中的角色与功能。

## 一　基层社会治理中社区基金会的发展脉络与特征

1914 年，全球首家社区基金会在美国俄亥俄州克利夫兰诞生。2008 年，桃源居集团捐赠 1 亿元创办“桃源居公益事业发展基金会”，被民政部主持编撰的“中国社会组织教材丛书”称为“中国首家社区基金会”；2009 年，一批高校学者牵头按照国际标准在广州发起成立广东省千禾社区公益基金会，聚焦珠三角地区的社区发展。这两家社区基金会的成立被视为社区基金会在我国发展的开端。根据基金会中心网公布的数据，截至 2023 年 3 月 31 日，全国共有 289 家处于正常状态的社区基金会[②]。虽然社区基金会在我国基金会占比不足 4%，属于基金会中的少数群体，但社区基金会的关注度和热度近年来一直居高不下。总体来说，社区基金会在我国的发展呈现以下特征。

### （一）政策推动：社会治理的政策导向为社区基金会的发展提供了制度化土壤

党的十八大以来，我国持续推进从“社会管理”向“社会治理”的深度转型，以习近平同志为核心的党中央多次强调社会治理重心下移，关注基层治

① 朱健刚、胡小军：《中国社区基金会十年：本土探索和能力建设》，载杨团主编《中国慈善发展报告（2019）》，社会科学文献出版社，2019。

② 资料来源：基金会中心网 2023 年 6 月 2 日发布的《数说基金会丨全国有多少家社区基金会?》，https：//mp. weixin. qq. com/s/Hwk7aZAMAE89x7tDUq8i_ g。

理及社区发展。社会治理以共建为基础、以共治为关键、以共享为目的，注重社会治理共同体的打造，与社区基金会强调“本地资源、本地利益相关者、本地解决方案”的三个要点相契合。尤其在2017年，中共中央、国务院发布的《关于加强和完善城乡社区治理的意见》指出要“鼓励通过慈善捐赠、设立社区基金会等方式，引导社会资金投向城乡社区治理领域”。这是社区基金会第一次正式出现在国家文件中，随后社区基金会也陆续在《中共中央 国务院关于加强基层治理体系和治理能力现代化建设的意见》等文件中出现，这一系列社会治理的相关政策和导向为社区基金会的发展提供了制度化土壤和空间。

### （二）地方实践：以政府主导成立为主，经济发达城市试点先行，多点跟进推动

2013年，上海第一家具有公募资格的社区基金会——洋泾社区公益基金会成立，意味着我国社区基金会的发展开始从民间探索进入政府推动的阶段。深圳、上海、南京等经济发展先行之地，率先启动了以制度化推进社区基金会发展的一系列行动。2014年3月，深圳市民政局出台《深圳市社区基金会培育发展工作暂行办法》，将社区基金会注册门槛下降到100万元，并在光明新区启动试点；2015年1月，上海市委市政府出台《关于进一步创新社会治理加强基层建设的意见》及配套的6个文件，明确提出鼓励成立社区基金会；2015年6月，上海市民政局、上海市社会团体管理局联合发布《上海市社区基金会建设指引（试行）》，对社区基金会的建设提供了多方面的指引。2015年6月，南京市民政局发布《关于推动南京市社区型基金（会）发展的实施方案（试行）》；2017年，《成都市社区发展治理“五大行动”三年计划》也明确提出支持成立社区基金会和发展社区微基金，并于2018年成立首家社区基金会——武侯社区基金会。

从时间分布来看，2014~2018年，我国社区基金会数量出现井喷式增长，超过七成社区基金会成立于这个时期。因此，2014年也被称为“社区基金会的元年”。2018年以后，社区基金会的成立逐渐趋于理性，但《中共中央 国务院关于加强基层治理体系和治理能力现代化建设的意见》等文件出台后，个别地区又掀起了一股热潮，如2022年仅浙江省便成立了55家社区基金会。

由于社区基金会注册门槛高、运营能力要求较高等，更为灵活和低门槛的社区（微）基金更加受到追捧。从空间分布来看，先行试点社区基金会的基本都是经济较为发达的城市，这也使得我国社区基金会的发展存在分布不均衡的特征，长三角和珠三角最多，京津冀和西南地区次之。其中，浙江省、上海市、广东省、江苏省和四川省的社区基金会数量最多。仅浙江省、上海市两地的社区基金会就占全国社区基金会总量的69.6%。上海市的基金会中，社区基金会占比达到13%，在全国各省区市中社区基金会占比最高。[①]

### （三）资金特性：单个组织的慈善资金总量整体偏小，但资金活性表现较强

基金会中心网发布的一篇文章《数说基金会丨全国有多少家社区基金会?》显示，从注册资金来看，我国接近80%社区基金会的注册资金不超过200万元，基本只达非公募基金会的注册门槛标准，千万级社区基金会数量极少。从2021年各社区基金会的年报中得知，已有188家社区基金会公开了2021年末净资产，平均值为425.7万元，其中最高为深圳市罗湖向西社区基金会，超过6000万元；有178家社区基金会公开了2021年捐赠收入，平均值为102.4万元；有155家社区基金会公开了2021年公益事业支出，平均值为118.1万元。捐赠收入和公益支出最高均为广东省德胜社区慈善基金会，分别为超3500万元和超2680万元。[①]整体来看，社区基金会的资金总量整体偏小，按照《基金会管理条例》和《慈善法》等规定，基金会工作人员工资福利和行政办公支出不能超过当年总支出的10%，这对基金会的可持续运营和发展提出了较大的挑战。

虽然基金会的资金总量整体偏小，对基金会的发展有一定限制，但从各社区基金会的章程来看，社区基金会的公益支出一般由理事会表决（个别基金会增设捐赠人代表大会作为最高权力机关），超过2/3的到会理事表决通过后，秘书处即可按照章程规定使用和支付，在资金使用上较为灵活，能够快速地回应社区的灵活性需求。以深圳市光明社区基金会为例，基金会日常

① 资料来源：基金会中心网2023年6月2日发布的《数说基金会丨全国有多少家社区基金会?》，https：//mp. weixin. qq. com/s/Hwk7aZAMAE89x7tDUq8i_ g。

办公和联系活动费用及基金募集成本开支，一次 1 万元以内的由秘书长批准，1 万~2 万元的由理事长批准，2 万元以上的由理事会会议批准。相对简易且科学的流程，使得基金会的资金使用相比其他政府公共服务资金等更为便捷。

### （四）服务领域：紧紧围绕基层社会治理的方方面面，是潜在的治理好帮手

从社区基金会成立登记的业务范围来看，社区基金会的业务包括社区治理和社区发展的方方面面，如救急救难、困难帮扶、弱势群体服务、社区公共设施提升、社区文化教育、促进邻里和谐关系、志愿服务发展等，符合基层社会治理方方面面的需求。而从实际运营角度来看，大多数社区基金会也根据社区实际需求和问题，实施着相应的公益项目。以深圳市坪山社区基金会为例，每年开展大病救助、“荣耀坪山·新锐奖学金”、“幸福长者嘉年华”等慈善活动等，关怀社区一老一少和大病困弱群体，有效地协助社区党委解决了救急救难等问题，并举办“社区基金杯”男子篮球赛，为 17 个社区交流互动搭建平台，增进邻里情；广州市法泽社区公益基金会则侧重流动儿童领域，致力于推广“神奇亲子园”项目，通过建立流动儿童早期发展中心和开展家长课堂、家长互助小组等行动来回应流动人口最迫切需求的子女早期教育问题，以期能够减少阶层的贫困代际传递，让每个流动儿童都得到更好的发展。从这些案例可以明显看到，社区基金会自带资源，用公益的方式解决社区问题，是社区党委开展基层社会治理工作的潜在好帮手。

## 二　深圳某社区基金会的实践案例

对社区基金会的概念及其特征有了基础了解后，本文将以我国最早发展社区基金会的城市之一——深圳为范围，挑选其中一个社区基金会典型案例进行剖析，观察其是如何具体参与到基层社会治理中，并如何发挥效用的。

我国较早探索开办社区基金会的地区之一就是深圳，2014 年，深圳市民政局创新性地出台《深圳市社区基金会培育发展工作暂行办法》，开启了我国社区基金会制度化先河的探索。截至 2022 年 7 月 13 日，深圳已陆续成立 31

个社区基金会①及众多社区冠名基金。深圳社区基金会在实践探索过程中，涌现出多个在基层社会治理中发挥重要作用的明星社区基金会，如由 89 个居民每人捐资 1000 元发起的南山区 S 社区基金（会）、一场慈善晚宴就能筹集超千万元的坪山区 P 社区基金会、在重大滑坡事故后涅槃重生的光明区 F 社区基金会等。其中，F 社区基金会所在的社区位于深圳市城郊，是一个在短短十年间经历了重大社区事故、整村搬迁、临时安置、陆续回迁等巨变的社区。F 社区基金会在当地党委、政府、社会组织、企业、乡贤等的共同支持下，于 2014 年筹集原始资金 500 万元成立，成为深圳第一批正式在民政部门登记注册的社区基金会。

笔者近 10 年的跟踪研究发现，F 社区基金会的公益轨迹与社区发展几乎同频共振，自诞生之日起便不同程度、不同角色地参与到基层社会治理的多个方面。10 年来，该基金会累计再筹资 1046 万元，共资助 33 个本土公益项目（含延续项目），涵盖大病救助、儿童发展、文化传承、志愿服务、就业创业等领域，成为 F 社区治理的有力引擎，获得当地党委政府和居民群众的广泛好评，并多次荣获民政部、省、市、区等奖项和荣誉。为更好地剖析该社区基金会的成长机理，笔者将其发展历程分为初创期、蜕变期、震荡期、平台期四个阶段。

**1. 初创期（2014 ~ 2015 年）：公益初心推动，精准回应社区急难愁盼“微”需求**

2014 年成立之初，对于社区基金会这一全国仍属新鲜的事物，无论是理事会还是秘书处，都还不知道怎样运营好一个基金会。但基金会的公益初心和组织使命驱动着发起人等社区骨干敏锐地了解并对接社区需求，急民之所忧，解民之所盼。社区基金会以村民最关注的儿童成长发展和公共文体需求为切入点，协调村社康中心空余的免费场地将其打造为社区图书馆和社区健身房，面向居民开放，两个公共空间均由社区居民及志愿者以公益服务模式进行管理。同时，争取党政相关部门的支持和社区企业的资助，启动“金色朝阳——F 社区子女成长发展辅导项目”，开展 430 课堂、多元智能发展、童眼看世界、亲

① 资料来源：《深圳市慈善事业联合会官网中的组织检索》，http://www.szscl.org/gycszz/qt/。

子教育等活动，重点提升新生代居民综合素质和融入社会能力，变“输血”为“造血”；定向资助社区老年协会在 3 个自然村培育舞蹈队，在基金会的引导和感召下，不少舞蹈队的长者和妇女加入社区志愿服务行列。这一系列公益项目看似简单、平凡，却击中了长期以来社区文体服务设施缺乏和学习氛围差的痛点，有效拉近了居民群众和社区公共服务的距离。在初创阶段，社区基金会能在较短时间内获得各方认可，与其根植社区、比其他外来组织或专家更了解社区的问题、需求和资源的天然属性密不可分。但总的来说，此时的社区基金会尚无专职、专业的工作人员和运作机制，仅凭初心使命的推动难以实现可持续发展。

2. 蜕变期（2016~2019年）：危急关头借力，采用社会工作理念和方法开展社区营造

2015 年底，地处城乡接合部的该社区遭遇重大安全事故，对社区经济、社会、环境、居民心理等产生了巨大创伤。这一时期，社区最急迫的需求是社区重建。硬件重建主要由政府相关职能部门推进，社区“软件”重建却任重道远。一个新伤旧疤叠加的社区应如何修补？面对社区居民焦灼不安的情绪，以及各级单位的期许和支持，F 社区基金会主动响应市区两级党政部门共同制定的《F 社区管理治理计划》，联合笔者所在单位——深圳经济特区社会工作学院等组织，共同在 F 社区全面启动社会工作介入社区治理项目，以社区社会工作的“优势视角”和“资产为本”为出发点，通过危机干预、社区培力、社区营造等子项目，采用自上而下的社会策划模式和自下而上的地区发展模式相结合，系统提升社区在人力、文化、服务、组织、空间、自信心等方面的资本。如开展社区培力计划，培育 60 名社区骨干，不少骨干更是成长为政协委员、社区社会组织负责人、全职公益人等；打造 F 空间，依托空间引入党政部门、社会组织和企业服务资源，弥补社区公共服务缺位问题，并培育 10 多个社区社会组织；探索微经济模式，开展归侨美食微经济、农副产品工作室微经济等，帮助居民实现灵活创收；联合居民共同打造社区博物馆，呈现社区历史脉络和文化特色……在社区基金会的引导下，更多居民逐渐由服务享受者转变为服务提供者，积极参与到社区志愿服务及社区营造的出谋划策中来。4 年陪伴和赋能社区的发展，在很大程度上修补了居民对社区的自信心裂痕，融洽了社会关系，F 社区也逐渐成为深圳乃至全国在基层治理方面的标杆社区和网红

学习点。

3. 震荡期（2019~2022年）：社区拆迁挑战，构建“五社联动”机制做好居民安置衔接

2019 年底，因城市发展等多重因素，F 社区被列为深圳市首个要整体搬迁的社区，3 个自然村的近万名居民面临至少 3 年且不同地段的临时安置，辖区内的大部分企业和商户也受此影响出走而使 F 社区基金会的筹款大受影响。恰逢 2020 年初的新冠疫情突发，居民对回迁的焦虑、对疫情的恐惧、对曾经的熟人网络断裂的茫然等各类问题交杂。F 社区基金会结合前面几年打下的政、企、社、学等方面的良好基础，结合社区和居民实情及时调整工作策略：一方面，通过自荐和推荐成功申请由民政部指导、腾讯慈善公益基金会资助的“五社联动·家园助力站——社区基金助推基层社会治理创新合作项目”，成为全国 95 个被资助的社区基金（会）之一；另一方面，深挖社区爱心企业、理事会成员单位、社区社会组织、社区居民、志愿者的内生力量，通过企业劝募、乡贤动员等多渠道、多形式筹集人、财、物等资源。在这些慈善公益资源的共同支持下，F 社区基金会配合社区党委政府，发挥好公益平台和慈善纽带的作用，在临时安置小区打造 F 空间驿站，重点围绕临时安置阶段的一老一小等困弱群体需求和因不确定性带来的居民回迁焦虑开展幸福来“侨”门、华侨子女社团、病床探访等公益项目，用实际行动获得了各方的高度认可，也为“五社联动”助力基层治理提供了深圳范例。目前，F 社区逐渐形成了分工明确、关系紧密、稳定可持续的“五社联动”机制。在这个“五社联动”机制之下，F 社区党委深度参与基金会发展规划的指导，社区居委会副主任兼社区工作站副站长担任基金会的监事，参与各大重要事项的监管和督查，社区工作站为基金会提供办公场地，确保社区与社区基金会紧密捆绑，形成良好互动关系。在具体的社区公益事务中，由 F 社区基金会牵头筹集资金，通过公益资助和平台搭建的方式支持本土社区社会组织、社工、志愿者、慈善力量等开展公益服务，并在服务中影响和吸纳更多的“善”资本，以形成良性循环和友爱互助的新时代文明传承。

4. 平台期（2023年~）：挑战和机遇并存，探索“公益+商业”的发展新模式

2023 年上半年，历时 3 年多的社区回迁房陆续建成，第一批村民陆续搬迁到新建成的小区。从村民自建房到高层电梯房，从散落的村居到集中的社

区，从熟人网络到半陌生社区，社区面貌今非昔比，居民的生活状态、社会心态等也发生了很大变化。如何能够延续传统、借力优势、凝聚共识、再造新机，是F社区基金会面临的大课题和新挑战。除了继续结合社区需求和社区资源开展各类社区融合活动外，F社区基金会也在积极调整战略以应对新的社区形态、新的居民结构以及从城中村到小区治理模式变化的需求，并探索基金会开办社会企业等“公益+商业”的模式，为社区公益项目的可持续和社区发展注入新活水和新力量。

经过十年的风雨磨炼，F社区基金会目前已成为深圳较有名气的社区基金会之一，每年均接待不少来自各地的学习团队。居民从“F本来就是比较落后的地方，现在还发生了这么耻辱的滑坡事故，这个社区还有什么希望”（2015年滑坡发生后一位居民的发言）的悲愤感到“F空间的活动很丰富”“我们社区很出名的，拿了很多奖，有很多人来参观学习”（2021年对社区居民的访谈摘要）的自豪感，从侧面说明了社区基金会通过参与基层社会治理工作带来的实效作用。而社区党委在基金会病床探访项目实施第五年之际，对该项目提供了总计20万元为期5年的捐赠，更是表明了社区党委对基金会公益善举的认可。

总的来说，该基金会每年保持着100多万元的筹款金额和100万元左右的公益支出，资金量虽小，却有着较强劲的内生力量，具有小基金撬动大治理的效能，成为F社区治理的有力引擎，在改善民生、创新社会治理等方面发挥了显著功能。F社区基金会的案例有效说明了社区基金会是可以有效助推基层社会治理现代化的。首先，基金会通过各项公益项目和服务的供给有效弥补了社区服务的缺位，精细化精准化地解决了社区的问题，也同步增强了社区居民对社区的认同感和归属感；其次，基金会通过公益项目资助支持各类社会组织生存发展和开展项目，在项目中培育社区社会组织，帮助社区党委培育持续不断的好帮手，既畅通了社区居民和社区社会组织参与社会治理的渠道，又能够激活社会活力，促成共建共治共享的社会治理格局的形成；最后，基金会作为社区资源（尤其是资金）的中介和管理机制建设者，通过对资源的筹集、管理和分配，激活社区活力和内生动力，把政府职能部门，社区中的乡贤、驻区单位、居民、社区社会组织，提供服务的社会组织等多元主体有机联系在一起，畅通协商、合作、互助的公益平台，有助于社会治理共同体的打造。

## 三　社区基金会有效参与基层社会治理的功能与角色

基于F社区基金会的案例，笔者认为，社区基金会是可以有效助推基层社会治理现代化的，并且社区基金会要有效参与基层社会治理应发挥好三个组织功能和扮演好四个关键角色。

### （一）社区基金会应发挥好三个组织功能

#### 1. 在微观层面，社区基金会能够在社区参与中培养互助互爱的新时代公民

“健全党组织领导的自治、法治、德治相结合的城乡基层治理体系，完善基层民主协商制度，实现政府治理同社会调节、居民自治良性互动，建设人人有责、人人尽责、人人享有的社会治理共同体”，是《中共中央关于制定国民经济和社会发展第十四个五年规划和二〇三五年远景目标的建议》中关于加强和创新社会治理的具体工作要求。在加强和创新社会治理的过程中，社区居民的自治能力是社区有效治理的基础，因此需要提升社区居民参与社区公共事务的意识和行动力才能够达成这一目的。社区基金会倡导“身边的慈善”，通过各类公益项目的开展和社区社会组织的孵化培育，在实践行动中培育居民群众等社区主体对具体的公共事务的关注与参与，提升了其参与社区治理的意愿和能力，为协助基层党委和政府培养新时代合格公民提供助力，为社会治理的多元参与营造互助互爱的社区氛围和群众基础。

#### 2. 在中观层面，社区基金会能够助推更精细化的社区民生供给侧服务

社区基金会作为合法登记的慈善公益类社会组织，可以基于对社区的公益服务需求，精准化、精细化地对慈善资源进行筹集、管理和分配，可以有效激活社区活力和内生动力，通过理事会的治理和具体的公益服务项目把党政部门、社区乡贤、驻区单位、居民、社区社会组织等多元主体有机联系在一起，畅通协商、合作、互助的公益平台，为当地党委、政府更灵活有效地解决具体的社区民生问题和改善公共服务提供更多选择，在现代社区服务体系建设和社区民生服务供给侧改革中提供更多助力。

#### 3. 在宏观层面，社区基金会能够为我国基层社会治理创新发展带来活性元素

当前，我国的基层社会治理体系中，常见的重要主体如社区党委、社区居

委会、社会组织等都是资源的使用方，仅依靠财政资金既不能解决所有的社区问题，又会造成财政依赖的养成。而社区基金会自带资金属性，其融入基层社会治理体系能够在一定程度上弥补现有基层社会治理体系中资金主体的不足。此外，社区基金会扮演了社区内生力量的培养皿角色，有助于社会治理体系中"社会"的发育与能力提升，从而优化社会治理结构，促成共建共治共享的社会治理格局的形成。

### （二）社区基金会应扮演好四个关键角色

1. 社区慈善资源的"集散池"

社区基金会的本质是"基金会"，有着天然的资源属性。一方面，社区基金会十分注重资金资源、自然资源、文化资源、人力资源、组织资源等各类社区资源的发掘、培育和整合，通过其合法性身份向社会筹集资源，引导社会资源投入基层，能够在一定程度上弥补基层社会治理的资源不足。另一方面，社区基金会的资源更具备灵活性，能够快速回应社区需求。对于社区迫切及紧急的需求，如慰问某个遭遇突发变故的困难家庭、修建社区运动设施等，通过政府部门财政申请等流程往往需要较长时间，或者手续繁多，而社区基金会的资金使用采用理事会决策机制，如遇特别紧急事件仅需由秘书处组织召开理事会，由理事会表决通过即可，能高效回应社区及群众的"燃眉之急"。

2. 社区共性问题的"同频人"

社区基金会立足于社区，就像侦察兵一般能够快速、敏锐地掌握社区问题和需求，并结合社区实际探讨社区问题的本土解决方案，通过公益资助、社区培力、社会投资等不同的方式回应具体的问题。此外，社区基金会以社区可持续发展为目标，除了关注社区当下的问题和需求，更会关注社区潜在的问题和需求，通过提前布局和预防性公益项目的实施不断提升社区资本，使其更加适应社会的发展。F 社区基金会的成功因素在于它契合了 F 社区在每一个发展阶段中的问题和需求，明确了自身的任务，如在初创期，对于原本欠发达的社区来说，较为重要的就是补齐社区服务设施和服务的短板，所以打造一个图书馆或一个健身房能很好地回应这一社区需求；而在社区遭遇重大危机事故后，最重要的任务是社区软环境的重建，基金会引入了社区社会工作方法开展"人、文、治、地、景、产"的社区营造，一步步地帮助社区重拾自信心。所以，社区基金会要想真正有效地参与基层社会治理，必须要与社区发展同频共振。

3. 社区内生力量的“培养皿”

社区基金会的“本土利益相关者”原则决定了社区基金会参与基层社会治理的路径必然是在地化的，特别强调居民的主体性。社区基金会就如一个培养皿，培育社区内生力量：首先，通过理事会的组建将社区的贤人、能人、关键捐赠人等组织起来，引导他们投入资金、时间精力、影响力等要素，通过公益的方式深度参与基层社会治理的方方面面，厚植基层社会治理的人才基础；其次，为了追求可持续发展，社区基金会关注和资助现有社区社会组织的发展，并通过项目化等方式不断培育新的居民骨干和社区社会组织，给予了内生力量成长与发展的“活水”。这些内生力量在自我成长和发展的同时，也逐渐参与到社区问题的解决过程中，增进社区的信任和融合。

4. 社区多元治理的“公益桥”

社会治理本质上是协调利益关系的过程，从合作性治理角度来看，强调不同主体之间共同利益的合作。社区基金会作为合法慈善组织，搭建公益捐赠和服务平台，让施者有路可施，让受者有途可受，将基层的供给侧和需求侧充分连接起来。通过开展社区公益项目，促成社区内部不同主体的分工合作，有助于深化“五社联动”机制，助推社区治理共同体的形成；通过引入专业服务组织、慈善资金、智库力量的方式，架起了社区与外部资源的桥梁。总的来说，社区基金会就像社会治理的公益桥梁，由于它追求的是公共利益最大化且自带资源，因此能够更方便高效地将社区内外部不同主体串联起来，促进各利益相关方的多元协同参与治理。

## 四　社区基金会参与基层社会治理的困境与挑战

F社区基金会的本土化探索，为当前和下一步更好地优化推进相关政策措施提供了依据，也为我国其他地区发展社区基金或社区基金会提供了参考。但当前社区基金会参与基层社会治理的困境和挑战并不在于基金会参与基层治理不顺畅，更多体现在基金会自身生存和发展的问题上。因此，要促进社区基金会参与基层社会治理，关键就在于保障社区基金会获得良性且高质量的发展，这样就能使基金会更加深度和持续地参与基层社会治理。

我国幅员辽阔，各地区经济社会发展极不平衡，当前社区基金会发展受制于政策、人才、内在动力、外在环境等因素，仍存在上热下冷、外热内冷、成立热运营冷等现实矛盾，在外在环境和内在能力两个方面存在不同程度的困境与挑战。

### （一）外在环境的不确定性，使社区基金会的成长先天不足

1. 政策法律环境滞后而宽泛

从国家顶层设计来看，社区基金会目前适用的法律法规有 2004 年颁布的《基金会管理条例》和 2015 年颁布的《慈善法》等。但这些政策表述相对宏观，社区基金会作为 2014 年才逐渐出现的一种基金会组织类型，有着其特殊性和时代性，需要有指向更明确、操作更具象的政策法规给予指导。从地方实践来看，各地虽有社区基金会制度化探索，但时至今日不少已过有效期且未有更新，难以适应新时期的新变化，这给社区基金会的高质量发展和拓展参与基层社会治理的深度带来一定阻碍。

2. 基金投资环境保守而狭窄

2015 年颁布的《慈善法》等相关政策法规虽允许基金会参与保值增值等投资活动，但由于投资有风险，社区基金在投资活动方面仍显谨慎。一方面，社区基金会的主管部门为了规避风险，一般仅同意基金会参与风险极低的定期理财，不允许其参加其他的投资增值；另一方面，社区基金会的理事会和秘书处，普遍对社区基金会和理财投资缺乏充分了解，且理事会要对基金会的投资理财亏损承担一定责任，导致大多数理事对基金会的增值保值投资活动持保守态度。

3. 社会筹资环境单一而有限

当前社区基金会资金来源渠道以政府购买服务和本地企业大额捐赠为主，渠道过于单一，尤其是不少企业起初是基于要与政府或社区建立良好关系的意图而出资捐赠，这样的捐赠往往是一次性的。比照国际上的社区基金会收入主要来源于社区居民捐赠和资金增值投资等模式，我国社区基金会筹资渠道还有待拓宽，尤其动员、培养和激发社区居民、商户、员工的小额、持续捐赠方面，还有较大的发展空间。

### （二）内在能力的不充分性，使社区基金会的发展后天乏力

1. 组织治理与自主发展有所欠缺

我国目前大多数社区基金会属于政府主导型，虽然在政策倾斜与支持、合法性身份获得与认同等方面有着一定优势，但是政府参与的问责机制和角色目标使其必然会对社区基金会采取“负责任”或“不负责任”的干预。干预的边界非常需要执政者的智慧，不恰当的干预往往使得社区基金会的自主决策性较低，居民的参与积极性也受到影响。此外，政府主导型社区基金会组建的理事会大多是成立之初应政府邀请进入理事会的成员，如果他们参与社区基金会的热度和深度有限，就极易导致“理事不理事”的尴尬局面，使得基金会活力大打折扣。

2. 专业人才和运营能力差强人意

从长远来说，社区基金会想要可持续高质量发展，就需要复合型的专业化人才参与基金会的运营，基金会工作人员在慈善资源开拓与链接、公益项目设计与运营等方面的能力尤为重要。但按照相关规定，基金会的管理费用不能超过当年总支出的 10%，而目前多数社区基金会资金池小（近八成社区基金会的原始资金规模在 200 万元及以下，每年平均公益支出约 100 万元），难以聘请一定数量且具有专业能力的专职工作人员。这就使得社区基金会在专业化人才需求和合理的薪酬激励方面产生了显著的矛盾，最直接的后果就是基金会难以做好中长期规划，难以打造精品项目，难以做好资金运作，从而难以赢得社会和捐赠方的持续信任。

## 五　中国式现代化进程中推动社区基金会高质量发展的思考与建议

党的二十大报告提出，要以中国式现代化全面推进中华民族伟大复兴，要建设人人有责、人人尽责、人人享有的社会治理共同体。在推进国家治理体系和治理能力现代化的战略部署以及共同富裕和三次分配的时代背景下，当前我国社区基金会的发展将是机遇与挑战并存。推进包括社区基金会在内的社会组织高质量发展，是落实党的二十大精神、加强城乡社区治理和服务体系建设的有效途径。

### （一）党建引领，精准发挥社区基金会在基层治理中的灵动价值

2023 年 3 月 16 日，中共中央、国务院印发了《党和国家机构改革方案》，其中提到要组建中央社会工作部。作为党中央的职能部门，社会工作部将统筹推进有关基层治理和基层政权建设、社会工作政策及人才队伍建设、志愿服务工作、新社会组织等这些与社区基金会发展紧密相关的工作。在党委部门的协调指导下，社区基金会有望能更紧密地围绕党和国家的战略，在社区治理体系完善、精神文明建设等工作中发挥更精准有效的作用。

### （二）政府支持，协同发挥社区基金会在民生服务中的蓄力价值

社区基金会的落脚点在基层、在社区，重点在对于特殊困弱群体的帮扶与关爱上。在前期民政部等相关政府职能部门推动的“五社联动”全国部分试点地区，社区基金会及社区基金作为重要载体，在社区与基层社工站、社区志愿者、社区社会组织的联动中起到了很好的社区慈善资源链接与助力的作用。鉴于“五社联动”模式试点时间较短、覆盖面有限，建议政府相关部门继续加大力度推进，并对社区基金会给予重点培育和激励，加强社区基金会可持续发展的专业支持体系。在发展初期尤其要重视在专业人才方面的赋能与支持开展社区基金会种子人才培养计划，通过培训、实训等方式为社区基金会储备人才库，并加强对社区基金会行业的扶持，可引导相对成熟的枢纽型社会组织对社区基金会定向结对支持。

### （三）法治保障，持续发挥社区基金会在慈善公益中的柔性价值

社区基金会的成立往往有自上而下的政策推动或者自下而上的社区能人推动，其后续的良性可持续发展却必须倚赖健康友好的法治环境。一方面，要加强对社区基金会的“管”与“服”，要适时修订《慈善法》《基金会管理条例》等相关法律法规中的相关条款，加快研究出台推进社区基金会高质量发展的政策法规，同时鼓励各地因地制宜出台或调整有关社区基金会发展、培育、管理的相关政策文件和指导措施，为社区基金会的成立及运营提供细化、有效的指引。对新成立的社区基金会，适当放宽门槛，并在办公场地、人力资源、税收优惠、政策鼓励等方面进行专项支持。另一方面，注重对社区基金会

的“松”与“放”，在把握大方向的前提下，通过健全基金会法人治理结构、充分发挥理事会和监事会的权利与责任，充分调动秘书处执行团队的积极性与创新性，更多地采用政策支持、专业支持、人才支持等间接方式代替不恰当的直接干预，让社区基金会真正释放出应有的活力。

### （四）社会共建，广泛发挥社区基金会在社区文化中的倡导价值

社区基金会倡导的是本地慈善资源用于本地服务，鼓励人人公益，倡导身边的慈善，这与党和国家提出要打造人人有责、人人尽责、人人享有的社会治理共同体异曲同工。社区基金会筹的“资”，不只是资金，更是社区企业、商户、居民的爱心、参与、责任感，营造的不只是看得见的硬件环境，更是看不见的文明、精神、素养、社会心态等软环境。因此，不论是以资助为主的社区基金会，还是以服务为主的社区基金会，都要重视公信力的建设和公益品牌的维护，将每一次的服务都当成是丰富社区慈善公益文化的道场。

### （五）组织自强，深度发挥社区基金会在社会组织中的示范价值

“打铁还需自身硬。”社区基金会作为具有独立法人资格的社会组织实体，其自身的发展要合规合法、有效高效。因此，要优化内部治理机制，优化现有理事会结构，挑选真正关心社区、有资源或有影响的理事进入理事会，让理事会发挥其应有的作用，并充分搭建平台让理事有参与感、荣誉感和获得感，提升基金会的活力和内驱力。在运营层面，社区基金会要因地制宜，探索资金筹集和增值的可持续新模式。根据社区实际情况，拓宽现有的资金筹集渠道，如打造精品公益项目，与公募基金会合作开展项目募捐；联动社区本地的公益商家、企业资源，寻求公益加商业的可持续合作，建立源源不断的资金池；鼓励发展冠名基金，从捐赠人的角度出发，充分动员社区居民参与支持社区公益资金的筹集，让捐赠人更有获得感。

## 参考文献

饶锦兴、王筱昀：《社区基金会的全球视野与中国价值》，《开放导报》2014 年第

5 期。

章敏敏、夏建中：《社区基金会的运作模式及在我国的发展研究——基于深圳市社区基金会的调研》，《中州学刊》2014 年第 12 期。

唐有财、王小彦、权淑娟：《社区基金会的本土实践逻辑、治理结构及其潜在张力》，《社会建设》2019 年第 1 期。

王天夫：《王天夫：社会治理本质上是协调利益关系的过程》，《中国党政干部论坛》2015 年第 12 期。

刘怡萍：《助推社区基金会参与基层社会治理的深圳实践——以光明区凤凰社区基金会为例》，载深圳市马洪经济研究发展基金会编著《深圳基层治理创新案例研究》，中国社会科学出版社，2022。

# B.19

# 基于社区社会组织培育的城市社区自治变革

## ——海淀铁西社区的案例分析*

尚 哲 王艺铭**

**摘 要：** 社区自治由于其内在优势在城市治理中扮演着越来越重要的角色，对于如何更好地发挥这一模式的优势，学界观点认同将调整自治单元作为自治的工作重点，这一思路可以通过社区社会组织的培育实现。因此，本文以北京市海淀铁西社区展开案例分析，深入探讨了如何以社区社会组织培育为基础实现自治变革进程，客观展现铁西社区的有效措施，并分析可借鉴发展经验。分析发现，铁西社区整个自治实现过程分为意识唤醒、组织培育和机制保障三个主要阶段，这一过程可以依据勒温（Lewin）的经典组织变革理论被理解为一个“解冻—变革—再冻结”的变革模式。基于此，本文总结了制订战略计划、党组织引领和居民激励的有效治理经验，为社区治理的探索提供了具体的操作策略，具有经验推广的实践价值。

**关键词：** 社区自治 社区社会组织 组织变革 城市治理

* 本文系北京师范大学政府管理学院研究项目“2023年度西城区金融街街道社会工作服务中心运行督导”（SKHX2023017）的阶段性成果。致谢：特别感谢海淀铁西社区党委书记兼居委会主任马文生女士对本报告的支持，为我们提供了宝贵的访谈资料。

** 尚哲，心理学博士，北京师范大学政府管理学院讲师，主要研究领域方向为行为公共管理、非理性决策等；王艺铭，中国人民大学公共管理学院硕士研究生。

## 一　研究问题

自单位制社会结构发生深刻变化以来，社区建设与治理问题便受到了我国政府的高度重视，不少政策文件和规划纲要对城市社区建设做出了指示。20世纪90年代民政部开启社区建设试点，截至目前我国已有不少城市进行了社区管理的新探索，并积累了一定的模式经验。在我国社区建设的发展过程中，治理权力逐渐从政府权威让渡给社会，社区居民自治在城市治理中扮演着越来越重要的角色。

对于如何更好地实现社区自治，各方研究观点莫衷一是，其中一类认为关键点在于构建合适的自治单元，尤其建议在社区内部形成小规模组织结构来推动社区实现自治。若不对社区结构形态进行调整，直接按照当前组织模式进行管理，则过大的单元规模使得人们之间联结度稀释，缺少对共同体的归属感，这种情况下无法调动居民自主参与治理事务的责任意识，而居民参与意识是社区自治的基石。相比之下，更小规模的组织不仅能加强社会联系，还能节约管理成本，因此，从自治单元构建视角出发的这类自治研究认为应当下沉自治组织重心并形成多样化、多层次的组织类型，这类下沉的更小规模组织通常情况下指社区社会组织。

所谓社区社会组织，是指居民根据社区问题和自身需求自发成立的一种非营利民间自治组织，是公民社会在社区层面的体现。社区社会组织是广义社会组织的一类，运营于社区但规模相对较小，多由社区内居民组成。2020年民政部印发《培育发展社区社会组织专项行动方案（2021—2023年）》，该文件对小型社会组织为社区治理成效带来的效力做出了积极评价，同时指示应大力支持社区社会组织的培育发展，从而加强与创新社会治理，建设社会治理共同体①。社区社会组织具有增进社区内社会资本、供给公共服务以及促进协商民主落地等优点，是社区居民自治的有效助推器。

尽管社区社会组织在社区治理中发挥的重要作用已在文献中得到广泛关

① 《民政部办公厅关于印发〈培育发展社区社会组织专项行动方案（2021—2023年）〉的通知》，中国政府网，https：//www. gov. cn/zhengce/zhengceku/2020-12/08/content_ 5568379. htm，最后检索时间：2023年9月3日。

注，但对于其在社区自治过程中的内在形成逻辑和实现路径尚缺少探讨。相较于单纯讨论影响自治的原因和社区社会组织价值，建设性路径意见更具有实践指导作用。因此，如何在自治中构建“下沉”的自治单元、激活社区社会组织在治理中发挥作用并维持组织活力这类“怎么做”的问题需要厘清，并对该过程中的一些细节措施进行深入探讨。由于案例研究更适合探讨动态性问题，因此本文采用个案研究的方法，以社区建设的优秀案例——海淀铁西社区的自治实践为例，依托于访谈和二手资料，客观展现案例社区完成治理改造的路径渠道，并对其中现象做法给予理论解释与分析。本文将有助于明晰社区自治工作的着力点和实现路径，理解潜在发生机制，为以培育社区社会组织为基础的社区自治提供建设性思路。

## 二　社区自治与社区社会组织培育的关系

### （一）自治——社区治理的发展趋势

城市的建设和管理问题是重要公共议题之一，城市管理模式在我国经历了一系列变化。新中国成立初期我国实行国有集体制经济，主要以隶属于各部门的企事业单位为媒介实现对城市的管理，该模式被称为“单位制”，政府掌控城市治理的所有权力，实行供给制，负责包办居民“衣食住行”全方位的需求。尽管“单位制”时期也有居民自治的身影，但彼时这种管理模式在城市治理的语境中处于附属补充地位，话语权较小。随着时间推移，“全能型政府”失灵的问题开始浮出水面，我国由此转向培育市场经济。然而，市场经济体制改革的同时也意味着传统国有单位的解体，城市管理和居民生活赖以实现的基本组织消散，大量人员“突然”暴露在自由市场竞争环境中，处于无所依托的状态，原先稳定结构被打破的情况下出现了一系列社会公共问题。政府全权掌控的包办式管理会出现效率问题，带来政府失灵，但完全交给以经济利益最大化为目标的市场，恐难以顾及社会中人的因素，引起一系列社会问题。面对政府和市场在城市治理中均难以实现理想预期的现实困境，以新的“解题思路”来解决城市面临的治理难题刻不容缓，培育社区便成为应对这一问题的“答案”。

社区的概念最初源自西方研究，在西方国家治理中发挥了重要作用，随后社区这一组织形式被引入我国作为城市管理的基本单元，相应地，社区建设问题成为政府部门关注的话题之一。2000 年发布了《民政部关于在全国推进城市社区建设的意见》，首次以中央文件形式具体提出我国城市社区建设的有关问题，是指导社区建设的纲领性文件，标志着城市社区建设迈向系统和规范化时代[①]。此后全国范围内的社区建设活动如火如荼开展起来，社区体系基本建立，但新一轮的发展问题又随之出现，新形势下社区建设和社区管理开始向社区治理转变。中国共产党第十八次全国代表大会第一次将“社区治理”写入党的报告中，倡导在城乡社区治理中实行“自我管理、自我服务、自我教育、自我监督”。[②] 随后 2017 年又出台了《中共中央国务院关于加强和完善城乡社区治理的意见》，提出三年之内要“基本形成基层党组织领导、基层政府主导的多方参与、共同治理的城乡社区治理体系”[③]，该意见标志着中央层面确认了我国社区发展正式进入社区治理新时代。[④] 从国家政策文件中可以看到，社区管理转向治理，治理的倾向表明我国对社区建设的要求逐渐从“统一”走向“自主”，自治成为时代发展趋势下越来越多社区的建设选择。

在理论界，对于城市社区建设已出现了两种不同的倾向。一种为行政倾向，认为应当利用政府权力重心下移完成社区发展建设任务，本质上是基层政权的重建；另一种为自治倾向，倡导放权和政府职能转变，侧重依赖社区内培育的中介组织完成自治目标，社区成员自行决策、组织和执行社区事务，通过民主的方式表达他们的意见和诉求。相较于行政倾向，自治倾向的模式具有多方面优点。以自治为导向的社区治理能保障公民实现自主性，落实自由表达和行动决策等权利；同时，进行社区自治建设让居民关注并把控社区事务，有利于培养公共精神。从国家层面上来看，实行社区自治将部分权力下放，能快速

---

① 《专家解读：我国社区发展进程中的一座新里程碑》，中华人民共和国民政部网站，https：//www. mca. gov. cn/zt/n399/n403/c90526/content. html，最后检索时间：2023 年 9 月 3 日。

② 李立国：《在推进社区治理中维护基层社会和谐稳定》，《求是》2014 年第 1 期，第 47~49 页。

③ 《中共中央国务院关于加强和完善城乡社区治理的意见》，中国政府网，https：//www. gov. cn/zhengce/2017-06/12/content_ 5201910. htm，最后检索时间：2023 年 9 月 3 日。

④ 《专家解读：我国社区发展进程中的一座新里程碑》，中华人民共和国民政部网站，https：//www. mca. gov. cn/zt/n399/n403/c90526/content. html，最后检索时间：2023 年 9 月 3 日。

响应居民需求，具有降低国家治理成本、提高行政效率的优势，且由于该过程中调动了民众意愿，给予民众表达和行动空间，能推动我国民主化进程。综上，“去行政化”的自治模式不仅是多地社区治理改革的主导方向，也是学界关注的热点方向。

### （二）社区社会组织——社区自治的重要载体

社区自治已成为我国城市发展的必然趋势，对如何更好地实现自治从而释放该模式的优势，学者们也从理论上开展了多方面的研究，其中一些研究认为中国城市社区建设的重点是调整治理单元，基于此，一股研究热潮正围绕自治单元展开，回答自治中需要构建的行动单元、自治单元的类型和规模等问题。这一派研究认为居民自治组织重心应当下沉到更紧密联结居民利益的社区居委会及以下层面，同时除了纵向分解自治单元外，也倡导构建横向的自治单元，从而塑造多样化自治单元形式。社区社会组织便隶属于自治单元形式的一种，指“由社区居民发起成立，在城乡社区开展为民服务、公益慈善、邻里互助、文体娱乐和农村生产技术服务等活动的社会组织”①。社区社会组织为居民提供诉求表达的渠道，更准确洞察并满足基层群众多样且个性化的需求，同时，在这种小型社会组织平台的连接下，能增强社区内社会资本，这些作用有利于提升社区治理绩效，推进社区自治的实现。

社区社会组织构成了居民表达自身利益的平台，借助该渠道亟待解决的治理问题能得到有效呈现。这种作用源于社区社会组织成员组成的独特性，组织具有内部成员多为志愿居民这一“得天独厚”的身份优势，因此社区社会组织天然更能准确传达社区居民的切实心声。再者，这一身份也有利于亲和社区其他成员，鼓励居民大胆表达，从而挖掘出社区治理中人们关切的真实问题，针对提升自治效果这一问题“有的放矢”。

除了发挥传达居民需求心声的作用，社区社会组织同时也是服务的提供方，这使得社区社会组织能够更有效地响应居民的需求，提供更贴近实际的服务。不同地区居民的需求各有差异，由政府部门制定统一的政策时难以考虑到

① 王杨：《“元网络”策略：社区社会组织培育效果的理论解释——基于多案例的分析》，《中国行政管理》2022 年第 1 期，第 64~73 页。

各个地方的利益需求，相比之下，根植于社区的组织对基层居民的需求判断更为精准，能把握群众关切的实在问题，因此在设计与开展社区项目时往往更具针对性和地方特色。例如不同社区内会形成各种公益类型组织，按照社区的实际需要进行疫情防控、心理咨询、居家养老等义务活动。这些服务活动由社区社会组织提供会更具灵活性，因为政府部门安排下的服务项目通常具有较强的制度化和标准化色彩，流程和方式往往更为规范。而社区社会组织则可以打破既有规定，采取更灵活多样的方式满足居民需求，也能根据实际情况进行快速调整。例如，可以实现上门为孤寡老人提供服务、利用网络手段开办社区活动等。综上，社区社会组织凭借区位和社会联结的优势，对居民复杂多样的需求响应更为敏捷，这和政府部门提供统一公共服务的方式形成了互补，实现共同治理体系的构建，促进社区治理效能。

再者，社区社会组织还能增进居民社会联系，是社区凝聚力提升的催化剂。原本居民是特征多样化、利益多元化、形态分散化的“原子态”个体，在社区社会组织处理社区事务或提供服务的要求下，组织内部人员需要商讨联系，因此便拥有了共同目标和共同经历，让碎片化个体得到再组织形成归属感，并增强个体间信任。此外，社区社会组织还会通过组织各类社区活动和提供帮助等形式，增进居民之间交流沟通的机会，从而使个体之间的信任以及社区社会网络得到加强，培养了居民对社区的归属感和认同感。居民之间良好的互动关系，能够促进社区的长期稳定发展，而认同与归属则能成为居民实行亲社区行为的内生动力，促进社区治理水平。

## 三　海淀铁西社区的自治实践研究

### （一）研究方法与数据

运用大规模问卷调查方法展开研究能得到大样本下的普遍规律，但问卷数据会遗漏现象发生的动态过程。而案例研究法则只关注代表性样本，深入翔实地对特定案例展开全面分析，便于深入挖掘背后的复杂关系、机制和影响因素，能够捕捉事件过程中的变化和演变。由于本文重点关注如何实现以社会组织培育为重点的社区自治变革，因此案例研究方法更适合对该问题的解答。

本文的案例为北京市海淀区的铁西社区，该社区在完成自治变革的过程中，以社区内楼门为基本自治单位，配合一系列措施培育了社区社会组织，并打造出“一楼一品”特色社区治理项目，取得了良好成效。案例研究资料主要源于研究团队与海淀铁西社区的党委书记兼任居委会主任的访谈，就社区发展历程、实行自治举措、整治效果等话题展开深入交流，对话结束后整理得到近 3 万字的访谈稿。同时辅以社区提供的工作汇报和宣传等资料，以及网络官方新闻资料，采用多种来源文本数据构成三角互证。

## （二）案例背景

铁西社区位于西客站北侧，铁道大厦南侧，是 20 世纪六七十年代建成的无物业管理的小区，现有 1700 余户共 5400 余人。该小区作为曾经的老家属院，众多单位的两代人共同居住于此，且老年人口比重相对更大。同时，社区内无业人员多，普遍受教育程度不高。此外，铁西社区得天独厚的地理位置使其具有较高的商业价值，不少住户会将房屋进行出租，导致社区外来人口增加，人员成分复杂。

铁西社区在很长一段时间内都处于既没有第三方管理，也缺乏自我治理的“杂乱”状态。从环境来看，社区内基础设施损耗严重，无人更新维修，居住条件较差。从人员来看，社区中人员成分复杂，集中管理十分困难。老年人和低学历人群较多，使得社区整体生活条件难以得到改善。弊端的累积最终导致祸端爆发——2014 年 5 月，因楼道内乱堆乱放救护担架无法顺利通行，从而耽搁了一位突发心脏病老人最佳抢救时机，间接造成老人离世。该事件发生后不久，又出现家中失窃案件，损失财物过万元，引起整个社区居民的恐慌。

而危机发生之际，海淀区正值创建全国文明城区的攻坚阶段。在内部危机和外部要求的双重驱动下，改善社区环境、实现社区自治、助力文明创城的呼吁对铁西社区来说刻不容缓。按照组织变革理论的观点，以往铁西社区处于“受力平衡”的稳定状态，社区内发生了几件“祸端”后，加之城区建设规划要求，铁西社区面临的压力作用开始增大并打破了原有平衡，促使铁西社区迈开变革的步伐，以达成自治的目标。面对社区改造的任务，铁西社区目光向内审视自身优势，通过长处攻克短板。铁西社区门楼中老人住户比较多，该群体空闲时间充裕，乐于参与活动，吸引老人参与其中可成为铁西社区楼门治理的解题思路之一。同时，社区内老住户多，邻里相互之间的感情深厚，有助于建设成员归属感强烈的共同组织。通过对自身问题和优势的分析，铁西社区找准自治切入点，耗时六年多探寻社区自治实现路径。

## （三）自治变革过程

### 1. 意识唤醒

改造需从态度开始。社区自治面临困境的原因之一在于居民承担治理责任的主体意识不足，需要先通过有效引导的外部力量“点燃”社区居民自治意识。“问需”和改变思维方式则是铁西社区唤醒居民治理参与意识的两大举措，利用两项措施向居民传递信号：社区即将进行一场治理变革，需要人人参与其中。态度观念的转变也为社区社会组织孵化做了前期铺垫。

以需求为导向的社区服务是迈向自治的第一步，该步骤的逻辑链条为表达需求、识别需求和满足需求。社区在整个发展历程中缺少平台供居民发布需求，许多需求一直存在但未被表达，继而难以识别以有针对性地满足。因此，铁西社区居委会主任兼党委书记推出“问需”举措，召集楼门代表召开“问需会”，积极搭建话语表达平台，主动获取社区居民的需求。会议结束后，再次收集需求问卷确定居民需求，并再次询问整个楼栋居民的意见。征询过程结束后，以楼栋为单位向居委会提交申请，居委会最终落实解决需求问题。“问需”在居委会与居民之间建立了一道重要的沟通桥梁，让居民通过表达需求参与社区管理，这为自治的实现奠定了基础。同时此举可令居委会清晰了解社区居民的需求，帮助落实基层群众自治制度。

以利益为核心的思维引导是实现自治的另一举措。铁西社区居民普遍年龄较大，其核心关注点之一围绕“孩童成长”，让自家孩子获得健康成长成为社区住户普遍的共同期望。因此，铁西社区在进行自治过程中，重建了社区自治意义的解释框架，将宏观层面的社区治理叙述为“创建美好社区环境，打造孩子成长的良好土壤”。这样的宣传不仅让抽象宏大的概念变得真实可感，也让居民从关注个人利益转变到创造集体利益，居民思维的转变为实现社区治理提供了内在动力。

### 2. 组织培育

在实现自治的过程中，铁西社区内部自主培育了一批社会组织，可以根据功能特点划分为三类，即以楼门长为主力的事务管理型组织，以居民自愿参与为主的文体娱乐型组织和服务提供型组织。

以楼门为单位的治理落实是实现社区自治的核心步骤。在搭建楼门自治单元、实现居民自我管理的过程中，铁西社区采取了四步。第一，领走责任田。明确门楼负责人，划定责任范围。第二，调动楼门成员。楼门负责人担任管理协调职责，但是楼门治理需要所有成员的参与，所以整个门楼成员均需填写倡议书。第三，培养楼门自治。铁西社区让楼门成员开会讨论各自楼门的事，通过对楼门优缺点的交流总结，全面认识自身居住地，是增强归属感和治理意识的有效之举。第四，打造楼门品牌。居民需要结合各自楼门特色，共同商议创造出属于楼门独特的标识，形成特色鲜明的楼门文化。实现四步走后，自治的基本结构体系业已构建完毕，铁西社区居委会主任日常通过楼门组长这一中介发布具体任务，楼门组长会监督落实治理任务。在“楼门制度”的助力下，铁西社区的治理逐渐显现成效，环境变好是居民的直观感受，社区获评荣誉更给予了居民成就感，治理效果的正向反馈愈加激励到社区居民参与楼门治理的积极性。事实上，在楼门长队伍形成和楼门品牌建设的过程中，社区党组织一直发挥着启动助推的作用，鼓励各个楼道选出楼长，协助建立微信群，进行一系列的投票决策活动。在自治开展的初始阶段，各种模式流程还不成熟，需要有领导人在前方指引规划，铁西社区党组织充当启航引路人的角色，为楼门建设注入了动能，居民熟悉后楼门长队伍便能依着惯性继续运转。

以自愿为特点的组织培育是达成社区自治效果的有力辅助。如前文所述，社区自治需要以合适的组织为实现载体，载体要保证恰当的居民联结度。除了建设楼门作为基本治理单元外，居民自发性组织在社区自治过程中亦不可或缺，铁西社区在建设过程中便成功孵化出为自治做出重要贡献的社区自发性组织。其一，形成了以解决居民现实问题、维护社区稳定为价值导向的志愿者服务队伍，会负责社区大门安保、监督垃圾乱丢行为、整理单车摆放等任务，辅助居委会和楼长管理社区日常事务。该志愿团队成员均为社区各楼门的热心居民，在队伍形成的过程中党员率先发挥带头引领作用，主动加入志愿团队并以亲身行动为他人做出示范。居委会给其成员每人每月发放 80 元的补助，内外激励相结合的作用下久而久之便构建出一支稳定的志愿团队。其二，铁西社区建设出一支名为“鼓动心弦、绽放笑脸”的队伍，为需要特殊心理支持的个体提供服务，如罹患抑郁症、焦虑症、丧偶等人群。该队伍与铁西社区培育的社会心理支持中心并行发展，起初社区居委会提供一定的资金支持，待队伍发展壮大到一定规模后，居委会不再提供资金支持，中心仍能稳定运转，团队凝聚力也已形成。心理支持中心在孵化完成后，依然服务并听从于社区，其每次选择外部心理服务机构进行指导和完成工作的过程中，社区党组织都会参与过程监控、审核等环节，以帮助社会心理支持中心稳健运营。其三，铁西社区培育了 14 支以兴趣爱好为聚力点的文体志愿队伍，居委会和社区党组织为其提供必要的物质支持，使其为社区精神文明建设做出贡献，举办社区内文化活动与演出，并为社区居民满足精神文化需求提供平台。

可以看到，铁西社区的实践为“社区社会组织在治理中发挥重要作用”的观点提供了充足论据。其一，铁西社区社会组织可以实现安全功能。铁西社区的志愿者队伍负责小区值班站岗的工作，并主动整理社区环境，保证社区秩序的稳定性，为社区长治久安贡献了重要力量。其二，铁西社区社会组织发挥了统筹功能。自治的一大难点在于居民分散性和利益主体多元性，若无特定组织依托难以进行协调管理。铁西社区楼门组长队伍形成的“管理班子”将社区人员划分出多个单元，在单元内激发居民的归属感和责任意识，完成统一管理，达到了资源协调整合的效果。其三，铁西社区社会组织体现出解决问题的作用。基于“从群众中来，到群众中去”的属性，服务提供类的志愿和兴趣群团在快速响应居民需求和解决社会问题上有独特优势，而满足居民需求和解决社区问题是推动社区高质量发展的路径。此外，铁西社区的心理服务机构不仅仅针对社区内部，现已是面向外部具有一定独立能力的机构，帮助社区打通和外部社会资源联结的渠道，有利于将各种有效资源整合起来，向社区内部引入“活水”。其四，铁西社区内的社会组织共同推进精神文明建设，并取得显著成效。志愿者团队在铁西社区内部发扬了公共奉献精神，是对社会主义核心价值观的践行，而兴趣爱好类团体通过举办群众性活动，在丰富居民精神生活的同时，也推动着时代新风的弘扬。

### 3. 机制保障

事实上，仅仅培育出社会组织是不充分的自治，有不少社会组织由于制度和管理措施存在问题走向僵化甚至消亡①，因此针对如何保障社会组织发挥更持久的效力这一问题，铁西社区也对培育社会组织外的配套措施进行了探索，分别从加强“人”的核心能力和“制度”的规范威力入手。

以培训为手段的能力提升是铁西社区促进自治的重要举措。铁西社区的楼门组长选自居民，其缺少管理所需的知识和技能。为提升社区骨干的综合素质，铁西社区组织了多样化培训，涵盖宣传能力、组织能力和团队意识等多种培训内容。铁西社区通过系统化课程帮助核心领头人员提高专业能力，以专业技能内化的方式来增进自治管理者的人力资本，从而实现对社区自治变革的效果巩固，这种对关键人员的培训制度形成了社区自治的长效机制之一。

以制度为形式的流程规范是巩固社区自治的另一长效机制。社区自治的实现往往是漫长的，因此，若不总结过往经验并形成正式制度规范，社区建设变革之路容易走向虎头蛇尾的局面。铁西社区完成楼门单元文化建设后，制定了规范的奖惩制度。楼门之间每半年开展一次评比活动，居委会带领各楼门组长依次检查各楼门情况，评比分数来自自评、各楼门组长互评以及居委会评分，现场计算得分后在社区内进行公示。根据评价得分将楼门分出星级，居委会向优秀等级楼门颁发奖品以达到激励效果。此外，铁西社区针对楼门组长设置了例会制度，例会不仅仅是居委会及时了解把握基层居民动向的机会，也是在居民心中建立制度权威的重要方式。

## 四　基于案例的经验总结

### （一）依据战略框架计划性推进

实现社区自治涉及对人、事、物的全方位转变任务，而结合上文所述，社区自治的一个关键点在于将分散的原子化个体进行重组，孵化出各类促进居民自治的社区社会组织。从组织形态变化的角度对社区自治实现过程进行抽象概括，对社区进行自治改造本质上是对社区展开的组织变革。从整体来看，铁西

① 苗青、赵一星：《社会组织裂变：打破僵局的新思维》，《浙江大学学报》（人文社会科学版）2020 年第 4 期，第 101～116 页。

社区实现社区自治的过程具有节奏性，其步骤阶段可以用 Lewin 的组织变革模型解释。

Lewin 认为组织面临变革压力的“推力”作用（如同行竞争压力、新政策立法和新技术应用等），也面临变革压力的“抵制力量”（如组织固化惯例、思想观念和组织文化等），在多组相对作用力之下，组织是一个稳定的“平衡体”，但当两类作用力发生变动时，组织即发生激烈变革以寻求新的平衡状态。具体而言，Lewin 的组织变革模型结合时间维度从动态视角解构组织变革过程，将这一过程理论化为解冻、变革、再冻结三个步骤。解冻阶段的目的是发现并减少阻力，该阶段需要制定明确的变革方向和目标，只有让组织成员开始了解变革的必要性，他们的观念和行为才会随之发生改变。解冻是变革的前提，也是决定变革成功与否的关键。变革阶段是组织变革过程的核心，组织进行了实质性变革行动，从结构、流程、文化、技术等多方面促使组织逐渐向理想状态转变。再冻结阶段的目的是确保新的行为方式和组织形态得到巩固，令新的状态被确立为组织的“正常”状态，以避免在惯性作用下重回原有状态。该阶段应当利用制度、政策和流程等手段使新的态度和行为固定下来，稳定巩固变革效果，否则变革对组织和成员的影响也将只是短暂的。

根据变革模型来解释海淀铁西社区的自治过程，具体来讲，意识唤醒阶段可以看作社区自治变革过程的“解冻”，通过询问居民需求向社区成员传递变革信号，调动社区居民的变革意识，同时也有利于变革方向和计划的制定。而宣传则是在改变组织内成员的态度，以减少组织原有惯性的阻力作用，达到“松动”社区变革“土壤”的作用，方便为新变化的实现做好铺垫。楼门建设和各类组织的培育则属于变革阶段，是使组织发生转变的实质性措施。楼门建设和社区组织培育更新了原有社区结构体系，在组织结构上实现了突破性转变，分化出多个居民自组织单元，随之管理流程和社区文化上也进行了诸多调整。对骨干成员的培训则在于培养成员的新态度和技能，可以看作人力资源上的保障。规范化新流程则对应组织变革模型中的再冻结阶段，利用正式程序制度固定组织转变过程中的新举措，由此可以极大程度上避免浅尝辄止的现象，落得“轰烈开头、惨淡收场”的结局。基于组织变革理论的框架，铁西社区实现自治的变革过程可以被总结为如图 1 所示的概念图。

海淀铁西社区的阶段性变革为其他社区提供了治理借鉴经验，若其他社区

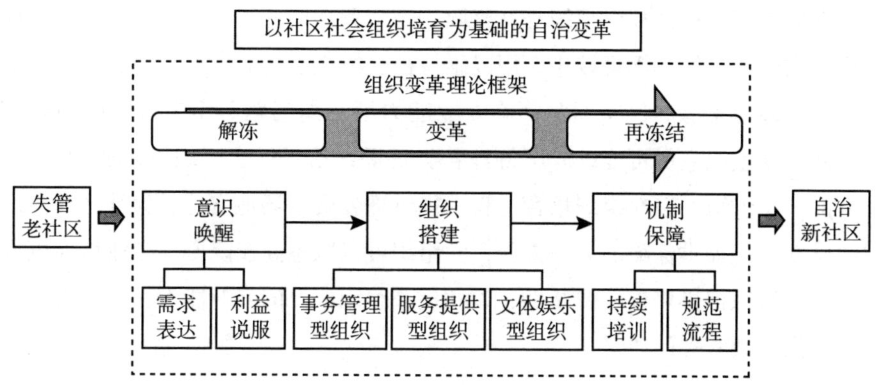


**图 1　组织变革理论框架下的铁西社区自治变革**

打算从“无管理”或“行政式”管理走向“自治”，可以参考海淀社区的发展模式，以构建社区自治的核心载体——社区社会组织为着力点，以组织变革理论为指导框架，逐步完成变革的各个步骤。社区管理人员可以将社区治理模式转变看作一场组织变革，明确变革战略并制订变革计划。在该过程中，可以尝试以变革理论模型为指导，将整个过程分为“解冻、变革和再冻结”的不同阶段，拟定各阶段内的重点事宜和基本措施，按照计划循序渐进。实现良好的自治成效并非一蹴而就，牵涉利益相关方较多，同企业组织变革类似，往往变革需要的时间相对较长，采纳措施也会较多。因此，制订战略性计划有利于保证整个过程的顺利开展，从典型案例中总结的自治变革框架为计划的制订和实施提供了参考。

## （二）发挥党组织作用引领统筹

从案例中可以看到，社区党委和社区居委会在社区社会组织的培育过程中发挥着重要作用。在自治变革初期，需要社区党委和居委会牵头动员社区成员，传达社区自治变革的发展方向、目标和任务，为社区自治工作提供强大的引领力。在培育社区社会组织的过程中，社区党组织需要发挥领导力，带头搭建组织雏形并吸纳成员。这一阶段党组织党员需要发挥模范先锋作用，在积极参与社区治理行动中，为其他居民做出初步尝试，其示范作用会促进其他居民进行社会学习，最终实现社区社会组织构建和成熟运作的目的。

此外，社区党组织需要在自治过程中统筹多方资源，为社会组织培育提供必要支持保障。社区社会组织是补充政府与市场功能的第三方力量，尽管发挥着重要的作用，但其规模较小，用以维持社会组织运转的资源相对较少，且组织内成员多为志愿居民，通常面临专业能力不足的问题。作为社区的领导核心，社区党组织应尽可能统筹配置好各类资源，给予社会组织以必要的扶持。一方面，党组织可以在组织培育过程中提供部分资金场地支持，为社区社会组织的早期孵化提供保障。另一方面，党组织可以联系高校院所、专业培训机构等为社区组织提供培训资源帮助，以此提高组织成员的专业能力，提高为社区居民提供公共服务的质量。

### （三）运用激励策略调动居民

尽管自治变革需要社区党委和居委会高屋建瓴、制定纲要统筹各方，但措施的最终落地大多需要居民主动参与和乐于实施。因此，该过程涉及人员激励和行为塑造。事实上，居民的行为激励性不足是许多社区在自治实现过程中面临的共同问题，激励不足会导致居民参与度不高，这种情况下自治也就无从谈起。铁西社区在自治过程中，结合了内外部双重激励手段。例如，楼门评比的过程中给予社区居民以荣誉认可和适当的物质奖励，来实现对居民主动维护社区良好治理环境这一类行为的强化，并逐渐形成习惯。而在孵化培育社区组织的过程中，社区居委会也首先利用物质外在激励作为志愿者队伍成立的“引线”，吸引社区居民参与其中，外在动机会逐渐增强并内化形成内在动机，即使撤销物质奖励，志愿者也会出于自我维护社区的意愿承担相应志愿服务，这是一种动机挤入效应。

对于居民参与社区自治的激励是一个系统工程，建议从多方面入手加强内外部双重动机。第一，可以加强宣传引导，让居民认识到参与自治对其自身的益处，增强居民乐于参与治理的主动性意愿。第二，通过组织活动让居民有机会和邻里建立社会联结，增加居民的共同经历与共同身份，从而形成集体归属意识，利用归属和认同感带动居民自发参与到社区治理的公共事业中。第三，建立表彰和奖励机制，社区居委会应当适时对做出贡献的居民给予荣誉和一定补贴，让居民在社区治理的参与中获得成就感。但应当注意，在奖励过程中不应设置过多物质性奖励，以免造成功利心理，外部动机容易损害参与自治的内在自发性动机，造成动机挤出，不利于长期居民自治行为的保持。

综上所述，本文通过分析海淀铁西社区以培育社区社会组织为基础的自治进程案例，对社区自治和社区社会组织构建的关系进行了新的理论解读，从中总结经验模式，挖掘可推广的变革经验，包括从宏观的战略计划行动到微观层面的居民激励。这些经验模式可以推广延伸至更多社区，让它们在实行自治的过程中汲取发展和管理经验，助力社区社会组织健康发展，帮助提升社区治理效能，也推动自治模式在城市管理中更好地扎根成长。

## 参考文献

何海兵:《我国城市基层社会管理体制的变迁：从单位制、街居制到社区制》,《管理世界》2003 年第 6 期。

孟领:《西方组织变革模型综述》,《首都经济贸易大学学报》2005 年第 1 期。

许宝君:《我国城市社区居民自治单元重构——兼对“自治单元下沉”论的反思》,《东南学术》2021 年第 1 期。

徐勇:《论城市社区建设中的社区居民自治》,《华中师范大学学报》（人文社会科学版）2001 年第 3 期。

徐勇、贺磊:《培育自治：居民自治有效实现形式探索》,《东南学术》2014 年第 5 期。

俞钰凡、王玲云:《我国城市社区自治研究的热点分析与评价——基于 CiteSpace 的知识图谱分析》,《科学决策》2022 年第 4 期。

朱仁显、邬文英:《从网格管理到合作共治——转型期我国社区治理模式路径演进分析》,《厦门大学学报》（哲学社会科学版）2014 年第 1 期。

# 理 论 篇

Theory Report

## B.20

## 我国社会组织研究的学科化建设：历程与展望

柴宝勇　陈若凡　郑文颖*

**摘　要：** 社会组织学科经历了传统学科与跨学科时期，并在后学科时代成为具有软学科特征的交叉学科。回顾社会组织学科的发展历史并探究学科现状，发现其正由学科的发展阶段走向成熟阶段，需要从“三大体系”建设的高度对其进行系统化建构。在学科体系建设方面，要推动理论发展与教材建设，推动基于此的学科知识体系构建，同时完善知识生产制度并搭建学科资源平台；在学术体系建设方面，要明晰当前关键议题群与未来理论增长点，关注研究范式转变并使研究方法与前沿接轨，实现创新与拓展；在话语体系建设方面，要在中西对比基础上突破西方话语霸权，通过

* 柴宝勇，法学博士，中国社会科学院大学政府管理学院教授、博士生导师，党内法规与国家监察研究中心主任，规划与评估处处长，主要研究方向为政党政治学、政治学理论和党内法规；陈若凡，中国社会科学院大学政府管理学院博士研究生，主要研究方向为社会科学方法论、法政治学、党内法规；郑文颖，中国社会科学院大学政府管理学院硕士研究生，主要研究方向为社会组织、基层治理。

提炼本土标识性新概念、新范畴与新表述，立足马克思主义立场与人民立场，谨慎处理三对特殊关系，提升我国社会组织学科的话语能力。

**关键词：** 社会组织 “三大体系” 学科建设

## 一 引言

中国社会组织[①]的勃兴是伴随着改革开放进行的，随着我国经济社会的进步特别是中国特色社会主义进入新时代，社会组织越来越成为社会建设、发展的重要主体，深入公共服务体系之中，参与公共服务、民主协商与社会治理。而中国社会组织的研究最早在西方语境的关照下展开，不可避免地受到西方话语的影响，随着我国制度环境的改变与社会组织实践的发展，中国社会组织的研究从对西方概念的引入与对国外研究视角的模仿逐步转向基于本土现实的实证研究与理论思考，并积累了丰富的研究成果。习近平总书记在2016年5月17日哲学社会科学工作座谈会上强调，“要加快发展具有重要现实意义的新兴学科和交叉学科，使这些学科研究成为我国哲学社会科学的重要突破点”，同时“应该从改革发展的实践中挖掘新材料、发现新问题、提出新观点、构建新理论……构建具有自身特质的学科体系、学术体系和话语体系”。[②] 因此，对我国社会组织研究进行学科化建设，既是现代社会进步发展的迫切要求，也是完善我国哲学社会科学体系的必然选择。基于此，本文首先论述社会组织的学科属性，对社会组织学科发展历史进行回顾，并在此基础上从构建社会组织学科体系、学术体系和话语体系的角度分别展开探讨。

① 不同国家对社会组织有不同用法，较为常见的概念有非营利组织、非政府组织，他们是西方惯用术语。其他相关概念还包括慈善组织、志愿者组织、第三部门、志愿部门等。萨拉蒙（Salamon）也指出非营利研究领域存在名称上的模糊性。中国语境中“社会组织”这一概念被广泛使用，它是一个灵活且具有包含性的概念。

② 习近平：《在哲学社会科学工作座谈会上的讲话》，《人民日报》2016年5月19日，第二版。

## 二　社会组织的学科属性

### （一）社会组织学科属性的来源

学术界以社会组织作为研究对象由来已久。在研究社会组织早期，它仅作为传统学科分类下特定学科领域内的一个研究方向，特征表现为以社会组织作为研究主体，研究者只关注特定学科领域内有关社会组织的一部分内容，这种传统学科分类下的研究一定程度上限制了对社会组织的全面理解。20 世纪 70 年代后，伴随着世界范围社会组织事业的蓬勃发展，以社会组织为主题的研究数量激增，研究领域延伸到公民社会、社会运动、社会资本、社会组织与政府关系、社会治理等内容。在这一背景下，由单一学科展开的研究在视角上具有一定局限性，难以对现实中社会组织发展过程所遇到的新困境与新问题给予有效回应。由此，社会组织的研究开始超越传统学科界限，包括经济学、社会学、政治学等多学科视角开始交叉和融合，这种跨学科方法可以有效地进行学科群之间的群相运动，借助跨学科的高层次认同、不同层次交叉跨越和学科理论的互动、整合，构成了交叉领域作为新学科发展的合力。① 进入“后学科”时代，社会科学研究的范式与方法发生重大转变，打破学科壁垒、发展交叉学科成为这一时期的重要特征。这在理论层面要求研究者必须以整体性、系统性视角审视社会组织研究的各种问题，由问题导向而非学科导向去审视社会组织研究，对社会组织深度参与社会的复杂现象进行解释，实现多学科理论与方法的综合和交叉，为社会组织研究提供多种新的理论。从学科交叉视角探寻社会组织发展背后的普遍原理、规律和方法，梳理构建交叉学科知识体系，推进社会组织学科建设。

综合上述，以社会组织为主体的研究涉及政治学、经济学、社会学、管理学等多个学科部门的相互结合和交叉渗透且成果丰富，符合交叉学科的内涵界定，交叉学科的自身特征可以赋予社会组织研究方向的“学科”属性。基于刘仲林的研究，交叉学科又分为比较学科、边缘学科、软学科、综合学

① 陈燮君：《学科学导论——学科发展理论探索》，上海三联书店，1991，第 344~350 页。

科、横断学科和超学科等多个发展阶段，其中“软学科”定义为以与国民经济、社会科学技术发展相关的微观和宏观系统为主要研究对象，在多门学科的背景和基础上形成的学科，特征表现为对象复杂、人的因素多，解决手段为非线性，又被称为“软科学”。[①] 社会组织综合地运用来自多种传统学科的理论知识与技术手段，对围绕社会发展和组织内部所产生的各种复杂现象和问题进行整体审视，从政治、经济、社会、管理等各领域间的内在联系入手，研究其规律性从而找出解决问题的方法，因此社会组织学科实质上可以被视为一门软学科，并从体系化视角加以发展。

## （二）社会组织学科的发展历程与现实状况

1. 社会组织的学科发展史

（1）萌芽时期：19 世纪中后期。社会组织是功能性群体自然演化形成的，具有悠长的历史，早在我国古代先秦时期就有朋党、社邑等民间结社形式。在世界范围内，社会组织伴随着近代资本主义的出现而逐渐发展，资产阶级政权以及资本主义生产方式的确立带来的严重社会问题和日益激化的社会矛盾催化社会组织的建立，到 19 世纪中后期，世界上已出现了许多开展慈善救济活动的民间社会组织和政治性社团，由此出现社会组织研究的萌芽。而如前所述，这一时期对社会组织开展的研究以单一视角研究为主，如卡尔·马克思（Karl Marx）《论犹太人问题》就涉及犹太人的宗教社会组织发展状况。同样，对我国会员制社团和慈善机构的研究也在这一时期开始出现，[②] 但研究视角也较为单调。

（2）多样化时期：20 世纪中后期至 20 世纪末。20 世纪 70 年代以后，世界范围内兴起了市场化、民主化、全球化浪潮，妇女组织、产业工人组织、自然保护组织、社区居民组织、反战救援组织等不断涌现，社会组织出现了类型划分，广泛参与国民经济发展、社区建设、公共政策制定等一国内部事务，并致力于国际问题的解决。为更好界定和理解社会组织及其构成要素[③]，评估影

① 刘仲林主编《跨学科学导论》，浙江教育出版社，1990，第 71~73 页。

② Smith, Arthur H. *Village Life in China*. (New York: Fleming H. Revell, Co, 1899), p. 313.

③ Smith, David H., “Sociology of Voluntary Associations,” *International Encyclopedia of the Social & Behavioral Sciences* 10 (2015): pp. 252-260.

响力状况[①]，并对社会组织现象进行概念化和理论研究[②]，同时拓展研究的广度和深度[③]，学术界由此展开了多轮对社会组织的讨论。具体表现为：克莱默（Kramer）等人统计了20世纪非营利组织研究的数量，数据表明，70年代以后非营利组织研究成果甚至比过去50年的总和还要多。[④] 1971年，大卫·霍顿·史密斯（David Horton Smith）创立了一家国际性、跨专业、跨学科的协会——非营利组织与志愿行动研究会（Association for Research on Nonprofit Organizations and Voluntary Action），主办刊物为《非营利与志愿部门季刊》（*Nonprofit and Voluntary Sector Quarterly*），有力地促进了非营利组织研究的传播与扩散，非营利组织逐渐在世界范围内成为一个新兴的跨学科研究领域。这一时期，社会组织的基本理论范式也得到发展。20世纪末，美国经济学家伯顿·韦斯布罗德（Burton Weisbrod）在经济学的框架内，用经济学的需求—供给分析法讨论社会组织提供公共物品的原因，提出了著名的政府失灵理论。[⑤] 市场失灵理论、[⑥] 契约失灵理论、[⑦] 公民社会、[⑧] 社会资本[⑨]等社会组织发展的基本理论也在这一时期出现。

随着我国改革开放的推进，各种形式的社会组织广泛出现，我国的社会组织研究也在这一阶段勃兴。应用舶来理论解释本土问题与基于本土实践提出新

---

① Diaz, William, *For Whom and For What? The Contributions of the Nonprofit Sector* (Brookings Institution Press, 2002), pp. 517–535.

② Smith, David H, "An Interdisciplinary Theory of Individual Volunteering and Why So Few Researchers Have Tested It." *Civil Society in Russia and Beyond* 2 (2014): pp. 35–42.

③ Smith, David H., "The Rest of the Nonprofit Sector: Grassroots Associations as the Dark Matter Ignored in Prevailing 'Flat-Earth' Maps of the Sector." *Nonprofit and Voluntary Sector Quarterly*, 26 (1997): pp. 114–131.

④ Kramer, Lorentzen, *Melief and Pasquinelli Privatization in Four European Countries* (New York: M. E. Sharpe, Inc, 1993), p. 197.

⑤ Weisbrod, Burton, "Toward a Theory of the Voluntary Nonprofit Sector in Three-Sector Economy" *Altruism Morality and Economic Theory*, 3 (1974): p. 137.

⑥ Francis M. Bator, "The Anatomy of Market Failure," *The Quarterly Journal of Economics*, 72 (1958): pp. 351–379.

⑦ Hans mann, Henry, "The Role of Nonprofit Enterprise," *Yale Law Journal*. 89 (1980): pp. 835–901.

⑧ Jorgen Hagerman, *Between Facts and Norms*, (Lodon: Cambeidge polity Press, 1996) p. 26.

⑨ John G. Richardson, *The Forms of Capital. Handbook of theory and Research for the Sociology of Education* (California: Greenwood Press, 1986) pp. 258–341.

概念同时发展。1998 年，清华大学公共管理学院设立了 NGO 研究所，研究平台的设立标志着国内社会组织成为一个新兴学术研究领域，作为学科发展的社会组织研究正在中国出现。

（3）本土化时期：21 世纪以来。进入 21 世纪，我国社会组织全面发展，大量的基于中国实践的理论成果标志着社会组织学科正在走向本土化。具体表现为社会组织研究成果数量增长明显、各类型研究发展迅速。随着我国市场经济的发展和国民经济的持续高速增长，社会组织参与社会治理、公共服务的程度不断加深，社会组织宏观管理法制化逐渐加强，实践的发展也带来了理论的增长，社会组织研究内容向慈善、扶贫、组织管理等领域拓展，研究成果呈现丰富性与多样性。2007 年《中国非营利评论》（*The China NonProfit Review*）创刊，其他高校社会组织研究机构及期刊陆续创立，为社会组织作为学科发展提供重要支撑。

2. 社会组织的学科现状

学术界一般认为，一个成熟的学科应该具备如下几个特征：第一，有特定的研究目标；第二，有自己的理论和概念体系，用以有效组织本学科积累的专业知识；第三，具有适应研究目标的特殊术语和特殊的技术语言，以及独特的研究方法；第四，有某种形式的制度呈现，如大学或学院开设的课程、相关的系所设置、相关职业社团等。① 社会组织研究现状如下。

（1）知识体系。就学科传统而言，社会组织作为公共管理学科的研究方向历史已久，社会组织研究也多以公共管理的理念、方法为基础发展，因此从学科层次来看，社会组织研究范围小于公共管理、抽象程度低于公共管理。根据我国现行的由国务院学位委员会和教育部订立的《研究生教育学科专业目录（2022）》，从学科设置上来看，一方面，社会组织可属于管理学范畴，在管理学的一级学科中，公共管理与社会组织最为相近，均属管理学门类下的一门应用科学，因此对社会组织进行学科设置构想，可将社会组织设为公共管理下的二级学科。另一方面，自 2020 年我国正式提出设立交叉学科门类，2021 年《交叉学科设置与管理办法（试行）》颁布，至今交叉学科门类下已有多

① 路占胜、吴新叶、〔美〕大卫·H. 史密斯：《志愿学：非营利研究的学科可能——以全球为视野》，《中国非营利评论》2019 年第 2 期。

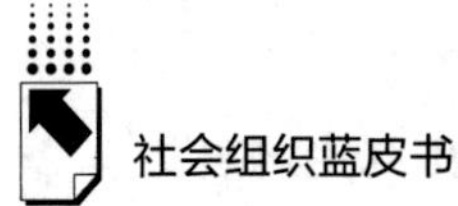



个一级学科。新时代学科边界模糊与交叉融合的学科发展趋势，使交叉学科日益成为知识创新的重要增长点，出于大力推动交叉学科建设的目的，根据前面论述的社会组织学科交叉的特征，也可将其归属于交叉学科门类。

在研究目标与研究内容方面，根据社会组织相关教材、专业和课程大纲设计以及期刊文献前沿成果可对其研究对象进行微观、中观、宏观三个方面的划分。微观研究对象主要为社会组织行为、社会组织项目和资源管理，具有鲜明的内部管理特征；中观研究对象为社会组织参与社会治理的角色和其他主体的互动机制研究，包括社会组织党建、政策参与、信息技术的应用与国际化等内容，有较强的共治特征；宏观层面研究对象为社会组织的政策和相关法律研究，在宏观制度环境之下，具有较强的公共治理特征。而社会组织的价值、文化与创新等内容则贯穿于三个研究层次。

在基础理论与研究方法方面，由于社会组织学科交叉的特征，其理论和概念体系涉及多个学科领域，对社会组织产生及所承担的社会角色进行解释的主要理论包括市场失灵、政府失灵、志愿失灵、委托-代理理论、公民社会、社会资本和社会共治等。但这些理论和概念来源于西方。中国的社会组织研究经过几十年的发展也提出了一些本土性的解释框架如官民二重性、[①] 分类控制[②]和依附式自主，[③] 对推进当代研究发展具有重要价值，但如官民二重性概念并非严格意义上的学术概念，更多是经验的概括，理论抽象层次不够高，无法产生与公民社会同一抽象层次的对话，这需要中国研究者深化本土化思考，提升本土化理论的抽象层次，而非简单套用西方概念和理论工具。社会组织研究方法目前以实证研究为主，辅以规范研究和经验研究。实证研究中的质性研究方面，包括田野调查法、案例分析法、访谈法、对比研究法、历史研究法、文本分析法等，还可以运用相关分析法、方差分析法、回归分析法等定量研究方法。

---

① 王颖、折晓叶、孙炳耀：《社会中间层：改革与中国的社团组织》，中国发展出版社，1993，第8~9页。

② 康晓光、韩恒：《分类控制：当前中国大陆国家与社会关系研究》，《社会学研究》2005年第6期。

③ Y. Lu, *Non-governmental Organizations in China: The Rise of Dependent Autonomy*, (London and New York: Routledge, 2009), p. 77.

（2）知识传承。在研究的制度化呈现方面，我国已有数十所高校设立相关研究中心，百余所高校将社会组织管理纳入公共管理学科的教学体系，在管理类学院开设相关课程。到目前为止，研究生教育鲜有高校将社会组织作为独立专业开展人才培养，但本科教育中，社会组织相关概念在学科发展上取得重大突破。2021 年 12 月，教育部发布《关于公布 2021 年度普通高等学校本科专业备案和审批结果的通知》，在管理学门类公共管理一级学科下增设慈善管理学科作为四年制本科专业。浙江工商大学英贤慈善学院和山东工商学院公益慈善学院设立了慈善管理专业，此外民办大学南京工业大学浦江学院设立了公共慈善管理学院，其申报的慈善管理专业也通过审批。但分析几所高校对慈善管理专业的介绍可以发现，课程内容设置偏重组织内部管理，系统化的慈善管理学科和人才培养体系还需要进一步完善和发展。慈善管理与社会组织管理内涵相近，只是方向更为聚焦，慈善管理独立学科的设立标志着社会组织相关学科体系在科学规划建设方面的提速。

我国的社会组织研究虽未能完全满足成熟学科的要求，但部分条件已渐臻具备，正从发展阶段向成熟阶段过渡。社会问题的高度复杂性和学科建设推动的长期性决定，社会组织作为新兴学科发展需要理论界倾注关注和热情，要对标构建中国特色哲学社会科学“三大体系”的要求，以学科体系、学术体系和话语体系建设的角度讨论构建中国特色的社会组织学科自主知识体系。

## 三　立足本土、统筹兼顾：社会组织学科体系建设

学科不仅是有其内在逻辑的知识体系，它还作为一种社会化的规训体系而带有社会建构性特征。就此意义而言，学科不仅是一种特定的知识体系，同时又是一种围绕规训活动而建构起来的组织与制度体系。① 学科体现了知识生产的内在逻辑，同时其无形的共同体特性会以显在或潜在的渗透方式聚合具有相同研究兴趣或目标的研究者，进而形成且不断形塑实体组织与制度体系。因此，开展社会组织学科体系建设可以从以下两个方面入手：一是完善理论概念

① 阎光才：《学科的内涵、分类机制及其依据》，《大学与学科》2020 年第 1 期。

构成的学科知识体系，如学科或领域的研究对象、理论或研究成果组成的脉络化结构；二是建设支持知识生产的制度与资源平台，如包含学术期刊与研究机构的学术共同体和可以培养专业研究人员的院系设置。

### （一）中国社会组织学科知识体系，理论发展与教材建设

基于对西方非营利组织的知识移植和我国社会组织理论与实践的发展，社会组织作为学科已经呈现基本架构。但是从本土化的目标出发，构建中国特色的社会组织学科需要解决舶来理论的问题。学科知识体系随着人们实践需要的变化而变化，这是学科知识体系发展的基本规律，因此开展中国社会组织学科知识体系建设要立足实际，强化对经验世界自主理论的提炼。

立足当下，新时代社会组织治理领域呈现全面性和综合性、多元化和参与性、创新性和适用性、法治化和规范化、网络化和信息化的特征。政府购买服务的支持与社会组织自身功能的提升使其更广泛地参与到政策制定、社区发展、福利保障、环境保护、人权保障等事务中，成为社会治理中不可或缺的参与主体。学科建设目的在于对专业人才的培养，从教育与教学的角度，社会组织学科建设应该充分回应社会现实，使受教育者了解当前社会组织发展的主要态势、前沿方向与基本问题。因此完善社会组织学科体系建设，可以将社会组织党建、社会组织管理、社会组织政策、公益慈善管理、新技术与社会组织研究方法等设置为社会组织学科下属子学科，以形成完整的社会组织学科体系。

学科体系的建设与成果库建设密不可分，教材和各类著作是学科体系的有机构成，社会组织学科著作及教材建设是对社会组织学科知识的整合。国内社会组织学科著作建设成果丰富，对著作内容进行概括，大致包括以下五类：一是梳理社会组织概念及各国的基本发展情况，并介绍包括战略管理、财务管理、人力资源管理、志愿者管理、项目管理等内容在内的社会组织内部管理的基础性教材；二是通过案例研究，聚焦社会组织领域标志性事件与突破性进展，将社会组织与公共治理相结合，论述社会组织转型与治理现状的著作；三是专门聚焦社会组织评估的著作；四是国外社会组织经典的译著或是进行国内外社会组织对比的著作；五是聚焦研究公益慈善或志愿服务等新兴领域社会组织发展情况的著作。以上著作对于将社会组织作为机构介绍其内部管

理制度或作为多元主体参与社会发展状况进行了较好总结，可以对基于实践的社会组织领域最新理论研究成果进行及时更新。但缺乏学科发展的视角，较少将社会组织视作一门独立学科，以学科建设、知识传承和专业人才培养为出发点，沿着概念作用、学科渊源、发展历史、研究现状（对象）、学科范畴与知识体系的脉络展开。因此社会组织作为学科发展的知识范畴体系和理论框架还需进一步梳理，教材编写可以此为着力点，成果也可促进学科不同流派的形成。

## （二）支持中国社会组织学科发展的知识生产制度与资源平台建设

学术共同体是由具有相似研究兴趣和目标的学者、各类学会组织、专业期刊等组成的社会群体。学术共同体的搭建有利于寻找同一研究领域内学术追求、价值理念和研究规范的最大公约数，学人与学人在此基础上对话可以避免单打独斗，建立起互相支持的协作关系，共享知识和资源，由此，学科文化、学科领域内的身份认同和归属感逐渐培育，一种与他者相区分的边界进而形成。

社会组织作为学科发展的支撑平台不断拓展，我国社会组织领域的学术共同体和学术平台已经形成规模。自清华大学 NGO 研究所成立后，北京大学、人民大学、北京师范大学、浙江大学、复旦大学等高校的相关学院也相继设立社会组织研究中心，这些机构在开展学术科研的同时也积极参与社会组织的实践和服务，为推动社会组织研究的发展提供了重要的平台与支持。社会组织领域的期刊资源已有清华大学编撰的拥有中英两个版本的《中国非营利评论》、上海交通大学编撰的《中国第三部门研究》（*China Third Sector Research*）两本学术型期刊和中国社会组织促进会主办的《中国社会组织》一本非学术性杂志，除此以外，由中国社会科学院大学组织编写的《中国社会组织报告》（蓝皮书）也长期关注中国社会组织的培育与发展，这些期刊资源有力地促进了社会组织的研究与成果传播。以上共同体建设成果对内活跃学术氛围，激发社会组织领域平等健康的学术争鸣，建立良好的学术生态，提升学术生产力；对外为与国外学者的开放性对话提供平台，畅通向国外推介高水平研究成果的渠道，增强我国社会组织学科的影响力。

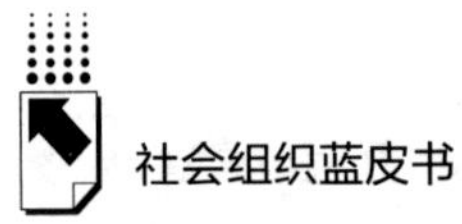


学科的知识结构与社会建制之间，存在着共同演化与互构的关系。[①] 学科作为组织与制度体系通过划定边界而衍生出权力与利益实体，即学系或学院，可以为学科发展提供长期而稳定的条件支持。如前所述，我国目前社会组织相关学科与专业设置仅在少数院校展开，存在待完善之处。在哲学社会科学五路大军中应培育理论功底扎实、勇于开拓创新的学科带头人及精力充沛的中青年骨干，重视教师队伍建设。运用互联网和大数据技术，加强社会组织图书文献、数据库和资源共享的研究信息化平台等基础设施建设。更好发挥国家社科基金作用、建立兼顾理论评价和价值评价的社会组织学科评价体系，推动系统化、体系化的学科建设。

## 四　议题聚焦、方法推动：社会组织学术体系建设

学术体系是“三大体系”的核心，主要包括两个方面：一是思想、观点、知识等元理论问题；二是研究方法、材料和工具等方法论问题。[②] 社会组织学术体系是揭示其研究对象的本质和规律的理论和知识的系统集成，其建设情况及未来发展方向表现为议题群和理论增长点以及包括研究范式和具体研究方法的方法论体系。

### （一）近5年来中国社会组织研究关键议题群

文章关键词一般具有提示作者研究对象、研究方法或研究内容的功能，对特定领域基数较大的高质量文献进行关键词聚类分析可以判断该领域整体研究情况。运用统计分析工具 Citespace 对中国知网中文核心期刊 2018~2023 年以“社会组织”为主题的 2283 篇文献进行关键词聚类分析，选取前五类关键议题群（见图 1）。对议题群结果进一步分析解读，可以发现近 5 年我国社会组织领域研究以公共问题为导向，整体呈现关注中观与微观的体制机制研究、重视制度环境对社会组织的影响及社会组织不同分类主体作用的发挥。

---

① 蔺亚琼、覃嘉玲：《学科分类与跨学科发展：基于院系组织的分析》，《高等工程教育研究》2019 年第 3 期。

② 谢伏瞻：《加快构建中国特色哲学社会科学学科体系、学术体系、话语体系》，《中国社会科学》2019 年第 5 期。

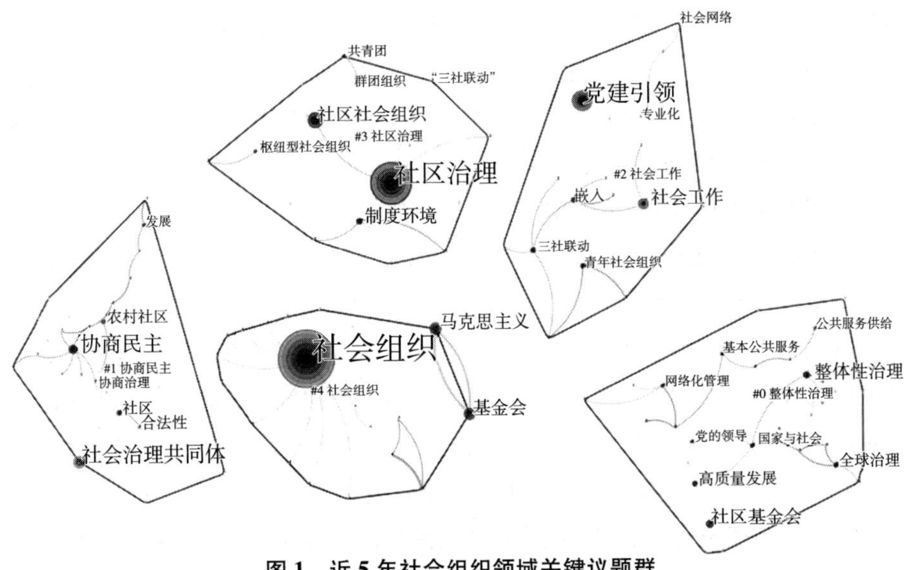


**图 1　近 5 年社会组织领域关键议题群**

资料来源：笔者自制。

### 1. 跨部门、跨领域的协同合作的整体性治理机制研究

整体性治理强调有效组织和整合政府部门、党组织、社会组织与其他主体的资源，实现跨部门、跨领域的协同合作，搭建整体性的治理网络。它关注基本公共服务提供、社会治理模式等中观层面。利用整体性治理理论诸要素可以有效实现对社会组织参与社会治理的运作模式的机理分析和创新构建。这一主题的研究包括如利用整体性治理理论创新社会组织参与攻坚扶贫的模式,① 构建新范式以针对性解决社会组织治理碎片化问题,② 创建政府、社会、个体三位一体的少数民族流动人口的城市融入机制。③

### 2. 决策过程中利益相关者平等对话的协商民主机制研究

完善基层民主协商制度是我国社会治理在 2035 年的远景目标之一，社区协商治理以构建社会治理共同体为目标，社会组织作为社区治理主体在协商民

---

① 邹新艳、徐家良：《基于整体性治理视域的社会组织集成攻坚扶贫模式研究》，《行政论坛》2018 年第 5 期。

② 李峰：《整体性治理：应对我国社会组织治理碎片化的新范式》，《学习与探索》2020 年第 12 期。

③ 马雅琦、马素珍、彭谦：《整体性治理视域下少数民族流动人口的城市融入机制》，《民族学刊》2022 年第 7 期。

主体系中也具有重要主体地位。其协商能力的培养和提升可以有效促进社会主义协商民主体系的完善。对这一主题的研究大体包括协商民主自身的战略定位和主要议题，[①] 社会组织协商民主的责任和功能优势研究，[②] 要素、[③] 价值与问题[④]和发展路径探析。[⑤]

### 3. 党组织优势作用发挥的党建引领机制研究

中国共产党的组织优势使其可以实现对多个主体的组织嵌入，进而构建纵横结构的聚合性治理网络，实现多个治理主体的关系凝聚。党建引领社会组织发展有利于形成强聚合功能的治理网络，通过空间塑造提升治理效能，与各主体的嵌入互动培育社会力量。党建引领社会组织的研究包括多主体互动的社区治理机制的完善，[⑥] 社会组织党建建设的内在逻辑，[⑦] 基于政党塑造社会视角的党建研究，[⑧] 以及对社会组织党建工作效能的评价。[⑨]

### 4. 具体治理场景中制度环境对社会组织功能发挥的影响，及社会组织不同分类主体作用的发挥研究

制度环境对社会组织社会治理效能的发挥具有重要意义，制度环境下社会组织研究主要可分为两类：一是宏观、微观、执行等三个层面的制度环境对社会组织功能发挥的影响；二是社会组织对公共政策的参与。具体研究包括制度环境下对社会组织成长的限制、准入、共治等整体过程的演变分析，[⑩] 制度环境激励

---

① 宋雄伟、陈若凡：《中国特色协商民主体系研究的战略定位与主要议题：一个分析框架》，《北京行政学院学报》2023 年第 3 期。

② 陈思：《我国社会组织参与社会主义协商民主问题研究》，《理论月刊》2018 年第 12 期。

③ 毛佩瑾、马庆钰：《我国社会组织参与协商民主的要素研究》，《中共中央党校（国家行政学院）学报》2019 年第 1 期。

④ 张铤：《社会组织协商：价值、问题与提升路径》，《中州学刊》2020 第 3 期。

⑤ 王永香、李景平：《新时代社会组织协商民主制度化发展路径探析》，《广西社会科学》2020 年第 4 期。

⑥ 陈秀红：《整体性治理：党建引领基层治理的一个解释框架》，《学习与实践》2021 年第 12 期。

⑦ 张紧跟、庄少英：《社会组织党建中的借力逻辑：以广州 D 社工机构为例》，《学术研究》2022 年第 6 期。

⑧ 王杨：《党如何塑造社会群体？——以社会组织孵化器党建为例》，《社会主义研究》2022 年第 1 期。

⑨ 严郁洁、曹胜亮：《党建引领社会组织提升治理效能的评价指标体系建构》，《探索》2023 年第 3 期。

⑩ 丁惠平：《限制、准入与共治：中国社会组织治理的演变历程与未来走向》，《学习与探索》2022 年第 10 期。

因素及作用机理研究，[①] 社会团体主动和被动型的政策倡议研究。[②] 聚焦社会组织不同分类主体，对三社联动的研究较多，主要包括在不同社会组织社会治理中的执行偏差研究[③]和治理模式转换与路径创新研究。[④]

以上几个最大议题群展现了我国社会组织研究热点，而治理精细化与全球化需要社会组织参与治理的精准化、协同化与国际化。议题群中的关键词如基金会、枢纽型社会组织、全球治理等议题领域也是未来社会组织研究领域不可忽视的内容，可能成为新的理论增长点。当然最重要的一点是，社会组织研究始终要以马克思主义为指导，借助其科学的理论视角深入理解社会组织的本质、功能和演变。

## （二）社会组织在研究范式上的转变

社会组织研究领域中，国家-社会关系是被研究者广泛采用的研究范式，在 20 世纪末 21 世纪初尤为流行。在国家-社会关系下，社会组织的发展被视为公民社会成长的标志，进而探讨中国强国家、弱社会的现实下，社会组织发展对国家-社会关系的改变。国家-社会关系这一根植于西方文化传统的理论固然为我国社会组织研究提供了重要启示，但其强调国家与社会的二元冲突对立，在中国语境下存在适用性问题。中国的社会组织在生成路径、资源获取、结构特性、管理体系等方面都与政府或国家体制有密切的联系，这使得社会组织从开始就不是作为与国家分立的力量而存在的。

对国家-社会关系的反思也使得对更为微观的政府-社会关系的讨论在学界逐渐出现。政府-社会关系研究侧重于讨论政府和社会的互动机制与具体过程，研究发现中国社会组织在观念、行为、目标上与政府具有相当的一致性。[⑤] 结构

---

① 姜耀辉：《社会组织参与养老服务的制度环境激励因素及其作用机理》，《社会保障评论》2023 年第 2 期。

② 张长东、马诗琦：《中国社会团体自主性与政策倡议积极性》，《政治学研究》2018 年第 5 期。

③ 颜克高、唐婷：《名实分离：城市社区“三社联动”的执行偏差——基于 10 个典型社区的多案例分析》，《湖南大学学报》（社会科学版）2021 年第 2 期。

④ 申云、潘世磊、吴平：《新型农村社区“三社联动”治理：模式转换与创新路径——基于多案例比较分析》，《农村经济》2021 年第 6 期。

⑤ 王颖、折晓叶、孙炳耀：《社会中间层——改革与中国的社团组织》，中国发展出版社，1993，第 128 页。

上表现为国家行政链条中的单元，行动上受到政治国家高度行政化支配，是政治国家的功能实现部分。然而，虽然社会组织以政府购买服务的方式参与治理实现政社合作，但政府行政化体制的依赖使其更信任半官方的枢纽型社会组织，自发生长的草根组织难以得到政府认可。这使得政府-社会关系中出现了回归政府的行政化倾向和走向民间的自治化倾向，二者之间的张力限制中国社会组织的发展，也限制了社会组织主体性的培育。①

理论范式的建构与经验实践是密不可分的，如果缺乏扎实的经验材料支撑，那么再华丽的理论大厦，也会像“沙堡”一样，风吹即散、轰然倒塌。②国家-社会关系和政府-社会关系都忽视了中国场景下，中国政治的突出特色——中国共产党功能作用的发挥。在对两种范式反思的过程中，政党分析范式在中国学术界受到广泛欢迎。中国共产党是党政体制中除国家权力外的另一种政治权力，党的功能和责任常被认为与国家和行政机关的责任混同在一起。不过虽有党政同构这一基本事实，但党依然保持了自身在组织和功能上的相对独立性。③ 这将政党从国家的范畴分离，而视作一个独立主体，党的政治身份与组织特点使其在治理中具有重大优势，在社会组织的研究中必然要“将政党带进来”④，由此，有学者提出了一种新的社会组织观察路径——“政党-社会”关系路径。⑤

相对于国家-社会关系，用政党-社会关系分析社会组织研究是更为适用的。一方面，它实现了对政府-社会关系下张力的化解。中国共产党的政治角色和组织优势使其可以超越国家权力或行政权力的“支配”逻辑，通过更为

① 王名、贾西津：《中国 NGO 的发展分析》，《管理世界》2002 年第 8 期。

② 〔美〕芭芭拉·格迪斯：《范式与沙堡：比较政治学中的理论建构与研究设计》，陈子恪等译，重庆大学出版社，2012，第 51 页。

③ 景跃进：《将政党带进来——国家与社会关系范畴的反思与重构》，《探索与争鸣》2019 年第 8 期。

④ 景跃进：《将政党带进来——国家与社会关系范畴的反思与重构》，《探索与争鸣》2019 年第 8 期。

⑤ 柴宝勇、石春林：《冲突与调适：党的领导、社会组织成长与政党—社会关系的重塑——一项基于第三领域的研究》，载黄晓勇主编《中国社会组织报告（2022）》，社会科学文献出版社，2022。

柔性的党建嵌入、政治吸纳、购买服务和派生组织等多样化的方式①，赋予各类社会组织与“体制”相连的公共身份，实现政党权力的延伸和渗透，使社会组织在“政社分开”的同时“党社结合”，并给予社会组织资源上的支持。同时嵌入的党组织可以实现意识形态的传播和规训，使社会组织与政治国家之间在行为观念和价值取向上保持高度的统一。另一方面，在政党-社会关系视角下，相对于国家，政党与社会组织的关系更为平等，二者互动可被视为在同一层次上展开，而不基于强制。党通过基层组织与社会组织建立起直接联系，并在互动中建立领导关系，这种党建引领模式不同于通过行政管理体制实施的控制，它保留了社会组织的相对独立性和自主性，给予社会组织更大的活动空间。

综合上述，政党-社会关系视角使得既有研究的冲突可在这个更具适用性的框架下得到解释。政党-社会关系下，政党塑造社会组织协同于政党国家的同时尊重社会组织自主性生产的意志和空间，基于党组织的资源使得社会组织功能实现更为顺畅，保证了社会组织的发展在方向上的正确与流动的可控。政党-社会关系视角为社会组织学科发展提供了立足中国场景、更具解释力的研究范式，促进更贴合实践的本土性知识增长，有利于社会组织学科本土化知识体系的建立和拓展。

### （三）社会组织研究在研究方法上的拓展

既有社会组织研究以实证研究为主，学者采用定性研究方法，运用典型案例法或关键人物访谈法等了解社会组织现实发展状况，或以问卷等方法收集数据，运用定量研究方法探索社会组织发展过程中的诸多影响因素。除了传统的定性研究和定量研究方法外，当前时代，数字技术的发展与社会治理现实积累的海量多维数据驱动传统方法的创新运用，来自多学科的研究方法在社会组织领域兴起。习近平总书记在哲学社会科学座谈会上也强调：“模型推演、数量分析等有效手段，我们也可以用，而且应该好好用。”② 根据社会组织宏观、

① 唐文玉：《借力于政治的嵌入式发展——“党社关系”视域中的民办社会组织发展考察》，《华东理工大学学报》（社会科学版）2019 年第 4 期。

② 习近平：《在哲学社会工作科学座谈会上的讲话》，《人民日报》2016 年 5 月 19 日，第二版。

中观、微观等层次的研究内容，可以将实验研究与因果推断、仿真模拟、大数据研究等方法引入社会组织研究方法中，实现方法的创新拓展。

1. 实验研究与因果推断

实验研究通过对研究对象进行控制和干预来观察因果关系，往往被经济学领域用于政策干预效果评估。社会组织研究也重视因果推断，以分析组织策略、政策和实践的有效性。将实验研究应用于社会组织研究中可能会面临随机分配问题、资源与政策干预问题等在实施层面的挑战，但引入倾向值匹配法（PSM）、双重差分法（DID）、工具变量法（IV）、断点回归法（RDD）和合成控制法（SCM）等方法仍然有其适用性与有效性，此处以倾向值匹配法和双重差分法为例加以说明。

倾向值匹配是指被研究的个体在控制可观测到的混淆变量的情况下受到某种自变量影响的条件概率。① 社会组织研究中，对调查资料的使用无法对研究个体进行人为控制，因此在调查资料中，探究两个变量关系时会受到其他混淆变量的影响。倾向值匹配这类实验性研究中，引入了控制的思想，在预先知道二分型变量对另一个变量有因果效应且对影响二分变量的混合变量有清晰的理论支持时，将倾向值匹配应用于效果研究中十分适用。如史薇针对家庭赡养中的虐老问题，运用倾向值分析方法，探究参与各类老年群众组织对老年虐待的影响。②

基于准自然实验的双重差分法可以控制样本之间不可观测的个体异质性，也可以控制随时间变化的不可观测总体因素的影响，能得到对政策效果的无偏估计。③ 在社会组织政策研究领域应用双重差分法，当发生政策改变时，学者在密切关注外部效度基础上，可以通过观察和比较不同组的差异来评估政策改变对社会组织的效果。如陈天昊等运用双重差分法，评估行政公益诉讼由国家监察机关或社会组织不同主体发起时的效果差异，以此探讨这一制度未来的完善路径。④

---

① 胡安宁：《倾向值匹配与因果推论：方法论述评》，《社会学研究》2012 年第 1 期。

② 史薇：《参与老年群众组织对老年虐待的影响及作用机制》，《宁夏社会科学》2019 年第 6 期。

③ 陈林、伍海军：《国内双重差分法的研究现状与潜在问题》，《数量经济技术经济研究》2015 年第 7 期。

④ 陈天昊、邵建树、王雪纯：《检察行政公益诉讼制度的效果检验与完善路径——基于双重差分法的实证分析》，《中外法学》2020 第 5 期。

2. 社会仿真模拟方法

社会仿真模拟方法是指基于一定的研究目的，在对社会学科研究对象的组成、功能、结构等特征的既有认识基础上，抽象出符合系统某一层次属性的结构模型，继而借助计算机仿真技术将结构模型转化为适合计算机处理的形式，然后运用假设检验的方法进行试验，最终实现对系统逼真的动态性模拟的演化过程。[①] 不同于传统定量研究通过统计检验方法进行描述和因果分析，社会仿真模拟方法的首要作用是开展社会预测，此外它可以提供严谨的证明以进行可行性论证，通过重复性模拟发现关键信息。[②] 基于主体建模方法（ABM）和行动者中心建模方法（ACM）都是社会仿真模拟方法中的重要研究方法。

以基于主体建模方法为例进行介绍，应用于社会组织研究中，这一方法着重讨论的是微观行动主体如社会组织的行为及其之间的互动与社会宏观系统变迁之间的关系，侧重点不在于最终出现何种均衡结果，而是更关注社会组织在社会政治经济系统演化与变迁过程中的角色定位知识。基于主体建模方法可以模拟社会组织在特定社会治理场景中的行为和互动，进而评估其参与社会治理的效果。这一方法还可以与实证数据结合起来，研究具体的社会或政策发展问题。如向宁运用行动者中心建模方法，对法门寺文化景区微博改名事件的舆论观点演化进行模型构建，探究宗教社会组织在面对互联网舆情时的行动模式与路径选择。[③]

3. 大数据研究法

吉姆格雷（Jim Gray）认为，大数据是继实验、理论以及计算机仿真之后的第四范式概念[④]，带来了新的科学方法。社会组织传统实证研究在理论的前提下建立假设并收集证据，对理论的适用性进行分析并对假设进行验证。大数

① Gilbert N, Troitzsch G., *Simulation for the Social Scientist* (Berkshire: Open University Press, 2005), pp. 6-9.

② 夏德龙：《复杂性研究的社会仿真模拟方法述评与展望》，《华中科技大学学报》（社会科学版）2021 年第 2 期。

③ 向宁：《佛教互联网舆情观点演化机制的行动者中心模型研究》，《世界宗教文化》2017 年第 5 期。

④ T. Hey, S. Tansley, K. Tolle, *The Fourth Paradigm: Data-intensive Scientific Discovery*, (3rd International Symposium on Information Management in a Changing World, Ankara, TURKEY, September 2012), p. 317.

据研究法是发现的过程，可在没有明确假设的前提下在海量半结构化数据中挖掘知识，寻找数据中的相关性、模式与趋势，进而揭示现象、预知规律。社会网络分析（SNA）、自然语言处理（NLP）与机器学习（ML）都是大数据研究法中的具体分析方法，可以实现对政策文本、网络平台媒体帖子、新闻报道、评论等各类信息数据的有效分析。

社会网络分析法是测量社会系统中各部分“点”与相互之间的关系“连接”，并将其用网络的形式表示出来，然后分析其关系的模式与特征的一套理论、方法和技术。[①] 社会网络分析法可以应用于社会组织内部治理研究，抓取网络相关数据并进行分析，以明晰社会组织关系网络结构和信息传播模式，进而明确社会组织影响力，为组织决策和战略发展提供指导。文本分析是重要的大数据研究方法，自然语言处理和机器学习都是文本分析领域中人工智能科学的有效运用成果，在处理复杂的自然语言数据时具有强大的功能和灵活性。几种方法的文本挖掘、热度分析、情感分析、主题分析等功能可以判断数据内容的情感走势、关注焦点并综合各项指标数据对热点事件展开专题分析，以判断外部对社会组织整体评价和社会组织领域的焦点事件。以上方法还可应用于社会组织政策文本分析，快速分析政策内容以识别政策主题、目标和影响，判断政策工具，对政策进行分类，梳理政策体系。将大数据分析方法运用于社会组织研究可以有效提升信息提取能力、洞察力和分析效率，进而助力政策制定和资源优化。如任韬等运用大数据研究法对社会团体和基金会在2021年的网络舆情数据进行分析，考察公众对社会团体和基金会2021年工作的整体评价。[②]

以上方法既重视相关性研究又重视因果分析，同时适应时代发展特点。将以上方法引入社会组织研究具有可行性与有效性，其运用有助于解决社会组织研究中实效性缺乏、动态性不足、数据质量有限和统计偏误等问题，还可以向外拓展社会组织研究广度，是传统小数据实证社会组织研究逻辑的补充和完善，可提高社会组织研究的科学性与有效性，促进社会组织理论与研究方法创新，助力学科建设。研究中也需警惕方法的工具属性，避免落入过度“数字化”“模型化”的窠臼。

---

① 汤汇道：《社会网络分析法述评》，《学术界》2009年第3期。

② 任韬、郑惠文、张颖、宋子琨：《2021年社会团体及基金会网络舆情分析报告》，载黄晓勇主编《中国社会组织报告（2021）》，社会科学文献出版社，2021。

## 五　提炼核心、扩散交流：社会组织话语体系建设

话语体系作为言说体系，从概念、陈述、文本构成等方面为学术研究提供规范的约束和引导。[①] 开展中国特色社会组织话语体系构建是社会组织作为学科发展的需要，这要求对西方社会组织研究的话语优势地位加以整体性把握，对西方理论进行积极的话语反思、话语调整、话语清理、话语转换、话语原创和话语竞争。[②] 并站稳话语立场、回应实践要求，提炼社会组织领域标识性概念，搭建理论体系。同时社会组织话语体系的构建要把握继承性和民族性、原创性和时代性、系统性和专业性，在学科体系和学术体系的建设中同步推进。

### （一）西方社会组织话语优势的建立与批判

社会组织研究缘起于西方，由于各国在历史、文化、社会和法律等方面存在差别，故而西方的社会组织发展呈现一种差异化样态。在美国，人们一般将这类组织称为“非政府组织”、“非营利组织”或“独立部门”，在英国被称为“志愿部门”，法国人则称其为“社会经济”。而随着美国“一超”地位的确立，以“非政府组织”为主要对象的研究成为西方社会组织研究的主流，具有话语优势地位。随着改革开放以来国内对西方理论的译介与引进，非政府组织研究也成为国内社会组织研究最初的表现形式，清华大学 NGO 研究所的成立就是这一特征的具体体现。

然而，舶来的非政府组织概念在现实中与中国政治制度存在偏离，在实践中具有一定的不适用性。非政府组织在概念上具有民间性的特征，强调其既不同于政府部门（第一部门），又不同于市场系统（第二部门），而是超出于两者之外的第三种类型的组织实体，是介于政府与企业之间的“第三部门”。[③] 西方的研究常聚焦于非政府组织的抗辩作用，强调非政府组织对政府的对抗

① 谢立中：《探究“三大体系”概念的本质意涵》，《中国社会科学报》2020 年 12 月 24 日，第 1 版。

② 徐勇、任路：《构建中国特色政治学：学科、学术与话语——以政治学恢复重建历程为例》，《中国社会科学》2021 年第 2 期。

③ 王绍光：《多元与统一：第三部门国际比较研究》，浙江人民出版社，1999，第 6 页。

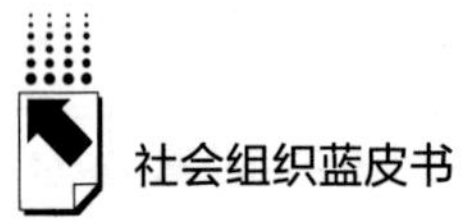


性，而将其运用于理解中国社会组织发展，可能会出现两种歧义。一方面，非政府组织是在《联合国宪章》中所涉及且被引入的一个初始概念，它关系非政府组织在联合国的地位和作用，其呈现形式往往是高度规模化、规范化的，这就导致只有正式和重要的民间组织才被认定属于社会组织的范畴，造成大量存在于社会中的中小型非正式组织被排除在“非政府组织”视野之外。另一方面，“非政府组织”的“非政府性”会被认为是与政府无关，甚至被理解为反对政府，但在中国的现实生活中，最重要的“非政府组织”反而是那些与政府关系最密切的组织，其中一些关系国计民生的重要组织甚至与政府直接相关，由党政机关直接负责领导或管理。

## （二）中国社会组织话语的生成与传播

由此，建设社会组织话语体系应该立足本土化路径，聚焦中国社会组织发展的内生立场、内容、情境，摒弃一些不适用于中国实践的概念与提法，基于当前中国社会组织发展实践中所产生的话语建构的问题寻找可行性方案。实际上，“社会组织”概念本身已在中国有了较为长足的发展，自党的十六届六中全会第一次使用“社会组织”这个提法后，“社会组织”几乎已经成为中国哲学社会科学描述之前以社会团体为核心的组织群的统摄概念，并在官方话语中生成了较为明确的指称边界。基于此进一步总结当前社会组织话语发展情况，塑造话语内核，厘清话语的构成与运行逻辑，最终得以建构根植于中国特色社会主义理论与实践的社会组织话语体系。为实现该话语体系的生成与传播，需要从以下方面加以着手。

### 1. 提炼标识性概念，打造具有说服力的新概念、新范畴、新表述

长期以来，对于现代意义上的学科概念形成于西方的各类学科，如政治学、公共管理，我国构建学科本土话语体系主要经由“以西释中”和“以中化西”两种基本路径。① 社会组织作为学科发展，其话语体系的生成逻辑也不例外。然而“以西释中”的构建方式未能廓清中国场景下社会组织的概念和范畴，社会组织研究理论与实践关系中呈现较大张力。因此中国社会组织话语

① 王炳权、杨睿智：《新时代中国政治学“三大体系”建设的发展与创新》，《广西师范大学学报》（哲学社会科学版）2023 年第 1 期。

体系构建需要“以中化西”，调换话语的创造和接受主体，以我国重大理论和现实为导向，开展深入的调查研究，在选择、化用和综合西方社会组织体系优秀成果的基础上，提炼具有解释力和引导力的我国社会组织原创性话语。话语的提炼同时要坚持实事求是的原则，不因寻求与西方经验的不同之处而生搬硬套，将个案扩展至普遍经验，或忽视经验中存在的问题和不足，或将优点和特点无限放大。① 在准确理解中国经验中，西方社会组织理论的预设、共识和前提得以被清理，我国社会组织话语构建也彰显了主体性。

社会组织话语体系的构建还需要站稳立场，彰显价值。一方面要坚持以马克思主义为指导。充分调动马克思主义的资源，包括马克思主义基本原理，马克思主义中国化、时代化所形成的理论成果及其文化形态；另一方面要坚守人民立场，彰显对公共性价值的追求。社会组织的组织特征与功能定位鲜明地体现了其人民性的立场。社会组织所具有的社会协调与治理的功能体现了它所具有的社会性或公民主体性，社会组织在发挥政策倡导与影响功能时，又是特定群体特别是弱势群体的代言人，表达他们的利益诉求和主张，在公共政策过程中谋求更广泛的社会公正。②

2. 处理好三对关系，提升社会组织话语体系建构能力

在中国特色哲学社会科学话语体系建设过程中，要谨慎处理一些特殊关系，包括：学术话语与官方话语之间的关系；中国话语与西方话语之间的关系；现代科学话语与传统话语之间的关系。③ 这与习近平总书记在哲学社会科学工作座谈会上的讲话所提到的系统性和专业性、继承性和民族性、原创性和时代性等特点具备一定的对应关系。我国社会组织话语体系建设要处理好这三对关系，提升构建能力。

社会组织话语体系构建要处理好学术话语与官方话语的关系，具备系统性和专业性。这意味着社会组织话语体系建构要兼顾学术性与政治性，同时又要注意二者之间的区别。一方面，政治有“规制”学术的能力，社会组织话语

① 赵鸣歧、张放：《“中国模式”话语体系建构的方法论思考》，《思想理论教育》2015 年第 3 期。

② 王名：《非营利组织的社会功能及其分类》，《学术月刊》2006 年第 9 期。

③ 谢立中：《探究“三大体系”概念的本质意涵》，《中国社会科学报》2020 年 12 月 24 日，第 1 版。

不能触碰“红线”。社会组织研究往往紧跟政治引导，话语建构与政治热点具有高度相关性，但严谨深入的学术成果也反作用于政治实践。另一方面，研究的学术性要求其对于政治具有相对独立的自主性，表现为在话语体系建构过程中要坚决抵制根据官方文件盲目追求学术热点的浮躁学风，避免学术投机。

社会组织话语体系建构要处理好中国话语与西方话语之间的关系，具备继承性和民族性。一方面，把握我国社会组织实践和理论发展的新情况和新要求。“中国话语应切中当代中国的历史性实践，应符合当下中国人的生存体验，否则就有可能沦为虚假的话语。”① 根据本土场景构建中国特色的社会组织理论体系，保证理论解释的内部效度。另一方面，以开放的态度强化与西方的理论对话。对西方社会组织话语进行比较、对照、批判、吸收和升华，同时提升我国原创性概念的抽象层次，围绕概念进行扎实研究与深刻阐释，发展概念为理论框架并将其拓展到对其他国家和地区的解释，扩大理论的外部效度，提升话语竞争性，提升我国社会组织研究的国际话语权。

社会组织话语体系建构要处理好现代科学话语与传统话语之间的关系，具备原创性和时代性。一方面，当代构建社会组织话语体系不能忽视对历史文化背景的挖掘。社会组织思想话语在我国具备悠久的历史渊源，我国历史上有着悠久绵延的民间结社和民间公益活动的历史源流及原型，“仗义”与“行善”精神体现于这些活动中②，“活用传统”是对优秀思想传统和话语资源的继承，可以在积极的意义上塑造我国社会组织文化氛围，厚植学术根底。另一方面，话语体系的建构更要顺应时代，不断发展。时代任务决定了话语构建的内容、目标和方法路径，因此社会组织话语体系建构要不断发现新问题、提出新观点，从具备时代特色的概念凝练走向体系建立。

## 六　结语

作为中国哲学社会科学的有机组织部分，中国社会组织学科要不断推进学科体系、学术体系与话语体系的建设，使其体现出中国特色、中国风格和中国

① 陈曙光：《中国话语与话语中国》，《教学与研究》2015 年第 10 期。

② 王名编著《非营利组织管理概论》，中国人民大学出版社，2010，第 46~47 页。

气派，使中国特色哲学社会科学与我国的综合国力和国际地位相适应。

社会组织学科是时代的产物，在对社会组织及其参与复杂社会治理机制的深入研究过程中，社会组织学科知识体系框架逐渐搭建，这使得社会组织呈现出鲜明的应用型和学科交叉的特征。社会组织鲜明的应用型特征使其与现实紧密关联，在未来发展中，社会组织学科要关注重大实践与现实对策研究，在回答时代之问的探究中持续推进基础理论的创新，完善和拓展社会组织学科自主知识体系。社会组织又是一门具有软学科性质的交叉学科，在实践中应注意以下方向：一方面，多学科理论与方法的运用帮助解决社会组织学科发展与治理实践的前沿问题；另一方面，这也要求社会组织在学科交叉和融合的背景下，不断发现其作为独立学科发展的特征，逐步廓清学科属性和学科边界等基础问题。

## 参考文献

陈静：《公益慈善学科知识体系框架的构建——读〈公益慈善概论〉》，《中国非营利评论》2016 年第 2 期。

大卫·霍顿·史密斯、赵挺著，吴新叶译：《20 世纪 70 年代以来中国非营利部门的发展》，《中国非营利评论》2018 年第 2 期。

唐文玉：《社会组织公共性：价值、内涵与生长》，《复旦学报》（社会科学版）2015 年第 3 期。

王炳权：《政治学话语体系建构的路径分析——基于“反思”的视角》，《社会科学研究》2019 年第 4 期。

王炳权、杨睿智：《论建构新时代中国政治学自主知识体系》，《新视野》2023 年第 1 期。

王名、李勇、李长文：《公益慈善学科建设基本构想》，《中国非营利评论》2016 年第 2 期。

# 附录一　2022年度中国社会组织大事记

聂云蕊*

## 1月

**1月12日**　民政部召开全国社会组织登记管理工作电视电话会议，总结2021年工作，研究部署2022年工作。民政部党组成员、副部长詹成付出席会议并讲话。会议强调，各级社会组织登记管理机关要聚焦以优异成绩迎接党的二十大胜利召开、学习贯彻党的二十大精神这条主线谋划2022年全年工作，增强“四个意识”、坚定“四个自信”、捍卫“两个确立”、做到“两个维护”，始终牢记“国之大者”，自觉扛起使命担当，积极为党的二十大胜利召开创造平稳健康的经济环境、国泰民安的社会环境、风清气正的政治环境作出贡献。

**1月28日**　民政部社会组织管理局召开行业协会商会高质量发展交流座谈会，并为21家获得“全国先进社会组织”称号的脱钩全国性行业协会商会和5家民政部业务主管的社会组织颁发了奖牌和证书。民政部社会组织管理局局长柳拯出席会议并讲话。

## 2月

**2月15日**　民政部、国家乡村振兴局印发《关于动员引导社会组织参与乡村振兴工作的通知》，要求各级民政部门和乡村振兴部门将社会组织参与乡

* 聂云蕊，中国社会科学院大学硕士研究生。

村振兴纳入重要议事日程，通过强化党建引领、加强组织领导、推进部门协同、优化政策保障等方式，推动社会组织积极参与乡村振兴。

**2 月 22 日**　民政部、中央网信办、工业和信息化部持续深入落实中央关于打击整治非法社会组织决策部署，精准发力，有效打击，依法关停了 2022 年第一批 13 家非法社会组织网站及相关新媒体账号，清除了有关关联网页。此次的关停涉及智慧中国联合会、中国红色书画院、中国医疗产业联盟、华夏少儿艺术产业联盟、中国零售行业 CIO 联盟等 13 家已被取缔的非法社会组织。

## 3月

**3 月 1 日**　民政部、国家乡村振兴局发布了关于动员引导社会组织参与乡村振兴工作的通知。通知指出，地方各级乡村振兴部门要会同同级民政部门，围绕产业发展、人才培育、特殊群体关爱、乡村治理等领域重点任务落实，深入开展国家乡村振兴重点帮扶县结对帮扶行动、打造社会组织助力乡村振兴公益品牌行动和社会组织乡村行活动。

**3 月 7 日**　青海省民政厅制定《青海省社会组织行为规范和活动准则》（以下简称《活动准则》），对社会组织登记行为、自治行为、任职管理、财务管理、收费行为和业务活动等作出规定。《活动准则》提出，社会组织要将“坚持中国共产党的全面领导，根据中国共产党章程规定，设立中国共产党的组织，开展党的活动，自觉遵守国家的法律法规和政策，践行社会主义核心价值观”等内容载入章程，为实现党的组织和党建工作从有形覆盖到有效覆盖转变奠定制度基础。

**3 月 17 日**　贵州省民政厅召开全省社会组织登记管理工作暨年检培训电视电话会议，总结 2021 年全省社会组织登记管理工作取得的成绩，对 2022 年登记管理工作进行了全面部署。会议要求，2022 年，要坚持稳中求进的工作总基调，补短板、强弱项、谋突破，全面贯彻落实党中央、国务院和省委、省政府各项决策部署，对标对表 2022 年民政工作要点，积极稳妥推进社会组织登记管理各项工作。

**3 月 28 日**　联合国人权理事会第 49 届会议在瑞士日内瓦举行。中国多家社会组织以书面发言方式参会，积极讲述中国在促进民族地区繁荣发展、保障妇女儿童权利以及推动世界人权与民主事业进步等方面的成功实践，为完善全球人权治理贡献中国智慧和方案。

## 4月

**4月15日** 新版“江苏省社会组织综合管理服务平台”正式上线运行，标志着江苏省社会组织管理服务信息化建设进入2.0升级版新阶段。江苏省社会组织综合管理服务平台按照统一规划、统一建设、统一标准、统一应用的原则设计开发，以“一库四系统”为总体框架，依托江苏省政务云平台基础资源部署搭建，聚焦“一网通办”“一网统管”，为全面、规范、高效开展社会组织管理服务工作，推动江苏省社会组织高质量发展提供有力系统支撑和技术支持。

**4月22日** 民政部召开社会组织专项工作动员部署电视电话会议，深入贯彻落实习近平总书记关于统筹发展和安全、着力防范化解重大风险重要论述精神，全面动员和系统部署社会团体分支（代表）机构专项整治、社会服务机构非营利监管、持续整治行业协会商会乱收费以及社会组织领域重大风险防范化解等专项工作。民政部党组成员、副部长詹成付出席会议并讲话。

**4月25日** 民政部发布《2022年中央财政支持社会组织参与社会服务项目实施方案》，通过竞争选择、优中选优方式，资助符合条件的社会组织聚焦重点地区、领域、群体开展社会服务，助力民生服务与保障。

**4月26日** 民政部印发通知部署开展社会团体分支（代表）机构专项整治工作。纳入本次专项整治范围的社会团体分支（代表）机构不仅包括名称中使用“中国”“中华”“全国”“国家”等字样的，还包括超出社会团体章程规定宗旨和业务范围的、以“中心”“联盟”等各类法人组织名称命名的、与非法社会组织存在勾连的等10余种情形。

## 5月

**5月10日** 重庆市社会组织工作领导小组办公室印发《重庆市推动社会组织高质量发展工作指引》，从指导思想及基本原则、加强党建引领、加强登记管理制度改革、强化能力建设、加大培育扶持力度、加强综合监管和支持社会组织积极发挥作用等 7 个方面提出方向和要求。

**5 月 13 日**　河南省召开社会组织登记管理工作联席会议 2022 年第一次全体会议。会议深入学习贯彻习近平总书记关于社会组织工作的重要论述精神，全面总结社会组织工作情况，研究部署下一阶段工作任务。省政府副秘书长赵学东出席会议并讲话，联席会议召集人、省民政厅厅长朱良才主持会议，联席会议办公室主任、省民政厅副厅长孟令武通报有关情况。

**5 月 16 日**　宁夏回族自治区民政厅在联合多部门修订《社会组织监督管理办法》的基础上，又出台了《社会组织执法监管联席会议制度》《社会组织资金监管机制》，建立起“一个办法”+“两个机制”的“1+2”监管体系，凝聚综合监管合力。

**5 月 17 日**　天津市民政局召开 2022 年社会组织综合监管部门联动视频会议，要求切实发挥社会组织综合监管机制作用，系统推进社会团体分支（代表）机构专项整治、社会服务机构非营利监管、行业协会商会乱收费整治、“僵尸型”社会组织整治以及社会组织领域重大风险防范化解等工作。

**5 月 18 日**　陕西省民政厅牵头召开 2022 年省社会组织管理综合执法联席会议，通报了 2021 年全省社会组织管理综合执法工作情况，并对 2022 年开展社会团体分支（代表）机构清理整治、社会服务机构非营利监管、行业协会商会涉企收费、社会组织领域风险防范化解工作作出安排。

**5 月 19 日**　金砖国家政党、智库和民间社会组织论坛以视频方式在京开幕。中共中央总书记、国家主席习近平向论坛致贺信。南非非洲人国民大会主席、总统拉马福萨，阿根廷正义党主席、总统费尔南德斯等对论坛召开表示祝贺，来自 10 个国家的 130 余名政党领导人、智库和民间社会组织代表线上参会。中共中央对外联络部部长宋涛在开幕式上宣读习近平总书记贺信并致辞。

**5 月 25 日**　江西省下发《江西省社会组织建设与管理工作联席会议 2022 年工作要点》，把开展社会团体分支（代表）机构专项整治、社会服务机构非营利监管、持续整治行业协会商会乱收费以及社会组织领域重大风险防范化解等专项工作列入 2022 年重点工作任务，要求各地、各部门深入贯彻落实民政部相关会议精神，扎实推进专项工作深入开展。

**5 月 26 日**　广东省民政厅出台《广东省社区社会组织分类管理办法（试

行）》（以下简称《办法》），进一步规范社区社会组织分类管理，促进其健康有序发展，打造共建共治共享的社会治理格局。《办法》在社会组织登记和备案、内部治理、运行管理、促进措施等方面做出明确规定。

## 6月

**6月8日** 民政部、国家乡村振兴局召开社会组织助力乡村振兴工作推进会，深入学习贯彻习近平总书记关于“三农”工作重要论述、贯彻落实习近平总书记关于动员社会力量参与乡村振兴的重要指示精神，进一步统一思想、振奋精神，动员全国各级各类社会组织积极投身到乡村振兴这一宏伟事业中来，以实干实绩实效迎接党的二十大胜利召开。民政部党组成员、副部长詹成付，国家乡村振兴局党组成员、副局长洪天云出席会议并讲话。

**6月20日** 江西省民政厅印发《关于动员引导社会组织助力稳住全省经济发展的通知》，以“六举措三强化”机制，动员引导社会组织助力稳住全省经济发展。

**6月21日** 陕西省民政厅出台《陕西省社区社会组织工作指南》，从政策、通识、登记注册、备案成立、培育、管理六方面进行详细梳理，加强对基层民政部门的工作指导，助力实现基层治理体系与治理能力现代化。

**6月24日** 民政部等15部委召开社会组织联合执法机制暨社会组织资金监管机制会议，总结了2021年以来社会组织执法监管工作，会商和部署了下一步工作。机制召集人、民政部党组成员、副部长詹成付主持会议并讲话。

## 7月

**7月5日** 由广东省民政厅牵头起草，省市场监督管理局批准发布《社会组织能力建设指南》《社会组织管理人才培养指南》两项地方标准。这是国内首批社会组织综合能力建设和管理人才胜任力提升的地方标准，必将有力推动全省社会组织高质量发展。两项地方标准，以科学性、合理性、适用性和前瞻性为宗旨，坚持党建引领、党管人才原则，推动建立健全具有广东特色的社会组织能力体系建设。

**7 月 12 日**　民政部、教育部、人力资源社会保障部联合印发通知，推动社会组织进一步助力高校毕业生等群体就业。通知指出，以社会团体、基金会和社会服务机构为主体组成的社会组织是吸纳就业的重要力量，要把促进高校毕业生等群体就业摆在社会组织工作更加突出的位置，完善社会组织吸纳就业政策，优化社会组织发展环境，引导社会组织动员社会力量，助力开发就业岗位、拓展就业空间、提供就业服务。

**7 月 19 日**　上海市民政局（市社会组织管理局）主办的 2022 年“筑梦公益”上海社会组织联合招聘启动暨直播带岗活动举行。活动发布了“上海社会组织助力高校毕业生就业政策系列问答”，对广大应届毕业生关心的招聘计划、信息渠道、专项政策和赋能举措等六个方面进行了政策梳理和回应。

**7 月 22 日**　宁夏回族自治区民政厅印发《宁夏回族自治区社会组织孵化基地建设运营指导意见》，就如何以创新社会治理为核心、以民生服务需求为导向、以注重培育发展为重点，打造上下贯通、覆盖广泛、资源整合、专业规范、特色鲜明、层次明晰的社会组织培育孵化体系，提出具体工作举措。

**7 月 25 日**　青海省民政厅、中共青海省委组织部、青海省发展和改革委员会、青海省乡村振兴局联合印发《关于开展青海省品牌社会组织培育工作的通知》，以推动社会组织品牌建设升级为抓手，助力青海省社会组织高质量发展。通过开展品牌社会组织培育工作，将培育一批政治过硬、治理完善、服务专业、诚信自律的社会组织，引导社会组织充分发挥公共服务能力，树立良好形象，提升公信力和动员能力，在全面建设社会主义现代化国家新征程中更加主动担当作为，作出新的贡献。

**7 月 25~27 日**　民政部社会组织管理局在贵州省贵阳市召开社会组织行政执法工作座谈会。会议总结了一段时间以来社会组织行政执法工作成效，分析了当前面临的形势和任务，对进一步推动全国社会组织行政执法工作作出部署。会议要求，坚持党的领导和依法行政相统一，坚持政治功能和法定职责相统一，加强主动作为，不断开创社会组织执法监管新局面。

**7 月 26 日**　四川省民政厅印发《四川省社会组织年度报告及年度检查暂行办法》（以下简称《暂行办法》），建立健全社会组织年报年检工作制度体系，促进社会组织高质量发展。《暂行办法》综合统筹社会团体、民办非企业单位、慈善组织（基金会）年报年检工作，明确了“社会组织”“社会组织年度报告”“社会组织年度检查”等概念，提出社会组织年报年检包括社会组织基本信息、遵守法律法规和国家政策规定情况、党的建设和党的活动开展情况、按照章程开展业务活动情况、登记事项变动和履行登记手续情况等 12 项内容。

**7 月 26 日** 四川省民政厅召开全省社区社会组织发展暨社会组织孵化体系建设推进视频会，总结工作、交流经验、分析形势、理清思路，推进相关工作进一步开展。会议强调，各级民政部门要深入贯彻落实好党中央、国务院和省委、省政府工作部署，积极适应新阶段、新形势、新要求，找准社区社会组织发展方向和工作着力点，重点发展公益慈善类、生活服务类、社区事务类、文体活动类等领域的社区社会组织，进一步把社区社会组织培育好、发展好、引导好，作用发挥好。

## 8月

**8 月 11 日** 广西壮族自治区民政厅召开广西社会组织助力大健康产业发展项目推介会，介绍广西大健康产业发展情况，动员广西社会组织积极参与大健康产业项目投资建设，高标准、高质量办好 2022 中国（广西）大健康产业峰会，推动广西大健康产业高质量发展。自治区民政厅党组成员、副厅长蒋海东出席会议并讲话。

**8 月 13 日** 甘肃省民政厅会同省教育厅、省人力资源和社会保障厅制定下发了《关于推动全省社会组织进一步助力高校毕业生等群体就业工作的通知》，引导全省社会组织发挥动员社会力量、链接各方资源、提供专业服务等方面优势，助力开发就业岗位、拓展就业空间、提供就业服务，以实际行动促进高校毕业生等群体就业。

**8 月 16 日** 宁夏回族自治区民政厅主办、宁夏义工志愿服务联合会承办的 2022 年社会组织服务能力提升项目“赋能第一课”在中宁县社会组织孵化基地开展。该活动以现场观摩参访、经验交流座谈、赋能专题讲座、一对一访谈督导的形式开展，旨在有效解决社会组织在开展项目服务过程中遇到的难题，进一步推动社会组织创新服务理念，促进社会组织公益创投项目高质量完成。

**8 月 24 日** 民政部、中央文明办发布了关于推动社区社会组织广泛参与新时代文明实践活动的通知，旨在进一步发挥社区社会组织作用，助力拓展新时代文明实践中心建设，促进落实《培育发展社区社会组织专项行动方案（2021—2023 年）》。

**8 月 25~26 日** 江西省举办 2022 年中央财政支持社会组织参与社会服务项目首期培训班——全省社区社会组织能力建设示范项目培训班。此次培训以“党建引领社区社会组织发展　聚合公益力量共助乡村振兴”为主题，培训班由江西省民政厅指导、江西省兴民社会组织培育发展中心承办，140 余名社会组织培育发展基地和社区社会组织的负责人参加培训。

## 9月

**9 月 5 日** 福建省民政厅出台《关于推进福建省社区社会组织高质量发展的实施意见》（以下简称《意见》），推出一系列长效举措，培育和发展社区社会组织。《意见》提出，要支持社区社会组织开展志愿者动员、培训、管理、激励，通过综合帮扶、结对帮扶等方式，在帮困、助学、助残等公益领域开展服务，将“政策找人、服务到人”落实落地。支持社区社会组织协助村（居）委会开展社区治理，以及文化艺术、科普宣传、群众教育等活动。

**9 月 19~22 日** 民政部社会组织管理局在山西省太原市举办 2022 年社会组织风险防范培训班。20 余个省、自治区、直辖市社会组织登记管理机关相关工作人员参加培训。培训班要求，各级社会组织登记管理机关要深入学习贯彻习近平总书记关于防范化解重大风险重要论述精神，重点做好四方面工作：一是要提高政治站位，二是要坚持问题导向，三是要强化部门协作，四是要加强政策宣传。

**9 月 21 日** 内蒙古社会组织党建工作和服务管理示范园揭牌仪式举行。此次揭牌的示范园主体由 6 层楼构成，面积近 1400 平方米，采取点面结合的方式布展，集中展示党的十八大以来自治区社会组织建设的主要成果。

**9 月 28 日** 民政部社会组织管理局举办国际性社会团体法规政策及“走出去”能力建设培训班。民政部社会组织管理局局长柳拯出席开班式并作动员讲话。培训班由民政部社会组织管理局副局长黄茹主持，46 家国际性社会团体通过线上参加培训。培训班旨在进一步推动国际性社会团体规范运作和高质量发展，引导国际性社会团体积极“走出去”、扩大国际影响力。

**9 月 28 日** 湖南省民政厅、省委组织部、省财政厅联合出台《关于支持社区社会组织发展的指导意见》，重点支持培育社区协商类组织、社区和谐类组织、社区服务类组织、社区文体类组织、枢纽型社区社会组织发展，引导其参与创新基层治理、推进乡村振兴等工作。到 2023 年，实现全省 70%以上的街道（乡镇）至少有 1 个枢纽型和支持型社区社会组织，城市社区平均拥有不少于 10 个社区社会组织，农村社区平均拥有不少于 5 个社区社会组织。

## 10月

**10 月 9 日** 江苏省社会组织管理工作联席会议在南京召开。副省长方伟主持会议并讲话，省政府副秘书长黄澜出席会议。会上，省民政厅厅长吕德明通报了全省社会组织登记管理工作情况，并对下一阶段重点工作提出建议。会议讨论了《江苏省社会组织条例（草案）》。省委统战部、省人力资源社会保障厅、省市场监管局作了交流发言。

**10 月 25 日** 湖南省民政厅、省文明办联合下发《关于推动社区社会组织广泛参与新时代文明实践活动的通知》，要求各地紧紧围绕宣传党的二十大精神这条主线，引导社区社会组织充分发挥联系群众的广泛性、组织群众的便利性、服务群众的直接性优势，以新时代文明实践中心（所、站）为平台，以志愿服务为主要形式，广泛参与新时代文明实践活动。

## 11月

**11 月 4~18 日** 内蒙古自治区民政厅社会组织管理局组织全区盟市、旗县登记管理机关人员进行为期两周、3 个专题的登记管理工作培训，参训总人数 1580 人次。培训采取线上讲解和现场交流的方式进行，围绕社会团体、基金会和民办非企业单位登记实务、社会组织等级评估和年检等进行辅导授课。

**11 月 15 日** 海南省民政厅、海南省乡村振兴局联合召开全省社会组织助力乡村振兴推进会，深入学习贯彻党的二十大精神和习近平总书记关于社会力量参与乡村振兴的重要指示批示精神，落实民政部、国家乡村振兴局部署要求，动员引导社会组织积极投身乡村振兴战略的伟大实践，以实际行动助力海南自由贸易港建设。

## 12月

**12 月 2 日**　民政部通过视频方式举办深入学习贯彻党的二十大精神暨社会组织新闻宣传工作培训班，进一步推动广大社会组织深入学习宣传贯彻党的二十大精神，引领广大社会组织旗帜鲜明弘扬主旋律、壮大主流思想舆论，推动社会组织高质量发展。民政部党组成员、副部长柳拯出席开班式并讲话。

**12 月 2 日**　广西壮族自治区党建引领社会组织参与乡村振兴工作现场会在玉林市召开。会议深入学习贯彻党的二十大精神，贯彻落实中央关于乡村振兴的重要决策部署，引导全区各级各类社会组织积极投身乡村振兴这一伟大事业，为开创新时代壮美广西建设新局面作出应有贡献。

**12 月 20 日**　江苏省民政厅修订印发了《江苏省社会组织评估管理办法》，于 2023 年 1 月 6 日起施行。新修订的《江苏省社会组织评估管理办法》共设 7 章，明确了社会组织评估的总体原则、工作机制、等级设置等，进一步完善细化了评估对象和内容、评估机构和职责、评估程序和方法、评估等级管理等内容。

**12 月 21 日**　上海市社会组织服务中心举办 2022 上海市社会组织品牌项目展示活动，公布 2022 年遴选出的 20 个品牌项目名单，并通过“沪上社会组织”视频号对活动进行直播。此次遴选出的 20 个品牌项目涉及乡村振兴、未成年人关爱保护、文化艺术、民生服务等领域。

**12 月 26 日**　民政部办公厅发布了关于规范社会组织评估等级牌匾证书管理、做好社会组织评估等级报备工作的通知，旨在进一步加强社会组织评估工作，规范社会组织评估等级牌匾证书管理，着力解决牌匾证书内容样式不统一、责任主体不一致等问题，进一步提升评估等级的社会公信力。

# 附录二　2022年中国社会组织政策法规列举及搜索指引

以下列举的2022年中国社会组织政策法规均可通过中国社会组织政务服务平台“法律法规数据库”搜索得到。该数据库由民政部社会组织运营管理局运营。

## 中央

《民政部、国家乡村振兴局印发〈关于动员引导社会组织参与乡村振兴工作的通知〉》（2022年2月15日发布）

《民政部办公厅关于印发〈2022年中央财政支持社会组织参与社会服务项目实施方案〉的通知》（2022年4月24日发布）

《国家乡村振兴局、民政部关于印发〈社会组织助力乡村振兴专项行动方案〉的通知》（2022年5月7日发布）

《民政部、教育部、人力资源社会保障部关于推动社会组织进一步助力高校毕业生等群体就业工作的通知》（2022年7月8日发布）

《民政部、中央文明办关于推动社区社会组织广泛参与新时代文明实践活动的通知》（2022年8月6日发布）

## 地方

### 北京

《中共北京市委社会工作委员会北京市民政局关于印发〈关于促进社会组

织参与社区治理的意见〉的通知》(2022 年 11 月 24 日发布)

**湖北**

《湖北省民政厅关于建立社会组织登记管理信用承诺制度的通知》(2022 年 1 月 4 日发布)

**青海**

《青海省民政厅关于印发〈青海省社会组织行为规范和活动准则〉的通知》(2022 年 3 月 7 日发布)

**宁夏**

1.《宁夏回族自治区民政厅关于印发〈关于推进“十四五”社会组织高质量发展的实施意见〉的通知》(2022 年 3 月 14 日发布)

2.《宁夏回族自治区民政厅关于印发〈宁夏回族自治区 社会组织孵化基地建设运营指导意见〉的通知》(2022 年 7 月 22 日发布)

**安徽**

《安徽省民政厅关于印发〈安徽省“十四五”社会组织发展规划〉的通知》(2022 年 1 月 29 日发布)

**福建**

《福建省民政厅、福建省乡村振兴局联合印发〈关于动员引导社会组织参与乡村振兴的实施意见〉》(2022 年 4 月 1 日发布)

**山西**

《山西省民政厅、山西省乡村振兴局关于印发〈山西省动员引导社会组织参与乡村振兴工作实施方案〉的通知》(2022 年 3 月 21 日发布)

**广东**

《广东省民政厅关于印发〈广东省社区社会组织分类管理办法(试行)〉的通知》(2022 年 5 月 26 日)

**陕西**

《陕西省民政厅 陕西省发展和改革委员会 陕西省市场监督管理局关于开展行业协会商会乱收费专项清理整治“回头看”工作的通知》(2022 年 8 月 4 日印发)

**湖南**

湖南省民政厅关于印发《湖南省社会组织重大事项报告管理办法》的通

知（2022 年 2 月 10 日印发）

**江苏**

《江苏省民政厅关于印发江苏省社会组织评估管理办法的通知》（2022 年 12 月 7 日）

# 附录三　2022年度中国社会组织热点事件

## 习近平总书记出席社会组织活动并作重要指示

4 月 21 日，国家主席习近平以视频方式出席博鳌亚洲论坛 2022 年年会开幕式，并发表题为“携手迎战挑战，合作开创未来”的主旨演讲，倡议各国将亚洲打造成为世界的和平稳定锚、增长动力源、合作新高地。7 月 12 日，国家主席习近平向世界互联网大会国际组织成立致贺信，希望世界互联网大会以对话交流促进共商，以务实合作推动共享，为全球互联网发展治理贡献智慧和力量。12 月 8 日，中共中央总书记、国家主席、中央军委主席习近平致信祝贺中华人民共和国国史学会成立 30 周年，希望学会能激励人们坚定历史自信，增强历史主动，更好凝聚团结奋斗的精神力量，为全面建设社会主义现代化国家、全面推进中华民族伟大复兴作出新贡献。

## 民政部社会组织管理局召开行业协会商会高质量发展交流座谈会

1 月 28 日，民政部社会组织管理局召开行业协会商会高质量发展交流座谈会，并为 21 家获得“全国先进社会组织”称号的脱钩全国性行业协会商会和 5 家民政部业务主管的社会组织颁发了奖牌和证书。民政部社会组织管理局局长柳拯出席会议并讲话。

会议强调，推动行业协会商会等社会组织高质量发展，是贯彻落实习近平总书记重要论述精神，践行“两个维护”的必然要求；是践行以人民为中心

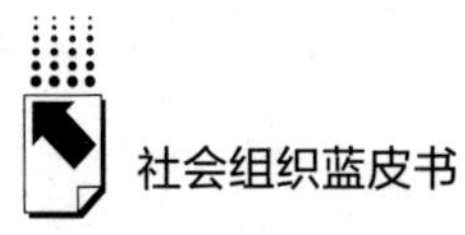


的发展思想，更好满足人民群众对美好生活需要的必然要求；是坚持中国特色社会组织发展之路，防范化解社会组织领域风险的必然要求。按照党的十九届五中全会精神和《“十四五”社会组织发展规划》要求，“十四五”时期，我国社会组织要以高质量发展为主题，从“多不多”“快不快”向“稳不稳”“好不好”转变，从注重数量增长、规模扩张向能力提升、作用发挥转型。

## 社会组织积极助力北京冬奥会冬残奥会

2月4~20日、3月4~13日，2022年北京冬季奥林匹克运动会和北京冬季残疾人奥林匹克运动会分别如期举办。全国各级各类社会组织作为一支重要的社会力量积极参与到这两次体育盛会中，如援建华侨冬奥冰雪博物馆、制作颁奖花束、进行场地勘察、督导和技术指导、组织志愿者开展全方位服务、开展丰富多样的群众宣传活动等。在冬奥会冬残奥会筹办和举办过程中，社会组织展现了服务冬奥、宣传冬奥的担当和能力。

## 社会组织积极助力乡村振兴

2月15日，民政部、国家乡村振兴局印发《关于动员引导社会组织参与乡村振兴工作的通知》，动员引导社会组织响应中央号召、扛起使命担当，立足自身宗旨和业务范围，投身乡村振兴战略的伟大实践，不断提升服务国家、服务社会、服务群众、服务行业的能力。5月7日，国家乡村振兴局、民政部制定《社会组织助力乡村振兴专项行动方案》，进一步细化社会组织参与乡村振兴的任务重点，即结对帮扶国家乡村振兴重点县，持续巩固拓展脱贫攻坚成果；积极参与乡村振兴重点工作，打造社会组织助力乡村振兴公益品牌；聚焦重点区域和重点领域，开展社会组织乡村行活动。6月8日，民政部、国家乡村振兴局召开社会组织助力乡村振兴工作推进会，动员全国各级各类社会组织积极投身到乡村振兴事业中来。

## 社会组织评比达标表彰活动建章立制

5月初，经中央批准，全国评比达标表彰工作协调小组印发《社会组织评比达标表彰活动管理办法》，对社会组织开展评比达标表彰活动的适用范围、申报条件、审批机制、程序要求、禁止情形、监管体制、违规处置、荣誉撤销等作出全面规定，为加强社会组织评比达标表彰活动管理、规范社会组织评比达标表彰活动开展提供了制度遵循。

## 社会组织名称及标识管理建章立制

6 月 27 日，国家互联网信息办公室发布《互联网用户账号信息管理规定》，于 8 月 1 日起正式施行。这一政策规定，将打击各种假冒、仿冒、捏造社会组织名称、标识的行为，挤压非法社会组织网上活动空间，保护社会组织合法权益。

## 社会组织积极助力高校毕业生等群体就业

7 月 8 日，民政部、教育部、人力资源和社会保障部联合印发《关于推动社会组织进一步助力高校毕业生等群体就业工作的通知》，聚焦推动社会组织开发就业岗位、提供灵活就业、稳定就业岗位、搭建就业平台、参与就业培训，助力高校毕业生等群体就业。各地民政部门积极会同相关部门出台文件、发出倡议、组织活动，共同营造良好政策环境。经初步统计，6~8 月，全国社会组织共面向高校毕业生发布招聘岗位 11.3 万个，实际招聘 8.5 万人；设立就业见习岗位 5.9 万个，实际招收 4.3 万人；开展各类就业服务活动近 1.4 万场，推动 11 万家会员单位发布招聘岗位 55 万个。

## 民政部社会组织管理局召开社会组织行政执法工作座谈会

7 月 25~27 日，民政部社会组织管理局在贵州省贵阳市召开社会组织行政执法工作座谈会。会议总结了一段时间以来社会组织行政执法工作成效，分析了当前面临的形势和任务，对进一步推动全国社会组织行政执法工作作出部署。会议要求，坚持党的领导和依法行政相统一，坚持政治功能和法定职责相统一，加强主动作为，不断开创社会组织执法监管新局面。加大社会组织违法违规案件查处力度，大力加强执法宣传，把个案查处的点效应，扩大为社会关注的面效应。强化体制机制建设，建立健全社会组织联合执法机制、资金监管机制等协调机制，形成部门监管合力。加强理论研究，坚持问题导向，总结执法工作规律，查找漏洞短板，不断提升社会组织执法监管理论和政策水平。

## 社会组织数字化服务平台发挥作用

由广东省社会组织总会、广东省江西商会和广州凯迪云信息科技有限公司合作共建的广东省社会组织数字化服务平台，相继推出秘锋数字办公管理系统、会务活动配套系统、云会甄选电商板块、商务社交生态社区、锦鲤线上招商板块，整体架构能够满足不同类型的社会组织需求。自 7 月正式面向广东省社会组织以来，数字化服务平台已入驻社会组织 1000 多家，触达会员单位 50 多万家，入驻社会组织近八成来自广东省，江西、福建、湖南、湖北、海南、北京、山东等地也有社会组织咨询并入驻。

## 民政部、中央文明办推动社区社会组织广泛参与新时代文明实践活动

8 月 6 日，为进一步发挥社区社会组织作用，助力拓展新时代文明实践中心建设，促进落实《培育发展社区社会组织专项行动方案（2021 - 2023 年）》，民政部、中央文明办印发《关于推动社区社会组织广泛参与新时代文明实践活动的通知》，引导社区社会组织充分发挥贴近群众生活、了解群众需求、服务灵活高效等优势，以新时代文明实践中心（所、站）为平台，以志愿服务为主要形式，广泛参与新时代文明实践活动，引领广大群众进一步涵养家国情怀、厚植信仰信念、提高文明素养、提升精神风貌，助力培育互帮互助、和谐和睦、向上向善、共建共享的新时代社区文明新风尚。

## 行业协会商会改革发展部际联席会议制度建立

8 月 23 日，为加强对行业协会商会改革发展工作的统筹协调，经国务院

同意，建立行业协会商会改革发展部际联席会议（以下简称联席会议）制度。联席会议由国家发展改革委、民政部、中央组织部、中央和国家机关工委、外交部、工业和信息化部、财政部、农业农村部、国务院国资委、市场监管总局等10个部门和单位组成，国家发展改革委、民政部为牵头单位。联席会议要求各成员单位密切配合、加强沟通、相互支持、形成合力，充分发挥联席会议作用，共同推进行业协会商会改革发展工作。

## 民政部社会组织管理局举办国际性社会团体法规政策及“走出去”能力建设培训班

9月28日，民政部社会组织管理局举办国际性社会团体法规政策及“走出去”能力建设培训班。民政部社会组织管理局局长柳拯出席开班式并作动员讲话。培训班共分为三个专题。中国民间组织国际交流促进会、外交部国际经济司相关负责同志围绕国际性社会团体“走出去”工作专题进行辅导，民政部社会组织管理局围绕国际性社会团体内部治理和登记管理政策专题进行辅导，全球能源互联网发展合作组织、世界针灸学会联合会围绕国际性社会团体获得联合国咨商地位、参与国际标准制定、建立全球合作伙伴等话题进行交流。

培训班由民政部社会组织管理局副局长黄茹主持，46家国际性社会团体通过线上参加培训。

## 党的二十大对社会组织发展提出新要求

10月16日，中国共产党第二十次全国代表大会在京开幕，习近平代表第十九届中央委员会向大会作了题为“高举中国特色社会主义伟大旗帜 为全面建设社会主义现代化国家而团结奋斗”的报告。报告提出统筹推进政党协商、人大协商、政府协商、政协协商、人民团体协商、基层协商以及社会组织协商，健全各种制度化协商平台，推进协商民主广泛多层制度化发展；坚持按劳分配为主体、多种分配方式并存，构建初次分配、再分配、第三次分配协调配套的制度体系；引导、支持有意愿有能力的企业、社会组织和个人积极参与公益慈善事业；理顺行业协会、学会、商会党建工作管理体制；加强新经济组织、新社会组织、新就业群体党的建设等要求，为社会组织发展指明方向。

## 民政部社会组织管理局通报表扬在减轻企业负担工作中表现突出的全国性行业协会商会

自 2022 年下半年起，民政部、国家发展改革委、市场监管总局联合部署对行业协会商会“我为企业减负担”专项行动开展“回头看”工作以来，各全国性行业协会商会迅速响应，担当作为，按照“能免则免、能减则减”的原则，主动加大收费减免力度、降低盈余较多收费项目收费标准、落实收费缓缴工作安排，为助企减负纾困作出积极贡献。截至 2022 年 11 月初，各全国性行业协会商会通过减免、降低、取消和缓缴收费等方式减轻企业负担 16.36 亿元，其中，减免金额在 5000 万元以上的有 3 家，减免金额在 1000 万~5000 万元的有 12 家，减免金额在 500 万~1000 万元的有 17 家。

为进一步加大先进典型的宣传展示力度，发挥先进典型的引领示范作用，激励广大行业协会商会勇于担当、积极奉献，2022 年 11 月 1 日，民政部社会组织管理局对中国银行间市场交易商协会、中国船东互保协会等 32 家全国性行业协会商会予以通报表扬。希望广大行业协会商会汲取榜样力量，立足服务大局和全局，迅速把思想和行动统一到党的二十大精神上来，把智慧和力量凝聚到党的二十大确定的各项任务目标上来，忠诚拥护“两个确立”，持续增强“四个意识”、坚定“四个自信”、做到“两个维护”、牢记“三个务必”，强化勤俭节约的办会意识，弘扬艰苦奋斗的优良作风，提升服务发展的能力水平，为进一步助企减负纾困、优化营商环境、着力推进高质量发展贡献更大力量。

## 民政部部署规范社会组织评估等级牌匾证书管理和评估等级报备工作

12 月 26 日，民政部办公厅发布《关于规范社会组织评估等级牌匾证书管理、做好社会组织评估等级报备工作的通知》（以下简称《通知》），提出要进一步加强社会组织评估工作，着力解决牌匾证书内容样式不统一、责任主体不一致等问题，进一步提升评估等级的社会公信力。《通知》要求进一步明确责任主体。地方各级民政部门负责本行政区域内评估等级牌匾证书制发管理工作，在遵循“分级登记、分级管理”，实行“本级登记、本级评估”的基础上，按照“权责一致”“名副其实”的工作要求，强化评估主体责任的落实，做到“谁评估、谁授牌、谁颁证”与“谁授牌、谁颁证、谁负责”相统一。《通知》强调，要加强评估等级报备工作。省级民政部门在每年 12 月 31 日前将本行政区域社会组织评估工作情况以及省级 3A 以上社会组织、市县两级 5A 社会组织名单报送民政部。

# Abstract

The year 2022 is the year of the Party's 20th National Congress, which is a key year for advancing towards the second centenary goal and implementing the 14th Five-Year Plan. The report to the Party's 20th National Congress summarized the work of the past five years and the great changes in the new era in the decade, and drew a grand blueprint for Chinese-style modernization. In the past five years, China's economic development has reached a new level, the task of poverty alleviation has been successfully completed, scientific and technological innovation has yielded fruitful results, the economic structure has been further optimized, infrastructure has been improved, reform and opening up have been deepened, the ecological environment has been significantly improved, and people's living standards have been continuously improved. In the process of economic and social progress, China's social organizations have contributed indispensable forces. They actively participate in social construction and public affairs in various fields, and become an important force to promote social and economic development. At home, China's social organizations play an active role in party organization building, scientific and technological innovation, rural revitalization, social governance, employment promotion, environmental protection and other fields, and social organizations continue to strengthen their own construction in practice, improve the level of service and standardization. Internationally, Chinese social organizations actively participate in international exchanges and cooperation, establish partnerships with organizations around the world, participate in the formulation and advocacy of international policies, and some social organizations play an important role in global public welfare projects, actively participate in international development assistance, and provide important experience and resource support for promoting the development of global public welfare undertakings.

The Report on China's Social Organizations (2023) summarizes the overall development of social organizations in 2022, and discusses the path of high-quality development of social organizations in the process of Chinese-style modernization. This book presents the development and characteristics of different types of social organizations in China, such as social organizations, private non-enterprise units, foundations, charitable organizations, and social enterprises, discusses the online public opinion of social organizations and foundations in 2022, and explores the mechanism of social organizations in promoting economic growth in the Yangtze River Delta region. From the perspective of party building work of social organizations, this paper summarizes the beneficial experience of social organizations helping the modernization of urban social governance and rural social governance. The book also analyzes the contribution of social organizations in promoting grassroots governance, promoting the quality of elderly care services, promoting green development, and helping the resilience of industrial chains and supply chains.

In the process of Chinese-style modernization, the high-quality development of China's social organizations should adhere to the guidance of Party building, focus on major strategic layout and key development areas, adhere to new development concepts, and adhere to standardized development. In the future, to promote the high-quality development of social organizations in our country, we should promote the high-quality development of social organizations for the government under the leadership of party committees, implement the cultivation and support policy for social organizations, promote the coordinated development of social organizations in various regions, improve the comprehensive supervision of social organizations, and establish an orderly withdrawal mechanism. At the same time, promote social organizations to further improve the quality of party building work, focus on high-quality development needs for long-term planning and design, strengthen service brand building, improve internal governance mechanisms, enhance the autonomy of development, and actively participate in global governance.

**Keywords**: Social Organization; Chinese Path to Modernization; Guidance in Party Building; National Mmajor Strategic

# Contents

## I General Report



**Abstract**: The year 2022 is a crucial year for China to embark on a new journey to fully build a modern socialist country and march towards the second centenary goal. The report to the 20th National Congress of the Communist Party of China proposed to comprehensively promote the great rejuvenation of the Chinese nation through Chinese-style modernization. As an important force in the national governance system, the high-quality development of social organizations will provide important support for the Chinese-style modernization drive. Although the number of social organizations in China experienced negative growth for the first time in 2022, with the support of local governments, social organizations in China have made remarkable achievements in party organization construction, promoting high-level scientific and technological self-reliance, helping rural revitalization, participating in social governance, helping college graduates and other groups to find employment, helping green ecological development, and participating in global governance. In the process of Chinese-style modernization, we should adhere to the guidance of Party building and point out the high-quality development path of social organizations, adhere to the focus on major strategic layout of social organization development areas, adhere to the new development concept to stimulate the vitality of high-quality development of social organizations, and adhere to standardized development to ensure the stability and long-term development of social organizations. Therefore, on the one hand, it is necessary to promote the high-quality development of social organizations with the promising government under the leadership of the Party Committee. Adhere to the guidance of Party building, implement the policy of fostering and supporting social organizations, further promote the coordinated development of social organizations among regions, strengthen the comprehensive supervision of social organizations, and establish an orderly exit mechanism for social organizations. On the other hand, we will promote the high-quality development of social organizations in an orderly manner. Social organizations should improve the quality of party building work, focus on high-quality development needs for long-term planning and design, improve the continuity of services, strengthen service brand building, improve internal governance mechanisms, change dependent development, and actively invest in global governance.

**Keywords**: Social Organization; Chinese-style Modernization; High-quality Development

# Ⅱ Sub-Reports

## B.2 2022 Social Groups Development Report

*Xu Ming, Nie Yunrui* / 041

**Abstract**: As an important part of social organizations, social groups have provided professional services in the implementation of national strategies such as developing the country through science and education, strengthening the country with talents, revitalizing the countryside, and coordinated regional development, and have played an active role in the journey of Chinese-style modernization. This report compiles and analyzes the development of social groups in 2022, analyzes the total number of social groups, changes in provincial distribution and regional differences in 2022, analyzes in detail the trends of social groups in the five major national strategic regions, and analyzes the changes in the structure and distribution of social groups, the status of their internal members, and their economic and social contributions, to present an all-round view of the development of social groups in 2022. It also analyzes the changes in the structure and distribution of social organizations, the status of their internal members, and their economic and social contributions, presenting a comprehensive picture of the development of social organizations in 2022. The report concludes with an analysis of the current problems of social organizations, and proposes to innovate the Party building mode with characteristics of social organizations, strengthen Party building to lead the development of social organizations; accelerate the improvement of the management system of social organizations with Chinese characteristics to stimulate the vitality of the development of social organizations; promote social organizations to play a role in promoting the high-quality development of the economy during the process of Chinese modernization; and strengthen the capacity building of social organizations to promote the high-quality development of social organizations. building, and promoting the high-quality development of social organizations.

**Keywords**: Social Groups; National Major Strategies; Chinese Path to Modernization; High-quality Development

## B.3 2022 People-run Non-enterprise Units Development Report

*Xu Ming, Wei Chaoyang, Chen Sijie and Li Jiayi* / 077

**Abstract:** People-run non-enterprise units, as an important component of social organizations, have played a positive role in promoting economic development, prospering social undertakings, and innovating social governance. This report sorts out the current situation and development of people-run non-enterprise units in 2022, and provides a detailed analysis of the total changes, provincial distribution and regional differences of people-run non-enterprise units, the trend of changes in people-run non-enterprise units in the five major national strategic development regions, the structural distribution changes of people-run non-enterprise units, and their contribution to the economy. The report points out that in the new era, people-run non-enterprise units should further strengthen their party building work and expand the coverage of party organizations; Improve the relevant legal and regulatory system; Optimize governance structure and supervision forms; Expand the channels for people-run non-enterprise units to obtain development resources; Strengthen the construction of a professional talent team and promote the high-quality development of people-run non-enterprise units.

**Keywords:** People-run Mon-enterprise Units; National Strategic Development; High-quality Development

## B.4 The 2022 Foundations Development Report in China

*Guo Lei, Zhao Ziyi and Li Chongyang* / 105

**Abstract:** Foundations play a crucial role in social organizations. In recent years, the number and scale of foundations in China have consistently grown, resulting in greater social and economic impact. The report comprehensively reviews the 2022 development of foundations in China. It examines changes in the total number of foundations, regional distribution, party building, financial aspects, and the variety of foundations. Furthermore, it employs the Thiel index to analyze changes in foundation distribution across provinces, regional disparities, and the status of foundations in areas where significant national strategies are being implemented, revealing an imbalance development of foundations. Simultaneously, the report clarifies the structural shifts among foundation personnel, including age, professional credentials, and educational background. Lastly, the report assesses the economic and social impact of foundations, revealing opportunities for enhancement in terms of diversified growth, inter-regional development, and contribution levels. The report recommends several actions: prioritizing the organizational leadership of party building in foundation activities, emphasizing each foundation's unique positioning, and fostering diversified development. It also advocates for enhanced cooperation and exchanges among foundations, leveraging their respective strengths to achieve inclusive development. Lastly, it emphasizes the importance of digitalization construction in foundations, enabling high-quality development through digital empowerment.

**Keywords**: Foundation; High-quality Development; Digitalization Construction

## **B**.5 Charity Organizations Development Report 2022



**Abstract**: The report reviews the development of charity organizations in China in 2022, including changes in the total number of charity organizations, the development of charity organizations in each province and region, and further measures the spatial differences in the development of each region with the help of the Thiel Index, which reveals that the distribution of charity organizations is uneven between and within regions. In addition, the report describes and analyzes the contribution of charity organizations to the development of philanthropy in terms of charity donations, charity trusts, and voluntary services in light of the statistical data of civil affairs departments from 2016 to 2022. Finally report suggests: adhering to party building to lead the development of charity organizations and enhancing the influence of party building work; promoting the high-speed and regionally coordinated development of charity organizations; strengthening the construction of the talent team of charity organizations and optimizing the structure of practitioners within charity organizations; focusing on improving the credibility of charity organizations and promoting the participation of charity organizations in charitable trusts to achieve high-quality development.

**Keywords**: Charity Organizations; the Thiel Index; Charity Activities

## **B**.6 China Social Enterprise Development Report 2022



**Abstract**: This report reviews the distribution of the number, region, focus on social issues, social value creation fields, customer groups, and service objects of social enterprises in 2022, and sorts out and analyzes the fields that social enterprises continue to work in, highlighting the depth of understanding and intervention degree of social enterprises on various social issues. At the same time, by government, industry certification, social venture capital, impact investment or other awards recognition, social performance measurement, to further grasp the current status of the social value of China's social enterprises, as well as its development situation and trend, to explore the source and creation path of its social value, and to provide inspiration for its further expansion of social value. Through research, it is found that the overall development of social enterprises in 2022 is closely related to the discovery of social problems and the creation of social value, and it puts forward directional suggestions for the development of social enterprises from the perspectives of system improvement, strategic planning and enterprise construction, so as to promote their scale to solve social problems.

**Keywords**: Social Enterprise; Social Problem; Social Value

# Ⅲ Demonstration Reports

## B.7 2022 Report on Online Public Opinion Analysis of Social Groups and Foundations

*Ren Tao, Song Zikun, Hou Sisi, Li Yilin,*

*Yue Xutong and He Yuxin* / 183

**Abstract**: In order to assess the public's overall evaluation of social organizations and foundations in 2022, the report provides a comprehensive analysis in terms of heat, emotion, and theme, with thematic analysis on the COVID-19 pandemic and major sporting events. Firstly, the number of microblogs, likes, comments and retweets are used to analyze the popularity of online public opinion and determine the hot events. Secondly, emotion analysis is carried out to obtain the public's emotional evaluation of social groups and foundations, and high-frequency words are extracted. Then, the topic analysis of relevant microblogs is carried out to find the focus of public attention on the work of social groups and foundations, and the negative public opinion is further analyzed. Finally, a thematic analysis of the novel coronavirus outbreak and major sports events is carried out, with a focus on negative public opinion. Based on the above results, the following conclusions are drawn: In 2022, the two types of social organizations, social groups and foundations, have fulfilled their respective social responsibilities in the national governance system. Although there is a certain proportion of negative public opinion, the vast majority of online public opinion shows a positive emotional tendency. This shows that the work of these two types of social organizations in 2022 has played a positive role in national governance and social life, and has had a positive impact on people's lives. The public generally recognized the performance of these two types of social organizations in 2022, but social organizations still need to continuously improve their working mechanisms to reduce negative public opinion.

**Keywords**: Social Groups; Foundation; Online Public Opinion

## B.8 Analysis Report on Social Organizations Promoting Economic Growth in the Yangtze River Delta Region

*Liu Quanjun* / 224

**Abstract**: This report takes four provinces and municipalities in the Yangtze River Delta region from 2008 to 2022 as samples, and uses fixed effects panel models and moderating effects models to study the impact of social organizations on economic growth. The research results indicate that in the Yangtze River Delta region, social organizations as a whole have a significant positive promoting effect on economic growth. Among them, private non enterprise units have a significant positive promoting effect on economic growth, while social groups and foundations do not have a significant impact on economic growth. Moreover, the level of market-oriented development negatively affects the promoting effect of social organizations on economic growth; During the epidemic period, social organizations in Zhejiang Province as a whole had a significant positive promoting effect on economic growth, mainly manifested as private non enterprise units and foundations having a significant positive promoting effect on economic growth. Based on the research findings, this report proposes corresponding suggestions: deepen the understanding of social organizations from the perspective of national governance, and fully leverage the social governance role of social organizations; Implement classified policies and prioritize the development of private non enterprise units in areas with high levels of market-oriented development; Take practical and effective measures from both the government and the industry to promote the integrated development of social organizations in the Yangtze River Delta region.

**Keywords**: Social Organization; Economic Growth; The Yangtze River Delta Region; Panel Model

# Ⅳ　Hot Topic Reports



**Abstract**: The party construction in social organizations plays an important role in the modernization of the national governance system and governance capacity. In recent years, Jiangxi Province has taken the "three modernizations" construction of grassroots party construction as the key point, actively implemented the requirements of "three synchronizations" work, strengthened the party construction in hub type social organizations, explored the establishment of the "strong to weak", "large to small" and "paired construction" working mechanism, and accumulated some experience of the social organizations party construction participation in the modernization of municipal social governance. However, there are some problems and challenges in the social organizations party construction, such as the coverage, functional construction, sustainability and incorporation with municipal social governance. It is urgent to start from four aspects: establishing and improving the leading mechanism, increasing support to stimulate the vitality of party construction, improving the ability of social organizations to participate in social governance services, and strengthening the supervision system for social organization party construction, Further promote the party construction of social organizations to assist in the modernization of urban social governance.

**Keywords**: Social Organizations; Party Construction; Municipal Social Governance; Party Construction Supervision System

**Abstract:** Non-governmental organization (NGO) are the important participants in rural social governance and an important filed for the construction of primary-level party organization. To promote NGO' party building to help modernize rural social governance is a key part of comprehensive rural revitalization. On the basis of sorting out the situation of Party building of NGO and its role in promoting the modernization of rural social governance, this report summarizes the types of NGO's party building in practice to help rural social governance, which includes paired assistance to key villages for rural revitalization, bridging the supply gap of public services, cultivating a team of party affairs workers, carrying out activities to promote advanced rural culture, and innovating consumption assistance. At present, the party building of NGOs to help the modernization of rural social governance still exists some difficulties, such as the inadequate play of the leading grass-roots party organization, insufficient resources for the development of NGOs themselves, and a low degree of social identity of NGOs. So NGOs should strengthen the primary-level party organizations and fully leverage the leading function of party building, enhance the self-construction and enrich their own resources, improve social identity to win the trust and support of the society.

**Keywords:** NGO; Primary-level Party Organization; Party Building; Rural Revitalization; the Modernization of Social Governance



**Abstract:** Community social organizations are an important new entity in grassroots governance to build a pattern of collaboration, participation and common interests. This report briefly introduces the development process of community social organizations in Beijing, focusing on the important roles these organizations play in grassroots governance through case studies. It also emphasizes the requirements for constructing the best district of grassroots governance and analyzes the existing problems of community social organizations in grassroots governance. In response, measures are proposed to further promote the participation of community social organizations in grassroots governance, implementing classified guidance, cultivating key talents, enhancing brand-building, standardizing filing management, and increasing training and support, so as to facilitate community social organizations to better serve the functional development of the capital in the new era and meeting the diverse needs of the people.

**Keywords**: Grassroots Governance; Community Social Organization; Modernization of Grassroots Governance; Collaboration; Participation and Common Interests

## V Special Topic Reports

### B.12 The Current Situation and Path of Environmental Protection Social Organizations Participating in Green and Low-carbon Transformation Under the "Dual Carbon" Goal *Xing Yuzhou* / 296

**Abstract**: In recent years, social organizations in China have achieved significant development and played a positive role in the field of ecological civilization construction. Against the backdrop of the Central Committee of the Communist Party of China proposing the goals of "peaking carbon emissions by 2030" and "carbon neutrality by 2060", social organizations have entered a new stage of green and low-carbon transformation. At present, China's environmental protection social organizations have the characteristics of small total, diversified types and differentiated functions. They play their respective advantages in the fields of natural resource protection, environmental pollution prevention, community Waste sorting and public environmental education. The overall driving force for promoting the development and participation of environmental protection social organizations mainly includes the gradually optimized institutional environment, continuously expanding public participation, and the value guidance of subsidized organizations. Therefore, in the context of the "dual carbon" goals and the strategy to address climate change, the path of expanding the participation of social organizations includes expanding channels for social organization participation, highlighting the focus of different types and fields of organization participation, as well as improving and optimizing social organization management systems, leveraging local initiative and enthusiasm, promoting the formation of a social consensus for low-carbon development, and helping China successfully achieve carbon reduction commitments and green development goals.

**Keywords**: Carbon Peak and Carbon Neutrality; Social Organization; Low-carbon Transformation



**Abstract**: At present, the international situation is complex and changeable, the risk of technological decoupling becomes more prominent, and China's scientific and technological innovation is facing greater risks and challenges. Improving the construction of the scientific and technological innovation system or promoting high-level scientific and technological self-reliance can not be separated from the joint efforts of many parties in Industry - University - Research, and the social organization represented by industry association is one indispensable part of it. Taking Shenzhen Software Industry Association as an example, this paper presents the positive role played by social organization in promoting high-level scientific and technological self-reliance combined with its specific practices in supporting precise policy formulation and implementation, carrying out industry evaluation and optimization, and promoting industry collaborative innovation. Based on the situation of social organization in Shenzhen, this paper sorts out some shortcomings of social organization in promoting high-level scientific and technological self-reliance, and puts forward some suggestions, such as clarifying the role and status of social organization, enhancing the professional service capabilities, encouraging the establishment of innovative service networks, and strengthening evaluation and incentives, so as to promote social organization to play a better role in assisting high-level scientific and technological self-reliance.

**Keywords**: Social Organization; Industry Association; Software Industry; Shenzhen Practice



**Abstract**: The reconstruction of global industrial chains, frequent issues of "blockages" and "disconnections", have made enhancing the resilience of industrial chains and maintaining their security an important development issue for major global economies. This article provides a theoretical definition of the industrial chain and its resilience from the perspective of industrial organization theory, and analyzes the multiple uncertainties under its major changes, the fundamental importance of modern industrial security, and the key role of independent innovation in enhancing the resilience of the industrial chain. The new research and development institutions represented by private scientific research institutions are an important force in China's independent innovation system. Based on a review of the current development status of private scientific research institutions in China, this article adopts a vertical single case study method and takes the Beijing Collaborative Innovation Research Institute as an example to analyze the operating mechanism of new scientific and technological private non enterprise type research and development institutions, and summarizes their main advantages and challenges. Combining theoretical analysis, current situation analysis, and case analysis, the article ultimately analyzes the development trend of private scientific research institutions in assisting in the construction of industrial chain resilience from various aspects such as multi-agent collaboration, business domain integration, and organizational structure platformization, and proposes relevant countermeasures and suggestions.

**Keywords**: The Resilience of Industrial Chain; Civilian-run R&D Institutions; New Type R&D Institutions; Scientific and Technological Breakthroughs

## Ⅵ Cases



**Abstract**: In recent years, China's scientific and technological associations have gradually transformed and developed from affiliated units to autonomous development of scientific and technological entities, becoming an important promoter of China's economic and social development. Looking at the development of scientific and technological associations in China from the perspective of high-quality development, China's scientific and technological associations still have problems of internal governance, operation mechanism construction and poor service quality, so we should further promote the optimisation of the governance structure of scientific and technological associations, and the soundness of the operation and governance mechanism to improve the quality of their services and their satisfaction, and to promote the high-quality development of scientific and technological associations.

**Keywords**: High-quality Development; Dcientific and Technological Associations; Social Organisations



**Abstract**: As one of the first private NGOs in China, "the Facilitators" has grown from an unregistered grassroots organization to an AAAAA level organization after 20 years of development. It has initiated a service model to "create strength through cooperation" and to "help people help themselves", bringing changes to the assumption that NGOs were limited to micro-services with its diverse functions and values demonstrated in social governance. This paper reviews the organizational development of "the Facilitators", and combines five "questions of the Facilitators" to conclude that the organization has formed a clear mission through five aspects of organizational governance, including clear mission positioning, establishment of a service system, value evaluation criteria, organizational strategic planning, and construction of organizational culture. It has established a clear strategic plan for organizational development, built continuously for its capacity and culture, developed empowerment-oriented project selection mechanism, formed the model of resource integration focusing on the needs of its clients and multi-party participation, and made a strategic service system combining service innovation, educational advocacy and professional support to NGOs. These six core factors enable the organization to embark on the road of sustainable development. The development of "the Facilitators" has benefited from the social access and market access provided by the reform and opening up policy, but it also faces the challenge of lack of funds and talents due to the immature charity ecology.

**Keywords**: NGOs; Facilitators; Social Work; Organizational Governance; Migrant Workers

## **B**.17 A Study on the High-quality and Balanced Development of Institutional Elderly Service in China

*Li Junfu*, *Wu Di* / 407

**Abstract**: Entering the 21st century, China has stepped into the aging society, and the growing elderly population also brings more and more demand for elderly services. Because of family shrinking, increasing population flow, institutional elderly service is the guarantee for the elderly, is the main force of socialized elderly care, has leading and exemplary significance, and plays a pivotal role in China's elderly service system. Promoting the high-quality development of institutional elderly care is a major event related to the national economy and people's livelihood. With the continuous development of the national economy and the strong support of the government, the development of institutional elderly care in China has made great progress, the number of elderly care institutions and elderly care beds are increasing, and more and more professionals are willing to enter elderly care institutions, which has improved the institutional care capacity and provided security for more disabled and mentally retarded elderly people in their later life. However, in the face of the increasingly severe elderly care situation and the increasingly diversified needs of the elderly, China's institutional elderly service is also facing more challenges, poor service quality, weak talent team, regional and urban and rural differences and other factors are restricting the development of institutional elderly service. Therefore, it is imperative to integrate existing resources, increase financial support, and guide and encourage social forces from all walks of life to promote the aging friendly, balanced and high-quality development of elderly care institutions.

**Keywords**: Aging Society; Institutional Elderly Service; Elderly Care Service System; Ageing Friendly



**Abstract**: Since the establishment of China's first community foundation in Shenzhen in 2008, community foundation, as a new type of regional foundation, has gradually attracted attention from all walks of life, and has carried out local practice in Beijing, Shanghai, Guangzhou, Nanjing, Chengdu, Wuhan and other places. In terms of the amount of funds, community foundations maybe just account for a small proportion of charitable foundation, but as a special form of social organizations, they focus on community development and community governance, and can become an effective power to help grassroots social governance modernization. This paper tries to analyze the functions and roles of community foundations in how they effectively participate in grassroots social governance by taking a practical case of F Community Foundation in Shenzhen, and analyzes the difficulties and challenges of community foundations in local development from two aspects of external environment and internal motivation. Finally, the paper puts forward some thoughts and suggestions on promoting the healthy development of community foundations in the process of Chinese modernization from five aspects: party building guidance, support from government, legal guarantee, social co-construction, and self-improvement.

**Keywords**: Community Foundation; Social Governance; Frassroots Social Governance; Social Organizations



**Abstract**: Community autonomy is playing an increasingly important role in urban governance due to its inherent advantages. Concerning how to better leverage this governance pattern of community autonomy, there is a broad consensus among academia that adjusting the autonomous unit is the one of the key solutions, which can be realized by fostering community social organizations. Therefore, this paper conducts a case study on Tiexi Community in Haidian District, Beijing, to explore in-depth how to realize the autonomy transformation with community organization cultivation as the basis, objectively demonstrating Tiexi Community's effective measures and analyzing the developmental experience worth learning from. The analysis finds that the autonomy transformation process of Tiexi Community consists of three main stages, namely consciousness awakening, organization fostering, and mechanism safeguarding. This process can be understood as an "unfreezing-moving-refreezing" model according to Lewin's classic organization change theory. Based on this, this paper summarizes the effective governance experience of formulating strategic plans, party's leading, and motivating residents, providing more specific suggestions for community governance exploration and carrying the value of pattern promotion.

**Keywords**: Community Autonomy; Community Social Organizations; Organizational Change; Urban Governance

# Ⅶ Theory Report

## B.20 The Discipline-based Construction of Social Organization Research in China: History and Prospects



**Abstract**: The discipline of social organization has experienced traditional disciplines and interdisciplinary periods, and has become an interdisciplinary discipline with the characteristics of soft disciplines in the post-disciplinary era. Reviewing the development history of social organization discipline and exploring the current situation of the discipline, it is found that it is moving from the development stage of the discipline to the mature stage, and it is necessary to systematically construct it from the height of the construction of the "three major systems". In terms of the construction of the discipline system, it is necessary to promote the development of theory and the construction of teaching materials, and promote the construction of the discipline knowledge system based on this, while improving the knowledge production system and building a discipline resource platform; In terms of the construction of academic system, it is necessary to clarify the current key topic groups and future theoretical growth points, pay attention to the transformation of research paradigms and bring research methods in line with the frontier, and achieve innovation and expansion; In terms of the construction of the discourse system, it is necessary to break through the hegemony of Western discourse on the basis of the comparison between China and the West, and carefully handle the three pairs of special relationships and improve discourse ability by refining new concepts, new categories and new expressions of local identity, based on the discourse position of Chinese social organizations.

**Keywords**: Social Organization; "Three Systems"; Discipline Construction

# 皮 书

## 智库成果出版与传播平台

### ✤ 皮书定义 ✤

皮书是对中国与世界发展状况和热点问题进行年度监测，以专业的角度、专家的视野和实证研究方法，针对某一领域或区域现状与发展态势展开分析和预测，具备前沿性、原创性、实证性、连续性、时效性等特点的公开出版物，由一系列权威研究报告组成。

### ✤ 皮书作者 ✤

皮书系列报告作者以国内外一流研究机构、知名高校等重点智库的研究人员为主，多为相关领域一流专家学者，他们的观点代表了当下学界对中国与世界的现实和未来最高水平的解读与分析。截至 2022 年底，皮书研创机构逾千家，报告作者累计超过 10 万人。

### ✤ 皮书荣誉 ✤

皮书作为中国社会科学院基础理论研究与应用对策研究融合发展的代表性成果，不仅是哲学社会科学工作者服务中国特色社会主义现代化建设的重要成果，更是助力中国特色新型智库建设、构建中国特色哲学社会科学“三大体系”的重要平台。皮书系列先后被列入“十二五”“十三五”“十四五”时期国家重点出版物出版专项规划项目；2013~2023 年，重点皮书列入中国社会科学院国家哲学社会科学创新工程项目。

# S 基本子库
# UB DATABASE

## 中国社会发展数据库（下设 12 个专题子库）

紧扣人口、政治、外交、法律、教育、医疗卫生、资源环境等 12 个社会发展领域的前沿和热点，全面整合专业著作、智库报告、学术资讯、调研数据等类型资源，帮助用户追踪中国社会发展动态、研究社会发展战略与政策、了解社会热点问题、分析社会发展趋势。

## 中国经济发展数据库（下设 12 专题子库）

内容涵盖宏观经济、产业经济、工业经济、农业经济、财政金融、房地产经济、城市经济、商业贸易等12个重点经济领域，为把握经济运行态势、洞察经济发展规律、研判经济发展趋势、进行经济调控决策提供参考和依据。

## 中国行业发展数据库（下设 17 个专题子库）

以中国国民经济行业分类为依据，覆盖金融业、旅游业、交通运输业、能源矿产业、制造业等 100 多个行业，跟踪分析国民经济相关行业市场运行状况和政策导向，汇集行业发展前沿资讯，为投资、从业及各种经济决策提供理论支撑和实践指导。

## 中国区域发展数据库（下设 4 个专题子库）

对中国特定区域内的经济、社会、文化等领域现状与发展情况进行深度分析和预测，涉及省级行政区、城市群、城市、农村等不同维度，研究层级至县及县以下行政区，为学者研究地方经济社会宏观态势、经验模式、发展案例提供支撑，为地方政府决策提供参考。

## 中国文化传媒数据库（下设 18 个专题子库）

内容覆盖文化产业、新闻传播、电影娱乐、文学艺术、群众文化、图书情报等 18 个重点研究领域，聚焦文化传媒领域发展前沿、热点话题、行业实践，服务用户的教学科研、文化投资、企业规划等需要。

## 世界经济与国际关系数据库（下设 6 个专题子库）

整合世界经济、国际政治、世界文化与科技、全球性问题、国际组织与国际法、区域研究 6 大领域研究成果，对世界经济形势、国际形势进行连续性深度分析，对年度热点问题进行专题解读，为研判全球发展趋势提供事实和数据支持。

# 法律声明